淀山湖镇村志

YONGXIN CUNZHI

永新村志

《永新村志》编委会 编

苏州大学出版社

淀山湖镇村志编纂委员会
（2013 年 4 月）

名誉主任　徐敏中
主　　任　李　晖
副 主 任　张晓东　顾　剑　吕善新
委　　员　王　强　吴新兴　赵雪元　吴玉光　冯伟雄
　　　　　黄　珏　王文奎　张兴生　汤雪林　孙卫忠
　　　　　李　尧　周国平

淀山湖镇村志编纂委员会办公室
（2013 年 4 月）

主　　任　吕善新
副 主 任　王　强　吴新兴　张品荣
成　　员　夏小棣　陈海萍

淀山湖镇村志编纂委员会
（2016 年 8 月）

名誉主任　李　晖
主　　任　罗　敏
副 主 任　许顺娟　张晓东　王　强　张　俭　吕善新
委　　员　孙　倩　吴新兴　顾永元　顾金林　朱进荣
　　　　　顾德华　陆志斌　曹振华　程　赟　朱建华
　　　　　凌军芳　李　尧　顾宇峰　张卫青　柴彩根
　　　　　顾春花　凌云中

淀山湖镇村志编纂委员会办公室
（2016 年 8 月）

主　　任　吕善新
副 主 任　孙　倩　吴新兴　张品荣
成　　员　夏小棣　陈海萍　王忠林

2015年3月31日,昆山市委副书记、市长杜小刚(前中)调研六如墩乡村旅游工作。

2011年11月9日,昆山市委常委、宣传部长杭颖(前二)调研六如墩乡村旅游工作。

2011年10月17日,2011淀山湖镇金秋经贸招商活动在永新村域梦莱茵游艇俱乐部举行。

2013年8月23日,江苏省知名演员读书班成员在永新村采访村文化工作。

2013年12月28日,淀山湖镇党委召开永新村党员民主生活会议。

2014年11月28日,2014年村级资金收支决算执行情况和2015年村级资金收支预算方案听证会。

2015年3月13日，昆山市乡风文明现场会在永新村召开。

2015年4月26日，昆山国际旅游文化节淀山湖镇系列活动第二届尚美淀山湖异装骑行大会暨"尚美淀山湖，四季醉人心"媒体摄影大赛，在永新村域淀山湖畔北岸公园音乐广场举行。

久保田联合收割机将收割的小麦输入田头运输车辆
（2015 年 5 月 23 日摄）

霜降后成熟的水稻（2011 年秋摄）

永新桃园（2008年8月20日摄）

水灵牌提子（2009年6月7日摄）

神童泾村貌(一)(2009年摄)

神童泾村貌(二)(2013年7月18日摄)

六如墩村标(2014年2月14日摄)

六如墩小游园(2015年4月1日摄)

359路公交车行驶在永宁路上（2012年9月15日摄）

359路曙光南路六如墩北公交车站（2015年5月12日摄）

永利路东段新姿
（2015年5月12日摄）

永新村办公大院东侧健身器材(2015年4月24日摄)

梦莱茵公共自行车租借点(2013年4月2日摄)

旭宝高尔夫球场（2002年11月4日摄）

梦莱茵游艇俱乐部（2013年9月18日摄）

荷玛诗湾（2015年4月25日摄）

恒海国际花园（2015年6月6日摄）

崇福桥的早晨（2013年4月7日摄）

修复前的崇福桥（2005年摄）

开始保护修理的崇福桥（2006年10月12日摄）

修复后的崇福桥（南堍）（2008年11月10日摄）

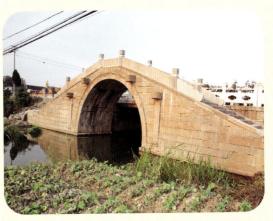

修复后的崇福桥（侧部）（2008年11月10日摄）

保护修复崇福桥（组图）

永安桥（2015年4月25日摄）

磧碶村1700年古银杏（2014年12月14日摄）

永新村业余演出队演出的
沪剧《为奴隶的母亲》剧照
（2007年3月1日摄）

永新村业余演出队演出的
《雪里产子》剧照
（2014年春节摄）

周末的音乐广场
（2013年7月20日摄）

江苏省级荣誉

苏州市级荣誉

昆山市级荣誉

淀山湖镇级荣誉

荣誉奖项

永新村党总支、村民委员会成员合影(2013年3月)
左起:陈瑞忠、蔡顺华、张林元、吴宝娥、王文奎、陆志斌、潘美菊、王婷

永新村党总支、村民委员会成员合影(2015年3月)
左起:陈瑞忠、蔡顺华、凌荣、吴方新、陆志斌、王婷、吴佩玉

《永新村志》编纂成员合影

左顺时针起：张品荣、罗福泉、屈福奎、张其龙、王婷、蔡顺华、陆志斌、吴佩玉、吴阿五、冯引根、马金元

编纂《永新村志》退休老同志合影

左起：马金元、冯引根、张其龙、张品荣、屈福奎、罗福泉、吴阿五

《永新村志》评审会(一)

《永新村志》评审会(二)

《永新村志》评审会(三)

《永新村志》评审会(四)

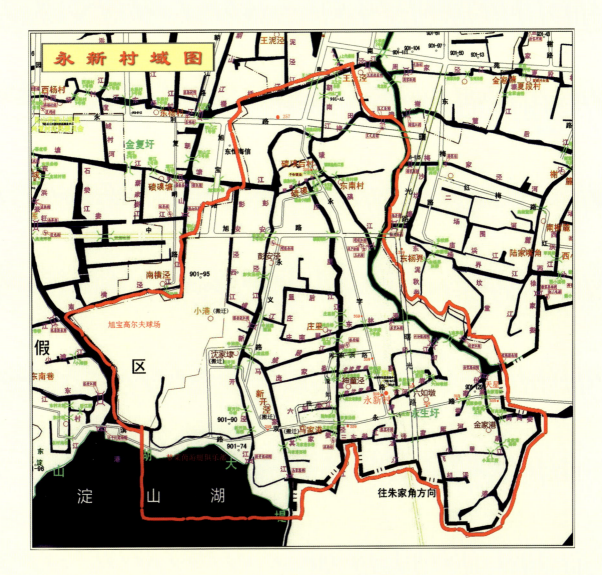

永新村域图

永新村在昆山市位置

永新村在淀山湖镇位置

永新村在长江口区位置图

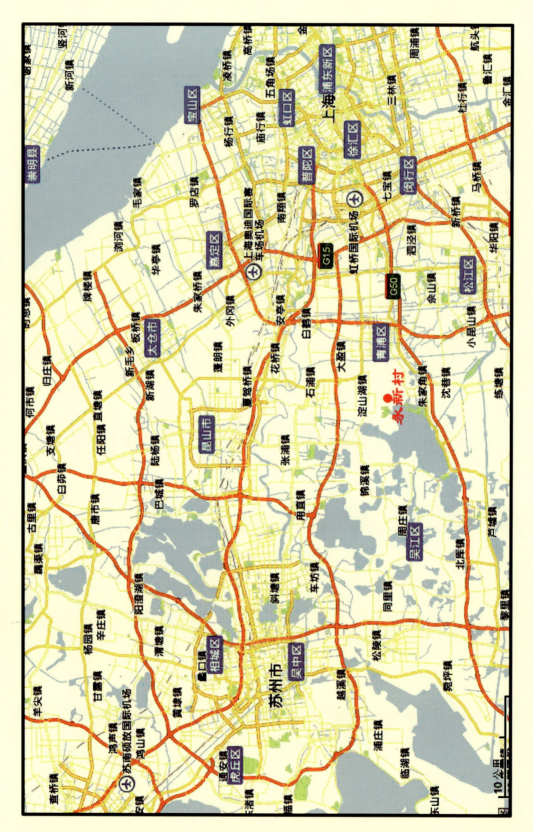

村域位置

序

　　盛世修志，古今皆然。《永新村志》经过近三年编纂，终于面世，这是永新村民的一件大事。

　　永新村地处长江三角洲太湖流域淀泖地区，位于昆山市东南边缘、淀山湖镇南部，东邻红星村，南与上海市青浦区朱家角镇接壤，西与度城村、兴复村相邻，北接杨湘泾村。2001年8月18日，行政村区域调整，撤销永义、永安、永生、永益村，新建永新村，隶属昆山市淀山湖镇。域区地理位置东经120°59′39″~121°2′15″，北纬31°8′38″~31°10′23″。

　　永新村，历史悠久，文化灿烂，人杰地灵，人文荟萃，尤其福严禅寺所在地的碛碨自然村，据清代秦立纂的《淞南志》(1805年刻本影印)记载，相传始建于三国吴大帝赤乌年间(238~250年)。永新人有着强烈的爱国爱乡情怀，在中国共产党的领导下，意气风发走上互助合作道路；改革开放以来，二、三产业稳步上升，各项社会事业迅速发展，人民生活明显改善，加快了基本全面实现现代化的步伐，为盛世修志创造了良好条件。

　　在淀山湖镇党委、政府领导下，在永新村党总支、村民委员会重视下，举人力、财力，成立村志编纂委员会，并设征编办公室，在昆山市地方志办公室和淀山湖镇村志办的关心指导下，历时三年，数易其稿，得以成书。《永新村志》15章69万字，以翔实的资料客观真实地记录村史，体现了时代风貌和地方特色，是一部传承历史、继往开来的良志。它将对后代了解村史，更好地建设中国特色社会主义新农村起到帮助和激励作用。

　　编写村志，在淀山湖镇是一项没有先例的工作，由于知识有限、经验不足，疏漏和差错在所难免，望有识之士阅后不吝指正。

　　在此，向关心和支持编纂村志工作的所有人士表示衷心感谢，向参与编写的同志表示敬意。殷切希望《永新村志》能成为全体永新人的珍藏，能起到"前有所稽，后有所鉴"的借鉴作用。希望永新人以史为鉴，在实现中国梦的伟大感召下，充分发挥每个人的聪明才智，把永新村建设得更加美好。

中共淀山湖镇永新村党总支书记　吴方新
淀山湖镇永新村民委员会主任　陆志斌
2016年4月

凡 例

一、本志以马克思列宁主义、毛泽东思想、邓小平理论、"三个代表"重要思想和科学发展观为指导原则,以辩证唯物主义和历史唯物主义的观点,实事求是地记述永新村的历史和现状。

二、以方志"存史、资政、教化"为目标,力求本志资料的真实、完整和科学。

三、本志上限1949年10月1日;部分内容追溯历史。下限一般至2012年年底;大事记、图片及村庄建设、组织沿革等有些内容延伸到2015年;个别章节为引用派出所人口统计的权威资料,截至日期为2012年6月20日。

四、横排门类,纵述史实。章节间按需要设无题序,以概观其事物发展轨迹。述、记、志、传、图、表、录兼用。大事记以编年体为主,辅以记事本末体。可参阅市(县)志、镇志的共性内容,略记;凡本村地方特色的个性内容,详记。

五、中华人民共和国以前,纪年以汉字书写,括注公元年份(阿拉伯数字);中华人民共和国成立后,以公元纪年,用阿拉伯数字书写。一般记事中,农历用汉字书写,公历用阿拉伯数字书写。世纪、年代用阿拉伯数字书写。

六、历史人物记述材料来源于历史文献、志书和采访。历史数据采自文献资料;新中国成立后,以统计部门资料为准,兼顾档案及经考证的调查资料。

七、为方便村民阅读及资料查对,农业计量沿用习惯单位,其他计量单位,均采用不同时期统计部门使用的单位名称,必要时换算成现时法定计量单位。

八、直录文献资料的,括注出处。记载不一且又难以考证者,则取诸说并存。

九、1949年10月1日中华人民共和国成立前、后,简称"新中国成立前""新中国成立后"。书中"新千年",为2000年;"今年"为2012年。

十、机构、单位、组织名称,在每章首次出现时用全称,括注简称,尔后用简称。

十一、历史地名沿用旧名,今名一般以昆山市地名办颁布为准。

目 录

概　述 ··· 1

大事记 ·· 6

第一章　建置区域 ·· 25

　　第一节　沿革 ·· 25
　　　　一、沿革 ··· 25
　　　　二、区划 ··· 26
　　第二节　村境 ·· 29
　　　　一、四至 ··· 29
　　　　　　附：区域调整前各行政村村境 ··· 29
　　　　二、界桩 ··· 30
　　　　　　附：淀山湖镇域部分界线界桩管理与维护统计表 ······················· 30
　　第三节　村名由来 ·· 31
　　　　　　附：区域调整前各行政村村名由来 ·· 31
　　第四节　自然村落 ·· 32
　　　　一、长久保留 ··· 33
　　　　二、其他村落 ··· 42
　　　　三、已废村落 ··· 53

第二章　自然环境 ·· 62

　　第一节　地貌 ·· 62
　　第二节　湖泊河流 ·· 63
　　　　一、淀山湖 ·· 63
　　　　二、过境河流 ··· 63
　　　　三、境内河流 ··· 64
　　　　四、溇浜 ··· 66
　　　　五、溇潭 ··· 66
　　第三节　土壤 ·· 67

1

一、土壤分类	67
二、土壤分布	67

第四节 气候

一、四季特征	68
附：1998年24时节气起始气温	69
二、气象水文	69

第五节 物产

一、植物	71
二、动物	73

第六节 自然灾害

一、水灾	74
二、旱灾	74
三、风灾	75
四、其他灾害	75

第三章 人口 76

第一节 人口总量 77

第二节 人口变动 83

一、自然增长	83
二、人口迁移	85
三、外来人口	88

第三节 人口构成 89

一、民族、籍贯	89
二、性别	89
三、姓氏	90
附1：原永义村姓氏(59个)	91
附2：原永安村姓氏(61个)	91
附3：原永生村姓氏(59个)	92
附4：原永益村姓氏(50个)	92
附5：后期归队迁入或新分户姓氏(44个)	93
四、年龄	93
附：高龄老人名录	94
五、文化程度	96
六、劳动力结构	97

第四节 计划生育 99

一、政策	99
二、措施	100

三、奖惩 ··· 101
　　四、成效 ··· 102

第四章　农业 ··· 104

第一节　生产关系变革 ··· 105
　　一、土地私有制 ··· 105
　　二、土地改革 ··· 107
　　三、农业合作化 ··· 107
　　四、人民公社 ··· 109
　　五、家庭联产承包责任制 ·· 110

第二节　耕作制度 ··· 115

第三节　粮油作物 ··· 116
　　一、水稻 ··· 116
　　二、三麦 ··· 120
　　三、油菜 ··· 121
　　四、良种推广 ··· 121
　　　　附：淀山湖种子站 ··· 129
　　五、肥料 ··· 129
　　六、产量 ··· 132

第四节　基本农田保护 ··· 145

第五节　经济作物 ··· 146
　　一、瓜果 ··· 146
　　二、蔬菜 ··· 147
　　三、蚕桑生产 ··· 147

第六节　水产养殖 ··· 147
　　一、鱼池 ··· 147
　　二、开挖鱼塘 ··· 148

第七节　畜禽养殖 ··· 150
　　一、畜 ··· 150
　　二、禽 ··· 152

第八节　农机农具 ··· 153
　　一、传统农具 ··· 153
　　二、现代农机 ··· 154

第九节　农业科技 ··· 159
　　一、病虫害防治 ··· 160
　　二、草害 ··· 160

第十节　林业 ··· 161

3

一、树木	……………………………………………………………	161
二、竹	………………………………………………………………	161
三、花木	……………………………………………………………	161
第十一节　平整田地	………………………………………………………	162
第十二节　防汛抗旱	………………………………………………………	163
第五章　工商	……………………………………………………………………	165
第一节　工业	………………………………………………………………	165
一、队（村）办企业	……………………………………………………	165
二、民营企业	…………………………………………………………	171
三、镇办入驻企业	……………………………………………………	174
四、租地入驻企业	……………………………………………………	174
第二节　商业	………………………………………………………………	179
一、双代店	……………………………………………………………	179
二、碛碶小市	…………………………………………………………	180
三、上海捷强389便利店	………………………………………………	181
四、村域个体店	………………………………………………………	182
附：村民域外开办个体店	………………………………………	183
第三节　旅游	………………………………………………………………	184
一、北岸公园	…………………………………………………………	184
二、梦莱茵游艇（帆船）俱乐部	………………………………………	184
三、六如墩小游园	……………………………………………………	184
第四节　村级财力	…………………………………………………………	185
第六章　村庄建设	………………………………………………………………	190
第一节　农房建设	…………………………………………………………	190
一、农房建设	…………………………………………………………	190
二、拆迁安置	…………………………………………………………	194
三、商品房	……………………………………………………………	197
第二节　集体用房	…………………………………………………………	198
一、永新村富民合作社（打工楼）	……………………………………	198
二、永新村社区房屋	…………………………………………………	198
三、永新村办公室房屋	………………………………………………	198
四、永新村幼儿园	……………………………………………………	198
五、原永安村村民委员会房	…………………………………………	199
六、原昆山市淀山湖镇永生玩具厂	…………………………………	199
七、原昆山市淀山湖镇永生铸件厂	…………………………………	199

八、原永义村村民委员会房 199
　　九、原永益村村民委员会房(1) 199
　　十、原永益村村民委员会房(2) 199
　　十一、原永益村办公室 200
　　十二、碛磧小市房屋 200
　　十三、原永安村办公室 200
　　十四、永新村富民物业小区房屋 200
第三节　房地产开发 200
第四节　基础设施建设 201
　　一、地、市级公路 201
　　二、镇级道路 201
　　　　附：永新村域市、镇级纵向、横向道路一览表 203
　　三、村级道路 203
　　四、村级桥梁 204
第五节　公共服务 205
　　一、公厕 205
　　二、停车场 206
　　三、垃圾中转站及垃圾桶 207
　　四、污水处理厂 207
　　五、铺设雨水管网 208
　　六、饮用水设施 208
　　七、电力事业 209
　　八、公交车站台 211
　　九、公共自行车 211
　　十、电话网络 212
　　十一、轮船客运码头 212
　　　　附：轮船昆山班、苏州班 212
　　十二、渡口 213
第六节　新农村建设 213
　　一、神童泾 213
　　二、六如墩 214
第七节　环境整治 216
第八节　创建卫生村 217
第九节　造林绿化 219
　　一、"四旁"绿化 220
　　二、道路绿化 221
　　三、新农村绿化 222

　　　　四、河道绿化 …………………………………………………………… 222
　　　　五、居民新村绿化 ………………………………………………………… 223
　　　　六、园林绿化 …………………………………………………………… 223
　　　　七、果园绿化 …………………………………………………………… 224

　第七章　人民生活 …………………………………………………………… 226
　　第一节　农民生活 …………………………………………………………… 226
　　　　一、人均收入 …………………………………………………………… 226
　　　　二、生活状况 …………………………………………………………… 233
　　第二节　民生及收入调查 …………………………………………………… 236
　　第三节　社会保障 …………………………………………………………… 241
　　　　一、农民养老保险（农保） …………………………………………… 241
　　　　二、社会养老保险（社保） …………………………………………… 243
　　　　三、最低生活保障 ……………………………………………………… 243
　　　　四、医疗保险 …………………………………………………………… 243
　　　　五、失地农民生活保障 ………………………………………………… 244
　　　　六、弱势群体人民的生活保障 ………………………………………… 245

　第八章　文体卫生 …………………………………………………………… 246
　　第一节　小学 ………………………………………………………………… 246
　　　　一、小学学制 …………………………………………………………… 246
　　　　二、小学课程 …………………………………………………………… 247
　　　　三、学校简介 …………………………………………………………… 247
　　第二节　幼托 ………………………………………………………………… 249
　　　　一、布局 ………………………………………………………………… 249
　　　　二、设置 ………………………………………………………………… 249
　　第三节　药店 ………………………………………………………………… 250
　　第四节　医疗卫生 …………………………………………………………… 250
　　第五节　消灭血吸虫病 ……………………………………………………… 252
　　　　一、查螺 ………………………………………………………………… 253
　　　　二、灭螺 ………………………………………………………………… 255
　　　　三、查病 ………………………………………………………………… 255
　　　　四、治疗 ………………………………………………………………… 261
　　　　五、典型病人 …………………………………………………………… 266
　　　　六、五县联防 …………………………………………………………… 268
　　第六节　农村文化 …………………………………………………………… 269
　　　　一、文学创作 …………………………………………………………… 270

二、群众文艺 ………………………………………………………………… 270
　　三、有线广播 ………………………………………………………………… 272
　　四、有线电视 ………………………………………………………………… 273
　　五、通讯报道 ………………………………………………………………… 274
　　六、档案工作 ………………………………………………………………… 274
　第七节　农村体育 ………………………………………………………………… 275
　　一、体育设施 ………………………………………………………………… 275
　　二、健身点 …………………………………………………………………… 276
　　三、庭院游戏 ………………………………………………………………… 277

第九章　古迹 ……………………………………………………………………………… 279
　第一节　名胜 ……………………………………………………………………… 279
　　一、寺庵 ……………………………………………………………………… 279
　　二、堂亭 ……………………………………………………………………… 280
　　三、庙宇 ……………………………………………………………………… 280
　第二节　古桥 ……………………………………………………………………… 282
　　一、完好古桥 ………………………………………………………………… 282
　　二、已废古桥 ………………………………………………………………… 282
　第三节　古树名木 ………………………………………………………………… 284
　第四节　水闸亭井 ………………………………………………………………… 284
　　一、水闸 ……………………………………………………………………… 284
　　二、凉亭 ……………………………………………………………………… 284
　　三、水井 ……………………………………………………………………… 285

第十章　村民忆事 ………………………………………………………………………… 286
　第一节　村风民风 ………………………………………………………………… 286
　　一、村规民约 ………………………………………………………………… 286
　　二、家风家训 ………………………………………………………………… 287
　第二节　日军侵略罪行 …………………………………………………………… 288
　第三节　庙会 ……………………………………………………………………… 289
　　一、碛礇寺二月十九庙会 …………………………………………………… 289
　　二、彭安泾村三月三 ………………………………………………………… 291

第十一章　民俗方言 ……………………………………………………………………… 292
　第一节　岁时习俗 ………………………………………………………………… 292
　　一、春节 ……………………………………………………………………… 292

二、元宵节	292
三、清明节	292
四、立夏	293
五、端午节	293
六、七巧节	293
七、七月半	293
八、中秋节	293
九、重阳节	293
十、送灶君	293
十一、除夕	293
第二节　礼仪习俗	294
一、婚嫁习俗	294
二、生活习俗	295
三、劣俗	296
第三节　方言	297
一、时间、季节	297
二、气象	297
三、地理	297
四、农事、植物、动物、食物、器具	298
五、生活	298
六、文化	299
七、商贸	299
八、其他	299
第四节　谚语	300
一、农谚	300
二、气象时令谚语	301
三、其他谚语	301
第五节　歇后语	302
第六节　民歌	303
第七节　地方谜语	303

第十二章　基层组织 ... 307

第一节　基层党组织 ... 307

一、党支部（党总支） ... 307
二、党员结构 ... 308
　　附：村党组织各项制度 ... 310

第二节　村政

一、永安乡 ... 314
二、高级社 ... 315
三、人民公社三大队（营） ... 315
四、大队管理委员会 ... 315
五、革命委员会 ... 316
六、村民委员会 ... 316
　　附：村民委员会各项制度 ... 318

第三节　经济合作社

一、永新村富民合作社 ... 321
二、永新村农地股份专业合作社 ... 323
三、农村社区股份专业合作社 ... 324

第四节　民兵营 ... 324

第五节　群众团体

一、农民协会 ... 325
二、贫下中农协会 ... 325
三、共青团支部 ... 325
四、妇代会 ... 326
五、老协会 ... 327
六、关心下一代工作组 ... 328

第六节　组织沿革

一、区域调整前各行政村干部名录 ... 328
二、永安联合村党支部(撤销永安、永义村党支部)名录(2000.1.6～2001.8) ... 341
三、区域调整后行政村(永新村)干部名录(2001.8～2015.3) ... 342
　　附：永新村域早期党支部书记名录(1954～1966年) ... 344

第十三章　人物 ... 345

第一节　历史名人 ... 345

一、至讷 ... 345
二、景燮 ... 345
三、叶苗 ... 345
四、叶明 ... 346
五、叶春 ... 346
六、叶盛 ... 346
七、孙俊 ... 347
八、庄乐 ... 347

九、李庸	348
十、孙悳	348
十一、陈肇基	348
十二、徐经畲	349
十三、郁鸿慈	349
第二节　完节烈女	350
一、完节	350
二、烈女	350
第三节　革命烈士	351
第四节　小乡干部	351
一、张仁岐	351
二、祝友良	351
三、朱月英	351
第五节　当代军人	351
第六节　在外工作人员	355
第七节　插队知识青年	356
第八节　全家落户	360
第九节　精简下放	361
第十节　能工巧匠	361
第十一节　村籍大学生	367
第十四章　文存辑录	380
第一节　乡邦文献	380
一、行乡饮礼	380
二、叶义士记	381
三、南溪草堂集序	381
四、水东日记序	381
五、重建益寿桥记	382
六、名人咏淀山湖的诗词	383
七、名人咏碛碿的诗词	386
第二节　媒体报道	387
一、永新村为农综合服务站的调查	387
二、一株古树的百年悲喜	391
三、碛碿神木	393
四、桃梨满园	394
五、边界行·青浦区：朱家角和淀山湖镇共奏和谐曲	395

六、碛䃮村：1 700年前的"福村" ……………………………………………… 397
　　七、碧水蓝天入画来 ……………………………………………………………… 399
　　　　附：关于昆山市淀山湖镇永益村创建省级卫生村考核检查综合评价意见
　　　　　………………………………………………………………………………… 400

第十五章　荣誉 ……………………………………………………………………… 402
第一节　集体荣誉 ……………………………………………………………… 402
第二节　个人荣誉 ……………………………………………………………… 404

附　录 ………………………………………………………………………………… 407
　　一、淀山湖的神奇传说 …………………………………………………………… 407
　　二、碛䃮寺的传说 ………………………………………………………………… 409
　　三、碛䃮村岁寒三友 ……………………………………………………………… 417
　　四、坊间故事 ……………………………………………………………………… 425

索　引 ………………………………………………………………………………… 430
《永新村志》修编人员名录 …………………………………………………………… 436
后　记 ………………………………………………………………………………… 437

概 述

一

昆山市淀山湖镇永新村,地处长江三角洲太湖流域淀泖地区,位于昆山市东南边缘、淀山湖镇南部、淀山湖泊东北侧。地理坐标:东经120°59′39″~121°2′15″,北纬31°8′38″~31°10′23″。陆路交通十分方便,水运四通八达。

永新村地势平坦,自然坡度小,属平原半高田地区。境内河江纵横交错,为典型的江南水乡之一,是典型的江南鱼米之乡。

境域平面地形似昂首的麒麟,东西宽2.7公里,南北长3.5公里,村域面积8.02平方公里。2012年年底前,先后搬迁小港、马家港、新开泾、沈家埭自然村;在籍819户,户籍总人口3 049人,其中男1 458人,女1 591人;常住795户、2 557人,其中外来人口479人;下辖39个村民组;尚存8个自然村(含后搬迁的庄里、彭安泾),其中神童泾、六如墩自然村为昆山市江南水乡特色村。

先后荣获江苏省卫生村、江苏省村庄建设整治示范村、苏州市十佳农村新型合作经济组织(农地股份合作社)、苏州市供销社系统社区服务中心先进集体、昆山市精神文明建设特色村、昆山市农村环境综合整治先进单位、淀山湖镇先进党总支、淀山湖镇实施"三有工程"先进集体等称号。

二

新中国成立前,在帝国主义、封建主义和官僚资本主义三座大山的压迫下,农民生活贫困悲惨。新中国成立后,通过土地改革,对农业、工商业的社会主义改造等运动,农民成了土地真正的主人,社会主义集体化道路,使人民的生活有了保障。

1962年2月,贯彻中共中央《农村人民公社工作条例(修正草案)》即"六十条",根据中共中央《关于改变农村人民公社基本核算单位问题的指示》,确定了"三级所有,队为基础"的管理体制,基本核算单位下放到生产队,调动了社员的生产积极性。

党的十一届三中全会以后,通过改革经济体制,全面实施家庭联产承包责任制,解放了农村生产力,一大批剩余劳力迅速转移,永新村域从单一的农业经济逐步走上以工业为主体的贸、工、农全面发展之路。党的十二届三中全会后不久,淀山湖镇被列为江苏省沿海对外开放乡镇,受昆山经济技术开发区的辐射,城乡联动,经济得到快速发展。1992年10月,确定了我国经济体制改革的目标,建立社会主义市场经济体制;以邓小平建设有中国特色社会主义理论

为指引,加快了经济体制改革步伐,加速村域开发步伐。

2001年8月,永义、永安、永生、永益村撤并为永新村,永新村充分发挥资源整合、统一调度的优势,经济工作取得了快速的增长。2012年,地区生产总值5 931万元,人均生产总值16 825元,人均收入22 640元。

三

永新村,人杰地灵。福严禅寺,又名碛磏寺,相传始建于吴大帝赤乌年间(238～251年),由三国时期的吴国太出资兴建,宋祥符中敕赐寺额。福严寺所在地的碛磏自然村,人文荟萃。元代有福严寺僧人至讷、义士叶苗,明代有福严寺僧人景燮、乡正叶春及其子名臣叶盛、明初掌乡赋后当万石长的李庸、昆山五高士之一的隐士文人孙俊、名医庄乐,等等。清末,神童泾自然村有不遗余力、倾心慈善于桥梁、学校建设的郁鸿慈。

永新村域,南宋嘉定十年(1217年),属昆山县砅川乡第七保;清宣统年间,属井亭乡;民国三十年,属昆山县第五区神童乡;1949年7月,废保、甲制,建区乡人民政权,永新村域的神童泾、金家港、六如墩、新开泾、沈家埭等自然村属淀东区井亭乡,永新村域的碛磏等自然村属淀东区杨湘乡;1951年,撤井亭乡,神童泾、金家港、六如墩、新开泾、沈家埭、碛磏、彭安泾等自然村归属淀东区永安乡;1956年,昆山县撤区并乡,原淀东区改为县属杨湘乡,辖杨湘、度城、陆桥3个中乡,永新村域中神童泾、金家港、六如墩、新开泾、沈家埭、马家港、小港、碛磏、彭安泾9个自然村属杨湘乡度城中乡永安乡;1958年10月,实行政社合一,撤乡建人民公社,永新村域属淀东公社三营。1962年,淀东人民公社调整行政区划,以永新村域为主体的永字片,辖永义、永安、永生、永益(碛磏)、永勤(周新与群联)五个大队。1983年6月,政社分设,淀东人民公社改建淀东乡,隶属关系不变;1988年6月,撤乡建淀东镇,隶属关系不变;1993年3月26日,经江苏省人民政府批准,淀东镇更名为淀山湖镇,永新村域隶属关系不变;2001年8月18日,经昆山市人民政府批准,实行行政村区域调整,永新村域撤销永义、永安、永生、永益村,新建永新村(永勤村归属新建的杨湘泾村),隶属关系不变。

四

新中国成立初期,永新村域水稻单产400斤左右,夏熟小麦亩产150斤左右,油菜籽单产50斤左右。1961年,水旱灾害加虫灾,农业生产滑坡,水稻总产和单产分别比1956年下降32.7%和24.77%。

1962年春,贯彻《农村人民公社工作条例(草案)》,确定了三级所有,以生产队为基础的经济管理体制,稳定了社员情绪,农业生产开始回升。是年,水稻总产和单产分别比1961年增长43.16%和50.65%。

1966年"文化大革命"开始,推行"大寨式"劳动管理制度,片面强调"以粮为纲",不断扩大三熟制面积;出现"高产量、高成本、低效益、低分配"现象。1971年12月,恢复劳动定额的评工记分制度,农业生产有了新的气色。1974年,全村域水稻总产和单产分别比1962年增长44.71%和52.99%。

党的十一届三中全会后,农村经济体制改革深入有序。1983年年底,全面实行以农户为单位的家庭联产承包责任制,打破"大轰隆"的生产管理模式,农民生产积极性得到充分调动,促进了生产力的发展。1988年8月,根据联产承包后农村劳动力大量转移的实际,对家庭联产承包土地进行第一次合理调整。1993年8月,进行第二次土地承包确权,稳定家庭联产承包责任制,推进农业现代化、商品化、专业化、集约化的进一步发展。1998年,延长第二轮土地承包期30年,坚持以家庭联产承包责任制和统分结合的双层经营体制,并向承包农户颁发《农村集体土地经营权证》,从根本上保护农民承包集体土地的合法权益,加快发展农业生产,稳定农村经济。

新千年后,以股田制形式实行土地流转,积极推进产业化进程,农业继续稳步发展。2012年,全村粮食总产比1949年增长-7.68%,三麦、水稻、油菜亩产分别比1949年增长368%、213%、500%;亩产显著增长,总产出现负增长,是耕种面积明显减少的缘故。

五

民国时期,永新村域农闲有传统家庭纺土纱、织土布小手工业,自给自足,尤为普遍;碛礇寺二月十九庙会每年盛行。新中国成立前夕,神童泾沈施祝开办一家轧米厂,彭安泾朱文青在度城开一家船厂,后村陆阿苟办一家白酒糟坊,碛礇村徐仰谷在家开小商店,有时为肩挑手提小商贩。

20世纪60年代中叶,碛礇4队试办双代店;1972年后,神童泾下伸店关闭,双代店增至4家。永安大队率先办起粮饲加工厂;1976年,制造工业从无到有,陆续办起。村办企业基本运行体制是集体承包,厂长负责;前后经历了"一包三改"、"五定一奖"的改革过程,但集体性质从未动摇过。1993年,开始改革转制,首先租赁,半租半卖,最后实现拍卖。1998年,完全转为私营企业。

2012年年底,永新村境内有民营企业45家,租地入驻企业7家;共有个体商店28户;永新村民在村域外开办个体商店(服务站)25户;有北岸公园、梦莱茵游艇(帆船)俱乐部、六如墩小游园3家旅游企业。

六

新中国成立前,村庄住房十分简陋,大多是草房和砖瓦平房,结构简陋,低矮潮湿,住房面积户均50~70平方米之间。新中国成立后,一些无房、小房的农民在土地改革中分得了房屋,居住条件有所改善。

1963年,农民陆续翻建住房,以水泥桁条、小瓦平房为主。20世纪70年代,部分生产队着手新村建设,农民住宅统一规划建造。1979年后,多数农民开始致富,农房建设经历了从草房到瓦平房、从瓦平房到楼房的发展过程,农村兴起了建房热。与此同时,村庄兴起一股办社队企业热潮,逐步发展起一批生产性厂房。

1981年,农村建房和村镇规划建设结合起来,以老村改造为主,着眼于节约耕地,宅基地统一规划、分批建设,翻房户宅基得到落实。随着改革开放的不断深入,农民经济收入增长,翻建楼房户逐渐增多,一般模式是三上三下加灶间,在结构上略有讲究。到1993年,农民大部分住进自己建造的楼房。1999年,永新村域802户3 173人,人均住房面积51.37平方米。

自然村农房的变化,带来了交通道路的变化,村村之间修筑黑脚子路面,后改为砂石路面。至2012年,农房基本保持20世纪末的原状,全村域改造、重建水泥道路66条11 150米,先后

建成永字路、永义路、曙光路、盈湖路、沿湖大道等镇、市级道路,使道路村村相通,户户相连,并向周边地区辐射,为永新村域农民出行提供方便,进一步优化了淀山湖旅游度假区的交通环境。

七

2006年,永新村神童泾村的村庄整治,围绕"拆"、"整"、"洁"、"绿"、"新"5个方面的要求扎实开展,取得较好成效,起到了省级村庄建设整治的示范作用。

2010年后,六如墩自然村落分期整理,实施农村污水截流工程,按照三星级康居村整治标准,既考虑保留村庄原有形态、地形地貌、建筑风格、乡土文化等方面的特色,又以道路为重点,配套供排水、电力、通信、绿化、公共停车场、公厕等公建设施,利用两个历史鱼塘和周边环境,改建成风景优雅的小游园,形成四季有绿、季相分明、乡土自然的绿化景观。

2012年前,小港、沈家埭、新开泾、马家港(2012年后又搬迁庄里、彭安泾)自然村,因建设用地拆迁搬移,自然村消失。

农民拆迁安置,保留村新农村建设,为村民提供一个丰富多样的度假、休闲、康乐、文化好去处。

八

新中国成立前后,农民晚上照明主要是用油盏碟、煤油灯,婚丧喜事用汽油灯;群众生活用水多从河中提取,亦有自挖土井,饮用井水。1966年,各村就近电灌站建成,民用电开始从电灌站接线通电。1981年,村民可到杨湘泾邮电局申请打电话。1985年,杨湘泾建成昆山至杨湘的公路及公共交通客运站,永新村域百姓开始就近乘坐公共汽车进县城办事,一改以前进城坐轮船单程需近半天的状况。1986年6月,永益村率先用上杨湘泾朝南港东岸自来水厂输送的自来水。1994年6月30日,镇6万吨级第一期工程3万吨级淀山湖自来水厂供水管道连接各个村,全村域农民统一饮用淀山湖自来水厂自来水。1994年7月1日,村域中原4个行政村,村村实现电话村。1998年,淀山湖镇为改善农村供用电设施,提高供电质量,减轻农民负担,进行了"二改一同价"工程,永新村域增设变压器9台,增加容量800千伏安;改造照明设备及脱力用电箱、个体动力箱等工程,家用电能表全部由原来的机械电能表,更换成电子电能表。2006年12月,全镇供水管道连接市供水管道,淀山湖镇自来水厂停止制水供应,永新村域全部接轨昆山区域供水总网,普及率达100%。2006年,建成垃圾中转站4座,配备保洁员27名,负责清洁卫生,每门堂户有垃圾桶1个。同年,淀山湖汽车站发车的永新村公交环线开通,每天5班。2011年3月26日,永新公交环线番号定为259路,车次加密,日发车12班,实行1元一票制。2012年6月7日,发往永新村公交环线的259路番号,调整为359路,并对走向、站点进行调整,日发车次15班。

2012年年末,永新村域有供电变压器24台,总容量6 175千伏安,高压线路、低压线路配套,农户全面使用智能化电度表,并申请执行峰谷电量分时价格;通自来水795户,通水率达100%;保留固定电话716户,拥有电脑557户,互联网上网户500户左右;公共自行车及智慧单车系统开通。

九

永新村域有着深厚的历史文化底蕴,早在元代,淞南碛碾福严寺僧至讷,善于赋诗作词,也时装演戏,如兰亭、西园故事,深受乡民喜爱。每年碛碨寺二月十九庙会,是老百姓看戏、演戏、说戏的缩影。

宣统元年(1909年),村域中第一所小学养正学校(永益小学)建立;宣统三年(1911年),邑人沈山灵等集资创办神童小学。

新中国成立后,群众文化更为活跃,早在土地改革时期,群众就用自编、自演的形式,配合土改工作队进行宣传演出,收到较好的社会效果。

1952年,创办永义、永生小学。

永新村域是血吸虫病严重流行的地区之一。20世纪50、60年代,每年进行群众性的查灭螺工作。通过多年努力,消灭了钉螺,治愈血吸虫病患者。

1969年3月1日,永益大队创办淀东公社第一个医疗站。接着,永安、永义、永生大队相继创办了农村合作医疗站。1975年1月,合作医疗由"队办队管"转为"队办社管"。1985年,医疗站改称卫生室,卫生室普遍有两间三室,配有标准的药橱、必用的医疗器械和常用药品。

20世纪60、70年代,永新村域村村都有文艺宣传队。80、90年代,历届党政班子重视文化事业建设,建广播电视、老年活动室、图书室,开创"五位一体"多功能文化阵地,传播文明健康的科学文化知识。

1989年,永义小学撤并到永安小学。1995年,撤永生小学,并入永安完小;撤永益小学,并入淀山湖中心校。2003年9月,全镇合并为一所小学——淀山湖中心校,永安完小校舍仅保留永安幼儿园用房。2003年,四村卫生室合并为永新村社区卫生服务站。

2012年,永新村有一所社区卫生服务站,有12个健身点,有线数字电视入户408户,有一支业余文艺宣传队,以丰富多彩、形式多样、喜闻乐见的文化活动为载体,宣传党的路线、方针、政策,凝聚人心,振奋永新精神。

十

新中国成立以来,永新村(域)经历了沧桑巨变。党的十一届三中全会后,改变了农村的生产方式,联产到户,劳动力向二产、三产转移,经济工作和各项事业取得了显著成绩。

能取得较大的成效,主要经验有七条:

一是加强党的建设,以邓小平理论和"三个代表"重要思想为指导,深入贯彻落实科学发展观,使生产力到生产关系、经济基础到上层建筑,都发生了意义深远的重大变化,取得了举世瞩目的发展成就。

二是坚持"两手抓,两手都要硬"的方针,把握改革、发展和稳定的关系。

三是坚持解放思想,抓住机遇,突出重点,以改革统揽全局,确立"发展才是硬道理"的观点,主动出击,发挥地理优势,形成联动发展和对外开放的新格局。

四是全村上下锐意进取、勇于争先、迎难而上、求真务实的结果。

五是牢固树立"以农为本,全面推进"的观念,走"贸工农"综合发展之路。

六是拓宽思路,注重选送优秀青年进修学习,干部队伍结构不断优化,年轻化、知识化程度得到体现。

七是强化管理,建立和健全各项制度,协调和调动各方面的积极因素,不断完善各种形式的承包经营责任制,有力支持"一、二、三"产业的健康发展。

大事记

三国(吴)

赤乌年间(238～251年) 吴国太出资兴建福严禅寺(碛碨寺)。宋祥符中敕赐寺额。

宋

嘉定十年(1217年) 永新村域,属昆山县泖川乡第七保。

△ 据《淞南志》(卷五)记载,一夕大风雨,碛碨福严寺忽倾,声震50里外,墙内蜈蚣皆长二尺许,瓦鳞内所实禾,结存者皆自根起穗云。

△ 据《淞南志》(卷五)记载,碛碨福严寺庙下村民垦田稍深,中有古井,井壁以砖,形如偃月,鳞次而成;浚(挖深)之得甘泉,土人取砖作砺(磨刀石),坚细异常。

元

至元初(1264年) 福严禅寺(碛碨寺)僧友山复鼎新。

明

洪武六年(1373年) 碛溪李庸建道褐浦桥。道褐浦桥位于碛碨东南村东侧的道褐浦上,东西向,石桥,村民俗称乌龙桥。清朝嘉庆元年(1796年)里人重建,今桥不存。

洪武十九年(1386年) 碛碨寺僧泽云建剪松亭,剪松亭构建雷音阁,与亭相接,叶文庄公(叶盛)有剪松亭杂咏。

永乐年间(1403～1424年) 隐士孙俊在碛碨村建南溪草堂三楹(间),隐居不愿做官,每日与两三位乡老觞咏。

天顺年间(1457～1464年) 碛碨寺僧文湛寺前建崇福桥,清朝嘉庆三年(1798年)重建,今桥完好。

清

雍正四年(1726年) 据《淞南志》(卷五)记载,淀山湖渔人言,元旦日正午,远闻湖中隐隐雷声起已,见彩云蔽空中拥大鲤腾跃而上,旁绕小鱼无数,须臾(片刻)云散声止,想是鲤者已化龙升天而去矣(龙卷风)。

光绪十三年(1887年)　里人募资重修薛塔庙。薛塔庙在南乡薛淀湖滨,相传庙前有宝塔,因以为名圩坍塔,塔址没入湖中。

光绪二十年(1894年)　在生区八图神童泾重建青莲庵前一进。

光绪二十六年(1900年)　清末神童泾名人郁鸿慈捐资把永安桥改建为石桥,共费银一千三百余元。永安桥,俗名北大桥,原系木桥,桥东位于生区五图,桥西位于生区八图,在神童泾村。

宣统元年(1909年)　永益村养正小学(碛礅小学、永益小学)创办。

宣统二年(1910年)　清末神童泾名人郁鸿慈募建北永安桥。民国《昆新两县续补合志》卷四"市乡"桥梁篇井亭乡目中记载:"北永安桥,俗名油车桥,原系木桥,在杨湘泾镇南黄土泾村西,位于水区十三图,跨陆虞浦,宣统二年(1910年),里人郁汝镶(鸿慈)捐资改建石桥,共费银二千余元。"

宣统三年(1911年)　神童泾名人郁鸿慈与沈山灵等人,集款创建一所完全小学——神童小学,学校面积300平方米左右,设一至六年级。

△　永新村域,属井亭乡。

中华民国

民国元年(1912年)　神童泾沈施祝开办轧米厂,厂房面积300平方米左右。

民国六年(1917年)　神童泾名人郁鸿慈用祝寿金建横泾桥,改称益寿桥。民国《昆新两县续补合志》有"重建益寿桥记"。益寿桥,原名从愿桥,桥跨横泾港,俗称横泾桥。桥塌已久,乡人深感不便。丁巳(1917年)仲春一个吉日,郁鸿慈七十二寿辰,亲族故旧为先生郁鸿慈祝寿送礼,鸿慈领受一百二十余金后说,各位为我祝寿,深表感谢,但我想用这笔祝寿金建横泾桥,大家说说,可以吗?如资金不够,愿为之解囊补足。众亲族故旧拍手称善。于是,郁鸿慈派人外出采石,动工造桥,两月竣工,计费三百余金。横泾桥建成后,乡人称便。

民国二十七年(1938年)4月　日军侵入沈家埭、新开泾和小港等一带,沈家埭村民蔡泉生在南巷被日军枪伤大腿;新开泾村民冯根林被日军枪伤大腿,因流血过多而死亡。日军再次侵入碛礅村,强奸村妇万某1人。又一次日军侵入,在杨湘东首大鸦桥塄,过路的小港村民柴阿四、新开泾村民冯木泉和阿泉宝3人,被日军用刺刀刺死。

民国二十八年(1939年)10月　日军在神童泾、庄里,抢走村民的大米1 000斤。

民国二十九年(1940年)5月　日军在彭安泾,刺伤村民罗用清腿、郁龙祥臂。

民国二十九年(1940年)5月　日军在神童泾抢走村民的大米40 000斤。

民国三十年(1941年)7月　日军在碛礅村放火烧毁稻草10担。

民国三十年(1941年)12月　永新村域,属昆山县第五区神童乡。

民国三十一年(1942年)5月　日军"清乡",在东石桥枪杀神童泾村民沈四根、枪伤神童泾村民沈福荣腿部。

民国三十二年(1943年)1月　日军"清乡",在碛礅抢走大米10 000斤,在彭安泾抢走牛1头、大米10 000斤。

中华人民共和国

1949 年

7月 废保、甲制,建区乡人民政权,永新村域的神童泾、金家港、六如墩、新开泾、沈家埭等自然村属淀东区井亭乡,永新村域的碛礇等自然村属淀东区杨湘乡。

1950 年

1月 昆山县区划调整,在淀东区以神童泾为中心建立乡,第一次命名为永安乡。

是年 碛礇村成立农委,并开始进行土地改革。

1951 年

是年 撤井亭乡,建永安、小泾、复兴、叶荡4乡,永新村域中的神童泾、金家港、六如墩、新开泾、沈家埭、碛礇、彭安泾等自然村归属淀东区永安乡;永安乡设5个联村。

1952 年

2月 碛礇后村办起永安乡第一个互助组——王祥龙互助组。之后,相继在碛礇村、东南村、彭安泾村办了张仁岐、张志明、翁申泉、瞿培祖、朱才良、张岳良、朱奎全等9个互助组,入组农户100户左右,占农户的80%左右,土地面积1 500亩左右。

是年 金家港凌近龙、凌杏清组织"联合互助组",吴凤其、凌雪龙组织"吴凤其互助组";六如墩钱岳良组织"钱岳良互助组",陆仁昌、周正龙组织"陆仁昌互助组",参加互助组的有11户51人,土地110亩。

△ 神童泾办了11个互助组。神童泾河西有4个组,组长分别为张寿生、周友龙、王志龙、朱火金;神童泾河东有6个组,组长分别为王支祥、王引福、沈卫民、沈根福、沈根全、周维炎;其他有1个伴工组。

△ 永义小学创办。1989年撤并到永安小学。

△ 永生小学在六如墩古庙创办,原名六如墩小学。1995年撤永生小学,并入永安完小。

1953 年

是年 淀东供销社受昆山中粮公司委托,代购代销粮食,在神童泾、碛礇及杨湘、金家庄、度城、榭簏、歇马等设粮食收购点和粮食供应点。1955年5月起,粮食购销任务移交给淀东粮管所经营,1957年食油购销业务也移交给淀东粮管所。原由供销社设立的神童等地的粮油购销点同时撤销。

1954 年

10月21日 淀东区人民政府对碛礇村的永益农业生产合作社205亩、翁申泉互助组126亩的水稻产量进行统计,亩产分别为584斤、556斤。数据表明,农业生产合作社的优越性充分显示。

是年 淀东区在贯彻宣传党在过渡时期总路线工作中,以碛礇互助组为试点,在永安乡成立第一个初级农业生产合作社(初级社),命名为永一初级社,因"一"与"益"方言谐音相同,"益"的含义比"一"更积极向上,便正式命名为永益初级社。是年,碛礇村相继建立永利、永春、永星初级社。

△ 新开泾组建永新初级社,沈家埭组建永胜初级社,小港组建胜利初级社。

△ 永新村域水灾严重。

1955 年

是年 六如墩先成立永胜初级农业合作社,社长王祥龙,会计谈仁龙,入社30多户,时称六如墩老社;六如墩又成立陆新初级农业合作社,社长王祖良,入社35户,时称六如墩新社;下半年,永胜、陆新初级农业合作社合并,名为永胜初级农业合作社,社长王祥龙,会计谈仁龙;金家港成立金星初级农业合作社,社长张在忠。

△ 神童泾河西成立永安初级农业合作社,社长朱金林,副社长朱火金;神童泾河东及庄里成立永利初级农业合作社,社长沈洪德,副社长顾阿三。

△ 新开泾部分农户与马家港农户合并,组建马新初级农业合作社。

△ 永安乡成立第一个高级农业生产合作社(高级社)——永益高级社,并在全乡建立第一个党支部,党支部书记张仁岐。高级社社长吴福全,主任张志明,会计王荣泉,全村130多农户全部入社,包括富农成分的农户也入了高级社,总面积1 840多亩。下设6个生产队,东南村为1队,队长谈云泉;后村为2队,队长严洪生;碛碑江北为3队,队长翁申泉;碛碑江南为4队,队长翁惠忠;彭安泾江东为5队,队长张岳良;彭安泾江西为6队,队长朱才良。

△ 永益5队与永安2队联合在彭安泾六度潭新开一条全长200米、宽10米左右的抗洪排涝的出水河道。

1956 年

12月 昆山县广播站直接放线,沿途线路与栗树干电话线共用,播送有线广播。永新村域各高级社办公室装有线广播,各相邻有关自然村将广播线安装双掷开关,利用五灯电子管收音机,通过变换线路,对着喇叭,向周边办公室喊话,起到对讲机作用。

是年 新开泾、马家港、小港、沈家埭自然村的马新社、永新社、永胜社、胜利社,合并成立永安乡第二个高级社,名为永二高级社。因"二"与"义"方言谐音相同,"义"的内涵是带领全社农民走社会主义道路,于是正式定名为永义高级社。永义高级社下辖1队(马家港)、2队(新开泾江东)、3队(新开泾江西)、4队(沈家埭江南)、5队(沈家埭江北)、6队(小港江东)、7队(小港江西)。

△ 永安、永利初级农业合作社合并,成立永安高级农业生产合作社,社长朱金林,副社长沈洪德。

△ 昆山县撤区并乡,改划九个区,淀东、茜灯合并为茜灯区,9月撤区并乡,原淀东区改为县属杨湘乡,辖杨湘、度城、陆桥3个中乡,永新村域中神童泾、金家港、六如墩、新开泾、沈家埭、马家港、小港、碛碑(含东南村、后村)、彭安泾9个自然村属杨湘乡度城中乡永安乡。

△ 金家港、六如墩两个初级社合并,成立高级合作社,两自然村干部群众决心永远胜过周边高级合作社,取名永胜高级合作社。随着时间的推移,"永胜"为"永生"。

1958 年

10月 实行政社合一,撤乡建人民公社,下设生产大队、生产小队,农民吃食堂。永新村域属淀东公社三营,由原永安、永利、永生、永义、永益5个高级社,组成永安(永利并入)、永生、永义、碛碑(永益)4个大队,下辖神童泾、庄里、金家港、六如墩、马家港、新开泾、沈家埭、小港、彭安泾、碛礇、东南村自然村。

△ "大跃进"期间,彭安泾村农户全部搬迁到碛礇村农户家居住。

1960年

是年 永生大队原2队、4队、5队拆队减小规模,由原来5个生产队拆成9个生产队。金家港东南角为1队;小金江江南、江北和金家港江东、江西中段为原来2队,是年拆队,分成2队和6队(金家港江东、江西中段);金家港江西北面(北横头)为3队;六如墩江东为原4队,是年拆队,南面为4队,拆开增加7队(六如墩江东北面);六如墩江西原为5队,是年一拆3个队,为5队、8队、9队。

△ 新开泾江东永义2队又拆成永义2队、8队。

△ 永益大队在高级社设置6个生产队基础上,拆队减小生产队规模,拆队后设10个生产队。东南村仍为1队;后村原2队拆开,增加7队;原3队拆开,增加8队;4队拆开,增加9队;6队拆开,增加10队。

1962年

是年 淀东人民公社调整行政区划,划分为金湖、复字、永字、民主、红字、新字片和一个渔业大队、杨湘居委,以永新村域为主体的永字片,辖永安、永生、永益(碛礇)、永勤(周新与群联)、永义五个大队,永安大队辖神童泾、庄里自然村,永生大队辖金家港、六如墩自然村,永益(碛礇)大队辖彭安泾、碛礇、东南村自然村,永群大队辖周家泾、王土泾、王泥泾自然村,永义大队辖马家港、新开泾、沈家埭、小港自然村。

△ 第一批苏州退职返乡职工到永益村安家落户。

△ 永生五队建成百头饲养场,全年饲养肉猪100头以上。

1963年

是年 永义大队的4队拆成4队、9队,永义大队的5队拆成5队、10队,永义大队的3队拆成3队、11队,永义大队的2队拆成2队、12队。1963年,永义大队下辖12个生产队。

△ 第一批苏州知识青年插队到永益大队。

1965年

是年 永益大队办了3所耕读小学。彭安泾耕读小学,学生12名;碛礇村江南徐德明客堂耕读小学,学生10名;碛礇小学南教室耕读小学,学生15名。3所耕读小学共有学生37名,半耕半读,主要解决大龄儿童读书问题。

△ 淀东供销社率先在碛礇村江南4组木桥南堍东侧草房内,试办双代店,后迁移到江北旧庙房内。双代店,业务上代购代销。1972年,在永新村域范围内扩展开办了永义、永生大队双代店。1973年,永安下伸店关闭,新开永安双代店。1992年,双代店转为私人经营。

1966年

3月11日 淀东公社党委任命柴云龙为永义大队党支部书记、任命张仁岐为永益大队党支部书记、任命王阿大为永生大队党支部书记、任命祝友良为永安大队党支部书记。

7月 "无产阶级文化大革命"运动开始,村域上下,高举毛主席画像,高喊"听毛主席话,读毛主席书,按毛主席指示办事"口号,声势浩大,气氛热烈。

是年 "社教"运动中,六如墩江西将1960年已拆开的5队、8队、9队归并为5队,俗称大五队,耕地面积500亩左右。是年,永生大队有7个生产队。

△ "社教"运动中,永益大队将已拆开的4队、9队和6队、10队进行合并,恢复为1960年拆队前的4队、6队规模,撤销9队、10队。永益大队由10个生产队变为8个生产队。

△ "四清"运动结束时,永义大队恢复为1960年的8个生产队建置。

△ 随着村域内各村就近电灌站的建成,从电灌站接电通电,开始使用电动机作为脱粒动力。

1967年

是年　随着村域内各村就近电灌站的建成,开始从电灌站接电通电,农民逐步淘汰原始照明工具,开始用上电灯照明。

△ 永安大队在神童泾村北、庄里村南、神童泾江东岸,率先办了粮饲加工厂,方便当地农民就近加工大米,粉碎饲料。

1968年

是年　永生大队组织青年开荒顾家潭,开荒后的顾家潭,成立永生大队副业队,由王会清负责带领10多人,开挖鱼塘养鱼,种植蔬菜、瓜果,种植的顾家潭水蜜桃,闻名全公社。1982年,顾家潭副业队解散,全部开挖鱼塘,当时由凌兆岐负责养殖。

△ 永生大队六如墩江西大五队又拆开,增加1个队为8队,至2012年,原永生村一直保持8个生产队。

1969年

2月10日　各大队成立革命委员会。柴林娟任永义大队革命委员会主任,徐仁林任永益大队革命委员会主任,屈福奎任永生大队革命委员会主任,祝友良任永安大队革命委员会主任。

3月1日　淀东公社在永益大队试点,创办第一个村级医疗站。

11月15日　淀东公社党委任命王阿大为永生大队党支部书记,任命祝友良为永安大队党支部书记。

1970年

12月　永新村域各生产队通了有线广播,农户基本家家装上广播喇叭,田头还装了高音喇叭,初具规模,音质音量有了改善。村民收听有线广播,从村头到田头,可不间断、完整地收听广播内容。

是年　恢复大队调解委及治保委。

1971年

4月15日　淀东公社党委任命王阿大为永生大队党支部书记、革命委员会主任,任命祝友良为永安大队党支部书记。

5月3日　淀东公社党委任命柴林菊为永义大队党支部书记。

1972年

2月12日　淀东公社党委任命冯引根为永义大队党支部书记,任命罗福泉为永益大队党支部书记。

1973 年

4月14日　淀东公社党委任命凌阿四为永生大队党支部书记、革命委员会主任。

是年　神童小学发展为戴帽子初中,名曰永安初级中学。1982年,永安初中最后一届毕业生毕业。1983年,戴帽子初中与小学脱钩,永安初级中学不保留。

1974 年

4月12日　冯引根任永义大队革命委员会主任。

4月12日　永益5队集体装砻糠到祝家甸换砖头,回来经过淀山湖,天已晚,又刮起大东南风,船沉没在淀山湖里,装砖三人全部淹死。为此事,中央发交通事故通报。

1975 年

1月8日　淀东公社党委任命郁小弟为永安大队党支部书记、革命委员会主任。

4月13日　淀东公社党委任命冯引根为永义大队党支部书记,任命罗福泉为永益大队党支部书记。

5月29日　罗福泉任永益大队革命委员会主任。

6月　连续下雨一星期,导致油菜籽发热霉变,经济损失严重。

1976 年

12月　制造业工业,从无到有,陆续开办。永安大队率先办了五金厂;永生大队办了铸件厂,改变了农村的生产方式,劳动力逐步向工业转移。

1977 年

10月1日　淀东公社继续将本镇城镇初高中毕业生中未升学的11人,安排到碛碾大队知青点当农民。

1978 年

春　永益大队建了第一座电灌站。

是年　永益小学翻建新校舍,位于永益双代店北侧。

1979 年

12月1日　淀东公社党委任命祝友良为永安大队党支部书记。

1980 年

是年　永新村域累计治愈血吸虫病人:永义大队为796人、永安大队为841人、永生大队为579人、永益大队为639人,未治夹杂症病人4个大队仅剩11人。1985年,粪便化验结果,4个大队阳性数均为0。

1982 年

3月31日　淀东公社党委任命郁小弟为永安大队党支部书记。

4月24日　淀东公社287个生产队实现了三业分开,大组联产的有244个,小组联产的有11个,联产到劳的有32个生产队,永新村域相应展开。

是年　永益大队4队又拆成4队、9队,至此永益大队(村)一直保持9个生产队。

△　永义大队重新拆队,3队拆出9队,4队拆出10队,5队拆出11队,8队拆出12队。1982年,永义大队下辖12个生产队。

△ 昆山县第二次土壤普查,永新村域地势较高,成土母质,为湖相沉积物,质地黏重,微酸性—中性,土壤组合以黄泥土为主,镶嵌分布有乌底黄泥土、灰底黄泥土、粉沙底黄泥土、泥炭底黄泥土、粉沙心黄泥土、小粉底黄泥土、青泥土、乌山土、青紫土等11种土壤类型。

1983年

1月18日　蔡道元任永义大队长,翁留根任永益大队长,陈耀芳任永生大队长,张其龙任永安大队长。

6月　政社分设,淀东人民公社改建淀东乡,永新村域隶属关系不变。村域内有永安、永生、永义、永益4个行政村(大队),4个行政村共有41个村民组(生产队)。

8月6日　永生村以红亮村为样板,建成有线广播规格化村。

8月14日　蔡道元任永义村民委员会主任,张小林任永益村民委员会主任,张杏泉任永生村民委员会主任,张其龙任永安村民委员会主任。

12月　经苏州市水利局批准,千东联圩第一期工程正式开工,经过两年建设,到1985年年底,建成淀山湖大堤长14公里。

1984年

4月6日　王泉林任永生村民委员会主任。

4月15日　淀东乡党委任命冯引根为永义村党支部书记,任命王荣泉为永益村党支部书记,任命凌阿四为永生村党支部书记。

6月18日　淀东乡党委任命郁小弟为永安村党支部书记。

10月16日　永义村以红亮村为样板,建成有线广播规格化村。

11月23日　淀东乡党委任命蔡道元为永义村党支部书记,任命王荣泉为永益村党支部书记,任命张杏泉为永生村党支部书记,任命朱浩飞为永安村党支部书记。赵小度任永义村民委员会主任,翁福明任永益村民委员会主任,王泉林任永生村民委员会主任,张其龙任永安村民委员会主任。

是年　双永路六如墩段砂石路面,是年建成通车;1994年改为沥青路面。东起永新村天星阀门,向西过1号桥、2号桥,西至曙光路,路宽6米,全长1.35公里。后装有路灯。

△ 双永路六如墩至沿湖大道段,是年建成沙石路面,1994年改为沥青路面,2010年改造拓宽成沥青砼路面,东起六如墩,西至沿湖大道梦莱茵游艇俱乐部,路宽15米,全长1.35公里,两侧有绿化带,装有路灯。

1985年

3月　在永生村六如墩东、金家港北筹办的乡办企业昆山印绸厂投产,专业生产印染布。建厂时,昆山印绸厂有职工117人,固定资产65.43万元,厂区面积3 320平方米,房屋建筑面积3 162.8平方米,其中生产用房2 325.2平方米,有运输船2艘。

4月19日　淀东乡党委任命王荣泉为永益村党支部书记,任命张杏泉为永生村党支部书记,任命朱浩飞为永安村党支部书记。张其龙任永安村民委员会主任。

5月25日至6月2日　中央血防办公室介绍上海科技电影制片厂,两次到淀东乡永益村,拍摄血防科教片镜头,其中有治愈晚血病人姬小弟在彭安泾江摇船劳动的镜头,有治愈晚血病人翁祖珍在神童泾江圩场门前,与姐妹们一起肩挑麦子的镜头。

是年　离永新村域最北侧1 000米左右的乡政府驻地杨湘泾,建成昆山至杨湘公路,并建公共交通客运站,永新村域百姓开始就近乘坐公共汽车进县城办事,一改以前进城坐轮船单程需近半天的状况。

△　据《昆山县水利志》"十万元以上单项工程统计表"记载,淀山湖防浪护岸是年竣工。该工程东起新开泾昆青交界,向西至金家庄沿堤,北至千灯浦口,全长13.11公里。工程顶高4.5米,底高程1.5米,总投资180.65万元。其目的是解决淀泖地区防洪标准不高的问题。

1986年

5月19日　柴生林任永义村民委员会主任(代)。

6月　杨湘泾新区朝南港东岸,建成一塔二泵、二池,日供水为2 000吨的自来水厂,先后向市镇区四郊延伸供水,北至石洋河的运输社,东至马安、东梅,南至永勤、永益,西到石灯村,永新村域永益村率先用上自来水。

是年　永字公路建成通车,砂石路面;1994年改为沥青路面,2004年改建成水泥路面,装有路灯。北起永利路,沿线经过碛硚桥(拆小香花桥重建)、永字路1号桥(崇福桥东边新建)、永字路2号桥(拆庄里桥重建),南至双永路,路宽6.4米,全长3.1公里。

1987年

3月16日　淀东乡党委任命翁福明为永益村党支部书记。

3月31日　钱永元任永益村民委员会主任。

9月23日　淀东乡党委任命蔡道元为永义村党支部书记,任命翁福明为永益村党支部书记,任命屈福奎为永生村党支部书记,任命朱浩飞为永安村党支部书记。

1988年

6月　撤淀东乡建淀东镇,永新村域隶属关系不变。

12月　永安、永义、永生、永益村分别成立老协会。

1989年

1月20日　永益村有线广播建成"动圈村",农户舌簧喇叭改为动圈喇叭,音质音量有了明显改善。

3月20日　淀东镇党委任命柴生林为永义村党支部书记。

5月6日　永安村有线广播建成"动圈村",农户舌簧喇叭改为动圈喇叭,音质音量有了明显改善。

11月4日　永生村有线广播建成"动圈村",农户舌簧喇叭改为动圈喇叭,音质音量有了明显改善。

1990年

2月7日　永义村有线广播建成"动圈村",农户舌簧喇叭改为动圈喇叭,音质音量有了明显改善。

3月20日　千东圩新开泾防洪闸工程竣工。该闸为提升式砼闸门,净孔5米,苏州市水利局拨工程费21.2万元。

9月26日　邬建平任永安村民委员会主任。

11月8日　淀东镇党委任命柴生林为永义村党支部书记,任命翁福明为永益村党支部书记,任命屈福奎为永生村党支部书记,任命朱浩飞任永安村党支部书记。蔡文新任永义村主任。

1991年

12月23日　淀东镇党委任命许士忠为永义村党支部书记,任命钱三毛为永益村党支部书记,任命张杏泉为永生村党支部书记。

12月24日　赵根夫任永义村代主任。

1992年

3月8日　香港民信投资有限公司和淀东镇签约,在小港自然村区域,合作兴办"昆山淀山湖体育游乐有限公司"(旭宝高尔夫球场)。

3月18日　香港欣荣有限公司和永益木器厂合资建成的"昆山欣荣装潢家具有限公司"正式投产,实现了淀东镇"三资"企业零的突破。

8月15日　薛德奎任永益村代主任。

11月4日　淀东镇党委任命许士忠为永义村党支部书记,任命钱三毛为永益村党支部书记,任命张杏泉为永生村党支部书记,任命邱俊元为永安村党支部书记。

10月7日　蔡道元任永义村代主任。

12月7日　淀东镇党委任命邱俊元为永安村党支部书记。

12月20日　永益村有线广播室建成达标村广播室,利用村广播室,向村民发布村级广播通知,召开农业技术讲座,指导农户管理好责任田。

是年　新建旭宝路,水泥路面,北起永利路,南至旭宝高尔夫球场,路宽15米,全长0.98公里,两侧有绿化带,装有路灯。

△　筑成中旭路(初名)土路基,位于碛碾村南侧,彭安泾、旭宝高尔夫球场北则,长度仅永字路到旭宝路。2003年、2004年、2006年、2010年四次进行路面改建拓宽,路段两头延伸,形成曙光路至淀山湖东西向路段,并更名为盈湖路(意为东联结上海青浦区的盈中,西联结淀山湖)。路宽从最初7米水泥路面,改建拓宽到30米的沥青路面。两侧有绿化带,装有路灯。

1993年

3月26日　经江苏省人民政府批准,淀东镇更名为淀山湖镇;永新村域隶属关系不变。

7月9日　翁福明任永益村代主任。

8月　永义村的小港自然村2个村民组,因旭宝高尔夫球场建设用地,村民房屋拆迁,安置在马安村。1997年,户籍迁往淀山湖镇安上村15组、16组,至此,永新村域内有39个村民组(生产队)。

9月25日　永安村有线广播室建成达标村广播室,利用村广播室,向村民发布村级广播通知,举办农业技术讲座,指导农户管理好责任田。

9月26日　永义村有线广播室建成达标村广播室,利用村广播室,向村民发布村级广播通知,举办农业技术讲座,指导农户管理好责任田。

12月30日　淀山湖镇永安、复光、榭麓三校的新校舍落成启用,总投资300万元,建筑面积3 405.75平方米。是年,镇教育现代化工程启动,镇政府投入巨额资金,改善学校硬件设施,易地改建神童小学,易名永安小学,并配以完备的现代化教学设备,为学校实施素质教育、提高教育质量提供了物质保证。神童小学原址改为村级工业用地。

1994 年

6月25日　淀山湖镇党委任命钱四毛为永益村党支部书记,任命叶金方为永安村党支部书记。

6月27日　王大奎任永安村代主任。

6月30日　在淀山湖畔度城潭西南侧,建成6万吨级第一期工程3万吨级淀山湖自来水厂,总管网43千米;供水管道镇区铺设铸铁管,农村周边铺设水泥自应力管,过桥架设卷板钢管,供水管道连接各个村,与各村自来水管网接轨供水,永新村域百姓全部饮用淀山湖自来水厂的自来水。

7月1日　淀山湖镇开通国际国内程控直拨电话,电话号码由6位升至7位。村域中4个村,村村实现了电话村。

7月10日　江苏省政府苏政复〔1994〕50号文件批准,昆山旅游度假区淀山湖旅游度假中心,享受江苏省省级开发区的同等政策。明确四址:东起永义、复明村,南临淀山湖,西至锦溪镇,北至石杨河,规划面积12.38平方公里。

12月　永益、永安、永义、永生村卫生室,经昆山市卫生局验收,达到合格标准,所在卫生室的乡村医生取得省颁乡村保健医生合格证书。其中永益村卫生室成为甲级村卫生室,经苏州市卫生局验收发证。

是年　建成中市南路,水泥路面,北起新乐路,南至永利路接永字路,路宽28.5米,全长1.05公里,永新村域约400米,两侧有绿化带,装有路灯。

△　建成永利路,水泥路面,东起中市路,西至复兴路,路宽28.5米,全长1.5公里,永新村域约400米,两侧有绿化带,装有路灯。

1995 年

5月6日　淀山湖镇党委任命钱四毛为永益村党支部书记,任命张杏泉为永生村党支部书记。

7月5日　淀山湖镇党委任命冯云根为永义村党支部书记。

11月25日　永生村有线广播室建成达标村广播室,利用村广播室,向村民发布村级广播通知,召开农业技术讲座,指导农户管理好责任田。

12月25日　淀山湖镇党委任命王大奎为永安村党支部书记。徐金毛任永义村代主任。

是年　昆山市委、市政府授予永益村"昆山市'六有十无'双文明村"荣誉称号。

△　撤永益小学,并入淀山湖中心校。

1996 年

2月16日　沈建高任永生村代主任。

4月3日　村民委员会第五届换届选举。徐金毛任永义村主任,吴阿五任永益村主任,沈建高任永生村主任,王大奎任永安村主任。

9月1日　永安小学高年级全部集中到淀山湖中心校就读,以充分利用现代化教育设施。

是年　永益村拆除1982年翻建的双代店、永益小学房屋,在永字路东侧原址,新建朝西开门的碛磈小市 10 间,每间建筑面积 40 平方米。是年,每间以年租金 3 000 元租给村民开店经商。

1997 年

7 月 20 日　淀山湖镇"晟泰集团爱心基金会"成立。第一次就筹集到资金 7 万多元,资助给永义籍白血病患者、淀山湖中学初一学生蔡永平 4 万元,这是第一位得到爱心会资助的受助者。

9 月 20 日　淀山湖镇党委任命杜秀春为永生村党支部书记。翁福明任永益村主任。

10 月 29 日　村党支部换届选举,经淀山湖镇党委批准,冯云根任永义村党支部书记,钱四毛任永益村党支部书记,杜秀春任永生村党支部书记,王大奎任永安村党支部书记。

12 月 14 日　淀山湖镇杨湘村、永益村通过江苏省卫生村苏州市考核检查组考核检查,达到了"江苏省卫生村"标准的基本要求。

是年　昆山市委、市政府授予永益村"昆山市两个文明建设先进村"荣誉称号。

△　昆山市委、市政府授予永益村"昆山市社会治安综合治理先进单位"荣誉称号。

△　昆山市综委、公安局授予永益村"昆山市'安全文明村'"称号。

1998 年

1 月 14 日　江苏省爱卫会授予永益村"江苏省卫生村"荣誉称号。

4 月 24 日　淀山湖镇党委任命徐建龙为永益村党支部书记。

12 月 12 日　1968 年插队落户淀东公社的 106 名苏州知青,在苏州市粮食局金阊分局局长黄致和及苏州市民政局副局长袁依群的带领下,回看第二故乡淀山湖镇,当年苏州插队知青金浩明、张国顺等到永益村回访。当年的苏州知青们还自掏腰包,向敬老院老人和幼儿园小朋友赠送了 3 000 多元礼品。

是年　永生大队调整产业结构,全村开挖精养鱼塘 34 个 550 亩。

△　淀山湖镇党委、政府授予永安村"淀山湖镇社会治安综合治理先进单位"称号。

△　昆山市综委、公安局分别授予永安村、永益村"昆山市'安全文明村'"称号。

△　农村进行"二改一同价"工程,改善供用电设施,提高供电质量,减轻农民负担,永新村域增设变压器 9 台,增加容量 800 千伏安,改造照明设备及脱力用电箱、个体动力箱等工程;家用电能表,全部由原来的机械电能表更换成电子电能表。

1999 年

2 月 1 日　村民委员会第六届换届选举。朱雪元任永义村主任,翁福明任永益村主任,张林元任永生村主任,沈兴珍任永安村主任。

5 月 20~23 日　富豪高尔夫中国公开赛在淀山湖镇永新村域旭宝高尔夫俱乐部举行。来自缅甸的选手卡拉汉以 4 天比赛低于标准杆 15 杆的成绩夺取冠军,美国选手坎那为亚军,江苏省体委主任孙晋芳、苏州市副市长朱永新及亚洲高尔夫协会和 VOLVO 汽车公司的代表参加了颁奖仪式。

6 月 30 日至 7 月 1 日　雨量大而猛,时间集中,昼夜降雨达 145 毫米,水位上涨达 4 米,超 1954 年历史最高水位(3.88 米)0.12 米。

10 月　韩国独资昆山天星阀业有限公司在永新村域关闭的昆山丝路达集团公司昆山印

绸厂旧址开业。

12月底　永新村域的永益村与其他村域的5个村,经市验收,基本实现电视村建设标准。该阶段输入的电视信号为模拟信号。

是年　淀山湖镇党委、政府授予永益村"淀山湖镇社会治安综合治理先进单位"称号。

△　淀山湖镇党委授予永益村"先进党支部"称号。

2000年

1月6日　撤销永安、永义村党支部,建永安联合村党支部,王大奎任永安联合村党支部书记。

1月12日　吴方新任永益村代主任。

5月18~21日　2000年富豪中国高尔夫球公开赛在淀山湖镇永新村域的上海旭宝高尔夫俱乐部举行。应中国高尔夫球协会邀请,美国、英国、澳大利亚、瑞典、南非以及亚洲各国和地区的144名职业高尔夫球员参加了公开赛。英格兰的西蒙·戴森以负13杆的总成绩夺冠,印度选手吉奥蒂·艾德哈瓦获亚军,美国选手艾哈迈德·巴特名列第三,中国选手张连伟与另两名选手并列第四名。

7月20日　淀山湖镇永益村、杨湘村通过市"两清"(清洁村庄、清洁家园)达标验收。

12月21日　淀山湖镇党委任命吴方新主持永益村全面工作,任永益村主任。潘美娟任永义村主任。

2001年

8月18日　经昆山市人民政府批准,实行行政村区域调整,淀山湖镇将所辖29个行政村撤并为11个行政村;其中永新村域,撤销永义、永安、永生、永益村,新建永新村,下辖39个村民组,隶属关系不变。是年末,有792户、2 944人,耕地3 476亩。

8月23日　淀山湖镇党委任命王大奎为永新村党支部书记。

10月6日　第七届村民委员会换届选举,吴宝娥任永新村主任。

10月18~21日　VOLVO中国高尔夫球公开赛在旭宝高尔夫球场举行,129名选手参加比赛,韩国选手韦昌秀夺冠。亚洲职业高尔夫协会主管、中国高尔夫协会秘书长、江苏省体育局副局长周旭,昆山市代市长王竹鸣等领导参加了颁奖典礼。

2002年

2月　永新村业余文艺宣传队(戏曲队)在金家庄村级农民业余剧团的影响下,应运而生。

是年　淀山湖镇政府授予永新村"征兵工作先进单位"称号。

△　淀山湖镇党委、政府授予永新村"社会治安综合治理先进单位"称号。

△　4个行政村独立广播室相应撤并,在永新村办公室新建合格标准化广播室,接收昆山市广播电台的调频讯号,向新建村范围的农户转播市电台节目;社长利用广播,向村民提前发布停电、停水等通知,让村民早作应对准备;召开农业技术讲座,指导农户管理好责任田。

2003年

3月30日　400多名干部群众,乘坐10辆大客车,前往昆山,参加市组织的"万人看昆山"大型参观活动,永新村40多名干部群众同去参观,先后参观了昆山出口加工区、城市公园、科技博览中心、房地产住宅小区、工业园、民营区和生态森林公园等。

6月28日　上海捷强389便利店在永新村社区(村办公大院)开张营业,经营商品1 500多种,永新村农民不出村,能基本购到所有日用品和副食品。这家捷强超市由昆山市供销合作总社投资18万元重点扶持,受益单位永新村免费提供空闲房屋,承包给专人经营。捷强超市与上海捷强总部电脑联网,由上海捷强集团昆山配销中心提供,每周定期送货一次,脱销商品,随报随时送达。新型购物方式与柜台式封闭经营模式相比,引起消费者广泛关注。

9月1日　全镇小学合并为一所小学——淀山湖中心校,永安小学的学生全部到淀山湖中心校上学,校舍仅保留永安幼儿园用房,其余成为永新村村民委办公室、永新村社区用房。

11月13~16日　由中国高尔夫球协会、亚洲职业高尔夫球会(APGA)主办的2003年VOLVO(富豪)中国高尔夫公开赛,在淀山湖镇的旭宝高尔夫球俱乐部举行,来自世界各地的108名选手参加了比赛。经过4轮角逐,中国名将张连伟以负11杆夺冠,泰国的威拉沧以两杆之差获亚军,澳大利亚的朴安河获得第三名,本次高尔夫公开赛,首次接纳普通老百姓进场观看,数千人次群众一饱眼福。

是年　沈家埭自然村因中旭房产用地拆迁搬移,4个村民组80多户村民动迁,其中4组、10组安置在淀辉新村,5组、11组安置在马安新村,自然村消失。

△　淀山湖镇党委授予永新村"社会治安综合治理先进单位"称号。

△　永义路,初为永义村级狭小道砟路面。是年,拓宽新建成水泥路面,北起中旭路,向南过2号桥、清远桥,接通双永路,路宽7米,全长1.9公里。

△　四村卫生室合并,名称改为永新村社区卫生服务站。

2004年

3月12日　江苏省建设厅在《新华日报》C3版公布,淀山湖镇永益村一棵古银杏,经江苏省建设厅组织园林绿化行政主管部门普查核实,树龄达1 700年,为江苏省树龄之最的一级古树名木。

3月26日　全国供销合作总社《管理周刊》第3版,较大篇幅摘登了淀山湖永新村综合服务站形成多功能综合服务区的调研文章。

5月　永新村域中市南路东侧过河、永利路东段北侧,建成镇管理单位的淀山湖污水处理厂,第一期工程日处理污水能力2 000吨,11月25日正式投入运行。

8月20日　第五次全国体育场地普查,永新村域有高尔夫球场1个1 332平方米,有4个棋牌室394平方米,有1个乒乓室56平方米,1个篮球场364平方米,1个台球房30平方米,1个健身点200平方米。

11月25~28日　第十届VOLVO高尔夫中国公开赛在淀山湖镇的旭宝高尔夫球场举行,来自30多个国家和地区的102名选手参加本届大赛。

11月30日　村党支部换届选举,淀山湖镇党委批准王大奎任永新村党支部书记。

12月　宝镇房地产开发有限公司取得土地使用权时间,在梦莱茵游艇(帆船)俱乐部北侧,投资7 500万元,建造淀山湖宁静湖边别墅。次年4月18日开工,2006年10月11日竣工,共建别墅43幢,建筑面积1.7万平方米,占地80亩。

是年　东恒海鑫房地产发展有限公司取得土地使用权,在旭宝路东侧、永利路南侧、碛碘村(永字路)西侧投资建造农房恒海国际花园。历年批准销售别墅466套,2014年前,共售出328套。

永新村志

△ 昆山市委、市政府授予永新村"实施'三有工程'先进集体"荣誉称号。

2005年

3月4日 第八届村民委员会换届选举,王大奎任永新村主任。

8月 受强台风影响,丁卫兵家房屋屋脊被风吹掉。

11月22日 改革基层党组织设置模式。中共淀山湖镇委员会发出"淀委发〔2005〕第55号"文件,具有一定规模的村组建党总支,任命王大奎为永新村党总支书记。党总支下设综合支部、老龄支部、企业支部,分别由王大奎、吴宝娥、沈兴珍任或兼任党支部书记。

是年 淀山湖镇党委授予永新村"先进党总支"称号。

△ 由淀山湖镇政府牵头,永新村组织老百姓投资,永新村富民合作社实施,在淀山湖镇钱安路东侧,建造打工楼,专为打工上班的新昆山人提供住宿服务。2005年正式开工,2006年4月底结束。打工楼5层楼面,50间,建筑面积2 930平方米。

2006年

12月底 全镇自来水管道连接市供水管道,同时淀山湖镇自来水厂停止制水供应。永新村自来水接轨昆山区域供水总网,饮用长江水源自来水。

是年 新开泾自然村河西28户因梦莱茵俱乐部建设用地拆迁搬移;2012年2月,新开泾自然村河东48户因梦莱茵俱乐部建设用地拆迁搬移,至此,新开泾先后两次搬迁,自然村消失。

△ 神童泾自然村整治工程被淀山湖镇政府列为实事工程。整治工程以科学、合理原则,邀请江苏省村镇建设服务中心进行规划,总投资1 025万元。工程有河道综合治理、基础设施改造、配套设施建设、环境及绿化整治四个方面。整治后的神童泾村,建成区面积0.15平方公里。

△ 江苏省建设厅授予永新村"江苏省村庄建设整治示范村"荣誉称号。

△ 苏州市供销合作总社授予永新村社区服务中心"2005—2006年度苏州市供销社系统先进集体"荣誉称号。

△ 苏州市依法治市领导小组办公室、苏州市司法局、苏州市民政局授予永新村"民主法治村"荣誉称号。

△ 昆山市委、市政府授予永新村"2003—2006年度人口和计划生育先进集体"荣誉称号。

△ 昆山市依法治市领导小组授予永新村"昆山市'民主法治示范村'"荣誉称号。

△ 昆山市委、市政府授予永新村"2006年度农村环境综合整治先进单位"荣誉称号。

△ 昆山市精神文明建设委员会授予永新村"昆山市精神文明建设特色村"荣誉称号。

△ 淀山湖镇党委、政府授予永新村"社会治安综合治理先进单位"荣誉称号。

△ 淀山湖镇党委授予永新村"先进党总支"荣誉称号。

△ 淀山湖镇汽车站出发的永新村公交环线开通,每天5班,从淀山湖镇汽车站发车,行走中市南路、永字路、中旭路、永义路、双永路,返回时仅走永字路、中市南路。途中经过碛碙、彭安泾、新开泾、神童泾批发部、韩国独资天星水暖厂、永新村社区、碛碙,回镇汽车站。一票制,票价1元。

2007 年

1月29日至2月2日　连续多日下雪,2日积雪10厘米上下,雪灾严重,彭安泾罗建新、罗福元房屋被雪压断木梁,王美娟木器厂厂房倒塌。许多人家率先清除屋面积雪,以防房屋断梁倒塌。

5月11日　江苏省爱国卫生运动委员会授予永新村"江苏省卫生村"荣誉称号。

7月10日　党总支换届选举,沈兴珍任党总支书记。

11月12日　第九届村民委员会换届选举,王文奎任永新村主任。

是年　江苏省环境保护委员会授予永新村"江苏省生态村"荣誉称号。

△　江苏省档案局授予永新村"档案工作二级单位"荣誉称号。

△　苏州市"行动"领导小组授予永新村"全国亿万农民健康促进行动"苏州市先进村荣誉称号。

△　苏州市依法治市领导小组、苏州市司法局、苏州市民政局授予永新村"民主法治村"荣誉称号。

△　昆山市绿化委员会授予永新村"村庄绿化示范村"荣誉称号。

△　昆山市爱国卫生运动委员会授予永新村"十佳卫生村"荣誉称号。

△　昆山市委授予永新村"实践'三个代表'实现两个率先先锋村"荣誉称号。

2008 年

8月15日　昆山市文物管理所确定,苏州思成古代建筑工程有限公司为崇福桥等4座古桥的维修中标单位。2009年1月7日,崇福桥维修结束,决算价8.8万元,昆山市和淀山湖镇两级人民政府共同出资。维修后的崇福桥基本保持原貌。

8月　由昆山宝镇房地产开发有限公司台商周肇源投资2 500万元,兴办的昆山梦莱茵水上运动俱乐部有限公司动工。2009年建成开放。2011年3月,经批准,又建5个水上屋、1个会议厅、1个婚礼厅以及大平台1 250平方米。

10月23日　永新村顺利通过昆山市级建设苏州市健康村复核评估。

是年　昆山市社区教育办公室授予永新村"昆山市级学习型社区"荣誉称号。

△　昆山市综合治理委员会授予永新村"社会治安综合治理(平安建设)先进单位"荣誉称号。

△　永新村民收看的有线电视,基本都转为数字电视。数字电视用户使用机顶盒,收看54个基本频道、10个免费测试频道。

2009 年

8月2日　凌晨4:00至14:30,普降大到暴雨,局部特大暴雨。外河水位超过警戒水位,日雨量147毫米,部分住宅受淹、道路积水、农田受涝。

10月　昆山中旭房地产发展有限公司取得土地使用权,在淀山湖北岸环湖大道北侧、原小港东南侧,投资建造"淀山湖壹号"住宅小区。历年批准销售别墅187套,2014年前,共售出47套。

是年　昆山市社区矫正工作领导小组授予永新村"2006—2009年度社区矫正工作先进集体"荣誉称号。

永新村志

△ 曙光路工程一期工程,起于曙光路与南苑路交叉口,终于苏沪交界,路线长3.57公里,一级公路兼城市道路,设计时速每小时80公里,一期实施双向六车道,路幅宽32米。2009年竣工,两侧有绿化带,装有路灯。

△ 永新村域3台供电变压器扩容650千伏安,使14台供电变压器总容量达1 750千伏安。农户老式电子电能表更换成日夜分时电子电能表。

2010年

8月25日　党总支换届选举,沈兴珍任党总支书记。

12月19日　第十届村民委员会换届选举,王文奎任永新村主任。

是年　投资500万元,实施六如墩自然村落整理项目。建设连接曙光路的支路300米,改造交通支路3 500平方米;实施农村污水截流工程,铺设道路雨水管、污水管网;改造和新建砖驳岸1 700米,增植绿化20 000平方米;建设停车场1 200平方米;安装路灯20盏,建设公共厕所两座,设置垃圾箱20套,建设健身点两处;房屋涂料出新40 000平方米;改造完善低压电线、电信线路、有线电视线、自来水管道等设施。整治后的村庄,占地0.07平方公里。

△ 苏州市委、市政府授予永新村农地股份专业合作社"苏州市十佳农村新型合作经济组织"荣誉称号。

△ 昆山市社会治安综合治理委员会办公室、昆山市综治委预防青少年违法犯罪工作领导小组、昆山市关心下一代工作委员会授予永新村"2008—2010年度昆山市零犯罪社区(村)"荣誉称号。

△ 淀山湖镇党委授予永新村"先进党总支"荣誉称号。

△ 淀山湖镇党委、政府授予永新村"2010年度综治(平安)建设先进集体"荣誉称号。

△ 淀山湖镇政府授予永新村"一村一品"第八套健身操团体赛桂花杯荣誉称号。

△ 是年新建永利路东段,沥青砼路面,东起曙光路,西至永字路、永利路口,道路宽28.5米,全长1.12公里,两侧有绿化带,装有路灯。

2011年

3月26日　淀山湖镇汽车站汽车发往永新公交环线,将原永新村线番号定为259路。行走中市南路、永字路、周家浜路、庞如路、双永路,双永路到梦莱茵调头向东,到金家港再调头返回向西,到永字路向北再走永字路、中市南路,回汽车站。途中经过磙碡、庄里、梦莱茵、神童泾、韩国独资天星水暖厂、六如墩、永新村社区、庄里、磙碡,回镇汽车站。车次加密,早晨6点至下午4点,车站整点发车,末班车发车稍晚5分钟,日发车12班。一票制,票价1元。

4月　马家港自然村因建设用地拆迁搬移,自然村消失。居民迁往镇淀山湖花园。

10月　彭安泾自然村河西39户人家(永新36组、35组部分),因建设用地拆迁搬移,安置在淀山湖花园,安置房111套。自然村河东尚存。

是年　苏州文化广电新闻出版局授予永新村"苏州市公共文化服务优秀村"荣誉称号。

△ 淀山湖镇党委授予永新村"先进党组织"荣誉称号。

△ 淀山湖镇党委、政府授予永新村"2010—2011年度敬老、爱老、助老先进集体"荣誉称号。

△ 淀山湖镇政府授予永新村"一村一品"24式太极拳团体赛桂花杯荣誉称号。

△ 淀山湖环湖公路(淀山湖大堤),结合苏州市水利工程,修筑成带有景观的环湖公路,

全长12.5公里。2011年全面竣工,两侧有绿化带,装有路灯。

2012年

1月 昆山市政府第49次常务会议审议通过的《昆山市保留村庄规划建设意见》,永新村的神童泾自然村、六如墩自然村,被列为江南水乡特色村,予以长久保留。

4月 永新村为提高村民生活质量、健康水平和物质文明程度,把村庄整治工作当作一项"民心工程"来抓,大力营造整治村庄、整治环境、改善村容、建设康居村的氛围。8个自然村共清理乱堆乱放杂物6 724立方米;河道沟塘整治7 201米;清理生活垃圾5 061吨;拆除乱搭乱建棚屋11 187平方米;外墙涂料粉刷17.105万平方米;拆除破旧房屋134.8平方米、不适当位置鸡鸭棚27个、违章建筑简易棚35个等,新建或改造工程11项,总投资187.53万元。

5月3日 淀山湖镇党委任命王文奎为永新村党总支书记。

6月7日 淀山湖镇汽车站汽车发往永新村的公交环线,将259路番号调整为359路,并对走向、站点进行调整。调整后,行走中市南路、永字路、双永路(到梦莱茵调头,到金家港再调头),返回时走曙光路、盈湖路(中旭路)、永字路、中市南路。途经碛碛、庄里、神童泾、永新村(社区)、梦莱茵、神童泾桥、金家港、倪家浜桥、六如墩南、六如墩北、东阳界(红星村)、碛碛,回镇汽车站。日发车次15班,早晨6点头班车发车,以后每50分钟发车一班。

12月 倡导低碳出行,旅游度假区永利路、盈湖路、双永路地段的自行车道建设完成,淀山湖镇民生工程之一的公共自行车及智慧单车系统开通。至2014年,永新村域设六如墩北、神童泾桥、梦莱茵公共自行车租借点,后增设碛碛公共自行车租借点,4个租借点设租借桩90桩,经常保持可租借车60辆左右。

是年 淀山湖镇汽车站汽车发往金家庄的公交257线,因淀山湖花园住宅区启用,在永利路永新村区域中,增设淀山湖花园南的上下客站。

△ 苏州市司法局授予永新村"苏州市规范化村(社区)人民调解委员会"荣誉称号。

△ 昆山市司法局授予永新村"2010—2012年度人民调解工作先进集体"荣誉称号。

△ 淀山湖镇政府授予永新村"九运会女子4×100米接力赛第二名"荣誉称号。

△ 淀山湖镇老龄委授予永新村"一村一品"柔力球展示活动组织奖荣誉称号。

△ 昆山市人民政府在淀山湖镇域范围内,实施道褐浦综合整治工程重点实事工程,对道褐浦两岸护坡进行改造,并在永新村域范围内,对道褐浦进行改道,工程总投资5 785.9万元。2012年全部完工,改道后的道褐浦,在保持流经红亮村至周荡村注入青浦县境的原貌外,在永新村域庄里江(东林江)右转改道,经庄里江、新开泾,入注淀山湖。

△ 永新村有线数字电视入户408户,收视率达87%,进村光缆总长度26 010米。村民收看的是昆山有线数字电视,基本频道共72个。

2013年

8月26日 党总支换届选举,王文奎任永新村党总支书记。

9月 香港主板上市企业——研祥集团取得土地使用权,在淀山湖东湖岸,双永路南侧、神童泾自然村西南侧建造荷玛诗湾别墅区。历年批准销售别墅481套,2014年前,共售出26套。

10月23日 永新村1组、2组、17组向上提交新增征(使)用土地情况申报表。昆山研祥智能科技有限公司新增征(使)用永新村1组土地87.555亩、2组土地116.098亩、17组土地

119.03亩。平均每人征地安置补助费金额分别为11 141元、16 611.4元、14 640.6元。

12月8日　第十一届村民委员会换届选举,陆志斌任永新村主任。

是年　苏州市委、市政府授予永新村"苏州市美丽镇村建设示范村"荣誉称号。

2014年

5月　彭安泾江东要求拆迁,自然村完全消失,累计涉及50户210人,安置在淀山湖花园;庄里要求拆迁,自然村完全消失,累计涉及32户130人,安置在淀山湖花园。

8月14日　昆山市慈善总会(基金会)永新村(居)慈善工作站成立。村(居)慈善工作站负责接收所属村(居)党员干部、群众、企业、私营业主、民间组织、社会爱心人士等的捐款。先后接受慈善人王成3 000元、蔡荣林3 000元、昆山市威斯敦橡胶制品有限公司1 000元、昆山惠丰纺织化工有限公司3 500元、昆山市淀山湖镇大光荣五金厂2 000元、昆山市尚宏木器厂1 500元、昆山汉派五会机械厂1 500元、昆山金氏金屑表面材料有限公司2 000元、昆山市维林木制品厂1 000元、昆山霍曼德木业有限公司5 000元、昆山仁和纸业有限公司1 500元、昆山立荣包装有限公司1 500元、昆山金纺印染助剂有限公司3 000元、昆山中意纺织助剂有限公司3 000元、昆山市淀山湖金胜纺织助剂厂3 000元、昆山龙贺纺织印染助剂有限公司1 000元、昆山研祥智能科技有限公司10 000元,计46 500元。8月22日,永新村4组村民蔡砚兮,因患白血病进行骨髓移植手术,给予救助金1万元;永新村18组村民赵丹丹,因家庭经济困难,给予救助助学金1 000元。

10月　上海静瑛投资有限公司入驻六如墩发展乡村游项目,租用民房5栋,作为民宿、餐饮、接待室;租用集体房屋2栋,用于咖啡小屋及休闲娱乐室。

11月18日　昆山市委宣传部、精神文明建设委员会办公室、妇女联合会授予金瑞珍家庭"昆山市'最美家庭'"荣誉称号。

12月31日　昆山研祥智能科技有限公司新增征(使)用永新村1组土地8.46亩、11组土地4.5亩。

是年　入选"苏州市村庄环境长效管理示范村"。

2015年

3月13日,昆山市乡风文明现场会在永新村召开。六如墩乡村游以"一心""五区"为定位,融合七彩田园、红星果品基地、晟泰稻米基地、环湖大道等资源,实现整体功能提升。"一心"为接待服务配套中心;"五区"为农事体验区、水上农业区、主题民宿区、高端休闲区、文化创意区。

3月25日　淀山湖镇党委任命吴方新为永新村党总支书记、镇工会副主席,免去城建党支部委员职务;免去王文奎永新村党总支书记职务,调任镇文卫创建党支部书记。

第一章

建置区域

永新村域,隶属江苏省昆山市淀山湖镇。淀山湖镇,旧称杨湘泾镇,古为杨及泾镇;1934年6月,为昆山第五区,辖井亭、杨湘两镇,金庄、逸水、神童、白米、度城、榭麓六乡。1937年11月,日军占领昆山,撤区建杨湘乡,将井亭、逸水划归青浦县。以后又多次变动,1949年初,为昆山县第五督导区。新中国成立后,淀山湖(杨湘、淀东)镇(区、公社、乡)区域范围名称多次变动,先后命名或更名为淀东区、杨湘乡、淀东公社、淀东乡、淀东镇、淀山湖镇,村级区域也相应多次变动。2001年8月18日,村域范围调整。调整前,有永义、永生、永安、永益4个行政村,辖12个自然村。小港、沈家埭、马家港、新开泾4个自然村先后搬迁。2012年,村内实有神童泾、庄里、金家港、六如墩、东南村、后村、碛碾、彭安泾8个自然村,其中神童泾、六如墩自然村为昆山市江南水乡特色村;下设39个村民组。

第一节 沿 革

一、沿革

永新村域,南宋嘉定十年(1217年),属昆山县湃川乡第七保;清宣统年间,属井亭乡;民国三十年(1941年),属昆山县第五区神童乡。

1949年7月,废保、甲制,建区乡人民政权,永新村域的神童泾、金家港、六如墩、新开泾、沈家埭等自然村属淀东区井亭乡,永新村域的碛碾等自然村属淀东区杨湘乡。

1951年,撤井亭乡,建永安、小泾、复兴、叶荡4乡,永新村域中的神童泾、金家港、六如墩、新开泾、沈家埭、碛碾、彭安泾等自然村归属淀东区永安乡。永安乡设5个联村。

1954年,昆山县区划有所调整,但永新村域自然村归属没有变动。

1956年,昆山县撤区并乡,改划9个区,淀东、茜灯合并为茜灯区,9月撤区并乡,原淀东区改为县属杨湘乡,辖杨湘、度城、陆桥3个中乡,永新村域中神童泾、金家港、六如墩、新开泾、沈家埭、马家港、小港、碛碾、彭安泾9个自然村属杨湘乡度城中乡永安乡。

1958年10月,实行政社合一,撤乡建人民公社,下设生产大队、生产队。永新村域属淀东公社三营,由原永安、永利、永生、永义、永益5个高级社,组成永安(永利并入)、永生、永义、碛碓(永益)4个大队,下辖神童泾、庄里、金家港、六如墩、马家港、新开泾、沈家埭、小港、彭安泾、碛碓、东南村自然村。

1962年,淀东人民公社调整行政区划,划分为金湖、复字、永字、民主、红字、新字片和一个渔业大队、杨湘居委会,以永新村域为主体的永字片,辖永安、永生、永益(碛碓)、永勤(周新与群联)、永义5个大队,永安大队辖神童泾、庄里自然村,永生大队辖金家港、六如墩自然村,永益(碛碓)大队辖碛碓(含后村)、彭安泾、东南村自然村,永勤大队辖周家泾、王土泾、王泥泾自然村,永义大队辖马家港、新开泾、沈家埭、小港自然村。

1983年6月,政社分设,淀东人民公社改建淀东乡,村域中大队改称村,生产队改称村民组;村、组隶属关系不变。

1988年6月,撤乡建淀东镇,村、组隶属关系不变。

1993年3月26日,经江苏省人民政府批准,淀东镇更名为淀山湖镇。村隶属淀山湖镇,组隶属关系不变。

2001年8月18日,经昆山市人民政府批准,实行行政村区域调整,淀山湖镇将所辖29个行政村撤并为11个行政村。其中撤销永义、永安、永生、永益村,以该四村原区域设立永新村,下辖39个村民组,村隶属关系不变,组隶属永新村。

二、区划

1951年,永新村域的永安乡设5个联村,一、二、五联村分别设上、下联村,辖15个自然村。详见表1-1-1。

表1-1-1　　　　　　　　　　永安乡五联村一览表

联村名	分设	所辖自然村	农委主任	村　长
一联村	上联村	神童泾	不详	不详
	下联村	庄里	不详	不详
二联村	上联村	六如墩	屈在定	谈仁龙
	下联村	金家港	张在歧	张在忠
三联村		马家港	徐木生	黄佰庆
		南行前(后属上海市)		
		新开泾	吴福春、孙玉山	柴仲法、冯道昌
四联村		沈家埭、	赵仲良	蔡仁清
		小港	柴玉岐、盛永祖	柴才香
五联村	上联村	碛碓	杨凤祥、严洪生	朱三林、翁申泉
		东南村、后村		
	下联村	彭安泾	罗金其	朱才良

互助合作化时期,先后组建31个互助组(永义村的互助组未统计在内)、11个初级社、5个高级社;1958年10月,实行政社合一,永新村域属淀东公社三营,下辖永安、永生、永义、碛碓(永益)4个大队;1983年6月政社分设,永新村域内有永安、永生、永义、永益4个行政村

(大队),4个行政村共有41个村民组(生产队);1993年8月,永义村的小港自然村2个村民组,因旭宝高尔夫球场建设用地,村民房屋拆迁,农户迁往淀山湖镇安上村15组、16组,当时户口仍属永义村。2001年夏,经征求意见,76名村民代表、66名党员干部全部赞成合并。见表1-1-2。是年8月18日,昆山市人民政府批准,实行行政村区域调整,撤永安、永生、永义、永益4个行政村,组建永新村,下辖41个村民组。行政村合并前(2001年8月)基本情况见表1-1-3。

表1-1-2　　　　　　　　2001年夏永新村行政村合并征求意见情况表　　　　　　　　单位:人

村名	应到村民代表	实到村民代表	党员干部	合计	赞成	不赞成
永义	20	13	15	28	28	0
永安	43	34	14	48	48	0
永生	16	13	21	34	34	0
永益	19	16	16	32	32	0
合计	98	76	66	142	142	0

表1-1-3　　　　　　　　2001年8月永新村行政村合并前基本情况

村名	村民小组(个)	总户数(户)	总人数(人)	耕地面积(亩)	水产面积(亩)	其他面积(亩)
永义	12	190	718	692	390	
永安	12	295	974	947	840	
永生	8	194	662	572	846	92
永益	9	179	604	860	450	6
合计	41	858	2 958	3 071	2 526	98

2001年年底,小港自然村2个村民小组户籍转入安上村。村民小组重新排序,与区域调整前原行政村排列对照,见表1-1-4。2003年始,又先后搬迁沈家埭、马家港、新开泾自然村,户籍不变。2012年年底,永新村下辖39个村民组。永新村域各历史时期行政区划对照,见表1-1-5。

表1-1-4　　　　　　2001年12月永新村村民小组排列与区域调整前原行政村排列对照表

调整前	调整后	调整前	调整后	调整前	调整后
永义1组	永新1组	永安4组	永新14组	永生5组	永新27组
永义2组	永新2组	永安5组	永新15组	永生6组	永新28组
永义3组	永新3组	永安6组	永新16组	永生7组	永新29组
永义4组	永新4组	永安7组	永新17组	永生8组	永新30组
永义5组	永新5组	永安8组	永新18组	永益1组	永新31组
永义6组	永新6组	永安9组	永新19组	永益2组	永新32组
永义7组	永新7组	永安10组	永新20组	永益3组	永新33组
永义8组	永新8组	永安11组	永新21组	永益4组	永新34组

续表

调整前	调整后	调整前	调整后	调整前	调整后
永义9组	永新9组	永安12组	永新22组	永益5组	永新35组
永义10组	永新10组	永生1组	永新23组	永益6组	永新36组
永安1组	永新11组	永生2组	永新24组	永益7组	永新37组
永安2组	永新12组	永生3组	永新25组	永益8组	永新38组
永安3组	永新13组	永生4组	永新26组	永益9组	永新39组

表1-1-5 永新村域各历史时期行政区划对照表

村名	2012年年底		区域调整后		区域调整前			互助合作化时期		
	村民组别	搬迁情况	村民组数	村民组别	村名	村民组数		互助组数	初级社名	高级社名
						组别	组数			
马家港	1	淀山湖花园	1	1	永义村	1	1	9	马新、永新、新沈	永义
新开泾	2、6、10	淀山湖花园、淀辉新村	3	2、6、10		2、3、8、9、12	5			
沈家埭	3、4、7、8、5、9	淀辉新村	6	3、4、7、8、5、9		4、5、10、11	4			
小港	归属安上村	马安新村	0	调整后不久，归属安上村		6、7	2			
神童泾	11、12、13 15~22		11	11、12、13 15~22	永安村	1~3 5~12	11	18	永安、永利	永安、永利
庄里	14		1	14		4	1			
金家港	23、24、25、28		4	23、24、25、28	永生村	1、2、3、6	4	4	金星、陆星、永胜	永生
六如墩	26、27、29、30		4	26、27、29、30		4、7、5、8	4			
东南村	31		1	31	永益村	1	1	9	永利、永益、永春、红星	永益
后村	32、37、		2	32、37、		2、7、	2			
碛碶	34、37、38、39		4	34、37、38、39		3、4、8、9	4			
彭安泾	35、36		2	35、36		5、6	2			
合计	39		39	39		41	41	40	11	5

备注：表中列"区域调整前"和"区域调整后"的"区域调整"，是指志书年限内最后一次行政村区域调整，区域调整日为2001年8月18日。

第二节 村 境

一、四至

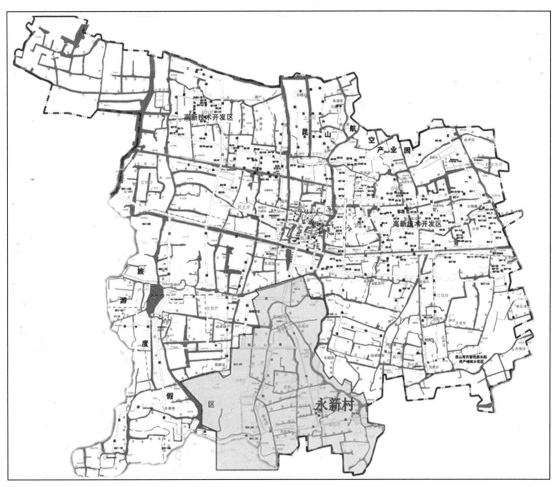

永新村在淀山湖镇位置图

永新村位于淀山湖镇南部,东邻红星村,南与上海市青浦区朱家角镇接壤,西与度城村、兴复村相邻,北接杨湘泾村王土泾、王泥泾自然村。

附:区域调整前各行政村村境

1. 永安行政村

位于淀山湖镇驻地南3千米、永新村域南侧,驻地神童泾。东靠永生行政村的六如墩自然村,南紧靠上海市青浦区朱家角镇的张家厍、南行前自然村,西与永义行政村的新开泾、沈家埭自然村相邻,北接永益行政村的彭安泾、碛碾自然村,辖神童泾、庄里2个自然村庄。

2. 永生行政村

位于淀山湖镇驻地东南4千米、永新村域东南侧,驻地六如墩东、金家港北厂区。东靠上海市青浦区朱家角镇的庄安泾、何家埭自然村,南接上海市青浦区朱家角镇的张家厍自然村,西与永安行政村的神童泾自然村相邻,北接东梅行政村的东阳界自然村,辖六如墩、金家港2个自然村庄。

3. 永义行政村

位于淀山湖镇驻地西南3.5千米、永新村域西侧,驻地新开泾。东靠永安行政村的神童泾、庄里自然村,东南紧靠上海市青浦区朱家角镇的南行前自然村,南沿淀山湖泊,西与复月行政村的东村自然村相邻,与千灯浦一河相隔,北接永益行政村的彭安泾、碛碳自然村,辖马家港、新开泾、沈家埭、小港4个自然村庄。

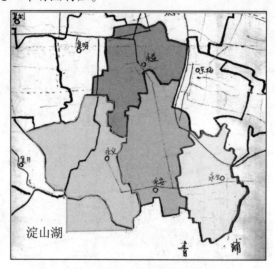

淀山湖镇永新村区域调整前行政区划图

4. 永益行政村

位于淀山湖镇驻地南1.5千米、永新村域北侧,驻地碛碳。东靠东梅行政村的梅家泾自然村,南连永安行政村的庄里自然村,西与复明行政村的碛碳塘、南柱泾自然村相邻,北接永勤行政村的王土泾、王泥泾自然村,辖东南村、后村、碛碳、彭安泾4个自然村庄。

二、界桩

昆山市行政区域在淀山湖镇域内,界线号为"昆青(浦)线"的界桩共10处,在永新村域中共有2处,分别为马家港河西的313201A桩和马家港河东的313201B桩,保管人孙金夫。昆山市行政区域(淀山湖镇域部分)界线界桩管理与维护统计表,见表1-2-1。

附:淀山湖镇域部分界线界桩管理与维护统计表

界线号:昆青(浦)线
界线起止点:西起赵田湖中心,北至白米泾河北
总长度:26.48公里

表1-2-1　　昆山市行政区域(淀山湖镇域部分)2004年界线界桩管理与维护统计表

村　名	界桩地址	界桩号	保管人
金家庄	金家庄西嘴(小学)	3132010	邵如苟
永新	马家港河西	313201A	孙金夫
永新	马家港河东	313201B	孙金夫
红星	田埂上	313200N5(测)	黄炳林
红星	田埂水渠交汇	313200N6(测)	黄炳林
红星	庄河泾粗河角	313200N7(测)	黄炳林
晟泰	石浦港桥南河西	3132012A	徐进龙
晟泰	石浦港桥南河东	3132012B	徐进龙
双护	西古塘堤岸处	313200N8(测)	王月英
双护	石浦港与水沟交汇处	313200N9(测)	邱培芳

(资料来源于淀山湖镇民政办公室2004年度档案)

第三节　村名由来

永新村,2001年8月8日,行政村区域调整新组建的行政村,由原永安、永生、永义、永益行政村组成,这4个村都是1962年淀东人民公社调整行政区划时的"永字片"所在村,4个村的第一字都是"永"字,于是,村名第一字取"永"字,概括了4个村的全部,第二字"新",既说明行政村是新组建的,又象征着新组建的行政村,以全新面貌出现,革除旧的,换上新的、进步的,以欣欣向荣的风貌展现在世人面前,故命名为永新村。

附：区域调整前各行政村村名由来

1. 永安行政村

永安行政村名,由来于神童泾北侧的"永安桥"。

永安桥,清末神童泾名人郁鸿慈募建。郁鸿慈独力改建两座石桥,分别起名为永安桥、北永安桥,意在让百姓永远安康。新中国成立前,以神童泾为中心建立的小乡,都称神童乡。1950年1月,昆山县区划调整,在淀东区以神童泾为中心建立的乡,第一次命名为永安乡。

2. 永生行政村

永生行政村名,沿用"永胜高级社"名方言谐音。1956年,金家港、六如墩两个初级社合并,成立高级合作社,两自然村的干部群众决心大,一定要胜过周边高级合作社,便取名永胜高级合作社。后为了不与临近的永胜初级社(沈家埭农户组建)发生历史混淆,根据方言谐音,通过一段时间演变,"永胜"改为"永生"。

3. 永义行政村

永义行政村名,沿用永义高级社名。1956年,原永义村域,由马新社(马家港和新开泾部分农户组建的初级社)、永新社(新开泾农户组建的初级社)、永胜社(沈家埭农户组建的初级社)、胜利社(小港农户组建的初级社)四个初级社合并建成高级社,时任永安乡乡长、党支部书记张仁岐在成立大会上宣布:"今天成立的高级社,是永安乡第二个成立的高级社,第一家是碛碾,叫永益(一)高级社,第二家就叫永二高级社。"因"二"与"义"方言谐音相同,"义"的内涵是带领全社农民走社会主义道路,于是正式定名为永义高级社。

4. 永益行政村

永益村名,沿用永益初级社、高级社名;曾用名碛碾村,以自然村命名。1954年,淀东区在贯彻宣传党在过渡时期总路线工作中,以碛碾互助组为试点,在永安乡成立第一个初级农业生产合作社,命名为永一初级社,因"一"与"益"方言谐音相同,"益"的含义比"一"更积极向上,便正式命名为永益初级社。是年,碛碾村相继建立永利、永春、永星初级社。1955年底,碛碾村永益、永利、永春、永星初级社合并,在永安乡成立第一个高级农业生产合作社,理所当然沿用"永益"之名,命名为永益高级社。公社化建永益大队,后一度遗失公章,为避免产生非正常问题,1960年前后两年多时间内,经上级同意,更名为碛碾大队。1962年实行"队为基础,三级所有"体制后,重新启用"永益大队(村)"名,一直沿用到2001年区域调整时。

第四节 自然村落

从历史的发展来看,永新村的自然村,都在新中国成立前的很久时期就形成。根据1700年古银杏的存在,碛碾自然村的历史至少可追根溯源到三国时期,甚至马家浜文化时期,各自然村,昆山历代地方志早有记载。从现存自然村的位置来看,自然村都分布在大小河流的河岸两侧,这与方便饮用水、船只水上交通有密切关系;自然村与自然村之间距离一般都在1~2千米之间,相互往来比较方便,自然村与自然村之外空间,都是有水资源的耕地,自然村域中的人群所拥有的耕地,一般都在自然村周围,出去种田路途较短,比较方便。随着时代的前进,经济的发展,尤其进入21世纪后,一些自然村因工业用地、房地产用地,农户搬迁,自然村消失。至2012年年底,小港、沈家埭、马家港、新开泾4个自然村完全搬迁。神童泾、六如墩被列为长久保留自然村,其他尚存自然村有庄里、金家港、东南村、后村、碛碾、彭安泾6个。村落分布,见自然村分布图。

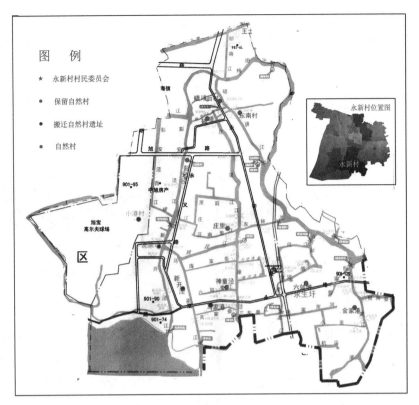

永新村自然村分布图

一、长久保留

1. 自然村名由来及历史沿革

（1）神童泾

神童泾，村庄形似蛟龙，北浜、南浜似龙脚，长条形村庄像龙身，故原名神龙泾，2012年属淀山湖镇永新村。

清末，神龙泾名人郁鸿慈，在外做官，回乡探亲，便衣打扮，故里人不知其真实身份。一次，郁鸿慈回村，去上海虹桥看望好友，才在神龙泾亮出了身份。

郁鸿慈每次回家探亲，善于调查研究，设法解决地方实际困难。他先后独力改建永安桥、北永安桥、益寿桥；与沈山灵等募建神童小学。

神童新姿

郁鸿慈发现村民缺少文化，宣统三年（1911年），他与沈山灵等人，集款创建一所完全小学。村上人都对郁鸿慈十分推崇，称他是村里的神童，为了感谢郁鸿慈为村民办学，把学校取名为"神童小学"，把神龙泾改名为"神童泾"。

神童泾，1949年11月，属昆山县淀东区井亭乡；1950年1月，属昆山县淀东区永安乡；1956年8月，属昆山县杨湘乡度城中乡永安小乡；1958年10月，属昆山县淀东公社三营，区域内有永安和永利(神童泾、庄里自然村)高级社;1962年,属昆山县淀东公社(乡)永安大队(行政村);1988年,属昆山县(市)淀东镇,永安行政村;1993年,属昆山市淀山湖镇永安行政村;2001年8月,属淀山湖镇永新村。

(2) 六如墩

村庄东南有两个鱼池,南鱼池称南溇,北鱼池称北溇,中间仅二堤一河之隔,池水碧绿,夜晚月光下,二个孪生鱼池,似猫眼那样闪闪发光,绿光如灯,人们口头禅为"绿如灯",村名也被叫作"绿如灯"。在历史长河中,随着时间的推移,代代相传的村名"绿如灯",根据谐音,先后变换成"陆如灯""陆如墩",最后成了"六如墩"。又一说,六如墩,原缺水,江南发生大旱,农户颗粒无收,村上一陆姓大户开

六如墩

仓放粮,救济百姓,一跛足道士前往凑热闹,解下背上葫芦,声称只要装满即可,陆员外对葫芦灌粮,却许久未满,道士开怀大笑,让乡亲们在此葫芦倒取粮食,却户户倒满;原来该道士乃八仙之一,人称铁拐李;铁拐李为民做好事,解下葫芦,挂在村东上空,顷刻,神光闪烁,直辟大地,地上出现南北两个大小池塘,形似葫芦;铁拐李见陆员外乐善好施,点下金笔,为村庄取名"陆氏墩";后因文化变迁,成了"六如墩"。另又说,很早之前,曾有6位名人相聚村庄,被称为"六聚墩",后方言谐音演变,成了"六如墩"。

六如墩,位于原永生村的北侧。新中国成立前夕,属昆山县淀东区井亭乡;新中国成立初为淀东区永安乡二联村上联村;1952年由陆仁昌、周正龙组织11户农户创建互助组,钱岳良等13户农户创建互助组。1954年,组建永胜初级农业合作社,社长王祥龙,30户农户入社;后又办了另一个陆新初级农业合作社,社长王祖良,35户农户入社。1955年下半年,永胜、陆新初级农业合作社合并为永胜初级

六如墩依水木栏小游园

农业合作社。1956年,永胜、金星初级农业合作社合并建立永生高级社。1956年8月,属杨湘乡度城中乡永安乡;1958年属淀东公社三营永生高级社;1962年属淀东公社永生大队;1983年6月,属淀东乡永生村;1988年5月,属淀东镇永生村;1993年3月,属淀山湖镇永生村;2001年8月,属淀山湖镇永新村。

2. 农房分布状况

(1) 神童泾(见表1-4-1)

神童泾自然村北部农房坐落对照图

神童泾自然村南部农房坐落对照图

表1-4-1　　　　　　　　　　　神童泾自然村农房坐落对照表

代号	房主	代号	房主	代号	房主
1	永安玩具厂	27	马春林	53	吴永刚
2	大光荣五金厂	28	沈奎荣	54	俞大奎
3	吴小平	29	彭阿二	55	沈文青
4	吴元生	30	沈桂根	56	沈铁牛
5	吴林生	31	沈小四	57	沈建光
6	张惠兴	32	沈秋荣	58	沈阿兴
7	王小中	33	沈全荣	59	沈小连
8	吴永飞	34	沈杏福	60	沈阿大
9	吴永根	35	王士刚	61	吴彩平
10	顾秀珍	36	沈金龙	62	沈阿平
11	顾小弟	37	沈立松	63	吴正贤
12	顾介明	38	顾回春	64	屈继飞
13	陆子欣	39	张裕林	65	沈十海
14	杨阿泉	40	凌海元	66	沈桂福
15	陆建林	41	赵建平	67	沈永平
16	吴藕生	42	凌凤娥	68	吴　龙
17	沈抱林	43	沈小夯	69	沈四林
18	邹云川	44	沈进福	70	沈福金
19	周春元	45	唐留根	71	朱大波
20	周春荣	46	马伟林	72	沈大连
21	杨裕龙	47	吴永新	73	沈培林
22	沈培娥	48	沈雪春	74	后永安村楼
23	马金元	49	沈永兴	75	郁家新
24	徐建平	50	沈培福	76	郁家元
25	徐建中	51	沈培荣	77	吴雪荣
26	马建新	52	吴彩兴	78	沈仁兴

注：房主姓名，仅当地村民习惯称法，不一定组籍户主。

表1-4-1（续表1）　　　　　　　神童泾自然村农房坐落对照表

代号	房主	代号	房主	代号	房主
79	沈建中	105	程桂元	131	王四根
80	沈建龙	106	程道元	132	陆佩芳
81	程全兴	107	王炳生	133	潘伟荣
82	唐永仁	108	潘四根	134	朱国荣
83	王卫星	109	王夯三	135	沈佩林
84	蒋道元	110	王秋男	136	王阿夯
85	王炳林	111	王 斌	137	张一平
86	王仁林	112	王 夏	138	潘仁辉
87	程全福	113	王林荣	139	潘建华
88	沈生泉	114	程炳根	140	王大奎
89	沈金元	115	顾三元	141	王引珍
90	程其荣	116	郁小弟	142	张其龙
91	程雨生	117	沈仁泉	143	陆小荣
92	郁仁初	118	祝惠林	144	陆东荣
93	王裕高	119	沈金生	145	潘小弟
94	朱俊福	120	沈阿东	146	潘文荣
95	罗惠明	121	马金林	147	吴彩英
96	王小苟	122	沈雪华	148	吴静根
97	沈夫元	123	沈根男	149	潘仁荣
98	吴庆荣	124	沈华林	150	朱全荣
99	朱小夯	125	潘坤元	151	朱云奎
100	郁全兴	126	徐金生	152	潘阿腊
101	潘明元	127	张考林	153	陆仁明
102	吴三林	128	王国兴	154	潘阿夯
103	郁建荣	129	朱春荣	155	陆阿平
104	郁荣泉	130	陆友明	156	俞小红

注：房主姓名，仅当地村民习惯称法，不一定组籍户主。

表1-4-1（续表2）　　　　　　　　　神童泾自然村农房坐落对照表

代号	房主	代号	房主	代号	房主
157	周彩生	183	郁云弟	209	郁小夯
158	陆林珍	184	朱进奎	210	郁根中
159	张小大	185	王菊根	211	潘坤荣
160	朱阿元	186	刘金兰	212	赵建荣
161	朱永祥	187	陈根生	213	蔡海英
162	朱洪生	188	秦国强	214	郁家中
163	赵国杰	189	郁惠兴	215	郁阿夯
164	朱冬荣	190	陆建明	216	赵辰浩
165	潘冬冬	191	许成华	217	潘阿六
166	潘雪根	192	郁品荣	218	郁春荣
167	陆阿荣	193	郁明兴	219	郁正荣
168	陆道明	194	郁阿小	220	郁汉兴
169	潘金根	195	祝森林	221	郁土兴
170	王初珍	196	朱雪林	222	朱文清
171	吴锦华	197	郁建青	223	朱银海
172	潘阿六	198	沈学先	224	朱大夯
173	朱木根	199	王　成	225	潘阿六
174	朱浩飞	200	沈根土	226	朱海根
175	朱浩翔	201	吴　健	227	郁建兴
176	王进生	202	金佩根	228	郁海龙
177	沈生元	203	郁福明	229	郁伟高
178	王道中	204	郁建明	230	
179	王　强	205	郁正奎	231	
180	王武荣	206	祝秋林	232	
181	王志荣	207	郁建中	233	
182	王小荣	208	郁龙元	234	

注：房主姓名，仅当地村民习惯称法，不一定组籍户主。

（2）六如墩（见表1-4-2）

六如墩自然村农房坐落对照图

表1-4-2　　　　　　　　　　　　　六如墩自然村农房坐落对照表

代号	房主	代号	房主	代号	房主
1	屈建林	32	李林娟	63	王阿夯
2	张建荣	33	周建华	64	王全林
3	吴万兴	34	贾菊兴	65	沈耀忠
4	吴阿二	35	徐小娥	66	沈建林
5	沈全荣	36	陆建红	67	沈福良
6	吴见兴	37	陆小弟	68	沈志清
7	吴福荣	38	陆祖生	69	沈仁芳
8	陆骑兴	39	陆建林	70	沈建国
9	高阿六	40	陆会峰	71	沈阿三（拆迁房屋还在）
10	吴士龙	41	陆建生	72	周建中
11	屈福奎	42	陆小夯	73	王志高
12	唐建范	43	沈才芳（老宅）	74	陆福生（拆迁）
13	徐生龙	44	沈卫星	75	王惠明（拆迁）
14	吴斌洪	45	沈文荣	76	沈耀清（拆迁）
15	周元庆	46	沈进福	77	王振荣（拆迁）
16	吴永芳	47	沈再龙	78	王雪荣（拆迁）
17	张文元	48	沈永生	79	谈志芳（拆迁）
18	洪会林	49	吴彩兴	80	王海强
19	张兴林	50	王久初	81	王兴林
20	吴志刚	51	谈金荣	82	蔡林娟
21	吴万兴（老宅）	52	谈会荣	83	王会娥
22	吴俊峰	53	沈建高	84	王金岐
23	吴小夯	54	谈小度	85	谈阿二
24	陆会峰	55	王治芳	86	谈阿三
25	洪雪英	56	王品龙	87	王桂林
26	吴会荣	57	王海明	88	沈雪龙
27	吴玉龙	58	谈春泉	89	沈建龙
28	陈阿度	59	谈仲芳	90	王阿七（拆迁）
29	陈会兴	60	周白弟	91	朱伟（拆迁）
30	陆阿度	61	沈正新	92	
31	陈雪林（拆迁）	62	王阿末	93	

二、其他村落

1. 自然村名由来及历史沿革

(1) 庄里

相传1 000多年前,村里出了一名将军,人称"独孤臂",本领很大。淀山湖南滩庙里一位和尚听说后,便脚踏两个木制粪桶,从湖面上行走过湖,辗转来到村上探虚实。和尚一进村,见人就问:"谁是独孤臂?"说来也巧,问讯正好问到"独孤臂"身上,"独孤臂"不动声色,反问道:"找他有什么事?""听说'独孤臂'本事很大,我想会会他!"和尚毫不打弯地直言回答。将军听话听声,来者必有本事,不敢怠慢。两人一番对话,准备各显绝技。"独孤臂"请人牵来一头耕牛,停留在和尚身边,放下牛绳,轻步挪动到牛身一侧,略弯腰身,伸出双手,紧托住牛肚皮下方,只见将军使劲一提,瞬间将耕牛托起离地,缓缓走向河滩,一手继续托起牛身,放下一手为牛洗脚,和尚看得目瞪口呆,佩服得五体投地,真心拜将军为师。事罢,将军把牛抱进自家客堂屋里,放下耕牛,钉下木桩,把牛拴在木桩上。动情的和尚决定把将军真英雄豪杰的本领广泛宣扬,随即在附近村里游说将军独臂托牛洗脚的本事。人们纷纷问和尚,现在牛在哪里?和尚不停地回答,牛拴在木桩上,桩在屋里。问得多了,和尚回答简化了,说是"牛(拴)在(木桩上,)桩(在屋)里",后来"桩里"就成了这个村庄的代名词。时间长了,"桩里"就成了"庄里",成为村庄的名称。

庄里,1949年11月,属昆山县淀东区井亭乡;1950年1月,属昆山县淀东区永安乡;1954年,属昆山县淀东区永安乡;1956年8月,属昆山县杨湘乡度城中乡永安小乡;1958年10月,属昆山县淀东公社三营;1962年,属昆山县淀东公社(乡)永安大队(行政村);1988年,属昆山县(市)淀东镇永安行政村;1993年,属昆山市淀山湖镇永安行政村;2001年8月,属昆山市淀山湖镇永新村。

(2) 金家港

自然村有一条北起道褐浦,向南穿越村庄注入青浦朱家角西洋潭湖泊的金家港,村名以河取名。

金家港,位于原永生村的南侧。新中国建立前夕,金家港自然村属昆山县淀东区井亭乡;新中国建立初为淀东区永安乡二联村下联村;1949年11月,属淀东区井亭乡;1950年1月,属昆山县淀东区永安乡。1952年由凌近龙、凌杏清发起组织"联合互助组"。1954年,组建金星初级农

金家港

业合作社,社长张在其,70户左右农户入社,属昆山县淀东区永安乡。1956年,进入永胜高级社。1956年8月,属杨湘乡度城中乡永安乡;1958年,属淀东公社三营永生高级社;1962年,属淀东公社永生大队(行政村);1983年6月,属淀东乡永生村;1988年5月,属淀东镇永生村;1993年3月,属淀山湖镇永生村;2001年8月,属淀山湖镇永新村。

（3）碛碛

碛碛村，原名碛溪村。马家浜文化时期，淀山湖地区开始居住祖先。祖先们为这个居住地起名绞尽了脑汁。碛碛村是长江三角洲形成较早的地区，三角洲基底为扬子准地台的一部分，喜马拉雅构造运动中断沉降。第四纪新构造运动中，地壳和海平面频繁升降，最后一次大海侵结束后，长江携带的泥沙不断沉积，在江口发育成三角洲。祖先们认为，既然这里由长江泥沙冲积而成，那么就是水中的沙堆。

碛噢江北

而"碛"字，古人就把它注释为"水中沙堆、浅水中的沙石"，于是村名第一字为"碛"。可见，"碛"字具有严密的科学性和广泛的代表性。

在形成居住地的漫长过程中，村前流有一条淀山湖水淌过来的大水沟，长年累月，形成一条小河流，后人称"碛碛塘"。祖先们认为，村前后成河的大水沟，犹如山间不与外界相通的小河沟，而古人正好把山间不与外界相通的小河沟称为"溪"，后人将"溪"泛指小河流。于是村名第二字为"溪"，村庄全名定为"碛溪"。碛溪，许多文人墨客沿用下来，哪怕后来更名为碛碛村时，还是有许多文人喜欢引用。比如《淞南志》载："南溪草堂，在淞南之碛溪，明永乐中，隐士孙俊建，俊高隐不仕，筑草堂三楹，日与二三乡老觞咏其中，所著有南溪草堂集，叶文庄有草堂诗序。"又如《淞南志》载："道褐浦桥，跨道褐浦，明洪武中碛溪李庸建。"

碛溪村人杰地灵，人文荟萃，据史书记载，元朝有出身石浦后为碛碛金氏赘婿的叶苗，有福严寺僧至讷；明朝有掌乡赋的李庸，有封赠通议大夫吏部右侍郎的叶春，有福严寺老僧景燮，有隐士文人孙俊，有名医庄乐等。历史名人对村名的表述，越来越讲究。东汉末年，中国宗教历史上最早的寺庙之一——福严禅寺始建；三国时期，吴国开国国君吴大帝孙权，为圆吴国太孙夫人碛碛寺还愿之梦，下拨大笔建

碛噢江南

寺银两，将碛碛寺改建为具有皇家特色寺庙，占地3 000多亩，有房屋5 048间，寺园幽胜，梵宇宏伟，佛像庄严，佛氛纯真，规格之高，令人叹为观止。尔后，文人们将"溪"字更改为"奥"字，更能体现村庄特色。"奥"，指屋内西南角，也泛指房屋深处。规模雄伟、气势宏大的福严禅寺，必须走进寺园深处，细致入微观察，才能一探奥秘。于是，"碛溪"村就改为"碛奥"村。奥，后作"燠"，通"澳"，后作"墺"、"隩"，谓可以定居的地方。后来，"碛奥"村就更名为"碛墺"村。随着时代的变迁，人们认为，"石"总比"土"根基坚固，为体现村庄深厚的历史底蕴，就把"墺"字的土字旁更换成与"碛"字相同的石字旁，成"碛"字，"碛墺"村便成了"碛碛"村。

碛碛，1949年11月，属昆山县淀东区杨湘乡；1950年1月，属昆山县淀东区永安乡；1954

年,属昆山县淀东区永安乡;1956年8月,属昆山县杨湘乡度城中乡永安小乡;1958年10月,属昆山县淀东公社三营永益高级社;1962年,属昆山县淀东公社(乡)永益大队(行政村);1988年,属昆山县(市)淀东镇永益行政村;1993年,属昆山市淀山湖镇永益行政村;2001年8月,属昆山市淀山湖镇永新村。

（4）东南村

东南村

东南村,在碛碪村东南方位,里人俗称东南村,实为碛碪村的组成部分。碛碪村由前村、后村、东南村组成,后被地名部门把东南村单列为自然村。历史沿革同碛碪村。

（5）后村

后村,在碛碪村北边,房屋一般都是朝南开门的,南边一般都称前边,北边一般都称后边,故在碛碪村后边的村,里人俗称后村,实为碛碪村的组成部分。历史沿革同碛碪村。

后村

（6）彭安泾

彭安泾,原名彭有金。建村时,村上有一户姓彭的人家迁入,家境富裕,家中金器颇多,在地方上享有名声,为炫耀这户姓彭的人家,村名定为彭有金,因此而埋下祸根。因为彭家富裕,遭来土匪强盗频频抢劫,不仅彭家频遭抢劫,连周边百姓也深受其害。彭家为了躲避土匪强盗再来村上抢劫,又不忍心村上百姓遭殃,隐姓埋名搬出彭有金。土匪强盗得知有钱人家已经不在村上,便不再到村上扰民,村庄变得安宁起来。村民们就把"彭有金"改为"彭安泾"。又一说,村庄中间有河曰"彭安泾",以河取名。历史沿革同碛碪村。

彭安泾

2. 农房分布状况

（1）庄里（见表1-4-3）

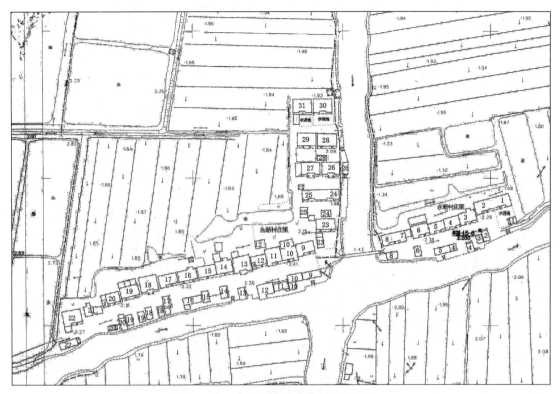

庄里自然村农房坐落对照图

表1-4-3　　　　　　　　　　　庄里自然村农房坐落对照表

代号	房主	代号	房主	代号	房主
1	倪春荣	12	沈祥根	23	沈志明
2	倪春峰	13	沈菊弟	24	王建林
3	倪志强	14	邬建平	25	陆阿兴
4	王惠明	15	沈木林	26	沈洪兴
5	王彩荣	16	沈积金	27	沈永光
6	王阿兴	17	顾阿奎	28	邬建中
7	王吉荣	18	沈阿夫	29	沈菊新
8	王　强	19	陆四根	30	王小苟
9	陆金奎	20	陆阿林	31	沈福明
10	陆海林	21	沈福根	32	
11	沈林根	22	沈永林	33	

(2) 金家港(见表1-4-4)

金家港自然村农房坐落对照图

表 1-4-4　　　　　　　　　　　金家港自然村农房坐落对照表

代号	房主	代号	房主	代号	房主	代号	房主
1	王云根	25	王雪荣	49	王志斌	73	凌阿兴
2	王雪根	26	韦平生	50	庄耀明	74	凌海螺
3	郁武荣	27	王根忠	51	庄建国(亡)	75	李志强
4	吕建国	28	张木全	52	张金元	76	凌亚明
5	王根元	29	朱建元	53	张耀云	77	凌亚荣
6	王雪弟	30	朱建荣	54	张祖强	78	凌有岐
7	王雪元	31	陈锋	55	张产生	79	凌秀法
8	王彩荣	32	陈荣	56	王元兴	80	凌金荣
9	王全林	33	邵士元	57	王元金	81	凌生荣
10	刘景林	34	史耀岐	58	王阿根	82	凌建珍
11	王建华	35	董新根	59	陈耀芳	83	凌根荣
12	王建军	36	董健	60	王雪弟	84	凌清
13	王秋荣	37	李光明	61	董雪荣	85	凌海荣
14	王全元	38	徐引弟	62	陈小夯	86	凌雄杰
15	王桂林	39	李志明	63	凌奎荣	87	钱治良
16	王火根	40	李明	64	陈江	88	陆海娟
17	王东全	41	凌惠荣	65	凌哲成	89	吴培林
18	王火明	42	陆道元	66	陈瑞根	90	赵菊英
19	吴巧明	43	王阿夯	67	凌观明	91	凌全根
20	吕其荣	44	陆其荣	68	凌观元	92	金林根
21	王东平	45	陆再芳	69	凌建国(拆)	93	凌新荣
22	王金荣	46	张林元	70	凌海生		
23	王培荣	47	李杏花	71	凌观荣		
24	王仁康	48	张杏泉	72	凌阿四		

注：房主姓名，仅当地村民习惯称法，不一定组籍户主。

(3) 碛碘 (见表1-4-5)

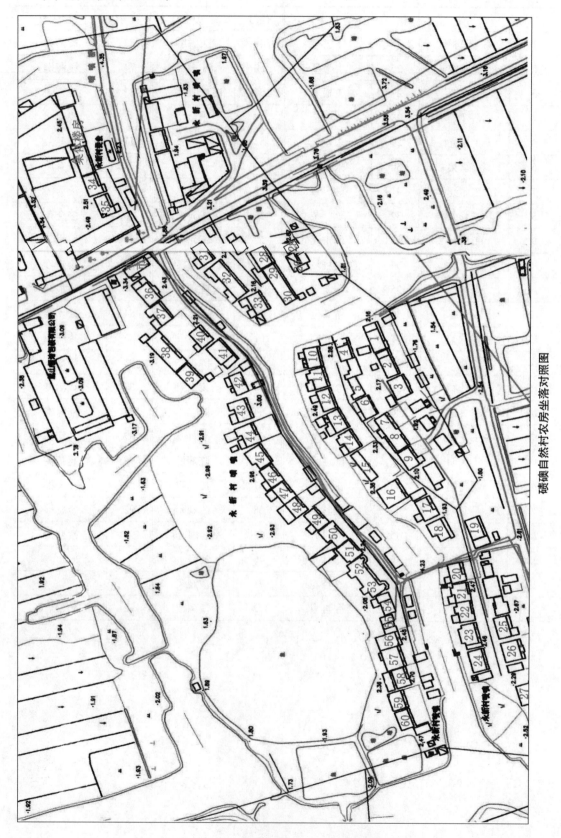

碛碘自然村农房坐落对照图

表1-4-5　　　　　　　　　　　　碛碍自然村农房坐落对照表

代号	房主	代号	房主	代号	房主
1	张小林	21	翁品元	41	吴兴林
2	张振才	22	王惠忠	42	王桂明
3	张孟华	23	翁荣男	43	瞿秀根
4	周小弟	24	张云林	44	戴荣生
5	张祥泉	25	翁幸福	45	戴小荣
6	张金泉	26	郭永祥	46	陆建荣
7	徐火生	27	翁小弟	47	陆海荣
8	徐海忠	28	钱小弟	48	翁金生
9	吴建明	29	瞿秀龙	49	翁品生
10	张品荣	30	瞿加观	50	翁小夯
11	王建忠	31	钱永元	51	吴培生
12	张振国	32	钱仁兴	52	严建新
13	张振帮	33	瞿品荣	53	翁留根
14	张孟荣	34	沈桂林	54	李云观
15	徐仁林	35	杨兴荣	55	陆四毛
16	吴小兴	36	朱菊生	56	戴三荣
17	蔡阿大	37	陆文华	57	吴阿林
18	翁福明	38	钱三毛 钱四毛	58	翁品兴
19	翁利明	39	徐建龙	59	翁祥云
20	赵进生	40	瞿小品	60	朱炳峰

注1：房主姓名，仅当地村民习惯称法，不一定组籍户主。

注2：代号1~16为永新村34组；代号17~27为永新村39组；代号28~33、35、38~45、56为永新村33组；代号37、46~51、53~55、57~60为永新村38组；代号34、36、52为永新村32组。

（4）东南村（见表1-4-6）

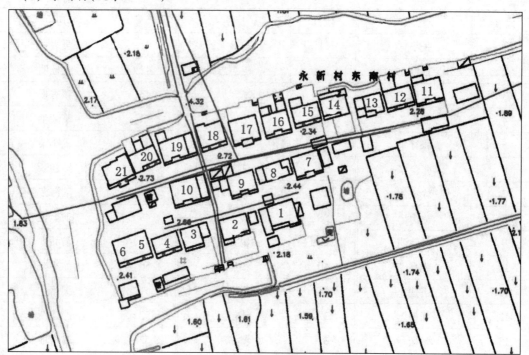

（碛硔）东南村自然村农房坐落对照图

表1-4-6　　　　　　　（碛硔）东南村自然村农房坐落对照表

代号	房主	代号	房主	代号	房主
1	陈永福	8	朱菊根	15	朱耀光
2	盛裕龙	9	盛小弟	16	朱炳根
3	朱小弟	10	陆云龙	17	朱菊明
4	朱月龙	11	朱雪龙	18	朱建平
5	朱昌明	12	朱关林	19	朱耀明
6	朱昌林	13	朱巧根	20	朱根荣
7	朱建国	14	朱凤根	21	陈永寿

注：代号1~21为永新村31组。

（5）后村（见表1-4-7）

（碛磈）后村自然村农房坐落对照图

表1-4-7　　　　　　　　　　　（碛磈）后村自然村农房坐落对照表

代号	房主	代号	房主	代号	房主
1	沈道林	13	沈小苟	25	王阿五
2	顾建平	14	沈炳根	26	陆雪林
3	陈永录	15	陶彩娥	27	陆菊泉
4	吴更福	16	王吹根	28	陆菊根
5	杨雪根	17	王根生	29	吴更生
6	王根明	18	沈祥林	30	王卫新
7	陆申福	19	沈惠兴	31	沈幸福
8	严金林	20	王惠国	32	董根泉
9	严建新	21	王正海 王阿三	33	沈菊林
10	严建军	22	王仲青	34	沈杏林
11	王泉生	23	沈惠平	35	严立新
12	王华明	24	沈菊祥	36	陶祥元

注：代号1～5、7～10、15、26～29、34～36为永新村32组；代号6、11～14、16～25、30～33为永新村37组。

(6) 彭安泾（见表1-4-8）

彭安泾自然村农房坐落对照图

表1-4-8　　　　　　　　　　　　彭安泾自然村农房坐落对照表

代号	房主	代号	房主	代号	房主
1	蔡双龙	21	朱雪荣	41	薛德奎
2	朱明扬	22	朱阿荣	42	薛德兴
3	朱清方	23	郁小苟	43	薛土英
4	朱阿大	24	蔡炳根	44	王阿大
5	朱阿四	25	郁士清	45	郁阿五
6	蔡小观	26	姬阿冬	46	吴小龙
7	蔡海龙	27	姬云林	47	薛 平
8	郁彩华	28	郁清方	48	薛小苟
9	郁福明	29	丁卫兵	49	王福奎
10	姬小弟	30	杨士林	50	朱阿二
11	姬云弟	31	吴三观	51	朱阿小
12	姬瑞昌	32	朱阿五	52	朱建德
13	蔡兴观	33	张建林	53	赵阿二
14	姬阿大	34	朱小苟	54	赵阿夯
15	张阿大	35	朱阿腊	55	罗建明
16	张贺龙	36	吴阿五	56	罗仁明
17	郁四龙	37	罗福泉	57	罗阿大
18	朱小毛	38	罗福元	58	罗正平
19	郁彩元	39	罗德平	59	朱金元
20	郁林元	40	罗建新		

注：代号1~31为永新村36组；代号32~59为永新村35组。

三、已废村落

1993年，小港自然村因旭宝球场建设用地，在全镇第一个拆迁搬移，自然村消失。2003年，沈家埭自然村因中旭房产用地拆迁搬移，自然村消失。2006年6月，新开泾自然村河西28户因梦莱茵俱乐部建设用地拆迁搬移。2011年，马家港自然村因建设用地拆迁搬移，自然村消失。2011年10月，彭安泾自然村河西（永新36组、35组部分）因建设用地拆迁搬移，自然村河东尚存，不列入完全搬迁自然村条目中记述。2012年2月，新开泾自然村河东因梦莱茵俱乐部建设用地拆迁搬移，至此，新开泾48户先后两次搬迁，自然村消失。见表1-4-9。

表1-4-9　　　　　　　　　　　　搬迁自然村基本情况表　　　　　　　　　　　单位：亩、户、人

编号	自然村	搬迁时间	搬迁原因	迁住地	村落面积	户数	人口	其中	
								男	女
1	小港	1993	旭宝球场用地	安上村15、16组	30	60	184	90	94
2	沈家埭	2003	中旭房产用地	马安新村 淀辉新村	30	54	324	165	159
3	马家港	2011	建设用地	淀山湖花园	11.9	21	89	36	53
4	新开泾	2006.06 2012.02	房产开发	淀辉新村 淀山湖花园	38	48	175	87	88

永新村志

1. 自然村名由来及简介

(1) 小港

因村间有一条小河,当地方言叫小港,故名小港。位于原永义村沈家埭自然村西侧,在淀山湖镇驻地杨湘泾西南3 000米左右处。南北向长条形竹节村,南北长200米,东西宽100米,村落面积30亩。东近原永义村沈家埭自然村,南邻新开泾自然村,西近原复月村东村自然村,北近彭安泾自然村。新中国成立初,与沈家埭自然村同属永安乡四联村,有42户102人,以种田度日。时任村长柴在香、农会主任柴玉岐。1953年,组建周一飞等4个互助组;1954年,组建胜利初级合作社,社长柴云龙,副社长盛永祖。1956年,进入永义高级社,河东、河西分别列为第六、第七生产队,队长分别是柴道香、柴友香。1956年8月,属杨湘乡度城中乡永安乡;1958年,属淀东公社三营五连永义高级社;1962年,属淀东公社永义大队。1983年6月,属淀东乡永义村;1988年5月,属淀东镇永义村;1993年3月,属淀山湖镇永义村。1993年8月,因高尔夫球场建设用地,村民房屋拆迁到马安新村,自然村消失。但当时仍有粮食任务要完成,1994年8月18日,由时任分管农业工作的副镇长朱桂扬主持,召

旭宝高尔夫球场

小港村民等搬迁兴建的马安新村

开了"粮食任务过拨"协调会,粮管所沙伯任、周文辉、唐国亮,永义村许士忠(镇机关下派干部,兼村支书)、蔡道元、徐金毛,马安村吴海奎、周爱兴、周洪元,分别为三方代表参加协调会。协调会仅解决粮食任务过拨问题,农户的户口仍属永义村。据昆山市自然村变迁图志淀山湖卷记载,自然村消失时,全村有60户184人,其中男性90人、女性94人。有14个姓氏,其中柴姓25户、郭姓15户、冯姓2户、黄姓2户、何姓2户、姜姓2户、盛姓1户、赵姓1户、徐姓1户、沈姓1户、蔡姓1户、周姓1户、顾姓1户、朱姓1户。全村村民主要以务工为主,部分村民种植水稻、三麦、油菜。全部失地面积434亩,其中耕地面积404亩。2001年8月,区域调整,据镇民政办向昆山市报告中可确定,户籍未变动;不久,户籍转往淀山湖镇安上村,为该村15组、16组。2012年年底,属淀山湖镇安上村。

(2) 沈家埭

浓家埭建村时沈姓人家多,故名沈家埭;搬迁前,却没有一户姓沈,其原因不得而知。位于原永义村新开泾自然村北侧,在淀山湖镇驻地杨湘泾西南3 000米左右处。东西向长条形村,东西长200米,南北宽100米,村落面积30亩。东接原永安村,南邻新开泾自然村,西近小港自然村,北近彭安泾自然村。新中国成立初,与小港自然村同属永安乡四联村,有40户166人,

以种田度日。时任村长赵仲良、农会主任祝友良。1954年，组建永胜初级合作社，社长蔡法清，副社长蔡岳良。1956年，进入永义高级社，沈家埭江的河南、河北及北村头，分别被列为第四、第五生产队，队长分别是蔡仁青、蔡岳良。1956年8月，属杨湘乡度城中乡永安乡；1958年，属淀东公社三营五连永义高级社；1962年，属淀东公社永义大队；1983年6月，属淀东乡永义村；1988年5月，属淀东镇永义村；

沈家埭

1993年3月，属淀山湖镇永义村；2001年8月，属淀山湖镇永新村。2003年6月，因中旭房产公司建设用地，村民房屋拆迁，自然村消失。自然村消失时，全村（未含北村头）有55户324人，其中男性165人、女性159人。有9个姓氏，其中蔡姓32户、朱姓5户、赵姓8户、俞姓2户、郭姓3户、冯姓1户、柴姓2户、王姓1户、何姓1户。村民主要以务工为主，部分村民种植水稻、三麦、油菜。全部失地面积547亩，其中耕地面积517亩。沈家埭村民迁往淀山湖镇淀辉新村。2012年年底，属淀山湖镇永新村。

（3）马家港

自然村西有一条小河叫马家港，村名以河取名。

马家港，位于原永义村的东南角，东西向长条形竹节村，东西长150米，南北宽50米；东接原永安村，南邻青浦区新华村南行前自然村，西靠淀山湖泊，北近原永安村。新中国成立初，与新开泾自然村及后来划为上海市青浦县朱家角乡新华大队的南行前自然村，同属永安乡三联村，有21户58人，以种田度日。时任村长黄伯庆、农会主任徐木生。1955年，与新开泾部分农户组建马新初级合作社，社长

马家港

吴金元，副社长徐泉林，会计黄金生。1956年，进入永义高级社，被列为第一生产队，队长徐泉林，副队长黄任良。1956年8月，属杨湘乡度城中乡永安乡；1958年，属淀东公社三营永义高级社；1962年，属淀东公社永义大队；1983年6月，属淀东乡永义村；1988年5月，属淀东镇永义村；1993年3月，属淀山湖镇永义村；2001年8月，属淀山湖镇永新村；2011年4月，因淀山湖镇建设用地需要，昆山研祥智能科技有限公司开发荷玛诗湾楼盘，村民房屋拆迁，自然村消失。全部失地面积164.17亩，其中村落面积11.9亩，耕地面积152.27亩，村民迁往淀山湖镇淀山湖花园。自然村消失前，全村有20户89人，其中男性36人、女性53人。有7个姓，其中黄姓7户、徐姓7户、吴姓2户、沈姓1户、顾姓1户、柴姓1户、姚姓1户。全村村民主要以务工为主，部分村民种植水稻、三麦、油菜。2012年12月，隶属不变。

（4）新开泾

自然村有一条穿越村庄、注入淀山湖的南北向河流，叫新开泾，村名以河取名。

新开泾，位于原永义村南侧。新中国成立初，新开泾自然村属永安乡三联村；有53户201人，以种田度日。时任村长柴仲法，农会主任先后为吴福春和孙玉山；1950年土地改革时期，村长和农会主任分别由冯道昌、吴三观担任。1954年，组建永新初级合作社，社长冯道昌，副社长吴三观。1955年，与马家港10多户农户组建马新初级合作社。1956年，进入永义高级社，河东被列为第二生产队，河西被列为第三生产队，分别由吴三观、柴三林任队长。1956年8月，属杨湘乡度城中乡永安乡；1958年，属淀东公社三营永义高级社；1962年，属淀东公社永义大队，河东第二生产队拆为二、八生产队，二队、三队、八队时任队长分别为吴三观、孙耀法、吴金根；此后，生产队班子多次调整。1983年6月，属淀东乡永义村；

荷玛诗湾

新开泾旧址建起梦莱茵别墅

1988年5月，属淀东镇永义村；1993年3月，属淀山湖镇永义村；2001年8月，属淀山湖镇永新村。2006年6月，宝镇房产开发用地，河西28户动迁，安置在淀辉锦园；2012年2月，因淀山湖镇建设用地，河东48户动迁，村民迁往淀山湖花园。此至，自然村消失，全部失地面积528.5亩。自然村消失前，全村有83户266人；有11个姓，其中吴姓22户、柴姓22户、冯姓21户、蔡姓5户、徐姓4户、孙姓3户、朱姓2户、乐姓1户、钟姓1户、许姓1户、赵姓1户。2012年12月，隶属不变。

淀辉锦园

2. 搬迁前农房分布状况

（1）小港

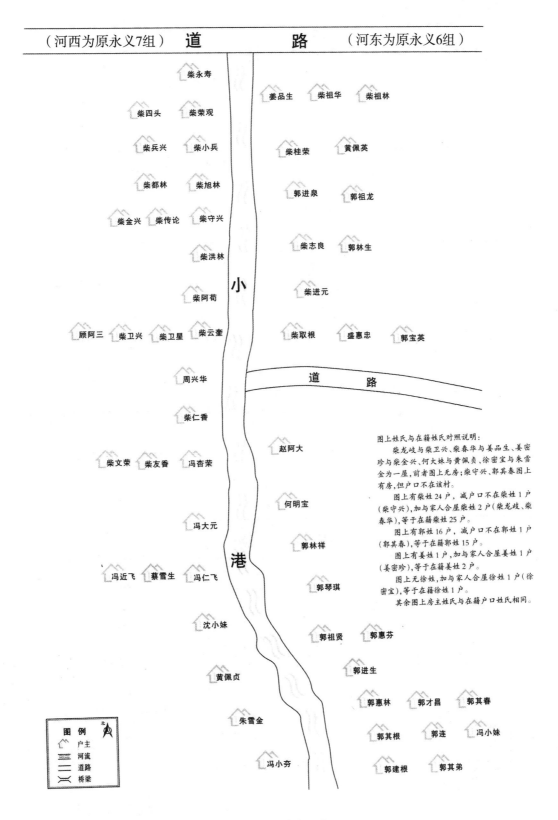

小港自然村农房坐落图

(2) 沈家埭

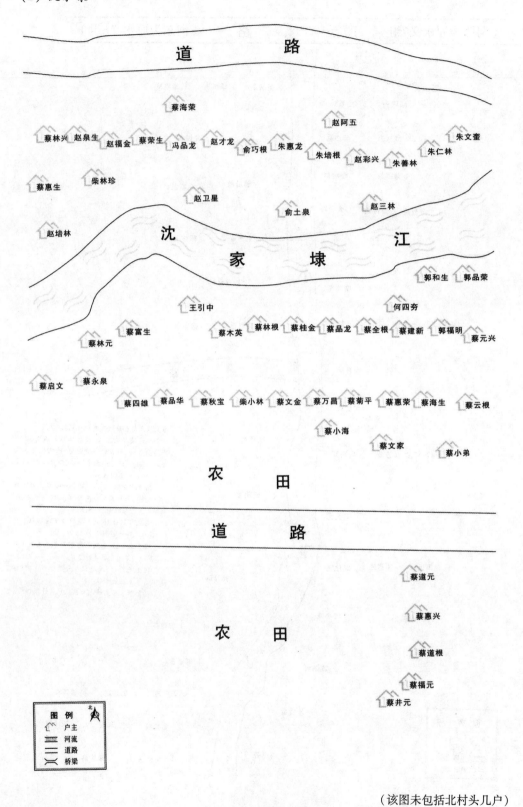

（该图未包括北村头几户）

沈家埭自然村农房坐落图

(3）马家港

马家港自然村农房坐落对照图

1.沈根林,2.黄金元,3.徐武云,4.徐勇,5.徐兴元,6.徐卫东,7.黄永元,8.徐士林,9.吴文生,10.徐小培,11.黄长泉,12.徐海平,13.黄士元,14.黄小荣,15.顾弟林,16.黄金龙,17.黄志龙,18.吴林根,19.黄佳龙,20.柴明珍,21.姚仲明,22.薛林元。

(4) 新开泾(见表1-4-10)

新开泾自然村农房坐落对照图

表1-4-10　　　　　　　　　　　　　　新开泾自然村农房坐落对照表

代号	房主	代号	房主	代号	房主
1	吴云根	30	柴海元	59	吴金华
2	吴幸福	31	柴定荣	60	冯建新
3	吴　勇	32	柴兴泉	61	冯卫新
4	吴雪洪	33	柴金元	62	冯建光
5	吴拥军	34	柴阿英	63	孙泉荣
6	冯四清	35	柴元青	64	孙云坤
7	吴玉英	36	蔡进福	65	朱小林
8	吴龙弟	37	柴雪龙	66	冯进元
9	吴彩华	38	柴金荣	67	徐海英
10	乐宝来	39	柴乾元	68	徐生元
11	柴建林	40	吴喜坤	69	冯祖林
12	柴玉明	41	柴三苟	70	冯海元
13	钟　俊	42	柴献忠	71	冯阿荣
14	柴文华	43	吴彩坤	72	冯福星
15	孙雪平	44	柴林根	73	冯卫星
16	蔡海荣	45	吴金龙	74	冯大本
17	蔡海勤	46	许桐云	75	冯夫英
18	吴根荣	47	赵建林	76	冯卫妹
19	朱仁龙	48	柴春林	77	冯泉根
20	吴明生	49	柴兴中	78	徐元龙
21	吴云龙	50	柴向东	79	冯金弟
22	吴仁德	51	柴向阳	80	冯培青
23	吴兵华	52	柴夫金	81	徐金毛
24	吴雪清	53	柴兵留	82	冯引根
25	吴雪元	54	吴林兴	83	冯引中
26	吴卫东	55	蔡三新	84	冯文元
27	蔡小青	56	原钣金厂	85	原羊毛衫厂
28	吴夫龙	57	冯　炜		
29	柴兴元	58	冯建华		

第二章 自然环境

永新村,地处长江三角洲太湖流域淀泖地区,位于昆山市东南边缘、淀山湖镇南部、淀山湖泊东北侧。东邻红星村,南与上海市青浦区朱家角镇接壤,西与度城村、兴复村相邻,北接杨湘泾村王土泾自然村。域区地理位置位于东经120°59′39″~121°2′15″,北纬31°8′38″~31°10′23″。

永新村离昆山市区及312国道、沪宁高速公路、京沪高铁等仅25公里左右,离南侧318国道直线距离仅10公里,距上海市区虹桥国际机场仅35分钟车程,陆路交通十分方便,水运四通八达。

永新村地势平坦,自然坡度小,陆地高程(吴淞零点)大多在3.21米以上,属平原半高田地区。

第一节 地 貌

永新村地形似一只昂首的麒麟,由原永义、永生、永安、永益四个行政村组成,东西最长处有2.7公里,南北长3.5公里,地势平坦,自然坡度小。村域面积8.02平方公里,其中可耕地面积2.15平方公里,园地0.04平方公里,村庄1.96平方公里,交通用地0.86平方公里,水域面积2.99平方公里,农用设施0.02平方公里。境内河流纵横交错,是典型的江南水乡区域。

永新村地势平坦,田面高程大多在3.2米以上、3.8米以下,属平原半高田地区。少数低洼田块的地面高程在3.2米以下、2.8米以上,20世纪70年代以前,基本上还是分散独立的自然小圩,一遇洪涝,难于抵御灾害。

据《昆山县水利志》记载,20世纪70年代永新村域建成半高田类型联圩有永生圩、碛磩圩。永生圩,东起道褐浦,南至西秧淀,西到青龙港,北止道褐浦,联圩总面积2 280亩,其中耕地面积1 490亩,圩内水域面积270亩,占11.8%,70%以上耕地的田面高程在3.2~3.8米,圩堤总长5.72公里,圩内建有2座77马力排灌站,排灌站每秒流量0.98立方米,抗涝能力180毫米,内有套闸1座、分级闸1座。碛磩圩总面积3 893亩,其中耕地面积2 902亩,圩内水域面积443亩,占11.4%,70%以上耕地的田面高程在3.2~3.8米,圩堤总长6.25公里,圩内建有 2 座 43 马力排灌站,排灌站每秒流量 0.46 立方米,抗涝能力 105 毫米,内有防洪闸 1 座。

境内有淀山湖一角、道褐浦等大小河流,成为域内灌溉、泄洪与运输的主要河道。

第二节 湖泊河流

一、淀山湖

淀山湖,位于永新村西南部,村域内有湖岸线 3 000 多米。淀山湖与上海市青浦县交界,又与大市镇、锦溪镇东南部相连。全湖面积 63 平方公里,合 9.45 万亩,平均水位 2.36 米,水深 2.5 米,蓄水量 1.6 亿立方米。淀山湖北岸约 40 公里湖岸线属昆山市,水面约 23 025 亩,淀泖水系的吐纳之宗,具有调蓄灌溉、养殖与航运之利。

淀山湖上游太湖之水,由急水江(锦溪镇境内)注入湖内,北通吴淞江,南经上海市青浦县境内拦路江流入黄浦江入东海。沿淀山湖北岸东部,属淀山湖镇,境内区域调整前,有官里、复新、复光、淀山、淀金、金湖、淀湖、复月、永义、永安 10 个行政村。

初春的淀山湖畔,柳丝低垂,新草绽绿湖,湖面一派朦胧;盛夏的淀山湖,苇叶犹如绿云飘荡在湖岸线间;深秋的淀山湖,野鸭悄然凫游湖面;严冬的淀山湖,结冰断航,遥望湖面犹如一面未磨的古镜。一年四季的景观,都像一脉淡淡的水墨画,诱人留恋。清新的空气,碧澄的湖水,宁静的环境,成为水上桃源,在大城市周围很难觅得。

历代名人雅士,曾来此一游,为美景所迷恋,写下了许多赞美的诗句。

淀山湖意境图

二、过境河流

1. 道褐浦

道褐浦,又名大华浦,成河于宋代之前,全长 17.3 公里,系吴淞江南大浦之一。北起吴淞江,流经石浦镇,在淀山湖镇上洪村浜里入境,向南穿越石杨河、东分位河,经永勤村、东梅村、永益村、永生村、红亮村至周荡村注入青浦县境。吴淞江口至石浦镇,1974 年拓宽浚深,面宽 26 米,底宽 8 米,底高为零。在淀山湖镇境内全长 6 000 米,河道长期未曾疏浚,多处淤浅,最狭处仅宽 5 米,底浅处 10 吨船无法通过,无力容蓄、排泄较大的降水。2012 年,昆山市人民政府在淀山湖镇域范围内,实施道褐浦综合整治工程(重点实事工程),对道褐浦两岸护坡进行改造,并在永新村域范围内,对道褐浦进行改道。综合整治工程包括河道疏浚、拓浚 12.751 公里,其中新开河道 0.421 公里;堤防填筑 15.263 公里;新建神童泾站闸、庄里江南闸、彭安泾江闸、马家江北闸 4 座站闸,新改建永益路桥、永字路桥、中旭路桥 3 座桥梁;新建格宾网挡墙 17.235 公里(挡墙护岸工程);新建北苑路节点、淀兴路节点景观工程(景观绿化工程)。工程总投资 5 785.9 万元。2012 年全部完工,改道后的道褐浦,在保持流经红亮村至周荡村注入青浦县境的原貌外,在永新村域庄里江(东林江)右转改道,经庄里江、新开泾,入注淀山湖。

整治后的道褐浦护坡

2. 陆虞浦

陆虞浦北起吴淞江,流经石浦镇的南金星,穿过可麻泾江,在淀山湖镇新兴村入境,向南经上洪、杨湘泾,穿越西分位河,再经永勤村的王泥泾折向东,与南去的朝南江汇合,向南在永安的庄里又与南去的道褐浦江汇合,向东流入青浦县。境内全长 7 000 米。1993 年,扩建金杨公路,在王土泾段截流断航,改道折向西,与南去的朝山江汇合,向南流入淀山湖,或在栅桥江向东,仍回至王土泾处,与朝南江汇合向南。

3. 小千灯浦

小千灯浦北起可麻泾江,在淀东镇新兴村东首入境,向南经塘泾、石墩,穿越石杨河、西分位河,经复新、复利流入度城潭,又从复光村中穿过,向南经永义、复月注入淀山湖,境内全长 7.2 公里。1989 年,修筑金杨公路,在复光村度城潭南口堵截断流,该河不得不改造,从度城潭西江向南经吊另江,与北巷江汇合,一面折向东,仍与自身汇合流入淀山湖,一面与北巷江汇合后,向西流入淀山湖。而在复光村截流的小千灯浦南段,仍向南经永义、复月流入淀山湖不变。

4. 朝南江

朝南江从杨湘泾市河流出,向南穿过西分位河,流经永勤村的王泥泾、王土泾,永益村的碛碾,在碛碾村南 200 米处,与南去的道褐浦交错汇合,在永生村六如墩北折向东南,流入青浦县境,全长(境内)3 500 米,是淀东镇通往青浦朱家角的航道之一。1993 年在扩拓昆杨、金杨公路时,在西分位河处断航断流,朝南江一分三段。北段杨湘泾至西分位河;中段自西分位河至王土泾两端断流、断航,构成荡(鱼塘);南段从王土泾江起向南仍可通航。

三、境内河流

1. 永义境内河流

(1) 马家江 南起淀山湖,北止姚段江,全长 1 200 米左右。

(2) 新开泾江 南起淀山湖,北止姚段江,与彭安泾江相连,全长 1 500 米。

(3) 庙江 南起淀山湖,北止沈家埭江,全长 350 米。1983 年,淀山湖筑防洪圩堤,庙江口被堵,2003 年中旭房产平整土地,南段被填平。

(4) 小港江 南起淀山湖,北止小港后江,连接朝山江,全长 350 米。1983 年,淀山湖筑防洪圩堤,江口被堵。1993年,旭宝高尔夫球场建设,北段约100米被推平,南段进行改造。2003年,淀山湖口向北约60米,又被中旭房产填平。

(5) 沈家埭江　西起千灯浦,东止新开泾江,全长1 500米。1993年,旭宝高尔夫球场建设,西从千灯浦、东至庙江口约750米被推平。2003年,中旭房产建设,沈家埭村庄段约200米被推平。

(6) 南姚段江　西起新开泾江,东至神童泾江,全长800米左右。

(7) 北姚段江　西起新开泾江,东至小北梢江,全长300米左右。

(8) 朝山江至斜江段　西起朝山江,东起新开泾江,全长600米左右。1993年,旭宝高尔夫球场建设,西段约300米被推平。

(9) 石溇江　南起斜江,北至塘江,全长800米左右。1963年建复明站,中间断坝筑渠道。

2. 永益境内河流

(1) 彭安泾江　北起东塘江,向南经彭安泾村、沈家埭、新开泾汇入淀山湖,全长约2 000米。

(2) 东塘江　东起小香花桥江(碛磹村东),沿碛磹村向西,在朝山江处接碛磹塘江,全长约1 000米。

(3) 梅里泾江　西起朝南江,向东流入道褐浦,全长约350米。

(4) 溇北江　西起朝山江,向东分三条支流,一支一直向东,在碛磹后村北过,穿越朝南江,与梅里泾江汇合,全长1 100米;另一支折向南200米(碛磹人叫新泾江),再折向东,在碛磹后村南过,与朝南江汇合;第三支折向北,流250米又拆向东400米到底成浜。此江碛磹村以西段,被房地产开发商批租或被政府征用建设淀山湖花园,河道或填埋,或成观赏溇浜。

(5) 大香花桥江　东起朝南江,西至神童泾江,全长160米。

(6) 小香花桥江　东起朝南江,西至东塘江,全长170米。

3. 永安境内河流

(1) 神童泾江　北起碛磹村东塘江,向南穿越庄里、神童泾村,向南流入上海市青浦县境内南行前村,境内全长2 000米。

(2) 东林江　东起道褐浦,向西穿越庄里村,与彭安泾江汇合,全长约1 400米。

(3) 姚段江　东起神童泾江,向西流入马家江北段,全长约550米。

(4) 瞿家溇　东起神童泾江,向西经马家港村,连接马家江,全长约500米。

(5) 三叉溇江　西接神童泾江,向东300米注入六如墩江。

4. 永生境内河流

(1) 青龙江　北起六如墩江,南至张家江500米。

(2) 坟塘江　南起道褐浦江,北至东阳界村,全长500米。

(3) 四川溇　东起坟塘江,西至浜底,全长300米。

(4) 交白塘江　东起小里江,西至张家江,全长400米。

(5) 小里江　东起金家港江,西至江底500米。

(6) 金家港江　北起道褐浦江,南至原西洋淀口1 000米。

(7) 六如墩江　北起道褐浦江,向南至西到青龙江700米。

四、溇浜

1. 永义境内溇浜

（1）夏家浜　东起南行前村江，西至马家江，全长 250 米左右。昆青交界河道。

（2）虎头浜　东起马家江，西至淀山湖，全长 200 米左右。20 世纪 70 年代，淀山湖草渣淤泥冲积断航，用作河沟养鱼。

（3）鱼叉溇　全长 1 200 米左右。

（4）步头溇　瓶颈式溇潭，面积 3.5 亩。

（5）鸭蛋溇　全长 300 米左右。2003 年中旭房产建设，浜底 150 米被推平改造。2012 年新开泾江清淤，鸭蛋溇坝断。

（6）徐江溇　高级社时，3 队、4 队社员开挖，全长 30 米。2003 年中旭房产建设被推平。

（7）包家溇　全长 200 米左右。1993 年旭宝高尔夫球场建设，浜底 100 米被推平。

（8）第一溇　石溇第一溇爿，全长 100 米左右。1993 年旭宝高尔夫球场建设被推平。

（9）大溇　又名裤子浜，全长 30 米左右。1983 年淀山湖筑防洪圩堤，口子被堵。2006 年宝镇房产建设，改造成景观。

2. 永益境内溇浜

（1）溇北泥步溇浜　全长约 1 500 米，河宽 30 米，南通溇北江，后被开发商征用填平。

（2）东南村杨树溇浜　全长约 500 米，河宽 50 米，西通朝南江。

（3）东南村前浜　全长约 100 米，河宽 20 米，西通朝南江。

（4）后村前场浜　全长约 150 米，河宽 20 米，东通朝南江。

（5）梅树圩浜　全长 50 米，河宽 40 米，王坟角圩东，南通梅树圩江。

3. 永安境内溇浜

（1）六如溇浜　东起神童泾江，向西 400 米成浜。

（2）庞家溇　东起神童泾江，向西流入马家江，全长 600 米。

（3）沈湾溇　西起神童泾江，向东切入 300 米，再向北 200 米，又折向西，流回神童泾江，构成"U"形，俗称南北沈湾溇。

4. 永生境内溇浜

（1）谢家浜　全长约 300 米，宽 20 米，东起金家港江，西至浜底。

（2）吴家浜　全长约 100 米，宽 15 米，西起六如墩江，东至浜底。

（3）飞机浜　全长约 200 米，宽 15 米，后为鱼塘，开挖成精养鱼塘。

五、溇潭

1. 永义境内溇潭及填没河潭

（1）和平溇　约 2.5 亩。早年养过鱼，后荒废。

（2）黄梅溇　约 2.5 亩。2003 年中旭房产建设被推平。

（3）木梳溇　约 1 亩。2003 年中旭房产建设被推平。

（4）南山溇　约 0.5 亩。20 世纪 70 年代，平整土地被堆平。

（5）荷花溇　约 2 亩。1993 年旭宝高尔夫球场建设被推平。

(6) 第二溇、第三溇　约4亩。1993年旭宝高尔夫球场建设被推平。

(7) 彭安泾溇　东西两个,中间渠道,约3.5亩。改造成鱼塘。

2. 永益境内溇潭及填没河潭

(1) 落度潭　彭安泾村东,溇潭面积约0.5亩。

(2) 鳗鲤溇潭　彭安泾河西北、石溇江东岸,面积约1亩,被开发商征用填平。

(3) 大香花桥西桥湾溇潭　面积约0.5亩。

(4) 东桥头溇潭　东南村北,碛碱村东,面积约0.5亩,被平整填平。

(5) 碛碱后村北溇潭　面积约0.5亩,被平整填平。

(6) 溇北江　填废河道,被开发商征用,全部被填平。

(7) 碛碱后村前江　已被填废。

(8) 碛碱鱼塘　位于碛碱,面积15亩,由新杨渔业专业队经营。

3. 永安境内无溇潭及填没河潭

4. 永生境内溇潭及填没河潭

(1) 官溇　全长约200米,宽10米,南起六如墩江,北至溇底。

(2) 倪家溇　全长约300米,宽10米,东起金家港江,西至溇底。

(3) 和尚溇　全长约350米,宽20米,西起金家港江,东至西洋潭(后为鱼塘)。

(4) 顾家潭　全长约250米,宽250米,重新开挖鱼塘。

(5) 六如墩鱼塘　位于永生村中的六如墩。分南塘、北塘,南塘约30亩、北塘约12亩,均系圆形。南塘由新杨渔业专业队经营,北塘由永生村自营。

第三节　土　壤

根据1982年昆山县第二次土壤普查,淀东乡永义、永生、永安、永益村的耕地,一年适宜种两熟,秋熟种植水稻,夏熟种植三麦和油菜,夏秋两熟还适宜种部分杂粮和经济作物。

一、土壤分类

据昆山县第二次土壤普查资料,域内地势较高,成土母质为湖相沉积物,质地黏重,微酸性—中性,土壤组合以黄泥土为主,镶嵌分布有乌底黄泥土、灰底黄泥土、粉沙底黄泥土、泥炭底黄泥土、粉沙心黄泥土、小粉底黄泥土、青泥土、乌山土、青紫土等11种土壤类型。

二、土壤分布

村域里大部为黄泥土,详见永新村域土壤分类面积与分布统计表2-3-1。

表 2-3-1　　永新村域土壤分类面积与分布统计表　　单位：亩

村名	普查面积	黄泥土	青头黄泥土	乌底黄泥土	灰底黄泥土	粉沙底黄泥土	泥炭底黄泥土	粉沙心黄泥土	小粉底黄泥土	青泥土	乌山土	青紫土
永义	1961.7	1891.7	-	-	-	-	-	-	70	-	-	-
永安	2220.4	2080.4	-	50	-	90	-	-	-	-	-	-
永生	1689	1543	16	-	50	80	-	-	-	-	-	-
永益	1797.7	1667.7	-	-	-	130	-	-	-	-	-	-

（据 1982 年昆山县第二次土普资料，由淀东农科站提供）

第四节　气　候

永新村属北亚热带海洋性气候，四季分明，日照充足，雨量充沛，无霜期长。但冬夏季节风进退有早有迟，强度变化不一，降水和气温的年际差异较大，旱涝风雪灾害时有发生。

一、四季特征

1. 春季

日平均气温稳定达 10℃，为春季开始。一般从 3 月 21 日至 6 月 21 日，为期 91 天。1997～1998 年的春季时节，起始日期是 3 月 20～21 日。这段时间的气象情况报道，极端最高气温为 16℃～18℃，极端最低气温为 3℃～5℃，一直到清明时节，气温才明显上升转暖。到 5 月下旬，最高气温达 31℃，最低气温在 20℃左右，称为"暖春"，俗称"暖三春"；但初春期间偶有不见还暖反而寒冷状况，气温下降到零度，称为"倒春寒"，俗称"拗春冷"。

2. 夏季

日平均气温稳定在 22℃以上时，便进入夏季。一般从 6 月 21 日入夏，9 月 22 日结束，为期 93 天。1997～1998 年夏季时节，起始为 6 月 21 日，极端最高气温 28℃～30℃，极端最低气温 18℃～19℃，日平均气温超过 22℃，初夏时节来临。7 月中下旬到 8 月上旬为盛夏，最热时期旬平均气温 28℃，年极端最高气温 35℃～38℃。1998 年小暑时节以后，旬极端最高气温 35℃～37℃，进入大暑时节后，极端最高气温和极端最低气温比小暑时节相对降 2℃。

夏季是一年中最热的季节，平均气温 26.7℃，日最高气温大于等于 35℃的天数历年平均有 8.1 天。降水量平均为 505.2 毫米，比春季增加近一倍，占全年总降水量的 44.8%。初夏有一段集中降水时段，称为"梅雨期"，一般在 6 月中旬入梅，7 月上旬末出梅。"梅雨期"过后受副热带高压控制，进入盛夏高温天气，日照强烈，总日照时数为 585.6 小时，占全年总日照时数的 29.5%。8～9 月台风季节，热带风暴（台风）造成大风、暴雨危害。

3. 秋季

日平均气温稳定在 22℃以下时入秋。一般在 9 月 23 日至 11 月 6 日，历时 60 天，为四季中最短的季节。常年入秋以后，气温开始下降。1998 年入秋以后，气温明显高于常年。10 月份平均气温比历史同期常值高出 2.2℃，创历史最高纪录；11 月上旬气温仍比历史同期高出

2℃,日最低气温也始终在10℃以上。村头路边,人们着装仍以衬衣为主,毫无深秋气象。1998年10月11日后,没下过一场透雨,进入11月后,更是滴雨未落,因而缺少了"一场秋雨一场寒"的自然降温过程。常年,较强冷空气以一个星期为周期轮番南下,每次南下通常都有一个明显的降水过程,而1998年9月,既无较强冷空气南下,又无寒潮影响。2006~2010年,秋季气温持续偏高,平均值在19℃以上。总降水量平均207.5毫米,占全年总降水量的18.4%,个别年份有秋旱发生。前期由于副热带高压仍较强,有时出现"秋老虎"天气,但高温持续时间不长。后期由于冷空气开始活跃,气温明显下降。秋季总日照时数为498.7小时,占全年总日照时数的25.1%。

4. 冬季

四季中,冬季持续时间最长。一般在11月7日入冬,气温稳定在10℃以下,至翌年3月20日,历时134天。冬季常受北方冷空气影响,气温骤降,最冷时段为1月下旬至2月上旬,平均气温2℃~3℃。1998年11月14日,季节入初冬,可路上行人仍衣着单薄,一派"小阳春"景象,气温较常年同期高出4℃,11月12日,气温达23℃,为1905年有气象资料记载以来,历史同期第二个高温日,仅次于1941年11月中旬的28.3℃。

附:1998年24时节气起始气温(见表2-4-1)

表2-4-1　　　　　　　　　　　　1998年24时节气起始气温表

节气名称	起始日期	当日气温 最高(摄氏度)	当日气温 最低(摄氏度)	节气名称	起始日期	当日气温 最高(摄氏度)	当日气温 最低(摄氏度)
立春	2月4日	6	-9	立秋	8月8日	35	28
雨水	2月19日	13	8	处暑	8月23日	31	26
惊蛰	3月6日	3	7	白露	9月8日	32	22
春分	3月21日	4	0	秋分	9月23日	28	18
清明	4月5日	21	12	寒露	10月8日	27	19
谷雨	4月20日	31	20	霜降	10月23日	21	14
立夏	5月6日	22	17	立冬	11月7日	22	12
小满	5月21日	31	23	小雪	11月22日	19	12
芒种	6月6日	27	17	大雪	12月7日	8	1
夏至	6月21日	30	22	冬至	12月22日	18	9
小暑	7月7日	34	27	小寒	1月5日	15	5
大暑	7月23日	30	25	大寒	1月19日	8	4

二、气象水文

新中国成立前,气象水文资料不全。新中国成立后虽日趋完备,但详略不一,仅就有关志书历年资料整理辑录。

1917年,大旱,63天无雨。1921年,水灾严重,许多田块无收。1924年,又遭旱灾,田龟裂,重灾处无收。1928年9月,大水,重灾处无收。1929年6月,大旱,最低水位仅2.16米。

1931年7月上下旬,连降暴雨,昆山地区33万亩农田受涝。1935年夏秋,大旱,河港多涸。1937年8月,暴雨,水灾严重。1941年8月,台风袭境。1943年8月11日,台风过境。1946年入春后,阴雨连绵,田水和河水相平;9月,台风掠境。1949年8月初,台风暴雨成灾,水位高达3.7米。新中国成立后的1951~1987年气象水文,见本章第六节"自然灾害"。

2001年,平均气温16.5℃,极端最高气温是7月22日,38.0℃,极端最低气温是1月16日,-5.2℃;年降水日118天,年最大降水日为6月24日,达108.8毫米;初霜日是2000年11月13日,终霜日是2001年4月1日,无霜日为2001年4月2日至11月13日;年平均水位吴淞2.75米,年最高水位是2001年6月26日,吴淞3.48米,年最低水位是2001年4月20日,吴淞2.44米。全年气象水文情况,见表2-4-2。

表2-4-2　　　　　　　　　　　2001年气象水文情况

月份	平均气温（摄氏度）	降水量（毫米）	日照时数（小时）	平均相对湿度(%)	平均风力（米/秒）
全年	16.5	1 174.3	1 976.1	77	3.3
1	5.1	120.7	107.9	79	3.4
2	6.5	56.1	97.9	80	3.4
3	10.9	22.6	207.2	67	3.5
4	15.4	68.5	160.0	75	3.6
5	21.3	48.2	171.9	76	3.1
6	24.3	358.6	130.8	82	3.2
7	29.8	32.3	265.4	77	3.8
8	26.8	245.6	168.0	83	3.3
9	23.9	17.7	157.2	80	3.6
10	19.4	42.3	205.4	76	2.9
11	12.5	46.5	172.1	72	2.9
12	6.2	91.2	90.9	77	3.3

2001~2010年,平均气温有8年高于历史平均值。全季少雨,平均降水量为148.7毫米,占全年总降水量的13.2%。总日照时数为400小时,占全年总日照时数的20.1%。

2012年,平均气温16.7℃,极端最高气温是7月5日,37.4℃,极端最低气温是2月3日,-4.4℃;年降水日144天,年最大降水日是8月8日,为134.4毫米;初霜日是2011年11月21日,终霜日是2012年3月21日,无霜日为2012年3月22日至11月4日;年平均水位吴淞2.87米,年最高水位是2012年8月9日,吴淞3.5米,年最低水位是2012年1月19日,吴淞2.47米。全年气象水文情况,见表2-4-3。

表2-4-3　　　　　　　　　　　　　　2012年气象水文情况

月份	平均气温（摄氏度）	降水量（毫米）	日照时数（小时）	平均相对湿度（%）	平均风力（米/秒）
全年	16.7	1 084.5	1 731.8	74	2.3
1	4.0	51.9	92.4	71	1.8
2	4.0	80.6	67.1	74	2.0
3	9.5	136.8	132.3	73	2.4
4	17.7	57.5	170.4	70	2.7
5	21.6	108.4	173.7	71	2.3
6	24.8	81.5	110.4	81	2.4
7	29.8	111.3	206.6	75	2.6
8	29.0	191.7	193.9	79	3.0
9	23.6	43.7	158.2	74	2.4
10	19.4	32.3	175.1	70	1.8
11	11.7	107.1	137.8	72	2.3
12	5.6	81.7	113.9	72	2.3

第五节　物　产

一、植物

1. 林木

新中国成立前,村域内无成片树林和林带,仅农家庭前屋后、河边、岸旁和坟地零星种一些树木。种类大致有杨树、柳树、楝树、乌桕、槐树、桑树、朴榆、榉榆、白桃树、荆树等。亦种一些果树,如桃树、枣树、橘树等;在寺、庙、祠堂及财主的宅院内外,亦种有银杏、松树、柏树、柞树、檀树、黄杨、冬青等名贵的观赏树木,但数量极少。

新中国成立后到20世纪60年代,人民政府提倡绿化造林,美化家园,建设祖国,仍以速生的杨、柳、楝为主。70年代开始引进水杉、泡桐、刺槐等树种。80年代,随着市镇建设和道路建设的加快,为满足绿化覆盖率的逐步提高,除了每年增加种植面积外,在树的品种、质量要求方面不断提高。老品种杨、柳、楝逐步被淘汰,先后引进和培育新树种,除水杉外,增加了枫杨、樟树(香樟)、雪松、塔柏、梧桐等。为美化环境,也引进了白玉兰、广玉兰、腊梅、桂花、龙柏、马尾松、五针松等观赏性树种。90年代后,在境内主要交通地段,种植樟树、广玉兰带。进入21世纪,域内公路两旁、永久保留自然村河边及空隙地区,有计划地种上了盘槐、桂花、腊梅、皂荚、棕榈、冬青,以及紫罗兰、矮冬青、黄杨球、铁树、鸟不宿、红叶李、龟背等观赏树木。

2. 竹

新中国成立前,民间农村中,普遍在宅基四周和屋后开辟一块园地,种上几分地"杜园竹",几乎家家有个小竹园。种类大致有蒲基竹、五月季、红头笋,也有少量名贵竹子慈好竹、芦杖竹。

3. 粮食作物

(1) 主粮　水稻有籼稻、粳稻、糯稻(元稻),三麦有小麦、大麦、元麦。

(2) 杂粮　玉米(玉蜀黍)、山芋(地瓜),新中国成立后的20世纪60年代,推行种荞麦,由于产量不高,没有继续推广。

4. 蔬菜作物

种类较多,20世纪70年代前,根据季节,种植四时蔬菜;80年代后期,推广暖房培育生产,各类蔬菜四季都可生产。

(1) 茎叶类　青菜,又名上菜、小白菜、鸡毛菜等。雪里蕻、韭菜、菠菜、芥菜、蓬花菜、金花菜、紫云英(汉草、红花草)、苋菜、荠菜、小葱、大蒜。新中国成立后又增加种植的有大白菜(菱菜、黄芽菜)、卷心菜、包菜、花菜、芹菜、蕹菜、生菜。茎叶类野生植物有马兰、枸杞、金花菜、荠菜(野菜)。

(2) 块茎类　萝卜,外形有圆、有长(白萝卜、红萝卜),胡萝卜、大头菜、马铃薯(洋山芋、土豆)、芋艿、慈姑、洋葱、茭白、笋、竹笋、大蒜头、藕。

(3) 果实类　茄子、辣椒、菜椒(甜椒)、黄瓜、丝瓜、冬瓜、生瓜、地瓜、北瓜、南瓜、缸头(长豆)、四季豆、西红柿(番茄)等。野生的有芡实(鸡头、鸡头米)、菱(三角菱、馄饨菱、腰菱、红菱)等。

(4) 瓜果类　果树有桃树、橘树、梨树(木梨树)、石榴、枇杷、葡萄。新中国成立前,境内大片种植的没有。新中国成立后,有专业园林,从集体发展到个体,种植桃园、橘子园、葡萄园。除此以外,在农家的屋前屋后种几棵,自己食用。银杏树更少,村域中树龄较高的,尚存永益村一棵。

草莓是80年代才开发的新品种。

芦粟是农家普遍种植,甘蔗少数农家试种。

5. 油料作物

村域中主要种植的是油菜。新中国成立前,本地以白菜(土油菜)为主要油料作物;新中国成立后,引进胜利油菜,品种有好多种,一直延续。大豆(毛豆),作为蔬菜,农家零星种一些;芝麻、向日葵,农家也仅在零星地块上种一点,没有成片种植。

6. 豆类作物

本地豆类作物品种较多,有蚕豆、大豆(毛豆)、扁豆、豇豆(长豆)、赤豆、绿豆、豌豆等。新千年后,蔬菜基地、种植大户有一定规模的种植,而农家仅在自留地上种一点,自己食用,少数多余的上市。

7. 食用菌类

新中国成立后才发展起来的,接种种植的有蘑菇、平菇、金针菇、白木耳等。

8. 药用植物

佩兰叶、益母草(苦草)、苏梗(紫苏)、枸杞、车前草、马齿苋、地骨皮、蒲公英、荷叶、莲子、白菊花、野薄荷、半边莲、地丁草、金钱草、芦根、桑梓、桑叶、香橼、臭梧桐、女贞子、艾蓬、百合、芦荟。

9. 花

月季、玫瑰、鸡冠、凤仙、菊花、海棠、一串红、美人蕉、牡丹、广玉兰、白玉兰、迎春花、水仙、千年红(百日红)、六月雪、夜来香、夜饭花、牵牛花、紫罗兰、天竹、文竹、仙人掌、仙人球、杜鹃、茶花、绣球、万年青、太阳花、吊兰、蟹爪兰、宝石花、荷花、马蹄筋、蝴蝶花。野生的有蔷薇、野菊花、枸杞、牵牛花、金银花。

10. 草

茅草、牛筋草、鬼大蒜、拉拉藤、小蓟草、豆腐草、将军头、稗草、三角草、野荠荠、鸭舌头。水生类草有水浮莲、水葫芦、水花生、绿萍、浮萍、鞭子草、水游筋草、芦苇、菖蒲。

二、动物

1. 家畜

(1) 牛　以用途分有耕牛、菜牛、奶牛,以品种分有水牛、黄牛。

随着农业机械化的广泛应用,20世纪70年代后期耕牛逐步被淘汰。

(2) 羊　分山羊和绵羊,家庭副业养几只,没有批量饲养。

(3) 猪　按用途分,可分为肉猪、母猪、公猪。新中国成立前,农家饲养少量上市;新中国成立后,除了农家饲养外,集体有饲养。

(4) 兔　按用途分,可分为肉兔、长毛兔。新中国成立前,家庭饲养很少;新中国成立后,有了发展,但不多。

(5) 狗　按品种分,可分为草狗、狼狗、洋狗。新千年后,出现宠物狗。

(6) 猫　新千年后,出现宠物猫。

2. 家禽

(1) 鸡　按品种分,可分为草鸡、三黄鸡、乌骨鸡、白勒克。

(2) 鸭　按品种分,可分为蛮鸭(菜鸭)、朝鸭(蛋鸭)、山鸭。

(3) 鹅　又名白乌鸡。

(4) 鸽　按品种分,可分为肉鸽、通信鸽。

(5) 鹌鹑　新中国成立后才发展起来。

3. 飞禽走兽

(1) 麻雀、喜鹊、乌鸦、大雁、野鸭、野鸡、鸽子、老鸹(乌鸦)、布谷鸟、杜鹃鸟、老鹰、画眉、百灵、黄莺、白头翁、啄木鸟、猫头鹰、燕子、鹭鸶、白料。

(2) 老鼠、黄鼠狼、蝙蝠、田鼠、野猫、刺猬。

4. 两栖类

(1) 蛇　乌青蛇、水蛇、赤连蛇、七步蛇。

(2) 龟、鳖。

(3) 青蛙、蚯蚓、癞蛤蟆(蟾蜍)。牛蛙,新中国成立后引进。

5. 水生动物

(1) 鱼　鲫鱼、白鲢、花鲢、草鱼、青鱼、鳜鱼、黑鱼、鲶鱼、黄牛鱼、菜花鱼(塘里鱼)、银鱼、鳑鲏鱼、串条鱼、哥郎鱼、鳊鱼、鲤鱼、尖嘴鱼、鲈鱼、白水、黄槽鱼、浜鱼。

(2) 黄鳝、鳗鲤、泥鳅。

(3) 河蚌、蚬子、田螺、螺蛳、海蛳。

(4) 河蟹、螃蜞、河虾、罗氏沼虾、南美白对虾、龙虾、小虾米。

6. **昆虫**

(1) 蜜蜂　家蜂有专业户饲养;野蜂有铁头胡蜂、长脚胡蜂。

(2) 蚕　又名蚕宝宝,也有野蚕。

(3) 其他类　天牛(羊轧)、蝴蝶、蜻蜓、蝉(知了)、蜈蚣、蟋蟀、螳螂、蜗牛、地鳖虫、金龟子、刺毛虫、红蛉子、蚱蜢、蝗虫、纺织娘、蝼蛄、蜘蛛、萤火虫、蚂蚁(家蚁、白蚁、臭蚂蚁)、蚊子、蚊柏子、苍蝇、跳蚤、虱子(瘪虱、臭虱)、螟虫、灶鸡、水蛭(蚂蟥)、地老虎、守宫(壁虎)、蚜虫。

第六节　自然灾害

永新村的自然灾害主要有水灾、旱灾、风灾、虫灾,其中水灾更多,损失也最大。在上级党委和政府的重视下,对水利设施不断进行完善,抗灾能力不断加强,灾期趋短,灾情渐轻,时有灾年仍丰收的情况。

一、水灾

新中国成立后,较大的水灾共出现12次,分别在1949年、1950年、1951年、1952年、1954年、1957年、1962年、1975年、1980年、1983年、1999年、2009年。

1951年7月中旬,阴雨连绵,加上台风袭击,水位上涨,部分水稻田受淹。1954年,水灾严重,水位达3.88米。1957年6月20日至7月9日,连降暴雨,水位上涨,部分低田受淹。1976年6月,连续下雨,造成生产队油菜籽发热霉烂,损失严重。1983年6月下旬,连下暴雨,境内

1999年水灾,部分村庄场地进水

水位上涨,超过警戒线,且持续时间达30天之久。1999年6月30日至7月1日,雨量大而猛,时间集中,昼夜降雨达145毫米,水位上涨达4米,超1954年历史最高水位(3.88米)0.12米,淀山湖镇受淹农田21 441亩、鱼塘2 454亩。

2009年8月2日凌晨4:00至14:30,普降大到暴雨,局部特大暴雨,外河水位超过警戒水位,最大日雨量为147毫米,此次暴雨洪涝,部分住宅受淹、道路积水、农田受涝。

二、旱灾

1953年7月22日至9月10日,持续高温干旱,50天仅降雨38.1毫米,水稻生长大受影响。

1959年5～9月,未下过透雨,天气久晴干热,风力微弱,风车无法转动,牛车、人力车吃紧,部分田块干涸裂纹。虽旱象严重,但经全力抗旱,旱年仍获丰收。

1967年6～9月,虽为汛期,但雨量偏少,总降雨量197.6毫米,其中8～9月,仅降雨37毫米,为新中国成立后汛期雨量最少的一年,是正常年景的三分之一。由于大批电灌站建成,有效避免了一场旱灾。

1971～1972年,两年汛期总降雨量400毫米,属偏旱年份,由于机电灌溉设施配套,未受旱情威胁。

1978年6月下旬至8月上旬,连续40天高温35℃左右,降雨仅241.5毫米,是正常年景的二分之一,而同期蒸发量达852毫米,比正常年景高40%,旱情十分严重。由于抗旱顺利进行,水稻仍获丰收。

1983年、1988年、1989年、1991年、1992年、1995年、2005年、2006年,3～5月,连续3个旬降雨量小于15毫米;6～9月,连续4个旬降雨量小于20毫米;10～12月,连续4个旬降雨量小于10毫米,期间发生干旱。

三、风灾

1956年8月1～3日,连续三天受强台风袭击。1961年10月初,26号台风过境,阵风达10级,水稻倒伏,房屋倒塌,损失严重。1980年5月14日,既遭受龙卷风袭击,又遭冰雹侵害,双害齐下,损失严重。1985年,6号台风过境,并伴有大暴雨,雨量达218.3毫米,水位陡涨,损失较大。1997年8月18日,11号强台风袭击淀山湖镇。2001年后,多次台风登陆,经太湖附近北上或正面袭击。2001年2号台风、2004年7号台风(蒲公英)、2005年9号台风(麦莎)和15号台风(卡努)、2007年13号台风(韦帕)和16号台风(罗莎)等,都造成较大的风雨灾害损失。

四、其他灾害

1955年秋旱,水稻受纵卷叶虫、稻苞虫、稻飞虱侵害。1958年春雨连绵,三麦赤霉病大面积发生,5月底又遭冰雹袭击。1961年,三化螟大面积发生,水稻白穗受害面积较广。

强对流天气,引发境内局地冰雹、龙卷风、雷暴、大风等灾害,其发生突然,虽范围小、时间短,但危害严重。1981～2010年,有7年次出现冰雹,有6年次发生直接雷击和感应雷击,击毁通信、变压器设备和居民家用电器等,甚至有人员遭雷击死亡。

农房积雪

2007年1月29日至2月2日,连续下雪,积雪达10厘米,部分民房被积雪压断木梁。

第三章 人 口

新中国成立时,据老人逐村逐组逐户排查,永新村域共有659户,总人口2 164人。新中国成立后,新婚姻法颁布,人口自然增长较快。三年困难时期,人口负增长。60～70年代,一批城镇知识青年插队落户,一批苏州、江阴等地移民落户,使阶段性人口机械增长率提高。20世纪70年代初,开展计划生育工作,人口增长进入有效控制的平缓阶段。随着改革开放力度的加大,一大批外来人员务工经商,暂住人口急剧增加,婚配范围扩展到省内外,人口结构有了变化。

2012年永新村在籍819户,户籍总人口3 049人,其中男1 458人,女1 591人。常住795户、2 557人,其中外来人口479人。户籍总户数和总人口数分别是1949年的1.24倍和1.41倍,是1990年的94%和84.93%。见表3-0-1。

表3-0-1　　　　　1949～2012年永新村域有关年份年末人口总量汇总表　　　　　单位:户、人

年份	总户数	环比	总人口	环比	其中男	其中女	数据来源
1949	659		2 164				逐户排查
1960	713	+8.19%	2 528	+16.82%	1 245	1 283	分配方案
1962	735	+3.09%	2 453	-2.97%			分配方案
1968	743	+1.09%	3 165	+29.03%			分配方案
1974	793	+6.73%	3 491	+10.30%			分配方案
1978	846	+6.68%	3 603	+3.21%			分配方案
1982	906	+7.09%	3 591	-0.33%			分配方案
1990	910	+0.44%	3 569	-0.61%	1 775	1 794	派出所
2000	876	-3.74%	3 150	-1.74%			派出所
2001	843	-3.77%	3 085	-2.06%	1 529	1 556	派出所
2012	819	-2.85%	3 049	-1.17%	1 485	1 591	派出所

第一节 人口总量

1949年,据老人排查,永义大队(村)域有156户526人,永安大队(村)域有230户702人,永生大队(村)域有140户524人,永益大队(村)域有133户412人,永新村域共有659户,总人口2 164人。

1960年,据大队秋季分配调查资料显示,永新村域有713户,总人口2 528人,其中男1 245人、女1 283人,家庭户比1949年增加54户,增长8.2%;总人口比1949年增加364人,增长16.8%。见表3-1-1。

1962年,据各生产队的秋季分配方案资料显示,永新村域有735户,总人口2 453人。家庭户比1960年增加40户,增长3.1%;总人口比1960年减少75人,增长-3%。该时间段出现人口减少的原因,与三年经济困难时期有关。见表3-1-2。

1968年,据各生产队的秋季分配方案资料显示,永新村域有743户,总人口3 165人。家庭户比1962年增加8户,增长1.1%;总人口比1962年增加712人,增长29.03%。该时间段出现人口明显增长,与经济复苏、城市青年到农村插队落户有关。见表3-1-3。

1974年,据各生产队的秋季分配方案资料显示,永新村域有793户,总人口3 491人。家庭户比1968年增加50户,增长6.7%;总人口比1968年增加326人,增长10.3%。见表3-1-4。

1978年,据各生产队的秋季分配方案资料显示,永新村域有846户,总人口3 603人。家庭户比1974年增加53户,增长6.7%;总人口比1974年增加112人,增长3.2%。总人口增长率比上段时间下降,原因是实行了计划生育。见表3-1-5。

1982年,生产队最后年集体分配,据秋季分配方案资料显示,永新村域有906户,总人口3 591人。家庭户比1978年增加60户,增长7.1%;总人口比1978年减少12人,增长-0.33%。总人口出现负增长率,是实行了计划生育。见表3-1-6。

1990年,据派出所年末统计,永义村有260户965人,其中男489人,女476人;永安村有289户1 089人,其中男557人,女532人;永生村有183户770人,其中男374人,女396人;永益村有178户745人,其中男355人,女390人。永新村域共有910户,总人口3 569人。家庭户比1982年增加4户,增长0.4%;总人口比1982年减少22人,增长-0.61%。总人口出现负增长率,是实行了计划生育。见表3-1-7。1990年,全国第四次人口普查总户数和总人口,见表3-1-8,普查标准时间1990年7月1日零时,与派出所年末统计数稍有不同。

表 3-1-1　1960 年永新村域大队秋季分配方案人口、户数资料表

单位：户、人

原行政村	户数	人口	其中 男	其中 女	劳动力	其中 男正	其中 男半	其中 女正	其中 女半	其中 辅助	备注
永益（碛礅）	145	521	246	275	215	76	14	96	20	9	
永安	395	1348	678	670	550	210	50	200	50	30	
永义	173	659	321	338	285	–	–	–	–	–	永生大队资料包含在永安大队中
永生	–	–	–	–	–	–	–	–	–	–	
合计	713	2528	1245	1283	1050						

表 3-1-2　1962 年永新村域秋季分配方案人口、户数资料表

单位：户、人

原行政村	队别	1	2	3	4	5	6	7	8	9	10	11	12
永益	户数	16	14	15	16	24	13	16	16	9	10	11	12
	人口	63	49	44	60	81	45	62	42	37	11		
永安	户数	28	21	24	24	23	14	缺	缺	18	41	17	
	人口	81	69	65	80	72	50	缺	缺	42	15	49	
永义	户数	21	9	15	15	11	24	21	15	17	14	11	12
	人口	63	41	43	62	43	78	85	62	58	56	42	43
永生	户数	24	18	23	20	16	17	13	17	15			
	人口	63	64	71	64	52	63	48	67	59			

表 3-1-3　1968年永新村域秋季分配方案人口、户数资料表

单位：户、人

原行政村	队别	1	2	3	4	5	6	7	8	9	10	11	12
永益	户数	20	34	36	30	26	26						
	人口	80	150	119	102	108	107						
永安	户数	30	23	20	23	36	28	51	16				
	人口	118	98	82	105	133	122	216	81				
永义	户数	22	20	24	28	25	24	23	17				
	人口	72	104	113	142	130	98	100	81				
永生	户数	21	18	23	38	45	16						
	人口	79	72	103	175	205	70						

表 3-1-4　1974年永新村域秋季分配方案人口、户数资料表

单位：户、人

原行政村	队别	1	2	3	4	5	6	7	8	9	10	11	12
永益	户数	19	13	19	23	27	31	19	20				
	人口	82	64	73	123	112	123	94	73	29			
永安	户数	33	28	22	27	40	27	24	19	137			
	人口	136	116	86	124	160	127	106	75				
永义	户数	23	25	25	22	31	25	25	18				
	人口	87	120	123	151	144	106	100	89				
永生	户数	27	18	24	23	22	19	25	21				
	人口	98	68	112	93	109	77	99	104				

表 3-1-5　1978年永新村域秋季分配方案人口、户数资料表

单位：户、人

原行政村	队别	1	2	3	4	5	6	7	8	9	10	11	12
永益	户数	23	14	17	37	31	36	22	20				
	人口	93	67	81	128	114	136	95	76				
永安	户数	34	26	20	24	42	29	24	19	35			
	人口	134	115	96	127	176	128	108	86	147			
永义	户数	23	25	29	31	35	26	26	19				
	人口	87	115	125	153	150	115	104	87				
永生	户数	27	18	24	23	22	19	25	21				
	人口	98	68	112	93	109	77	99	104				

表 3-1-6　1982年永新村域秋季分配方案人口、户数资料表

单位：户、人

原行政村	队别	1	2	3	4	5	6	7	8	9	10	11	12
永益	户数	21	15	20	24	28	36	21	19	14			
	人口	94	68	71	66	120	121	91	68	52			
永安	户数	35	26	23	32	18	17	25	25	39	22	14	17
	人口	134	117	103	131	61	65	104	91	132	61	61	65
永义	户数	23	28	15	20	17	29	29	22	15	19	17	
	人口	89	118	64	77	73	114	108	83	71	76	74	
永生	户数	25	16	27	20	28	19	23	23				
	人口	101	68	115	91	110	73	100	110				

表 3-1-7　1984~2000 年永新村（原永义村、永益村、永生村、永安村）户籍人口一览表

单位：户、人

年份	永义村					永益村					永生村					永安村			
	总户数	总人口				总户数	总人口				总户数	总人口				总户数	总人口			
		合计	男	女		合计	男	女		合计	男	女		合计	男	女
			其中					其中					其中					其中		
1984	231	934	456	478	185	752	367	385	173	766	374	392	280	1 111	557	554
1985	250	936	463	473	185	747	366	381	173	764	370	394	277	1 112	557	555
1986	226	949	472	477	187	760	374	386	173	765	371	394	274	1 117	565	552
1987	225	963	483	480	187	756	367	389	172	763	370	393	272	1 115	567	548
1988	259	965	488	477	185	755	371	384	189	769	373	396	301	1 119	566	553
1989	265	960	487	473	181	738	358	380	185	764	371	393	290	1 092	554	538
1990	260	965	489	476	178	745	355	390	183	770	374	396	289	1 089	557	532
1991	262	972	492	480	178	750	361	389	183	761	377	392	290	1 084	555	529
1992	261	983	491	492	176	722	352	370	184	781	379	402	290	1 064	546	518
1993	251	982	495	487	177	716	346	370	184	779	379	400	289	1 054	537	517
1994	259	971	493	478	177	716	344	372	184	780	381	399	262	1 053	532	521
1995	252	959	483	476	174	707	340	367	182	777	383	394	284	1 053	532	521
1996	250	941	474	467	172	702	338	364	180	766	377	389	281	1 051	533	518
1997	259	932	472	460	177	682	329	353	190	752	377	375	260	1 030	517	513
1998	257	924	467	457	180	669	320	349	189	736	372	364	259	1 014	504	510
1999	257	920	467	453	179	625	299	326	187	696	350	346	258	969	479	490
2000	255	902	457	445	178	610	293	317	187	676	342	334	256	962	479	483

表3-1-8　　　　1990年永新村域全国第四次人口普查总户数和总人口一览表　　　　单位：户、人

村名	总户数			总人口			平均每户人数
	合计	家庭户	集体户	合计	家庭户	集体户	
永义	240	240		969	969		4.04
永安	277	277		1 115	1 115		4.03
永生	183	182	1	763	759	4	4.17
永益	169	169		743	743		4.40

2000年，永义村有255户902人，其中男457人，女445人；永安村有256户962人，其中男479人，女483人；永生村有187户676人，其中男342人，女334人；永益村有178户610人，其中男293人，女317人。永新村域有876户，总人口3 150人。家庭户比1990年减少34户，增长-3.7%；总人口比1982年减少419人，增长-11.7%。一部分人转入小城镇户口，导致总人口明显减少。见表3-1-8。

据派出所统计，2001年年末，永新村有843户，总人口3 085人，其中男1 529人，女1 556人。2005年年末，永新村有817户，总人口2 935人，其中男1 449人，女1 486人。2012年年末，永新村有819户，总人口3 049人，其中男1 458人，女1 591人，人口基本稳定在2000年的水平。见表3-1-9。

表3-1-9　　　　2001~2012年永新村户籍人口一览表　　　　单位：户、人

年份	户数	总人口	其中	
			男	女
2001	843	3 085	1 529	1 556
2002	814	2 878	1 425	1 453
2003	814	2 860	1 408	1 452
2004	815	2 884	1 423	1 461
2005	817	2 935	1 449	1 486
2006	820	3 016	1 479	1 537
2007	820	3 016	1 479	1 537
2008	820	3 028	1 483	1 545
2009	822	3 026	1 470	1 556
2010	823	3 025	1 460	1 565
2011	823	3 033	1 458	1 575
2012	819	3 049	1 458	1 591

第二节 人口变动

一、自然增长

20世纪50年代至70年代,是人口高自然增长期,其中70年代末到80年代初是人口增长的小高峰;1959年至1961年困难时期,是人口负增长期。

20世纪80年代至行政村区域调整前,出生最多的是1986年,永义村出生24人,永益村、永生村其次,分别出生20人,全村域共出生79人;死亡最多的一年是1987年,永安村死亡13人,全村域共死亡36人。

1990年全国第四次人口普查数据显示,是年上半年,永新村域出生19人,死亡10人。见表3-2-1。

表3-2-1　　　　　1990年永新村域全国第四次人口普查人口自然变动一览表　　　　　单位:人

村名	1989年上半年		1989年下半年		1990年上半年	
	出生人口	死亡人口	出生人口	死亡人口	出生人口	死亡人口
永义	6	4	11	5	8	4
永安	11	5	8	2	5	4
永生	3	1	5	1	2	1
永益	3	3	4	2	4	1

开展计划生育工作后,人口得到有效控制,人口出生率比较稳定呈下降趋势。自然增长率呈平缓状态,其中从1995年至2011年,17年人口负增长或无增长。见表3-2-2。

表3-2-2　　　　　1984~2012年永新村域人口自然增长一览表　　　　　单位:人

年份	村名	出生	死亡	自然增长数
1984	永义村	1	5	-4
	永益村	6	3	3
	永生村	4	0	4
	永安村	4	8	-4
1985	永义村	8	5	3
	永益村	4	3	1
	永生村	9	9	0
	永安村	14	8	6
1986	永义村	24	8	16
	永益村	20	6	14
	永生村	20	7	13
	永安村	15	7	8

续表

年份	村名	出生	死亡	自然增长数
1987	永义村	16	5	11
	永益村	14	9	5
	永生村	15	9	6
	永安村	18	13	5
1988	永义村	13	8	5
	永益村	10	1	9
	永生村	12	7	5
	永安村	11	9	2
1989	永义村	17	9	8
	永益村	7	5	2
	永生村	9	1	8
	永安村	18	7	11
1990	永义村	20	7	13
	永益村	12	3	9
	永生村	10	3	7
	永安村	12	11	1
1991	永义村	10	9	1
	永益村	10	2	8
	永生村	8	4	4
	永安村	9	7	2
1992	永义村	12	8	4
	永益村	9	3	6
	永生村	14	3	11
	永安村	12	12	0
1993	永义村	12	4	8
	永益村	8	8	0
	永生村	10	7	3
	永安村	11	8	3
1994	永义村	11	5	6
	永益村	5	7	-2
	永生村	7	4	3
	永安村	19	10	9
1995	永义村	6	10	-4
	永益村	8	9	-1
	永生村	3	4	-1
	永安村	6	4	2

续表

年份	村名	出生	死亡	自然增长数
1996	永义村	7	8	-1
	永益村	6	4	2
	永生村	8	14	-6
	永安村	12	7	5
1997	永义村	1	3	-2
	永益村	1	3	-2
	永生村	3	5	-2
	永安村	5	6	-1
1998	永义村	6	6	0
	永益村	4	4	0
	永生村	2	3	-1
	永安村	7	10	-3
1999	永义村	7	4	3
	永益村	0	9	-9
	永生村	4	8	-4
	永安村	2	10	-8
2000	永义村	3	12	-9
	永益村	4	0	4
	永生村	2	1	1
	永安村	9	8	1
2001	永新村	9	20	-11
2002	永新村	9	23	-14
2003	永新村	10	22	-12
2004	永新村	13	30	-17
2005	永新村	16	30	-14
2006	永新村	12	24	-12
2007	永新村	12	24	-12
2008	永新村	18	27	-9
2009	永新村	12	27	-15
2010	永新村	22	24	-2
2011	永新村	24	24	0
2012	永新村	32	26	6

二、人口迁移

人口迁入、迁出,包括镇范围内婚入婚出,大、中学生升学,青年应征入伍、退复军人、知青、全家落户,20世纪80年代后的"缴钱买户口"(农村农转非)及90年代后的外地女青年嫁入本地等,造成人口较大变动。

从永新村域1984~2012年人口迁移情况表中看出,29年中,共迁入人口813人,其中省内迁入138人、省外迁入135人,移入261人,调入279人;共迁出人口1 411人,其中迁移省内270人、迁移省外200人,移出467人,调出474人。见表3-2-3。

表3-2-3　　　　　　　　　　1984~2012年永新村域人口迁移情况表　　　　　　　　　　单位:人

年份	村名	迁入					迁出				
		合计	省内迁入	省外迁入	移入	调入	合计	迁移省内	迁移省外	移出	调出
1984	永义村	0	0	0	0	0	2	0	0	2	0
	永益村	5	0	2	3	0	4	3	0	1	0
	永生村	3	0	3	0	0	4	0	1	3	0
	永安村	2	0	1	1	0	6	3	2	1	0
1985	永义村	14	0	3	3	8	15	0	1	6	8
	永益村	6	0	2	3	1	8	0	3	4	1
	永生村	1	0	0	1	0	7	0	2	5	0
	永安村	9	1	0	3	5	14	3	1	5	5
1986	永义村	22	0	0	5	17	25	2	2	4	17
	永益村	13	0	0	8	5	14	0	2	7	5
	永生村	15	0	0	6	9	27	0	6	12	9
	永安村	24	1	2	9	12	27	3	8	4	12
1987	永义村	25	0	0	11	14	21	0	2	5	14
	永益村	9	0	0	4	5	18	1	2	10	5
	永生村	14	0	1	7	6	22	3	3	10	6
	永安村	27	0	0	8	19	34	1	5	9	19
1988	永义村	26	0	0	6	20	29	0	0	9	20
	永益村	18	0	0	4	14	25	0	1	10	14
	永生村	22	5	0	5	12	21	0	0	9	12
	永安村	35	0	1	11	23	33	2	0	8	23
1989	永义村	13	0	1	5	7	26	2	2	15	7
	永益村	8	0	0	6	2	27	1	5	19	2
	永生村	6	0	0	4	2	19	0	6	11	2
	永安村	10	0	0	4	6	48	2	3	37	6
1990	永义村	10	1	0	3	6	18	0	4	8	6
	永益村	6	1	0	5	0	8	2	3	3	0
	永生村	11	0	1	5	5	12	1	1	5	5
	永安村	14	1	3	6	4	18	1	3	10	4

续表

年份	村名	迁入					迁出				
		合计	省内迁入	省外迁入	移入	调入	合计	迁移省内	迁移省外	移出	调出
1991	永义村	11	0	0	8	3	5	0	0	2	3
	永益村	15	1	1	13	0	18	6	1	11	0
	永生村	9	0	0	5	4	14	0	5	5	4
	永安村	7	0	0	2	5	14	2	0	7	5
1992	永义村	16	0	1	11	4	9	3	0	2	4
	永益村	4	0	0	3	1	38	27	2	8	1
	永生村	10	0	3	7	0	9	4	0	5	0
	永安村	6	0	0	4	2	26	9	5	10	2
1993	永义村	6	1	0	3	2	9	0	1	6	2
	永益村	6	0	0	4	2	12	6	3	1	2
	永生村	9	0	1	4	4	14	2	4	4	4
	永安村	10	0	1	6	3	23	4	1	15	3
1994	永义村	5	0	0	4	1	17	4	0	12	1
	永益村	8	1	1	6	0	5	2	0	3	0
	永生村	4	0	1	3	0	4	0	0	4	0
	永安村	7	1	0	5	1	10	4	0	5	1
1995	永义村	0	0	0	0	0	7	3	4	0	0
	永益村	0	0	0	0	0	5	4	1	0	0
	永生村	0	0	0	0	0	8	2	2	2	2
	永安村	11	2	2	5	2	7	5	2	0	0
1996	永义村	0	0	0	0	0	4	3	1	0	0
	永益村	1	0	1	0	0	6	5	1	0	0
	永生村	3	2	1	0	0	8	3	5	0	0
	永安村	4	2	2	0	0	5	3	2	0	0
1997	永义村	6	1	1	0	4	13	4	5	0	4
	永益村	0	0	0	0	0	18	3	1	0	14
	永生村	4	4	0	0	0	16	4	4	0	8
	永安村	8	2	1	0	5	28	5	2	0	21
1998	永义村	1	0	1	0	0	7	6	1	0	0
	永益村	0	0	0	0	0	6	5	1	0	0
	永生村	1	1	0	0	0	9	5	4	0	0
	永安村	3	3	0	0	0	8	3	5	0	0

续表

年份	村名	迁入					迁出				
		合计	省内迁入	省外迁入	移入	调入	合计	迁移省内	迁移省外	移出	调出
1999	永义村	10	1	4	5	0	17	2	3	12	0
	永益村	3	0	1	2	0	38	12	4	22	0
	永生村	1	0	0	1	0	37	8	6	23	0
	永安村	0	0	0	0	0	37	8	4	25	0
2000	永义村	3	0	3	0	0	7	4	3	0	0
	永益村	3	0	3	0	0	12	10	2	0	0
	永生村	4	3	1	0	0	9	4	5	0	0
	永安村	4	3	1	0	0	3	2	1	0	0
2001	永新村	16	6	7	3	0	61	15	10	36	0
2002	永新村	16	5	11	0	0	218	27	3	4	184
2003	永新村	12	4	8	0	0	9	3	6	0	0
2004	永新村	41	11	9	2	19	14	3	5	1	5
2005	永新村	30	22	8	0	0	6	2	4	0	0
2006	永新村	18	16	2	0	0	1	0	1	0	0
2007	永新村	35	16	2	8	9	2	0	1	0	0
2008	永新村	21	7	5	3	6	4	0	2	0	2
2009	永新村	16	5	11	0	0	4	2	2	0	0
2010	永新村	9	0	6	3	0	8	2	5	1	0
2011	永新村	17	7	3	7	0	9	0	2	7	0
2012	永新村	11	1	8	2	0	1	0	0	1	0
总计		813	138	135	261	279	1411	270	200	467	474

三、外来人口

民国时期,从苏北等地逃荒难民、渔民上岸,落户在村域内的极为少量。20世纪60年代至70年代,外来人口逐渐增多,包括精简下放、城镇知青插队落户、下放干部及有关成员落户等。1979年落实政策,插队知青悉数返回城镇(参见"人物"章中有关插队知青、全家落户内容)。从20世纪90年代后,来自安徽、河南、江西、云南、四川、贵州等地人员务工经商暂居于此。2010年第六次全国人口普查(普查标准时间为2010年11月1日零时,故有关数据与派出所2010年12月31日年报数据,稍有不同),永新村总人口3 979人,其中户籍人口3 057人,外来人口922人,外来人口中,离户籍地半年以上有482人。2012年年末,永新村户籍总人口3 049人,外来人口479人。

第三节 人口构成

一、民族、籍贯

2012年年底,全村有回族1人、壮族4人,其余均为汉族,少数民族来自云南、广西等省、区,落户在新开泾(后拆迁)、神童泾、碛碛自然村。见表3-3-1。

表3-3-1　　　　　　　　　2012年永新村少数民族人员一览表

家庭住址	姓名	性别	出生年月	文化	民族	婚姻	工作单位
(2)新开泾3号	穆洪梅	女	1985.05.02	初中	回	已婚	高尔夫球场
(18)神童泾223号	赵丹丹	女	1996.11.12	小学	壮	未婚	
(18)神童泾223号	廖玉引	女	1973.12.01	小学	壮	已婚	镇新生玩具厂
(34)碛碛42号	潘引鸾	女	1977.07.02	初中	壮	已婚	复明为业服装厂
(34)碛碛42号	张一帆	男	2004.12.02		壮	未婚	

二、性别

1960年,永新村域有2 528人,其中男1 245人、女1 283人,男性占总人口的49.95%,女性占50.75%,性别比例为97.94(女性为100)。

1990年7月1日零时,全国第四次人口普查,永新村域有3 590人,其中男1 796人、女1 794人,男性占总人口的50.03%,女性占49.97%,性别比例为100.11(女性为100)。见表3-3-2。

表3-3-2　　　1990年全国第四次人口普查永新村域总人口与性别比一览表　　　单位:人

村名	总人口			占总人口%		1990年性别比(女=100)	附1982年性别比(女=100)
	合计	男	女	男	女		
永义	969	489	480	50.46	49.54	101.88	96.5
永安	1 115	565	550	50.67	49.33	102.73	99.1
永生	763	378	385	49.54	50.46	98.18	93.7
永益	743	364	379	48.99	51.01	96.04	96.3
合计	3 590	1 796	1 794	50.03	49.97	100.11	

1990年年末(派出所年报),永新村域有3 569人,其中男1 775人、女1 794人,男性占总人口的49.73%,女性占50.27%,性别比例为98.94(女性为100)。

2001年,永新村有3 085人,其中男1 529人、女1 556人,男性占总人口的49.56%,女性占50.44%,性别比例为98.26(女性为100)。

2012年,永新村有3 049人,其中男1 458人、女1 591人,男性占总人口的47.82%,女性

占52.18%,性别比例为91.64(女性为100)。

三、姓氏

2012年6月20日,永新村以派出所统计为准,户籍人口3 207人,有姓氏102个,其中超过百人的姓氏有9个,王姓为永新村之最,共有352人姓王,主要集中在原永生村、永安村,其中原永生村有140人姓王,原永安村有121人姓王;其次是沈姓共有346人,主要集中在原永安村,有204人姓沈。其他超过百人姓氏的依次是朱姓,共有252人;吴姓,共有237人;蔡姓,共有168人;郁姓,共有145人;张姓,共有130人;陆姓,共有126人;柴姓,共有101人。见表3-3-3、表3-3-4、表3-3-5、表3-3-6、表3-3-7、表3-3-8。

永新村姓氏(102个),见表3-3-3

表3-3-3　　　　　　　　　　永新村姓氏表　　　　　　　　　　单位:人

姓	人数	姓	人数	姓	人数	姓	人数
卞	1	姬	13	邱	1	项	1
蔡	168	贾	1	屈	8	辛	3
曹	5	江	1	瞿	14	徐	70
柴	101	姜	3	邵	1	许	9
陈	50	蒋	9	沈	346	薛	24
程	26	焦	1	盛	12	严	16
崔	1	金	11	施	3	杨	24
戴	5	李	22	史	13	姚	9
单	1	廖	1	苏	2	叶	4
丁	6	林	1	孙	21	伊	1
董	13	凌	90	谈	25	殷	1
段	1	刘	9	谭	1	印	1
范	3	柳	1	汤	3	于	1
费	1	卢	1	唐	11	俞	15
封	1	陆	126	陶	3	郁	145
冯	81	罗	40	万	2	张	130
付	2	吕	6	汪	2	赵	64
高	1	马	16	王	352	郑	2
龚	2	穆	1	韦	3	钟	6
顾	37	倪	13	魏	1	周	41
郭	28	聂	2	翁	39	朱	252
何	8	牛	1	邬	7	祝	7
洪	13	潘	66	吴	237	庄	7
胡	3	彭	12	武	1	邹	2
华	1	钱	27	席	1		
黄	44	秦	1	夏	5	102	3027

(以淀山湖派出所2010年06月20日户籍人口为准)

附1：原永义村姓氏(59个)，见表3-3-4

表3-3-4　　　　　　　　　　　　　原永义村姓氏表　　　　　　　　　　　　单位：人

卜	1	黄	32	瞿	1	许	4
蔡	130	江	1	沈	12	薛	4
曹	2	姜	1	盛	2	严	2
柴	79	蒋	1	史	1	杨	1
陈	3	金	2	孙	17	姚	2
程	2	凌	2	谈	1	伊	1
崔	1	刘	1	谭	1	俞	11
单	1	陆	3	汤	1	郁	2
冯	67	罗	3	王	8	张	7
付	2	马	1	魏	1	赵	37
龚	1	穆	1	吴	78	郑	1
顾	8	倪	1	武	1	钟	3
郭	17	聂	1	夏	3	周	4
何	4	潘	4	辛	2	朱	67
华	1	彭	1	徐	41	59	690

附2：原永安村姓氏(61个)，见表3-3-5

表3-3-5　　　　　　　　　　　　　原永安村姓氏表　　　　　　　　　　　　单位：人

蔡	5	金	4	史	2	叶	1
柴	6	李	2	谈	2	殷	1
陈	4	凌	2	汤	2	印	1
程	22	刘	2	唐	3	俞	1
董	1	陆	58	万	1	郁	109
范	3	罗	1	汪	1	张	25
费	1	马	12	王	121	赵	11
冯	3	倪	8	邬	7	郑	1
顾	14	潘	55	吴	55	钟	3
郭	1	彭	4	夏	2	周	12
何	1	钱	2	辛	1	朱	75
洪	1	秦	1	徐	12	祝	7
胡	2	邱	1	许	3	邹	2
黄	3	屈	3	严	3		
姜	1	沈	204	杨	9		
蒋	3	施	1	姚	3	61	907

附3：原永生村姓氏(59个)，见表3-3-6

表3-3-6　　　　　　　　　　　原永生村姓氏表　　　　　　　　　　单位：人

蔡	4	黄	3	钱	11	项	1
曹	3	贾	1	屈	2	徐	5
陈	32	蒋	2	邵	1	薛	1
程	1	金	4	沈	69	严	1
戴	1	李	18	施	1	杨	2
董	10	凌	79	史	10	姚	1
段	1	刘	2	苏	1	于	1
封	1	陆	41	孙	2	俞	1
冯	2	吕	4	谈	19	郁	6
高	1	马	1	唐	3	张	44
龚	1	倪	1	万	1	赵	2
顾	4	聂	1	汪	1	周	16
何	2	牛	1	王	140	朱	12
洪	11	潘	3	翁	3	庄	7
胡	1	彭	1	吴	65	59	666

附4：原永益村姓氏(50个)，见表3-3-7

表3-3-7　　　　　　　　　　　原永益村姓氏表　　　　　　　　　　单位：人

蔡	11	蒋	2	盛	9	郁	21
柴	7	李	2	苏	1	张	40
陈	8	林	1	孙	2	赵	10
程	1	刘	1	唐	4	周	6
戴	1	柳	1	陶	3	朱	84
丁	5	卢	1	王	48		
董	2	陆	15	翁	35		
冯	2	罗	26	吴	27		
顾	8	吕	2	徐	12		
郭	5	倪	1	许	1		
何	1	彭	4	薛	19		
洪	1	钱	12	严	8		
黄	6	屈	1	杨	9		
姬	11	瞿	13	姚	1		
姜	1	沈	31	俞	1	50	524

附5：后期归队迁入或新分户姓氏(44个)，见表3-3-8

表3-3-8　　　　　　　　　　　　后期归队迁入姓氏表　　　　　　　　　　　　单位：人

蔡	18	廖	1	盛	1	姚	2
柴	9	凌	7	施	1	叶	3
陈	3	刘	3	谈	3	俞	1
戴	3	陆	9	唐	1	郁	7
丁	1	罗	10	王	35	张	14
冯	7	马	2	韦	3	赵	4
顾	3	倪	2	翁	1	周	3
郭	5	潘	4	吴	12	朱	14
姬	2	彭	2	席	1		
蒋	1	钱	2	许	1		
焦	1	屈	2	严	2		
金	1	沈	30	杨	3	44	240

四、年龄

1. 年龄结构

永新村2012年6月20日统计，0~5周岁(学龄前)72人，6~17周岁204人，18~59周岁1 949人，60~79周岁733人，80周岁以上69人。见表3-3-9。

表3-3-9　　　　　　　2012年6月20日永新村户籍人口年龄构成表　　　　　　单位：人

年　龄	人数	年　龄	人数
0~5周岁	72	60~79周岁	733
6~17周岁	204	>80周岁	69
18~35周岁	625		
36~59周岁	1 324	合计	3 027

2. 高龄老人

从年龄结构看，2012年全村老年人(60岁以上)802人，占总人口的26.49%，老龄化程度较高，其中80周岁以上69人，占总人口的2.28%，年满90周岁的人有2人，占总人口的0.07%，均为女性。见表3-3-10。

附：高龄老人名录

表 3-3-10　　　　　2012 年 6 月 20 日永新村 80 周岁及其以上高龄老人名录

家 庭 住 址	姓名	性别	出生年月
淀山湖镇(1)马家港 17 号	黄阿二	女	1917.12.08
淀山湖镇(18)神童泾 219 号	柴雪宝	女	1918.01.12
淀山湖镇(36)彭安泾 32 号	姬阿三	女	1920.12.03
淀山湖镇(19)神童泾 28 号	沈阿大	女	1921.01.04
淀山湖镇(12)神童泾 172 号	朱切妹	女	1921.11.21
淀山湖镇(7)新开泾 85 号	冯阿妹	女	1921.12.16
淀山湖镇(18)神童泾 220 号	郁秀英	女	1922.01.06
淀山湖镇(38)磜磜 76 号	翁阿妹	女	1922.05.25
淀山湖镇(30)六如墩 84 号	沈英妹	女	1922.08.10
淀山湖镇(17)神童泾 46 号	沈菊英	女	1922.09.26
淀山湖镇(26)六如墩 22 号	吴金凤	女	1922.11.16
淀山湖镇(8)沈家埭 19 号	蔡启良	男	1922.11.30
淀山湖镇(12)神童泾 200 号	秦志元	男	1922.12.24
淀山湖镇(21)神童泾 115 号	郁阿金	女	1923.05.14
淀山湖镇(22)神童泾 45 号	王小妹	女	1923.10.08
淀山湖镇(28)金家港 41 号	凌勤龙	男	1923.10.10
淀山湖镇(3)新开泾 72 号	冯阿金	女	1923.12.11
淀山湖镇(34)磜磜 26 号	张福珍	女	1923.12.13
淀山湖镇(3)新开泾 66 号	孙彩仙	女	1924.03.27
淀山湖镇(15)神童泾 95 号	沈阿大	女	1924.04.04
淀山湖镇(20)神童泾 83 号	郁密宝	女	1924.05.14
淀山湖镇(34)磜磜 43 号	徐巧英	女	1924.06.24
淀山湖镇(38)磜磜 71 号	翁小苟	男	1924.12.02
淀山湖镇(37)后村 18 号	沈二宝	男	1924.12.03
淀山湖镇(37)后村 20 号	王藕英	女	1925.01.10
淀山湖镇(35)彭安泾 13 号	朱大妹	女	1925.08.06
淀山湖镇(9)沈家埭 49 号	蔡金法	男	1926.03.17
淀山湖镇(5)沈家埭 60 号	赵才勤	男	1926.08.30
淀山湖镇(35)彭安泾 9 号	薛菊宝	女	1926.09.12
淀山湖镇(36)彭安泾 22 号	朱凤宝	女	1926.10.02
淀山湖镇(11)神童泾 142 号	严秀英	女	1926.12.23
淀山湖镇(1)马家港 2 号	黄阿大	女	1926.12.28
淀山湖镇(11)神童泾 179 号	陆丁明	男	1927.01.01

续表

家 庭 住 址	姓名	性别	出生年月
淀山湖镇(8)沈家埭19号	蔡妹至	女	1927.02.04
淀山湖镇(5)沈家埭37号	朱全金	女	1927.02.28
淀山湖镇(9)沈家埭49号	郭九英	女	1927.04.05
淀山湖镇(30)六如墩80号	王小妹	女	1927.06.04
淀山湖镇(5)沈家埭68号	蔡富勤	男	1927.06.26
淀山湖镇(19)神童泾31号	沈小妹	女	1927.07.22
淀山湖镇(35)彭安泾10号	王五宝	女	1927.08.08
淀山湖镇(15)神童泾96号	沈素珍	女	1927.08.21
淀山湖镇(29)六如墩38号	周阿宝	女	1927.09.19
淀山湖镇(27)六如墩999号	钱九林	男	1927.10.04
淀山湖镇(16)神童泾59号	沈雪金	女	1928.01.07
淀山湖镇(8)沈家埭17号	蔡彩英	女	1928.02.02
淀山湖镇(14)庄里19号	陆四根	男	1928.02.07
淀山湖镇(17)神童泾49号	吴云德	男	1928.03.23
淀山湖镇(30)六如墩59号	周小妹	女	1928.04.13
淀山湖镇(22)神童泾78号	潘阿宝	女	1928.05.01
淀山湖镇(10)新开泾32号	柴金娥	女	1928.06.15
淀山湖镇(5)沈家埭36号	朱白妹	女	1928.07.18
淀山湖镇(29)六如墩39号	曹阿妹	女	1928.09.08
淀山湖镇(39)碛碨52号	张阿金	女	1928.09.09
淀山湖镇(34)碛碨39号	王新宝	女	1928.12.28
淀山湖镇(32)后村2号	顾爱英	女	1929.05.01
淀山湖镇(11)神童泾139号	陆大妹	女	1929.05.08
淀山湖镇(13)神童泾210号	王宝中	男	1929.05.26
淀山湖镇(35)彭安泾16号	罗锦良	男	1929.06.05
淀山湖镇(17)神童泾27号	马岳勤	男	1929.06.11
淀山湖镇(4)沈家埭28号	柴三宝	女	1929.08.29
淀山湖镇(14)庄里6号	王阿定	女	1929.09.19
淀山湖镇(14)庄里16号	沈志良	男	1929.10.08
淀山湖镇(35)彭安泾9号	薛法泉	男	1929.10.15
淀山湖镇(37)后村33号	沈仁龙	男	1929.11.06
淀山湖镇(4)沈家埭23号	蔡金宝	男	1929.12.16
淀山湖镇(37)后村14号	沈元龙	男	1929.12.24
淀山湖镇(2)新开泾13号	柴金海	男	1929.12.30
淀山湖镇(27)六如墩72号	谈岳龙	男	1930.04.20
淀山湖镇(10)新开泾43号	吴阿秀	女	1930.06.14

注：家庭住址括号中的数字为村民组别。

五、文化程度

1. 文化结构

新中国成立前,村内儿童入学率低,读书儿童很少,成年人中女性大多不识字,文盲和半文盲较多。新中国成立后村办夜校、民校,成年人参加冬学,50、60年代开展扫盲运动,经过十多年努力,文盲、半文盲人数逐渐减少,同时学龄儿童基本都入学,具有小学文化程度的人越来越多,特别是实行九年义务教育后,50周岁以下的人不再有文盲和半文盲。

1985年后,村里不少人通过苏州、昆山电视大学、广播大学、淀东成校等学习培训,文化程度明显提高。据1990年全国第四次人口普查,是年全村域有在籍大学生2人、中专生11人、高中生129人、初中生818人、小学生1 534人,见表3-3-11;15周岁以上不识字或识字很少的有780人,占总人口的21.73%,见表3-3-12。

表3-3-11　　　1990年全国第四次人口普查永新村域文化程度一览表　　　单位:人

村名	合计	大学本科	大学专科	中专	高中	初中	小学
永义	661	1	1	1	20	191	448
永安	793			4	42	249	498
永生	511			2	29	177	303
永益	532	1		4	38	201	285

表3-3-12　　　1990年全国第四次人口普查永新村域不识字或识字很少占比一览表　　　单位:人

村名	总人口	不识字或识字很少	
		15周岁以上	占总人口%
永义	969	217	22.39
永安	1 115	238	21.35
永生	763	181	23.72
永益	743	144	19.38

2012年6月,永新村有学龄前儿童140人,占总人口的4.63%;有文盲半文盲106人,占总人口的3.5%;有小学生1 435人,占总人口的47.41%;有初中生1 049人,占总人口的34.65%;有中专生23人,占总人口的0.76%;有中技生28人,占总人口的0.93%;有职高生9人,占总人口的0.3%;有高中生173人,占总人口的5.72%;有大专生49人,占总人口的1.62%;有大学本科生15人,占总人口的0.5%。见表3-3-13。

表 3-3-13　　　　　　　　2012 年 6 月 20 日永新村人口文化程度构成表

文化程度	电子表格排序	人数	文化程度	电子表格排序	人数
学龄前儿童	2828-2859	140	中技	2892-2919	28
	2920-3027		职高	2860-2868	9
文盲半文盲	1287-1392	106	高中	1114-1286	173
小学生	1393-2827	1 435	大专	1065-1113	49
初中生	1-1049	1 049	大学本科	1050-1064	15
中专生	2869-2891	23	合计		3 027

2. 在籍大学生

淀山湖派出所 2012 年 6 月 20 日永新村户籍人口统计,有在籍大学生 64 人,占总人口的 2.1%,其中大学本科生 15 人,大学专科生 49 人(具体名单包含在第十三章人物第九节村籍大学生之中)。

六、劳动力结构

新中国成立前,永新村域村民历来以农业生产为主,少有小手工业和自由职业。新中国成立后,全村域男女劳动力主要集中在农业生产方面。1957 年高级社期间,永新村域原永生村 142 户 553 人中,劳动力 259 人,占 46.8%;原永义村 167 户 719 人中,劳动力 348 人,占 48.4%;原永益村 142 户 576 人中,劳动力 269 人,占 46.7%;原永安村 215 户 861 人中,劳动力 382 人,占 44.4%;以上劳力都在农业上。1962 年,实行"三级所有,队为基础"的管理体制,永新村域原永生村 163 户 551 人中,劳动力 266 人,占 48.3%;原永义村 185 户 676 人中,劳动力 333 人,占 49.3%;原永益村 153 户 524 人中,劳动力 269 人,占 51.3%;原永安村 235 户 761 人中,劳动力 364 人,占 47.8%;以上劳力都在农业上。

1982 年,最后一年实行大集体管理体制。随着经济的发展,人民生活水平的提高,村域内出现人丁兴旺的局面,劳动力与总人口的占比明显提高。是年,永新村域原永生村 181 户 768 人中,劳动力 489 人,占 63.7%;原永义村 234 户 947 人中,劳动力 651 人,占 68.7%;原永益村 198 户 741 人中,劳动力 454 人,占 61.3%;原永安村 293 户 1 125 人中,劳动力 640 人,占 56.9%;以上劳力基本都在农业上。改革开放后,实行家庭联产承包责任制,农村生产力不断发展,一部分劳动力由农村田间逐步转向二产、三产行业,一部分劳力学艺拜师,农村出现了不少能工巧匠和专业能手。见表 3-3-14。

表 3-3-14　　　　　　　　1957~1982 年永新村域劳动力统计表　　　　　　　　单位:户、人

年份	村名	户数	总人口	其中 男	其中 女	劳动力
1957	永生	142	553	270	283	259
	永义	167	719	359	360	348
	永益	142	576	278	298	269
	永安	215	861	420	441	382

续表

年份	村名	户数	总人口	其中		劳动力
				男	女	
1960	永生		并入永安			
	永义	173	666			285
	永益	145	521	246	295	218
	永安	398	1348	678	670	550
1962	永生	163	551			266
	永义	185	676			333
	永益	153	524			269
	永安	235	761			364
1968	永生	161	704			340
	永义	183	840			430
	永益	172	666			387
	永安	227	955			431
1974	永生	173	758			370
	永义	194	920			470
	永益	171	744			379
	永安	249	1057			555
1978	永生	179	760			410
	永义	214	936			527
	永益	200	790			415
	永安	253	1117			631
1982	永生	181	768			489
	永义	234	947			651
	永益	198	741			454
	永安	293	1125			640

2011年年底,永新村795户3 059人中,有劳动力1 798人,其中就业劳动力1 795人。就业劳动力中,从事一产49人、二产1 471人、三产275人,全村劳动力分布在农、副、工、商、运、建、服等方面。

2012年年底,永新村795户3 049人中,有劳动力1 881人,其中就业劳动力1 873人。就业劳动力中,从事一产45人、二产1 728、三产100人。见表3-3-15。

表 3-3-15　　　　　　　　　　2011 年、2012 年永新村劳动力情况表

年份	户数（户）	其中老年单列户	人口（人）	劳动力（个）	其中就业劳动力（个）	其中		
						第一产业	第二产业	第三产业
2011	795	0	3 059	1 798	1 795	49	1 471	275
2012	795	24	3 049	1 881	1 873	45	1 728	100

第四节　计划生育

1963年，计划生育工作开始，大力提倡晚婚晚育。1972年，大张旗鼓宣传计划生育。1974年，成立计划生育管理机构，生产大队由大队长、妇女主任、团支部书记、民兵营长、赤脚医生组成大队计划生育领导小组，大队长兼任组长，大队妇女主任抓具体工作。1980年，村成立计划生育服务室。1984年，村配备计划生育宣传员。1988年，村成立计划生育协会。

一、政策

1963年起，公社采取各种形式向群众宣传计划生育，指导避孕措施，计划生育工作起步。1964年，根据昆山县卫生局的有关通知，对施行节育手术而经济困难的群众给予手术费补助。1972年，推广晚婚晚育和计划生育，提出"结婚晚一点，间隔稀一点，生得少一点，养得好一点"的要求。1973年具体规定，男25周岁、女23周岁以上结婚为晚婚，妇女24周岁以上生育为晚育。1974年1月20日起，全面实行避孕药具免费供应。

1979年10月，开始推行"一对夫妇只生一个孩子"，并领取《独生子女证》。1979年以后强调除禁忌证外，一胎上环、两胎和两胎以上结扎的避孕节育措施。对于放环的妇女，坚持每年透环一次。1980年9月25日，中共中央发表《关于控制我国人口增长问题，致全体共产党员、共青团员的公开信》，广大党、团员积极响应，以自己的模范行动带动周围群众，有力地推动人口控制工作，并取得了明显的效果，人口自然增长率逐年下降。

2001年，计划生育技术服务实行国家指导和个人自愿相结合的原则。公民享有避孕方法的知情选择权。国家保障公民获得适宜的计划生育技术服务的权利。国家向农村实行计划生育的育龄夫妻免费提供避孕、节育技术服务，所需经费由地方财政予以保障。

2009年10月1日起，施行国务院公布的《流动人口计划生育工作条例》，村民委员会协助镇人民政府，做好流动人口婚育情况登记。对流动人口实施计划生育管理，开展计划生育宣传教育；指导流动人口中的育龄夫妻，选择安全、有效、适宜的避孕节育措施，依法向育龄夫妻免费提供国家规定的基本项目的计划生育技术服务。建立流动人口计划生育信息通报制度，及时采集流动人口计划生育信息，运用流动人口计划生育信息管理系统核实、通报流动人口计划生育信息。

2011年2月，国家人口计划生育委印发人口和计划生育工作者职业道德规范（试行）的通知，各级人口计划生育部门广泛开展对人口和计划生育职业道德规范的学习教育。忠于国家，

落实国策;依法办事,服务群众;爱岗敬业,诚信务实;团结协作,廉洁奉公;不断提高人口计划生育系统职业道德水平。

二、措施

1963年,计划生育工作开始起步。1964年,淀东卫生院开始做人工流产、放环和输精管、输卵管结扎等手术。1971年,推广口服避孕药。1974年1月20日起,全面实行避孕药具免费供应。1979年后,除禁忌证外,一胎上环、两胎和两胎以上实行结扎的避孕节育措施。1996~1999年人口与计划生育情况,见表3-4-1、表3-4-2。

1999年,开展"婚育新风进万家"活动,发挥宣传先导作用,完善"政府搭台,部门联手,城乡联动,群众参与"的新型生育文化机制。2002年,突出在"新"字上做文章,在"精"字上下功夫,推进创新创优工作。2003年,计划生育服务工作弘扬社会主义新风尚。2004年,开展听取一堂课、看好一盘科教带、答好一份试卷、填写一张信息卡活动。2005年,注重服务工作的信息化、制度化、标准化建设。2006年,是"十一五"规划开局之年,围绕"稳定低生育水平和提高出生人口素质"的目标,树立以人为本、以服务对象为中心的核心理念,坚持务实、率先、奉献的精神,以宣传先行,举办各类培训班,构建新型婚育文化。

表3-4-1　　　　　　1996~1999年永新村域人口与计划生育情况统计表(一)　　　　　单位:人

年份	村名	期末人口	出生总数	死亡人数	女性初婚情况			育龄妇女人数	已婚育龄妇女	只有一孩妇女	有效领证人数
					总数	<19周岁	>23周岁				
1996	永义		6	0	2	0	0	202	184	134	89
	永安		11	0	10	0	3	286	264	194	145
	永生		8	0	4	0	1	203	186	142	105
	永益		6	0	3	0	0	184	167	117	93
1997	永义	932	0	3	7	0	1	204	179	125	76
	永安	1030	6	6	8	0	2	299	266	186	123
	永生	752	3	5	0	0	0	227	196	141	97
	永益	682	1	3	0	0	0	202	176	121	89
1998	永义		6	0	4	0	0	203	180	130	81
	永安		7	0	7	0	2	291	262	192	128
	永生		2	0	3	0	0	210	186	139	94
	永益		3	0	1	0	0	192	167	119	83
1999	永义	920	6	4	3	0	2	196	177	133	82
	永安	969	5	10	3	0	0	281	254	196	127
	永生	696	4	8	4	0	0	198	180	139	94
	永益	625	0	9	5	0	0	178	160	117	76

表 3-4-2　　1996~1998年永新村域人口与计划生育情况统计表(二)　　单位:人

年份	村名	应落实措施人	落实措施人数							本期采取节育手术例数						
			男扎期末	女扎期末	上环期末	皮下埋植	用避孕药	用避孕套	外用药物	其他	男扎本期	女扎本期	放节育环	取节育环	皮下埋植	人工流产	中期引产	大月份引产
1996	永义	162	0	39	86	0	15	22	0	0	0	3	5	1	0	1	0	0
	永安	242	1	57	123	5	10	45	1	0	0	0	14	6	0	2	0	0
	永生	177	2	41	93	4	16	21	0	0	0	0	7	2	0	2	0	0
	永益	154	1	47	79	2	8	16	1	0	0	0	7	2	0	0	0	0
1997	永义	160	0	44	81	0	25	10	0	0	0	0	5	2	0	3	0	0
	永安	245	1	67	125	2	12	36	1	1	0	0	15	4	0	8	0	0
	永生	192	3	47	102	4	13	21	0	2	0	0	7	5	0	5	0	0
	永益	165	1	53	83	1	8	17	1	1	0	1	6	6	0	0	0	0
1998	永义	164	0	39	92	0	17	15	1	0	0	0	14	5	0	3	0	0
	永安	242	1	57	126	3	11	42	1	0	0	1	6	5	3	1	0	0
	永生	177	2	40	91	4	16	21	0	3	0	0	4	8	4	5	0	0
	永益	157	1	47	81	3	8	15	1	1	0	1	6	6	3	3	0	0

以上两表,摘录于江苏省计划生育委制、江苏省统计局批准、淀山湖镇计划生育办公室填报的各年人口与计划生育情况统计表。

三、奖惩

1. 奖励

1961年11月,昆山县人大常委会第三次会议通过颁发了昆山县《关于计划生育若干问题的暂行规定》。1982年又做出了《关于计划生育若干问题的暂行规定》的几点补充规定。规定指出,凡同意终身只生一个孩子,并落实节育措施的夫妇,发给《独生子女证》,并每年发给独生子女保健费40元,年限从获证当年起,发至小孩14周岁,在孩子入托、入学、医药费等方面给予优惠。按计划生育的育龄妇女享受56天产假,施行节育手术后的育龄妇女给予适当的休息时间;男女双方均为晚婚者,各增加1周婚假,婚假期间工资照发,晚育者于规定产假外增加15天;难产者产假延长10天,为66天,产假期工资照发,不影响全年评奖。后执行《江苏省计划生育条例实施细则》的规定,优待和奖励符合晚婚年龄、依法登记结婚的初婚夫妻,增加婚假7天。符合晚育年龄的夫妇,增加女方产假15~30天,给予男方护理假3~7天;职工按上述规定所享受的假期期间工资、奖金照发。

2005~2006年,根据苏政发〔2004〕151号文件精神,进行调查摸底,确定农村计划生育家庭奖励三种对象:凡是本镇城乡居民,已取得《独生子女父母光荣证》,且未参加城镇养老保险的年满60周岁,子女是1963年1月1日后出生的;年满50周岁只生一个孩子且孩子在未婚或已婚未育前已死亡,未再生育和收养的;未参加城镇养老保险,年满60周岁已婚未育且未收养子女的本镇城乡居民,按每人每月50元的标准奖励。

2. 惩罚

对未婚先育者或无计划生育者,按规定给予经济惩罚,从子女出生之日起,须缴纳社会抚养费。1982年1月规定,经济惩罚年限14年。无计划生育的农业人口小孩吃粮、食油,按照购加价粮计算,直至小孩满14周岁止。三年内,计划外小孩不享受合作医疗和幼托费。1985年规定计划外小孩,5年内不享受保健医疗和幼托费等福利待遇,党团员、干部不执行计划生育者,除经济惩罚外,不作干部级安排工作,情节严重者,给予党纪、政纪处分。1995年《江苏省计划生育条例实施细则》规定:计划外生育第一胎的夫妻,按前一年度双方收入(农村为所在乡镇年劳动力平均收入、城市为县市、区职工年平均收入)之和的三倍征收社会抚养费。若前一年度实际经济收入明显高于所在地劳动力平均或职工平均收入的,则按其双方年收入之和的三倍征收社会抚养费。

四、成效

计划生育工作,侧重于优生优育宣传教育,着力推广优生优育技术知识。新婚夫妇在办理结婚登记手续时,先接受婚育知识培训,育龄妇女怀孕后,办理生育保健卡,定期到医院妇产科做检查,确保孕妇和胎儿的全面健康。

计划生育政策出台,奖惩措施分明,计划生育措施落到实处,有力推动计划生育工作开展,计划生育成为国家的基本国策,育龄妇女成为自觉执行者。2000年,永新村域育龄妇女833人,其中已婚育龄妇女752人,育龄妇女中,只有一孩妇女589人,有效领证人370人。至2012年年末,永新村域34年间,共申领独生子女证896份,有效地控制了人口增长。见表3-4-3。

表3-4-3　　　　　1979~2012年永新村域独生子女领证统计表　　　　　单位:人

年份	村名	独子领证	年份	村名	独子领证	年份	村名	独子领证
1979	永义	12	1988	永义	0	1997	永义	2
	永生	3		永生	10		永生	10
	永安	2		永安	10		永安	8
	永益	3		永益	15		永益	2
1980	永义	20	1989	永义	0	1998	永义	5
	永生	2		永生	5		永生	3
	永安	0		永安	14		永安	14
	永益	16		永益	19		永益	2
1981	永义	21	1990	永义	0	1999	永义	3
	永生	22		永生	6		永生	4
	永安	13		永安	8		永安	4
	永益	9		永益	18		永益	1
1982	永义	31	1991	永义	15	2000	永义	13
	永生	49		永生	7		永生	2
	永安	47		永安	7		永安	7
	永益	9		永益	0		永益	0

续表

年份	村名	独子领证	年份	村名	独子领证	年份	村名	独子领证
1983	永义	1	1992	永义	5	2001	永新	7
	永生	3		永生	9	2002	永新	9
	永安	8		永安	4	2003	永新	7
	永益	5		永益	7	2004	永新	25
1984	永义	0	1993	永义	6	2005	永新	13
	永生	4		永生	8	2006	永新	13
	永安	4		永安	10	2007	永新	9
	永益	6		永益	6	2008	永新	11
1985	永义	8	1994	永义	4	2009	永新	8
	永生	5		永生	5	2010	永新	6
	永安	10		永安	7	2011	永新	18
	永益	3		永益	5	2012	永新	10
1986	永义	20	1995	永义	4			
	永生	16		永生	1			
	永安	13		永安	2			
	永益	14		永益	12			
1987	永义	11	1996	永义	3			
	永生	11		永生	7			
	永安	14		永安	11			
	永益	10		永益	5	合计		896

第四章 农 业

永新村农业,历史上以种植粮油作物为主,盛产稻米,闻名全国。新中国成立前,受封建生产关系的束缚,加上频繁的洪涝灾害、瘟神血吸虫病流行肆虐,生产力十分低下。新中国成立后,经过土地改革,废除了封建生产关系,根治血吸虫病,组织互助组、合作社,大兴水利,推广农业新技术,生产力得到不断提高,阶段性粮油产量稳步增长。

1958年,掀起"大跃进"运动,加上自然灾害影响,导致1959~1961年粮油大幅度减产。1961年,贯彻"调整、巩固、充实、提高"八字方针和《农业发展纲要六十条》,实行"三级所有、队为基础"体制,使农业生产逐步恢复发展。"文化大革命"期间,强调"以粮为纲",粮食生产虽有增长,但经济效益不高,增产不增收。

党的十一届三中全会后,农村经济体制改革深入有序。1983年,全面实行家庭联产承包责任制,结束了集体化生产经营方式,打破"大轰隆"、"大锅饭"的生产管理模式,农民生产积极性得到充分调动。

1988年8月,根据联产承包后农村劳动力大量转移的实际,对家庭联产承包土地进行第一次合理调整。1993年8月,进行第二次土地承包确权,稳定家庭联产承包责任制,推进农业现代化、商品化、专业化、集约化的发展进程。1998年,贯彻中办发〔1997〕16号《关于进一步稳定和完善农村土地承包关系的通知》精神,延长第二轮土地承包期30年,坚持以家庭联产承包责任制和统分结合的双层经营体制,并向承包农户颁发《农村集体土地经营权证》,从根本上保护农民承包集体土地的合法权益,加快发展农业生产,稳定农村经济。

进入21世纪,为适应工业化、城镇化、现代化和开放型经济发展的需要,把土地尽快向种田能手转移,大力调整产业结构,加快发展现代农业,农业继续稳步发展。

2012年,永新村将农户流转的2 667.2亩土地,租赁给45户大农户,以规模经营形式,向现代都市农业转变。

第一节 生产关系变革

一、土地私有制

1. 各阶层占有土地

土地改革前,生产资料归私人所有,地主、富农占有大量土地。1951年,永安乡(可代表永新村域)43户地主占有耕地3 719亩,占土地总面积的49.37%,而贫下中农和雇农则无田少地。据排查,是年,原永益村共有133户412人,耕地1 840亩,其中地主3户26人,耕地1 500亩左右,富农2户18人,耕地118亩,而上中农9户25人、中农60户189人、贫农下中农54户154人,仅有土地200亩左右;原永生村共有140户524人,耕地面积1 763亩,其中富农2户13人,耕地面积68亩,占总面积的4%;上中农3户17人,中农24户80人;雇农、贫农下中农111户414人,只有很少土地或基本上没有土地;原永义村共有154户527人,其中地主2户、半地主2户、富农3户、上中农6户、中农50户、贫农92户,各阶层占有土地比例与邻村相似;原永安村共有170户,其中地主5户、半地主3户,最大的沈家地主三兄弟,有土地2 000亩。见表4-1-1。

表4-1-1　　　　　　　　　1951年永安乡土改前各阶层人口和土地占有情况表

阶　层	户数	人口		耕地		人均亩数
		人数	占总人数%	占有亩数	占总亩数%	
地　主	43	105	3.89	3 719.00	49.37	35.42
小土地	17	88	3.26	263.50	3.50	2.99
富　农	16	77	2.86	576.90	7.66	7.49
中　农	266	1 395	51.74	2 021.40	26.83	1.45
贫　农	290	906	33.61	583.90	7.75	0.64
雇　农	46	102	3.78	12.90	0.17	0.13
其　他	6	23	0.85	0	0	0
公　产	—	—	—	355.07	4.71	—

从表4-1-1中看出,地主占总人口的3.89%,而土地人均占有竟高达35.4亩,是当地贫农的55.31倍,是雇农的272.3倍,无地少地的农户只得向地主租田耕种。

2. 地主、富农土地出租的方式

地主、富农由于田多劳少,以土地出租为主,租田农户每年向地主、富农上交租米。各界层收租方式如下:

(1) 定租,又称死租

由土地出租人按田块的远近、土质的优劣,规定每年每亩8斗糙米左右,年成好坏都要按

规定的数额交,这类租种关系,出租人不会中途收回,除非租田人不按时交租,才会遭到"开租"的命运。开租,就是停止租种关系,把田另租给他人。

(2) 活租

这种租种关系,大多属中小地主,长年出租,当年定租,一般每亩要交纳1石(约合75千克)左右糙米,高的达1.5石糙米。

(3) 小租

一些以转租剥削为生的二手地主,从地主那里租进土地,再转租给无地少地的农民,每亩除交给地主租米外,还另收租米2~3斗不等。

(4) 分租,也叫混种田

有田户与无地少地的农户合种,有田的业主出土地、出肥料,无地的农户出劳力、出种子,收获时再按三七或四六分成。

(5) 自佃田,即田面权(耕种权)属自己所有,田底权属他人(还要交田底租)

有田面权的农户,一般是富农和富裕中农,他们又将有田面权的土地转租给农民,从中收取田面租。

3. 收租手段

地主占有土地,通过地租盘剥农民,收租手段名目繁多,本地区的地主与官府、警察局勾结,进行收租。

(1) 押租

农民向地主租种土地,需有人介绍担保,无人担保的要交押租,也叫买田面,这类交押租的田可永久种下去,一旦不种,还租时,可收回所交的押租款。

(2) 催租

秋收季节,地主派人下乡催租,佃户应以酒肉招待,否则交租时会遇到种种刁难。

(3) 租限

本地比较流行,每限10天,头限中交租的可有折让,三限中交的要加罚。

(4) 逼租

三限一过,地主就派人(俗称狗腿子)上门逼租,佃户无米可交时,将佃户家的大门、灶头上的锅子都拿出来抵押,也有通过警察局派警察上门捉人,关进监狱,吃租米官司,佃户必须交清租米才可放人。

(5) 以租交债

有些地主对佃户当年交不足的租米,要佃户央人作保,立下借据,变租米为债务,到期加利归还,这种手段会加速佃户破产。

(6) 以工抵债

还不清租米的佃户,不但要终断租田,还得以工抵债,到地主家去做长工。

(7) 租米官司

没有田的农户,主要靠种租田生存。交不出租米,被抓去吃租米官司。

(8) 雇工剥削

雇工分长工和短工两种。长工由东家管饭外,每年发工钱(糙米)5~6石;短工则按月计算,每月工钱3~5斗不等。此外,还雇用看牛囡(童工),只管吃饭,不付工钱,凡不合东家旨意则随时歇工。

二、土地改革

1950年6月,颁布《中华人民共和国土地改革法》,淀东区土改通过度潭、小泾等乡先行试点,于1950年全面开展。成立农民协会,进行土地登记、归户造册,清查各阶层土地占有情况,按农户实有人口,人均占有生产资料,分清剥削和被剥削界限,评定成分。乡村分雇农、贫农、中农、富裕中农、富农、半地主、地主。市镇对出租土地又经商者,按人均占有土地情况,分地主兼工商或工商兼地主、小土地出租、小商、自由职业者、平民以及无业游民等。按照党的"依靠贫雇农,团结中农,孤立富农,打击地主"政策,以农民协会为主体,发动和组织农民,向地主阶级进行说理斗争,依法没收地主剥削而得的土地、财产,征收其他阶层多余的土地,同时征收公产。根据贫雇农无地少地的情况,分别按大平均、小平均两种情况分配土地,土改时俗称前分户、后分户。前分户是大部分没有田或极少有田的农户,平均每人分进3.7亩,后分户是对有土地分出的农户,富农每人按4亩分配,多余的土地全部被没收分掉;同时,视贫雇农和下中农的家境状况,分得四大财产(土地,房屋,大型生产资料牛、船、车,生活资料)。

三、农业合作化

新中国成立后,党中央提出农民要逐步走上集体化道路,农村开始组织互助组、初级农业生产合作社、高级农业生产合作社等集体组织。

1. 互助组

农村在农忙季节中,有伴工习惯,其中有劳动伴工(以工换工)、人畜伴工(以耕牛等农具换工)。土改后,土地按人分田,而户与户之间劳力不均匀,大型农具及生产工具不平衡。于是,农户自行组织伴工,进行调剂,互助互帮。

1951年12月15日,中共中央发布《关于农业生产互助合作的决议》,掀起了农村互助合作运动。在自愿互利的基础上,农户纷纷组织成立互助组进行生产。一般有两种形式:一种农忙组织一起生产,闲时分散田间管理,这种称"临时互助组";另一种是常年固定劳动组合,称为"常年互助组",劳力、大型农具等进行余缺互补、等价交换,土地各自种植,收支自负盈亏。

1952年2月,碛磀后村办了永安乡第一个互助组——王祥龙互助组,以后先后在碛磀、东南村、彭安泾,办了张仁岐、张志明、翁申泉、瞿培祖、朱才良、张岳良、朱奎全等9个互助组,入组农户100户左右,占总农户的80%左右,土地面积1 500亩左右。金家港由凌近龙、凌杏清组织了"联合互助组";吴凤其、凌雪龙组织"吴凤其互助组",六如墩钱岳良组织"钱岳良互助组",由陆仁昌、周正龙组织了"陆仁昌互助组",参加11户,面积110亩,人口51人。小港村办了周一飞等4个互助组。神童泾河西办了张寿生、周友龙、王志龙、朱火金4个互助组,神童泾河东办了王支祥、王引福、沈卫民、沈根福、沈根全、周维炎6个互助组。1952年10月27日,淀东区对度潭、双护、杨湘、永安乡互助组织情况统计显示,永安乡(永新村域)年内起初有常年互助组6个、季节性互助组45个,后发展常年互助组12个、季节性互助组16个,年内设有垮台常年互助组,垮台季节性互助组41个,后又恢复季节性互助组3个,年底实有常年互助组18个、季节性互助组23个,涉及250户农户,占永安乡总户645户的38.76%。

2. 初级农业生产合作社

1954年，在宣传贯彻党在过渡时期总路线中，办起了初级农业合作社。入社社员以土地入股，户主保留土地所有权，入股后的土地统一经营，统一安排劳力，秋收后按土劳分配，大农具折价保本付息，耕牛由原主饲养，统一使用，付租金。初级社民主选举社长、副社长、会计，分若干生产队组织生产。碛礇村首先办起了第一个永益初级农业合作社，社长张志明，会计瞿凤达，入社30多户，面积300亩左右。以后先后在东南村办起了永利初级农业生产合作社，社长吴福全，入社25户，面积300多亩。后村办起了永春初级农业生产合作社，社长翁申泉，副社长严洪生，会计王荣泉，入社40多户，面积500亩左右。彭安泾办起了永星初级农业生产合作社，社长朱才良，副社长张岳良，入社35户左右，面积500亩左右；原永益村域4个初级农业生产合作社，入社130户，面积1 600亩左右。金家港办起了金星初级农业生产合作社，社长张在其，入社70户左右。六如墩先后办起了永胜初级农业生产合作社，社长王祖良，会计谈仁龙，入社30多户，后来又办起了陆新初级农业生产合作社，社长陆仁昌，入社35户左右；下半年，永胜、陆新初级农业合作社合并，名为永胜初级农业合作社，社长王祥龙，会计谈仁龙。马家港与新开泾部分农户组建马新初级合作社，社长吴金元，副社长徐泉林，会计黄金生；新开泾组建永新初级合作社，社长冯道昌，副社长吴三观；后与马家港10多户农户组建马新初级合作社；沈家埭组建永胜初级合作社，社长蔡法清，副社长蔡岳良；神童泾河西办起了永安初级合作社，社长朱金林，副社长朱火金；神童泾河东和庄里办起了永利初级社，社长沈洪德，副社长顾阿三。

1954年10月21日，淀东区人民政府对碛礇村的永益农业生产合作社和碛礇村翁申泉互助组的产量进行统计，数据表明，在农业生产合作社、互助组、单干户并存的历史时期，农业生产合作社的优越性充分显示，推动了互助合作运动的开展，调动了广大农户的生产积极性。见表4-1-2。

表4-1-2　　　　　　1954年碛礇村永益农业生产合作社与翁申泉互助组产量调查表

项　目		田亩数(亩)		亩产量(斤)		总产量(斤)	
生产单位		合作社	互助组	合作社	互助组	合作社	互助组
粳稻	最高	7.3	3.5	750	700	5 476	2 450
	较高	20.2	50.5	700	600	14 140	30 000
	一般	119.7	64.0	620	550	74 214	35 200
	较低	7.5	6.0	480	400	3 600	2 400
	最低	14.8	2.5	450	未统计	6 660	未统计
糯稻		18.0		480		8 640	
籼稻		17.5		400		7 000	
合计		205.0	126.0	584	556	119 730	70 050

3. 高级农业生产合作社

1955年11月，贯彻中央《关于农业合作化问题的决议》。随着办社积极性的高涨，初级阶段的农业合作社又出现新的矛盾。因土地所有权属农户所有，大规模进行整地和兴修水利，出现新问题；另一方面初级社农户少、规模小、土地比较分散，不能适应生产发展的需要。为克服上述矛盾,适应生产发展的需要,于是出现一村数个初级社,或几个自然村办的初级社,合并起来组建高级农业生产合作社。

高级农业生产合作社,规定土地为集体所有,各户按人保留少量自留地,耕畜、大型农具折价归公,取消土地分红,实行按劳分配。高级农业合作社的出现,既是经济实体,又是基层行政单位。设社长、副社长、会计,以高级社为单位,建党支部、团支部、民兵营、妇联委等基层组织,社以下分设若干生产队,生产队有队长、副队长、会计,负责日常生产和管理工作。原永益村域当时12名共产党员和土改干部热情宣传,积极努力,在永安乡办了第一个高级农业生产合作社——永益高级农业生产合作社。永益,方言谐音"永一","永一"就是永安乡第一,"永益"名称由此而来。永益高级社的领导班子,书记张仁岐,社长吴福全,主任张志明,会计王荣泉。全村130户农户全部入社,富农成分的农户也入了高级社,总面积1 840多亩。下设6个生产队,东南村1队,队长谈云泉;后村2队,队长严洪生;碛磹江北3队,队长翁申泉;碛磹江南4队,队长翁惠忠;彭安泾江东5队,队长张岳良;彭安泾江西6队,队长朱才良。1956年,原永义村域,由马新社、永新社、永胜社、胜利社四个初级社合并建成永义高级社。在原永生村域10名共产党员和土改干部的热情宣传、积极努力下,办了永胜高级农业生产合作社,书记王祥龙,社长王祖良,副社长王会清,会计盛荣福,全村域140户农户全部入社,总面积1 763亩,下设5个生产队,1队队长王富青、2队队长张在忠、3队队长吴凤其、4队队长陆仁昌、5队队长谈品岳。神童泾永安初级合作社、永利初级社合并建成永安高级社。

土地为高级社集体所有后,有利于连片管理,划分耕作区。对生产队实行"土地、劳力、耕畜、大农具"四固定,管理上实行"定产量包产、定工分包工、定成本包本,超产增收部分,直接纳入社员分配"的模式。采取夏熟预分、秋熟决算,全年从净收入中提取公积金、公益金,用于扩大再生产和社员集体福利事业;提取管理费,用于干部报酬。

四、人民公社

1958年,贯彻社会主义总路线,掀起"大跃进"高潮。10月,实行政社合一,撤乡建人民公社,将原有农业高级合作社合并成"一大二公"的人民公社。下设生产大队、生产小队。永新村域属淀东公社三营,由原永安、永利、永生、永义、永益五个高级社,组成永安(永利并入)、永生、永义、碛磹(永益)四个大队;1983年6月,政社分设,淀东人民公社改建淀东乡。公社建制前后25年,在经营管理问题上出现不同形式。

1. 平均主义分配

人民公社替代乡政府,实行政社合一,工、农、兵、学、商五位一体。公社设党委和公社管理委员会,下设办公室和农业、副业、工业、武装、保卫、财贸、文卫、民政等科。行政村改为生产大队,大队设立党支部。人民公社初期,劳动组织采用营、连、排军事化编制,永新村域为三大队。指导生产采用"大兵团作战",生活上采取半供给制度,办了大食堂,实行"吃饭不要钱",每人每月5元零用钱。

分配由公社统一核算,全社范围内搞平均主义分配,乃至平调社员的私有财产和集体财产,为了便于军事化生产,指令彭安泾自然村的社员全部搬迁到碛磹村居住。出现"共产风"、"命令风"、"浮夸风"、"瞎指挥风"、少数人"多吃多占风"、生产开展摆"擂台",提出"一天等于二十年"、"人有多大胆、地有多大产"的口号。这些举措脱离了农村生产力发展的实际水平和

农民的意愿,严重挫伤了农民的生产积极性。1959年,党的"郑州会议"纠正了上述错误。彭安泾村的农民重新搬回村,住进自己的房屋。然而天公不作美,1960~1962年,水旱灾害加虫灾,台风又轮番侵袭,农业生产滑坡,农民口粮不足,强劳动力的口粮每月只有20斤左右,吃不饱肚子,只能用瓜菜代粮,一度出现消瘦病、浮肿病等。

在劳动管理上,劳动"大轰隆","吃大锅饭",生产无定额,劳动出工不出力。社员生产积极性不高。因此,一度出现了严重的田间草荒,为解决草荒问题,晚上手提灯笼,开夜工拔草,收效甚微。当年,水稻亩产不到200斤,三麦亩产近100斤,油菜亩产最低的队只收38斤。

2. 定额包工、评工记分

1962年2月,贯彻《农村人民公社工作条例(修正草案)》,即六十条,昆山的陆家会议后,基本核算单位下放到生产队,确定了"三级所有,队为基础"的管理体制。实行土地、劳力、耕牛、农具"四固定"。统一经营管理,自负盈亏;收益分配,承认差别。在劳动管理上坚持定额包工、评工记分、多劳多得、按劳分配的原则,调动了社员的生产积极性,粮食生产有所好转,采用按人分配基本粮,按劳分配工分粮,取消"大锅饭"。

1963年,中央决定开展社会主义教育运动,颁发《二十三条》。1964年,永新村域全面开展社会主义教育运动。1965年,社会主义教育工作队全面进驻大队,主要解决"四清与四不清"的矛盾,大队组织贫下中农协会,工作对象是大队干部及生产队干部,在政治上、经济上,搞人人过关,通过运动,有一些干部受到了处分,一些多吃多占的干部进行了退赔。整顿调整大小队领导班子,在运动中,表现比较好的积极分子发展入党,各生产队社员选举产生新的领导班子,同时配备政治队长。比如,永益村1队政治队长盛蜜英,生产队长朱德元;2队政治队长严洪生,生产队长严金龙;3队政治队长瞿培祖,生产队长钱八妹;4队政治队长翁惠忠,生产队长张仁明;5队政治队长罗福泉,生产队长王志良;6队政治队长朱阿荣,生产队长郁德章;7队政治队长沈小妹,生产队长王根明;8队政治队长翁申泉,生产队长吴德忠。

3. 大寨式评分

通过"社会主义教育"运动,一段时间,群众的劳动积极性有所提高,生产面貌有了新的起色,并且一度出现许多不记名的好人好事,人的精神面貌大为改观。1966年"文化大革命"开始,"割资本主义尾巴",推广"大寨式评分",搞政治挂帅、思想领先,搞"标兵工"。劳动评分,先评政治分,再评劳动分,自报互评,社员称为"先吃精神饭,后吃白米饭"。强调"以粮为纲",业余时间家庭搞小手工业或副业,被视为"资本主义倾向",受到抵制。提出只要社会主义的草,不要资本主义的苗。"大寨式评分"一定程度上挫伤了农民的生产积极性,农业生产又出现了低潮。1971年12月,按中央指示,恢复劳动定额,评工记分,按劳分配,农业生产重现起色。

4. 定额到人,联产到组

1978年,党的十一届三中全会后,农业生产推广"定额到人,按件记工",小段包工,死分活评,农民生产积极性有所提高,然而还是"大锅饭"。1982年4月,各生产队再分若干小组,实行"包工、包产、包费用"的三包到组、联产计酬的办法,超产奖励、减产赔偿。但改革不彻底、"大锅饭"换"小锅饭",生产积极性还是不能得到充分发挥。

五、家庭联产承包责任制

1983年,全面实行以农户为单位的家庭联产承包责任制,土地一包到底,按人分口粮田,按劳动力分承包田,在国家的计划指导下,自主经营,自负盈亏。大队建立农业经济合作社综合服务站,实施配套服务,形成并完善以家庭联产承包为主的统分结合的双层经营体制。

1. 联产承包

党的十一届三中全会后,农村经济体制改革深入有序。1983年4月,试行家庭联产承包责任制,全村域906户7 515.09亩土地,农民人均占有土地2.09亩。按农业人口划分每人0.5亩口粮田,按生产队田亩比例划定自留地,一般每人0.3亩(2分水田、1分旱田),按劳动力划分生产责任田,划分面积按生产队土地多少计算,各不相同。至年底,全村域41个生产队(2001年年底,小港2个生产队归属安上村,实有39个生产队),全面实行家庭联产承包责任制。从而结束了大集体生产经营方式,打破"大轰隆"、"大锅饭"的生产管理模式,农民生产积极性得到充分调动。以农户为单位联产承包,土地一包到底,在国家计划指导下,自主经营,自负盈亏,依法缴纳农业税,上交集体公积金、公益金、管理费,余下部分都归农户所有。

村建立农业经济合作社综合服务站,把"作物布局、供应良种、机械作业、灌溉排水、防病治虫、肥药供应"工作统一起来,实施配套服务。村组织机耕服务队,电灌站建立常年管水队伍,村农技员进行技术植保指导,双代店负责肥药供应。实行"农户包任务,集体包服务",形成并完善以家庭联产承包为主体的统分结合的双层经营体制。联产承包责任制,"分田"到户原则,一是合法,把生产队里的所有集体土地,一块不剩分到每家每户;二是合理,"分田"到户,尊重群众意愿,因队制宜,大家认为合理就可以;三是合情,分田到户做到公开、公平、公正,大家满意,不矛盾,没争吵就可以。这就是所谓的第一轮土地承包确权。

2. 确权发证

1988年8月,根据联产承包后农村劳动力大量转移的实际,对家庭联产承包土地进行第一次合理调整。1993年8月,进行第二次土地承包确权,稳定家庭联产承包责任制,推进农业现代化、商品化、专业化、集约化的发展进程。1998年,贯彻中办发〔1997〕16号《关于进一步稳定和完善农村土地承包关系的通知》精神,延长第二轮土地承包期30年。贯彻执行江苏省、苏州市关于做好延长土地承包期和向承包农户颁发"农村集体土地承包经营权证书"的工作指示,实施昆山市委《关于稳定完善农村土地关系发放经营权证书的实施意见》,结合镇村实际,在镇"确权放权"领导小组领导下,永新村域各村在书记、主任、会计等干部的指导下,村、组工作人员分工负责,抓好调查摸底、填报审核、办理手续等具体事宜。按照市统一的工作部署,坚持以家庭联产承包责任制和统分结合的双层经营体制,向承包农户颁发《农村集体土地经营权证》,从根本上保护农民承包集体土地的合法权益,加快发展农业生产,稳定农村经济。

确权发证工作,紧紧围绕"农村第二轮土地承包期再延长30年"的政策规定,广泛宣传,深入发动,认真清理土地面积,核实在籍人口总量,在搞清2个基数后,深入农户家庭,发放土地流转征求意见书,让农户自己确定上报。确权发证工作,镇村按照"五个坚持"原则:(1)坚持土地所有权权属不变原则;(2)坚持农民享有土地承包权的原则;(3)坚持稳定现有土地规模经营的原则;(4)坚持"大稳定,小调动"的原则;(5)坚持"三权"分离的原则,明确土地所有权,稳定土地承包权,搞活土地使用权。

确权对象,严格按照"凡1998年7月31日在籍农业人口,才能享有土地承包权"的规定;确权土地面积,严格执行"凡国家集体建设用地不在确权发证范围"的规定。经过翔实调查,反复核准,永新村域除永义8组外的38个村民小组(小港2个生产队后归属安上村,故不统计在内),核准应发证3 054.5人,确权发证面积5 424.72亩,人均确权面积1.78亩。

3. 永新村域土地承包经营权确权发证情况,见表4-1-3

其中永义村8组因无承包土地,故无确权发证统计。人口中,有的老人由2～3名子女抚养,土地承包经营确权名额,也分摊到各子女,故人口中有非整数。

表4-1-3　　　　　　　　1998年永新村域土地承包经营权确权发证情况　　　　　　　单位:人、亩

组别	人口	面积	组别	人口	面积	组别	人口	面积
永义1	94	184.66	永安5	52.67	123.65	永生6	63	117.73
永义2	109	152.29	永安6	56	115.37	永生7	87	149.37
永义3	55	84.17	永安7	88	207.44	永生8	110	229.34
永义4	65.5	42.77	永安8	94	135.06	永益1	82	209.65
永义5	78	75.29	永安9	112	170.65	永益2	69	146.74
永义6	30	75.2	永安10	58	122.95	永益3	66	93.31
永义7	65	41.68	永安11	62.33	110.13	永益4	56	88.4
永义9	89	61.36	永安12	48	121.81	永益5	112	227.78
永义10	52	88.131	永生1	119	161.53	永益6	116	266.91
永安1	123	220.41	永生2	62	107.67	永益7	70	166.75
永安2	106	166.46	永生3	111	162.02	永益8	50	141.65
永安3	98	150	永生4	82	186.45	永益9	50	74.5
永安4	123	223.66	永生5	91	221.78	合计	3 054.5	5 424.721

3. 土地流转

2010年,3 005.5人为责任田人,通过补确权、加自留地面积、减征使用面积的计算,将4 953.831亩土地经营权,折合4 953.831股,作价金额14 861 493元,以股田制形式实行土地流转。见表4-1-4。流转土地围绕农村稳定、农民增收、加强农业基础地位,以率先实现农业现代化目标,大力开展种养结构调整,积极推进产业化进程,进一步完善有关政策措施,强化农业的扶持工作,农业继续稳步发展。

表4-1-4　　　　　　　2010年永新村土地承包经营权股田制形式土地流转情况

组别	加:补确权面积(亩)	加:自留地面积(亩)	减:征使用面积(亩)	人口(人)	面积(亩)	其中:自留地面积(亩)	折合股数(股)	作价金额(元)	股权证书编号
1	14.78	13.774	31.599	96	181.615	13.774	181.615	544 845	0101-0130
2	29.4	11.988	43.19	112	150.488	11.988	150.488	451 464	0201-0237
3	49.08	7.63	103.18	56	37.7	7.63	37.7	113 100	0301-0318
4	116.07	8.062	152.85	65.5	14.052	8.062	14.052	42 156	0401-0427
5	69.45	8.1	152.84	-	-	-	-	-	-
6	7.63	4.488	31.06	30	56.258	4.488	56.258	168 774	0601-0611
7	97.43	9.03	139.11	66	9.03	9.03	9.03	27 090	0701-0726
9	82.68	8.8	135.584	89	17.256	8.8	17.256	51 768	0901-0929

续表

组别	加:补确权面积（亩）	加:自留地面积（亩）	减:征使用面积（亩）	人口（人）	面积（亩）	其中:自留地面积(亩)	折合股数（股）	作价金额（元）	股权证书编号
10	15.329	6.24	37.29	53	72.41	6.24	72.41	217 230	1001-1020
11	25.598	24.192	67.45	123	202.75	24.192	202.75	608 250	1101-1139
12	82.36	19.98	0.21	108	268.59	19.44	268.59	805 770	1201-1231
13	16.996	13.524	10.71	98	169.81	13.524	169.81	509 430	1301-1323
14	2.407	19.323	24.6	123	220.79	19.323	220.79	662 370	1401-1437
15	2.498	9.282	2.16	52.67	133.27	9.282	133.27	399 810	1501-1514
16	15.82	10.08	3.522	56	137.568	9.9	137.568	412 704	1601-1618
17	(0.102)	14.792	—	88	222.13	14.792	222.13	666 390	1701-1727
18	33.144	14.196	54.27	95	128.13	14.196	128.13	384 390	1801-1829
19	14.174	14.616	40.373	111	159.067	14.616	159.067	477 201	1901-1936
20	0.948	10.192	30.1	58	103.99	10.192	103.99	311 970	2001-2014
21	3.972	10.738	3.67	63.33	121.17	10.738	121.17	363 510	2101-2114
22	0.35	9.54	20.292	48	110.708	9.54	110.708	332 124	2201-2215
23	21.42	16.5	0	120	199.45	16.5	199.45	598 350	2301-2337
24	66.13	14.718	0	62	188.52	14.08	188.52	565 560	2401-2420
25	43.758	20.412	43.41	115	182.78	20.412	182.78	548 340	2501-2537
26	15.459	15.921	0	84	217.83	15.921	217.83	653 490	2601-2622
27	(0.204)	20.384	26.3	92	215.66	20.384	215.66	646 980	2701-2726
28	14.32	9.9	0	64	141.95	9.9	141.95	425 850	2801-2817
29	17.785	17.195	0	94	184.35	17.195	184.35	553 050	2901-2932
30	0	19.74	68.35	111	180.73	19.74	180.73	542 190	3001-3036
31	0	10.88	1.5	82	219.03	10.88	219.03	657 090	3101-3118
32	6	10.75	44.15	69	119.34	10.75	119.34	358 020	3201-3226
33	26.6	8.02	53.27	68	74.66	8.02	74.66	223 980	3301-3322
34	58.85	8.7	86.57	57	69.38	8.7	69.38	208 140	3401-3419
35	13.01	16.5	85.399	112	171.891	16.5	171.891	515 673	3501-3532
36	18.331	18.819	246.272	116	57.788	18.819	57.788	173 364	3601-3637
37	7.78	12.92	57.51	69	129.94	12.92	129.94	389 820	3701-3731
38	34.89	7.35	118.83	50	65.06	7.35	65.06	195 180	3801-3816
39	41.34	7.5	104.65	49	18.69	7.5	18.69	56 070	3901-3915
合计	1 064.783	484.776	2 020.271	3 005.5	4 953.831	475.318	4 953.831	14 861 493	1 055

4. 规模经营

农业实施联产承包责任制后,农民生产积极性得到进一步提高,在搞好第一产业的同时,不断开发第二、第三产业。有进厂务工的,有到集市经商的,有跑短途运输的。有的在镇上购房定居,从事第三产业,承包田让给别人代耕,谁种、谁收,代为完成订购任务。大农户就在这种形势下诞生,并得到迅速发展。1991年11月,中共中央十一届八中全会通过了《关于进一步加强农业和农村工作的决定》,要求不断完善统分结合的双层经营体制,坚定不移地深化农村改革。在上级政府的指示下,在原有小规模经营的基础上,以农业公司为依托,逐步建立发展大农户。1994年,村域中出现了大农户,初步形成规模经营的格局。规模经营原则,实行"个人承包,集体投资,定额上交,成本核算,实奖实赔、自负盈亏"。

口粮田与责任田"两田"分离后,达到六个有利:一是有利于深化农村改革,把土地尽快向种田能手转移;二是有利于稳定农业,实现了粮油生产专业化,巩固发展了商品粮基地;三是有利于推动农业机械化发展,减轻了劳动强度,提高了劳动生产率;四是有利于土地利用率,有效地控制了抛荒现象;五是有利于壮大集体经济;六是有利于经济兴农,实行科学种田,更便于新农艺、新技术的推广。

2012年,永新村将农户流转的2 667.2亩土地,租赁给45户大农户或外地农民代表规模经营。见表4-1-5。

表4-1-5　　　　　　　　2012年永新村土地租赁明细表　　　　　　　　单位:亩

序号	承包户	地　　点	面　积
1	吴方明	杨士溇、斜路江、站边、塘路、江东圩	219.13
2	朱菊明	杨士溇圩	90.45
3	刘良宏	马家港、阔断头	40.87
4	张培龙	神童泾江西圩	44.49
5	丁伟兵	彭安泾、碛碯、神童泾	117.15
6	沈惠平	东南村	59.68
7	陆会峰	野猫圩、溇滩、倪家溇	75.29
8	张木金	23组江东圩	30.14
9	凌阿五	下断、黄家塂	17.02
10	凌阿五	江西座圩	4.75
11	贾菊兴	四川溇	32.95
12	王惠明	江南、南溇滩圩	9.82
13	陆祖生	东林、23组座圩	62.55
14	陆菊泉	江西、自留地、西横泾	70.00
15	张金泉	神童泾江圩	27.00
16	沈夫元	座圩、小段圩、东湾	70.20
17	孙小平	座圩	75.60
18	朱小夯	姚段、庞家溇、东林	107.85
19	柴定荣	新开泾座圩、姚段	145.67
20	陆阿夯	马家港、其家溇、场门前、工棚	124.88
21	潘坤元	木行圩、东林	118.31
22	陈会兴	塘生溇、长四亩、凉亭桥	78.83
23	王振荣	江南圩、倪家溇	38.12
24	王显荣	新开泾江西、姚段	48.5

续表

序号	承包户	地点	面积
25	王文新	东林圩	35.47
26	王海荣	神童泾沈湾溇圩	11.00
27	朱小夯	神童泾沈湾溇圩	7.20
28	沈金元	东林圩	10.00
29	马金元	青龙桥	7.70
30	沈昌杰	青龙桥	6.00
31	陆根荣	长屋口	65.87
32	吴雪青	马家港	17.3
33	朱建荣	长木头圩	5.26
34	谈仲芳	江南	14.45
35	张木金	斜家浜	22.9
36	沈建高	江南圩	16.43
37	沈卫星	金家段	5.83
38	中旭房产		47.86
39	梦莱茵		10.04
40	种子站		105.66
41	农服中心		38.89
42	代表1		125.42
43	代表2		129.56
44	代表3		132.04
45	代表4		143.07
	合　计		2 667.2

第二节　耕作制度

永新村域，农业历来以种植水稻、三麦、油菜为主。新中国成立前，低荡田一年只能种一季水稻，一些高田和半高田，一年种上稻、麦或油菜两熟，少量家前屋后田块，种上蚕豆及汉草（红花草、紫云英）。

新中国成立后，兴修水利，改造低洼田。比如，永益村第五生产队与永安村第二生产队，1954年严重水灾后，在1955年冬春联合起来，在地势低洼的落度潭新开挖了一条全长300米、宽10米左右的河道，既解决了50多亩低洼田的排涝出水问题，又方便船只运输进出。低洼田经过改造，一年也能种上两熟。

1956年，开始试种双季稻。70年代初，贯彻"以粮为纲"，双季稻面积迅速扩大，复种面积占总面积的30%～60%，甚至提倡100%。双季稻种植，劳民伤财、苦头吃足，碰到低温年，气温达不到要求,影响前作出苗率及后作灌浆,且对夏熟作物也有影响,一般只能种大麦。双季稻用工量大,成本高,米质差,增产不增收,经济效益低。80年代初期,在调整产业结构的同时,压缩三熟制面积,到1983年,全部恢复两熟制。

第三节　粮油作物

一、水稻

传统的耕作经过了多少年、多少代,种稻总是有育秧、移栽、田间管理(耘耥、除草、施肥)、收割这一系列环节。农业机械化的实现,彻底改变了传统种稻方式,不再是"种田呒花巧,年年老一套"。为便于后人知晓,既记录传统耕作方式,又记载机插水稻工厂化、流水线播种技术。

水稻

1. 传统耕作

(1) 种子

农户历来对种子处理都比较重视。新中国成立前,有的农户不选种,有的用黄泥土选种。20世纪50年代提倡盐水选种;60年代推广西力生、散力赛浸种,后因这两种药物含汞停用;70年代后期石灰水浸种;80年代改为多菌灵浸种;90年代又推广线菌清浸种。

单季稻每亩大田种子播量,平均10~12斤。推行双季稻,采用密植,用种量大,前季稻每亩用种30斤,后季稻每亩用种达32斤;中粳、早稻接近40斤。后推广杂交稻,采取特稀播量,每亩用种6斤左右。90年代提倡育秧稀播,每亩大田播种量在12斤左右。

(2) 育秧

从老式秧田到推广合适秧田、到薄膜育秧,再发展到肥床稀播旱育秧以及直播,是经过几十年不断改进、不断总结而取得的。

一家一户时,一般选择冬闲田或花草田做秧田,在立夏之前翻耕、施基肥,上水耕耙平整、拖平、荡谷、稻柴灰覆盖。20世纪50年代起,推广合适秧田,做秧田前,猪粪或大粪作基肥,然后上水,以1.33米宽标准为秧板,落谷稀,"1个铜板7粒谷"。60年代,提倡双季稻,早稻育秧,天尚寒,用薄膜在秧板上搭棚,提高地温。80年代,直接在大麦田板上湿润后落谷,群众称为"懒惰秧",农技人员名曰"免耕秧田"。90年代初,还是"懒惰秧"当家。1995年,农科站在农场中试育旱秧成功,1996年批量推广,在总结经验的基础上,1997年全面推广。育旱秧要求很高,精耕细作,除杂草,施基肥落谷后浇透水,撒上细土,薄膜覆盖,上盖一层稻草,避免强烈阳光照射。待秧苗出土寸许时,除去薄膜,每天浇水,田板不能太干,又不能太湿。旱秧的优越性在于拔秧容易,省工,移栽后成活率高。

（3）移栽

新中国成立前,移栽质量粗陋,属小行距、大株距、大棵株,每亩在1万~1.4万穴。20世纪50年代,推广陈永康小株密植,株距10厘米×17厘米,每穴4~5株,每亩足3万穴、12万株基本苗。90年代流行小群体、壮个体、高积累的路子,每亩栽2.6万穴左右,基本苗在11万株左右。早前密植问题,因耕耘不便,而让行距扩大到15~18厘米,后来不做耘耥,靠除草药剂除草,顺利推广小株密植。

（4）田管

俗话说"三分种,七分管",虽说"秧好半熟稻",可还得靠管理好。移栽结束,就是管理,包括除草、水浆管理、施肥、防治病虫害。

① 除草　新中国成立前后,一直依靠人工拔草、耥稻、耘稻、拔稗草。耥稻工具"耥",用装有20多只铁钩钉的船形镂空木板,一头装上竹竿,在行间来回推拉,既松土,又除草,经过耥稻后的杂草浮在水面。耥后就要耘,耘稻时,把浮在水面的杂草和株距间未曾耥到的杂草拔除,一起揿入泥中,同时把稻根部挖松,虽然费工劳累,但有利于水稻发棵生长。推广密植后,不便耘耥,用除草剂代替人工除去杂草,省工效果好,得到全面推广,耘耥这道工序因此省略了,原始的除草工具"耥",进了农业历史博物馆。

耥

② 水浆管理　水调控稻的生长,根据稻的不同生长期,采用薄水种秧,深水活棵,浅水发棵,排水搁田,干干湿湿,以湿为主。活棵后浅水勤灌,分蘖后期搁田控制,孕穗期水足,抽穗扬花期间断脱水,灌浆期勤灌跑马水,俗话说:"多打一朝水,谷长一层皮。"割稻前,断水5~6天。

③ 施肥　新中国成立前,以草塘泥、猪塮、人粪为主作基肥,豆饼、菜饼作长粗肥,绝大部分农户不追施穗肥。20世纪50年代,推广陈永康的"三黄三黑",看苗施肥,逐步发展到前期施足基肥,有利于发棵,中期适当施长粗肥,后期看苗施穗肥,促前、控中、稳后。80年代增加化肥用量,有机肥比重大幅下降,有些田块根本不用有机肥,造成成本高、地力下降,但开始提倡秸秆还田作基肥。

④ 防病治虫　在田管过程中,防治病虫害是关键,稍有不慎,会使庄稼减产,甚至颗粒无收。

2. 现代栽培

（1）机插秧

1986年,多点示范机插秧,1989年推广到镇村,1995年,拥有2ZT-7358型插秧机。此后,村级集体服务跟不上,加之更加省工简易的直播稻推广普及,至2006年,机插迅速衰落。2010年后,被机插水稻工厂化、流水线播种技术替代。

机插大田一般干耕晒垡,使土壤疏松,施上基肥后上水旋耕整平,适当沉实后,田面保持"瓜皮水",便于机插。育成的机插秧苗根系互相缠结呈地毯状,起秧时需用刀按插秧机规格切成整齐的长方块,秧根朝外卷成筒状,运往田头。每亩大田基本苗8万~10万株。插完后

要对田头、田边及漏插处进行补插,栽后5~7天化学除草,活棵后爽田促根、浅水促蘖,7月上旬脱水控制,分蘖末期适时搁田,以后保持水层,活水到老。

（2）抛秧

抛秧是将在带凹穴的特制塑料秧盘内育成的秧苗,用人或抛秧机均匀抛入田间,利用带土秧苗自身重量,垂直落地成活的一种栽种技术。塑盘育秧又包括湿润育秧和肥床旱育等方式,抛秧又可人工抛栽或机械抛栽。1989年,昆山引进水稻抛秧技术,抛秧可免除弯腰插秧之苦,减轻劳动强度,加快夏种进度。与机插秧相比,抛秧的一次性投资较少,机动灵活,栽时无植伤,有利于早活、早发、稳长,既适合规模经营单位大面积应用,也适合对分散经营小农户实行集体供秧、分户抛栽。1993年,有村示范;1995年得到发展;1996年镇曾引进2ZPY-C型抛秧机,一般每亩抛栽秧苗50盘,2.50万穴,8万~10万苗。抛秧后3~5天内昼间保持浅水,夜间需排水露田,以后管理与机插秧相同。

（3）肥床旱育稀植

该项技术于20世纪80年代从日本引进。所谓"肥床旱育",就是利用旱地做成疏松如海绵的肥沃苗床,依靠土壤底墒和适量浇水,培育水稻旱秧;所谓"稀植",是利用旱秧根系发达、带有分蘖、苗体健壮的优势,适当降低栽植密度,运用促早发稳长,争足穗,攻大穗的肥水运筹技术,实现增产增收。由于该技术具有省秧田、省水、省种、省肥、省工和稳产高产的优点,得以迅速推广。1997年,淀山湖镇91%的水稻面积全面推广。以后,由于短芽、长芽、乳苗配套直播及机械直播的推广应用,肥床旱育稀植面积减少。2006年,占水稻面积的32.10%。

（4）直播稻

直播是一种不用育秧移栽的栽培技术,具有农艺简便、省工节本的优点,它除了人工撒播外,也可用机械条播。直播稻又有水直播（灌水整地后播种）与旱直播（整地播种后上水）两种,后者因田面难以整平,影响水层灌溉及化学除草效果而早被淘汰。

20世纪80年代,有小面积试种,尔后经过几年摸索,攻克了全苗和除草两个难关后,直播稻获得迅速发展。1997年开始普及,2006年全面推广。

（5）免耕直播

免耕直播法是在前茬收获后,不进行耕翻就直接播种的种植方式。其技术要点是适期早播、催芽播种争早苗,一般在芒种前后结束,每亩净播种1~5公斤,基本苗10万~12万株。要求播前土壤吸足水分,播后湿润立苗。1叶1心期早施断奶肥,4叶期施分蘖肥,7月20日前后,一追一补施好长粗肥,重施穗肥,在8月初和8月中旬,分促花和保花2次施用。尤应重视化学除草,在播前用12%恶草灵封杀,在水稻分蘖期,再用克草神制成毒土撒施。亦可先在稻苗3~4叶期,用克草神喷雾,至7月中旬前后,再酌情用药一次。

（6）机插水稻工厂化、流水线播种

2011年,位于永新村的淀山湖种子站,全面实施机插水稻工厂化、流水线播种,技术要求高、操作要求规范,是一项系统性工程。通过两年实践,淀山湖镇水稻机插秧大面积推广,播种和移栽全部实行专业化、一条龙服务,其中播种采用专业化、工厂化流水线播种。

① 准备工作。

水稻机插秧与机直播相比,稳产高产,采用工厂化、流水线播种,不仅解决出苗、齐苗、全苗关,播种均匀,而且使用专用壮秧剂拌肥,秧苗健壮。凡是规模示范户愿意机插秧,全部机插秧;凡是能够机插秧的田块,全部推广机插秧。年初做好机插秧的经费预算;成立机插秧工作领导班子、技术班子和实施班子;制订详细的实施方案,明确村、专业合作社、农户的权利与义务。

② 确定机插秧面积。

统计各规模经营大户的机插秧面积,有的放矢地准备营养土、播种流水线数和高速插秧机的添置台数、硬盘的添置数量、运秧车辆的准备台数以及技术工人的准备人数等。种子站在农机部门的支持与配合下,发挥24台高速插秧机、4台播种流水线、22万个硬盘的作用。

③ 准备营养土。

以细泥做营养土,主要取蔬菜园地、水稻田和鱼塘塘埂的表土,在田头初步打细晒干后,运到播种点,再用专用打泥机打细,拌机插秧专用壮秧剂而成。

④ 机插秧工厂化、专业化流水线播种机的选择。

2012年前,选用久保田公司生产的SR-501C育秧播种机,工作效率较低,平均每小时播500盘左右,且喷水孔较细小,水中一有杂质便堵塞喷水孔。后引进宁波市大宇失崎机械制造有限公司的SYS-800C育秧播种机,平均每小时播800盘左右,且喷水孔大,不易堵塞喷水孔,大大提高了工作效率。

⑤ 机插秧播种、移栽日程的确定。

从浸种、催芽、播种、放秧盘到移栽等一系列工作日程表,机插秧从业人员人手一份。播种前的机械安装调试,包括播种机的安装和水、电的准备工作等;有关工

工厂育秧

具的配备包括进水、出水的皮管配备,水桶、拉秧车、拉盘车、运泥车、铁铲、扫帚等生产工具的配备。

⑥ 工厂化、专业化流水线播种。

浸种前晒种1~2天,浸种选用17%杀螟·乙蒜素(杀螟丹5%、乙蒜素12%)可湿粉剂,兑水350倍搅拌均匀,浸稻种48~60小时;浸好后捞出(不清洗)常温下48~60小时催短芽后播种。按照日程安排,各规模经营大户把浸种、催芽好的稻种运到工厂化播种场所,由专业人员统一实施工厂化、专业化流水线播种。根据实践,每台机插播种流水线上要配备12人,其中播种机上5~6人、1人运空秧盘、2人运营养土、3人拉叠播种好的盘秧到指定地方存放。

⑦ 播种技术。

盘内第一次填装营养土的厚度控制在2~2.2厘米。调节喷水量至盘土水分充分饱和。正常发芽率达90%左右,每亩大田播种量:杂交粳稻1.5~1.75千克(80~87克/盘),常规粳稻2.5~2.8千克(115~125克/盘)。一般以盖没稻种为宜,盖籽泥的厚度掌握在0.3厘米左右。正常一台播种流水线的日播种量,配套7台高速插秧机移栽;一天8小时台机日播种盘数在6 000~6 500盘,按照每公顷300~330盘推算,18~20公顷机插大田。

⑧ 暗化处理技术。

播种作业全部结束后,立即叠盘于室内暗化出苗,每叠 30 盘高左右,顶部放一只空秧盘封顶。暗化出苗选择室内常温进行,室外暗化搭好防晒、防雨、防大风刮倒的钢管大棚。一般以 30 盘高度为宜,叠放太低,浪费室内面积,叠放太高,增加倒塌的危险性;盘内温度偏高,易增加恶苗病发生,因此叠放时应留有通风通道,门窗打开。

⑨ 暗化时间。

暗化处理时间,掌握在两日三夜(60 小时),以 80% 芽苗露出土面 1.0~1.5 厘米,可摆盘入秧田,绿化秧苗管理。

二、三麦

小麦、大麦、元麦,俗称三麦。太湖地区的麦子早在春秋时已有种植,但都在旱地,面积不大。明清时期创造了小麦移栽技术,因费工费时,未能普及。新中国成立前,种麦耕作比较粗糙,产量也低,故有"小熟"之称。当时种麦用牛犁或人工翻土筑垄,踏垄耕(用牛拖耙,耙在垄面移动,削碎泥土),垄狭沟宽,播种稀,露子多,平均亩产 60~80 斤,比较高的只有近百斤。

小麦

20 世纪 50 年代,改宽垄狭沟种麦技术,垄宽由 1~1.4 米扩大到 2~3 米(垄宽 8 尺成鲫鱼背式),提高土地利用率。每亩播种量从原来的 10~15 斤提高到 15~20 斤。通过旧式耙的改装,加长耙幅,采用落沟耙(牛在沟中走),播后 2~3 耙,减少露子麦,保证苗全。

60 年代后期,推广薄片深翻法,因用工太多,未能普及。1963~1964 年,三麦栽培重点放在提高播种质量上,精耕细作,播后斩碎泥块,盖住露子,确保苗全。1969 年,推广塘桥高产经验,实现"一方麦田,两头出水,三沟配套,四面托起,雨停水干"的目标,做到阔垄深窄沟、精做垄面、施足基肥、均匀撒播、浅斩盖籽、消灭三籽(深籽、丛籽、露籽),播后拍麦保墒,三麦亩产明显提高。

70 年代后期,每亩麦田普施过磷酸钙 30~40 斤。

80 年代,每亩麦田施标准化肥 100~110 斤、过磷酸钙 30~60 斤,后期推广复合肥。

1988 年起推广免耕麦,有套播麦和板田麦两种做法。

套播麦。在晚稻收割前 5~7 天,人工把麦种撒在稻田里,解决养老稻与适时种麦的矛盾,由于田间湿度高,麦子容易全苗。如连续阴雨,田间积水,也会引起烂种烂芽;播种过早,稻麦共生期太长,麦苗易细长黄瘦。割稻后,需及时追肥、治虫、开沟、除草。90 年代后,套种麦已成主要方法。

板田麦。在水稻收割后,不经耕翻,直接在稻板田上施化肥、除草剂后,播种麦子,再开沟,以沟泥盖住露子。开沟方法,有人工开沟和机械开沟两种,也有先用铁搭垄"三角沟",后在冬管期间改为方沟,用挖出的土上麦泥。

三、油菜

清至新中国成立初,品种基本上全部是以白菜(土油菜)为主。油菜育苗沿用旧法,利用旱地及零星隙地做苗床(做菜秧地)。9月中下旬播种,一般不施底肥,播后以人粪作面肥,并覆以稻草灰,齐苗后,酌情拔去丛籽苗,追肥用稀人粪,最后一次在起苗前4~5天,施"起身肥",当时民间以"矮脚四叶齐"为白菜型油菜的壮苗标准。油菜种植以人力或畜力翻稻板田筑成垄头,然后用菜花柱(装有木柄的圆锥体石锤)在垄面打潭栽菜秧。用事先

连片油菜菜花盛开

做好的粪塘泥压潭。到菜秧成活后,用人工在垄里垦泥、壅土,俗称上泥。

20世纪60年代开始,品种改晚熟胜利油菜(朝鲜油菜),株大荚多,抗病抗寒力强。10月份,用早熟稻田做菜秧田,耕田作垄,用过磷酸钙作基肥,稀播种子,每亩秧田播种量一般在2.5~3斤,菜秧田面积与大田面积的比例,一般为1:10。播后用笼糠灰覆盖,齐苗后进行删苗,要求2个手指头一棵苗,追施有机质稀肥,起苗前4~5天,施"起身肥",使菜秧苗达到"红心绿边、短脚六叶齐"的要求。采取宽垄深沟套肋刀栽法,产量大幅度增长,一般亩产在200斤左右。油菜种植面积,70年代占水稻总面积的30%。

80年代采用免耕菜,俗称板田菜或稻板菜。水稻收获后不翻耕,直接在稻板上用铁铲一撬一条缝,或用木棒打个洞,施以碳酸氢铵和过磷酸钙作基肥,随后插进菜秧,株距17厘米左右,行距46厘米左右,纵向栽种,每亩0.8万~1万株,每隔3~4行,行间开挖一条轮沟,近头长的田块,加开腰沟,深26厘米左右。开沟的泥块待苗复活后,敲碎壅在根部。这种板田菜土地利用率高,省工省本,产量高,亩产一般在200斤以上,高的可超300斤。实行家庭联产承包责任制后,油菜种植面积迅速扩大,1989年占水稻总面积的65%以上。规模经营后,油菜种植面积又迅速下降,2012年,许多大农户不再大面积种植油菜。

四、良种推广

新中国成立前,水稻品种有籼稻、糯稻、粳稻,籼稻有罗籼(六十日籼)、长条籼、银条籼、飞来籼等,糯稻有麻劲糯,粳稻有老来青、洗帚种、飞来红、太湖青、白芒短种等。小麦品种为丈四红,大麦为土大麦,元麦为立夏黄。油菜以长箅白、矮萁黄为主。小农经济生产,主要以穗选为主留种,自繁自苗,极少更新。

新中国成立初期,逐步引进优良品种,淘汰低产品种。

1. 水稻

1958年,晚稻推广老来青为当家品种,产量高,但株高茎软、易倒伏,后因"颈瘟病"而逐步被淘汰。改种白芒短种,20世纪60年代引进苏粳1号、2号,昆农选。1962年引进农垦58(世界稻),它具有秆矮抗倒伏、高产等优点。1965年,推行双季稻,早熟品种多达十余种,以六十

籼、二九青为主,晚熟品种亦有农虎6号、沪选19。1977~1980年,推广杂交水稻。1983年后,仍以昆农选为主;90年代后,又以88121、88122、太湖粳2号、95-22、50-15、9-92等品种为主。

2. 三麦

(1) 小麦

1958年后,陆续引进华东6号、无锡白麦、苏麦10号等抗病害良种。20世纪70年代又以昆麦672为主;80年代后,以扬麦4号、5号为主,部分种昆麦672。

(2) 大麦

以沪麦4号与早熟3号为主。

(3) 元麦

仅在20世纪60年代、70年代初,少量种植,品种为海麦1号、荞麦等。

3. 油菜

20世纪60年代引进胜利52,80年代起引进"909"、宁油7号、宁油50。

4. 1982年秋季留种及1983年水稻计划种植面积

1982年秋季留种时,永新村域各生产队还是以大集体生产管理的思路,按前季稻每亩40斤、后季稻每亩40斤、单季稻每亩25斤的标准留种,品种都为当时推广的优良品种。永义大队前季稻留种一般为中梗早、元丰早,后季稻留种一般为东亭3号、元稻、嘉农485,单季稻留种一般为昆农8号、昆农选、昆稻2号;永安大队前季稻留种一般为元丰早,后季稻留种一般为东亭3号、元稻、阳元、红糯、吉糯、挂子糯,单季稻留种一般为昆农选、昆稻2569、昆稻2号;永生大队前季稻留种一般为元丰早,后季稻留种一般为粉红糯、京引15,单季稻留种一般为昆农选、昆稻2号;永益大队前季稻留种一般为元丰早,后季稻留种一般为粉红糯、官子糯,单季稻留种一般为昆农选、昆稻2号,1队还有什优稻。见表4-3-1、表4-3-2、表4-3-3、表4-3-4。

1983年春,永新村域全面实行家庭联产承包责任制,各生产队提留的种子,都以农户承包田面积分到户,基本上打破了1983年水稻计划种植面积。

表4-3-1　　　　1982年永义大队秋季留种及1983年水稻计划种植面积

队别	1982年秋季留种		1983年水稻计划种植面积			
	品　种	粮数(斤)	季别	面积(亩)	每亩留种(斤)	粮数(斤)
1	中梗早	2 000	前季稻	50	40	2 000
	昆农8号	3 835	单季稻	153.4	25	3 850
	东亭3号	1 790	后季稻	57	40	2 290
	元　稻	500				
	合　计	8 125	合　计	210.4	38.6	8 125
2	元丰早	2 000	前季稻	50	40	2 000
	昆农选	4 000	单季稻	161	25	4 000
	东亭3号	1 600	后季稻	40	40	1 600
	合　计	7 600	合　计	201	37.8	7 600

续表

队别	1982年秋季留种		1983年水稻计划种植面积			
	品 种	粮数(斤)	季 别	面积(亩)	每亩留种(斤)	粮数(斤)
3	元丰早	1 300	前季稻	32.5	40	1 300
	昆农选	2 300	单季稻	96	25	2 300
	东亭3号	300	后季稻	32.5	40	1300
	元 稻	1 000				
	合 计	4 900	合 计	131.2	37.3	4 900
4	元丰早	1 200	前季稻	30	40	1 200
	昆 稻	500	单季稻	106.5	25	2 662
	昆农选	2 312				
	东亭3号	1 300	后季稻	42.5	40	1 700
	元 稻	500				
	合 计	5 812	合 计	149		5 562
5	元丰早	1 200	前季稻	30	40	1 200
	昆稻2号	300	单季稻	115.5	25	2 965
	昆农选	2 400				
	东亭3号	1 200	后季稻	30.8	40	1 235
	元 稻	350				
	合 计	5 450	合 计	145.5		5 400
6	元丰早	1 820	前季稻	45.5	40	1 820
	昆稻2号	3 000	单季稻	148	25	3 700
	昆农选	700				
	东亭3号	2 000	后季稻	58	40	2 300
	元 稻	320				
	合 计	7 840	合 计	208.5	37.6	7 840
7	元丰早	1 490	前季稻	37.3	40	1 490
	昆稻2号	689	单季稻	151.6	25	3 789
	昆农选	3 100				
	东亭3号	1 800	后季稻	57.2	40	2 050
	元 稻	250				
	合 计	7 329	合 计	202.8		7 329
8	元丰早	2 000	前季稻	50	40	2 000
	昆农选	3 225	单季稻	129	25	3 225
	东亭3号	800	后季稻	54.3	40	2 170
	元 稻	370				
	嘉农485	1 000				
	合 计	7 395	合 计	183.3		7 395

续表

队别	1982年秋季留种		1983年水稻计划种植面积			
	品　种	粮数(斤)	季　别	面积(亩)	每亩留种(斤)	粮数(斤)
9	元丰早	1 200	前季稻	30	40	1 200
	昆农选	2 660	单季稻	106.4	25	2 660
	东亭3号	980	后季稻	36.9	40	1 480
	元　稻	500				
	合　计	5 340	合　计	143.3	37.3	5 340
10	元丰早	1 250	前季稻	31.3	40	1 250
	昆农选	2 600	单季稻	104	25	2 600
	东亭3号	1 200	后季稻	40	40	1 600
	元　稻	400				
	合　计	5 450	合　计	144		5 450
11	元丰早	1 365	前季稻	34	40	1 365
	昆农选	2 500	单季稻	105.9	25	2 660
	东亭3号	1 200	后季稻	34	40	1 360
	元　稻	320				
	合　计	5 385	合　计	139.9		5 385

表4-3-2　　　　1982年永安大队秋季留种及1983年水稻计划种植面积

队别	1982年秋季留种		1983年水稻计划种植面积			
	品　种	粮数(斤)	季　别	面积(亩)	每亩留种(斤)	粮数(斤)
1	元丰早	1 880	前季稻	71	40	2 840
	昆农选	2 007	单季稻	212.3	25	5 308
	昆稻2569	2 155				
	东亭3号	1 190	后季稻	71	40	2 840
	元　稻	1 600				
	杂　种	2 156				
	合　计	10 988	合　计	283.3	38.78	10 988
2	元丰早	2 500	前季稻	63	40	2 500
	昆　稻	4 725	单季稻	189	25	4 725
	阳元种子	1 000				
	东亭3号	1 540	后季稻	63	40	2 540
	合　计	9 765	合　计	252	38.75	9 765

续表

队别	1982年秋季留种		1983年水稻计划种植面积			
	品种	粮数(斤)	季别	面积(亩)	每亩留种(斤)	粮数(斤)
3	元丰早	1 550	前季稻	40	38.75	1 550
	昆稻2569	3 600	单季稻	135.6	25	3 600
	红 糯	450	后季稻	40	40	1 440
	522	700				
	调 种	290				
	合 计	6 590	合 计	175.6	37.52	6 590
4	元丰早	2 400	前季稻	60	40	2 400
	昆稻2569	3 388	单季稻	179.5	25	4 888
	昆农选	1 500				
	东亭3号	1 300	后季稻	50	40	2 000
	元 稻	1 500				
	合 计	9 288	合 计	239.5		9 288
5	元丰早	1 100	前季稻	30	36.7	1 100
	昆稻2号	1 600	单季稻	87.61	25	2 290
	昆农8号	690				
	522	400	后季稻	30	40	1 200
	元 稻	800				
	合 计	4 590	合 计	117.61	39.03	4 590
6	元丰早	1 400	前季稻	34	41	1 400
	昆稻2号	2 243	单季稻	102.45	25.7	2 640
	昆农选	397				
	元 稻	140	后季稻	34	41	1 400
	合 计	5 440	合 计	170.45	31.91	5 440
7	元丰早	2 400	前季稻	60	40	2 400
	昆稻2569	4 200	单季稻	160.5	26.1	4 200
	东亭3号	1 120	后季稻	53	40	2 120
	吉 糯	1 000				
	合 计	8 720	合 计	213.5	40.84	8 720
8	元丰早	2 000	前季稻	48	40	1 920
	昆稻672	2 300	单季稻	136.6	40	3 315
	昆农选	1 200				
	元 稻	1 500	后季稻	40	40	1 760
	合 计	7 000	合 计	176.6	39.6	6 995

续表

队别	1982年秋季留种		1983年水稻计划种植面积			
	品　种	粮数(斤)	季　别	面积(亩)	每亩留种(斤)	粮数(斤)
9	元丰早	2 040	前季稻	63.5	40	2 540
	广　四	500				
	昆农选	1 500	单季稻	159	25	4 000
	昆稻2569	2 500				
	元　稻	2 500	后季稻	61.7	40	2 500
	合　计	9 040	合　计	220.7		9 040
10	元丰早	1 000	前季稻	30	40	1 200
	昆稻2569	1 050	单季稻	89.57	25	2 239
	522	300	后季稻	30	40	1 200
	红　糯	1 700				
	周　转	589				
	合　计	5 385	合　计	119.57	38.8	4 639
11	元丰早	1 000	前季稻	30	40	1 200
	昆稻2569	2 488	单季稻	91.5	25	2 288
	522	600	后季稻	30	40	1 200
	挂子糯	600				
	合　计	4 688	合　计	121.5	38.58	4 688
12	元丰早	1 600	前季稻	40	40	1 600
	昆稻2569	1 400	单季稻	101		2 530
	红　糯	1 470	后季稻	40	40	1 600
	昆　籼	1 260				
	合　计	5 730	合　计	141	40.64	5 730

表4-3-3　　　　1982年永生大队秋季留种及1983年水稻计划种植面积

队别	1982年秋季留种		1983年水稻计划种植面积			
	品　种	粮数(斤)	季　别	面积(亩)	每亩留种(斤)	粮数(斤)
1	元丰早	1 660	前季稻	41.5	40	1 660
	昆　稻	2 000	单季稻	147.4	23	3 450
	昆农选	3 250				
	粉红糯	1 600	后季稻	40	40	1 600
	合　计	6 710	合　计	187.4	35.8	6 710

续表

队别	1982年秋季留种		1983年水稻计划种植面积			
	品　种	粮数(斤)	季　别	面积(亩)	每亩留种(斤)	粮数(斤)
2	元丰早	1 333	前季稻	33	40	1 333
	昆　稻	1 000	单季稻	138.2	25	3 563
	昆农选	2 563				
	粉红糯	1 320	后季稻	33	40	1 320
	合　计	6 216	合　计	171.2	36.3	6 216
3	元丰早	2 300	前季稻	57.5	40	2 300
	昆　稻	1 046	单季稻	193.6	23	4 406
	昆农选	3 360				
	粉红糯	1 995	后季稻	50	40	1 995
	合　计	8 701	合　计	243.6	35.7	8 701
4	元丰早	2 000	前季稻	50	40	2 000
	昆农选	3 872	单季稻	148.3	26	3 872
	粉红糯	2 400	后季稻	60	40	2 400
	合　计	8 272	合　计	208.3	39.7	8 272
5	元丰早	1 600	前季稻	40	40	1 600
	昆稻2号	1 520	单季稻	202.5	25	5 060
	昆农选	3 880				
	京引15	1 580	后季稻	48	40	1 920
	合　计	8 580	合　计	250.5	34.3	8 580
6	元丰早	1 400	前季稻	35	40	1 400
	昆　稻	500	单季稻	109.6	25	2 750
	昆农选	2 250				
	粉红糯	1 300	后季稻	32.5	40	1 300
	合　计	5 450	合　计	142.1	38.4	5 450
7	元丰早	2 000	前季稻	50	40	2 000
	昆农选	3 400	单季稻	161.8	21	3 400
	粉红糯	1 600	后季稻	41	40	1 630
	合　计	70 300	合　计	202.8	35	7 030
8	元丰早	2 600	前季稻	65	40	2 600
	昆农选	4 550	单季稻	181.1	25	4 550
	粉红糯	2 400	后季稻	60	40	2 400
	合　计	9 550	合　计	241.1	39.6	9 550

表 4-3-4　　　　　　　　1982 年永益大队秋季留种及 1983 年水稻计划种植面积

队别	1982 年秋季留种		1983 年水稻计划种植面积			
	品　种	粮数（斤）	季　别	面积（亩）	每亩留种（斤）	粮数（斤）
1	元丰早	2 120	前季稻	53	40	2 120
	什优稻	495	什优稻	20	2.5	495
	昆农选	3 124	单季稻	144	22	3 124
	官子糯	2 123	后季稻	53	40	2 123
	合　计	7 862	合　计	217		7 862
2	元丰早	1 225	前季稻	35	35	1 225
	昆稻 2 号	2 000	单季稻	141.4	25	4 354
	昆农选	2 354				
	糯　稻	2 000	后季稻	35	45	1 575
	合　计	7 154	合　计	176.4		7 154
3	元丰早	1 415	前季稻	32.6	40	1 415
	昆　稻	1 000	单季稻	115	25	2 885
	昆农选	1 885				
	糯　稻	1 285	后季稻	31	40	1 285
	合　计	5 585	合　计	147.6		5 585
4	元丰早	1 200	前季稻	30	40	1 200
	昆稻 2 号	500	单季稻	113.3		3 100
	昆农选	2 600				
	粉红糯	1 500	后季稻	37.5		1 500
	合　计	5 800	合　计	150.8		5 800
5	元丰早		前季稻	66	40	2 640
	昆稻 2 号		单季稻	190	25	4 750
	昆农选					
	粉红糯		后季稻	66	40	2 640
	合　计	10 030	合　计	256		10 030
6	元丰早	2 622	前季稻	65	40	2 622
	昆　稻	2 829	单季稻	227	25	5 659
	昆农选	2 830				
	粉红糯	2 738	后季稻	68	40	2 738
	合　计	11 019	合　计	295	37.35	11 019
7	元丰早	1 500	前季稻	43		1 500
	昆农选	4 841	单季稻	190.5		4 841
	粉红糯	1 600	后季稻	43		1 600
	合　计	7 941	合　计	233.5		7 941

续表

队别	1982年秋季留种		1983年水稻计划种植面积			
	品 种	粮数(斤)	季 别	面积(亩)	每亩留种(斤)	粮数(斤)
8	元丰早	1 600	前季稻	40.2		1 600
	昆稻2号	1 400	单季稻	154.2		3 866
	昆农选	2 466				
	糯 稻	1 100	后季稻	30		1 100
	合 计	6 566	合 计	184.2		6 566
9	元丰早	1 162	前季稻	33.2	35	1 162
	昆农选	1 993	单季稻	79.7	25	1 993
	粉红糯	1 494	后季稻	33.2	45	1 494
	合 计	4 649	合 计	112.9		4 649

附：淀山湖种子站

淀山湖种子站是镇政府农技站下辖的实体企业，原址位于杨湘泾南朝南江东侧，主要从事良种培育工作。1995年，搬迁到永新村碛碘自然村南侧、永字路两侧，种子基地100多亩，办公室设在永字路东侧，先后由许林耀、朱建华、顾幸福负责。

2004年，种子站有种子基地117亩，夏熟种植扬麦11号小麦品种50亩，扬麦12号小麦品种40亩，大麦花94-30品种25亩；生产扬麦11号小麦种子2.63万斤，单产530斤，扬麦12号种子2.4万斤，单产600斤，单产比大面积高30%以上，生产大麦种子1.249万斤，单产500斤。秋熟种植水稻品种99-98-3、苏香粳1号、2105、2218四个品种，全部采用机插秧和机直播栽培技术。生产水稻种子"99-98-3"8.05万斤、2105品种1.05万斤、2218品种1.4万斤，合计生产水稻种子11.3万斤，这四个水稻品种，具有高产、优质、抗逆性好，且容易栽培种植的优点，成为2005年全镇水稻当家品种。

2012年，种子站圆满完成良种推广补贴的实施工作，10个农业行政村稻麦良种覆盖率达98%。全镇实种11 223亩小麦，以"扬麦16号"品种为当家，小麦单产357.5公斤，比上年单产亩增17.5公斤。全镇实种水稻面积11 482亩，平均单产628公斤，比上年单产亩增11.9公斤，稻麦单产双双再创历史最高水平。数据说明，良种补贴后，良种良法，统一品种，统一供种，有效地达到了增产增收的效果。

五、肥料

1. 有机肥料

传统农家肥料以绿肥、河泥、猪坩、人粪、草泥塘等有机肥料为主，用作基肥、苗肥和越冬腊肥。20世纪50年代，此类有机肥料占用肥总量的90%以上。60年代，增加菜籽饼还田，扩大绿肥面积，有机肥料仍占总用肥量的80%左右。70年代，随着复种指数的提高和化肥用量的增加，有机肥料总用量下降到60%左右。进入80年代，绿肥播种面积大幅度压缩，草塘河泥很少沤制,菜籽饼用作鱼饲料,大田用肥主要靠化肥和部分秸秆还田。

(1) 猪坱

猪坱又称猪窠灰,为猪粪尿、猪圈垫料和农作物秸秆残屑、青草的混合物,是主要传统肥源。历来有"养猪不赚钱,回头看看田"之说。新中国成立初期,年平均每亩施用猪坱约10担。随着养猪事业的发展,至20世纪60年代,年亩施用量增加到15担,80年代增加到20担左右。此后,随着当地养猪量的急减,年亩用量下降到12担以下;2012年,几乎不用猪坱当肥料。

(2) 牛坱

牛坱为耕牛粪尿、圈垫料的混合物,农家施用肥源之一。新中国成立初,为基肥的肥源之一。随着农业机械化程度的提高,耕牛逐渐减少到淘汰,20世纪80年代,生产队不再有耕牛,牛坱也成为历史肥源。

(3) 绿肥

绿肥以红花草为主,也可用野草替代。红花草,俗称汉草,学名紫英云。新中国成立初,农家用水河泥、红花草沤制草塘泥,也可用野草沤制草塘泥,是较好的基肥肥源。20世纪60~70年代,由于肥源不足,每亩用草塘泥100担作基肥。随着对粮油生产的高度重视,红花草面积不断压缩,大大减少了有机肥源。为此,一到春天,组织妇女外出割野草,以弥补绿肥不足。70年代,提倡三水一绿的培植。三水一绿——水浮莲、水葫芦、水花生,绿萍。高潮期间,大队成立"三水一绿"专业队,有一名大队副业干部专职抓,各生产队落实一名专职管理员,做到单季稻面积100%"倒萍种秧"。"三水一绿",既作绿肥肥源,也为集体养猪提供青代饲料。后因用工多、冬季保种难、化肥充足等原因,被淘汰。

(4) 河泥、垃圾、黑泥

河泥,白河泥、草塘泥两种,是本地农家传统的肥源之一。新中国成立前,红花草、柴草(水稻脱粒后的秸秆)、青草等,用水河泥沤制作基肥,河里捞水草也作追肥。新中国成立初仍沿用。20世纪60~70年代,普遍到上海市装运垃圾、罱黑泥,作为肥源,垃圾经过筛选处理后,直接下田或与水河泥沤制。进入80年代,大量施用化肥,草塘泥、垃圾、黑泥退居次要地位,乃至不用。

(5) 人粪尿,俗称大粪

人粪尿用于水稻、三麦、油菜的基肥、追肥。新中国成立后,除农家积聚粪便外,到上海装运;或由供销社组织,上海大粪摊船先后航运到四港口、三港口、千墩北吴淞江口,甚至到碛磖东桥南河里,生产队向供销社购买,凭所开发票,农用小船拷驳,用于农田追肥。80年代初,农村劳力向第二、三产业转移,施肥以省工省力的化肥为主,仅有少量经济作物继续使用大粪,以后大田基本不用大粪,更不去购买大粪,连镇环卫所的大粪送到田头,也几乎无人问津。

(6) 秸秆

秸秆是沤制草塘泥的主要拌料,随着罱泥造肥的渐少,1980年开始,推广油菜秸秆、稻麦草直接还田。秸秆还田,解决了有机肥不足,是养地的主要措施之一。

秸秆机械化还田,促进秸秆综合利用,提高耕地质量,增强农业综合生产能力,减轻环境污染,促进生态文明建设。2012年,党和政府推出作业补助政策,调动农户开展秸秆机械还田作业的自觉性,为蓝天沃土工程建设做出应有的贡献。是年,永新村18户大农户1 926.4亩秋熟水稻秸秆,全部通过机械化作业还田,大农户得到政府财政补贴38 528元。见表4-3-5。

表 4-3-5　　　　　2012 年永新村秋熟秸秆还田作业面积、补贴金额明细表　　　　　单位：亩、元

序号	姓　名	面　积	每亩 20 元	合计金额
1	吴方明	219.27	20	4 385.40
2	朱菊明	90.45	20	1 809.00
3	翁幸福	40.87	20	817.40
4	张培龙	45.24	20	904.80
5	沈惠平	59.67	20	1 193.40
6	丁伟兵	117.15	20	2 343.00
7	陆会峰	75.29	20	1 505.80
8	陆祖生	62.55	20	1 251.00
9	陈会兴	78.83	20	1 576.60
10	贾菊兴	32.95	20	659.00
11	王振荣	38.12	20	762.40
12	陆阿夯	127.88	20	2 557.60
13	潘坤元	118.31	20	2 366.20
14	沈夫元	73.40	20	1 468.00
15	朱小夯	115.85	20	2 317.00
16	柴定荣	145.67	20	2 913.40
17	柴春林	75.60	20	1 512.00
18	王显荣	409.30	20	8 186.00
合计		1 926.40		38 528.00

2. 无机肥料

（1）氮肥

氮素化肥有硫酸铵、尿素、碳酸氢铵、氯化铵、硝酸铵等品种。硫酸铵，俗称肥田粉，民国时期已有少量施用。新中国成立初，硫酸铵年亩用量仅 5～6 斤。20 世纪 60 年代后，氮素化肥年亩用量达 50～60 斤；70 年代末，年亩用量增加到 140～150 斤；进入 80 年代，年亩用量高达 260～270 斤。化肥用量，通常折合成硫酸铵的含氮量来表示，使用 1 斤硫酸铵，可说成使用 1 斤化肥。尿素含氮量 46%，硫酸铵含氮量 21%，使用 1 斤尿素，可说成使用 2.19 斤化肥；化肥计划供应年代，购买 1 斤尿素，需 2 斤化肥指标。

（2）磷肥

20 世纪 60 年代后期，开始在绿肥田中施用无机磷肥，磷肥有过磷酸钙、钙镁磷肥、磷矿石粉等。20 世纪 70 年代初，在油菜田施用过磷酸钙，增产效果显著，有"无磷不种菜"之说。每亩磷肥用量 60～70 斤。

（3）钾肥

20 世纪 80 年代，开始施用无机钾肥，钾肥有硫酸钾、氯化钾等。90 年代，普遍施用"三元"复合肥，很少单独使用钾肥。

六、产量

1. 1949~1961年产量

1949年新中国成立年间,永新村域土地面积,其秋熟作物,基本上种植水稻,水稻单产在400斤左右,总产376万斤左右;夏熟小麦种植面积在30%上下,单产在150斤左右,总产42.3万斤左右;全年粮食总产418.3万斤;夏熟菜籽种植面积在50%上下,单产在50斤左右,总产23.5万斤。

据历史档案反映,1953年,永安乡(当时永安乡包括永勤村)种植水稻10 358亩,其中早稻1 553亩,亩产415斤,晚稻8 805亩,亩产515斤(见复印件)。

淀东人民公社经管办档案,"1956~1961年历年粮食产购留及1961年秋季决算方案"(1961年度永久6卷)有关资料显示,1956年,全村域四个大队共种植水稻9 402亩,总产4 380 305斤,平均单产465.89斤;水稻总产和单产分别比1949年增长16.50%和21.47%。四个大队共种植三麦2 287亩,总产459 986斤,平均单产201.13斤;三麦总产和单产分别比1949年增长8.74%和34.09%。全年粮食总产4 840 291斤,比1949年增长15.71%。完成征购实绩3 184 316斤,公粮实征1 349 918斤。见表4-3-6。

淀东区1953年水稻情况统计表复印件

1961年,天公不作美,水旱灾害加虫灾,台风又轮番侵袭,农业生产滑坡。全村域四个大队共种植水稻8 410亩,总产2 947 807斤,平均单产350.51斤;水稻总产和单产分别比1956年下降32.7%和24.77%。四个大队共种植三麦2 923亩,总产385 072斤,平均单产131.74斤;三麦总产和单产分别比1956年下降16.29%和34.5%。全年粮食总产3 332 879斤;比1956年下降31.14%。完成征购实绩2 226 051斤,公粮实征568 511斤。

表4-3-6　　　　　　1956~1961年淀山湖镇永新村域历年产、购、留资料　　　　　单位:亩、斤

大队名称	年份	粮食产量						什粮总产	合计全年总产	征购实绩(上交国家净数)	公粮实征
		水稻			三麦						
		面积	单产	总产	面积	单产	总产				
永生	1956	1949	472	921 545	465	201	93 498		1 015 043	689 392	280 063
	1957	1949	460	895 895	656	149	97 654	2 460	996 009	685 640	285 206
	1958	1 925	582	1 119 386	566	102	57 989	222	1 177 597	725 413	284 070
	1959	1 867	507	946 984	450	143	64 478	1 500	1 012 962	767 992	269 845
	1960	1 898	458	869 722	501	126	68 236	—	937 958	683 327	275 789
	1961	1 824	456	604 339	582	140	78 872	—	683 211	460 229	119 195

续表

大队名称	年份	粮食产量						什粮总产	合计全年总产	征购实绩（上交国家净数）	公粮实征
		水稻			三麦						
		面积	单产	总产	面积	单产	总产				
永义	1956	2 528	446	1 141 177	621	194	120 881	—	1 262 058	821 063	358 447
	1957	2 516	466	1 183 187	879	131	118 939	3 168	1 305 294	898 341	361 497
	1958	2 503	554	1 390 811	778	118	92 007	115	1 482 133	954 748	366 680
	1959	2 471	481	1 187 598	587	168	98 509	2 290	1 288 397	991 083	367 892
	1960	2 441	498	1 213 372	704	147	103 605	—	1 316 977	988 107	362 988
	1961	2 081	427	875 587	928	141	130 569	—	1 006 156	688 272	166 458
磺碘	1956	2 084	463	966 537	472	212	100 061	—	1 066 598	710 981	300 094
	1957	2 113	443	936 813	677	147	99 634	2663	1 039 110	717 979	296 994
	1958	2 074	551	1142 909	573	121	59 778	1742	1 214 429	784 325	298 723
	1959	1 994	478	954 661	393	140	55 130	2951	1 012 742	773 708	282 141
	1960	1 994	344	685 184	499	110	54 891		740075	485 685	279 239
	1961	1 959	302	591 429	547	136	74 898		666327	427 858	115 507
永安	1956	2841	475	1351046	729	207	145 546	—	1 496 592	962 880	411 314
	1957	2850	470	1338078	955	144	137 914	5091	1 481 083	998 364	413 640
	1958	2832	583	1653136	872	131	107 225	265	1 760 626	1 063 990	376 733
	1959	2691	481	1295762	656	143	93 750	4831	1 394 343	1 062 952	397 453
	1960	2650	458	1214290	747	136	101 617	—	1 315 907	952 804	384 785
	1961	2546	348	876452	866	116	100 733	—	977 185	649 692	167 351

2. 1962～1982年产量

1962年春，贯彻《农村人民公社工作条例（草案）》，确定了三级（公社、大队、生产队）所有，以生产队为基础的经济管理体制，并划出土地安排社员自留地，鼓励社员发展家庭副业，增加社员收入。以生产小队为核算单位的政策体制变化，稳定了社员情绪，农业生产开始回升。

永新村域四个大队共种植水稻7 991.8亩，总产4 220 042斤，平均单产528.05斤；水稻总产和单产分别比1961年增长43.16%和50.65%。四个大队共种植三麦3 398.1亩，总产564 896.5斤，平均单产166.24斤；三麦总产和单产分别比1961年增长46.7%和26.19%。全年粮食总产4 840 291斤；比1961年增长45.23%。四个大队共种植油菜1 879.3亩，总产68 128斤，平均单产36.25斤。

永义大队各生产队水稻单产，最低的2队，亩产543斤；最高的5队，亩产达614.02斤，比上年大队平均亩产427斤，增幅达43.8%；全大队12个生产队水稻总产达1 177 290斤，比上年大队总产875 587斤，增幅达34.46%；当年全大队共种水稻2 025亩，平均亩产581.38斤，比上年增长36.15%。全大队共种三麦1 007.3亩，总产174 044.5斤，平均亩产172.78斤。全大队共种油菜553亩，总产24 416斤，平均亩产44.15斤。见表4-3-7。

永生大队各生产队水稻单产,最低的3队,亩产470斤;最高的5队,亩产达到538斤,比上年大队平均亩产456斤,增幅达17.98%;全大队9个生产队水稻总产达到867 844斤,比上年大队总产604 339斤,增幅达43.6%;当年全大队共种水稻1 749亩,平均亩产496.19斤,比上年增长8.81%。全大队共种三麦785亩,总产124 272斤,平均亩产158.31斤。全大队共种油菜411亩,总产13 611斤,平均亩产33.12斤。见表4-3-8。

永安大队各生产队水稻单产,最低的9队,亩产492斤;最高的8队,亩产达到628斤,比上年大队平均亩产348斤,增幅达80.46%;全大队11个生产队水稻总产达到1 225 547斤,比上年大队总产876 452斤,增幅达39.83%;当年全大队共种水稻2 385.8亩,平均亩产529.39斤,比上年增长52.12%。全大队共种三麦805.5亩,总产145 899斤,平均亩产181.13斤。全大队共种油菜467.5亩,总产15 613斤,平均亩产33.4斤。见表4-3-9。

永益(碛硾)大队各生产队水稻单产,最低的2队,亩产464斤;最高的9队,亩产达到540斤,比上年大队平均亩产302斤,增幅达78.81%;全大队10个生产队水稻总产达到911 882.5斤,比上年大队总产591 429斤,增幅达54.18%;当年全大队共种水稻1 832亩,平均亩产497.75斤,比上年增长64.82%。全大队共种三麦800.3亩,总产120 681斤,平均亩产150.79斤。全大队共种油菜447.8亩,总产14 488斤,平均亩产32.35斤。见表4-3-10。

1966年"文化大革命"开始,推行"大寨式"劳动管理制度,强调"以粮为纲",扩大三熟制面积;出现"高产量、高成本、低效益、低分配"现象。1971年12月,按中央指示,恢复劳动定额、评工记分办法,农业生产有了新的起色。

1974年,全村域四个大队共种植水稻7 563.7亩,总产6 106 829斤,平均单产807.39斤;水稻总产和单产分别比1962年增长44.71%和52.9%。四个大队共种植三麦3 231.4亩,总产980 721斤,平均单产303.5斤;三麦总产和单产分别比1962年增长73.61%和82.57%。全年粮食总产7 087 550斤;比1962年增长46.43%。四个大队共种植油菜2 016.1亩,总产388 880斤,平均单产192.89斤;油菜总产和单产分别比1962年增长4.71倍和4.32倍。

永义大队各生产队水稻单产,最低的1队,亩产851.6斤;最高的2队,亩产达到951.4斤,全大队8个生产队水稻总产达到1 691 837斤,当年该大队共种水稻1 897.7亩,平均亩产891.52斤,总产和单产分别比1962年增长43.71%和53.35%。全大队共种三麦849.4亩,总产251 794斤,平均亩产296.44斤。全大队共种油菜565亩,总产100 947斤,平均亩产178.67斤。见表4-3-11。

永生大队各生产队水稻单产,最低的5队,亩产687斤;最高的2队,亩产达到777.1斤,全大队8个生产队水稻总产达1 213 019斤,当年该大队共种水稻1 673.7亩,平均亩产724.75斤,总产和单产分别比1962年增长39.77%和46.06%。全大队共种三麦693亩,总产198 642斤,平均亩产286.64斤。全大队共种油菜317亩,总产67 004斤,平均亩产211.37斤。见表4-3-12。

永安大队各生产队水稻单产,最低的2队,亩产779斤;最高的11队,亩产达到897斤,全大队9个生产队水稻总产达到1 862 292斤,当年该大队共种水稻2 215.8亩,平均亩产840.46斤,总产和单产分别比1962年增长47.45%和58.76%。全大队共种三麦960亩,总产310 387斤,平均亩产323.32斤。全大队共种油菜586亩,总产118 175斤,平均亩产201.66斤。见表4-3-13。

永益(碛碯)大队各生产队水稻单产,最低的 2 队,亩产 721 斤;最高的 5 队,亩产达到 810.7 斤,全大队 8 个生产队水稻总产达 1 339 681 斤,当年该大队共种水稻 1 776.5 亩,平均亩产 754.11 斤,总产和单产分别比 1962 年增长 46.91% 和 51.5%。全大队共种三麦 729 亩,总产 219 898 斤,平均亩产 301.64 斤。全大队共种油菜 548.1 亩,总产 102 754 斤,平均亩产 187.47 斤。见表 4-3-14。

1982 年,家庭联产承包责任制的前一年,是农村集体生产吃"大锅饭"的最后一年,粮食产量也是按入库过磅数计算的最后一年,各项数据实在,可比性强。是年,全村域四个大队共种植水稻 7 515.2 亩,总产 6 739 307 斤,平均单产 896.76 斤;水稻总产和单产分别比 1974 年增长 10.31% 和 11.02%。共种植三麦 2 655.9 亩,总产 1 621 456 斤,平均单产 610.51 斤;三麦总产和单产分别比 1974 年增长 65.33% 和 101.16%。全年粮食总产 8 360 763 斤;比 1974 年增长 17.96%。共种植油菜 2 425.8 亩,总产 662 182 斤,平均单产 272.97 斤;油菜总产和单产分别比 1974 年增长 70.28% 和 41.52%。

永义大队水稻单产最低的 1 队,亩产 859.9 斤;最高的 11 队,亩产达到 1 030.9 斤,全大队 11 个生产队水稻总产达到 1 777 064 斤,当年该大队共种水稻 1 902.3 亩,平均亩产 934.17 斤,总产和单产分别比 1962 年增长 50.95% 和 60.68%。全大队共种三麦 806.2 亩,总产 448 794 斤,平均亩产 556.68 斤。全大队共种油菜 790.2 亩,总产 213 814 斤,平均亩产 270.58 斤。见表 4-3-15。

永生大队水稻单产最低的 7 队,亩产 763.1 斤;最高的 1 队,亩产达到 849.9 斤,全大队 8 个生产队水稻总产达到 316 459 斤,当年该大队共种水稻 1 647 亩,平均亩产 799.31 斤,总产和单产分别比 1962 年增长 51.69% 和 61.09%。全大队共种三麦 696.1 亩,总产 315 595 斤,平均亩产 453.38 斤。全大队共种油菜 700.6 亩,总产 192 818 斤,平均亩产 275.22 斤。见表 4-3-16。

永安大队水稻单产最低的 7 队,亩产 937 斤;最高的 11 队,亩产达到 1 005.3 斤,全大队 12 个生产队水稻总产达到 2 101 065 斤,当年该大队共种水稻 2 192.97 亩,平均亩产 958.12 斤,总产和单产分别比 1962 年增长 66.35% 和 80.99%。全大队共种三麦 932.2 亩,总产 499 936 斤,平均亩产 536.30 斤。全大队共种油菜 935 亩,总产 255 550 斤,平均亩产 273.32 斤。见表 4-3-17。

永益(碛碯)大队水稻单产最低的 2 队,亩产 797.3 斤;最高的 4 队,亩产达到 932.7 斤,全大队 9 个生产队水稻总产达到 1 544 719 斤,当年该大队共种水稻 1 773 亩,平均亩产 871.25 斤,总产和单产分别比 1962 年增长 69.4% 和 75.04%。全大队共种三麦 605.27 亩,总产 357 131 斤,平均亩产 590.04 斤。当年秋季方案填报种油菜数据的仅三个生产队,摘录到数据分别为:1 队 98.5 亩,单产 283.1 斤,总产 27 930 斤;5 队 113 亩,单产 280.5 斤,总产 31 791 斤;9 队 47 亩,单产 280.4 斤,总产 13 169 斤。见表 4-3-18。

表4-3-7　1962年淀东公社永义大队粮油产量分生产队资料

队别	1	2	3	4	5	6	7	8	9	10	11	12
水稻(亩)	222.8	116.5	148.9	159.5	146.8	227	224.7	196.5	159	161.7	147	114.6
单产(斤)	588.8	543	578	596.6	614.02	580	590.5	589.5	600	575	572	534.1
总产(斤)	131 182	62 947	86 010	95 015	87 835	131 624	132 701	115 823	95 361.5	93 844	83 735	61 212
三麦(亩)	108	59	71	74.4	67	119	119.5	107	74.4	78	71	59
单产(斤)	175.4	177.6	159	183.6	187	179	163	156	183.6	187	159	171.6
总产(斤)	18 951	10 127	11 317.5	13 662.5	12 479.5	21 593	19 447	16 745.5	13 662.5	14 614.5	11 317.5	10 127
油菜(亩)	60	32.5	39	44	40	58	69	50	44	45	39	32.5
单产(斤)	28	25	46	37	36.5	82	63	39	37	36.5	46	25
总产(斤)	1 696	812.5	1 807	1 649	1 460	4 759	4 407	1 916	1 649	1 641	1 807	812.5

表4-3-8　1962年淀东公社永生大队粮油产量分生产队资料

队别	1	2	3	4	5	6	7	8	9	10	11	12
水稻(亩)	205	188	260	220	145	206	144	222	159			
单产(斤)	489	473	470	522	538	517	520	476	480			
总产(斤)	100 270	88 958	122 224	114 953	78 014	106 405	74 930	105 665	76 425			
三麦(亩)	90	88	122	100	62	87	70	98	68			
单产(斤)	161.5	144	152.5	158.5	178.5	171	160	158	160			
总产(斤)	14 556	12 726	18 604	15 860	11 144	13 894	11 112	15 505	10 871			
油菜(亩)	50	46	63	53	35	49	24	53	38			
单产(斤)	20	32	24.4	43	46	33	16	44.5	34			
总产(斤)	992	1 467	1 537	2 308	1 609	1 641	387	2 370	1 300			

表 4-3-9

1962年淀东公社永安大队粮油产量分生产队资料

队　别	1	2	3	4	5	6	7	8	9	10	11	12
水稻(亩)	315	268	193.3	255	229	152.7	224	233	163	190.8	162	
单产(斤)	593	562.5	605	552	519	576	589.7	628	492	559	544	
总产(斤)	186 808	150 792	116 805	140 883	118 948	87 627	132 100	146 494	80 229	14 193	88 146	
三麦(亩)	133	109	81	109	93	66			70	78	66.5	
单产(斤)	197			170	134	201			169.5	194	215	
总产(斤)	26 134	20 915	15 897	18 846	12 625	13 297			9 542	14 193	14 450	
油菜(亩)	78	64	47	64	57	38			41	40	38.5	
单产(斤)	35		42	22.5		24.7			28	44.5	24	
总产(斤)	2 849	1 398	2 370	1 444	2 557	939			1 158	1 959	939	

表 4-3-10

1962年淀东公社永益大队粮油产量分生产队资料

队　别	1	2	3	4	5	6	7	8	9	10	11	12
水稻(亩)	226	177.5	160	162	267.5	762	239.5	177	112.5	148		
单产(斤)	500	464	478.4	534.6	505.5	471	478	494	540	501.3		
总产(斤)	113 007	87 152	76 546	86 608	135 333.5	76 384	114 459	87 435	60 759	74 199		
三麦(亩)	97	80.3	72	73	114	68	102	80	51	63		
单产(斤)	165	139	164.5	142.7	166.5	129	139	164.5	142.7	129		
总产(斤)	15 865	11 168	11 844	10 417	19 486	8 770	14 203	13 163	7 283	8 482		
油菜(亩)	53	50	35	37	71	38	61	37	30.8	35		
单产(斤)	31.5	20	47	36.6	22	40	33	47	30.6	40		
总产(斤)	1 669	1 090	1 645	1 363	1 555	1 520	2 023	1 768	1 090	765		

表4-3-11　1974年淀东公社承义大队粮油产量分生产队资料

队　别	1	2	3	4	5	6	7	8	9	10	11	12
水稻(亩)	213	206.8	277	293.1	297.2	214.2	212	184.4				
单产(斤)	851.6	951.4	844.8	860.6	914.4	904.7	934	885.6				
总产(斤)	181 405	196 763	234 620	252 242	271 653	193 842	198 000	163 312				
三麦(亩)	95	93	124	131.8	134	96	94	81.6				
单产(斤)	260.8	328.5	269.3	270.2	340	281	294.3	332.1				
总产(斤)	24 784	30 673	33 401	35 618	45 544	26 992	27 677	27 105				
油菜(亩)	64	61	84	86	88	66	61	55				
单产(斤)	216.4	193.7	151.3	182.3	149.5		163.6	207.7				
总产(斤)	13 886	11 836	12 716	15 682	13 130	12 117	10 138	11 442				

表4-3-12　1974年淀东公社永生大队粮油产量分生产队资料

队　别	1	2	3	4	5	6	7	8	9	10	11	12
水稻(亩)	192.3	177.8	246.5	212	254	139.4	207.5	244.2				
单产(斤)	760.5	777.1	693.5	700	687	834	700	709.4				
总产(斤)	146 254	138 173	170 947	148 400	174 488	116 272	145 250	173 235				
三麦(亩)	80	75		87	104	58	85	100				
单产(斤)	308	311.5		329.3	196.3	340	280.7	269.2				
总产(斤)	24 634	23 366	31 071	28 651	20 424	19 720	23 856	26 920				
油菜(亩)		52.5		61	73		59.5	71				
单产(斤)		254.2		218.3	187		198.6	209.2				
总产(斤)		13 350		13 316	13 661		11 818	14 859				

表 4-3-13　　1974年淀东公社永安大队粮油产量分生产队资料

队　别	1	2	3	4	5	6	7	8	9	10	11	12
水稻（亩）	287	255.9	178.2	242	353.4	288.4	208.9	179.3	222.7			
单产（斤）	897	779	891.6	844	839.5	798.9	828.9	820	876.4			
总产（斤）	257 416	199 367	158 960	204 248	296 637	230 322	173 184	147 026	195 132			
三麦（亩）	125	108	77	106	154	125	93	77	95			
单产（斤）	372.2	337	334.8	352.3	320.5	272.2		312.1	318.4			
总产（斤）	46 535	36 424	25 785	37 344	49 364	34 034	26 619	24 032	30 250			
油菜（亩）	84	76	53	71	103	84	62	53				
单产（斤）	210	190.8	184.5	174.2	191.1	224.6	225.1	213.7				
总产（斤）	17 665	14 498	9 793	123 740	19 685	18 868	13 966	11 326				

表 4-3-14　　1974年淀东公社永益大队粮油产量分生产队资料

队　别	1	2	3	4	5	6	7	8	9	10	11	12
水稻（亩）	217	177.5	147	265	256	295	234.5	184.5				
单产（斤）	785	721	726	789	810.7	742.5	762	641.2				
总产（斤）	170 353	127 993	108 599	209 140	207 551	219 037	178 695	118 313				
三麦（亩）	90	73	62		106		96	79				
单产（斤）	270.2	270.1	310.7		312.2		307.1	338.6				
总产（斤）	24 318	19 717	19 365	28 663	33 094	38 503	29 484	26 754				
油菜（亩）	60	47	40.1		92		67	52				
单产（斤）	162.5	199	164.5		201		199.1	135.2				
总产（斤）	9 772	9 348	6 748		18 514		13 342	7 030				

表4-3-15 1982年淀东公社永义大队粮油产量分生产队资料

队别	1	2	3	4	5	6	7	8	9	10	11	12
水稻(亩)	210.4	209.9	135.3	149	148.6	208.5	217.3	183.3	143.3	149.7	147	
单产(斤)	859.9	916.4	923.7	924.8	1000	963.3	906	916	958.6	921.5	1030.9	
总产(斤)	180 928	192 277	124 982	137 864	148 591	200 855	196 889	167 913	137 283	137 946	151 536	
三麦(亩)	87	88.6	55.6	63.9	64.2	96.8	86	78.1	58	64	64	
单产(斤)	538.3	461.1	472.6	625.5	602.5	480.5	631	565.6	569.6	617.9	606.3	
总产(斤)	46 833	40 856	26 280	39 971	38 681	46 520	54 268	44 000	33 035	39 544	38 806	
油菜(亩)	87	87.7	58.9	63.9	62	82.9	85.4	75.5	61	63.9	62	
单产(斤)	249.9	232.6	237.9	280.7	316.2	283.3	287.6	224.6	294.5	283	307.9	
总产(斤)	21 738	20 390	14 014	17 935	19 604	23 484	24 557	16 956	17 964	18 084	19 088	

表4-3-16 1982年淀东公社永生大队粮油产量分生产队资料

队别	1	2	3	4	5	6	7	8	9	10	11	12
水稻(亩)	187.4	171.2	243.6	208.3	250.5	142.1	202.8	241.1				
单产(斤)	849.9	808.3	812.1	787.1	781.6	775.5	763.1	814.2				
总产(斤)	159 270	138 381	197 824	163 945	195 786	110 195	154 752	196 306				
三麦(亩)	76.5	68	108.7	91.6	96.2	57	93.6	104.5				
单产(斤)	454.2	546.7	465.1	449	475.9	479.4	400	396.6				
总产(斤)	34 750	37 173	50 552	41 130	45 781	27 328	37 440	41 441				
油菜(亩)	80.4	68	108.2	92	111.7	58	86.5	95.8				
单产(斤)	295	333.7	257.5	275.9	260.7	295.4	224.2	286.9				
总产(斤)	23 720	22 693	27 865	25 384	29 120	17 157	19 395	27 484				

表 4-3-17　　1982年淀东公社永安大队粮油产量分生产队资料

队　别	1	2	3	4	5	6	7	8	9	10	11	12
水稻（亩）	283.3	252	175.6	239.5	117.61	136.46	213.5	176.6	220.7	119.57	121.5	136.45
单产（斤）	990	943.2	950.3	940.8	959.3	917.9	937	975	945	991.9	1005.3	960.5
总产（斤）	280 448	237 678	166 887	225 322	112 834	125 255	200 046	172 184	208 585	118 606	122 148	131 072
三麦（亩）	114	106	72	105	55.1	58.5	89.5	72.5	90	51.5	57.1	61
单产（斤）	513.2	574.9	551.4	553	590	519	483.8	508.2	492.7	596.2	616.3	473.8
总产（斤）	58 510	60 944	39 703	58 046	32 509	30 375	43 846	36 847	44 351	30 709	35 194	28 902
油菜（亩）	114	106	79	100	51	57	98	72	95	51	54	58
单产（斤）	267.6	256.8	256.7	294.6	312.5	269.6	258.8	295.5	251	297.5	279.7	273.4
总产（斤）	30 505	27 244	20 287	29 467	16 009	15 371	25 371	21 277	23 872	15 177	15 109	15 861

表 4-3-18　　1982年淀东公社永盛大队粮油产量分生产队资料

队　别	1	2	3	4	5	6	7	8	9	10	11	12
水稻（亩）	217	176.4	147.6	150.8	256	294.6	233.5	184.2	112.9			
单产（斤）	900.7	797.3	784.1	932.7	891.8	902.3	859	823.3	924.1			
总产（斤）	195 459	140 640	115 893	140 657	228 294	267 232	200 556	151 659	104 329			
三麦（亩）	85.27	71	58.9	64.5	104.2		93	79	49.4			
单产（斤）	548.1	340	385.7	560.8	492.5	518.2	454.6	425.5	473			
总产（斤）	46 738	34 160	22 767	36 443	51 326	66 430	42 288	33 612	23 367			
油菜（亩）	98.5	无数据	无数据	无数据	113	无数据	无数据	无数据	47			
单产（斤）	283.1	无数据	无数据	无数据	280.5	无数据	无数据	无数据	280.4			
总产（斤）	27 930	无数据	无数据	无数据	31 791	无数据	无数据	无数据	13169			

3. 1983~2000年产量

1983年年底,淀东公社全面实行以农户为单位的家庭联产承包责任制,土地承包到户(每人6分口粮田,其余为劳力责任田),生产责任制落实以后,农户在村经济合作社的组织指导下自主经营,成本讲核算,用工讲实效,农活讲质量,促进了生产力的发展。

实行家庭联产承包责任制后,农技部门积极引进优良品种,大力推广新技术、新品种、新肥药,努力抓好农作物的栽培、植保、管理技术指导,通过农业技术学校分期分批培训,提高农户、大农户的科学种田水平,达到增产、增收、增效的目的。农业服务部门做好农资、农肥、农药的供应和产前、产中、产后的全方位服务,保障农户生产有资金,产后有销路,从中得到更多的实惠。广大农户在各方的配合支持下,切实做好精耕细作、水浆管理、防病治虫、抢收抢种、颗粒归仓等农事,为抗灾夺丰收打下扎实的基础。特别是国家实行粮油政策开放后,产业结构全面调整,在农作物种植的品种选择上,广大农户力求品质优、价位高、市场热销的作物,甚至弃种改养开鱼塘,彻底淘汰传统型的劣质品种和种植方式。而产量统计方式,改为"定点测产、科学分析、领导意图"得出单产。农作物单产持续保持稳产高产的趋势,而总产会随着种植面积的减少而减少。

1987年,全村域四个大队共种植水稻7 404亩,亩产459.75公斤,总产3 404吨;水稻亩产和总产分别比1982年增长2.54%和1.02%。四个大队共种植三麦3 066亩,亩产227.98公斤,总产699吨;三麦亩产和总产分别比1982年增长-25.31%和-13.78%。全年粮食总产4 103吨;比1982年增长-1.85%。四个大队共种植油菜4 461亩,亩产114.77公斤,总产512吨,油菜亩产和总产分别比1982年增长-15.91%和54.64%。见表4-3-19。

1990年,全村域四个大队共种植水稻7 002亩,亩产474.72公斤,总产3 324吨;水稻亩产和总产分别比1987年增长3.26%和-2.3%。四个大队共种植三麦2 091亩,亩产247.73公斤,总产518吨;三麦亩产和总产分别比1987年增长8.66%和-23.89%。全年粮食总产3 842吨;比1987年增长-6.37%。四个大队共种植油菜5 068亩,亩产132公斤,总产669吨,油菜亩产和总产分别比1987年增长15.01%和30.66%。

1995年,全村域四个大队共种植水稻6 242亩,亩产440.24公斤,总产2 748吨;水稻亩产和总产分别比1990年增长-7.26%和-17.33%。四个大队共种植三麦2 600亩,亩产263.46公斤,总产685吨;三麦亩产和总产分别比1990年增长6.35%和32.24%。全年粮食总产3 433吨;比1987年增长-10.22%。四个大队共种植油菜3 845亩,亩产139.66公斤,总产537吨,油菜亩产和总产分别比1987年增长5.8%和-19.73%。见表4-3-20。

2000年,全村域四个大队共种植水稻3 139亩,亩产516.73公斤,总产1 622吨;水稻亩产和总产分别比1995年增长17.37%和-40.98%。四个大队共种植三麦1 693亩,亩产300.65公斤,总产509吨;三麦亩产和总产分别比1995年增长14.12%和-25.7%。全年粮食总产2 131吨;比1987年增长-37.93%。四个大队共种植油菜2 964亩,亩产156.88公斤,总产465吨,油菜亩产和总产分别比1995年增长12.33%和-13.41%。见表4-3-20。

表 4-3-19　　　　　　　　　1987~1993年永新村域农业主要指标实绩一览表

年份	村名	耕地（亩）	三麦 面积（亩）	三麦 亩产（公斤）	三麦 总产（吨）	水稻 面积（亩）	水稻 亩产（公斤）	水稻 总产（吨）	油菜 面积（亩）	油菜 亩产（公斤）	油菜 总产（吨）
1987	永义	1 996	729	241	175	1 866	506	945	1 054	117	123
1987	永安	2 338	954	220	210	2 203	457	1 007	1 339	126	169
1987	永生	1 736	612	238	146	1 604	415	666	1 056	106	112
1987	永益	1 895	771	217	168	1 731	454	786	1 012	107	108
1988	永义	1 996	642	262	168	1 876	490	918	1 190	123	146
1988	永安	2 338	721	250	180	2 163	475	1 028	1 494	110	178
1988	永生	1 736	547	243	133	1 484	420	623	979	132	129
1988	永益	1 860	692	282	195	1 680	460	773	987	125	123
1989	永义	1 996	378	320	83	1 734	480	832	1 384	101	140
1989	永安	2 274	621	229	142	2 094	480	1 005	1 658	99	164
1989	永生	1 736	410	202	83	1 484	423	628	1 087	112	122
1989	永益	1 832	346	225	78	1 703	466	794	1 231	107	132
1990	永义	1 996	489	256	125	1 696	503	853	1 268	138	175
1990	永安	2 271	634	245	155	2 116	485	1 026	1 537	135	207
1990	永生	1 703	511	238	122	1 519	440	668	1 007	141	142
1990	永益	1 826	457	253	116	1 671	465	777	1 256	116	145
1991	永义	1 994	435	244	106	1 867	500	934	1 318	144	189
1991	永安	2 269	630	237	149	2 019	505	1 020	1 539	133	203
1991	永生	1 682	639	223	143	1 493	465	694	1 007	150	151
1991	永益	1 825	366	239	88	1 682	475	799	1 231	125	154
1992	永义	1 947	278	280	78	1 739	425	739	1 267	140	178
1992	永安	1 887	396	281	111	1 873	410	768	1 215	155	189
1992	永生	1 498	289	266	77	1 569	400	628	987	145	143
1992	永益	1 499	298	270	80	1 545	400	618	1 220	122	148
1993	永义	1 491		279	102		500	676		120	133
1993	永安	2 223		296	122		498	965		110	127
1993	永生	1 654		257	97		468	578		135	94
1993	永益	1 575		285	62		508	584		115	89

（根据历年昆山统计年鉴汇总）

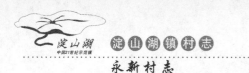

表 4-3-20　　　　　　　　1994~2000 年永新村域农业主要指标实绩一览表

年份	村名	耕地（亩）	三麦 亩产（公斤）	三麦 总产（吨）	水稻 亩产（公斤）	水稻 总产（吨）	油菜 亩产（公斤）	油菜 总产（吨）
1994	永义	1 136	237	39	519	522	69	62
	永安	2 223	248	76	509	969	76	86
	永生	1 654	224	101	440	552	82	51
	永益	1 575	254	63	470	693	80	68
1995	永义	1 186	260	89	471	495	140	103
	永安	2 223	259	191	438	915	140	208
	永生	1 658	252	157	425	681	145	144
	永益	1 575	276	248	438	657	130	82
1996	永义	1 031	324	89	514	530	155	103
	永安	1 965	328	254	525	1032	148	169
	永生	1 594	301	175	480	782	141	122
	永益	1 514	309	252	530	778	156	82
1997	永义	1 101	291	89	534	574	163	98
	永安	1 965	308	280	491	960	152	147
	永生	1 603	304	198	440	683	133	113
	永益	1 538	296	259	478	722	147	80
1998	永义	1 096	163	47	563	545	63	44
	永安	1 840	157	72	561	928	90	98
	永生	1 489	150	57	506	545	75	63
	永益	1 537	175	120	585	837	80	60
1999	永义	1 020	278	78	480	516	201	126
	永安	1 078	287	213	503	975	160	162
	永生	1 456	246	101	450	553	168	132
	永益	1 064	275	210	475	704	176	129
2000	永义	718	304	95	543	288	156	91
	永安	1 002	318	155	545	583	158	176
	永生	882	288	114	450	319	157	109
	永益	889	291	145	520	432	155	89

（根据历年昆山统计年鉴汇总）

4. 2001~2012 年产量

2001 年 8 月 18 日，经昆山市人民政府批准，实行行政村区域调整，淀山湖镇将所辖 29 个行政村撤并为 11 个行政村；其中永新村域撤销永义、永安、永生、永益村，新建永新村，下辖 39 个村民组，隶属关系不变。以后统计数据，都以永新村为单位统计。

2001 年，全村粮食总产 1 923 吨，比 2000 年增长 -9.76%；三麦、水稻、油菜亩产，分别为

249公斤、560公斤、142公斤,分别比2000年增长-17.18%、8.37%、-9.48%。

2005年,全村粮食总产1 865吨,比2001年增长-3.01%;三麦、水稻、油菜亩产,分别为263公斤、563公斤、143公斤,分别比2000年增长5.62%、0.54%、0.7%。

2010年,全村粮食总产1 457吨,比2005年增长-21.88%;三麦、水稻、油菜亩产,分别为327公斤、623公斤、150公斤,分别比2000年增长24.33%、10.66%、4.9%。

2012年,全村耕地面积2 022亩;粮食总产1 931吨,比2010年增长32.53%;三麦、水稻、油菜亩产,分别为351公斤、626公斤、150公斤,分别比2010年增长7.34%、0.48%、0%。见表4-3-26。是年,粮食总产比1949年增长-7.68%,三麦、水稻、油菜亩产,分别比1949年增长368%、213%、500%;粮食总产比1956年增长-20.21%,三麦、水稻亩产,分别比1956年增长249.03%、168.73%。见表4-3-21。

表4-3-21　　　　　　　　2001~2012年永新村农业主要指标实绩一览表

年份	耕地（亩）	粮食总产（吨）	三麦 亩产（公斤）	水稻 亩产（公斤）	油菜 亩产（公斤）
2001	3 476	1 923	249	560	142
2002	3 460	2 191	261	592	142
2003	3 460	1 876	198	581	129
2004	3 097	2 151	284	577	152
2005	2 240	1 865	263	563	143
2006	1 182	1 695	308	578	153
2007	1 182	2 039	319	527	131
2008	2 560	1 615	321	588	
2009	2 832	1 617	329	605	153
2010	2 832	1 457	327	623	150
2011	2 286	1 520	327	626	150
2012	2 022	1 931	351	626	150

（根据历年昆山统计年鉴汇总）

第四节　基本农田保护

为遏制耕地面积锐减势头,保护好耕地,稳定粮食生产能力,基本农田保护工作被提上议事日程。最早提出基本农田这个概念的是1989年,原国家土地管理局和农业部联合在湖北荆州召开全国基本农田保护区现场会,以此为标志,我国的基本农田保护制度开始建立。1990年9月,昆山市在兵希镇进行"建立基本农田保护区"试点工作。1991年12月,基本完成保护区划定工作,在全村域分别划定一级基本农田面积、二级基本农田面积,非农业建设用地预备区面积,并建立永久性保护标志牌。1994年8月,国务院颁布了《基本农田保护条例》,将基本农田保护工作上升为法律行为。

1995年6月,按照江苏省政府和苏州市政府关于做好基本农田保护工作要求,在全村域完成第二轮基本农田保护区划定工作,划定一级农田保护区面积、二级农田保护区面积,建设用地预留区面积,并制作图件,装订标准农保区资料。与此同时,昆山市政府出台《基本农田保护管理实施办法》,做出明确规定:"一切单位和个人都有保护基本农田的义务,并有权对侵占、破坏基本农田以及其他违反实施办法的行为进行检举、控告。""在一级农田保护区内禁止建房、建厂、建窑、造坟、挖沙、取土;禁止弃耕、抛荒、破坏地力;禁止擅自调整农业内部种植业结构;禁止向基本农田排放污染物和其他破坏基本农田的行为。"江苏省土地利用总体规划修编领导小组考虑到昆山经济社会发展对建设用地需求的实际情况,2000年和2001年,先后核减部分基本农田面积。2003年,江苏省政府统一部署,乡镇土地利用总体规划调整完善,又为昆山核减部分基本农田面积。是年10月,党的十六届三中全会决定,实行最严格的耕地保护制度,确保国家粮食安全。基本农田保护对确保国家粮食安全有极其重要的作用,有效抑制了擅自调整基本农田保护区、基本农田面积减少、违法违规占用基本农田、土地用途变化等问题的出现。

2005年,淀山湖镇按照《基本农田保护条例》的有关规定、《全国基本农田保护检查工作方案》的要求,及土地利用总体规划,对镇域范围内的基本农田进行了自查等有关工作,建立以村为单位的基本农田保护登记台账,进一步查清了永新村基本农田保护面积的实际情况。对基本农田的利用现状,划定和补划的基本农田保护区内的现有耕地,以及林地、园地、鱼塘等非耕地的农用地地类面积。落实基本农田保护目标责任制,签订镇与村基本农田保护责任书,明确保护目标和保护责任。村民委员会与承包经营基本农田的农户签订了基本农田保护责任书,把基本农田保护责任落实到地块,加强基本农田保护管理。同时,设立基本农田保护标准牌,明确位置、面积、责任人及基本农田的"五不准"。

面对土地政策的调整与变化,进一步加强基本农田的保护。先后开展土地开发复垦整理工作,落实耕地占补平衡,对零星宅基地、工矿等闲置废弃土地,组织实施复垦工作,严把建设用地项目预审关,处置闲置土地,进行原地盘活,办理置换指标。对于经营性用地,一律实行招拍挂方式供给。

2007年,江苏省政府再次核减昆山部分基本农田面积。

2012年,永新村基本农田保护总面积为5 479.1亩,其中45户租赁耕作面积2 667.2亩,另有54户鱼塘租赁占地面积2 108.76亩,其余均为可调整地类面积。

第五节　经济作物

一、瓜果

新中国成立前,有少数农户种植西瓜、香瓜、南瓜、老地瓜、黄瓜、地薄瓜等。西瓜品种一般有黑皮瓜、白皮瓜等,香瓜品种有青皮绿肉、白小娘、老来黄等。

新中国成立后的50年代末,利用旱地仍种植一些瓜类,主要解决社员自用,有少数农民种植1~2亩西瓜,自产自销,增加经济收入。70年代,每个生产队都种上5~10亩西瓜,瓜类品种不断增多,引进台湾黑皮瓜等。栽培技术有所提高,采用瓜翻稻两熟制,既不减少粮食生产,又增加经济收入;也有瓜、麦、稻三熟制。90年代后期,有外地人到村承包土地,规模性种植西瓜。

二、蔬菜

历史上,每个农户根据各自喜爱,会种植或培植或采掘多种蔬菜,品种主要有青菜、韭菜、菠菜、雪菜、金花菜、苋菜、卷心菜、大头菜、大白菜、花菜、生菜、蓬花菜、苞菜、香菜、黑塌菜、娃娃菜、金丝茄菜、地薄、莴笋、萝卜、胡萝卜、大蒜、香葱、细面葱、茄子、芋艿、辣椒、慈姑、黄瓜、丝瓜、玉米、洋葱头、番茄、马铃薯、芹菜、甜椒、毛豆、蚕豆、扁豆、长豆、四季豆、刀豆、茭白、藕、荸荠、冬瓜、生瓜及豆芽菜、蘑菇、竹笋等,主要解决日常生活所需。70~80年代,永益大队依碛碾庙基,开垦30亩左右蔬菜基地,成立大队副业队,每年种上有关蔬菜。

三、蚕桑生产

1968年,永益大队副业队成立,种植桑树10亩,开始养蚕2张,后扩展到8张蚕,每张蚕采茧一般70斤左右,销售昆山土产公司,每斤秋蚕茧单价1.8~2.2元,春蚕茧在1.5元左右。1970年,永益大队建了4间养蚕室,120平方米左右,蚕茧卖到昆山。后因无养蚕基础,缺乏养蚕技术,经济效益不理想,1976年养蚕结束,砍掉桑树,种上桃、梨果树。

1992年,农业调整产业结构,在镇政府统一安排下,全村域家家稻田改植桑树2~3亩,原行政村,村村在外聘请养蚕技术师傅,大张旗鼓开展种桑养蚕。但经济效益不明显,只养蚕两年就放弃了,桑田改回稻田。

第六节 水产养殖

永新村域历史上有鱼池4个63亩,新中国成立前就开始养殖家鱼。1987年,水产品产量213吨。1992年,水产品产量下降到39吨(详见第七节"畜禽养殖"中永新村域1987~1992年生猪、水产实绩一览表)。90年代,农村调整产业结构,后期2年中,开挖鱼塘196.38亩;后有开挖、退渔还耕的反复,2012年,实有养殖水面积1 656.56亩。

一、鱼池

1. 碛碾鱼池

位于碛碾村江北人家西段屋后,面积15亩。新中国成立前,死人安葬,做坟撅土,挖废成潭;又由地主梅老太,兴建桃园,再次挖土,泥潭扩大。后经朱家角人王梅章私人整理,形成鱼塘,进行水产养殖。新中国成立前后,由朱家角顾海根经营养殖。1958年人民公社成立后,由淀东公社渔业大队收编养殖。因面积小,位置条件差,新千年后,无人养殖,成为荒塘,鱼池还在。

2. 防家溇鱼塘

位于彭安泾村江西，水面6亩左右。新中国成立前后，有很多人养过鱼，但缺少养鱼技术，经济效益差，养养停停，1983年因筑公路被挖废。

3. 六如墩南溇、北溇

南溇、北溇，位于六如墩自然村东部，两溇中间有小河相隔，南溇面积30亩，北溇面积12亩。新中国成立前后，朱家角顾阿三养北溇，十三陵阿炳养南溇。1958年人民公社成立以后，南溇由淀东公社渔业大队收编养殖，北溇由永生大队收编养殖。

碛磩村历史鱼塘

二、开挖鱼塘

20世纪90年代后期，农村调整产业结构。一部分粮田被开挖成精养鱼塘，承包给养殖专业户。从1998年的产业结构调整表中可以看出，1997～1998年，开挖鱼塘196.38亩。见表4-6-1。

表4-6-1　　　　　　　　1998年永新村域产业结构调整面积统计表　　　　　　　单位：亩

村名	产业结构调整面积	1997～1998开鱼塘	西瓜	茭白	毛豆	青玉米	其他经济作物
永义	145.98	0	10	30.98	105	0	0
永安	260	75	12	4	112	2	55
永生	526.55	121.38	0	0	83	310.21	12
永益	55	0	55	0	0	0	0
合计	987.53	196.38	77	34.98	300	312.21	67

21世纪后，一部分鱼塘退塘还耕。至2012年年底，有54个开挖的或河潭浜改造的精养鱼塘，占田面积2 108.76亩，实有养殖水面积1 656.56亩，租赁给54户(次)农民规模养殖。见表4-6-2。养殖白鲢、花鲢、鲫鱼、黑鱼、鲤鱼、甲鱼、草鱼、青鱼、蟹、鳜鱼、鳅、黄鳝、白丝等鱼种。饲养投料以野生草和种植的黑麦草、蔬菜等作物为青代饲料；精饲料以菜饼、小麦及配方饲料为主。是年养殖收入415万元。

表4-6-2　　　　　　　　　2012年永新村鱼塘租赁明细表

序号	租赁户	租赁事项		
		鱼塘地点	占田面积(亩)	水面积(亩)
1	王阿根	永生顾家潭	28.96	20.27
2	王惠明	永新村24组	34.88	34.88
3	张文元	永新村26、27组	59.04	41.33

续表

序号	租赁户	租 赁 事 项		
		鱼塘地点	占田面积(亩)	水面积(亩)
4	沈建国	永新村30组	28.9	17.34
5	张文元	永新村26组	36.43	22
6	丁阿三	永新村13组	45	45
7	潘阿夯	永新村12组	51.43	36
8	朱叙龙	永新村17组	66.8	66.8
9	凌阿五	永新村25组	38.4	26.88
10	凌阿五	永新村25组	27.49	19.24
11	凌阿五	永新村25组	43.07	25.95
12	顾阿奎	永新村14组	36.43	25.5
13	郁仁初	永新村20组	40	28
14	陆阿度	永新村29组	37.53	26.27
15	陆阿度	永新村29组	71.29	47.1
16	陆骑兴	永新村29组	60.47	36.28
17	郁全兴	永新村13组	33.24	23.27
18	王 强	永新村2组	32.14	22.5
19	郁全兴	永新村13组	36.84	36.84
20	王秀娥	永新村28组	26.94	18.86
21	谈仲芳	永新村27组	21.21	14.85
22	周白弟	永新村27组	22.14	15.5
23	顾弟林	永新村1组	39	39
24	朱文兴	永新村14组	32.14	22.5
25	范洪元	永新村22组	18.76	18.76
26	王火根	永新村23组	26.43	18.5
27	吴雪青	永新村2组	72.5	72.5
28	王惠忠	永新村31组	48.33	23.55
29	蔡永生	永新村12组	30	30
30	翁幸福	永新村35组	33.57	23.5
31	朱明德	永新村12组	49.29	34.5
32	沈生泉	永新村21组	15.75	15.75
33	沈奎荣	永新村22组	15.41	15.41
34	朱炳根	永新村31组	15.95	15.95
35	吴正贤	永新村16组	20.22	20.22
36	蔡小海	永新村14组	32	32
37	李杏花	永新村24组	8.44	5.91
38	翁利新	永新村31组	55	37.8

续表

序号	租赁户	租赁事项		
		鱼塘地点	占田面积(亩)	水面积(亩)
39	郁仁初	永新村21组	8	8
40	谈龙奎	永新村36组	10.71	7.5
41	戴 春	永新村18组	23	23
42	王根元	永新村24组	48.29	33.8
43	朱仁兴	永新村31组	60.47	37.8
44	王阿末	永新村30组	32.84	22.99
45	朱永祥	永新村12组	34.29	24
46	朱小毛	永新村35组	20.11	12.2
47	徐建忠	永新村19组、17组	109.45	80.78
48	瞿解观	杨士溇	46.43	32.5
49	蔡林元	永新村36组	26.43	18.5
50	郁武荣	永新村23组	67.04	48.7
51	赵福金	永新村17组	33.7	33.7
52	沈海金	永新村22组	14.13	14.13
53	沈新明	永新村32组	7.2	7.2
54	蔡卫新	永新村8组	175.25	175.25
合 计			2 108.76	1 656.56

第七节 畜禽养殖

一、畜

1. 猪

新中国成立前,养猪的农户很少。20世纪50年代,贯彻公养与私养并举方针,养猪业逐步发展,30%~50%的农户饲养生猪,一般户养1~3头,有饲养母猪,繁殖苗猪,到市场出售。人民公社初期,社员养猪全部消失,只有大队集体饲养几十头猪。

1962年,基本核算单位确定为生产队,调动了农民养猪的积极性,养猪户占总户数的80%以上,户均养猪2~4头,不少农户饲养母

猪

猪,同时,生产队集体也开展大规模养猪,各队搭建养猪棚,形成饲养场。70年代初,每个生产队集体饲养肉猪30~50头,母猪5~8头,实行自繁自养。70年代中期,发展百头饲养场,各队配备专职饲养员,大队有专职畜技员,公社有兽医站,专门进行技术指导及防疫治疗。集体养猪的饲料,除了杂粮、精饲料外,还吃稻草糠。集体大量种植水花生、水葫芦、水浮莲为青代饲料。养猪业的发展,解决了种田基肥来源,增加了经济收入。1983年,土地承包到户,集体养猪场解散,而农民私人养猪有所发展。1987年,永新村域年末猪存栏1 703头,出栏1 604头,户均交售2头。1992年,村域年末猪存栏数1 537头,出栏1 148头,户均交售1~2头。见表4-7-1。随着农业"两田分离",农村劳力转向第二、三产业,养猪也逐步转向养猪专业户,农户家庭养猪很少。2012年,农户家庭养猪几乎没有。

表4-7-1　　　　　　　　　1987~1992年永新村域生猪实绩一览表　　　　　　　　单位:头

年份	村名	年末猪	年出栏猪	年份	村名	年末猪	年出栏猪
1987	永义	585	380	1990	永义	710	508
	永安	398	391		永安	392	600
	永生	522	422		永生	562	212
	永益	198	411		永益	376	419
1988	永义	599	330	1991	永义	360	450
	永安	208	341		永安	412	639
	永生	556	469		永生	310	892
	永益	73	236		永益	308	345
1989	永义	734	461	1992	永义	600	220
	永安	271	213		永安	421	538
	永生	589	456		永生	148	77
	永益	144	400		永益	368	313

2. 牛

历史上农村养牛,用以代替人力,进行耕地、灌溉等农活,这种牛称为耕牛。永新村域,没有饲养过菜牛。新中国成立前,只有比较富裕的人家有耕牛。新中国成立后的合作化时期,生产资料折价归公,属集体所有。各生产队有2~4头耕牛。1970年,全村域共有耕牛123头;1983年,只剩耕牛62头,比1970年下降49.6%。随着农业机械的发展,耕地使用拖拉机,灌溉依靠机械、电力,原本耕牛干的农活全被机械取代。耕牛逐步减少,80年代后期,耕牛全部淘汰。永新村域1970~1983年各大队耕牛拥有情况,见表4-7-2。

耕牛

表 4-7-2　　1970～1983 年永新村域耕牛拥有情况表　　单位：头

年　份	永义大队	永安大队	永生大队	永益大队	合　计
1970	38	36	23	26	123
1971	35	33	20	20	108
1972	36	33	23	19	111
1973	28	28	23	15	94
1974	25	30	20	21	96
1975	23	24	18	17	82
1976	22	23	15	18	78
1977	24	25	19	19	87
1978	20	25	16	19	80
1979	20	25	16	19	80
1980	17	25	12	15	69
1981	15	20	12	18	65
1982	14	18	13	19	64
1983	15	17	11	19	62

3. 羊

新中国成立前,饲养的品种主要是山羊。农户皆把羊拴在荒地岸边,饲养方便,成本低,基本上是自养自宰。新中国成立后,从外地引进绵羊,俗称胡羊,主要是圈养,既能提供种田的肥料,羊毛又能作为商品销售增加收入,或自己编织羊毛衫。

4. 兔

新中国成立前,基本上没有养兔。新中国成立后,逐步开始养肉兔。1970 年,养兔得到进一步发展,不但饲养肉兔,也饲养长毛兔,主要是农户自养,销售到供销社采购站,增加经济收入。2000 年后,有农户饲养宠物兔。

山羊

二、禽

新中国成立前,农户主要饲养草鸡、鸭、鹅等家禽,基本上以蛋禽自食为主,略有剩余,供应市场。

新中国成立后,饲养量逐步增大,90% 以上的农户饲养,户饲养量 5~20 只,集体很少饲养,但有农户规模饲养;创建卫生村活动开展后,允许圈养禽。1962 年,永益大队集体饲养蛋禽 300 只左右,1965 年停养;1969 年,大队成立副业队,又开

鸭

始饲养蛋鸭 300 只左右,1982 年停养。1979~2006 年,永益大队(村)6 队姬泉荣私人饲养蛋鸭、菜鸭,饲养量每年在 300 只左右。2012 年,全村仅 34 户圈养禽 552 只,其中鸡 371 只,鸭 145 只,鹅 36 只。

第八节 农机农具

一、传统农具

新中国成立前,农田耕作,农作物的播种、灌溉、排涝、除虫、收割、脱粒、运输,全部依靠人力、畜(牛)力和风力来解决,没有机械、电力作业。

新中国成立初期,部分传统农具仍然沿用。

翻耕农具 犁、耙、枓(平整田块用)、铁搭(阔齿、尖齿)。

灌溉农具 牵车、踏水车、牛车、风打车。

中耕农具 耥、锄头。

积肥施肥农具 船、罱网、拉草铁搭、粪桶、粪勺、土垡、扁担、竹畚。

收割农具 镰刀、木扁担、竹扁担、担勾绳。

装运农具 船及附属工具、麻袋、斛子、笆斗、栲栳、匾、栈条。

脱粒工具 稻床(掼稻用)、鞭盖(拍除残留柴梢谷粒)、削柴棒、手摇风车、脚踏脱粒机(轧稻机)。

稻床

风车、摇臼、磨

碾米工具 木砻(稻谷脱壳成糙米)、筛、臼(摇臼、松臼)把糙米脱糠成白米。

播种工具 菜花柱、沉豆棒、插刀。

二、现代农机

1. 脱粒

民国时期,始用双人脚踏脱粒机,俗称轧稻机。新中国成立后,普遍推广使用双人脚踏轧稻机,逐步淘汰传统脱粒农具"稻床"。1962年,各大队利用2115型柴油机,配装直径约50厘米、长3米左右、两节木滚筒,各个生产队轮流使用脱粒。1966年通电后,各队逐步购买"铁滚筒(脱粒机)",配用2.5千瓦的电动机进行脱粒,逐步淘汰双人脚踏轧稻机。1983年土地承包后,小型电动脱粒机普及到农户。

2. 灌溉

1959年10月,由公社先后分配到各大队一台2115型柴油内燃机,配备12型水泵,装在船上进行抽水灌溉。1967年后,先后建造永安灌溉站、复明灌溉站(永益与复明等村合用),牛车、风打车逐步淘汰。以永益大队为例,1974年,娄北江东段小圩建了第一座电灌站,当时负责灌溉面积580亩,后土地批租出让,站拆;1978年,碛碛西南彭安泾江边建了第二座灌排站,灌溉面积1 086亩;1988年,王坟角又建了第三座灌排站,灌溉面积838亩,三站建起后,全部淘汰了传统的灌水工具。有了大包围后,每逢水灾,排涝比较方便。1998年,永新村域有电灌站12座。见表4-8-1。

表4-8-1　　　　　　　1998年永新村域拥有灌溉设备、设施统计表

名　称	永义村域	永安村域	永生村域	永益村域	合计
潜水泵(台)	3	-	-	-	3
8寸水泵(台)	1	-	-	-	1
电灌站(座)	2	3	4	3	12

2012年,村内根据实际情况,拆除或遗弃被征土地不需的灌溉站,实有灌溉站10座,实有防洪闸10座,确保旱涝保收(参见本章第十二节防汛抗旱)。

3. 耕翻、田管

以前用牛耕翻土地,20世纪60年代后期始用手扶拖拉机。1972年,永新村域各大队开始使用12型手扶拖拉机,以后逐年增加,达到队队有手扶拖拉机,逐步淘汰了耕牛。

1982年开始,全村域推行家庭联产承包责任制,新的农机管理模式应运而生,大队(村)农机维修网点的建设加强、服务体系完善,提高农机管理水平,为农机事业的可持续发展闯出了新路。随着种植业新技术的推广及改革开放后大批劳力转移到二、三产业,新型农机具被陆续引进,农业机械化水平又有提高。90年代,开始购买中型拖拉机。1998年,永新村域共有12型手扶拖拉机40台、开沟机4台、中型拖拉机3台。见表4-8-2。

表4-8-2　　　　　　　1998年永新村域拥有现代农机具统计表　　　　　　　单位:台

名　称	永义村域	永安村域	永生村域	永益村域	合计
12型手扶拖拉机	8	14	8	10	40
开沟机	-	1	-	3	4
中型拖拉机	-	-	-	3	3

进入21世纪,农机工作的重点放在解决水稻生产过程中的种植与收获难题上,农机推广从单一的稻麦生产机械向设施农业机械延伸。至2012年,全村总动力达1755.3千瓦,农田机电灌排率、机耕率、机播率、机植保率、机收率、机脱率分别达100%。是年,全村拥有888联合收割机1台,大农户拥有中型拖拉机6台,其中配套机引犁1台、机引耙4台、旋耕机11台、开沟机7台、秸秆还田机4台、手扶拖拉机17台、机动弥雾机13台。见表4-8-3、表4-8-4、表4-8-5、表4-8-6、表4-8-7、表4-8-8、表4-8-9、表4-8-10、表4-8-11。另外,依靠镇农技部门农忙调配,全面使用插秧机、直播机以及工厂化育秧流水线。

表4-8-3

2012年永新村农业机械设备登记卡(一)

村名	农用总动力		柴油机		电动机		汽油机		大中型拖拉机及配套机具							
									大中型拖拉机			大中拖配套机具(台)				
									合计			机引犁	机引耙	旋耕机	开沟机	背负式收割机	秸秆还田机
	台	千瓦	台	千瓦	台	千瓦	台	千瓦	台	千瓦						
永新	542	1 755.3	26	185.1	303	610.8	4	5.2	7	316.5	27	1	4	11	7	4

表4-8-4

2012年永新村农业机械设备登记卡(二)

村名	手扶拖拉机及配套机具					水稻种植机械与育秧装备						收获及后处理机械			
	手扶拖拉机		手拖配套机具(台)			水稻插秧机		水稻直播机		育秧播种机		联合收割机		烘干机	
	台	千瓦	合计	双铧犁	旋耕机	开沟机	台	千瓦	台	千瓦	台	千瓦	台	千瓦	台	吨
永新	17	150.1	17		17											

表4-8-5

2012年永新村农业机械设备登记卡(三)

村名	植保机械(台)			渔业机械						运输机械					
	机动弥雾机	静电喷雾器	手推式喷雾机	人力喷雾器	渔用机动船		投饵机		增氧机		农用拖斗	上道路拖拉机		水泥船		挂桨	劳动车
	背负式机动喷雾机				条	吨	台	千瓦	台	千瓦	千瓦	一吨	台	条	千瓦	吨	台
永新	4	9			23		27.6		155	369.5	4	7	90.5			13	20

表4-8-6

2012年永新农业机械设备登记卡（四）

村名	农田基本建设机械		设施农业装备			畜牧机械		排灌机械		农副加工机械		
	推土机		温室（百平方米）	大棚管理机	喷滴灌设备	保鲜库	粪便处理机械	挤奶机械	犀水机船	水泵	磨面机	粉碎机	碾米机
	台	千瓦	连栋温室 塑料大棚	台套	套	座	台套	台套	条	吨	台	台	台
永新										4	1	1	4

表4-8-7

2012年永新农业机械设备登记卡（五）

村名	脱粒机械（台）			储油设备		维修网点设备拥有量（台）					
	稻麦两用机	金牛脱粒机	半自动	扬谷扇	排风扇	油罐	56加仑油桶	车床	钻床	铣床	刨床	砂轮机	电焊机	气焊机
	台					吨	只	只							
永新	301								1	1		1	1	1

表4-8-8

2012年淀山湖镇永新村及可租用农机单位购机明细

单位：台、元

序号	单位	姓名	品名	型号	数量	总价	中央补	苏州补	昆山补	镇补	个人自负
1	淀兴农机		育秧播种机		2	58 600	12000		20 000	26 600	
2	淀兴农机		洋马直播机		5	325 000			175 000	150 000	
3	淀兴农机		硬盘		35 000	297 500			140 000	157 500	
4	淀兴农机		全喂入收割机	谷神4LZ-2.5E	3	301 800	42 000		105 000	154 800	
5	淀兴农机		高速插秧机	久保田2ZGQ-6B	4	388 000	132 000		140 000	116 000	
6	淀兴农机		小麦播种开沟机	2BFG-230	2	27 600			18 000	9 600	
7	丰联合作社		半喂入收购机	久保田888	1	347 000	50 000	5 000	100 000		192 000
8	永新	潘惠龙	增氧机	微孔增氧机2.2	1	9 000	1 500		2 200		5 300
9	永新	张培龙	开沟机	1KJ-35	1	5 600	1 200		2 000		2 400

表4-8-9　2012年永新村农机作业情况统计表（一）

村名	机耕面积						机收面积						机播面积						机械秸秆还田面积			
	中拖		手拖		三麦		水稻		三麦		水稻		三麦		水稻		三麦		水稻		三麦	
	投产数	作业量	投产数	作业量	投产数	作业量	投产数	作业量	投产数	作业量	投产数	作业量	投产数	作业量	投产数	作业量	投产数	作业量	投产数	作业量	投产数	作业量
	台	亩	台	亩	台	亩	台	亩	台	亩	台	亩	台	亩	台	亩	台	亩	台	亩	台	亩
永新	7	1 926.40			7	1 914.98		1 926.40									4	1 700		1 926.40		1 914.85

表4-8-10　2012年永新村农机作业情况统计表（二）

村名	机开沟面积				机植保面积				水稻机种面积				机械化肥深施面积				跨区作业面积				外来机收麦水稻		
	中拖		手拖		水稻		三麦		机直播面积		机插秧面积		水稻		三麦		水稻		三麦				
	投产数	作业量	投产数	作业量	投产数	作业量	投产数	作业量	投产数	作业量	投产数	作业量	投产数	作业量	投产数	作业量	投产数	作业量	投产数	作业量	投产数	作业量	
	台	亩	台	亩	台	亩	台	亩	台	亩	台	亩	台	亩	台	亩	台	亩	台	亩	台	亩	
永新	5	1 778.57			13	1 926.40	13	1 914.98				830.00		1 070.0							2	1 426.40	

表4-8-11　2012年永新村农用机械动力分用途统计表

村名	用于农副加工				用于机动船				用于植保				用于其他			
	电动机		柴油机		柴油机		汽油机		柴油机		电动机		柴油机			
	台	千瓦	台	千瓦	台	千瓦	台	千瓦	台	千瓦	台	千瓦	台	千瓦		
永新	2	15.0	4	44.2	13	114.5	9	26.4	4	5.2						

4. 运输工具

1949年,永新村域拥有农船341条。见表4-8-12。

表4-8-12　　　　　　　　　1949年永新村域拥有农船统计表　　　　　　　　　单位:条

名　称	永义村域	永安村域	永生村域	永益村域	合　计
农船	62	189	45	45	341

1978年,村域中逐步购买了挂桨机,改装成挂机船。是年,以永益大队为例,有挂机船11条,减少、淘汰了手摇船。

1998年,村域淘汰了木船,有水泥船390条,挂机船62条。见表4-8-13。

表4-8-13　　　　　　　　　1998年永新村域各村运输船只统计表　　　　　　　　　单位:条

名　称	永义村	永安村	永生村	永益村	合计
木船	0	0	0	0	0
水泥船	62	184	102	42	390
机动船	15	26	10	11	62

21世纪后,由于公路村村通,航道桥梁低矮等因素,逐步淘汰了挂机船,改用陆路汽车运输。2012年,陆运由汽车、拖拉机为主要运输工具,大农户拥有劳动车20辆、挂桨13台、农用拖斗4台、上道路拖拉机7台90.5千瓦、运输汽车4辆,农忙时租借汽车突击运输。

第九节　农业科技

新中国成立前,无专门机构管理农作物的植保,一旦发生病虫害,农民束手无策,只能听天由命。重灾年份稻茎叶片被虫吃光,病害蔓延,几乎颗粒无收。中华民国三十六年八月十七日(1947年8月17日)昆山旦报记载,"怪虫专吸稻穗,影响秋收"。报道称,据榭麓(与永新村相邻)乡公所报称,查于稻田,发现无数怪虫,形似向日葵子,遍体细毛,色褐腹白,簇聚稻田之新穗上,吸食谷浆,若不速灭,恐碍秋收。

新中国成立后,各级人民政府重视植物保护,组建各级农技机构,大队有专职农技员,每生产队有一名专职农技员、植保员,负责作物栽培的技术指导、病虫害防治等工作,公社农科站对这些专职人员进行培训、辅导。20世纪50年代初,对病害防治,组织人工采卵,灭卵,点灯诱蛾,以及捕捉稻苞虫和麦黏虫,秋收后发动群众挖稻根、灭蛹除螟害。50年代后期开始,从人工防治逐步转为药剂防治,采用压缩喷雾机、手压喷雾机,进而使用机动喷雾机和背包式机动弥雾机喷药防治。贯彻执行中央提出的"以防为主、防治结合、综合防治"的植保防治方针,开展农作物病、虫、草害的预测预报和防治工作。

一、病虫害防治

1. 水稻

水稻的病虫害,主要有病虫危害和稻瘟病、纹枯病、病毒病等。

(1) 病虫

主要害虫有螟虫(三化螟、二化螟、大螟)、稻蓟马、纵卷叶虫、稻飞虱,用有机磷乳剂防治喷杀,也用杀虫醚喷杀防治,后以三唑磷类复配剂防治为主。

(2) 稻瘟病

主要有秧田叶稻瘟和大田穗颈瘟两种,造成缺秧和水稻倒伏。发病后用西力生、赛力散等汞剂拌石灰粉喷撒防治。20世纪70年代用稻瘟净、春雷霉素,80年代开始用多菌灵,1985年后用多菌灵、井冈霉素复配剂,用药期在水稻孕穗末期到破口抽穗期,可兼治稻曲病、胡麻叶斑病等穗期病害。

(3) 纹枯病

20世纪50~60年代仅在重肥田块发生,70年代成为主要病害。80年代,主要用药品种是6401、稻脚青、退菌特和井冈霉素。

(4) 病毒病

这是一类间性流行病,主要有条纹叶枯病、黑条矮缩病等。用六六六加二二三混配,防治秧田和大田早期黑尾叶蝉,预防黄矮病的传播。80年代起用乐胺磷、甲胺磷防治单季稻秧田和大田早期灰稻虱、条纹叶枯病,作为一项防治病虫害的措施。

2. 三麦

三麦虫害为黏虫,又称行军虫,吃食麦叶,咬断穗头,早期用敌百虫、二二三,也用敌百虫、六六六混配防治。1983年后虫害减少,一般不治或喷洒甲胺磷,防治麦芽虫。三麦的病害以赤霉病为最,流行频率高、威胁大。50~60年代用石硫合剂防治、赛力散喷雾。70年代中期始用多菌灵。90年代初,基本掌握发病规律,主动出击、立足防治,用多菌灵浸种,防治效果较好。

3. 油菜

油菜虫害以蚜虫为最,生在叶片上,破坏叶片,影响油菜结荚。防治方法,用甲胺磷或乐果喷洒。油菜的病害主要有菌核病和霜霉病,又称白锈病、龙头病,流行年份病株率达5%~10%,20世纪50~60年代用乐果、六六六粉剂喷洒,70年代后用波尔多液和多菌灵加水喷洒。

二、草害

1. 水稻

水稻杂草,一是以稗草、千金子为主的禾本科单子叶杂草,二是以绒毛草为主的莎草科杂草,三是以野慈姑、节节草、鸭舌头为主的阔叶杂草。70年代前,农田杂草主要靠人工拔除;70年代后,开始使用除草醚化学除草,逐渐成为常规措施。80年代推广使用丁草胺,水稻中期用苄嘧磺隆,这2种农药成为水稻田除草的主要药种。

2. 三麦

三麦杂草主要有看麦娘、牛繁缕、蓼草等。20世纪80年代初,使用绿麦隆化学除草,由于使用技术等问题,防效不高,麦田草害不能全面控制;80年代后期,使用绿麦隆、甲黄隆兼防草害,双叶子杂草除草效果较好。

3. 油菜

油菜杂草主要以看麦娘和硬草为主。主要使用绿麦隆防治板田油菜看麦娘,对油菜安全效果好。1988年后,用茎叶处理剂稳杀得、盖草能防治油菜田看麦娘,效果明显。

第十节 林 业

一、树木

永新村域历来无成片树林,仅在民间屋前屋后、河旁墓边种植一些树木。品种大体有楝树、郭树、杨树、榆树、棕树、桑树、枇杷树、桂花树、榉树、元宝树、银杏树、香樟树等。

新中国成立后的60年代,政府提倡植树造林、绿化祖国,农村也开展了植树造林运动,品种不断增多,主要品种有白榆、刺槐、合欢、泡桐、枫杨等。70年代初,根据上级有关指示,农村建筑防风林带,先后大量引进种植水杉、池杉、枫杨等高杆树种,主要种在道路边及

20世纪70年代永字路两旁种植的水杉

机耕路两旁,磙磴至神童泾村的机耕路,全长2 000米左右,左右两旁全部种上水杉2 000多株。其他闲地也种上了树木。21世纪后,新辟公路种上樱花树、银杏树等大批观赏性树木。

二、竹

竹园,各自然村或多或少都有,主要在屋后屋边种植,品种有红头笋、部箕竹、俺腊笋、五月季、大圆竹、细茎竹、慈好竹。据20世纪70年代初统计,永益大队有竹园30户,面积6.9亩,70年代开始,农户翻建房屋,砍掉了部分竹子,仍有竹园24户,面积4.6亩。

三、花木

农家竹园

新中国成立前,农村种花人家极少,主要是以自己欣赏为主,品种有月季花、鸡冠头花、凤仙花、栀子花、桂花等。

新中国成立后,随着人民生活水平的提高,人们也开始享受精神生活,不少农户在自己家

里种上了许多观赏盆景花卉,永益村出现了花卉种植专业户。

朱雪龙,1952年10月生,1994年进入淀山湖宾馆,负责花木养护管理工作。他为掌握花卉栽培、养护、管理等技术,先去青浦宾馆请教老师傅传授技术,后去上海植物院学习,北京农学院函授学习,经过自己的努力,获得了函授花卉栽培、养护技术的资格证书。

朱雪龙爱好花卉栽培,1995年开始,利用自己一技之长,先后投资2万多元,购置种花设备,搭了暖房,到外地买进各种花木种苗,在自己家里搞起了花卉种植。他经过几年的努力,从几个品种的花盆,发展到上百个品种。品种主要以红豆杉、对接白腊等两类植物为主。他培育的室内植物,主要为室内摆放,耐阴,大部分品种以南方植物为主,如绿萝心叶藤、尾葵、鱼尾葵、螺纹铁、发财树、找财树、鹅掌不、金山棕竹、罗汉松、金钱榕、彩云格、尹芝兰、文竹、贤蕨、波士顿蕨、海棠之类。室外品种有凤梨、虎尾芝、巴西木、荷兰铁、微型月季、夏威夷椰子、袖珍椰子、铁线蕨、橡皮树、肉桂、芦荟、菊花、吊兰等品种。木本科有榕树、树桩、苏铁等。经过几年不断努力,家庭花木栽培初具规模。一靠花木外销,二帮有关单位室内花木养护、管理,增加家庭经济收入。1997年,他被旭宝高尔夫球场聘用,负责球场内的花木栽培养护管理工作,直至2012年退休。

月季花

第十一节　平整田地

新中国成立前,农村一家一户小农经济生产,田块零星分散、高低落差大,田岸弯曲,田间土坟墓多,耕作极为不便。

新中国成立后,逐步走上集体化生产道路。20世纪50年代开始,掀起拆坟高潮,对农田逐步进行整治,扩大土地面积,方便耕作。60年代,田间所有土坟基本被拆除。70年代,为适应机械化耕地,对原来弯曲的田岸、大小不一的田块、高低落差大的土层,全面进行整治、改造,大队组织专业队伍,对全大队所有田块进行统一放样整改,所有田块宽度一般都在12~14米。1974年,全大队所有田块全部方正化。特别是永益大队第五生产队,将原来的四近头田统一改为三近,并在中间筑起一条宽2米的机耕路,对高低相差20~30厘米的部分田块,发动男女劳力,肩挑搬运泥土,花了一个冬春时间,全部整平土地,还在共青团组织配合下,开垦了历史上荒废的落度潭,扩大面积2亩左右。

第十二节 防汛抗旱

永新村域河道纵横,新中国成立前,依靠天然蓄水库灌溉农田、调节水量、泄洪排涝。由于一家一户单干生产,一旦遇到暴雨、洪涝灾害,难以抵挡,造成水灾。

1949年,永新村域有风车138部、牛车166部、踏水车10部、手牵车171部。见表4-12-1。水网地区旱灾相对少,如遇旱情严重,由于灌溉工具落后,部分三近头田进水困难,这些田块在大旱年,虽然地势低,但也会出现旱灾。低田碰到严重水灾,难于排涝。

表4-12-1　　　　　　　　1949年永新村域拥有灌溉农具统计表　　　　　　　　单位:部

名　称	永义村域	永安村域	永生村域	永益村域	合计
风车	43	36	17	42	138
牛车	34	54	30	48	166
踏水车	7	0	0	3	10
手牵车	37	103	16	15	171

牛车上车　　　　　　　　　　踏车

1954年,永益5队落度潭水灾时,发动农户组织筑坝,用人家的大门抵挡圩堤,用三车人力进行排涝。1955年,永益、永安两大队(永安涉及20多亩低田)联合组织群众,用一个春天开了一条长200米、宽10米的排水河道。1973年,永益5队又延续开了长60米、宽10米的河道,彻底解决了这些田块的出水问题,并对其他受灾田块进行分散排涝。

集体化有了机械,碰到水灾时就用抽水机、皮龙等工具进行排涝,有了大包围后,每逢水灾,排涝比较方便。1998年,永新村域有电灌站12座,见表4-8-1。

电灌站

2012年,村内根据实际情况,拆除或遗弃被征土地不需的灌溉站,实有灌溉站10座,实有

防洪闸10座,确保旱涝保收。见表4-12-2、表4-12-3。

表4-12-2　　　　　　　　　　2012年永新村灌排站基本情况一览表

序号	工程名称	建造时间	水泵(寸)	电动机(千瓦)	变压器(千伏安)	排涝流量(立方米/秒)
1	永安灌溉站	1967.06	20	22	100	0.5
2	永安南灌溉站	1971				
3	永生灌溉站	1972				
4	磺碘南灌溉站	1978				
5	东林灌溉站	1983	小机泵			
6	王文角灌溉站	1988.06	20	22	50	0.5
7	六如墩灌溉站	1994.06	14	15		0.25
8	永产方灌溉站	1995.06	20	22		0.5
9	三永排灌溉站	2001.06	32/2	65/2	250	3.2
10	金家港灌溉站	2003.06	32;20	65.30	160	2.1

表4-12-3　　　　　　　　　　2012年永新村防洪闸基本情况一览表

序号	工程名称	建造时间	序号	工程名称	建造时间
1	金家港防洪闸	1974.06	6	磺碘港防洪闸	2000.06
2	新开泾防洪闸	1990.06	7	庄里防洪闸	2000.06
3	张家库防洪闸	1994.06	8	坟堂江防洪闸	2000.06
4	六如墩防洪闸	1994.06	9	三永闸防洪闸	2000.06
5	王文角防洪闸	2000.06	10	马家港防洪闸	2002.06

第五章 工 商

民国时期,永新村域农闲有传统家庭纺土纱、织土布小手工业,自给自足,尤为普遍;碛礇寺二月十九庙会每年很盛行。新中国成立前夕,神童泾沈施祝开办1家轧米厂;彭安泾朱文青在度城开了一家船厂,专造农船及网船(渔船);后村陆阿苟办了一家白酒糟坊;碛礇村徐仰谷在家开小商店,有时为肩挑手提小商贩。

20世纪60年代中叶,淀东商业公司在神童泾开设下伸店,淀东供销社在碛礇4队试办双代店,永安大队率先办了粮饲加工厂;1972年后,神童泾下伸店关闭,双代店增至4家。1976年,制造业从无到有,陆续办起。村办企业基本运行体制是集体承包,厂长负责,前后经历了"一包三改"、"五定一奖"的改革过程,但集体性质从未变动过。1993年,开始改革转制,村办厂首先租赁,半租半卖,最后实现拍卖;转制集体商店,发展个体商店。1998年,完全转为私营企业。

2012年年底,永新村境内有民营企业45家,租地入驻企业7家,其中工业1家、体育服务业2家、房地产开发商4家;共有个体商店23户;永新村民在村域外开张个体商店14户;有北岸公园、梦莱茵游艇(帆船)俱乐部、六如墩小游园3家旅游业。

第一节 工 业

一、队(村)办企业

队办企业始于加工业。1967年,永安大队率先办了粮饲加工厂,方便当地农民加工大米,粉碎饲料。1976年开始,制造业从无到有,陆续办起。是年12月,永安大队率先办了五金厂;永生大队办了铸件厂,招收职工35人,改变了农村的生产方式,劳动力向工业转移。见表5-1-1、表5-1-2、表5-1-3、表5-1-4。

1977年,永安大队办了橡胶厂;1978年,永义大队办了针织厂;永生大队办了玩具厂。永益大队先后办了猪棕厂、铜管厂、衬布厂、制塑厂等,由于缺乏办厂技术、经验,产品销售渠道不畅,经济效益不佳,不久停办,但为插队知识青年解决就业问题,11名杨湘知青在碛礇塑料厂做工1 173工。见表5-1-5。

表5-1-1 永新村域队（村）办企业（永义）基本情况一览表

企业名称	地址	法人代表	建厂时间	厂房面积（平方米）	生产设备	主要原料	主要产品	年均产量	主要销售市场	年均产值（万元）	年均利润（万元）	转制注销时间
永义羊毛衫厂	新开泾	冯杏荣	1978.02	400	六针、九针针织横机40台套	羊毛	羊毛衫	2万件套	当地	10	1.5	1994
永义砖瓦厂	姚段圩	赵根夫	1980.03	350	制坯机、土窑	黏土、燃料	青砖、土瓦、望板	青砖130万块、土瓦100万张	上海	12	2	1993
永峰钣金厂	永义村	柴祖林	1980	800	拆板、剪板、冲床等5台套	钢板	电冰箱、洗衣机壳等	100万台套		20	5	1995
永义洗洁精厂	永义村	蔡文新	1988									1992
永义面包厂	永义村	柴元青	1989									1989

表5-1-2 永新村域队（村）办企业（永安）基本情况一览表

企业名称	地址	法人代表	建厂时间	厂房面积（平方米）	生产设备	主要原料	主要产品	年均产量	主要销售市场	年均产值（万元）	年均利润（万元）	转制注销时间
永安粮饲加工厂	庄里南	王志龙	1967		碾米机、粉碎机							1984 关
永安五金厂	神童泾	王木根	1976									1988 关
永安橡胶厂	神童泾	郁小芬	1977.11	450	压机、练胶机	橡胶	垫圈、管	10万件	沪、苏	30	3	1990
永安水泥预制场	神童泾	沈洪德	1979	150	卷扬机、震动机、电焊机	钢筋、水泥、砂、石	楼板、水泥梁	楼板1 000块、水泥梁1 500根	当地	5	1	1989
永安玩具厂	神童泾	吴井英	1983	500	缝纫机、拷眼机	长毛绒、腈纶绒	娃娃玩具	12万打	徐泾	40	4	1994

表 5-1-3　　永新村域队（村）办企业（永生）基本情况一览表

企业名称	地址	法人代表	建厂时间	厂房面积（平方米）	生产设备	主要原料	主要产品	年均产量	主要销售市场	年均产值（万元）	年均利润（万元）	转制注销时间
永生铸件厂	泥介娄	陈耀芳	1976.12	1 100	锅炉、行车、空压机、电动机	生铁、熟铁、焦炭、砂等辅料	纺织用铸铁	700 吨	上海各棉纺织厂	140	28	1993.12
永生玩具厂	六如墩	王海明	1978.05	360	缝纫机	布、长毛绒	长毛绒玩具		徐泾	60	7	1993.12
永生综合厂	六如墩		1982.03	300	电动机、锯板机		玩具、木箱、家具、商标			11		

表 5-1-4　　永新村域队（村）办企业（永益）基本情况一览表

企业名称	地址	法人代表	建厂时间	厂房面积（平方米）	生产设备	主要原料	主要产品	年均产量	主要销售市场	年均产值（万元）	年均利润（万元）	转制注销时间
永益纽扣厂	碛㙰	张小林	1980.12	400	落料、剥光、打眼、抛光机 15 台	有机板	衣服纽扣	500 万颗	浙江、郑州	100	3	1986.05
永益木器厂	碛㙰	王华明	1982.03	800	锯断、刨床、打眼机等	木材	家具、办公用具		上海	100	20	1991
永益五金厂	碛㙰	丁阿四	1983.10	200	冲床 5 台	废铁皮	半成品锁件		青浦香花	30	3	1993.08
永益针织商标厂	碛㙰	吴阿五	1985.04	800	线带商标机	人造丝、棉纱	商标	150 万米	上海	90	18	1994.06
昆山欣荣装潢家具有限公司	碛㙰	钱三毛	1992.05	600	锯断、刨床、打眼机等 50 台	木材	家具、办公用具、装潢		上海、苏州、昆山	250	80	1996.08

表 5-1-5　　　　　　　　　1978 年碛磩知青点全体知青人工统计表　　　　　　　　单位：工

姓　名	塑料厂	外出小工	其　他	合计工数
汤旦麓	124.5	88	4.5	217
姚小琴	82		2	84
王海东	119.7	130	21.5	271.2
王继昌	166.5	88	5.5	260
郭其刚	94.3	52		146.3
易锦明	85.2	47		132.2
皇甫祁	61.5		2	63.5
夏　杨	130	16	1.5	147.5
王亚英	125.5	143		268.5
黄引娣	95.5	74		169.5
殷祖琴	88.7	75.5		164.2
合　计	1 173.4			1 829.9

　　1979 年，永安大队办了水泥预制品厂；1980 年，永义大队办了砖瓦厂；预制品厂和砖瓦厂的创办，把农村剩余劳动力转移出去，增加农民收入，还为农村的住宅改造提供了建房材料。是年，永义大队还办了永峰钣金厂，为上海市场专业生产电冰箱、洗衣机外壳；永益大队聘请浙江一位技术师傅，办了纽扣厂，年产有机板衣服纽扣 50 万颗，销往浙江永嘉等地。

　　1981 年，根据上级政府的指示精神，解决农村单一经济，逐步走上农、工、商同步发展的道路。各大队都办了工业，达到队队有工厂，有的队办厂不断发展提高。永义针织厂，为上海十七羊毛衫厂加工"企鹅"牌羊毛衫，为集体创造了一定的经济效益和社会效益。1982 年，永益大队新办永益木器厂，永益纽扣厂转为知青点办厂，职工 30 人，固定资产原值 1 万元，工业总产值 10 万元，销售收入 11 万元，利润 1 万元。是年，公社贯彻"调整、改革、整顿、提高"的方针，按照社会需要组织生产，加强经营管理，克服底子薄、基础差的困难，使社队工业有所发展，显示出特别重要的作用。1983 年 6 月，政社分设，淀东人民公社改建淀东乡，村域中大队改称村，原称"社办企业、队办企业"（社队企业）改称"乡办企业、村办企业"（乡村企业）。是年，永益村办了永益五金厂，永安村办了永安玩具厂。1985 年 4 月，永益村在小香花桥南塊东侧，建造 800 平方米厂房，添置 12 台线带商标机，招收职工 22 名，办了永益针织商标厂，专业为上海抽纱、上海针织品进出口公司和上海各大羊毛衫厂等单位生产丝织商标，年生产丝织商标 150 多万米，年利润 18 万元，创造了一定的经济效益。1988 年，永义砖瓦厂生产八五砖 195 万块、土瓦 35 万片，"现价产值"（当时统计述语）7 万元，为当地农民解决了建房材料购买紧缺的困难。

　　村办企业从无到有，从小到大，一靠改革的扶持，二得力于"内联外引"的发展措施。当村办企业在发展中面临缺技术、缺资金和销售渠道不畅的问题时，采取了"借脑袋攀高亲"和"借鸡生蛋"的内联外引好途径，有效地解决了发展中面临的矛盾和困难。1988 年，永义针织厂与上海友谊羊毛衫厂联营的"针织服装"项目，工业总产值 128 万元，其中总收入 22 万元，利税 1 万元；永安玩具厂、永生综合厂都与上海徐泾玩具厂联营玩具项目，工业产值分别为 61 万元和 71 万元，总收入分别为 5 万元和 14 万元，永生综合厂获利税 2 万元，其中利润 1 万元。

1989年，永新村域在镇工业公司备案的村办企业有11家，11家企业年内职工平均总人数492人，年初计划工业产值610万元，年底完成实绩672.6万元，全员劳动生产率人均7 778～21 043元不等，见表5-1-6；产品有针织品、砖瓦、洗洁精、玩具、铸铁件、工艺品（丝织商标）等，见表5-1-7；年内完成利润2.07万元（不计印绸厂），提取税金23.04万元（不计印绸厂），销售收入381.03万元（不计印绸厂），工资总额53.56万元（不计印绸厂），见表5-1-8。

表5-1-6　　　　　　　　　　1989年永新村域村办企业产值完成情况一览表

企业名称	工业产值完成实绩（万元）			全员劳动生产率（元/人）		
	年计划	完成实绩	上年实绩	平均人数	元/人	上年元/人
永义针织厂	140	95.8	128	54	17 741	18 290
永义砖瓦厂	5	7.2	6.8	9	8 000	5 642
永义净化厂	30	28.2	26.1	27	10 444	10 042
永义洗洁精厂	55	48.4	18.2	23	21 043	16 582
永安橡胶厂	25	28	24.3	36	7 778	5 400
永安玩具厂	75	83.2	60.8	47	17 702	12 669
永生翻砂厂	42	86.9	38.6	85	10 224	4 290
永生综合厂	98	133.5	71.4	73	18 288	9 149
永益木器厂	70	82.8	56.8	65	12 738	9 467
永益五金厂	25	25.2	18.6	25	10 080	6 521
永益商标厂	45	53.4	36.7	48	11 125	7 985

表5-1-7　　　　　　　　　　1989年永新村域村办企业主要产品产量完成情况一览表

企业名称	产品名称及规格	计量单位	年完成实绩	上年完成实绩
永义针织厂	针织品	万件	3.07	7.18
永义砖瓦厂	砖实物量	万块	101.66	194.99
	砖折合量	万块	68.1	130.64
	瓦实物量	万片	13.2	35.34
永义净化厂				
永义洗洁精厂	洗洁精	吨	513.95	0
永安橡胶厂				
永安玩具厂	玩具	万打	2.31	1.69
永生翻砂厂	铸铁件	吨	575	594
永生综合厂	玩具	万打	3.33	2.55
永益木器厂				
永益五金厂				
永益商标厂	工艺品	万元	53.4	36.7

表 5-1-8　　　　　　　　1989年永新村域村(镇)办企业利润完成情况一览表　　　　　　　　单位：万元

企业名称	工业利润完成实绩			税金提取		销售利率(%)		销售收入		工资总额	
	年计划	完成实绩	上年实绩	当年	上年	当年	上年	当年	上年	当年	上年
永义针织厂		-3.03	-0.16	1.21	1.07			23.13	21.65	5.2	8.10
永义砖瓦厂											
永义净化厂		0.13	-0.04	1.01	1.64	0.7		19.18	31.82	3.57	3.00
永义洗洁精厂		2.47		2.42		4.7		50.64		2.98	
永安橡胶厂		-0.10	-1.27	5.25	4.97			26.23	24.56	4.42	4.62
永安玩具厂											
永生翻砂厂		2.23	6.92	5.62	2.59	2.5	8	89.65	86.21	10.08	11.23
永生综合厂		-1.10		0.78	0.76			14.76	14.6	6.96	7.31
永益木器厂		0.01	0.7	3.36	2.96			80.84	74.41	11.13	11.46
永益五金厂		-0.02	0.5	1.31	1.09			27.14	23.84	3.02	3.26
永益商标厂		1.48	2.26	2.08	1.76			49.46	42.93	6.2	6.07
昆山印绸厂	8	0.19	9.87	8.39	10.73	0.03	1.2	725.34	729.16	34.78	30.01

1992年开始，永益木器厂辉煌了一段时间，是一个享有一定声望的企业，特别在苏州、上海等家具总店（公司）中有较高的信誉。是年3月18日，与香港欣荣实业公司合资，成立"昆山欣荣家具装潢有限公司"，是淀山湖镇第一家与境外合资的企业。1993年，职工90名，完成产值1 299万元，销售收入993万元，利润总额106万元。

1994年，镇政府对一些弱、小、亏的中小企业，提出并、转、停的指导意见。随着形势的发展，体制阻碍了生产力的发展，加上管理上的不善，村办集体企业由于多种原因，造成应收款收不回，资金短缺，产品积滞等状况，企业严重亏损、负债严重，集体企业停办，转向民间开办。如永义的羊毛衫厂，是年，关了集体1家，而民营羊毛衫厂在一段时间先后开了10家（不完全统计），见表5-1-9。民营羊毛衫厂的开办，解决了很多农村剩余劳动力的就业问题，为增加农民收入起到了积极作用。

1995年，已经转制的永安玩具厂和永生玩具厂成为镇出口创汇企业的组成部分。是年，永安玩具厂和永生玩具厂分别生产长毛绒玩具为5.72万打和5.53万打，交货量分别为5.97万打和5.42万打，交货值分别为100万元和82万元。1996年，永生村留下铸件厂，职工30人，工业产值90万元，年产铸铁件80吨，销售收入69万元，但利润处于亏本状态。

表 5-1-9　　　　　　　永义村办企业转制期间开办个体羊毛衫厂一览表　　　　　　　单位：人、万元

法人代表	开业时间	企业性质	经营项目	职工人数	年产值
柴献忠	1994	个私	羊毛衫加工	50	80
蔡林根	1994	个私	羊毛衫加工	8	20
蔡三新	1994	个私	羊毛衫加工	20	50
徐小培	1995	个私	羊毛衫加工	8	15
黄金元	1995	个私	羊毛衫加工	20	30

续表

法人代表	开业时间	企业性质	经营项目	职工人数	年产值
柴元青	1995	个私	羊毛衫加工	20	50
吴金华	1995	个私	羊毛衫加工	30	60
郭素琴	1995	个私	羊毛衫加工	15	20
赵根夫	1995	个私	羊毛衫加工	15	20
吴洪元	2000	个私	羊毛衫加工	20	30

二、民营企业

1998年，淀山湖镇工业经济在结构调整中健康运行，通过先租赁、半租半卖、拍卖，全面完成了企业产权制度改革，集体企业全部转为民营企业。

改制后，永新村域盘活存量资产，有效抑制了部分企业亏损滑坡的局面，一批企业步入了稳定发展的轨道，企业自我调节力和市场竞争能力明显增强，经营管理发生了质的变化，出现了压缩开支、减少浪费、提高产品质量和档次、扩大市场销售，运行质量有了提高，各项主要指标取得了较好成绩。

2000年，技术创新稳步向前推进，永新村域的民营企业，落后企业自我淘汰，优势企业发展壮大。2007年，永新村域内开办工厂、村域范围内的村民在村外开办工厂，共计39家。详见表5-1-10。

表5-1-10　　　　　　　2007年永新村民营企业基本情况一览表　　　　　　单位：万元

企 业 名 称	法人代表	企业地址	注册资本	经营范围	开业时间
昆山市淀山湖清新助剂厂	蔡文新	永勤村	50	干净剂、洗涤剂、加工制造	1997
昆山市淀山湖永生铸件厂	张访球	永生村	50	锻件、铸件等加工制造	1997
昆山市淀山湖永勤助剂厂	王惠清	永勤村	50	合成洗涤剂加工制造	1998
昆山市三鑫家具木业有限公司	王华明	石墩区	50	木制办公用具、沙发软床	1998
昆山惠丰纺织化工有限公司	王惠清	杨湘泾村	800	洗洁精、纺织化工原料	2001
昆山市淀山湖欣荣装潢家具厂	罗菊明	永益村	50	木制品制造加工	2001
昆山市淀山湖大光荣五金塑料厂	王正荣	永益村	50	紧固件、塑料杂品制造	2001
昆山恒法包装有限公司	祝 乐	永益村	50	环保型纸质包装	2002
昆山市金英五金工具包装厂	徐奋虎	永新村	10	五金工具加工	2002
昆山市淀山湖镇新生玩具厂	吴彩荣	永安村	50	长毛绒玩具	2002
昆山市精明模具粉末冶金厂	李善行	永新村	30	模具、粉末、冶金制品加工	2002
昆山市弘鑫织带厂	潘正荣	永新村	30	各类纺织带	2002
昆山吴天建筑材料有限公司	程 敏	永新村	50	建筑装饰材料	2003
昆山顺发铸造有限公司	刘善兴	永新村	100	机械配件、窨井盖加工	2003
昆山市淀山湖金属表面材料厂	姜引忠	永义村	5	金属表面处理剂	2003
昆山市淀山湖镇明辉粉末冶金厂	李明生	永新村	40	粉末冶金制品	2003
昆山市森欣木制品厂	姚建明	杨湘泾村	30	木制品制造	2003

续表

企业名称	法人代表	企业地址	注册资本	经营范围	开业时间
昆山申坤保险箱有限公司	柴祖林	马安村	1000	保险箱制造	2003
昆山市灵艺服装辅料厂	柴建林	马安村	50	服装辅料加工	2003
昆山江升金属制品有限公司	金永根	永义村	50	五金加工、机械加工、灯具配件	2004
昆山雄荣服饰有限公司	柳雄荣	永新村	50	服装制造	2004
昆山市卡邦工贸有限公司	吴雪军	永义村	50	羊毛衫加工、印染助剂	2004
昆山中正建筑工程材料有限公司	程 敏	神童泾145#	50	矿产品、建材及化工产品批发	2005
昆山市万树木制品厂	吴玉英	永新村	30	木制品制造	2005
昆山市淀山湖水利金属制品厂	凌小刚	永新村	8	金属丝绳及其制品	2005
昆山华宙铝型有限公司	项正华	永新村	50	铝塑分管制品加工	2005
昆山市淀山湖浩杰模具厂	沈小荣	永新村	30	其他金属、工具制造	2005
昆山市恒欣机械加工厂	常慧灵	永新村	30	五金产品制造	2005
昆山市淀山湖永新富民合作社	王大奎	永新村	150	其他房地产活动	2005
昆山明星纺织品有限公司	朱建明	永新村	50	针纺织品、服装服饰	2005
昆山高社橡塑制品有限公司	胡耀林	永新村	50	橡胶制品	2005
昆山市恒欣机械制造有限公司	常慧灵	永字路	50	打火机灌装机生产	2006
昆山钟氏木业有限公司	钟阿兴	永新村	10		2006
昆山市亨达气动文件有限公司	柴明菊	永新村	50	各种气缸、阀门销售	2006
昆山彼得龙机电有限公司	郭华敏		50	机电产品及配件制造	2006
昆山市华旭木制品厂	凌 华	永新村	30	木制包装	2006
昆山顺通化工有限公司	唐德强	永新村	500	危险化学品批发	2007
昆山淀山湖建新彩钢板厂	郭建新	永利路	30	彩钢板瓦、钢结构加工	2007
昆山帝森模具配件厂	许永吉	永新村	10	模具配件加工、包装材料	2007

2012年年底,永新村境内或永新村民在外开办工厂,共有民营企业45家。见表5-1-11。

表5-1-11　　　　　　2012年永新村民营企业基本情况一览表　　　　　　单位:万元

企业名称	法人代表	企业地址	注册资本
惠丰纺织化工有限公司	王惠清	杨湘泾村	80
淀山湖新生玩具厂	吴彩荣	永安村	30
华亿纺织品有限公司	程 良	永安村神童泾145号	50
东田包装有限公司	姜志强	永利路168号	100
明星纺织品有限公司	朱建明	永新村	50
高仕橡塑制品有限公司	胡耀林	永新村	50
钟氏木业有限公司	钟阿兴	永新村	10
华宙铝塑有限公司	项正华	永新村	50
雄荣服饰有限公司	柳雄荣	永新村	50

续表

企 业 名 称	法人代表	企 业 地 址	注册资本
淀山湖永新富民合作社	王大奎	永新村	150
大光荣五金塑料厂	王正荣	永新村	50
金英五金工具包装厂	徐奋虎	永新村	10
淀山湖水利金属制品厂	凌小刚	永新村	8
淀山湖荣杰五金厂	沈小荣	永新村	30
华旭木制品厂	凌 华	永新村	30
淀山湖镇天龙乐器厂	林贵元	永新村	50
精明模具粉末冶金厂	李善行	永新村	30
弘鑫织带厂	潘正荣	永新村双永路	30
淀山湖金属表面材料厂	姜引中	永新村	5
淀山湖镇明辉粉末冶金厂	李明生	永新村	40
万树木制品厂	吴玉英	永新村	30
卡邦工贸有限公司	吴雪军	永义村	50
淀山湖清新助剂厂	蔡文新	永义村	50
海宏医用敷料有限公司	董纹吉	永益村	680
禾创超声仪器有限公司	李 军	永益村	50
恒欣机械制造有限公司	常慧灵	永宇路	50
永安包装有限公司	胡红刚	永新村	50
缘江南服饰工艺厂	张志坚	永生村	30
仁和纸业有限公司	朱云峰	永新村	50
顺风羊毛衫厂	柴元青	永新村	15
永义金属制品厂	刘乾方	永义58号	10
永新玩具厂	郁惠勤	神童泾1号	3
月成纺织包装厂	冯月青	神童泾180号	10
汇亚包装厂	李 俊	永生翻砂厂内	2
伯雅乐器厂	顾花妹	永新村	15
振益五金制品厂	钟 健	神童泾	15
永才五金厂	朱理财	永新原玩具厂内	40
建新彩钢板厂	郭建新	永利路	30
帝森模具配件厂	许永吉	永新村	10
金胜纺织助剂厂	凌桂花	原淀山湖化学厂内	
安装工程公司	蔡金辉	永新村	
拆房土建公司	蔡荣林	永新村	
建筑工程公司	朱惠兵	永新村	
助剂厂	黄金元	永新村	
永丰五金橡塑厂	陆建林	神童泾15号	
大迪洗涤服务有限公司	吴永新	千灯镇	

三、镇办入驻企业

昆山印绸厂,镇办驻永新村域纺织企业。1984年6月,乡政府在永生村(大队)六如墩东、金家港北,筹办昆山印绸厂。1985年3月投产,生产印染布。是年末,固定资产原值65.43万元。厂区面积3 320平方米,房屋建筑面积3 162.8平方米,其中生产用房2 325.2平方米,有运输船2艘15吨。职工117人。主要设备有267千伏安变压器1台,2吨蒸发量锅炉1台,交流电动机37台94.8千瓦,金属切削机床1台;主要专业生产设备有手工印花台板生产线4条,整理车1台,热定型机1台,卷染机2台。是年,生产涤丝绸印花布13.71万米、人造棉印花布12.32万米,销售收入48.8万元,利润20.44万元,上交税金3.63万元;年耗电1万度、耗煤400吨、燃料油消配403.3吨。

1989年,年计划产值1 150万元,完成实绩778.8万元。年内平均职工183人,生产印染丝织品72.06万米、印染布872.61万米,全员劳动生产率42 557元/人。

1991年,年计划产值1 200万元,完成实绩3 345.4万元,销售收入2 196.12万元,税金34.37万元,利润93.90元,职工工资101.37万元。年内平均职工366人,生产印染丝织品72.06万米、印染布872.61万米,全员劳动生产率91 404元/人。

1993年3月,上海第十印染厂昆山分厂与昆山印绸厂、昆山市第一丝绸印染厂等组建"昆山市丝路达印染服装集团公司",是淀山湖镇第一家集团公司。1995年3月,更名为"江苏丝路达集团公司"集生产、贸易、实业为一体的中型企业。1998年,江苏丝路达集团公司法定破产,昆山印绸厂随之关闭,印绸厂地盘被韩国独资昆山天星阀业有限公司租赁。

四、租地入驻企业

1. 韩国独资昆山天星阀业有限公司

韩国独资昆山天星阀业有限公司,厂址是关闭的昆山丝路达集团公司淀山湖印绸厂。1999年10月,由韩国独资昆山天星阀业有限公司经上级批准开业,董事长朴室相,起初注册资金100万美元,后增扩注册资金至650万美元,投资总额1 070万美元。占地面积43.28亩,厂房建筑面积逐年扩建延伸到12 000平方米。坐落于永新村金家港自然村北侧,东与上海市青浦区朱家角镇周荡村相接。

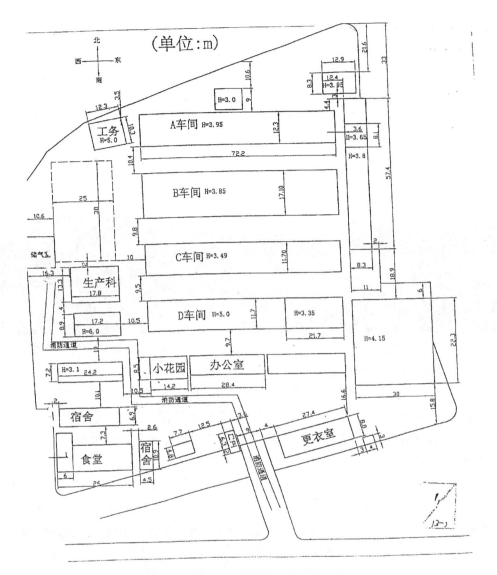

韩国独资昆山天星阀业有限公司厂区房屋分布图

2. 淀山湖旭宝高尔夫球场

淀山湖旭宝高尔夫球场，是引进台资建成的高级体育娱乐设施项目。

1992年3月8日，台湾旭宝集团经批准，投资2 500万美元，创办昆山淀山湖体育游乐有限公司，在兴复村以南、永新村西部、淀山湖泊以北、度城村以东的范围内，修建旭宝高尔夫球场，占地2 000亩左右，土地以租赁方式给台商使用。首期工程18洞，于1994年10月完工，至1996年27洞全部竣工。2006年扩建9洞完成，成为一个完整的36洞球场，并保留其中18洞作为会员专属球道。

绿草茵茵的旭宝高尔夫球场

3. 梦莱茵游艇（帆船）俱乐部

法人名称为"昆山梦莱茵水上运动俱乐部有限公司"，地处淀山湖东北岸，由昆山宝镇房地产开发有限公司台商周肇源投资 2 500 万元兴办的；2008 年 8 月动工，俱乐部于 2009 年建成开放。2011 年 3 月，经批准，又建 5 个水上屋、一个会议厅、一个婚礼厅以及大平台 1 250 平方米。截至 2012 年年底，俱乐部有会所 600 平方米，船坞水面积 5 000 平方米，有豪华游艇 3 艘、帆船 10 艘、摩托艇 5 艘、观光船 3 艘；观景平台 1 500 平方米。

淀山湖风帆

宝镇湖滨别墅——梦莱茵别墅

4. 昆山宝镇房地产发展有限公司

昆山宝镇房地产发展有限公司董事长周肇源，开发的宝镇湖滨别墅——梦莱茵别墅，位于环湖大道北侧、原新开泾南侧。2004 年 12 月，取得土地使用权时间，历年批准销售别墅 43 套。2005 年，梦莱茵游艇（帆船）俱乐部成立之前，宝镇房地产开发有限公司在其北侧投资 7 500 万元，建造淀山湖宁静湖边别墅 43 幢，建筑面积 1.7 万平方米，占地 80 亩，其中绿化占地 40% 以上。是年 4 月 18 日开工，2006 年 10 月 11 日竣工，验收合格，交付使用，占地面积 53 750 平方米（合 80.5 亩），建筑面积 17 973.07 平方米，别墅总数 43 幢，其中 A 型别墅 5 幢，B 型别墅 11 幢，C 型别墅 11 幢，E 型别墅 16 幢，会所 1 幢。坐落在永新村西侧，淀山湖旅游开发区 1 号地，原永义村 3 组、9 组地段。2014 年前，全部售出。见表 5-1-12。

表 5-1-12　　　　　　宝镇湖滨别墅报建面积与实际增减面积统计表　　　　　　单位：平方米

质监号	工程名称	面积	增减面积	实际面积	备注
昆监 050151-1	A 型别墅 7 #	534	+42.66	576.66	
昆监 050151-2	A 型别墅 8 #	534	+42.66	576.66	
昆监 050151-3	A 型别墅 9 #	534	+22.02	556.02	
昆监 050151-4	A 型别墅 10 #	534	+22.02	556.02	
昆监 050151-5	A 型别墅 11 #	534	+42.06	576.66	
昆监 050151-6	B 型别墅 2 #	435	+37.92	472.92	
昆监 050151-7	B 型别墅 3 #	435	+37.92	472.92	
昆监 050151-8	B 型别墅 4 #	435	+37.92	472.92	
昆监 050151-9	B 型别墅 5 #	435	+37.92	472.92	
昆监 050151-10	B 型别墅 6 #	435	+37.92	472.92	
昆监 050151-11	B 型别墅 12 #	435	+37.92	472.92	

续表

质 监 号	工 程 名 称	面积	增减面积	实际面积	备 注
昆监 050151-12	B 型别墅 13 #	435	+37.92	472.92	
昆监 050151-13	B 型别墅 14 #	435	+37.92	472.92	
昆监 050151-14	B 型别墅 28 #	435	+37.92	472.92	
昆监 050151-15	B 型别墅 32 #	435	+37.92	472.92	
昆监 050151-16	B 型别墅 33 #	435	+37.92	472.92	
昆监 050151-17	C 型别墅 24 #	337	+5.99	342.99	
昆监 050151-18	C 型别墅 25 #	337	+5.99	342.99	
昆监 050151-19	C 型别墅 26 #	337	+5.99	342.99	
昆监 050151-20	C 型别墅 31 #	337	+5.99	342.99	
昆监 050151-21	C 型别墅 37 #	337	+5.99	342.99	
昆监 050151-22	C 型别墅 41 #	337	+5.99	342.99	
昆监 050151-23	C 型别墅 23 #	337	+5.99	342.99	
昆监 050151-24	C 型别墅 29 #	337	+5.99	342.99	
昆监 050151-25	C 型别墅 39 #	337	+5.99	342.99	
昆监 050151-26	D 型别墅 15 #	322	+20.99	342.99	变更为 C 型别墅 15 #
昆监 050151-27	D 型别墅 1 #	322	+20.99	342.99	变更为 C 型别墅 1 #
昆监 050151-28	E 型别墅 16 #	312	-2.39	311.59	
昆监 050151-29	E 型别墅 17 #	312	-0.41	311.59	
昆监 050151-30	E 型别墅 19 #	312	-0.41	311.59	
昆监 050151-31	E 型别墅 20 #	312	-0.41	309.61	
昆监 050151-32	E 型别墅 30 #	312	-2.39	309.61	
昆监 050151-33	E 型别墅 36 #	312	-2.39	309.61	
昆监 050151-34	E 型别墅 42 #	312	-2.39	309.61	
昆监 050151-35	E 型别墅 43 #	312	-2.39	309.61	
昆监 050151-36	E 型别墅 18 #	312	-2.39	309.61	
昆监 050151-37	E 型别墅 21 #	312	-0.41	311.59	
昆监 050151-38	E 型别墅 22 #	312	-2.39	309.61	
昆监 050151-39	E 型别墅 27 #	312	-0.41	311.59	
昆监 050151-40	E 型别墅 34 #	312	-0.41	311.59	
昆监 050151-41	E 型别墅 35 #	312	-0.41	311.59	
昆监 050151-42	E 型别墅 38 #	312	-2.39	309.61	
昆监 050151-43	E 型别墅 40 #	312	-2.39	309.61	
昆监 050151-44	会所	1055	+133.42	1182.42	
合 计		17179	794.07	17 973.07	

5. 东恒海鑫房地产发展有限公司

农工商房地产（集团）股份有限公司东恒海鑫房地产发展有限公司，在淀山湖镇投资建造的千亩大盘——农房恒海国际花园，位于中旭路东侧、永利路南侧、碛磺村（永字路）西侧。2004年12月，取得土地使用权时间，历年批准销售别墅466套，2014年前，共售出328套。

恒海国际花园

农房恒海国际花园别墅群落，项目涵盖独栋、双拼、合院、联排等多种业态。

6. 昆山中旭房地产发展有限公司

昆山中旭房地产发展有限公司，开发淀山湖壹号房地产。位于淀山湖北岸环湖大道北侧、原小港东南侧，2009年10月，取得土地使用权时间，历年批准销售别墅187套，2014年前，共售出47套。

淀山湖壹号，占地517亩，一期450亩建88幢独栋别墅，0.2的超低容积率，区内有超大的绿化和景观面积，整个社区呈现一片生态、自然的园林景象。

淀山湖壹号

7. 研祥集团

香港主板上市企业——研祥集团，在淀山湖东岸，倾巨资打造23万平方米大型临湖生态国际社区——荷玛诗湾。位于双永路南侧、神童泾自然村西南侧。2013年9月，取得土地使用权时间，历年批准销售别墅481套，2014年前，共售出26套。

项目跨界引入法式亲水别墅、超五星级酒店、高端医疗体检中心、名品商业、世界500强名企总部、国际会议中心、养生会所等高端资源，集合旅游、商务、SPA、温泉水疗、

荷玛诗湾

健身养生、休闲娱乐、主题酒吧、休闲餐饮、商务宴会等多业态主题，开启淀山湖24小时永不落幕的生活盛宴，打造淀山湖第5代白金社区。

第二节　商　业

旧时一年一度的碛礇寺二月十九庙会,在明清时期就盛行,一直延续到新中国成立初期。

新中国成立前后,村域农民以种田为业,永益村只有徐仰谷在家中开小商店,有时为肩挑手提小商贩。

1953年,淀东供销社受昆山中粮公司委托,代购代销粮食,并在神童泾、碛礇及杨湘、金家庄、度城、榭麓、歇马等设粮食收购点和粮食供应点。1955年5月起,粮食购销任务移交给淀东粮管所经营,1957年食油购销业务也移交给淀东粮管所。原由供销社设立的神童、度城、榭麓、歇马等地的粮油购销点同时撤销。

1958年5月,淀东商业实行大合并,集体商业设有神童泾下伸店。60年代中叶,率先在碛礇4队试办双代店。1972年,增开永义、永生2家双代店。1973年,神童泾下伸店关闭,新开永安双代店。1992年,双代店转为私人经营。1998年,永益村开了碛礇小市。2003年6月28日,落户神童泾的上海捷强389便利店,对外开张营业。

2012年,永新村域内共有个体商店23户;永新村民在村域外开张个体商店14户。

一、双代店

农村代购代销店(以下简称双代店),是农村基层供销社商业网点的组成部分,是为发展农村商品生产服务的一支重要力量。

双代员由村民委员会推荐,供销社统一考核,择优录用。对不称职的双代员,根据情况供销社可以建议并同村民委员会商讨令其辞职。

双代店的实物负责人,对双代店的所有财产、购销计划、安全卫生全部负责任。认真执行国家物价政策,商品明码标价,不准克扣斤两,掺杂使假或以次充好。搭配商品,供销社按各双代店的铺底资金,以商品调拨形式让双代店进货,商品陈列整洁,美观,主题鲜明,重点突出,明码标价,正确执行价格政策。每日记好商品备查簿,现金日记账,营业款及时解银行,严格控制备用金,按月盘点,制订报表,报送供销社,作为供销社按月销售总额的5%向双代店所在大队发放手续费,双代员报酬由大队支付。经济体制改革后期至双代店转为个私企业过渡阶段,双代员报酬直接为供销社发放的5%手续费。

基层供销社对双代店的经营情况和双代员的表现,月检查,季评比,年终总评,表彰先进。供销社追究贪污盗窃、赊销挪用和重大人为商品残损等事故,给责任人经济以至刑事责任。

20世纪60年代中叶,淀东供销社率先在碛礇村4组木桥南塊的东侧草房内,试办双代店,后迁移到大队,成为大队双代店。双代店,业务上从代销扩展到代购,即为"双代"含义,销售商品从生活资料扩大到生产资料,方便群众就近购买。1972年,在永新村域范围内扩展开办了永义、永生大队双代店。1973年,永安下伸店关闭,新开永安双代店。双代店开办初,仅经营代销生活用品,代收购废品;后扩展代销食品站鲜肉;实行家庭联产承包责任制后,扩展代销生产资料部的化肥、农药。党的十一届三中全会后,贯彻"对内搞活,对外开放"的政策,在壮大国营经济、发展集体经济的前提下,积极扶持个体经济,多种经济成分并存,流通渠道对商业经济有了新的发展,双代店存在后期,进货渠道放宽到自行进货。进入90年代,随着改革开放的不断深入,农民开始开店经商。1992年,双代店转为私人经营。见表5-2-1。

表5-2-1　　　　　　　　　　永新村域集体性质双代店基本情况

名　称	地　点	开设年份	双代员(人)	转制年份
永益双代店	碛礅	1966	2人	1992
永义双代店	新开泾	1970	2人	1992
永生双代店	六如墩	1970	2人	1992
永安双代店	神童泾	1973	5人	1992

二、碛礅小市

1996年,永益村拆除1982年翻建的双代店、永益小学房屋,在永字路东侧拆除房屋原址,新建朝西开门的碛礅小市10间,每间建筑面积40平方米,以每间年3 000元租金,租给村民开店。见表5-2-2。碛礅小市开设后,永益村还安排专人,在碛礅小市马路对面的古银杏树下,摆设鲜肉和其他蔬菜摊位,方便村民就近购买。这个类似小菜场的摊位,因集体经营,入不敷出,一年左右就关闭。

碛礅小市

表5-2-2　　　　　　　　　　1996年年底碛礅小市商店分布表

序号	商　店　名　称	经营者	经营地址
1	桃妹杂货店	朱桃妹	永字路501号
2	炳峰店心店	朱炳峰	永字路502号
3	雪妹杂货店	朱雪妹	永字路503号
4	戴荣生商店	戴荣生	永字路504号
5	宝妹服装店	丁宝妹	永字路505号
6	戴三荣烟杂店	戴三荣	永字路506号
7	珍真商店	蔡雪珍	永字路507号
8	蔡青烟杂店	蔡青	永字路508号
9	小毛桌球房	朱小毛	永字路509号
10	陆菊泉理发店	陆菊泉	永字路510号

碛礅小市,不同时期,生意好坏差别很大,在16年经营过程中,店面几易主人,大队收取租金,先后由每店面年租金3 000元调整到2 000元,最低年份,每店面年租金仅1 000元。2012

年年底,还是有 1 个店面租不出去,后成为老年人舞蹈练习房。见表 5-2-3。

表 5-2-3　　　　　　　　　　　2012 年碛碘小市商店分布表

序号	商店名称	经营者	经营地址
1	福林烟酒杂货店	刘福林	永字路 501 号
2	炳峰店心店	朱炳峰	永字路 502 号
3	未租出		永字路 503 号
4	封士清摩托车维修店	封士清	永字路 504 号
5	戴三荣烟杂店	戴三荣	永字路 505 号
6	戴三荣烟杂店	戴三荣	永字路 506 号
7	戴三荣烟杂店	戴三荣	永字路 507 号
8	蔡青烟杂店	蔡青	永字路 508 号
9	戴小荣烟杂店	戴小荣	永字路 509 号
10	陆菊泉理发店	陆菊泉	永字路 510 号

三、上海捷强 389 便利店

上海捷强 389 便利店,是上海捷强烟草糖酒(集团)有限公司(昆山)配销中心的连锁超市门店。上海捷强烟草糖酒(集团)有限公司(昆山)配销中心是由昆山市供销企业集团糖烟酒公司、上海捷强烟草糖酒(集团)有限公司、昆山市捷达展销服务部三家共同投资组建、1997 年 1 月 9 日开张的联营商业型企业。配销中心实行商品集中采购、统一配制的运作机制,共经营 18 大类 1 万余种商品,主要经营糖、烟、酒及各类食品、日用百货、洗涤用品、厨房用品、文化用品、音像制品和小家电等百姓日常生活需要的各类商品。

2003 年春,由昆山市供销合作总社牵头,淀山湖镇政府和永新村的大力支持和协助,联系淀山湖镇供销社、卫生院、派出所、工商管理所等单位和部门,建设一个起点高、设施全、功能多的为农综合服务站。昆山市供销合作总社投资 18 万元,重点扶持捷强超市、农贸市场的基础设施建设和铺底资金投放,镇政府和卫生院投资 7 万元,重点扶持社区医疗卫生服务站和警务室的硬件建设,作为受益单位的永新村,将 30 万元左右的空闲房屋及有关现有设施奉献出来,通过多方共同投资 55 万元,占地 3 500 平方米,建筑面积 1 500 平方米的为农综合服务站应运而生,因受当时"非典"影响,为农综合服务站暨上海捷强 389 便利店,推迟到 2003 年 6 月 28 日对外开张营业。

上海捷强 389 便利店与上海捷强总部电脑联网,1 500 多种经营商品,由上海捷强集团昆山配销中心提供,每周定期送货一次,脱销商品随报随时送达。上海捷强 389 便利店,以开架式货架陈列商品,实行明码标价、顾客自由选购的新型购物方式,与当时镇村普遍以柜台式封闭经营模式相比,引起消费者的广泛关注。上海捷强 389 便利店承包给有责任心的当地农民经营。永新村农民不出村,能基本购到所有日用品和副食品,389 便利店刚开张,每天光顾客人上百人次,黄昏时分,最受外来打工人员的欢迎,他们常常结伴到超市购买小吃食品,开张第一年,超市月销售额 2 万多元,获取利润能解决服务员的基本工资。超市连锁店兼营化肥农药

代销业务,根据农事季节和镇农技部门的要求,及时供应农户对口需要的化肥、农药,很受农民欢迎。上海捷强389便利店南侧,新建300平方米的玻璃钢棚,设摊位60来个,免费提供给当地农民和商贩使用,销售鲜肉、水产、禽蛋、豆制品、鲜菇、时令蔬菜等。

四、村域个体店

2012年,永新村域内共有个体商店28户(包含碛碅小市)。见表5-2-4。

表5-2-4　　　　　　　　　2012年永新村商店(服务业)分布表

序号	商店名称	经营者	经营地址
1	福林烟酒杂货店	刘福林	永字路501号
2	炳峰点心店	朱炳峰	永字路502号
3	封士清摩托车维修店	封士清	永字路504号
4	戴三荣烟杂店	戴三荣	永字路505~507号
5	蔡青烟杂店	蔡青	永字路508号
6	戴小荣烟杂店	戴小荣	永字路509号
7	陆菊泉理发店	陆菊泉	永字路510号
8	新益商店	周阿五	碛碅后村10号
9	柴金元商店	柴金元	新开泾36号
10	永生双代店	沈建国	六如墩1号
11	金林根商店	金林根	金家港92号
12	佩英商店	金佩英	神童泾213号
13	上海捷强389便利店	沈兴珍	永字路55号
14	青凯废品收购站	夏增恺	永新村
15	春荣商店	朱春荣	神童泾141号
16	馨雅窗帘店	王惠忠	碛碅50号
17	昱兴纸制品经营部	张国忠	永新村
18	铭宇包装辅料经营部	郑彩云	神童泾232号
19	仁秋杂货店	陆仁秋	神童泾13号
20	静根杂货店	吴静根	永新村156号
21	国源纸制品经营部	盛祥元	永新村
22	利新经营部	翁利新	永字路东
23	永生农资农家店	周兴元	永新村
24	永安农资农家店	周兴元	永新村
25	培英商店	金培英	神童泾河西北面
26	静根商店	吴静根	神童泾河西南面
27	永秋商店	陆仁秋	神童泾河西南面
28	根忠饮食店	郁根忠	神童泾河西北面

附：村民域外开办个体店

2012年,永新村民在村域外开办个体商店25户。见表5-2-5。

表5-2-5　　　　　　　　2012年永新村民域外开张个体商店(服务站)一览表

序号	商店名称	经营者	经营地址	备注
1	捷强超市连锁店	朱阿二	淀山湖镇淀兴路	永益
2	建材装潢店	张建锋	淀山湖镇淀兴路	永益
3	建材装潢店	罗德平	淀山湖镇淀兴路	永益
4	文新油漆店	顾文新	淀山湖镇淀兴路	永益
5	建材钢材店	罗元平	淀山湖镇淀兴路	永益
6	商城水果店	朱建德	淀山湖镇商城	永益
7	商城茶水餐饮店	赵阿二	淀山湖镇商城	永益
8	小兴饭店	吴小兴	淀山湖镇商城	永益
9	商城装潢店	何雪妹	淀山湖镇商城	永益
10	淀山湖窗帘床上用品店	翁春荣	淀山湖镇曙光路	永益
11	镇南饭店	盛永明	淀山湖镇南	永益
12	娄苑建材五金经营部	瞿秀根	昆山市玉山镇	永益
13	陶瓷灯具店	姬春华	昆山市玉山镇	永益
14	昆农货运服务站	翁小弟	昆山火车站	永益
15	斌洪餐饮店	吴斌洪	镇中市路332号	永生
16	周静侬烟杂店	周静侬	镇中市路307号	永生
17	徐勇快餐店	徐勇		永义
18	吴根荣超市	吴根荣		永义
19	蔡海勤超市	蔡海勤		永义
20	柴正新快餐店	柴正新		永义
21	吴林兴肉铺	吴林兴		永义
22	孙小平肉铺	孙小平		永义
23	柴丽凤洗衣店	柴丽凤		永义
24	冯建新商店	冯建新		永义
25	沈小荣饮食店	沈小荣		永义

第三节 旅游

一、北岸公园

淀山湖北岸公园由美国著名地景建筑师迈耶-思尔伯格主持设计。整个公园设计以淀山湖为依托，结合旅游度假中心特有的自然地理条件优势，旨在打造一个近水、临水、入水的综合性文化、康乐、休闲、生态公园。整个北岸公园工程分步分阶段计划实施，其中一期工程4.5公里长，包含进入公园的1.5公里双永路银杏大道、3公里的环湖大道景观绿化工程、金家庄西侧生态林、音乐广场、婚庆广场等，

音乐广场

为市民提供了一个丰富多样的度假、休闲、康乐、文化好去处，成为淀山湖旅游度假中心对接上海、服务地方经济发展、提升城镇形象的一张名片。

二、梦莱茵游艇（帆船）俱乐部

法人名称为"昆山梦莱茵水上运动俱乐部有限公司"，地处淀山湖东北岸，由昆山宝镇房地产开发有限公司台商周肇源投资2 500万元兴办，每年吸引苏沪周边以及欧美游客1万人次以上。

游艇俱乐部公司通过会所、码头、游船（艇）业务的结合，打造淀山湖上第一家以休闲、娱乐餐饮相结合的游艇俱乐部，形成融商务游船、游艇及码头、豪华宴会厅功能、烧烤、展示等于一体的新型业务形态（参见第五章工商第一节工业四，租地入驻企业相关条目）。

梦莱茵游艇俱乐部

三、六如墩小游园

六如墩自然村以建设美丽村庄为目标，通过提升村庄风貌，带动产业发展，实现农民增收，在原有村庄环境整治基础上，继承村庄传统文脉，从绿化景观、休闲设施配套、道路交通、河道

水系清理等方面进一步提升,建设景观桥、休闲凉亭、生态廊架、滨水广场、水乡特色乡道、亲水平台、荷花池等设施,2012年年底,形成六如墩自然村小游园。

依托葫芦鱼塘,建设垂钓中心。六如墩自然村最大的亮点是村内两个鱼塘,从高空往下看,形似葫芦,成为六如墩地标,故村口竖立葫芦标志。六如墩自然村小游园充分利用丰富的自然资源,开发形成以南溇、北溇为主的垂钓中心,根据不同人的喜好、承受能力及鱼塘的实际,实行

六如墩小游园

不同的收费标准,南溇以斤计算,北溇以杆计算,两个鱼塘发展成熟,再带动六如墩自然村周边鱼塘的垂钓业,形成特色休闲产业。

旅馆

饭馆

扩大果树景园种植面积,提升美丽村庄整体效果。六如墩自然村有果园50亩,主要种植桃树、梨树、葡萄,分别位于村庄南面、北面,实现果园包围村庄,使六如墩自然村形成一个"回"字形,外面为农田,中间为果园,里面为村庄,为休闲观光及采摘产业作铺垫。

变闲置农舍为"农家乐"及"民宿"。永新村为农田保护区,区域内无大型企业,无大量外来人员,故六如墩有众多农房闲置。垂钓产业及休闲观光农业可利用这些闲置房屋,进行"农家乐"及"民宿"建设,发展饮食及住宿行业。

第四节　村级财力

党的十一届三中全会全面确立以经济建设为中心的方针。永新村域各行政区域,在改革开放政策的指导下,逐步调整农业产业结构,走上农林牧副渔齐步发展之路,打破了单一的农业经济,积极兴办社队(乡镇)企业、民营经济(个体私营企业)和第三产业,社会经济发展跨上新台阶,加快了区域经济的繁荣、文化事业的昌盛、公共设施的完善和城市化建设的进程。

社会经济的繁荣,村级经济管理成了发展经济的核心,成为村政部门常抓不懈的重要工

作,引导经济组织按经济规律办事,减少经济发展中的失误、漏洞和不必要的纠纷与矛盾,妥善处理好经济关系,加强综合管理,依法经营,合法运作,保持平稳、健康、科学、协调,又快又好的经济发展态势。

1992年,邓小平发表南方谈话,村域内经济总量保持平稳和快速递增的良好势头。是年,永义、永安、永生、永益的地区生产总值分别为228万元、208万元、245万元、365万元,人均生产总值分别为2 334元、1 964元、3 157元、4 974元。产业结构上,4个村的工业产值分别接近和超过农业产值。

1995年,永义、永安、永生、永益的地区生产总值分别为294万元、371万元、326万元、630万元,分别比1992年增长28%、78.37%、33.06%、72.6%。人均生产总值分别为3 911元、3 528元、4 186元、8 851元,分别比1992年增长67.57%、79.63%、32.59%、77.95%。产业结构上,4个村的工业产值仍然停留在"分别接近和超过农业产值"的状态,但第三产业值得到明显增长。

2000年,永义、永安、永生、永益的地区生产总值分别为304万元、485万元、609万元、548万元,分别比1995年增长34%、30.73%、86.81%和下降13%。人均生产总值分别为4 198元、5 029元、8 448元、8 864元,分别比1995年增长7.34%、42.55%、101.82%、0.1%。产业结构上,4个村的工业产值都超过农业产值,第三产业值得到明显增长。见表5-4-1。

表5-4-1　　　　　　　　　　1992~2000年永新村域村级经济一览表

年度	村名	地区生产总值(万元)				人均生产总值(元)
		合计	第一产业	第二产业	第三产业	
1992	永义	228	101	100	27	2 334
	永安	208	97	77	34	1 964
	永生	245	96	120	29	3 157
	永益	365	84	248	33	4 974
1993	永义	276	116	141	19	2 808
	永安	230	107	77	46	2 186
	永生	205	87	96	22	2 631
	永益	479	98	325	56	6 696
1994	永义	239	73	114	52	2 400
	永安	335	163	107	62	3 185
	永生	267	116	126	25	3 427
	永益	486	142	264	80	6 790
1995	永义	294	121	104	69	3 911
	永安	371	141	111	119	3 528
	永生	326	134	147	45	4 186
	永益	630	147	381	102	8 851

续表

年度	村名	地区生产总值（万元）				人均生产总值（元）
		合计	第一产业	第二产业	第三产业	
1996	永义	343	132	118	93	3 518
	永安	605	208	237	160	5 766
	永生	371	180	160	31	4 856
	永益	631	206	331	94	8 937
1997	永义	334	127	124	83	4 541
	永安	640	184	218	238	6 102
	永生	316	163	117	36	4 153
	永益	543	160	255	128	7 963
1998	永义	357	103	146	108	4 871
	永安	627	182	237	208	6 015
	永生	335	159	122	54	4 444
	永益	621	167	339	115	9 179
1999	永义	299	89	109	101	4 118
	永安	550	145	236	169	5 676
	永生	324	151	121	52	4 493
	永益	596	133	362	101	9 225
2000	永义	304	92	109	103	4 198
	永安	485	104	187	194	5 029
	永生	609	99	405	105	8 448
	永益	548	184	271	93	8 864

（根据相关年度昆山统计年鉴汇编）

2001年，区域调整。是年，永新村地区生产总值2 330万元，人均生产总值7 845元，农民人均纯收入5 072元。2005年，地区生产总值2 941万元，比2001年增长26.22%；人均生产总值9 624元，比2001年增长22.68%；农民人均纯收入8 584元，比2001年增长69.24%。2010年，地区生产总值4 828万元，比2005年增长64.16%；人均生产总值15 793元，比2005年增长64.1%；农民人均纯收入18 286元，比2005年增长113.02%。2012年，地区生产总值5 931万元，比2010年增长22.49%；人均生产总值16 825元，比2010年增长6.53%；农民人均纯收入22 640元，比2010年增长23.81%。见表5-4-2。

表 5-4-2　　2001~2012年永新村村级经济一览表

年度	地区生产总值（万元）				人均生产总值（万元）	村级经济总收入（万元）	村级经济利税总额（万元）	村级经济利润总额（万元）	农民人均纯收入（元）
	合计	第一产业	第二产业	第三产业					
2001	2 330	901	922	507	7 845	4 316	148	112	5 072
2002	2 302	961	795	546	7 510	4 675	150	114	5 173
2003	2 304	961	797	546	7 553	4 737	149	142	5 900
2004	2 037	987	679	372	7 209	5 663	145	82	6 900
2005	2 941	793	1 505	643	9 624	6 230	1840	1602	8 584
2006	3 367	1 017	1 505	845	11 241	6 692	2276	2104	10 016
2007	2 866	983	1 038	845	9 508	6 888	2880	2708	11 901
2008	4 998	1 775	1 940	1 283	16 505	9230	1062	822	13 790
2009	4 072	1 737	1 141	1 194	13 457	10614	597	462	15 370
2010	4 828	1 737	1 255	1 836	15 793	12100	657	509	18 286
2011	5 101	1 989	1 091	2 021	16 817	13915	1113	696	18 386
2012	5 931	2 469	1 260	2 202	16 825	15307	1180	724	22 640

（根据相关年度昆山统计年鉴汇编）

2012年，全村生产粮食1 931吨，总产出14 627万元，地区生产总值5 931万元，人均生产总值16 825元，经济总收入15 307万元，村级经济利税总额1 180万元，村级经济利润总额724万元，村级经济可支配收入203万元，年末村集体资产总额2 410万元，村级总支出171万元。农村居民人均纯收入22 640元。见表5-4-3、表5-4-4。

表 5-4-3　　2012年永新村基本情况表

指　标　名　称	单位	数量	指　标　名　称	单位	数量
自然村个数	个	8	图书室藏书量	册	1 500
其中通公路自然村个数	个	8	体育健身场所	个	5
全村户数	户	795	幼儿园托儿所	个	1
其中通自来水户数	户	795	>50㎡综合商店或超市	个	1
住楼房户数	户	787	在校高中生	人	91
享有卫生厕所户数	户	779	拥有电脑户数	户	557
通有线电视自然村个数	个	8	拥有电话户数	户	716
垃圾集中处理自然村	个	8	拥有彩电户数	户	795
年末户籍人口	人	3 049	参加农村新型合作医疗	人	3 049
年末常住户数	户	795	享受最低生活保障人数	人	22
年末常住人口	人	2 557	参加农村社会养老保障	人	2 439
其中外来人口	人	479	各类企业个数	个	44

续表

指标名称	单位	数量	指标名称	单位	数量
全村从业人员	人	1 881	各类企业从业人数	人	
其中从事二、三产业人员	人	1 828	各类企业营业收入	万元	6 418
离开本乡镇外出打工人数	人	161	个体工商户	户	85
年末耕地面积	亩	2 010	村级经济可支配收入	万元	203
其中有效灌溉面积	亩	2 010	村级总支出	万元	171
土地流转面积	亩	2 430	农村经济总收入	万元	15 307
卫生室	个	1	农民人均纯收入	元	22 640
有行医资格证书医生	人	3	村集体资产总额	万元	2 410
图书室	个	1	村集体债务总额	万元	329

表5-4-4　　　　　　　　　2012年永新村村级经济主要指标一览表

村民小组（个）	总户数（户）	总人口（人）	从业人员（人）	年末耕地面积（亩）	粮食总产(吨)	三麦亩产（千克）	水稻亩产（千克）	油菜亩产（千克）
39	823	3 030	1 877	2 002	1 931	351	626	150
总产出（万元）	其中(万元)			地区生产总值（万元）	其中(万元)			人均生产总值（元）
	一产	二产	三产		一产	二产	三产	
14 627	4 938	6 301	3 388	5 931	2 469	1 260	2 202	16 825
村级经济总收入（万元）	村级经济利税总额（万元）		村级经济利润总额（万元）		农村居民人均纯收入（元）		备注	
15 307	1 180		724		22 640			

第六章 村庄建设

新中国成立前,农民的住房十分简陋,大多是草房和砖瓦平房,昆山沦陷时,部分农舍毁于战火。抗战胜利后,农民住宅无多大改善,富裕户一般为砖木结构,贫困户则为砖竹草顶或半冷摊瓦草房。住房的面积每户多为 50~70 平方米之间,结构简陋,低矮潮湿。新中国成立后,一些无房、小房的农民在土地改革中分得了房屋,居住条件有所改善。随着时间的推移,农民住房慢慢改观。

自然村农房的变化,带来了交通道路的变化。市级、镇级道路在村域修建,村村之间修筑水泥路面,形成便捷的交通网络,使更多农民出行方便。

2003 年提出了新农村建设,政府注入大量的资金,推动永新村新农村建设全面进行。2006 年,为了完成江苏省建设厅新农村建设现场会村庄整治示范点的工作,根据新农村建设的基本要求,围绕"拆""整""洁""绿""新"五个方面的要求,在昆山市建设局及淀山湖镇建管所精心指导下,神童泾村的村庄整治工作扎扎实实地开展,取得了较好的成效。2012 年,六如墩村屋前屋后进行清理,河道进行清淤,河边进行改造,种植绿化,筑砖驳岸等,在新农村建设中,起到了示范作用。

第一节 农房建设

一、农房建设

永新村域是典型的水网地带,农民住宅历来习惯选择在耕作便利、船只出行方便的地方建立自然宅基,遂成村庄。农房一般沿河坐北朝南,枕河建宅。东西向河道的农房群,沿河呈"一"字形或"二"字形,河南、河北各一行;南北向河道的农房群,侧翼面河,呈"非"字形布局,又称竹节村。

传统所建的住宅基础比较简单,地势较高的地方就地破土建宅,在立柱之处用石或砖做小型基础,墙基不作处理。在地势较低的乡村,知道受淹之害,墙基处理的同时,利用开河、挖塘之土进行堆土,以填高宅基标高。

新中国成立初期,农民生活有所改善,但温饱问题尚未得到完全解决,住房建设十分缓慢,农民住宅仍比较简陋。随着生产的发展和生活的逐步改善,农民开始翻修住宅。20世纪50年代末60年代初,受"共产风"及三年困难时期的影响,农房建设停滞不前。到1963年,经济开始恢复,农民陆续翻建住房,以水泥桁条代替木材。多数农民居住的是"七路头四拖枪"三间门面的低矮平瓦房,有弟兄结婚成家,大多一间房屋一隔二(一房一

七路头三开间老式农房

灶),居住条件仍然简陋。60年代中期,农村经济略有好转,农民为改善居住条件,拆除简陋的平瓦房、泥墙草房,翻建五路头叠山头新瓦房。当时建房材料紧缺,就用烂泥石灰砌空心墙,杂树檐子,杂树梁,房屋质量低下。60年代后期,水泥预制构件的出现,解决了农民建房木材紧缺的矛盾,翻瓦房户逐年增多。

70年代,部分生产队着手新村建设,对农民住宅统一规划建造。

1979年后,多数农民开始致富,农房建设经历了从草房到平瓦房、从平瓦房到楼房的发展过程,农村兴起了建房热。与此同时,村庄也兴起一股办社队企业的热潮,逐步发展起一批生产性厂房。

1981年,县政府决定由县计划委员会等有关部门负责对草房户登记立卡,安排部分平价建材,实行专材专用,协助草房户、缺房户翻建新瓦屋。农村建房热的兴起,占用了较多耕地。1981年,县人民政府规定,社员建房每户不得超过3分土地,以控制建房用地。为贯彻中共中央、国务院《关于今后几年内农村建房不再占用耕地的规定》,把农村建房和村镇规划、建设结合起来,1983年,上级明确规定没有规划的不得占用耕地建房,必须充分利用老村原有基础,以老村改造为主,着眼于节约耕地,采取宅基地统一规划、分批建设等办法,保证了新村建设按规划实施,也使翻房户的宅基得到了落实。永益村从80年代初开始建楼房,营造三上三下独宅独院的楼房,东南村1队的朱德元,是永益村第一家翻建楼房的农户。80年代后,随

以三上三下楼房为主的神童泾

着改革开放的不断深入,农民经济收入增长幅度大,翻建楼房户逐渐增多,一般模式是三上三下加灶间。在结构上略有讲究,改烂泥砖砌为砂浆砖砌,外墙灰砂粉刷改水泥粉刷嵌石子。

1990年,行政村编制完成村庄建设规划,改变了传统式分散建农房的状况,开始步入建农房结合村庄建设的新阶段。到1993年,农村几乎家家住进自己建造的楼房。

1994年后,农民住宅建设继续呈快速发展之势,在规划指导下,建设新型住宅组群,改变了过去分散建设、杂乱无章的局面;1999年年底,永益村180户农家,建楼房的有168户,占总

户数的93.3%,建楼房面积27 698平方米。未建楼房户的,主要是单身和人不在村的。

1999年,根据镇志长编资料反映,永新村域802户3 173人,有住房户756户,占总户数的94.26%,有楼房151 420平方米,平房11 578平方米,共有住房162 998平方米,人均住房面积51.37平方米。见表6-1-1、表6-1-2、表6-1-3、表6-1-4。

表6-1-1　　　　　　　　　　　　1999年永义村各村民组住房统计表

组别	人口(人)	楼房面积(平方米)	平房面积(平方米)	人均住房面积(平方米)
1	93	4 600	180	51
2	108	5 500	0	51
3	56	2 600	96	48
4	66	3 200	84	50
5	77	3 800	0	49
6	4	0	84	21
7	1	0	60	60
8	30	1 450	96	50
9	65	3 200	0	49
10	86	4 200	0	49
11	91	4 500	0	49
12	53	2 700	0	51
合计	730	35 750	600	50

表6-1-2　　　　　　　　　　　　1999年永安村各村民组住房统计表

组别	人口(人)	楼房面积(平方米)	平房面积(平方米)	人均住房面积(平方米)
1	118	7 491	1 196	73
2	105	5 740	1 291	67
3	94	4 702	835	59
4	120	3 610	677	35
5	53	3 112	574	69
6	54	3 080	637	68
7	86	4 968	1 007	69
8	96	4 913	745	58
9	114	5 519	1 175	58
10	59	3 064	721	64
11	62	3 085	474	57
12	54	2 756	519	60
合　计	1 015	52 040	9 851	60

表6-1-3　　　　　　　　　　　　1999年永生村各村民组住房统计表

组别	人口(人)	楼房面积(平方米)	平房面积(平方米)	人均住房面积(平方米)
1	115	3 565	156	32.35
2	66	2 277	116	36.25
3	117	3 978	48	34.36
4	85	2 975	0	35
5	101	3 596	72	36.3
6	63	2 142	80	35.2
7	95	3 325	80	35.8
8	117	4 223	0	36
合计	759	26 081	552	35.08

表6-1-4　　　　　　　　　　　　1999年永益村各村民组住房统计表

组别	人口(人)	楼房面积(平方米)	平房面积(平方米)	人均住房面积(平方米)
1	83	3 032	0	36.5
2	67	1 920	100	30.1
3	69	2 286	0	33
4	55	2 120	78	38.15
5	108	4 848	0	44.9
6	116	4 505	104	38.8
7	73	3 669	78	50.2
8	50	3 170	215	67.7
9	48	1 573	0	32.8
合计	669	27 123	575	41.4

进入新千年后，随着农民经济收入的增加，新建住宅趋向高档化，按"江苏省村镇文明住宅小区建设标准"进行建设，一批搬迁自然村的农户，如沈家埭搬迁到淀辉新村的农户，率先抛弃流行于20世纪80年代三上三下楼房结构方案，通过统一规划，统一图纸设计，把别墅住宅用在新建工程上，成为设计新颖、造型美观、结构合理、使用性强的农民新住宅，出现建一幢楼、带一片建筑的连锁效应；再次，农房讲究室内装饰装修，农民城市化消费心理日益增大，大理石地坪和不锈钢楼梯扶手，新型墙布墙纸和涂料，高档浴缸、洗面池，风格各异的吊灯、台灯、壁灯以及分体式、立体式空调等广泛进入农户，出现了精心的装修和环境布置的倾向。

沈家埭村民搬迁兴建的淀辉小区

2006年,根据村民组长逐户调查上报汇总,永新村(域)841户,有住房4 038间,另有集体房屋445间。见表6-1-5。

表6-1-5　　　　　　　　1981~2006年永新村(域)农房建设情况表　　　　　房屋单位:间

年份	户数	房屋	年份	户数	房屋	年份	户数	房屋
1981	903	3 082	1990	908	4 458	1999	950	4 534
1982	903	3 166	1991	955	4 740	2000	950	4 557
1983	903	3 286	1992	960	4 388	2001	954	4 601
1984	903	3 421	1993	907	4 418	2002	954	4 627
1985	903	3 556	1994	907	4 442	2003	873	4 068
1986	908	3 717	1995	945	4 458	2004	873	4 090
1987	908	3 828	1996	950	4 464	2005	873	4 116
1988	908	4 028	1997	950	4 486	2006	841	4 038
1989	908	4 225	1998	950	4 505			

2012年,根据各自然村平面图统计,永新村有841幢正屋,小屋不计在内,另加沈家埭北村头5幢(平面图上未画入),共计846幢正屋。已搬迁的自然村,为搬迁前所有正屋。见表6-1-6。

表6-1-6　　　　　　　　2012年永新村各自然村农房统计表

村名	农房(幢)	村名	农房(幢)	村名	农房(幢)
小　港	60	沈家埭	55	马家港	22
新开泾	84	神童泾	229	六如墩	91
庄　里	31	金家港	93	碛　磥	60
东南村	21	后　村	36	彭安泾	59

二、拆迁安置

1. 小港

已变迁自然村,原属永新村域的永义村,1993年8月因兴建旭宝高尔夫球场搬迁,搬迁时在册户62户185人,建筑面积(包括小屋)11 706.8平方米,迁往淀山湖镇安上村15组、16

组。户籍稍后入安上村。是年,原永义村6组(小港江东),被拆楼房3 784.3平方米、平房623.53平方米、附属房(小屋)751.73平方米,共补偿金额1 301 181.25元,安排在安上村15组自费建房;原永义村7组(小港江西),被拆楼房5 370平方米、平房629.5平方米、附属房(小屋)544.74平方米,共补偿金额1 667 064.59元,安排在安上村16组自费建房。

2. **沈家埭**

已变迁自然村,原属永新村域的永义村4组、5组、10组、11组,拆迁安置时,已区域调整,属永新村。2003年6月18日开始拆房。当时总户数81户,其中拆迁户67户,14户已买房迁出,总人数324人。被拆楼房14 415.51平方米、平房2 971.7平方米、附属房(小屋)427.5平方米,共拆除房屋面积17 814.71平方米。原永义4组、10组搬迁淀辉新村,拿了补偿金后自费建房;5组、11组搬迁马安新村,拿了补偿金后自费建房,仍属永新村管辖。拆迁补偿金共8 009 918.17元,详见表6-1-7。

表6-1-7　2003年沈家埭自然村房屋拆迁补偿结算表　　　单位:平方米(4~8项)、元(后4项)

序号	村门牌号	姓名	楼房面积	平房面积	简易房	砖场	水泥场	放弃宅基政府补贴	其他	安置费	合计
1	36	朱文奎	251.11	49.77		87.52	117.04		13 217.60	10 000	116 498.46
2	37	朱仁林	180.19	16.72		38.00	70.00		7 452.60	10 000	79 673.80
3	38	朱善林	209.48	16.86		36.80	99.05		18 678.80	10 000	102 357.84
4	39	赵三林	158.86	36.23	21.00	22.24	116.25		7 590.55	10 000	78 980.86
5	40	赵阿五	143.24	39.95		49.20	61.50		8 368.20	10 000	72 642.05
6	41	赵彩兴	160.30	18.69		84.48	79.98		12 263.55	10 000	80 693.95
7	42	朱培根	160.74	53.34		78.96	39.48	35 000	6 703.85	10 000	104 956.73
8	42	朱培英		53.34				35 000		10 000	52 134.20
9	43	朱惠龙	161.60	66.91			145.22		8 218.50	10 000	82 985.40
10	44	俞土泉	199.10	7.96	12.19		83.73		16 050.05	10 000	94 880.94
11	45	俞巧根	222.58	41.08		28.00	150.25		24 994.90	10 000	118 633.08
12	46	赵才龙	252.71	68.33			177.26		19 053.15	10 000	161 681.15
13	47	冯品龙	194.69	96.75		53.13	91.63		14 051.25	10 000	109 173.74
14	48	蔡荣生	247.22	56.14			203.89		26 100.37	10 000	131 752.11
15	49	蔡海荣	161.37	96.84			120.62		17 024.45	10 000	98 737.14
16	50	赵福金	164.52	98.39	21.90	133.28	43.48		12 420.70	10 000	97 430.18
17	51	赵卫新	211.93	49.22			122.10		19 019.00	10 000	108 557.04
18	52	柴永康	256.82	64.31		15.40	109.11	35 000	20 313.50	10 000	162 055.46
19	55	蔡惠生	242.72		10.44		112.6		19 895.30	10 000	116 111.30
20	58	蔡福生	224.72	34.43		70.80	93.26		11 715.85	10 000	191 665.83
21	59	赵阿小	248.46	70.08		133.21	32.92	35 000	1 432.70	10 000	152 701.58
22	60	赵校洁	250.51	18.38	37.31		140.08		17 055.05	10 000	119 874.75
23	61	俞巧生	217.04	37.86	16.36	138.00	16.00	35 000	12 929.80	10 000	136 828.00

续表

序号	村门牌号	姓名	楼房面积	平房面积	简易房	砖场	水泥场	放弃宅基政府补贴	其他	安置费	合计
24	62	赵根夫	253.86	52.50		141.54	23.40		12 698.70	10 000	113 407.22
25	63	徐金龙	154.73	48.59	14.80	31.75	112.47	35 000	9 806.60	10 000	116 016.62
26	64	朱雪龙	207.01	14.84	35.41	71.55	75.60		9 631.90	10 000	92 808.95
27	65	朱仁中	239.37	56.30			123.04		6 565.60	10 000	117 706.64
28	66	朱惠兵	258.20				127.35		23 988.00	10 000	122 222.74
29	67	朱雪元	186.62	117.48			205.92		12 240.95	10 000	108 619.75
30	68	朱洪元	198.17	33.86	33.29	27.03	159.92		9514.95	10 000	100 791.99
31	1	蔡福元	242.87	11.18			25.50			10 000	102 842.10
32	2	蔡进元	251.13	16.00		9.65	125.96			10 000	109 641.15
33	3	蔡永生	251.13	16.00		9.65	125.96			10 000	120 439.58
34	3	蔡永泉	62.50					35000		10000	65 000.00
35	4	蔡卫兴	143.59	52.84		18.90	117.50			10 000	87 672.10
36	5	蔡卫新	234.73	26.83		27.90	69.78			10 000	114 189.94
37	5	蔡卫东	234.73	26.83		27.90	69.78			10 000	110 085.14
38	5	蔡卫元		82.84				35000		10 000	56 927.60
39	6	蔡小弟	277.08	18.25			182.60			10 000	130 307.50
40	7	蔡大青	253.69	54.05	5.58	27.00	152.76			10 000	120 755.56
41	8	蔡小海	239.51	17.33	22.54		116.56			10 000	117 645.77
42	9	蔡云根	246.68	34.13		106.65	126.75			10 000	115 558.80
43	10	蔡元兴	258.77			22.24	106.78			10 000	123 345.22
44	11	郭品荣	443.76	88.50	9.55		247.30			10 000	267 336.71
45	12	郭福明	239.65	71.52			135.30			10 000	121 309.61
46	13	郭和生	308.93	54.20		61.00	136.42			10 000	180 528.63
47	14	蔡海生	238.22	60.86	21.00	23.00	176.11			10 000	136 705.30
48	15	蔡岳明	185.26	23.20	44.63		115.40			10 000	94 207.60
49	16	蔡建新	252.43	42.33			132.98			10 000	124 402.90
50	17	蔡惠荣	255.99	52.63		64.80	159.28			10 000	118 858.80
51	18	蔡雪泉	235.31	53.04	7.50		192.38			10 000	124 337.50
52	19	蔡菊平	253.64	37.61			124.44			10 000	115 132.50
53	20	蔡品龙	141.04	59.38			125.42			10 000	84 798.18
54	21	蔡万昌	207.22	48.25		54.94	81.40			10 000	87 566.97
55	22	蔡官金	280.61	28.57			115.38			10 000	133 347.86
56	23	蔡文金	239.73	36.08	27.06	133.56				10 000	114 223.65
57	24	蔡林根	253.70		17.46		56.25			10 000	108 568.20
58	25	柴小林	202.66	65.29		81.02	76.16			10 000	100 639.51

续表

序号	村门牌号	姓名	楼房面积	平房面积	简易房	砖场	水泥场	放弃宅基政府补贴	其他	安置费	合计
59	26	蔡惠华	206.02	53.01		73.48	86.58			10 000	116 663.15
60	27	蔡永兴	250.51	36.01	12.00		161.20			10 000	119 290.70
61	28	蔡品华	207.02	37.90	14.80	40.00	96.25			10 000	98 574.24
62	29	蔡世荣	224.51	25.92	20.00		103.90			10 000	109 396.96
63	30	蔡进生		112.30			86.19			10 000	44 380.40
64	31	蔡进龙	283.30	17.30			161.81			10 000	131 956.80
65	32	蔡惠民	246.23	48.20	22.68		137.28			10 000	114 225.65
66	33	王引中	271.38	69.81		17.60	197.87			10 000	132 088.55
67	34	蔡杏元	274.11	77.94			169.04			10 000	133 900.29
68		永新村		290.24	12.00	500.00	200.40				67 790.40
69	①	蔡林元	265.36	43.13			192.33	20 000	26 728.40	10 000	155 608.20
70	②	朱卫新							树4		60.00
71	②	赵泉生							树7	竹园	478.40
72	②	蔡林兴							树2	竹园	494.75
按期搬迁每户奖2 000元计135 000元						不可预计100 000元			总计		8 009 918.17

① 第9列中数据20 000元为中旭收购价。　② 树每棵赔偿15元。

3. 新开泾

2006年6月,新开泾河西(3组、9组)因宝镇房产开发用地,28户动迁,拆除房屋8 435.46平方米,以拆一还一的政策,安置在淀辉锦园;2012年2月,因淀山湖镇建设用地,河东48户动迁,同样安置政策,村民迁往淀山湖花园。

4. 马家港

2011年4月,因淀山湖镇建设用地,村民房屋拆迁,以拆一还一的政策,马家港村村民迁往淀山湖花园。

5. 彭安泾

2011年10月,彭安泾江西39户人家,进行拆迁,同样安置政策,安置在淀山湖花园,安置房111套。

6. 困难危房、旧房拆迁

2006年,永新村困难危房拆除有沈晓光、王阿夯、祝惠林、金培根、凌建国、薛林元6户,其中主房541.96平方米,小屋79.33平方米,合计621.29平方米。

7. 申请拆迁

2014年5月,彭安泾江东,要求拆迁,自然村完全消失,累计涉及50户210人,安置在淀山湖花园;庄里,要求拆迁,自然村完全消失,累计涉及32户130人,安置在淀山湖花园。

三、商品房

21世纪后,村民进镇、城购买商品房开始形成热点,目的为上班购物、小孩上学和就医之便,有的甚至作为一种理财产品。2012年,仅村域中的碛碘、彭安泾不完全统计,全村186户购买商品房的有108户,占总户数的58.1%,共购买商品房133套。

第二节　集体用房

一、永新村富民合作社(打工楼)

由淀山湖镇政府牵头,永新村组织,老百姓投资,专为新昆山人打工上班提供方便服务,于2005年正式开工,2006年4月底结束。建筑地点位于淀山湖镇钱安路东侧,五层楼面,50间,建筑面积为2930平方米。有部分新昆山人居住。

二、永新村社区房屋

房屋均有房产证。2012年后,有拆除或用途调整。以下同。
(1) 老人茶馆店、棋牌室3间,110.4平方米。
(2) 电视室1间,32.8平方米。
(3) 电脑房1间,32.8平方米。
(4) 出租房2间,65.6平方米。
(5) 联防队办公室2间,89.6平方米。
(6) 超市3间,144平方米。
(7) 永新医疗站3间,102平方米。
(8) 乒乓室1间,45平方米。
(9) 肥药仓库1间,45平方米。
(10) 厕所1间,12平方米,并有小菜市场、购物中心(室外简易棚,不作房屋)。
整个社区房屋18间,649.2平方米。

三、永新村办公室房屋

(1) 永新村办公室楼下11间,418平方米。
(2) 楼梯间1间,33.17平方米。
(3) 传达室门卫2间,32平方米。
(4) 村办食堂3间,102平方米。
(5) 仓库2间,64平方米。
(6) 文艺演出戏台1个(间),75平方米。
(7) 厕所1座,2间,32平方米。
总数22间452.14平方米,产权性质集体。

四、永新村幼儿园

坐落永新村楼上8间,计304平方米,产权性质集体。

五、原永安村村民委员会房

房屋坐落：淀山湖镇永安村神童泾1号。所有权性质：集体。房屋状况：1幢9间1层建筑，面积292平方米；2幢号6间2层建筑，面积102平方米；3~6幢号15间1层，建筑面积488平方米；7幢号6间2层建筑，面积175平方米；8~10幢号9间1层建筑，面积417平方米；11幢号12间2层建筑，面积641.50平方米；12幢号2间1层建筑，面积48平方米。总数房屋59间，建筑面积2163.5平方米。发证日期1998年10月。

六、原昆山市淀山湖镇永生玩具厂

所有权性质集体。房屋坐落：原淀山湖镇永生村4组。房屋状况：1幢号28间2层，建筑面积1610.53平方米。1998年8月办证。

七、原昆山市淀山湖镇永生铸件厂

所有权性质集体。房屋坐落：原淀山湖镇永生村3组。房屋状况：1幢号7间2层建筑，面积254.40平方米；2幢号14间1层建筑，面积681平方米；3幢号11间1层建筑，面积366.12平方米。总数房屋32间，建筑面积1301.52平方米。1998年8月办证。

八、原永义村村民委员会房

房屋坐落永义村58号。所有权性质为集体。1~7幢号30间，建筑面积1183.38平方米；8幢号6间2层建筑，面积122.40平方米；9~10幢号2间1层建筑，面积37.60平方米；11幢号1间1层，建筑面积17.50平方米；12幢号4间2层建筑，面积98.4平方米；13幢号3间1层建筑，面积73.20平方米；14幢号2间1层建筑，面积63平方米；15幢号2间1层建筑，面积75.20平方米。总数房屋50间，建筑面积1670.68平方米。发证日期1998年10月4日。

九、原永益村村民委员会房（1）

房屋坐落永益村。所有权性质为集体。1~6幢号36间1层建筑，面积1474.33平方米；7幢号6间1层建筑，面积246.28平方米；8~9幢号12间1层建筑，面积492.56平方米；10幢号1间1层建筑，面积28.17平方米；11~16幢号34间1层建筑，面积1392.07平方米；17幢号10间2层建筑，面积429.24平方米。总数房屋99间，建筑面积4062.65平方米。发证日期1998年10月。

十、原永益村村民委员会房（2）

房屋坐落永益村。所有权性质为集体。1幢号2间1层建筑，面积65.80平方米；2幢号4间2层建筑，面积113.20平方米；3幢号4间1层建筑，面积105.60平方米；4幢号4间1层建筑，面积108.10平方米；5幢号6间2层建筑，面积205平方米；6幢号2间1层建筑，面积69.90平方米；7幢号3间1层建筑，面积95.50平方米；8幢号5间1层建筑，面积290.70平方米。总数房屋30间，建筑面积1053.8平方米。发证日期1998年10月。

十一、原永益村办公室

集体房屋,2层楼房16间,计512平方米,坐落于碛硇自然村。

十二、碛硇小市房屋

建于1994年,10间1层建筑,计480平方米,门面向西,出租群众经营小店,房屋性质属集体。

十三、原永安村办公室

坐落于神童泾村内80号,建于1982年,2层楼房10间,计273平方米,属集体性质。

十四、永新村富民物业小区房屋

原永安预制场房屋及神童泾小学旧址,2004年改建为永新村富民物业小区。属集体性质,坐落于神童泾河东中间。总数44间,计2 121.6平方米,另有辅助房7间224平方米,内有厕所三座。永新村富民物业总房屋51间2 345.6平方米。

第三节 房地产开发

房地产开发企业,为实现城市规划和城市建设,从事土地开发和房屋建设,企业看中了坐北朝南淀山湖湖岸线的优势,先后入驻永新村。房地产是指土地、建筑物及固着在土地、建筑物上不可分离的部分及其附带的各种权益。房地产由于其自身的特点,位置的固定性和不可移动性,在经济学上又被称为不动产。不动产有三种存在形态,土地、建筑物、房地合一。在房地产拍卖中,其拍卖标的也有三种存在形态,即土地(或土地使用权)、建筑物和房地合一状态下的物质实体及其权益。新千年后,先后入驻宝镇房地产开发有限公司、东恒海鑫房地产发展有限公司、中旭房地产开发有限公司和昆山研祥智能科技有限公司,开发梦莱茵、恒海国际花园、淀山湖壹号和荷玛诗湾楼盘。见表6-3-1。

表6-3-1　　　　2014年永新村域房地产企业建设销售情况　　　　单位:套

企业名称	楼盘名	楼盘位置	取得土地时间	历年批准销售套数	已售套数
昆山宝镇房地产发展有限公司	梦莱茵	环湖大道北侧、原新开泾南侧	2004.12	43	43
东恒海鑫房地产发展有限公司	恒海国际花园	中旭路东侧、碛硇村西北侧	2004.12	466	328
昆山中旭房地产发展有限公司	淀山湖壹号	环湖大道北侧、原小港东南侧	2009.10	187	47
昆山研祥智能科技有限公司	荷玛诗湾	双永路南侧(神童泾西南侧)	2013.09	484	26

第四节　基础设施建设

一、地、市级公路

1. 淀山湖环湖公路

由淀山湖大堤结合苏州市水利工程修筑成带有景观的环湖公路，全长12.5公里。自新开泾江向西至金家庄，顺半岛向北转弯至庙前江路段为沥青路面，其中新开泾江至金家庄路段为两车道沥青路面，装有路灯；金家庄地段的湖堤大道，湖侧路面有防护墙；庙前江往北至"大自然"为单车道水泥路面。2011年全面竣工，两侧有绿化带，装有路灯。自新开泾江向西至淀山湖壹号住宅区段，在村域中过境。

淀山湖环湖公路

曙光路

2. 曙光路

曙光路工程，昆山市2009年政府实事工程之一，位于昆山市东南部的淀山湖镇，是昆山市"六纵九横两环四连五高"网格状骨架公路网中，纵二与纵三之间的加密线位，也是淀山湖镇规划"四纵五横"主干道系统中的一纵。路线北起北苑路，利用原曙光路扩建2.3公里至南苑路，向南穿越杨湘泾村、永新村东侧，在东梅路与道褐浦之间穿行，南至苏沪交界上海市青浦区朱家角镇张家厍自然村北树林，路线长3.57公里，一级公路兼城市道路，设计时速每小时80公里，一期实施双向六车道，路幅宽32米。2009年竣工，两侧有绿化带，装有路灯。

二、镇级道路

1984~1986年，先后建成永字路、永义路，2003~2004年，改造了永字路、永义路，为永新村域农民出行提供方便，进一步优化了淀山湖旅游度假区的交通环境。2010年，镇投资2 300万元，延伸永利路东、西两端，其中东段东起曙光路、西至永字路，宽28.5米，长1 120米的沥青路；西段东起复兴路、西至万元路，宽28.5米，长780米的沥青路，该段不在永新村域内。镇投资7 800万元，新建东起永字路，西至南柱泾路的中旭路，后更名为盈湖路，宽30米，长3 380米的水泥路，后盈湖路两端延伸，东接曙光路，西接淀山湖环湖公路；镇投资1 100万元，重建东起曙光路，西至沿湖大道的双永路，宽15米，长1 350米的沥青路。2012年，永新村域市镇级纵向道路5条、横向道路5条。

1. 双永路六如墩段

1984年建成通车,初建时为砂石路面,1994年改为沥青路面,东起永新村(天星阀门),向西过1号桥、2号桥,西至曙光路,路宽6米,全长1.35公里,装有路灯。

2. 永字路

1986年建成通车,初建时为砂石路面,1994年改为沥青路面,2004年改建成水泥路面,北起永利路,沿线经过碛磹桥、永字路1号桥、永字路2号桥,南至双永路,路宽6.4米,全长3.1公里。2003年,改造了永字路,装有路灯。

3. 旭宝路

1992年新建水泥路面,北起永利路,南至旭宝高尔夫球场,道路宽15米,全长0.98公里,两侧有绿化带,装有路灯。

4. 中旭路(盈湖路)

位于碛磹村南侧,彭安泾、旭宝高尔夫球场北侧。1992年建成土路基,仅永字路到旭宝路。2003年、2004年、2006年、2010年四次进行路面建造、路段延伸建设,最后从路宽7米水泥路面改建拓宽到30米的沥青路面,新建桥梁7座,其中永字路东侧2座,永字路向西中旭路1号桥、彭安泾桥、朝山江桥、中旭路箱涵、千灯浦洪桥5座,西至淀山湖环湖公路,全长3.38公里。初名为中旭路,后更名为盈湖路(意为东要联结上海青浦区的盈中,西联结淀山湖),两侧有绿化带,装有路灯。

5. 中市南路

1994年新建水泥路面,北起新乐路,南通永利路,道路宽28.5米,全长1.05公里。永新村域约400米,两侧有绿化带,装有路灯。

6. 永利路

1994年新建水泥路面,东起中市路,西至复兴路,道路宽28.5米,全长1.5公里。永新村域约400米,两侧有绿化带,装有路灯。

7. 永义路

初为永义村级狭小道砟路面。2003年拓宽新建水泥路面,北起中旭路,向南过2号桥、清远桥,接通双永路,道路宽7米,全长1.9公里。

8. 双永路六如墩至沿湖大道段

1984年建成沙石路面,1994年改为沥青路面,2010年改造拓宽成沥青砼路面,东起六如墩,西至沿湖大道梦莱茵游艇俱乐部,路宽15米,全长1.35公里,两侧有绿化带,装有路灯。

9. 永利路东段

2010年新建沥青砼路面,东起曙光路,西至永字路、永利路口,道路宽28.5米,全长1.12公里,两侧有绿化带,装有路灯。

附：永新村域市、镇级纵向、横向道路一览表（见表6-4-1、表6-4-2）

表6-4-1　　　　　　　　　　　淀山湖镇永新村域市、镇级纵向道路一览表

序号	道路名称	道路规格（宽×长）（米）	起点	终点	路面结构	建造年份	桥梁（座）	路口数量	面积（平方米）
1	旭宝路	15×980	永利路	球场	水泥砼	1992	1	1	14 700
2	中市南路	28.5×1 050	新乐路	永利路	水泥砼	1994	2	1	25 200
3	永字路	6.4×2 100	永利路	双永路	水泥砼	2003	2	1	13 440
4	永义路	7×1 900	中旭路	双永路	水泥砼	2003	3	1	13 300
5	曙光南路	30.5×3 600	南苑路	大华浦	沥青砼	2008	8	3	109 800

表6-4-2　　　　　　　　　　　淀山湖镇永新村域市、镇级横向道路一览表

序号	道路名称	道路规格（宽×长）（米）	起点	终点	路面结构	建造年份	桥梁（座）	路口数量	面积（平方米）
1	双永路	6×1 350	六如墩	曙光路	沥青	1984	2	1	8 100
2	永利路	28.5×1 500	中市路	复兴路	水泥砼	1994	1	2	36 000
3	永利路东段	28.5×1 120	永利路	曙光路	沥青砼	2010	1	0	31 920
4	盈湖路	30×3 380	永字路	南柱泾路	水泥砼	2010	7	4	44 160
5	双永路	15×1 350	曙光路	沿湖大道	沥青砼	2010	3	1	20 250

三、村级道路

永新村道路，从烂泥路到黑脚子路，逐步形成路基。2004年至2006年，全村逐步改造、重建水泥道路66条，路面宽度1.5米至4米，总长为11 150米，其中神童泾自然村环村道路延伸入户道路55条，6 150米，碛礅、东南村、彭安泾自然村5条1 100米，金家港、六如墩自然村5条3 600米，马家港自然村1条300米，道路户户相连，村村相通。其中5米宽以上村级公路有2条：（1）周家浜公路，2006年建成通车，6米宽的水泥路面，全长270米，东起永字路周家浜口，往西经过新建1号桥，至姚断江口。（2）庞如公路，2006年建成通车，5米宽的水泥路面，北起庞家溇，向南接通双永路（即陆如溇），南北全长1 000米。

2007年至2014年，村级道路始终保持完好水泥路面，各自然村相继浇制水泥路面停车场，六如墩、神童泾是苏州市的新农村建设示范点，其停车场都用六边形彩色空心水泥砖铺成，美观大方实用。全村基本做到私家小轿车能行驶到家门口，所经路段，单侧装有路灯。

2014年，各尚存自然村，不含镇村公路和进场小路，通车主干道7 205米，分布见表6-4-3。

表6-4-3　　　　　　　　2014年永新村各自然村通车主干道分布一览表　　　　　　　单位：米

序号	所在位置	起	讫	长度	备注
1	六如墩东侧	北起陆建生屋	南至双永路东段	535	水泥路
2	六如墩北侧	西起曙光路村标	东至陈阿度屋	450	水泥路
3	六如墩中部	北起北侧路	南至双永路东段	330	水泥路
4	金家港江西	北起双永路东段	南至张金元屋	580	水泥路
5	金家港江东	北起双永路东段	南至王云根屋	600	水泥路
6	神童泾江西西部	北起水泥桥	弯曲南至双永路	920	水泥路
7	神童泾江西沿河	北起永安桥	南至双永公路	600	水泥路
8	神童泾江东沿河	北起祝惠林屋	南至双永公路	650	水泥路
9	神童泾江东中部	东起永字路	西至民营企业	400	水泥路
10	神童泾江东东南	东起永字路	西至沈湾溇转南公路	470	水泥路
11	神童泾江东北部	东起永字路村标	西至祝惠林屋	250	水泥路
12	碛礥彭安泾	北起翁小弟屋	南至盈湖路	420	砂石路
13	碛礥东南村	西北起东桥	南至盛裕龙屋	230	水泥路
14	碛礥江南	东起永字路	西至翁小弟屋	330	水泥路
15	碛礥江北	东起东桥	西至朱炳峰屋	440	水泥路

四、村级桥梁

2012年，永新村共有村级桥梁34座，其中原永安村9座、永益村11座、永生村7座、永义村7座。见表6-4-4。其他桥梁见地、市级公路和镇级公路有关内容。

表6-4-4　　　　　　　　　　永新村级桥梁一览表

桥名	建造年份	所跨河名	类型结构		备注
			类型	结构	
永安村					9座
庞家溇桥	不详	庞家溇	原古石桥	阶梯石板平桥	改建公路桥
青龙桥	1822	竹园湾	原古石桥	阶梯石板平桥	改建公路桥
永安桥	1897	神童泾	古石桥	阶梯石板平桥	保存完好
永安南桥	1975	神童泾	便桥	水泥	木桥改建
陆如溇桥	1975	陆如溇	便桥	水泥	木桥改建
北沈湾溇桥	1976	沈湾溇	便桥	水泥	石桥拆除建
庄里(横泾)桥	1976	庄里江	原古石桥	水泥	改建公路桥
永安马路桥	1989	陆如溇	公路桥	一孔板梁桥	双永路上
放水便桥(庄里南)	1989	神童泾	便桥	角铁水泥桥	
永益村					11座
大香花桥	1457	碛礥江	古石桥	拱形环桥	文物保护
行仁桥	1749	前场江	古石桥	阶梯石板平桥	在后村

续表

桥名	建造年份	所跨河名	类型结构		备注
			类型	结构	
众善桥	1797	新泾溇	古石桥	阶梯石板平桥	碛礩村西被拆
兴隆桥	1849	溇北	古石桥	阶梯石板平桥	1978重建
东桥	1970	朝南江	便桥	水泥框架	原阶梯石板桥
碛礩桥	1975	塘江	便桥	水泥框架	原木桥
彭安泾桥	1975	彭安泾江	便桥	水泥框架	原木桥
东南村桥	1993	杨树溇	便桥	砖混拱桥	原木桥
香花公路桥	1994	碛礩江	公路2号桥	一孔板梁桥	在崇福桥东边
小香花公路桥	1994	碛礩江	公路1号桥	一孔板梁桥	原阶梯拱古桥
闸门桥	1999	道遏浦	便桥	水泥框架	
永生村					7座
六如墩桥	1981	村里江	便桥	水泥	
金家港南桥	1981	金家港	便桥	水泥	
金家港北桥	1981	金家港	便桥	水泥	
凉亭桥	1982	道遏浦	便桥	拱形框架水泥	
金家港公路桥	1989	金家港	公路桥	水泥	
倪家溇桥	1989	倪家溇	公路桥	水泥	
南石桥	1989		便桥	水泥	
永义村					7座
新开泾桥	1978	新开泾	便桥	水泥	
庙江桥	1978	新开泾	便桥	水泥	
马家港桥	1981	马家港	便桥	水泥	
沈家埭东桥	1982	人家江	便桥	铁架平桥	
摇断江桥	1984	摇断江	便桥	水泥	
沈新桥	1984	新开泾	便桥	水泥	
沈家埭桥	1984	人家江	便桥	水泥	

第五节 公共服务

一、公厕

1. 永新村公厕 14 座

分别建于 1987~2006 年。分布如下：

（1）永新村原永义村委会内公厕 1 座，建于 1989 年。

（2）永新村 2 组（新开泾自然村吴仁德家东），公厕 1 座，建于 2006 年。

（3）永新村原永安村村委会内，公厕1座，建于1987年。

（4）永新村19组神童泾杨阿泉家东，公厕1座，建于2006年。

（5）神童泾富民小区内公厕2座；小区东面公厕1座，分别建于2004～2006年。

（6）神童泾自然村（永新村12组秦志元家西），公厕1座，建于2006年。

（7）原永生村老协会内，公厕1座，建于1992年。

金家港江东中部公共卫生间

（8）六如墩自然村，公厕2座，建于2006年。

（9）原永益村碛礤小市银杏树北，公厕1座，建于1995年。

（10）原永益木器厂内，公厕1座，建于1992年。

（11）永新村村委会内，公厕2座，分别建于1992年和2003年。

2. 永新村2010～2014年新建槽式水冲公厕8座

见表6-5-1。

表6-5-1　　　　　2010～2014年永新村新建槽式水冲公厕分布一览表　　　　　单位：平方米

序号	所在位置	建筑面积	便池式样	粪便处理形式	建造年份
1	永新村六如墩东侧	45	槽式水冲	化粪池	2010
2	永新村六如墩北侧	45	槽式水冲	化粪池	2010
3	永新村金家港江东	45	槽式水冲	化粪池	2012
4	永新村金家港江西	45	槽式水冲	化粪池	2012
5	永新村神童泾江西	45	槽式水冲	化粪池	2013
6	永新村神童泾江东	45	槽式水冲	化粪池	2013
7	永新村神童泾江东	45	槽式水冲	化粪池	2013
8	永新村碛礤后村	45	槽式水冲	化粪池	2014

二、停车场

21世纪后，小汽车逐渐进入农村家庭。2010年后，汽车保有量迅速增加，为解决农家停车难的问题，先后在六如墩、金家港、神童泾、碛礤，建了不同式样的停车场，截至2014年年底，共建停车场15个、6 300平方米。见表6-5-2。

金家港江东中部停车场

表6-5-2　　　　　　　　　2010~2014年永新村新建停车场分布一览表　　　　　　　单位：平方米

序号	所在位置	建筑面积	停车场式样	建造年份
1	永新村六如墩东侧	150	六边形彩色空心水泥砖	2010
2	永新村六如墩北侧	100	六边形彩色空心水泥砖	2010
3	永新村六如墩西侧	200	六边形彩色空心水泥砖	2010
4	永新村六如墩南侧	200	六边形彩色空心水泥砖	2010
5	永新村金家港江东	400	六边形彩色空心水泥砖	2012
6	永新村神童泾江西南部	250	六边形彩色空心水泥砖	2013
7	永新村神童泾江西中部	800	六边形彩色空心水泥砖	2013
8	永新村神童泾江西北部	800	六边形彩色空心水泥砖	2013
9	永新村神童泾江东中部	200	六边形彩色空心水泥砖	2013
10	永新村神童泾江东东南	300	六边形彩色空心水泥砖	2013
11	永新村神童泾北部	900	六边形彩色空心水泥砖	2013
12	永新村碛礀后村	300	水泥地	2014
13	永新村碛礀东南村	200	水泥地	2014
14	永新村碛礀江南	500	水泥地	2014
15	永新村碛礀小市南	1 000	沙石地	2014

三、垃圾中转站及垃圾桶

从20世纪90年代争创卫生村开始，由原村民委员会向每门堂户发放垃圾桶1个。

永新村垃圾中转站于2006年建成，分布在金家港、永新村办公室北侧、碛礀崇福桥南、马家港自然村北，中转站总共4只，配备保洁员27名，负责清洁卫生工作。至2014年，永义村域自然村全部搬迁，马家港自然村北垃圾中转站消亡。

四、污水处理厂

建在永新村域的淀山湖污水处理厂，位于淀山湖镇中市南路东侧、永利路东段北侧，镇管理单位。最早规划于1994年，由于种种原因拖延。2004年5月，镇政府投入1600万元大笔资金，建立昆山新苑污水处理有限公司污水处理系统，由甲级设计资质的苏州环境工程责任有限公司设计与施工，尽量做到雨污分流。年底前第一期工程建成，日处理污水能力2 000吨，11月25日投入运行。该工程铺设新乐路、淀兴路、南环路、中市路、威猛路管径600~800毫米管网10公里，改造镇区老管网4公里、镇区住宅小区管网5公里，新乐路建1号提升泵站1座。

2005年，投入资金1 900万元，铺设淀兴路东段、双和路、东环路、曙光路、万园路、永利路、新乐路西段，管径600~1 000毫米管网16公里，万园路建2号提升泵站1座。

2006年，投入资金2 000万元，污水厂第二期工程日处理污水能力扩容到6 000吨。铺设中旭路、旭宝路、永义路、复兴路、北苑路西段、民和路、新兴路、杨家角路、曙光北路及商城改造管径500~600毫米管网11公里，复兴路建3号提升泵站1座。

2007年,投入资金1 000万元,铺设北苑路东段、沈安路、双马路、香石路、淀兴路西段、钱湾路、中市北路管网,改造晟泰农民新村、石墩新村、东湖水岸小区管网,改造黄土泾农村居民污水管网,共铺设或改造成管径500~600毫米管网8.5公里,沈安路建4号提升泵站1座。

2008年,总投资8 100万元,污水厂第二期工程日处理污水能力,按A标准建设,扩容到1万吨(第一期、第二期处理工艺同时提升到A标准),处理产生的污泥,经浓缩脱水后,送昆山靖丰集中焚烧处理,排放水质执行《城镇污水处理厂污染物排放标准》(GB18918-2002)一级标准的A标准。当年铺设管网8公里,其中北部工业区3公里、东部工业区5公里,改造淀兴小区、杨湘小区、王泥泾小区(永义拆迁户)管网。是年底,累计建管网53.5公里、提升泵站4座,日处理污水能力达到1万吨,接管50家企业进行污水处理。

2011年2月,投资2 600万元,启动第二期第一阶段日处理污水能力1万吨的扩建工程,使日处理污水能力达到2万吨。

截至2012年年底,昆山新苑污水处理有限公司日处理污水能力达到2万吨,厂区进行除臭加盖和自动化改造。累计铺设主管网106公里、支管网150公里,中途设提升泵站5座,实际日处理污水达到1.3万吨,接管160家企业进行污水处理。污泥委托昆山靖丰固废处理有限公司集中焚烧处理。

五、铺设雨水管网

2001年至2012年,投资4 703万元,镇在镇级道路铺设管径400~600毫米排水管道124.8千米,设置窨井4 703个,窨井覆盖率达100%。其中,永新村域范围内3条道路,铺设D600毫米排水管道17.3千米。见表6-5-3。

表6-5-3　　　　　　　　淀山湖镇永新村域范围内雨水管网汇总表

道路名称	道路宽度（米）	起点	终点	管径（毫米）	长度（米）	窨井数量（只）
双永路	15	曙光路	环湖大道	600	2 700	98
中旭路	32	曙光路	环湖大道	600	7 760	298
永利路	28.5	曙光路	万园路	600	6 840	258

六、饮用水设施

新中国成立前,群众生活用水大多从河中提取,亦有自挖土井饮用井水。讲究的人家,用明矾沉淀方法清洁水。新中国成立后,卫生部门免费分发漂白粉、酸铝来提高饮用水的质量,20世纪70年代群众挖掘土井、灶边井,提供饮用井水。

1986年6月,杨湘泾新区朝南港东岸,建成一塔二泵、二池,日供水为2 000吨的自来水厂,先后向市镇区四郊延伸供水,北至石洋河的运输社,东至马安、东梅,南至永勤、永益,西到石灯村,永新村域永益村率先用上自来水。

1994年6月30日,在淀山湖畔度城潭西南侧,建成6万吨级第一期工程3万吨级淀山湖自来水厂,总管网43千米;供水管道镇区铺设铸铁管,农村周边铺设水泥自应力管,过桥架设卷板钢管,供水管道连接各个村,与各村老厂自来水管网接轨供水,同时取消了7个村办水厂,供水普及率达100%；2001年，总管网52千米，年供水量360万吨；2006年，总管网100千米，年供水量460万吨，其中农村居民生活用水102.16万吨。前建自来水厂，后接区域供水。2006年9月，镇区连接昆山市自来水公司供水管道，是年12月底，全镇管道连接市供水管道，同时淀山湖镇自来水厂停止制水供应。淀山湖镇政府投资3 700万元，从镇区开始，对全镇供水管道全面改造。DN15-50管道，采用PP-R热熔管；DN75-100管道，采用PVC管；DNl00-400管道采用球墨铸铁管，过桥钢管全部换新钢管。2007年第四季度，外围主干道供水管网改造完毕，全镇自来水全部接轨昆山区域供水总网，普及率达100%。

2012年，永新村通自来水795户。

七、电力事业

新中国成立前，农民晚上照明主要是用油盏碟（碟里加菜油，用灯草点火），少数人家用煤油灯，婚丧喜事用汽油灯。新中国成立后，绝大部分人家用上煤油灯点火照明。

1966年，随着村域内各村就近电灌站的建成，开始从电灌站接电亮电灯。当时没有电线杆，用毛竹竿做电线杆，用木横丹架上电线。1967年到青浦朱家角、沈巷等地区买水泥杆，逐步换下毛竹竿，从此农民开始照明用上电灯，淘汰了原始的照明工具。

1985年，淀山湖镇建了35千伏变电所一座，容量16 000千伏安。永新村域有供电变压器5台，4个原行政村各有1台50千伏安供电变压器，原永安村还有1台100千伏安供电变压器，村域总容量300千伏安。高压线路、低压线路配套。1998年，为改善农村供用电设施，提高供电质量，减轻农民负担，进行"二改一同价"工程。永新村域增设变压器9台，增加容量800千伏安；改造低压线路，村域里原4个行政村，687支钢筋水泥电杆，由原来的6米、7米规格，更换成10米规格杆；输电导线，全部换至JKLYJ-120和JKLYJ-70绝缘导线，总长度21.853千米；低压接户线，全部更换成BV-2X10Q以上绝缘导线，总长度10.524千米；改造照明设备及脱力用电箱、个体动力箱等工程，家用电能表全部由原来的机械电能表更换成电子电能表。1999年10月19日，全面完成农网改造。通过电网改造，供电变压器多了，供电半径缩短了，提高了电压质量和安全用电程度。2000年，永新村域有供电变压器14台，总容量1 100千伏安。2008年，永新村域3台供电变压器扩容650千伏安，使14台供电变压器总容量达1 750千伏安。是年起，村域里每年新增和扩容配电变压器，农户老式电子电能表更换成日夜分时电子电能表。2012年，永新村域有供电变压器24台，总容量6 175千伏安，涉及183北环线、184永利线两条10千伏高压线。见表6-5-4、表6-5-5。高压线路、低压线路配套。农户全面使用智能化电度表，申请执行峰谷电量分时价格。至2014年，市、镇两级主要道路两侧全部装上路灯，进村道路单侧装有路灯。

表6-5-4　　　　　　　　　　2008~2012年永新村配电变压器新增和扩容情况表

年份	新增或扩容变压器（台）	其中新增变压器（台）	年末变压器（台）	增加容量（千伏安）	年末实有容量（千伏安）
2008	3	0	14	650	1 750
2009	8	5	19	1 625	3 375
2010	7	3	22	1 300	4 675
2011	3	1	23	800	5 475
2012	3	1	24	700	6 175

表6-5-5　　　　　　　　　　2012年永新村域用电变压器一览表

配变名称	综合变		所属10千伏线路	漏电保护器（不含空气开关）	出线回路	综合配电箱	
	台数	容量（千伏安）				型号	回路
永义村变	SBH15-M	200	183北环线	2	3	ZP-200	3
沈家埭变	SBH15-M	200	183北环线	2	2	ZP-200	3
永安南变	SBH15-M	400	183北环线	2	3	JP4-400	3
永安村变	S9	160	183北环线	3	3	XL-160	3
庄里变	SBH15-M	250	183北环线	2	2	XL-250	3
三永排涝站变	S9	250	183北环线	2	3	—	—
金家港变	SBH15-M	200	183北环线	3	3	JP4-200	3
六如墩变	SBH15-M	250	183北环线	3	3	XL-250	3
永生站变	S11-M	200	183北环线	3	3	JP4-200	3
磺碘南站变	SBH15-M	250	183北环线	2	2	JP4-250	3
磺碘村变	S9	200	183北环线	2	2	JP4-200	3
彭安泾变	SBH15-M	250	183北环线	2	2	XL-250	3
王文角站变	S11	200	184永利线	2	3	JP4-200	3
王泥泾小区变	S9	315	184永利线	0	2	JP4-315	4
六如墩东变	SBH15-M	250	183北环线	2	2	XL-315	3
金家港东变	S11-M	250	183北环线	2	2	JP4-250	3
磺碘北变	SBH15-M	250	183北环线	3	3	XL-315	3
永安北变	SBH15-M	250	183北环线	2	2	XL-315	3
永安西2#变	SBH15-M	250	183北环线	2	2	JP4-250	2
金家港北变	SBH15-M	200	183北环线	2	2	ZP-200	3
金家港南变	SBH15-M	400	183北环线	2	2	JP4-400	3
永安东变	SBH15-M	200	183北环线	2	2	JP4-200	3
神童泾变	S11-M	400	183北环线	2	2	JP4-400	3
神童泾北变	S11-M	400	183北环线	2	2	JP4-400	3
合　计	24台	6 175	—	57	57	23台	69

八、公交车站台

1985年,离永新村域最北侧2千米左右的乡政府驻地杨湘泾,建成昆山至杨湘公路,并建公共交通客运站,永新村域百姓开始就近乘坐公共汽车进县城办事,一改以前进城坐轮船单程需近半天的状况。

2006年,淀山湖镇汽车站出发的永新村公交环线开通,每天5班,从淀山湖镇汽车站发车,行走中市南路、永字路、中旭路、永义路、双永路,返回时走双永路、永字路、中市南路。途中经过碛礇、彭安泾、新开泾、神童泾批发部、韩国独资天星水暖厂、永新村社区、碛礇,回镇汽车站。

2011年3月26日,淀山湖镇汽车站公交车发往永新公交环线,将原永新村线番号定为259路。行走中市南路、永字路、周家浜路、庞如路、双永路(到梦莱茵调头,到金家港再调头),返回时仅走永字路、中市南路。途中经过碛礇、庄里、梦莱茵、神童泾、韩国独资天星水暖厂、六如墩、永新村社区、庄里、碛礇,回镇汽车站。车次加密,站台牌上标明,间隔60~65分钟一班。淀山湖汽车站早晨6点至傍晚4点,整点发车,末班车发车稍晚5分钟,日发车12班。是日起,淀山湖区域公交票价,四条线路均实行一票制:1元/票;同时,金家庄线番号定为257路。

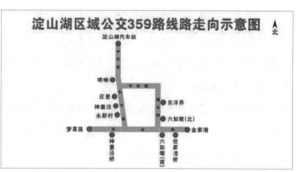

六如墩北候车点

2012年6月7日,淀山湖镇汽车站公交车发往永新村的公交环线,番号及走向进行调整,将259路番号调整为359路,并对走向、站点进行调整 行走中市南路、永字路、双永路(到梦莱茵调头,到金家港再调头),返回时走曙光路、盈湖路(中旭路)、永字路、中市南路。途中经过碛礇、庄里、神童泾、永新村(社区)、梦莱茵、神童泾桥、金家港、倪家溇桥、六如墩南、六如墩北、东阳界(红星村)、碛礇,回镇汽车站。日发车次15班,早晨6点淀山湖镇汽车站公交车发头班车,以后每50分钟发车一班。

是年,淀山湖镇汽车站公交车发往金家庄的公交257线,因淀山湖花园住宅区启用,在永利路永新村区域中,增设淀山湖花园南的上下客站。

九、公共自行车

淀山湖镇围绕"生态立镇",打造"蓝天、碧水、绿地、休闲"的生活空间,2012年完成旅游度假区内自行车道布局规划,永利路、盈湖路、双永路地段的自行车道建设完成。为倡导低碳出行,是年第四季度,淀山湖镇民生工程之一的公共自行车及智慧单车系统开通。2014年,永新村域设立公共自行车租借点4个,设置公共自行车租借桩90桩,其中六如墩北公交车站,设置公共自行车租借桩20桩;神童泾桥公交车站,设置公共自行车租借桩20桩;梦莱茵公交车站,设置公共自行车租借桩30桩;碛碯公交车站,设置公共自行车租借桩20桩;4个租借点,经常保持可租借车60辆左右。

六如墩北公共自行车租借点

十、电话网络

民国三十七年(1948年)1月12日,杨湘泾与井亭镇已架设电话线。至1949年5月,电话线已架至榭六、神童泾、金家庄、度城、白米等地,当时杨湘泾属淀东区。

1981年,昆山城区到乡区,有中继电路3路载波机,村域里村民必须到杨湘泾邮电局申请打电话。1988年,农话中继线路以架空电缆为主,明线为辅,另有淀东至青浦朱家角直通线路,村民电话费视同县内电话。

1994年7月1日,淀山湖镇开通国际国内程控直拨电话,电话号码由6位升至7位。村域中4个村,村村实现了电话村。

新千年后,电脑网络逐步发展,2012年,全村保留固定电话716户,拥有电脑557户,互联网上网户500户左右。

十一、轮船客运码头

新中国成立前后到20世纪80年代中叶,有两条过境客轮水上交通线途经永新村域,一条当地百姓俗称"昆山班",两条客轮对开,每天每轮往返朱家角、昆山的水上客运航线;另一条当地百姓俗称"苏州班",两条客轮对开,每天每轮单航于朱家角至苏州或苏州至朱家角的水上客运航线。永新村域设碛碯、六如墩、金家港招呼站,后期建石驳码头。客轮从"机器脚划船"过渡到比较像样的轮拖客运船,受河床吃水限制,后期轮船绕道周游泾去朱家角,故撤销六如墩、金家港招呼站,新增庄里站。

1985年2月,昆杨公路建成,开通公交车,尔后便结束客运航线。

附:轮船昆山班、苏州班

1. 昆山班

朱家角开往昆山,上午6:30、6:40、6:50分别过境金家港、六如墩、碛碯,7:00到杨湘后开往昆山;下午4:00到杨湘后,分别于4:10、4:20、4:30过境碛碯、六如墩、金家港,返回朱家角。昆山开往朱家角班,上午10:00到杨湘后,分别于10:10、10:20、10:30过境碛碯、六如墩、金家港,开往朱家角;中午12:30、12:40、12:50分别过境金家港、六如墩、碛碯,下午1:00到杨湘后返回昆山。

昆山班客轮一度航线终点站从朱家角延伸到金泽。

2. 苏州班

朱家角开往苏州,上午8:30、8:40、8:50分别过境金家港、六如墩、碛碾,9:00到杨湘后开往苏州;对开的另一轮,从苏州出发,下午3:30左右到杨湘后,分别于3:40、3:50、4:00左右过境碛碾、六如墩、金家港,到朱家角。

十二、渡口

六如墩渡,光绪三十一年(1905年),当地郁姓财主出资募建石埠、凉亭,岸上凉亭俗称歇凉亭。此渡口主要有两个作用:(1)农民过江种田,摆渡落脚点;(2)此处是南来北往的水上交通要道,为客商、旅客候船休息落脚点。此渡口,建凉亭桥(1982年)后撤销。

第六节 新农村建设

2012年1月,昆山市政府第49次常务会议审议通过的《昆山市保留村庄规划建设意见》,永新村的神童泾自然村、六如墩自然村,被列为江南水乡特色村,予以长久保留。"美丽村庄"建设是新农村建设的延伸和拓展,既秉承和发展新农村建设"生产发展、生活宽裕、村容整洁、乡风文明、管理民主"的宗旨思路,又丰富和充实其内涵实质,"美丽村庄"建设,提升了农业产业,缩小了城乡差距,推进了城乡发展一体化。

一、神童泾

神童泾坐落于淀山湖镇南端,淀山湖北岸,村庄建成区面积15.14公顷。2006年,淀山湖镇政府将永新村神童泾整治试点,被列为镇政府实事工程,针对整治前村内交通不便、房屋陈旧、环境脏乱、设施不全的实际情况,坚持科学、合理原则,请江苏省村镇建设服务中心对神童泾村进行规划,对原状村庄进行整治。工程分河道综合治理、基础设施改造、配套设施建设、环境及绿化整治四个方面。整治工程从3月份动工,年底全面结束,总计投入资金863.72万元。

整治后绿树成荫的神童泾

1. 河道综合治理工程

完成河道疏浚2 300米,清淤26 270立方米;筑砌驳岸3 081米,改造建造河坦128个。河道综合治理工程总投资286.6万元。

2. 基础设施改造工程

新建主干道路1 178米,面积5 049平方米,入户道路约2 000米,面积约5 000平方米,新建桥梁6座,改造和新铺下水管道7 750米。基础设施改造工程总投资180万元。

3. 配套设施建设工程

自来水改造10.7万元,低压电线改造36.12万元,有线电视改造12万元,公共厕所3座,投资10.5万元,配套设施建设工程总投资69.32万元。

4. 环境及绿化整治工程

完成绿化面积约4 500平方米,投资80.3万元;拆除危旧房屋275间计6 750平方米,投资100万元;房屋外墙维修翻新近10万平方米,投资66万元;清理垃圾约250立方米,投资15万元。环境及绿化整治工程总投资261.3万元。

整治后的神童泾村,河水清澈,院落干净,绿树成荫,交通便捷,设施完善,农民的居住质量得到了明显改善。

二、六如墩

位于永新村东南部,村庄建设占地0.07平方公里。2010年,投资500万元,对六如墩自然村落进行整理,实施农村污水截流工程。曙光路延伸工程竣工后,建设连接曙光路的支路300米,改造原村庄部分交通支路3 500平方米;实施农村污水截流工程,铺设道路雨水管、污水管网3 400米;改造和新建砖驳岸1 700米,增植绿化20 000平方米;建设停车场1 200平方米;安装路灯20盏,建设公共厕所2座,设置垃圾箱20套,建设健身点2处;房屋涂料出新40 000平方米;改造完善低压电线、电信线路、有线电视线、自来水管道等设施。

2012年1月,昆山市政府批准,六如墩自然村予以长久保留,属江南水乡特色村。

2012年3月,六如墩村根据《江苏省节约型村庄和特色村庄建设指南》,按照三星级康居村整治标准,实施高标准环境整治。既考虑保留村庄原有形态、地形地貌、建筑风格、乡土文化等方面的特色,又以道路为重点,配套供排水、电力、通信、燃气、绿化、公共停车场、公厕等公建设施,同时也根据服务半径和村庄规模,综合配套文化、体育、卫生等公共服务设施。根据村庄环境风貌,对建筑物进行出新,体现地域及传统文化特色;对具有传统建

六如墩依水木栏小游园

筑风貌和历史文化价值的民宅、公共建筑进行保护和修缮,利用两个历史鱼塘和周边环境,改建成风景优雅的小游园;房前屋后进行绿化和美化,因地制宜建设村庄公共绿地,形成四季有绿、季相分明、乡土自然的绿化景观。总计投资2 067 796元,先后清理乱堆乱放物850立方米;河道沟塘整治1 500米;清理生活垃圾600吨;拆除乱搭乱建简易棚屋1 500平方米;清理船只65只;新建竹篱笆2 850米;改造道路1 600平方米;安装路灯38盏;新建厕所2座;外墙涂料43 000平方米。六如墩环境经过整治,提升了公共设施配套水平、绿化美化水平、饮用水安全保障水平、道路通达水平、建筑风貌特色化水平和村庄环境管理水平,使六如墩环境面貌更加整洁,生态环境更加优良,公共服务更加配套,乡村特色更加鲜明。整治后的六如墩村,绿化

覆盖率达35%以上,环境面貌更加整洁,生态环境更加优良,公共服务更加配套,乡村特色更加鲜明。

2013年,永新村在新农村改造、三星级康居村建设的基础上,全民参与六如墩美丽村庄建设,整治环境与建筑风貌,体现地域及传统文化特色;提高村庄绿化覆盖率,对村旁、宅旁、水旁、路旁以及村口庭院等进行绿化和美化;村庄道路满足客运公交需求,结合村庄实际建有停车场地;村庄具备公共活动场地和健身运动场地设施配套;明确卫生保洁、垃圾收运、绿化养护人员,负责村庄环境卫生日常管理;整治水体,保持河道、沟塘水体清洁。

六如墩小游园

为建成生态文明、旅游观光和休闲度假的"美丽永新村"增添色彩。

通过资源整合,投入资金811万元,打造产业、设施项目,提升村庄文化文脉,发展特色水产养殖业,拓展以农家生活体验为主的休闲旅游。

充分发挥"沿湖"、"沿沪"两大优势,塑造发展特色,注重乡村自然、人文、产业、风俗和谐统一,整合资源、挖掘个性,以特色农家乐为载体,着力打造农村原生态旅游观光和休闲度假地,发展集游、吃、娱为一体的旅游休闲业的产业项目。

完成环村路损坏道路重新修建并拓宽工作,对六如墩所有民居院落步道、居民场地进行铺装;完成六如墩河道清淤,新建景观木桥3座,修筑六如墩河道生态驳岸;将原来的鱼塘改造为浅水池,在戏水池周围新建木栈道、景观亭、景观桥、景观休闲茶室、水闸等;在入户道路安装庭院灯,在村庄绿化中安装草坪灯、射灯;对六如墩原有2座公厕进行屋顶改造、立面更新;根据农户家庭拥有小汽车越来越多的实际需要,新建生态停车场3处,共20个车位。

大力推进村庄绿化,选择百姓喜爱的树种,增加宅前屋后的院落绿化,丰富造景层次,给农民带来舒心的感觉;通过水杉、枫杨、合欢、桃、柳等营造桃红柳绿的水畔特色。清除农户房前屋后垃圾、杂草、污泥,并对家庭内部、庭院进行地毯式清理,对农户废弃、不经常使用的杂物进行收购,在全面完成省级三星级康居乡村整治任务的基础上,加强组织领导,加大宣传力度,增强环境卫生意识,进一步加强村保洁人员和绿化养护的管理,强化责任,巩固环境整治成效,实现村庄环境保洁常态化。强化生态保护意识,禁止工业企业进驻,加强水质保护,确保无新增污染源。加大对农村周边企业的监督,加大农村的环保知识宣传,宣传垃圾分类小知识,让更多的农民了解环境问题带来的危害,保护环境,从自身做起。

第七节　环境整治

永新村把环境卫生日常保洁看作是提高村民身体健康的需要,自创建成卫生村后,以长效管理为抓手,常抓不懈。2012 年,环境整治工作为历年之最。

2012 年,永新村为提高村民生活质量、健康水平和物质文明程度,把村庄整治工作当作一项"民心工程"来抓,大力营造整治村庄、整治环境、改善村容、建设康居村的氛围。重点清理道路两侧以及房前屋后的乱堆乱放,河道沟塘的整治,生活垃圾的清理,三格化粪池的整治,零星猪鸡厕所棚的拆除,围竹篱笆。8 个自然村共清理乱堆乱放杂物 6 724 立方米;河道沟塘整治 7 201 米;清理生活垃圾 5 061 吨;拆除乱搭乱建简易棚 11 187 平方米;清理人工共计 4 587 工日;外墙涂料粉刷 17.105 万平方米;补偿物化费 5.68 万元,其中拆除破旧房屋 134.8 平方米、拆除不适当位置鸡鸭棚 27 个、拆除违章建筑简易棚 35 个,清除其他有损于环境形象物件 30 件(详见表 6-7-1);养猪户补偿 12.88 万元,新建或改造工程 11 项,总计投资额 187.53 万元(详见表 6-7-2)。

通过环境整治,着力实施"六提升",即提升公共设施配套水平、绿化美化水平、饮用水安全保障水平、道路通达水平、建筑风貌特色化水平和村庄环境管理水平,使自然村庄环境面貌更加整洁,生态环境更加优良,公共服务更加配套,乡村特色更加鲜明。

表 6-7-1　　　　　　　　2012 年永新村村庄环境整治补偿物汇总表

村名	房屋 面积(平方米)	房屋 金额(元)	鸡鸭棚 数量(个)	鸡鸭棚 金额(元)	简易棚 数量(个)	简易棚 金额(元)	其他 数量(个)	其他 金额(元)	总计(元)
东南村	41	4 920	2	120	4	2 155	1	82	7 277
后　村	18	2 160	4	195	5	6 210	4	339	8 904
金家港			4	200	4	3 030	5	1 250	4 480
六如墩	9.5	760	3	380	2	1 150	7	730	3 020
彭安泾	25.8	2 897	4	275	6	4 515	5	290	7 977
神童泾	16	2 080	3	230	4	4 200	2	370	6 880
磹磜	31.5	3 685	4	200	7	5 271	4	308	9 464
庄　里	52	6 760	3	160	3	1 720	2	153.5	8 793.5
合　计	134.8	23 262	27	1 760	35	28 251	30	3 522.5	56 795.5

表6-7-2　　　　　　　　　　　2012年永新村村庄环境整治总投资汇总表

村名	清理乱堆乱放（立方米）	河道沟塘整治（米）	清理生活垃圾（吨）	拆除乱搭乱建（平方米）	清理人工共计（工日）	外墙涂料粉刷（平方米）	补偿物（元）	养猪户补（元）	其他	总计投资（元）
东南村	410	500	377	550	289	9 450	7 277	—	—	371 537
后　村	500	400	510	1 250	305	17 100	8 904	—	—	654 004
金家港	680	—	665	1 080	471	30 000	4 480	—	工程6项	7 540 580
六如墩	850	1 500	600	1 500	800	4 300	3 020	1 287 76.3	工程5项	2 067 796
彭安泾	580	515	635	895	305	—	7 977	—	—	433 777
神童泾	2 464	2 486	1 174	2 962	1 830	75 000	6 880	—	工程4项	6 524 120
磧磇	740	800	650	1 950	350	35 200	9 464	—	—	679 864
庄　里	500	1 000	450	1 000	237	—	8 793.5	—	—	481 493.5
合　计	6 724	7 201	5 061	11 187	4 587	171 050	56 795.5	128 776.3	工程11项	18 753 171.5

备注：金家港工程6项：新建厕所2座，污水管网工程5 650米，驳岸工程1 000米，道路硬化7 500平方米，填土工程20 000立方米，绿化种植13 000平方米。

六如墩工程5项：清理船只65只，竹篱笆2 850米，道路改造1 600平方米，安装路灯38盏，新建厕所2座。神童泾工程4项：道路硬化1 200平方米；路灯安装65盏；清理船只60只；污水管网工程9 000米。

第八节　创建卫生村

新中国成立前，永新村域的公共卫生设置极差，群众的卫生习惯和健康水平低下。新中国成立后，人民政府向群众宣传卫生知识，发动群众制订爱国卫生公约，开展爱国卫生大扫除。1950年抗美援朝时，永新村域已经开展"除四害"爱国卫生运动，以灭蚊灭蝇为主间断地进行。1958年4月，响应中共昆山县委提出的"除四害"加除钉螺"一害"的号召，把血防的查灭螺、粪便管理和爱国卫生运动结合起来，把运动推向高潮，使活动经常化、制度化，每年开展"除四害"活动，直至1966年"文化大革命"开始才停止活动。20世纪70年代，又多次开展以除害灭病为中心、消灭蚊蝇为重点的爱国卫生运动。大搞环境卫生，大力扑灭蚊蝇，消灭蚊蝇滋生场所，加强粪便和水源管理。搞好家庭卫生，特别加强公共场所和饮食服务行业的卫生管理。农村大力开展查灭螺活动，粪缸搭棚加盖，严禁马桶下河洗刷，清理环境，搞好卫生，促使村貌有了较大的改观。进入20世纪80年代，公共卫生加强了基础工作的管理，村域实行改厕，消灭"露天"厕所，建立无害化厕所，改善卫生环境，控制传染病的发生。与此同时，鼓励开挖大小水井。

1994年12月、1996年3月，苏州市爱卫会和江苏省爱卫会相继发出了开展创建卫生镇、村的号召，昆山市委、市政府积极响应，做出创建国家卫生城市向农村辐射的决定。淀山湖镇党委、政府热烈响应，贯彻以城带镇、以镇带村、城乡联动、整体推进的创建方针，掀起了轰轰烈烈的创建卫生镇、村的高潮。在创建卫生村的活动中，永新村域各村领导注重卫生基础设施的投入,进一步改善村容村貌,在开展"三清"(清洁村庄、清洁河道、清洁家园)工作的同时,做好血防、改厕、防疫等工作。

1996~1997年,永益村在争创省级卫生村活动中,加强组织管理,成立爱国卫生管理组织,爱国卫生工作纳入村委会议事日程。建立卫生管理规章制度,落实专(兼)职卫生检查人员和清扫保洁人员,积极开展卫生清洁户评比等多种形式和内容的爱国卫生活动,卫生清洁户达60%以上,并积极组织开展"六清六建"等环境综合整治活动。

开展健康教育,落实专(兼)职健康教育人员,有固定的健康教育宣传栏(室),内容定期更换。按照《亿万农民健康促进行动规划》,开展多种形式的健康教育与健康促进活动,健康保健和卫生防病知识入户率达100%,健康知识知晓率达80%以上,村民有良好的个人卫生习惯,形成了健康文明的生活方式。学校开设健康教育课,学生个人卫生良好,健康知识知晓率达80%以上,健康行为形成率达75%以上。公共场所设有禁烟标志,村内有无烟草广告。

加强环境卫生工作,村建设规划合理,符合实际,村民住宅整齐,设施完善。村内道路整洁,无积水,无露天粪缸,无暴露垃圾,柴草堆放整齐。农户居室内外整洁,庭院环境清新。河塘定期清淤,水面清洁、无漂浮物、岸坡整洁、无垃圾杂物。家畜家禽圈养,圈舍清洁,粪便处理达到无害化要求。村内农贸市场卫生有专人负责,垃圾及时清运,环境整洁。

完善基础设施。垃圾箱布局合理,家家门前摆放一个有盖垃圾桶,周围清洁。垃圾密闭存放,日产日清,清运率达100%。公厕为水冲式,有专人管理,厕内地面硬化、设施完好。村幼儿园、小学公厕有洗手设施,厕内清洁,无蝇蛆,无臭味。农村生活饮用水水质符合国家《生活饮用水卫生标准》(GB 5749—2006)。无害化卫生户厕普及率达90%以上。户厕进院入室,厕屋有门,便器为水冲式或粪尿分集式,厕内清洁,无臭,无蝇蛆,管理使用符合要求。村内道路、供水、排水、电力、通信等基础设施较为完善。村庄绿化符合自然生态要求,绿化覆盖率达25%以上。

落实除害防病措施,定期开展"除四害"活动,无蚊蝇滋生地,"四害"密度得到控制,不使用国家禁用的药物。儿童计划免疫单苗、四苗及乙肝疫苗接种率达95%以上,两年内未发生甲、乙类传染病暴发疫情,肠道传染病发病率逐年下降。新型农村合作医疗的参合率达100%。村卫生室达到《江苏省农村社区卫生服务站建设标准》,运行管理规范。村内饮食(食品)店和各类公共场所卫生管理符合《食品卫生法》和《公共场所卫生管理条例》要求。环境保护工作符合有关规定,两年未发生重大食物中毒和环境污染事故。

1997年12月13日至14日,苏州市爱卫办根据昆山市爱卫会的申请,组织有关专业技术人员组成省级卫生村考核检查组,按照"江苏省卫生村标准",对昆山市淀山湖镇永益村创建省级卫生村情况进行了考核。检查组通过听取汇报、查阅资料和现场检查,对永益村的创建工作有了比较全面的了解,综合评价认为,永益村党支部、村委会把创建工作放到加强农村精神文明建设、优化投资环境、强化秩序和管理及为民办实事、改善人民生活质量的高度来发动群众,统一认识。现场检查表明,永益村党政领导高度重视爱卫和创建工作。爱国卫生和创建组织网络健全,制度详细、实用,分工明确,责任到人,措施落实,全村性的创建动员和清理活动声势大、效果好。健康教育工作计划周详并有明确目标和奖励措施,教育形式多样;有固定的宣传橱窗,定期更换内容;村民健康教育知识普及率达100%,基础健康知识知晓率达100%,村民基本健康形成率达85%。重视卫生基础设施建设,先后投入55万多元,完成道路硬化、建造公厕等,永益村各自然村环境整洁,道路平整,村舍前后堆放整齐。有关资料表明,村民自来水普及率达100%,卫生户厕普及率达94.9%。除害防病有成效,每年春秋两季开展灭鼠活动,把鼠密度控制到标准以内。1996年被镇爱卫会命名为"灭鼠达标村",严格控制固定性滋生地,采取药物喷洒、工具诱捕双重措施,有效地降低了"四害"密度。村卫生室1989年被昆山市卫生局评为乡村合格卫生村室。四苗覆盖率达100%,1996年传染病总发病率为142/10万,1997年1~11月未发生传染病病例,全村未发生脊髓灰传染病病例,无流行性出血热的发生,无肠道传染病的暴发流行,企业劳动卫生工作规范,基本无重污染企业,未发生有毒有害中毒事故。

考核检查组认为,永益村已达到"江苏省卫生村"标准的基本要求,建议苏州市爱卫会予以命名,并报省爱卫会备案。

1998年1月14日,永益村被命名为"江苏省卫生村"。

2000年7月20日,永益村通过市"两清"达标验收。

面对中国广大农村地区农民群众严重缺乏卫生知识、自我保健意识与能力,引发农民健康问题,全国爱卫会、卫生部、农业部、广播电影电视部联合发起"全国九亿农民健康教育行动",并成立了全国领导小组及其办公室。中共中央、国务院《关于卫生改革与发展的决定》中明确要求积极推进"行动"。2002年更名为"全国亿万农民健康促进行动",以普及农民基本卫生知识为切入口,以倡导文明健康生活方式和促进健康生态环境建设为目标,取得了显著成效。2006年,永新村成为"全国亿万农民健康促进行动"苏州市先进村。

是年,永新村还完成河道疏浚3 500米,清淤26 270立方米,筑砌石驳岸3 081米,防护水泥栏杆2 850米,改造统一河坦规格化128个,新建金家港自然村、永新村办公室北侧、碛碶自然村、马家港自然村4座垃圾中转站,卫生公共厕所12座,新添垃圾箱25个,户户有垃圾桶,并配备27名保洁员,其中水上9名、陆上18名,天天搞好村庄卫生。

2007年5月11日,省爱卫会发文命名永新村为"江苏省卫生村"。

2008年,永新村开展建设健康村工作。制定《淀山湖镇2008年建设健康镇村工作计划》,学习《中国公民健康素养》读本。根据建设苏州市健康村的标准和要求,积极组织开展基础调查、材料收集等工作,是年,10月23日顺利通过昆山市级建设苏州市健康村复核评估。

为巩固江苏省卫生村创卫成果,永新村组建以书记为组长,主任为副组长,其他村副职干部、乡村医生、保洁队长为成员的领导小组,村干部包片,党员包户,层层落实责任,确保不留死角。2008年,永新村新建四格式生态户厕25户和新农村示范点公厕1座,对破损的垃圾桶和垃圾车进行更新,河道打簎,填埋低洼地。通过整治,环境面貌焕然一新。继续做好健康教育知识的宣传,画廊按要求定期更换,健康教育资料入户,开展健康教育宣传月咨询和昆山市农民健康素养基本知识与技能竞赛活动,提高村民的健康意识。

2012年,永新村巩固江苏省卫生村创卫成果。

第九节 造林绿化

20世纪80年代,昆山地区把农田林网建设作为重点工程来抓,制定"四定二包一落实"政策,实行定人员、定地段、定任务、定报酬,包成活,包管理,落实奖赔政策。舍得花精力、资金、土地，实现条条林带结成网，路路相通道成荫。永新村域历史干渠上，栽种30多年的水杉、池杉，仍然高昂挺拔，矗立道上。

在日益讲求生态效益的21世纪大环境下，政府部门投入大笔资金加强绿化建设，提升城镇综合环境。造林绿化，主要包含农村"四旁"绿化、道路绿化、河道绿化、企业绿化等。

一、"四旁"绿化

"四旁"绿化主要指村旁、路旁、河旁、宅旁的绿化，以上四旁习惯上称"小四旁"；河堤堤岸、四边、渠道边、公路两旁为"大四旁"。

昆山民间素有在房前屋后、田头坟基、村落四周、沟渠路旁栽种树木的习惯。村民一般在屋前栽植的乔木，有杨、榉、榆、构、青桐、水杉、泡桐、苦楝、桃、梨、梅、柿、枇杷、橘树、枣树等。屋后成片竹林或水杉，少则几分，多则几亩。沿河常以自然生长或栽种榉、榔榆、朴树、合欢、构树、白杜树、杨树以及名目繁多的野生树种。农村集体化以后，"四旁"绿化一般以镇、村统一规划、统一栽种，以水杉、池杉等树种为主。至2008年，永新村域9个自然村，村总面积192 897平方米，绿化面积70 086平方米，绿化覆盖率达36.33%。见表6-9-1。

四旁绿化

表6-9-1　　　2008年永新村村庄（包括"四旁"植树）绿化面积统计表　　　单位：平方米

村　名	自然村总面积	绿化面积	绿化覆盖率（%）	备　注
金家港	15 980	3 601	22.5	
神童泾	100 566	45 940	45.7	
庄　里	5 900	1 511	25.6	
东南村	4 396	1 008	22.9	
磺　磜	20 912	8 528	40.8	包含后村
彭安泾	10 180	2 034	20.0	
新开泾	14 585	3 172	21.7	
马家港	4 195	985	23.5	
六如墩	16 183	3 307	20.4	
合　计	192 897	70 086	36.33	

（资料来源：根据淀山湖镇绿化办公室资料整理）

二、道路绿化

2008年前,据淀山湖镇绿化办公室统计,永新村域12条镇级道路,两侧绿化150 046平方米,折225.07亩。见表6-9-2。2011年春,扩建、新建的双永路、永利路、曙光路路段两侧新增绿化174 650平方米,折261.97亩。见表6-9-3。

截至2014年年底,永新村域道路绿化计324 696平方米,折合487.04亩。

盈湖路道路绿化

表6-9-2　　　　　　　　　2008年前永新村道路造林绿化一栏表　　　　　　　单位:米、平方米

名　　称	绿化面积(道路两侧)		
	长度	宽度	面积
永利路	3 850	21	80 850
旭宝路	1 100	14	15 400
彭安泾路	1 078	6	6 468
永字路	3 143	6	18 858
盈朱路	700	6	4 200
双永路	1 830	6	10 980
永安路	145	6	870
永安东路	245	6	1 470
永生路	815	6	4 890
永义路	60	6	360
新开泾路	350	6	2 100
中旭路道路绿化	600	6	3 600
合　计			150 046

表6-9-3　　　　　　　　　2011年永新村新增道路造林绿化一栏表

名　　称	面　积	折合平方米
双永路绿化工程	81.1亩	54 094
永利路绿化工程	113.5亩×2/3长道路	50 722
曙光路东侧,东洋界北侧绿化工程	56.9亩	37 952
东洋界南侧绿化工程	22亩	14 674
东洋界南侧苗圃场西侧绿化工程	25.8亩	17 208
合　计		174 650

三、新农村绿化

2005年,昆山市政府将新农村社区绿化建设纳入农村绿化重点工程来抓。

2006年,神童泾村被列为苏州市社会主义新农村建设示范村,围绕营造"幸福家园环境优美"的目标,大手笔实施农村环境整治建设工程,通过对村庄空间、宅前屋后的布绿植树,绿化面积约45 940平方米,使绿化覆盖率达45.7%。

2010年,六如墩被列入新农村改造示范点,绿化工程在当年8亩的基础上,于8月上旬动工,10月上旬全部结束,总投资约54.0万元,新增绿化面积11 705平方米,折合17.55亩。

新农村绿化(神童泾)

四、河道绿化

为了体现江南水乡特色,市、镇两级政府规划,把沿河、沿湖建绿带、设公园作为城乡一体化的绿化特色工程。21世纪,对村域里12条河道和淀山湖大堤永新段共8 795米河岸边,清泥、筑路、插柳设绿,总绿化面积为74 532平方米,折合111.80亩,通过不断改造整治,形成了"两岸绿柳全依水,一路青溪上淀湖"的秀丽景象。见表6-9-4。

神童泾江河道绿化

表6-9-4　　　　　　　　　　2008年永新村河道造林绿化统计表

名称	绿化面积(道路两侧)		
	长度(米)	宽度(米)	面积(平方米)
新开泾江	345	4	1 380
陆金江	410	8	3 280
神童泾江	835	8	6 680
庄里江	186	8	1 488
东南江	175	4	700
碛彭江	727	8	5 816
塘江	347	4	1388
姚段江	650	4	2 600
西洋淀围河	1 400	4	5 600

续表

名称	绿化面积（道路两侧）		
	长度（米）	宽度（米）	面积（平方米）
杨士溇	550	4	2 200
梅里泾江	700	4	2 800
外江	870	4	3 480
淀山湖大堤永新段	1 600	23.2	37 120
合　计	8 795		74 532

注：宽度指两侧绿化相加后的平均数。

五、居民新村绿化

进入20世纪90年代，房地产开发企业看中了坐北朝南淀山湖湖岸线的优势，先后入驻永新村。新千年后，先后入驻宝镇房地产开发有限公司、东恒海鑫房地产发展有限公司、中旭房地产开发有限公司和昆山研祥智能科技有限公司，开发梦莱茵、恒海国际花园、淀山湖壹号和荷玛诗湾楼盘。这些居民新村建设中，绿化形成了新村建设的一个重要组成部分，在开发商审批建设项目的同时，必须同时审批绿化布置面积图，如达不到市政府规定的绿化比例面积，则不予验收。居民新村（小区）绿化不仅在面积上得到保证，而且更注重了绿化品种的多样性，绿化布局的艺术性，人们视觉的欣赏性，设施的娱乐性，做到建一块、绿一块、成一块，实现以人为本、改善居住环境、美化绿化村镇的目的。见表6-7-5。

居民新村绿化

表6-9-5　　　　　　　2014年永新村域住宅小区（居民新村）绿化面积统计表

小区（新村）名称	小区（新村）总面积（平方米）	绿化面积（平方米）	绿化覆盖率（％）
宝镇（房地产）	55 300	23 779	43.0
恒海国际花园	98 505	68 953	70.0
淀山湖壹号	340 000	238 000	70.0
荷玛诗湾	220 000	77 000	35.0

六、园林绿化

永新村有着悠久的历史，人文荟萃。在城乡一体化建设时，努力将园林建设与弘扬历史文化紧密结合起来，使之既有历史氛围，又具有时代气息。

2004年，树高23米、干径树围3.8米、基部树围5.1米的碛礅村古银杏树，经江苏省建设厅组织园林绿化行政主管部门普查核实，树龄1700年，为江苏省树龄之最的一级古树名木。2006年12月，被淀山湖镇绿化管理所列为"昆淀001"保护名木。

淀山湖北岸永新村域打造一个近水、临水、入水的综合性文化、康乐、休闲、生态公园。其中一期工程4.5公里长，包含进入公园的1.5公里双永路银杏大道和3公里的环湖大道景观绿化工程，建成的音乐广场，为市民提供了一个丰富多样的度假、休闲、康乐、文化好去处。2011~2014年，在污水厂南北侧、碛磌后村、神童泾南侧湿地小游园、新开泾江，建成园林式绿地110.55亩。见表6-9-6。

园林绿化（永利路中市南路东北侧）

表6-9-6　　　　2011年秋季至2014年秋季永新村新增园林绿化一览表　　　　单位：亩

名　　称	类　　别	绿化面积
污水厂南北侧绿化工程	绿地	63.3
碛磌后村（永利路南侧）绿化工程	绿地	5.7
神童泾南侧湿地小游园	公园（公共）绿地	35.55
新开泾江	绿色水廊	6
合　　计		110.55

七、果园绿化

1998年，六如墩村民沈建高大胆进行产业结构调整，主动与邻居协商，在村干部的支持下，以离家较远的12.26亩责任田，调集到双永路六如墩段南侧，联片种上桃、梨，形成果园。后村里又在双永路六如墩段北侧，发展王文新等果园。新千年后，向南延伸的曙光路修筑工程，正好通过两家果园，村搬迁了这两家果园的种植位置。

截至2012年，永新村共发展果园4户，面积53.93亩，种植黄桃、提子、梨等果树，既增加了农民收入，又绿化了环境，还配合了六如墩乡村旅游的兴起。见表6-9-7。

果园绿化

表6-9-7 2012年永新村果园一览表　　　　　　　单位：亩

土地租赁人	地　址	品　种	面　积
沈建高	江南圩	桃、梨等	16.43
沈卫星	金家段	桃、梨等	5.83
王文新	东林圩	桃、梨、提子等	23.17
王惠明	南溇滩圩	桃、梨、提子等	8.50

第七章 人民生活

新中国成立前,永新村域虽处于"上有天堂,下有苏杭"的江南鱼米之乡,但由于社会动荡、交通闭塞、科技落后、经济单一、无社会保障以及苛捐杂税、高利贷的盘剥,人民生活仅能勉强维持温饱水平。在农村,耕者无其田,血吸虫病猖獗,自然灾害肆虐,农民贫病交加。占农村人口绝大多数的贫雇农民生活艰辛,温饱难以解决。新三年、旧三年,缝缝补补再三年,是旧社会农民衣着状况的描绘。住房是旧草棚、破瓦房,低矮阴暗又潮湿,雨天到处漏、风大难点灯,灶连房、合客堂,门前一块烂泥场,老爷老娘住进下场破棚棚。新中国成立后,通过土地改革,对农业、工商业的社会主义改造等运动,农民成了土地真正的主人,社会主义集体化道路使农民生活有了保障。1980年以后,随着改革开放的全面展开,科技文化全面进步,经济全面发展,"计划生育"全面实施,人民的生活水平得到了全面提高。至2000年,社会养老、医疗保险开始在农村人民中全面铺开。2012年,永新村生产总值5 931万元,人均生产总值16 825元,农民人均收入22 640元。

第一节 农民生活

一、人均收入

新中国成立前,在帝国主义、封建主义和官僚资本主义"三座大山"的压迫下,农民忍受着残酷的剥削和压迫,再加上盗匪出没频繁,百姓屡遭抢劫,更无宁日。农民们过着食不饱肚、衣不遮体的悲惨日子,如遇天灾人祸,更是苦不堪言。租米、高利贷和苛捐杂税是架在农民头上的"三把刀",当地流行的那句"租米重、利息高、苛捐杂税如牛毛"的民谣,正是旧社会贫苦农民悲惨生活的真实写照。

新中国成立后,通过土地改革,对农业、工商业的社会主义改造等运动,农民成了土地真正的主人,社会主义集体化道路使农民生活有了保障。从永新村域1957年各高级社秋季分配方案主要数据汇总表中看,永益社、永安村域中的永安社和永利社、永义社、永生社,5个高级社26个生产队,社员人均纯收入在110.1~125.3元之间,人均分配纯收入在97.7~104.7元之间,相对平稳。详见表7-1-1。

表7-1-1　　　　　1957年永新村域各高级社秋季分配方案主要数据汇总表

项　目		永益社	永安村域		永义社	永生社
			永安社	永利社		
生产队数(个)		6	3	5	7	5
户数(户)		142	79	136	167	142
人数	男(人)	278	162	258	359	270
	女(人)	298	173	268	360	283
	小计(人)	576	335	526	719	553
正半劳力(人)		269	146	236	348	259
耕地	集体(亩)	2 091	1 136	1 714	2 523	1 949
	自留田(亩)	6	5	14	36	5
	饲料田(亩)	0	2	0	0	0
	小计(亩)	2 097	1 143	1 728	2 559	1 954
决分劳动日(日)		57 818	31 276	47 594	68 672	55 565
农副业总收入(元)		133 340	82 878	115 558	173 618	124 575
农副业实际收入(元)		94 091	55 720	85 275	131 108	91 919
农副业生产费用(元)		39 224	27 158	30 313	42 510	32 666
合计纯收入(元)		64 341	38 801	62 956	90 144	60 910
社员人均纯收入(元)		111.7	115.7	119.7	125.3	110.1
社员分配纯收入(元)		56 270	35 091	54 874	75143	54 551
人均分配纯收入(元)		97.7	104.7	104.3	104.5	98.6
决分总收入(元)		121 375	77 210	104 464	148 366	113 881
交纳国家税金(元)		26 800	14 402	21 185	30 717	25 175
提留	生产费用(元)	30 876	22 058	25 405	31 310	27 442
	管理费(元)	220	169	252	283	224
	公积金(元)	5 983	3 380	2 123	9 045	5 795
	公益金(元)	1 226	690	560	886	611
	其他支出(元)	0	1 420	65	922	83
	提留合计(元)	38 305	27 717	28 045	42 506	34 155

1960年,实行人民公社体制,以大队为核算单位。从永新村域1960年各高级社秋季分配方案主要数据汇总表中看,永义、永安(永安大队、永利大队、永生大队合并为永安大队)、碛硋(永益)3个大队的社员分配分别为78 412.1元、115 803元、35 213.67元,人均分配分别为117.74元、85.91元、67.59元,分别比1957年增长12.67%、-15.9%、-30.82%;大队之间分配水平拉开了距离。详见表7-1-2。(1957年永安大队区域社员分配纯收入144 516元,3个高级社总人口1 414人,社员人均分配纯收入102.20元。)

表 7-1-2　　　　　　　　1960年淀东公社永新村域四个大队秋季分配方案资料一览表

队　别	永义大队	永安(含永生)大队	碛礇大队
户数(户)	173	395	145
人口(人)	666	1 348	521
其中男(人)	未分	678	246
女(人)	未分	670	295
正半劳力(人)	285	550	218
耕地面积(亩)	2 441	4 548	2 009
水稻(亩)	2 441	4 548	1 994
单产(斤)	497.4	460	358
总产(斤)	1 214 471	2 084 012	713 852
金额(元)	104 445		61 391.27
小麦(亩)	487	898	393
单产(斤)	159.1	143	117
总产(斤)	77 501	128 770	45 955
金额(元)	6 956.09		4 159.90
大元麦(亩)	150.5	245	76
单产(斤)	159.6	154	143.5
总产(斤)	23 191	37 803	10 939
金额(元)	1 447.36		711.04
油菜(亩)	738	1 322	327
单产(斤)	71.8	48.7	52
总产(斤)	52 422	64 387	16 565
金额(元)	9 867.13		3 107.94
农业收入合计(元)	16 314.29	269 567	95 895.38
畜牧收入合计(元)	1 408.08	6 278	339.328
副业收入合计(元)	892.46	737	300.21
渔业收入合计(元)	108.15	3 489	0
其他收入合计(元)	180.89	570	947.25
总收入(元)	163 403.87	280 641	100 969.12
总支出(元)	75 440.77	99 277	63 735.45
农业等税金(元)	31 400.50	57 140	24 154.17
纯收入(元)	87 000.10		37 233.67
公积金(元)	8 145	2 807	0
公益金(元)	2 443	5 614	2 020
社员分配(元)	78 412.10	115 803	35 213.67
其中工资(元)	54 888.47	81 375	30 649.57
其中供给(元)	23 523.63	34 428	4 564.10

20世纪60~70年代末,由于农业科技发展滞后,政治运动持续不断,农业经济结构单一,人口控制不力等因素,虽然粮食、油料作物产量及畜禽、水产等都较新中国成立前有了成倍增长,但人民生活水平、社会保障在总体上仅为稳步提高。

1962年,境域内有4个生产大队42个生产队,农民人均收入,最低的是永安大队9队,仅41.70元;与1957年高级社最低人均分配纯收入97.70元相比,仅为42.68%;最高的是永安大队1队,162.00元,最高的人均分配收入是最低的人均分配收入的近4倍;与1957年高级社最高人均分配纯收入104.70元相比,增长54.73%。是年,永益、永安、永义、永生大队人均分配水平分别是100.11元、129.48元、129.81元、97.03元,分别比1960年增长48.11%、50.72%、10.25%、12.94%。

1968年,境域内有4个生产大队28个生产队(正值并队期间,生产队明显减少),农民人均收入,最低的是永生大队1队,仅71.03元;最高的是永义大队1队,144.40元;分别比1962年增长70.34%和下降11%。是年,永益、永安、永义、永生大队人均分配水平分别是113.34元、119.41元、108.46元、94.63元,分别比1962年增长13.22%、-7.8%、-16.45%、-2.48%。见表7-1-3。

1978年,其间物价是封闭、稳定的,境域内有4个生产大队33个生产队,农民人均收入,最低的是永益大队3队,122.12元;最高的是永益大队1队,175.00元,分别比1968年增长171.93%和21.19%。是年,永益、永安、永义、永生大队人均分配水平分别是145.22元、143.06元、157.48元、130.71元,分别比1968年增长28.13%、19.81%、45.20%、38.13%。

党的十一届三中全会后,改革开放深入展开,科技文化全面进步,经济工作全面发展,计划生育全面实施,人民生活水平得到了全面提高。

1982年,境域内有4个生产大队40个生产队,农民人均收入,最低的是永安大队9队,212元;最高的是永生大队2队,395.26元;分别比1978年增长173.6%和225.9%。是年,永益、永安、永义、永生大队人均分配水平分别是253.53元、234.39元、236.57元、228.80元,分别比1978年增长74.58%、63.84%、50.22%、75.04%。见表7-1-4。

表 7-1-3　1962年、1963年、1968年永新村域社员分配水平一览表

单位：元

年份	大队名	队别	1	2	3	4	5	6	7	8	9	10	11	12
1962	永益	总分配	6 401.00	4 175.68	4 589.00	5 699.75	7 761.00	3 879.20	6 145.00	6 052.00	3 635.00	4 118.69		
		人平均	101.50	83.50	104.00	95.00	97.00	86.20	86.30	144.00	92.80	100.00		
	永安	总分配	13 947.81	9 614.91	8 666.30		8 014.80	6 103.82		9 531.68	4 835.91	7 377.53	5 971.65	4 092.24
		人平均	162.00	139.33			45.44	122.00			41.70	115.20	121.89	98.70
	永义	总分配	9 007.60	3 996.40	6 082.68	8 283.91	6 230.17	10 770.76	10 642.32	8 527.50	7 292.67	6 895.95	5 930.71	
		人平均	145.20	102.40	143.70	133.70	155.20	140.00	126.00	138.10	130.20	124.90	134.00	
	永生	总分配	5 559.35	5 879.72	6 631.23	7 741.49	5 332.95	6 678.76	4 570.08	6 537.34	4 535.09	4 800.36	6 721.01	4 812.95
		人平均	88.25	91.87	93.41	121.00	102.55	106.30	95.20	97.56	76.86	112.50		102.40
1963	永益	总分配	8 217.29	5 567.66	5 424.36	5 540.31	8 219.83	5 385.88	7 400.62	6 847.01	4 263.01			
		人平均	124.50	111.36	100.4	100.00	91.20	100.00	104.00	142.60	109.90			
	永安	总分配	14 500.84	10 427.00	9 671.88	10 698.77	9 645.84	6 856.29	8 991.55	11 586.44	6 123.08	8 810.01		
		人平均	154.00	133.68		132.00		126.00	111.00	126.09		130.00	134.00	
	永义	总分配	9 057.99	5 100.67	5 853.03	8 252.01	6 776.21	11 209.12	11 110.69	7 789.03	7 096.29	10 283	5 361.54	
		人平均	146.00	118.60	127.20	126.90	141.00	133.00	126.25	119.50	116.00	124.70	119.10	
	永生	总分配	6 556.79	6 341.59	6 529.22	8 389.49	6 075.99	6 483.66	4 931.83	6 652.10	5 914.18			
		人平均	102.45	99.08	87.05	126.45	110.47	98.23	98.64	88.60	96.95			
1968	永益	总分配	10 012	16 745	12 649	13 045	10 968	12 063						
		人平均	125.13	111.33	106.30	128.00	101.50	110.50						
	永安	总分配	16 056	12 939	9 564	13 104	16 847	14 295	22 211	9 016				
		人平均	136.06	132.00	116.64	124.80	126.67	117.17	102.83	111.50				
	永义	总分配	10 401.27	10 479.95	11 168.56	15 535	14 658	9 824.72	9 840.65	9 194.86				
		人平均	144.40	100.70	98.72	109.40	112.75	100.24	98.40	113.50				
	永生	总分配	5 612.16	6 928.07	8 580.95	16 954.25	22 579.09	5 962.92						
		人平均	71.03	96.21	83.31	96.88	110.14	85.18						

第七章 人民生活

表7-1-4　1974年、1978年、1982年永新村域社员分配水平一览表

单位：元

年份	大队名	队别	1	2	3	4	5	6	7	8	9	10	11	12
1974	永益	总分配	12 829.73	10 175.83	9 750.45	17 106.54	19 175.56	19 672.95	14 933.71	10 385.74				
		人平均	156.45	158.65	133.60	139.07	171.15	159.00	158.87	142.27				
	永安	总分配	23 225.76	18 009.01	13 814.24	18 681.15	26 292.90	19 781.32	14 002.55	12 631.52	18 432.75			
		人平均	170.70	155.24	160.63	150.65	164.31	155.75	132.08	168.42	134.53			
	永义	总分配	14 484.02	15 444.48	17 639.20	21 730.10	22 758.17	15 489.68	15 508.76	13 948.40				
		人平均	166.38	128.70	143.00	143.90	158.02	147.40	155.10	156.70				
	永生	总分配	12 869.28	11 809.37	16 119.59	13 172.35	1 489.96	10 543.92	12 729.33	14 606.49				
		人平均	132.67	171.16	140.16	140.13	137.21	138.73	135.39	139.11				
1978	永益	总分配	15 885.30	10 407.23	9 283.00	14 570.33	19 761.90	19 172.90	14 329.15	11 317.32				
		人平均	175.00	155.33	122.12	161.90	176.42	142.00	159.30	156.60				
	永安	总分配	21 298.52	16 167.89	13 440.68	17 935.31	25 965.48	18 916.94	15 617.50	11 331.00	19 126.82			
		人平均	158.88	140.09	140.00	146.00	147.20	147.78	145.00	134.89	129.00			
	永义	总分配	13 011.01	17 867.96	18 371.61	23 683.02	25 678.96	17 597.93	16 726.26	14 462.21				
		人平均	149.00	155.37	147.00	154.79	171.10	156.20	160.38	166.23				
	永生	总分配	14 246.21	8 869.90	5 695.66	13 571.73	15 898.13	12 259.82	13 026.10	15 771.90				
		人平均	148.40	130.44	140.14	144.38	145.85	159.22	131.57	151.65				
1982	永益	总分配	26 624.04	15 243.45	11 015.54	18 874.73	30 273.53	36 343.24	22 335.44	16 851.00	12 840.57			
		人平均	332.80	272.12	193.25	370.10	296.80	334.87	277.26	324.06	305.73			
	永安	总分配	35 881.5	31 572.8	19 909.7	29 989.3	17 106.7	14 723.2	21 657.8	21 830.5	24 280.2	14 895.2	16 928.9	14 908.4
		人平均	313.45	306.43	239.87	270.17	311.03	262.91	230.28	269.50	212.00	281.04	313.49	252.68
	永义	总分配	19 931.6	21 132.5	13 212.1	19 376.1	21 194.9	25 363.7	26 146.6	19 199.3	17 988.1	18 773.0	21 712.2	
		人平均	262.25	213.46	233.84	311.19	344.63	251.13	288.91	282.32	304.88	293.33	339.25	
	永生	总分配	20 775.39	23 122.66	25 170.00	20 662.55	29 334.16	15 857.12	17 100.66	23 697.62				
		人平均	267.38	395.26	282.81	270.10	293.34	303.20	216.46	278.14				

表 7-1-5　2001~2012 年淀山湖镇永新村村级经济主要指标一览表

年份	村民小组个数(个)	总户数(户)	总人口(人)	农村实有从业人员(人)	年末耕地面积(亩)	粮食总产量(吨)	三麦亩产(千克)	水稻亩产(千克)	油菜籽亩产(千克)	地区生产总值 合计(万元)	第一产业(万元)	第二产业(万元)	工业(万元)	第三产业(万元)	人均生产总值(元)	总收入(万元)	利税总额(万元)	利润总额(万元)	农民人均纯收入(元)
2001	39	792	2 944	1 535	3 476	1 923	249	560	142	2 330	901	922	915	507	7 845	4 316	148	112	5 072
2002	39	791	3 065	1 662	3 460	2 191	261	592	142	2 302	961	795	951	546	7 510	4 675	150	114	5 173
2003	39	790	3 050	1 650	3 460	1 876	198	581	129	2 304	961	797	790	546	7 553	4 737	149	142	5 900
2004	39	816	2 826	1 422	3 097	2 151	284	577	152	2 037	987	670	635	372	7 209	5 663	145	82	6 900
2005	39	767	3 056	2 004	2 240	1 865	263	536	143	2 941	793	1 505	904	643	9 624	6 230	1 840	1 602	8 584
2006	39	819	2 995	2 001	1 882	1 695	308	578	153	3 367	1 017	1 505	978	845	11 241	6 692	2 276	2 104	10 016
2007	39	820	3 013	1 884	1 882	2 039	319	527	131	2 866	983	1 038	832	845	9 508	6 888	2 880	2 708	11 901
2008	39	841	3 084	1 947	2 560	1 615	321	588		4 998	1 775	1 940	1 684	1 283	16 505	9 230	1 062	822	13 790
2009	39	822	3 026	1 875	2 832	1 617	329	605	153	4 072	1 737	1 141	947	1 194	13 457	10 614	597	462	15 370
2010	39	823	3 025	1 875	2 832	1 457	327	623	150	4 828	1 737	1 255	1 042	1 836	15 793	12 100	657	509	18 286
2011	39	823	3 033	1 876	2 286	1 520	327	626	150	5 101	1 989	1 091	1 091	2 021	16 817	13 915	1 113	696	18 386
2012	39	823	3 030	1 877	2 002	1 931	351	626	150	5 931	2 469	1 260	1 146	2 202	16 825	15 307	1 180	724	22 640

1983~2000年,家庭联产承包责任制前期,大力兴建农村楼房,是人均收入大幅增长的佐证。

2001年8月,永安、永义、永生、永益村撤并为永新村,永新村充分发挥资源整合、统一调度的优势,经济工作取得了快速增长,地区生产总值2 330万元,人均生产总值7 845元,村民人均收入达5 072元。2006年,地区生产总值3 367万元,比2001年增长44.51%;人均生产总值11 241元,比2001年增长43.29%;村民人均收入达10 016元,比2001年增长97.48%。2012年,地区生产总值5 931万元,比2006年增长76.15%;人均生产总值16 825元,比2006年增长49.68%;村民人均收入达22 640元,比2006年增长126.04%。见表7-1-5。

二、生活状况

随着改革开放的不断深入,乡镇企业迅速发展,给村民带来前所未有的发展机遇。农民收入年年提高,居住条件不断改善。

1. 住房

新中国成立初,农民住房未有多大改观。一些无房农民在土地改革中分得了房屋,居住条件有了改善,多数农民居住的是"七路头四拖枪"的低矮平瓦房,亦有极少农户住草房,居住条件十分简陋。比如,永益村有瓦房的172户445间,住草房的有5户14间,无房的有3户。

20世纪60年代初,农村经济略有好转,农民为改善居住条件,拆除简陋的平瓦房、泥墙草房,建五路头叠山头新瓦房。60年代后期,水泥预制构件的出现,解决了农民建房木材紧缺的矛盾,翻建瓦房逐渐增多。70年代,各生产大队对农民建房进行统一规划、统一宅基,基本统一式样(七路头三间一转头)。1978年,老式七路四拖枪平瓦房基本被淘汰,建有新七路叠起山头平瓦房。70年代后期,农民开始营造二上三下独宅独院楼房。80年代,随着改革开放的不断深入,农民经济收入幅度增大,翻建楼房户逐渐增多,一般模式是三上三下加灶间。在结构上略有讲究,改烂泥砖砌为砂浆砖砌,外墙灰砂粉刷改水泥粉刷嵌石子。90年代,农村建房不囿于高大、宽敞,讲究式样新颖,结构牢固,美观适用,采光良好,外形和结构越造越新颖,造型越造越豪华。外墙粉饰,不再是水泥石灰嵌石子,改用瓷砖、马赛克、釉面锦砖,更注重室内设施和装潢。吊天面,地面磨石子或贴花地砖,卧室铺拼木地板或企口木地板,内墙装潢从贴彩色墙纸到装护墙板或喷塑等。1999年,永义村的小港村农民拆迁到镇东郊的马安新村。马安新村农民别墅小院落,每幢182平方米。

1999年年底,永新村域4个行政村已建楼房面积151 420平方米、平房11 578平方米,人均住房面积51.37平方米。见表7-1-6。

表7-1-6 1999年永新村域农民住房建设统计表

村名	总户数（户）	总人口（人）	已建楼房户数（户）	占总户数（%）	人均住房（平方米）		
					楼房总面积	平房总面积	人均住房面积
总 计	802	3 173	756	94.26	151 420	11 578	51.37
永义	175	730	168	96.00	35 750	600	49.79
永安	256	1 015	248	96.88	61 891	9 851	70.68
永生	191	759	172	90.00	26 081	552	35.08
永益	180	669	168	93.30	27 698	575	42.26

永新村志

2000年后,农村先富裕起来的一部分人开始翻建别墅,讲究装潢,其材料、款式与城镇几无差别,并在镇上、城里购商住、店面房。21世纪,农村人民向城镇集中居住的趋向越加凸显。随着村民收入的年年增加,生活水平的大幅提升,社会商品的日益丰富,村民的消费观念不断更新。老一代人的省吃俭用、注重储蓄、消费量力而行的传统观念,正逐渐被年轻一代的力赶新潮、先贷后支、超前消费的享受、发展型观念所取代。村民的消费需求与社会购买力空前增长。

2007年,永新村841户有住房4 038间。

2012年,随着城乡一体化力度的加大、居民收入的不断提升、家居环境的改善,越来越多的农民舍得把钱用在装修上,对住房装潢的要求不断提升。在强大的经济基础支撑下,村民的生活也随之进入了水平提高最快,质量、保障最好的历史时期。村民的生活水平与2000年相比,跨越了一大步。与新中国成立前比,更是发生了翻天覆地的变化,可以这样讲,这种变化是老一辈连做梦也难以想象和不敢想象的。

2. 家庭大型消费品

20世纪90年代前,永新村域农民谈不上有家庭大型消费品。

1998年,永新村域安装固定电话583部,拥有手机61部,使用液化气590户,拥有空调37台、微波炉8台、吸尘机264台、冰箱406台、彩电580台、黑白电视机440台、热水器563台、电风扇1 777台、卡车1辆、轿车1辆、自行车1 353辆、摩托车658辆、人力三轮车240辆。见表7-1-7。

表7-1-7　　　　　　　1998年永新村域各村家电、交通工具统计表

名　称	永义村	永安村	永生村	永益村	合计
装固定电话	123部	198部	103部	159部	583部
拥有手机	14部	12部	18部	17部	61部
使用液化气	153户	240户	145户	52户	590户
拥有空调	12台	10台	0台	15台	37台
拥有微波炉	0台	5台	0台	3台	8台
拥有吸尘机	37台	184台	15台	28台	264台
拥有冰箱	92台	168台	60台	86台	406台
拥有彩电	128台	203台	125台	124台	580台
拥有黑白电视机	54台	240台	81台	65台	440台
拥有热水器	48台	160台	120台	135台	563台
拥有电风扇	520台	512台	360台	385台	1 777台
拥有卡车	0辆	0辆	1辆	0辆	1辆
拥有轿车	0辆	0辆	1辆	0辆	1辆
拥有自行车	247辆	640辆	320辆	146辆	1 353辆
拥有摩托车	149辆	261辆	190辆	58辆	658辆
拥有人力三轮车	41辆	80辆	82辆	37辆	240辆

2012年,永新村域农民拥有的家庭大型消费品有洗衣机、电冰箱、空调机、热水器、摩托车、手机、彩电、电脑。随着生活水平的快速提升,家庭大型消费品的添置紧跟潮流,冰箱、热水器、洗衣机、高档液化气灶、大屏幕彩电、DVD放像机、数码照相机、电脑、多功能立体声音响、电话机、手机、席梦思大床、组合式现代家具、摩托车等成为必备。红木家具、摄像机、液晶式高级电视机、钢琴、轿车等也开始进入寻常人家。上一代人的家具、电器丢弃可惜,留着拥挤,大多数由父母辈房间或出租房使用。

3. 饮食

20世纪50年代,农民饮食十分节俭。每天以米饭素菜为主,早、晚吃稀饭,中午有米饭。菜肴很少见到荤菜,基本靠家庭种植的蔬菜为主,在招待亲朋好友、逢年过节时,才添购荤菜,改善生活。20世纪60年代中期到70年代,村民吃饭基本上以素菜为主。80~90年代,社会农副产品供应丰富,村民可自由挑选购买,丰富了村民的饮食生活。

2000年后,村民饮食水平不断提高,平时无荤勿吃饭,逢时逢节,招待亲朋菜肴丰盛,人们开始吃讲营养,荤素搭配,直接消费粮食的比例逐年下降,水果长年不断,孩童牛奶常饮,保健品开始进入家庭消费。婚丧喜庆大摆宴席,互相攀比,达20多道菜肴,再加点心,有的年夜饭订在饭店。

2012年,食品消费更趋多样,饮食服务更重质量。一是随着健康饮食、养生观念深入人心,饮食消费支出发生较大变化,饮食结构更加均衡。糕点、奶及奶制品,干鲜瓜果,蔬菜,肉禽蛋水产品等丰富营养的食品支出明显增长。二是外出饮食渐成风尚。随着生活水平的提高和生活节奏的加快,外出餐饮次数明显增多,消费支出增长较快。

4. 衣着

20世纪50年代,农民衣着十分朴素。早期,大多数村民以土布、市场便宜布料缝制衣衫,款式单一,偶然走进城市,不容介绍,便知乡下人。20世纪60年代中期到70年代,男有灯芯绒、女有平绒缝制的时尚服装,中山装也很盛行,服饰有了很大改观。80~90年代,随着改革开放的深入,村民可在市场上自由挑选购买各式服装。村民偶然走进城市,不经介绍,很难辨认来自农村。

2000年后,村民的衣着质地进一步提升,款式、色彩进一步多样化,男性以西装、夹克衫、休闲衫为主,女性以两用衫、西服、中装、风衣为主。男、女皮革制衣、羽绒衫也相当普遍,针织内衣、羊毛衫、绒线衫花式不断翻新,年年新潮年年添,家中衣衫"成灾",衣柜、衣箱皆满。大襟布衫、尖角包头、裾裙、围身等传统水乡服饰偶见于老年妇女和传统文艺活动,正处于消失的态势。

2012年,衣着打扮支出增多,时尚消费档次更高,农民衣着打扮更凸显个性、时尚、潮流,装饰消费支出和档次都大幅提高。

第二节 民生及收入调查

中国60年的发展经验表明,民生是经济社会建设的重点,发展以民生为先。温饱是民生之始,就业是民生之本,教育是民生之要,收入分配是民生之源,社会保障是民生之依,社会安全是民生之盾。2010年,永新村从大众消费、就业形势、社会保障、社会支持、收入差距、社会分层、人力资源、老龄化、家庭结构变化等众多社会层面进行民生及收入调查,揭示了全村民生问题的总体面貌。

2010年,从永新村民生及收入情况调查表中看,全村795户3 059人,总纯收入5 593.8万元,人均18 286元。全村就业劳力1 765人,其中从事第一产业的55人,仅占就业劳力的3.1%;从事第二产业的1 435人,占就业劳力的81.3%;从事第三产业的275人,占就业劳力的15.6%。从事农业生产、工业生产、服务业的劳力就业收入1 997万元,占总纯收入的35.7%,超过了三分之一。物业收入3 053.8万元,占总纯收入的54.6%。物业收入中,经营性纯收入2 569万元,村内有规模种养户67户,承包耕地种植2 801亩,承包水面养殖2 384亩,经营性种养农业纯收入688万元;有民营企业61户,经营工业、建筑业纯收入1 520万元;有个体工商户167户,劳务运输、服务业和商贸餐饮纯收入300万元。投资性收入386.8万元,资产性收入98万元。政策性、福利性收入540万元,占总纯收入的9.65%。其他收入3万元,占总纯收入的0.05%。见表7-2-1、表7-2-2、表7-2-3、表7-2-4、表7-2-5。

2012年,全村795户3 060人,总纯收入6 927.9万元,人均22 640元。全村就业劳力1 873人,其中从事第一产业的45人,比2010年减少10人,仅占就业劳力的2.4%;从事第二产业的1 728人,比2010年增加293人,占就业劳力的92.26%;从事第三产业的100人,比2010年减少175人,占就业劳力的5.34%。从事农业生产、工业生产、服务业的劳力就业收入2 947万元,比2010年增长47.57%,占总纯收入的42.54%。物业收入2 556.8万元,占总纯收入的36.91%;物业收入中,经营性纯收入2 435万元,村内有规模种养户45户,承包耕地种植4 738亩,承包水面养殖90亩,经营性种养农业纯收入729万元;有民营企业67户,经营工业、建筑业纯收入1 201万元;有个体工商户181户,劳务运输、服务业和商贸餐饮纯收入484万元。投资性收入28万元,资产性收入93.8万元。政策性、福利性收入1 414.1万元,占总纯收入的20.41%。其他收入10万元,占总纯收入的0.14%。见表7-2-6、表7-2-7、表7-2-8、表7-2-9、表7-2-10。

2010年永新村民生及收入情况调查表(一)

一、家庭基本情况

表7-2-1

户数(户)	其中老龄单列户	人口(人)	劳动力(个人)	其中就业劳动力(个人)	其中(个人)			就业收入(万元)	承包耕地(亩)	承包水面(亩)	投资股本金(万元)	房屋出租(平方米)	出租资产(万元)	创业经营(户)	其中		
					第一产业	第二产业	第三产业								规模种养(户)	民营企业(户)	个体工商(户)
795	0	3 059	1 770	1 765	55	1 435	275	1 997	2 801.322	2 384	144.5	2 596	203.9	295	67	61	167

2010年永新村民生及收入情况调查表(二)

二、物业收入情况

单位：万元

表7-2-2

经营性资产	其中:固定资产	雇用员工(个人)	合计	经营性纯收入						投资性收入				
				小计	规模种植	规模养殖	工业企业	建筑企业	劳务运输	商贸餐饮	服务业	其他	小计	富民合作社	社区股份制	土地股份制	股份制企业	其他
1 945.2	238.3	518	3 053.8	2 569	123	565	1 220	300	115	75	110	61	386.8	13.8	0	373	0	0

2010年永新村民生及收入情况调查表(三)

表7-2-3

资产性收入(万元)				三、政策性、福利性收入(万元)						四、其他收入(万元)			五、全年家庭收入	
小计	房产租赁	其他资产租赁	合计	种养直接补贴	养老保障	征用(使用)土地补偿	农用地流转	低保收入	三老补助	优供补	合计	扶贫及捐赠	赡养抚养	其他	纯收入(万元)	人均纯收入(元)
98	86	12	540	9	135	377		13	5	1	3	2	1	0	5 593.8	18 286

表 7-2-4　2010年永新村民生及收入情况调查表（四）

户数(户)	有物业收入户数(户)	物业家庭平均年收入(万元)	其中					农民纯收入总额(万元)	其中(万元)					
			5000元以下(户)	5000~10000元(户)	10000~50000元(户)	50000~100000元(户)	100000元以上(户)		工资性收入	经营性收入	投资性收入	资产性收入	政策性福利收入	其他
795	455	6.77	7	32	154	157	105	5593.8	1995.8	2569	386.8	98	540	4.2

表 7-2-5　2010年永新村民生及收入情况调查表（五）

人均纯收入(元)	5000元以下户	其中老龄单列户	5000~8000元	其中老龄单列户	8000~10000元	10000~12000元	12000~14000元	14000~16000元	16000~18000元	18000元以上
18286	0	0	19	0	30	36	75	96	141	398

表 7-2-6　2012年永新村民生及收入情况调查表（一）

一、家庭基本情况

户数(户)	人口(人)	其中老年单列户(户)	劳动力(人)	其中就业劳动力(人)	就业收入(万元)	其中(人)			承包耕地(亩)	承包水面(亩)	投资股本金(万元)	房屋出租(平方米)	出租资产(万元)	创业经营(户)	其中		
						第一产业	第二产业	第三产业							规模种养(户)	民营企业(户)	个体工商(户)
795	3060	24	1881	1873	2947	45	1728	100	4737.58	90	2152.7	1970	137.8	293	45	67	181

表7-2-7

2012年永新村民生及收入情况调查表（二）

二、物业收入情况

经营性资产（万元）	其中：固定资产（万元）	雇用员工（人）	经营性纯收入（万元）								
			合计	小计	规模种植	规模养殖	工业企业	建筑企业	劳务运输	商贸餐饮	服务业	其他

经营性资产（万元）	其中：固定资产（万元）	雇用员工（人）	合计	小计	规模种植	规模养殖	工业企业	建筑企业	劳务运输	商贸餐饮	服务业	其他	小计	富民合作社	社区股份制	土地股份制	股份制企业	其他
869.2	869.2	1 740	2 556.8	2435	314	415	819	382	162	131	191	21	28	13	15	0	0	0

表7-2-8

2012年永新村民生及收入情况调查表（三）

三、政策性、福利性收入情况（万元）

资产性收入（万元）				三、政策性、福利性收入情况（万元）						四、其他收入（万元）					五、全年家庭收入		
小计	房产租赁	其他资产租赁	合计	种养直接补贴	养老保障	征（使）用土地补偿	农用地流转	低保收入	三老补助	优抚补	合计	扶贫及捐赠	赡养抚养	其他	纯收入（万元）	人均纯收入（元）
93.8	82.9	10.9	1 414.1	48.9	703	330	307	15	9	1.2	10	8.8	1.2	0	6 927.9	22 640

表7-2-9

2012年永新村民生及收入情况调查表（四）

户数（户）	物业家庭平均年收入（万元）	有物业收入户（户）	农民纯收入总额（万元）	其中（万元）					其中				
				工资性收入	经营性收入	投资性收入	资产性收入	政策性福利性收入	其他	5 000元以下（户）	5 000~10 000元（户）	10 000~50 000元（户）	50 000~100 000元（户）	100 000元以上（户）
795	54 985	465	6 927.9	2 947	2 435	28	93.8	1 414.1	10	0	24	152	168	121

表7-2-10　2012年永新村民生及收入情况调查表（五）

人均纯收入（元）	5 000元以下	其中老龄单列户	5 000~8 000元	其中老龄单列户	8 000~10 000元	其中（户） 10 000~12 000元	12 000~14 000元	14 000~16 000元	16 000~18 000元	18 000元以上
22 640	0	0	35	24	54	189	273	121	119	

第三节　社会保障

进入21世纪,随着社会的进步,经济的发展,政府财政收入的增加以及政府"以民为本"执政理念的不断强化,社会保障体系不断完善,水平不断提高,人民生活得到全面保障。

2012年,永新村共有2 551人应参保人员,其中应参加基本养老保险人员1 546人、应养老人员1 005人。应参保人员中,有农保53人、企业职工社保787人、档案托管669人、机关事业视同参保12人,未参保25人。53名农保人员中,有无业居民49人、四残低保人员4人。669名档案托管(个人已交款参加社保)人员中,原来享受农保转社保的612人,原就享受城保57人。1 005名应养老人员中,1 004人已领取农保养老432人、城保养老572人;1名70岁以下有退休工资的未另发放养老金。

一、农民养老保险(农保)

2000年后,农村人口日趋老龄化,随着计划生育政策的不断深入人心,农户人口结构日趋"4∶2∶1"模式,使农村单纯以家庭养老的保障功能日益弱化,从而显露出一系列社会和经济问题。从2003年4月始,政府投入巨资,全面实行农民养老金制度。是年,男性满60周岁、女性满55周岁的农民全部享受每月100元的养老金,70周岁以上的享受每月130元,并以每年2.5%的幅度增长,费用全部由政府负担;至2008年,原女55周岁(2008年调整为50周岁)、男60周岁以上农保养老金提高到190元/月,70周岁以上的提高到220元/月(2009年1月起增发60元人/月)。对未满领取政府农保养老金年龄的农民(18岁以上)每年每人交纳养老金1 050元,由个人、镇政府、市政府按4∶3∶3比例分担,并按每年7%的幅度增交。2003~2007年,农民农保参保率稳定在95%以上。

随着农保转社保的不断增长,农保人数逐渐减少。2012年,实有农保53人。见表7-3-1。

表7-3-1　　　　　　　　　　2012年永新村农保名单　　　　　　　　　单位:元

序号	姓名	缴费时间段		缴费金额(元)				组别	备注
		起	止	个人	市补	镇补	合计		
1	吴春心	2012-01	2012-12	720	540	540	1 800	29	
2	姬春荣	2012-01	2012-12	180	810	810	1 800	36	癌症
3	朱丙峰	2012-01	2012-12	720	540	540	1 800	38	
4	沈子妹	2012-01	2012-12	180	810	810	1 800	22	低保
5	冯培青	2012-01	2012-12	720	540	540	1 800	7	
6	王　强	2012-01	2012-12	720	540	540	1 800	12	
7	柴惠英	2012-01	2012-12	180	810	810	1 800	2	四残
8	吴林兴	2012-01	2012-12	720	540	540	1 800	2	

续表

序号	姓名	缴费时间段		缴费金额(元)				组别	备注
		起	止	个人	市补	镇补	合计		
9	柴正新	2012-01	2012-12	720	540	540	1 800	2	
10	吴 勇	2012-01	2012-12	720	540	540	1 800	2	
11	孙小平	2012-01	2012-12	720	540	540	1 800	10	
12	冯建新	2012-01	2012-12	720	540	540	1 800	3	
13	冯建青	2012-01	2012-12	720	540	540	1 800	3	
14	沈国华	2012-01	2012-12	720	540	540	1 800	15	
15	蒋玉芹	2012-01	2012-12	720	540	540	1 800	15	
16	陆春新	2012-01	2012-12	720	540	540	1 800	19	
17	陆建林	2012-01	2012-12	720	540	540	1 800	19	
18	张裕林	2012-01	2012-12	720	540	540	1 800	19	
19	徐建忠	2012-01	2012-12	720	540	540	1 800	19	
20	沈志明	2012-01	2012-12	720	540	540	1 800	14	
21	瞿秀龙	2012-01	2012-12	720	540	540	1 800	33	
22	蔡冬军	2012-01	2012-12	720	540	540	1 800	4	
23	徐 勇	2012-01	2012-12	720	540	540	1 800	1	
24	吴拥军	2012-01	2012-12	720	540	540	1 800	2	
25	张建荣	2012-01	2012-12	720	540	540	1 800	26	
26	吴志平	2012-01	2012-12	720	540	540	1 800	26	
27	张育新	2012-01	2012-12	720	540	540	1 800	34	
28	张正勇	2012-01	2012-12	720	540	540	1 800	34	
29	周小弟	2012-01	2012-12	720	540	540	1 800	34	
30	陆云元	2012-01	2012-12	720	540	540	1 800	14	
31	沈永兴	2012-01	2012-12	720	540	540	1 800	16	
32	沈 海	2012-01	2012-12	720	540	540	1 800	16	
33	沈 坚	2012-01	2012-12	720	540	540	1 800	17	
34	马春林	2012-01	2012-12	180	810	810	1 800	17	四残
35	王 辉	2012-01	2012-12	720	540	540	1 800	14	
36	翁春荣	2012-01	2012-12	720	540	540	1 800	39	
37	徐 云	2012-01	2012-12	720	540	540	1 800	1	
38	朱建元	2012-01	2012-12	720	540	540	1 800	23	
39	王华林	2012-01	2012-12	720	540	540	1 800	23	
40	吴 英	2012-01	2012-12	720	540	540	1 800	23	
41	张小妹	2012-01	2012-12	720	540	540	1 800	23	
42	郁云弟	2012-01	2012-12	720	540	540	1 800	11	
43	王晓东	2012-01	2012-12	720	540	540	1 800	20	

续表

序号	姓名	缴费时间段		缴费金额(元)				组别	备注
		起	止	个人	市补	镇补	合计		
44	朱建洪	2012-01	2012-12	720	540	540	1 800	1	
45	黄小荣	2012-01	2012-12	720	540	540	1 800	1	
46	张红花	2012-01	2012-12	720	540	540	1 800	11	
47	潘文清	2012-01	2012-12	720	540	540	1 800	29	
48	朱回琴	2012-01	2012-12	720	540	540	1 800	21	
49	沈雪龙	2012-01	2012-12	720	540	540	1 800	21	
50	赵福金	2012-01	2012-12	720	540	540	1 800	9	
51	朱巧根	2012-01	2012-12	720	540	540	1 800	31	
52	徐金海	2012-01	2012-12	720	540	540	1 800	1	
53	张建林	2012-01	2012-12	720	540	540	1 800	14	
合计				36 000	29 700	29 700			

二、社会养老保险(社保)

2000年,社会养老保险只在市镇有业人员(机关、企事业单位干部、职工)中展开。此后又在有业农民、失地农民中逐步展开。2003年全镇社保9 993人,其中档案托管236名,企业社保8 195人,机关、事业单位1 562人。至2007年,社保对无业农民放开,政府不惜补贴巨资,鼓励无业农民参保。当年农民参加社保4 788人,2008年增至6 517人,占农民参保人数的41.7%。参加社保的农民,50周岁女性、60周岁男性第一个月的养老金可领600元以上,解决了农民养老的根本问题,也解决了农村4∶2∶1型家庭人口结构的养老后顾之忧。无业农民的养老金制度逐步过渡到社保。2012年,企业职工社保787人,档案托管社保612人。仅档案托管社保,财政补贴金额574 380元,其中市财政补贴287 190元,镇财政补贴287 190元。

三、最低生活保障

2000年后,根据《昆山市城镇人民最低生活保障办法》《昆山市农村人民最低生活保障办法》精神,政府对收入水平达不到政府测定的最低生活保障水平的人民加大了保障的力度。2000年,农村人民生活最低标准100元/月,城镇人民生活最低标准180元/月,以后逐年增加,2007年调整为农村人民240元/月,市镇人民320元/月。2008年,农村、市镇人民最低生活保障水平统一为人均350元/月。2012年,全村享受低保52人。

四、医疗保险

永新村的医疗保险,1969年3月,永益村首建。后永义、永生、永安相继建立。当时称合作医疗,其基金由社员个人和生产队共同筹集,参加的个人每年每人交1~2元,集体交2~4元,作为医药费。在村医疗站就诊,医药费可全免;转公社卫生院看病者,医药费报销50%;如果转县以上医院的,则报销20%~30%。

大病风险基金制度始建于1992年。以户为单位参加,参加率在95%以上。每人每年交2~4元,镇、市两级政府有拨款。基金兑现,在21世纪之前最高不超过3 000元;2000年的收费标准也有所提高,每人每年20元,其中个人交16元,市、镇财政各补贴2元;结算标准也不尽相同,超过千元补偿20%;超过3 000~5 000元,补偿25%;5 000元以上,补偿30%;住院病人补偿额至6 000元封顶。

2000~2003年,政府在农村合作医疗的基础上逐步完善大病风险基金制度,对解决农民大病看不起、因病返贫起到了一定的作用。2004年起,政府加大了对农村医疗保险的投入力度,对农村人民全面实施医疗保险,缴费标准每人每年200元,其中个人负担50元(60岁以上老人免交),其余由镇村二级经济负担。

2009年,调整居民医疗保险筹资标准,每人每年为320元,其中市、镇两级财政分别补助110元,村级集体经济补助20元,参保居民个人交纳80元。调整居民医疗保险享受待遇:(1)门诊、住院起付线与职工医保接轨。60周岁以下门诊起付线调整为600元,60周岁以上门诊起付线调整为300元;60周岁以下住院起付线据一、二、三级医院(含转外)等医院类别仍为300元、600元、1 000元,60周岁以上根据一、二、三级医院(含转外)等医院类别分别调整为200元、500元、800元。(2)门诊、住院各分段统筹基金补助报销比例在原基础上分别提高5个百分点。

2012年,缴费标准每人每年达到550元,其中个人150元/人,镇补180元/人,市补200元/人,村补20元/人,60岁以上交费由市镇补贴,低保个人交费由市补贴,居委会集体补贴由镇负担。是年,全村农村医疗保险仅961人,其余都参加了职工医疗保险。筹集农村医保资金528 550元,其中个人交纳69 000元,村级集体补助19 220元,镇财政补助209 055元,市级补助231 275元。见表7-3-2。

表7-3-2　　　　　2012年永新村农村居民医疗保险费缴费明细汇总表　　　　　单位:人、元

人数				个人交纳	村级补助	镇级补助	市级补助	小计
合计	正常	60岁以上	低保					
961	460	449	52	69 000	19 220	209 055	231 275	528 550

五、失地农民生活保障

2000年后,随着工业经济、社会公共事业的快速发展,镇政府征用、使用了大量的土地,至2007年12月底,全镇共计54 327亩,征地比例52%。全镇共有失地农民4 000多户17 802人。政府对失地农民实行保障政策。

1. 土地补偿金

(1) 2003年12月31日之前征用的土地,每年按责任田400元/亩、自留地800元/亩、口粮田1 200元/亩补偿,享受到2015年终止。

(2) 2004年1月1日起征用的土地,按12 600元/亩直接支付给被征地农民。

2. 安置补助费

以村民小组为单位,按20 000元/人的标准记入失地农民个人账户,按120元/月保养金发放。从2007年开始,由政府贴款,将失地农民纳入城镇职工养老保险,失地安置补助费个人

账户资金可抵算个人交纳基金部分,转入养老保险基金。

3. 就业政策

对失地农民劳动力实行优先就业政策,同时享受失业保险、医疗保险待遇,扶持失地农民向第三产业转移。

4. 失地农民养老金

对已到退休年龄的失地农民(女50周岁、男60周岁)发放失地农民养老金410元/月,70周岁以上440元/月,并允许补交基金转入城镇职工养老保险,进一步提高他们的养老金水平。政府对失地农民的政策措施,确保了失地农民的合法权益,解除了他们养老的后顾之忧,化解了农民失地后带来的诸多社会问题。

六、弱势群体人民的生活保障

扶贫帮困、敬老助残,是镇政府民政工作的一贯宗旨。2000年以后,随着镇级财力的增强,镇民政工作进一步加大了对社会老弱病残弱势群体人民生活的保障力度,开展"爱心助学"、"扶贫帮困"、"敬老助残"活动,以保障他们的基本生活,维护他们的合法权益,提高他们的生活质量。1998年,永新村有各类残疾人22人。

2005年始,昆山市政府办公室、民政局、财政局、残疾人联合会、卫生局等单位,先后就残疾人问题,下发关于"社会保障"文件7件、"康复"文件6件、"教育"文件3件、"就业"文件2件、"福利"文件5件,对无固定收入的重残人员,每人每月按当地城乡低保标准100%全额享受生活救助金;对有固定收入的重残人员,其本人收入低于当地城乡低保标准的,按当地城乡低保标准实行差额救助,切实改善残疾人的生活状况,促进和谐社会建设。

2011年3月11日,昆山市残疾人联合会、昆山市交通运输局、昆山市财政局联合印发《昆山市残疾人免费乘坐公交车工作实施方案》,明确规定,持残疾人证申办《昆山市残疾人免费乘车卡》,持残疾人乘车卡免费乘坐昆山市公交车。

2012年,永新村有残疾人60名。政府扶贫帮困、敬老助残的政策,保障和提高了社会弱势群体的生活质量,成为21世纪人民生活的一个亮点。

第八章

文体卫生

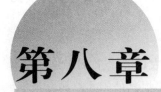

永新村域有元代善于赋诗作词淞南碛磜福严寺僧至讷,有明代名医庄乐。

宣统元年(1909年),村域中第一所小学养正学校建立;宣统三年(1911年),邑人沈山灵等集资创办神童小学。1952年,创办永义小学、永生小学。1958年"大跃进"时代,每个大队都办了幼儿班。

农村文化在村域有着深厚的历史文化底蕴,历史上就有看戏、演戏、说戏的传统习俗,每年碛磜寺二月十九庙会,是老百姓看戏、演戏、说戏的缩影。

20世纪60年代,每年进行群众性的查灭螺工作,对血吸虫病人进行治疗。70年代初,全面建立村级医疗站。

20世纪90年代,全面争创卫生村活动,重视文化事业建设,建广播电视、老年活动室、图书室,开创"五位一体"多功能的文化阵地,并充分发挥主阵地作用,传播文明健康的科学文化知识。1997年,江苏省爱卫会授予永益村"江苏省卫生村"荣誉称号。

进入21世纪,群众文化工作业绩斐然,群众业余文化生活丰富;卫生工作更上一层楼。2007年5月11日,江苏省爱卫会命名永新村为"江苏省卫生村"。2013年,苏州市委、市政府授予永新村"苏州市美丽镇村建设示范村"荣誉称号。

第一节 小 学

一、小学学制

清宣统年间,小学实行癸卯学制,初等教育为9年,即初等小学5年,高等小学4年。民国元年(1912年),小学学制为7年,分初小4年,高小3年。民国十一年(1922年),颁布新学制,初小4年,高小2年。新中国成立后,小学学制仍沿用六年制。1952年秋,苏南区有推行小学《五年一贯制》的意见,但没有立即试行。1953年仍沿用"四、二"制。1968年,小学实行五年一贯制。1970年改为春季始业。1974年恢复秋季始业。1983年秋,小学由五年制向六年制过渡,于1986年过渡完毕。

二、小学课程

清宣统年间,初等小学堂教授科目有修身、读经讲经、中国文字、算术、历史、地理、格致、体操8个科目,加设图画和手工2科为随意科,此为完全学科。乡民贫困、师儒稀少的地方,科目从简,为修身读经合一,中国文字,历史、地理、格致合一,算术,体操5个科目,此为简易科。高等小学堂教授科目为修身、读经讲经、中国文字、算术、中国历史、地理、格致、图画、体操9科,加授手工、商业、农业等科目为随意科。民国元年(1912年),执行教育部颁布的《小学校令》,初等小学校教授科目为修身、国文、算术、手工、图画、唱歌、体操7门,女子增加缝纫课。高等小学校教授科目为修身、国文、算术、本国历史、地理、理科、手工、图画、唱歌、体操10门,男子增设农业(或商业),女子增设缝纫,并可加设英语或别种外语。民国十二年(1923年),初级小学设国语、算术、社会(公民、卫生、历史、地理四科合一)、自然(自然、园艺合一)、工用艺术、形象艺术、音乐、体育8个科目。高级小学设国语、算术、公民、卫生、历史、地理、自然、园艺、工用艺术、形象艺术、音乐、体育12个科目。民国二十五年(1936年),初级小学设公民训练、国语、算术、常识、劳作、美术、体育、音乐8个科目。高级小学设公民训练、国语、社会、自然、算术、劳作、美术、体育、音乐9个科目。自四年级起算术科加教珠算。其后,虽历经多次修订,但课程无重大变化。新中国成立后,取消公民训练,其余仍维持原状。1952年,执行华东军政委员会教育部颁布的教学计划,初小设语文(国语)、算术、体育、音乐、美工5个科目。高小设语文(国语)、算术(四年级起含珠算)、自然、历史、地理、体育、音乐、美工8个科目。此外,初、高级均有朝会(包括早操)、课间会(包括课间操)、周会、校内课外活动、校外社团活动。1957年秋,小学增设每周1节周会,列入教学计划。1958年秋,小学增设劳动课,高年级开设农业生产知识课。1966年,"文化大革命"开始,学校停课。1967年复课,实行"四自":自订方案,自定课程,自选教学内容,自编教材。多数学校设政治、语文、数学、唱歌、图画、军体、劳动。1972年开始,执行县颁布的教学计划。1977年秋,班队活动列入课表。1982年秋,执行部颁《全日制五年制小学教学计划(修订草案)》。政治课改为思想品德课;语文课教时低年级略减,高年级酌增,安排写字指导;外语课停开;自然课提前一年开,增加总课时。1983年秋,由于学制过渡,同时执行省颁《全日制六年制小学暂行教学计划》,六年制课程设置又做了相应调整,设思想品德、语文(阅读、作文、写字)、数学、体育、音乐、美术,四年级起设自然常识,五年级增设地理,六年级增设历史,三年级起开设劳动课。各年级均有自习、科技、文娱、体育活动和周班队活动。

三、学校简介

1. 养正学校

养正学校,先后更名为碛硇小学、永益小学。据《(民国)昆新两县续补合志》记载,养正学校在杨湘泾南三里碛硇村,宣统元年(1909年),县人周家恒、徐建达,以原有义塾田租开办,用福严寺余屋为校舍。民国初期更名为碛硇小学,民国十八年(1929年),在昆山县小学堂一览表中,养正学校早已更名为碛硇小学。碛硇(养正)小学,在福严寺大殿东南侧,学生30~40人。学校设1~4年级复式班,主要招收碛硇、彭安泾农家子女入学,也有黄土泾、黄泥泾少数学生就读。新中国成立前,先后由李铁石(碛硇塘人)、顾培珍(甪直人)等任教。新中国成立时,有教室2间,办公室1间,宿舍1间。学校东南侧向南凸显的厢房为校门,校门正对南方,门前有数级石台阶,大门上侧有竖写的"碛礇小学"四个黑体大字。进门为第一间教室,教室南、西有狭小走道,通过走道往北,可进入教师办公室。教师办公室东侧为教师宿舍,西侧为大教室。第一间教室西侧与大教室南侧的空地为学校小操场,学生大型活动可到福严寺北侧的大操场举行。小操场南侧与西侧有围墙,西侧围墙北端有围墙门,学生可通过围墙门、南校门进校上学。之后,围墙逐渐坍塌。新中国成立后,由戴同伦(昆山人)、周蕴华(千灯人)、周泉珍(上海人)、曹俊德(昆山人)等人任教。1978年,学校与福严寺大庙一起拆除,在原地重建校舍,学校更名为永益小学。1984年,有班级2个,学生41名。1995年撤永益小学,并入淀山湖中心校。

2. 神童小学

据《(民国)昆新两县续补合志》记载,神童小学在神童泾村,宣统三年(1911年),邑人沈山灵等集资创办。民国时期,有班级1个、教师2人、学生40人。新中国成立后,学堂面积逐步扩展到300平方米,有1~6年级学生读书。1955年,学校东侧一排校舍有3间,中为大教室,可容纳50多名学生,大教室南北有两个小教室,南侧是六年级教室,北侧是五年级教室,每个教室可容纳20名学生。学校西南侧是两层木结构的教师办公楼,办公楼与南侧教室之间有小天井,校区北侧有校舍2间,东为教室,西为厨房间,学校西侧为围墙。1956年,学校围墙西北侧新建能容纳50名学生的标准教室,秋季招收来自周边自然村就读的五年级学生。至此,神童小学校舍规模定型,校长张一平(代),副校长王定廉,教师有金元龙、卫家龙等。1973年,神童小学发展为"戴帽子"初中,名为永安中学。1980年初中毕业生

永安中学1980届初中毕业生合影

永安中学1982届初中毕业生合影

60多人,1982年初中毕业生近30人(见毕业照)。1983年,"戴帽子"初中与小学脱钩,改为村联办初中,淀东镇仅保留复光、谢簏、金家庄中学,神童小学保留为完小校体制。1984年,有班级4个,学生146名。

1993年,镇教育现代化工程启动,镇政府投入巨额资金(永安、复光、榭簏3所学校共投入300万元),改善学校硬件设施(3校建筑面积3 405.75平方米),易地(永新村办公室)改建神童小学,易名永安小学,并配以完备的现代化教学设备,为学校实施素质教育、提高教育质量提供了物质保证。小学原址改为村级工业用地。

1996年,永安小学高年级全部集中到淀山湖中心校就读,以充分利用现代化教育设施。

2003年9月,全镇合并为一所小学——淀山湖中心校,永安小学的学生全部到淀山湖中

心校上学,校舍仅保留永安幼儿园用房,其余成为永新村村民委办公室、永新村社区用房。

3. 永义小学

永义小学,创办于1952年。1984年,有班级2个,学生35名。1989年撤并入永安小学。

4. 永生小学

永生小学,创办于1952年,原名陆如墩小学。在六如墩古庙建为学校,教室一大间,办公室一间,宿舍一间,共有1~4个年级,为复式课堂,当时学生30~40人,先后有顾××(金家庄人)、陈兴锐(杨湘泾人)、陆士文(杨湘泾人)、季洪范(上海人)等任教。1984年,有班级2个,学生41名。1995年撤永生小学,并入永安完小。

5. 耕读小学

1965年,为解决一些大龄儿童读书问题,原各行政村先后办了耕读小学,实行半耕半读。耕读小学没几年就关闭。当时,永益大队办了三所耕读小学,彭安泾一所,学生12名,碛磩江南徐德明客堂一所,学生10名,碛磩小学南教室一所,学生15名,三所耕读小学共有学生37名,由知青任教;永生大队在金家港北横头凌再其家办了耕读小学,学生15名左右,由凌兆其任教。

第二节 幼 托

一、布局

1958年"大跃进"时代,每个大队都办了幼儿班,一般附设在小学里。三年自然灾害时期,农村幼儿班陆续停办。60年代以后,各大队又办起了专职托儿所,配备专职幼托教师,如永生大队,分别由张秀娟、王会娥担任,工资由大队支付。

1981年,贯彻执行中央"抚育、培养、教育儿童和少年"的指示,各村都开办了幼儿班,入学幼儿一般在20~30人,各村自聘教养员,自负教育经费,业务上由镇中心幼儿园定期组织学习、辅导。1996年,撤并规模过小、设施简陋的村幼儿园,保留永安、永益幼儿园。见表8-2-1。2001年,仅保留永新村幼儿园,有校舍8间304平方米,后迁至村民委大院东侧。2012年,有班级3个,幼儿共36人,其中大班18人、中班10人、小班8人,有教职工4人。

表8-2-1　　　　1996~2000年淀山湖镇永新村域村幼儿园情况表　　单位:班级:个 其他:人

幼儿园名称	1996年			1997年			1998年			1999年			2000年		
	班级	幼儿	教职工	班级	幼儿	教职工	班级	幼儿	教职工	班级	幼儿	教职工	班级	幼儿	教职工
永安联合村	1	79	6	3	82	6	3	72	6	3	74	6	2	73	4
永益	1	30	2	1	25	2	1	19	1	1	15	1	1	15	1

二、设置

早期,幼儿班招收4~6周岁幼儿,编成混合班,学制1~3年,年龄小的幼儿读2~3年,年

龄大的幼儿只读1年。学制及课程开设都不太严格,课程有语言(包括讲故事、认识环境)、音乐、图画、劳作(泥工、纸工)和计数等。

1978年后,幼教事业日益走向规范,幼儿入园年龄调整为:小班3.5周岁,中班4.5周岁,大班5.5周岁。小班每周上课10节,每节30~35分钟。1981年,教育部《幼儿教育纲要(草案)》颁布后,幼儿教育统一开设计算、语言、常识、音乐、美工、体育等6门课程。1981年后,根据教育部颁布《幼儿教育纲要(试行草案)》的规定,向幼儿进行体、智、德、美的教养,使用全国统编教材,教养工作逐步走向规范,加强观察,开展多种多样游戏,使开展的各项活动具有趣味性,适应儿童心理特点,做到寓教于乐。1996年《幼儿园工作规程》颁布后,根据规程的精神进行教养工作,采用保教相结合的方式,对幼儿实施体、智、德、美全面发展的教育。

第三节 药 店

新中国成立前,永新村域有1家私营药店,药店所在神童泾,业主郁南林,中药铺,店名"郁记药店"。

新中国成立后,村域里没有药店。1969年建立村级医疗站后,村民配药都到医疗站。2003建立永新村社区卫生服务站。至2012年,村民配药都在卫生服务站。

第四节 医疗卫生

明代名医庄乐,字伯和,居磩碱里,精医术,能起奇疾,与叶盛友善。叶盛在朝廷任职时,一看到官府同僚身患疾病又疗效不佳时总要说:"恨不得让我乡下的好友伯和来官府当医治病!"庄乐,天性潇洒,医术高明、性格豪爽,为人和善,有乐于救人的良好人品。

新中国成立前,永新村域基本没有医疗人员,只有永益村一名祖传用中草药"四根汁"秘方专治慢性黄疸肝炎的朱爱林女士。她医治慢性黄疸肝炎,效果较好,在当地四乡八村尚有名声,"四根汁"医治黄疸,延续到新中国成立后。"四根汁"秘方,由铁扁担、地骨皮、金钱草、土大黄四味草药根组成,洗净、切细、捣烂,加黄酒浸泡后绞汁,绞出的汁液,称为"四根汁"。急慢性黄疸型肝炎喝了"四根汁",便出现腹泻,清除病人消化道病毒,一般喝一次"四根汁",就可治好病,对急慢性黄疸型肝炎有着显著疗效。

新中国成立前后,永新村域各自然村一般都有一至两名接生员,专为妇女生孩接生,接生成功率达90%以上。接生工作一直延续到20世纪70年代。

1955~1957年,掀起了一个群众性的查螺灭螺运动。为了彻底消灭钉螺,根据上级指示精神,每个大队配备血防大队长,各生产队有一名专职查螺灭螺员。同时,培训半农半医的生产队卫生保健员,成为"赤脚医生"的前身。

1958年,杨湘卫生所和杨湘联合诊所合并,成立淀东卫生院,设西医内科、西医外科、中医、化验室、妇产科等。下设医疗点,农业合作社配有不脱产保健员,开展农村基层医疗预防保健工作。保健员平时在生产队劳动,实行病人上门看病和保健员出诊两种就医方式,完成卫生院统一布置的防疫工作。

1965年10月,江苏省血防研究中心为淀东公社培训不脱产的农村保健员;以后,苏州市医疗队为淀东公社培训"赤脚医生","赤脚医生"正式产生。比如,永益村就在当时8个保健员中,挑选翁品兴、郁小苟二位进入"赤脚医生"队伍。"赤脚医生"通过多次培训,获得资格证书,掌握农村一般常见病的医治技术,为全大队社员巡视看病。永益村祖传"四根汁"中草药专治慢性黄疸肝炎的朱爱林,因年龄大、身体差,把医治黄疸慢性肝炎技术逐步传授给"赤脚医生"郁小苟,后扩展到永益村出身的乡村医生翁品兴、柳杏菊等。

1969年3月1日,永益大队试点,创办淀东公社第一个医疗站。大队新建医疗站房屋两间,配备必需的医疗设备和器材。合作医疗的基金,由社员个人和生产队集体共同筹集。参加合作医疗的社员,每人每年交纳1~2元,集体从公益金中提取2~4元。基金主要用于参加者的医药费报销,一般疾病在村医疗站就诊,医疗费全免;转公社卫生院就诊者,医药费报销50%;转县以上医院就诊,每次限额报支医药费20%~30%。在此基础上,永安、永义、永生大队相继创办农村合作医疗站,分别配备1~2名赤脚医生。医疗站流动资金,由大队集体铺底,为医疗站添置必备医疗器械、办公用具,备足一般常见疾病的药品。

1975年1月,合作医疗由"队办队管"转为"队办社管",公社成立合作医疗管理委员会,简称"医管会",配备专职人员,加强管理。参加合作医疗者,每年每人分别交纳2元(女)、3元(男),均由集体公益金支出。

1984年,"赤脚医生"改称乡村医生,为农村居民提供公共卫生和基本医疗服务,包括在专业公共卫生机构和乡镇卫生院的指导下,按照服务标准和规范,开展基本公共卫生服务;协助专业公共卫生机构,落实重大公共卫生服务项目,按规定及时报告传染病疫情和中毒事件,处置突发公共卫生事件等;使用适宜药物、适宜技术和中医药方法,为农村居民提供常见病、多发病的一般诊治,将超出诊治能力的患者,及时转乡镇卫生院及县级医疗机构就诊;受卫生行政部门委托,填写统计报表,保管有关资料,开展宣传教育和协助新农合筹资等工作。

1985年,医疗站改称卫生室。卫生室有医疗设施、设备,比以往医疗站的设施、设备明显改观。各卫生室普遍有二间三室,有办公台、观察台、外用台,房屋上有天面,下有水泥地面,病人就诊有凳坐等;卫生室配有标准的药橱、必用的医疗器械和常用药品。

1992年后,农村合作医疗福利型转为福利风险型,实行风险基金制度,以解决重病人的医药费负担困难。一次性报销由500~3000元不等,一般疾病治疗仍享受报销一定数额的医药费。

1994年末,永益、永安、永义、永生村卫生室,经昆山市卫生局验收,达到合格标准,所在卫生室的乡村医生取得省颁乡村保健医生合格证书。其中永益村卫生室成为甲级村卫生室,经苏州市卫生局验收发证。

1996年后,农村合作医疗基金的筹集由集体转向个人,参加农村合作医疗的村民按本村规定,每人每年交纳6~8元、8~10元不等,除挂号、出诊、注射费自理外,在村医疗室(卫生室)就诊全额报销;转镇卫生院(医院)就诊的医药费个人负担30%,另外70%由卫生院向医管会结算,年终医管会向行政村结算;转市以上医院就诊限额报药费50%(限额300元);服中

药每剂中药报销0.5元。

2003年,四村卫生室合并,名称改为永新村社区卫生服务站。永新村社区卫生服务站"六位一体",实行医疗、预防、保健、康复、计划生育、健康宣传于一体,服务项目包括建立居民健康档案、健康教育、预防接种、儿童健康管理、孕产妇健康管理、老年人健康管理、高血压和糖尿病人健康管理、重性精神病患者健康管理、结核病患者健康管理、中医药健康管理、传染病和突发公共事件报告和处理、卫生监督协管等12项。乡村医生具有乡村医生执业证书或执业(助理)医师证书,在卫生行政部门注册并获得相关执业许可。在村卫生室从事护理等其他服务的人员,具备相应的合法执业资格,卫生服务站有营业执照,从业人员有职称证、职业证、上岗证。

2012年,永新村社区卫生服务站,有3名职业助理医生、1名护士,站长为陈江。卫生服务站设输液室、健教室、换药室、处置室、治疗室、注射室、预防保健室、全科诊疗室、收费药房等,输液室内有观察床3张、观察椅10座,药房经常保持250种左右药品。站内工作全面实行联网电脑化程序,老年人和儿童的常见病、多发病,一般都在社区卫生服务站治疗,卫生服务站还做好慢性病的随访工作。

第五节 消灭血吸虫病

淀山湖地区气候温和湿润,雨量充沛,境内河流交叉、沟塘纵横。新中国成立前,条条沟沟有钉螺,村村户户有血吸虫病人,造成许多农户家破人亡的凄惨景象,甚至出现不少无人村。淀东公社在征兵体检中,18~22岁的应征青年中,感染血吸虫病的占比为85.3%,是血吸虫病严重流行地区之一。1973年统计,4个大队累计有过钉螺面积137.92万平方米,约2069亩河塘、沟渠、稻田、塘滩等有过钉螺。见表8-5-1。

表8-5-1　　　1965~1973年永新村域各大队累计有过钉螺面积分布情况一览表　　　单位:平方米

年份	大队名	累计有过钉螺面积					
		河塘	沟渠	稻田	塘滩	其他	合计
1965	永义	21 955	4 224	289 973	19 864	19 328	355 344
	永安	23 686	7 220	208 234		17 355	256 545
	永生	13 026	2 956	258 753	10 338	13 678	298 751
	永益	18 500	4 967	322 146	700	17 804	364 117
1966~1969	永义	22 475	6224	309 569	19 864	19 392	377 124
	永安	23 686	7 240	208 234		17 355	256 345
	永生	13 226	2 956	266 173	10 328	13 982	306 675
	永益	18 500	4 997	351 186	700	18 184	393 567
1970~1973	永义	22 475	12 833	309 169	19 864	19 523	383 864
	永安	23 686	17 506	208 234		17355	266 781
	永生	13 226	2 956	266 173	22 878	13 982	319 215
	永益	18 500	20 747	351 186	700	18 184	409 317

一、查螺

血吸虫是人畜互通寄生虫,储存宿主种类较多,有牛、猪、犬、羊、马、猫及鼠类等30多种动物,病人及患病耕牛为主要传染源。在一些长时间无人畜活动的地区,血吸虫在野生动物之间,通过钉螺传播。因此,查螺灭螺,成为消灭血吸虫病的首要环节。

1952年,按上级的要求,首先发动学校师生和农民、职工,捕捉钉螺。1953年,昆山县血防站在所属乡(镇)开展血吸虫病流行的调查和化验、灭螺及粪便管理等防治工作。1955年12月,毛泽东主席指出:"许多危害人民最严重的疾病,例如血吸虫病等等,过去人们认为没有办法对付的,现在也有办法对付了。总之,群众已经看见了自己的伟大的前途。"于是,从1955年起,掀起了一个群众性的查螺、灭螺新高潮。

据淀东公社血防站血防工作档案资料显示,永新村域永义、永安、永生、永益4个大队,1958年,查出有螺面积75 241平方米;1959年,查出有螺面积16 909平方米;1960年,查出有螺面积16 086平方米;1962年,困难年境,查灭螺工作没有正常进行。1963年,4个大队查出有螺面积114 066平方米,见表8-5-2。1964年,与上海市毗邻地区朱家角,开展联防活动,共查出有螺面积563 227平方米。

表8-5-2　　　　　　1958～1964年淀东公社永新村域查螺统计表　　　　　　单位:平方米

大队名	1958年 查出有螺	1959年 查出有螺	1960年 查出有螺	1961年 查出有螺	1963年 查出有螺	1964年 查出有螺
永义	14 420	3 552	5 598	66 656	3 556	147 855
永安	6 460	2 287	2 658	45 277	5 720	99 093
永生	35 687	5 867	4 055		6 689	126 656
永益	18 674	4 380	4 598	62 992	98 101	189 623
合计	75 241	16 086	16 909	174 925	114 066	563 227

1965年,"社会主义教育"运动中,各大队配备血防大队长,各生产队落实专职查螺、灭螺保健员,以群众性骨干队伍,对绿地、河道、溇、浜全面进行查螺,各大队的专职查灭螺保健员,对有螺地方用红笔画出草图,标出记号,正确掌握螺情。是年,永义、永安、永生、永益4个大队,累计河塘有螺面积77 167平方米,沟渠有螺面积19 417平方米,稻田有螺面积846 108平方米,塘滩有螺面积30 892平方米,其他有螺面积68 165平方米,合计有螺面积1 274 757平方米。1966年,4个大队共查出有螺面积519 600平方米,比1965年下降59.24%。1967年,4个大队共查出有螺面积212 587平方米,比1965年下降83.32%。1969年,4个大队共查出有螺面积102 136平方米,比1965年下降92%。1970年,4个大队共查出有螺面积529 523平方米,比1965年下降58.46%,比1969年有所反弹。1971年,4个大队共查出有螺面积40 176平方米,比1965年下降96.85%。

经过一段时间查螺、灭螺的努力,有螺面积大幅度下降。为彻底消灭钉螺,1972年,把"社队交界处、电灌站区漏查死角、三石(石坝岸、石滩坨、石桥墩)五荒(小荒滩、荒坟、荒废宅基、荒地田、荒竹园)"列为查螺重点。大队查螺结束后,在有螺地段和田块竖立有螺标记,并张榜公布。是年,村域中永安大队无螺,其他3个大队共有螺面积仅810平方米,比1965年下降

96.85%。以后每年查螺,搞好五个回合,群众普查,村队专业队重点查,乡专业队复查,乡镇对口查,县抽查。比如,大市公社派专职人员到永益大队一起查螺,时间三个月,确保查螺工作规范化。1982年,永新村域4个大队中,仅永益大队查出有螺面积920平方米。见表8-5-3。

表8-5-3　　1965~1982年淀东公社永新村域各大队当年有螺面积一览表　　单位:平方米

年份	大队名	累计有过钉螺面积					
		河塘	沟渠	稻田	塘滩	其他	合计
1965	永义	21 955	4224	289 975	19 854	19 328	355 344
	永安	23 686	7 270	208 234		17 355	256 545
	永生	13 026	2 956	25 753	10 338	13 678	298 751
	永益	18 500	4 967	322 146	700	17 804	364 117
1966	永义	5 350	3 497	82 117	19 800	1 096	111 860
	永安	3 764	4 021	76 326		3 676	89 787
	永生	2 650	1 516	180 066	10 029	3 320	197 581
	永益	3 850	1 830	108 636	700	5 356	120 372
1967	永义	2 400	20	23 976			26 396
	永安	820	100	26 640		413	27 975
	永生	300		106 360	11 988	801	119 449
	永益	720	270	35 032		2 745	38 767
1969	永义	4 568	470	33 074	550	120	38 782
	永安	2 800	500	3 996		1095	8 391
	永生	620	39 960	11 988		200	52 768
	永益	510	20	1 332		333	2 195
1970	永义	8 610	12 470	161 700	19 800	18 502	221 082
	永安	6 906	16 659	95 050		4 830	123 445
	永生	1 030	200	14 516	12540	132	28 418
	永益	16 010	17 148	121770		1 650	156 578
1971	永义	70	10		19 800		19 880
	永安	60					60
	永生	20	90	1 980	12 540	66	14 696
	永益	110	50	5 280		100	5 540
1972	永义	20					20
	永生	20					20
	永益	770					770
1973	永安					20	20
	永益		330				330
1974	永益		60				60
1975	永益		60				60
1982	永益		920				920

二、灭螺

1956年,连续开展了4次以土埋为主的群众性灭螺运动。填平不用的小沟、池塘、洼池,结合兴修水利,开沟铲草皮,达到"三面光",用铲下的土压埋钉螺。

1958年,4个大队实际灭螺面积53 998平方米;1959年,实际灭螺面积共9 501平方米;1960年,实际灭螺面积6 198平方米;1961~1962年,困难年境,查灭螺工作没有正常进行。1963年,4个大队查出有螺面积114 066平方米,百分之百进行了灭螺。1964年,实际灭螺面积19 961平方米。见表8-5-4。

表8-5-4　　　　　　　　1958~1964年淀东公社永新村域灭螺统计表　　　　　　　　单位:平方米

大队名	1958年	1959年	1960年	1961~1962年	1963年	1964年
	实际灭螺	实际灭螺	实际灭螺		实际灭螺	实际灭螺
永义	14 030	927	2 835	—	3 556	2 982
永安	1 983	2 287	1 039	—	5 720	
永生	22 150	1 919	1 229	—	6 689	2 567
永益	15 835	4 368	1 095	—	98 101	14 412
合计	53 998	9 501	6 198	—	114 066	19 961

1964年10月至1965年6月,江苏省血防研究所所长肖荣炜、副所长叶嘉馥等,带领科技人员到淀东公社开展消灭血吸虫病试点工作。当时,还集中苏州专区和县血防专业人员、大队血防专职干部、群众查螺骨干一起灭螺,同时又培训了群众查螺灭螺骨干。1964年11月至1965年1月,消灭村庄周围茭白塘、水沟、竹园滩等环境的钉螺。1965年3~4月,消灭河道、渠道内钉螺,同时还对河道进行筑坝,降低水位,在河岸两边,开沟铲土,用包心土埋螺灭螺。比如,彭安泾江就在南北两头筑起坝,降低水位开展灭螺。电灌站区渠道灭螺工作,由电灌站长负责,灌水前半个月,组织一支灭螺专业队,在血防人员指导下,通过铲草皮,分段用五氯酚钠浸杀。与此同时,总结出铲草皮分段堵、浅水浸、浸后灌、清渠底、扫残余、进水池、排洪沟、节制闸一起灭的渠道灭螺经验。以后每年春季都进行一次群众性的查螺工作,对查出尚有钉螺的田块、渠道,都进行复灭工作。

1982年,村域中针对永益大队在4个新螺点920平方米范围内新查出5只活钉螺的实情,又掀起了复查复灭工作。通过多年的查灭螺工作,全部消灭了钉螺。

三、查病

检查血吸虫病是否阳性,主要从粪便内检查虫卵或孵化毛蚴以及直肠黏膜活体组织检查虫卵。粪检方法主要有直接涂片法、沉淀孵化法、沉淀镜检法。1957年,在血吸虫病情调查中,由群众报病和医生询问病人、体检来确定可疑血吸虫病人,然后再做粪检以确诊病人。1960年,为提高粪检受检率,将三送三检改为一送三检;1964年,又将三送三检和沉淀孵化法相结合进行查病。1970年,从实践总结出粪检查病"把五关"的经验:(1)送检质量关;(2)水质处理关;(3)操作质量关;(4)孵化观察关;(5)清洗消毒关。1980年后,已治愈大批病人,人群感染度明显减轻,粪检已很难查出血吸虫病人,因而开始采用询问病史、体检、皮试、环试相结合的综合查病方法,以提高血吸虫病人的检出率。

1. 检查病人

1965年,由江苏省血防研究所、昆山县刘伯副县长带领各镇分管血防的副社长及县血防站专业人士共108名,到各村全面开展查螺、灭螺、查病、治疗工作。1969年,永新村域永义大队共查出血吸虫病阳性病人638人,永安大队共查出血吸虫病阳性病人545人,永生大队共查出血吸虫病阳性病人487人,永益大队共查出血吸虫病阳性病人510人。患者都是大肚子,俗称"五瓜式",头像香瓜,头颈像丝瓜,臂像黄瓜,小腿像地瓜。1973年上半年,各大队病人分别下降到百人上下,其中总人口912人的永义大队,实有病人73人;总人口1 044人的永安大队,实有病人55人;总人口749人的永生大队,实有病人91人;总人口733人的永益大队,实有病人73人。短短4年,病人分别下降了88.6%、89.91%、81.31%、85.69%。1985年,总人口936人的永义村,实有病人3人;总人口1 112人的永安村,没有病人;总人口764人的永生村,实有病人1人;总人口747人的永益村,没有病人。1992年,4个村已连续多年没有查到血吸虫病人。各年度血吸虫病人查病情况,永义大队(村)见表8-5-5,永安大队(村)见表8-5-6,永生大队(村)见表8-5-7,永益大队(村)见表8-5-8。

表8-5-5　　　　1969~1992年永新村域永义大队(村)血吸虫病人查病汇总表　　　　单位:人、人次

| 年份 | 总人口 | 查病 | | | | | 上年底未治人数 | 实有病人数 | 累计病人数 |
| | | 应检人数 | 实检 | | 查出阳性 | | | | |
			人数	人次	合计	其中初检阳性			
1969					638			638	638
1970	880	848	802	1 259	621	119		621	757
1971 上	890	841	773	1 838	77	6	37	114	763
1971 下	890	812	782	1 754	290	10	40	330	773
1972 上	900	828	795	2 129	112	3	42	154	776
1972 下	919	693	665	1 785	89	4	56	145	780
1973 上	912	689	685	2 010	35	3	53	88	783
1973 下	912	794	781	2 299	30	3	43	73	786
1974 上	929	781	781	5 419	50	3	33	83	789
1974 下	923	757	754	2 224	18	2	21	39	791
1975	913	815	815	5 481	60	5	24	84	796
1976	908	837	832	4 126	15		18	33	796
1977	908	818	813	3 940	4		7	11	796
1978	931	784	772	3 863	3		8	11	796
1979	935	671	670	1 984	3		7	10	796
1980	938	187	181	501			8	8	796
1981	946	267	235	593			6	6	796

续表

年份	总人口	查病							
		应检人数	实检		查出阳性		上年底未治人数	实有病人数	累计病人数
			人数	人次	合计	其中初检阳性			
1982	947						6	6	796
1983	943						6	6	796
1984	934	315	265	722			3	3	796
1985	936						3	3	796
1986	949						2		
1987	963						2		796
1988	965	11	11						
1989	960	20	20						
1990	965	30	30	50	10				
1991	972	12	12						
1992	963	8	8						

表8-5-6　　1969～1992年永新村域永安大队（村）血吸虫病人查病汇总表　　单位：人、人次

年份	总人口	查病							
		应检人数	实检		查出阳性		上年底未治人数	实有病人数	累计病人数
			人数	人次	合计	其中初检阳性			
1969					545			545	545
1970	1 002	915	898	1 468	657	207		657	752
1971上	1 004	980	960	2 073	71	43	222	293	795
1971下	1 004	910	889	1 940	98	12	135	233	807
1972上	1 028	939	921	2 521	62	3	56	118	810
1972下	1 028	829	817	2 301	65	2	40	105	812
1973上	1 044	796	786	2 380	27	2	28	55	814
1973下	1 036	860	860	2 580	31	6	19	50	820
1974上	1 034	884	884	6 013	65	2	17	82	822
1974下	1 053	828	811	2 401	17	1	39	56	823
1975	1 070	918	918	6 104	51	5	25	76	828
1976	1 048	890	890	4 345	17	5	1	18	833
1977	1 085	945	945	4 923	19	3		19	836
1978	1 099	951	935	4 631	9	3		9	839
1979	1 111	810	803	2 382	9	1	1	10	840

续表

年份	总人口	查病					上年底未治人数	实有病人数	累计病人数
		应检人数	实检		查出阳性				
			人数	人次	合计	其中初检阳性			
1980	1 107	967	953	2 821	3	1	1	4	841
1981	1 113	233	233	673	1			1	841
1982	1 122						1	1	841
1983	1 126								841
1984	1 111	325	301	861					841
1985	1 112								841
1986	1 117								
1987	1 115								841
1988	1 119	24	24						
1989	1 092	40	40		1		1		
1990	1 089	28	38		1				
1991	1 084	8	8					1	
1992	1 064	8	8					1	

表8-5-7　　　1969~1992年永新村域永生大队（村）血吸虫病人查病汇总表　　　单位：人、人次

年份	总人口	查病					上年底未治人数	实有病人数	累计病人数
		应检人数	实检		查出阳性				
			人数	人次	合计	其中初检阳性			
1969					487			487	487
1970	742	670	644	1 932	386	52		386	529
1971 上	745	656	601	1 803	76	11	32	108	540
1971 下	745	658	640	1 920	197	17	106	303	557
1972 上	764	694	675	2 025	39	3	65	104	560
1972 下	748	695	620	1 860	75	5	63	138	565
1973 上	749	705	567	1 701	42	4	49	91	569
1973 下	749	621	619	1 845	44	3	46	90	572
1974 上	750	671	671	4 572	42	3	24	66	575
1974 下	754	629	625	1 902	16	3	43	59	578
1975	753	652	652	4 537	19	1	24	43	579
1976	747	664	653	3 206	10		12	22	579
1977	753	663	656	3 274	3		10	13	579
1978	756	649	648	3 209	5		8	13	579

续表

年份	总人口	查病					上年底未治人数	实有病人数	累计病人数
		应检人数	实检		查出阳性				
			人数	人次	合计	其中初检阳性			
1979	742	578	573	1 704			7	7	579
1980	747	170	166	492			6	6	579
1981	764	167	160	430			5	5	579
1982	767						5	5	579
1983	765						4	4	579
1984	766	217	206	596			2	2	579
1985	764						1	1	579
1986	756						1		
1987	763						1		579
1988	769	7	7						
1989	764	11	11						
1990	770	11	11						
1991	769	8	8						
1992	781	4	4						

表8-5-8　　　　1969～1992年永新村域永益大队(村)血吸虫病人查病汇总表　　　　单位：人、人次

年份	总人口	查病					上年底未治人数	实有病人数	累计病人数
		应检人数	实检		查出阳性				
			人数	人次	合计	其中初检阳性			
1969					510			510	510
1970	691	646	612	1 253	410	39		410	549
1971 上	711	658	550	929	203	57	33	236	606
1971 下	726	680	660	1 581	133	4	56	189	610
1972 上	726	674	674	1 997	76	8	61	137	618
1972 下	735	519	453	1 116	32	6	41	73	624
1973 上	733	577	573	1 702	32		41	73	624
1973 下	727	566	563	1 657	20	5	53	73	629
1974 上	763	603	603	4 131	24	1	32	56	630
1974 下	736	584	578	1 715	18	1	51	69	631
1975	746	632	632	4 424	37	6	28	65	637
1976	746	633	633	3 134	11	1	14	25	638
1977	740	638	635	3 133	5	1	8	13	639

续表

| 年份 | 总人口 | 查病 ||||||| 累计病人数 |
| | | 应检人数 | 实检 || 查出阳性 || 上年底未治人数 | 实有病人数 | |
			人数	人次	合计	其中初检阳性			
1978	773	641	641	3 153	2		5	7	639
1979	768	535	520	1 540	1		2	3	639
1980	751	154	154	453					639
1981	754	152	147	420					639
1982	747								639
1983	735								639
1984	752	601	566	1 631					639
1985	747								639
1986	760								
1987	756								639
1988	755	30	30						
1989	738	17	17						
1990	745	23	22						
1991	750	17	17		1				
1992	722	28	28		1		1		

2. 检查病牛

据1970年调查，全公社包括渔业大队在内的30个大队，共有耕牛874头，其中永义大队有耕牛38头，永安大队有耕牛36头，永生大队有耕牛23头，永益大队有耕牛26头。是年，共查出阳性病牛分别为38头、21头、1头、22头，对阳性病牛都进行了治疗。1975年，4个大队82头耕牛，没有查出阳性病牛。至1986年，4个大队的耕牛，连续多年没有查出阳性病牛。见表8-5-9。

表8-5-9　　　1970～1986年永新村域耕牛血吸虫病查病治病情况表　　　单位：头

| 年份 | 永义大队 ||| 永安大队 ||| 永生大队 ||| 永益大队 |||
	粪检数	阳性数	治疗数	粪检数	阳性数	治疗数	粪检数	阳性数	治疗数	粪检数	阳性数	治疗数
1970	38	38	38	36	21	21	23	1	1	26	22	22
1971	35	6	6	33	12	12	20	17	17	20	6	6
1972	36	0	0	33	3	3	23	6	6	19	2	2
1973 上	32	2	2	30	0	0	22	1	1	17	3	3
1973 下	28	1	1	28	2	2	23	1	1	15	1	1
1974 上	26	0	0	28	0	0	20	0	0	19	1	1
1974 下	25	0	0	30	0	0	20	0	0	21	1	1

续表

年份	永义大队			永安大队			永生大队			永益大队		
	粪检数	阳性数	治疗数	粪检数	阳性数	治疗数	粪检数	阳性数	治疗数	粪检数	阳性数	治疗数
1975	23	0	0	24	0	0	18	0	0	17	0	0
1976	22	1	1	23	0	0	15	0	0	18	0	0
1977	24	0	0	25	0	0	19	0	0	19	0	0
1978	20	0	0	25	0	0	16	0	0	19	0	0
1979	20	0	0	25	0	0	16	0	0	19	0	0
1980	17	0	0	25	0	0	12	0	0	15	0	0
1981	15	0	0	20	0	0	12	0	0	18	0	0
1982	14	0	0	18	0	0	13	0	0	19	0	0
1983	15	0	0	17	0	0	11	0	0	19	0	0
1984	0	0	0	0	0	0	0	0	0	0	0	0
1985	0	0	0	0	0	0	0	0	0	0	0	0
1986	1	0	0	4	0	0	1	0	0	9	0	0

四、治疗

永新村域，是血吸虫病较严重的地区之一，绝大部分农民都患有血吸虫病。血吸虫病的治疗，采取了面上治疗与短期集中治疗相结合的方针。治疗血吸虫病的药物，主要是酒石酸锑钾。

1952年2月，华东军政委员会卫生部组织上海同德医学院师生150多人和华东卫生部医疗预防大队，华东区苏南血吸虫病防治所及昆山县卫生院、血防站各区卫生所医务人员，共组成21个治疗组，到淀东区各乡进行治疗血吸虫病，用1%酒石酸锑钾，静脉注射20天为一个疗程。

1956年3～7月，苏州市组织医务人员，中西医结合，治疗和改善晚期血吸虫病症状体征，用酒石酸锑钾20天治疗方法等。1958年6月，采取边劳动、边治疗，进行锑钾3天疗法。

1965年9月，昆山县开展"社会主义教育运动"，结合运动开展血防工作，江苏省血防研究所血防人员到淀东公社，应用血防-846合并人丹型锑钾丸治疗，以及血防-846、呋喃丙胺、人丹型锑钾丸等几种药物联合治疗和锑-58肌注治疗。

1969年，全面治疗血吸虫病人。是年，永新村域永义大队治疗病人638人、永安大队治疗病人545人、永生大队治疗病人487人、永益大队治疗病人510人，4个大队共治疗病人2 180人。见表8-5-10、表8-5-11、表8-5-12、表8-5-13。

1970年，一度用枫杨叶、小茴香、川椒等中药治疗，后改口服锑-273为主。部分病人仍用酒石酸锑钾治疗。是年，永新村域永义大队治疗病人584人、永安大队治疗病人435人、永生大队治疗病人354人、永益大队治疗病人377人，4个大队共治疗病人1 750人；累计治疗血吸虫病人，永义大队753人、永安大队703人、永生大队529人、永益大队549人，4个大队累计共治疗病人2 534人；是年与上年共治疗病人3 930人次。可见，有1 396人接受了第二次治疗。

1973～1980年，采用为期10天的呋喃丙胺与敌百虫肛检合并治疗方法。

永新村志

1980年,永新村域累计治愈血吸虫病人,永义大队为796人、永安大队为841人、永生大队为579人、永益大队为639人,未治夹杂症病人4个大队仅剩11人。1985年,粪便化验结果,阳性数为0。

1992年,4个大队仅有夹杂症病人3人(永义1人、永益2人)。

1993年,淀山湖镇通过江苏省消灭血吸虫病达标考核,达到消灭血吸虫病标准。

表8-5-10　　　　1969~1992年永新村域永义大队(村)血吸虫病人治病汇总表　　　　单位:人、人次

年份	总人口	治病 治疗人数 合计	治病 治疗人数 其中 夹杂症	治病 治疗人数 其中 晚血	累计治疗人数	治疗人次数	剔除病人数 合计	剔除病人数 其中 死亡	剔除病人数 其中 夹杂症	剔除病人数 其中 晚血	本年底 合计	本年底 其中 夹杂症	本年底 其中 晚血	病人下降%
1969		638			638									
1970	880	584			753	1 222					37			
1971 上	890	74			759	1 296					40			
1971 下	890	288			769	1 584					42			
1972 上	900	98		3	770	1 682					56			
1972 下	919	92			773	1 774					53			
1973 上	912	45			778	1 819					43			
1973 下	912	40	2		785	1 859					33	18		
1974 上	929	61	4		788	1 920	1	1			21			
1974 下	923	15			789	1 935					24	13		
1975	913	65	4		796	2 000	1	1			18	12		
1976	908	26	8		796	2 026					7	4		
1977	908	3			796	2 029					8	4	1	
1978	931	4			796	2 033					7	3	1	
1979	935	1	1		796		1		1		8	6		
1980	938	2	2		796						6	5		
1981	946				796						6	5		
1982	947				796						6	5		
1983	943	3	2		796						3	3		
1984	934				796						3	3		
1985	936				796		1			1	2	2		
1986	949													
1987	963				796		2		1					
1988	965													
1989	960													
1990	965													
1991	972													
1992	963													

表 8-5-11　　1969~1992年永新村域永安大队（村）血吸虫病人治病汇总表　　单位：人、人次

年份	总人口	治病											病人下降%
		治疗人数			累计治疗人数	治疗人次数	剔除病人数				本年底			
		合计	其中				合计	其中			合计	其中		
			夹杂症	晚血				死亡	夹杂症	晚血		夹杂症	晚血	
1969		545			545									
1970	1 002	435			703	980					222			
1971 上	1 004	157			769	1 137	1	1			135			
1971 下	1 004	177			807	1 314					56			
1972 上	1 028	78			809	1 392					40			
1972 下	1 028	77	12		812	1 469					28	3	1	
1973 上	1 044	36	9		814	1 505					19	4	1	
1973 下	1 036	33	2		816	1 538					17		1	
1974 上	1 034	43	5		821	1 581					39			
1974 下	1 053	31	14	1	823	1 612					25	10		
1975	1 070	75	20		828	1 687					1			
1976	1 048	18	1		833	1 705								
1977	1 085	19			836	1 724								
1978	1 099	8			839	1 732					1			
1979	1 111	9			840						1	1		
1980	1 107	4	1		841									
1981	1 113				841						1			
1982	1 122	1			841									
1983	1 126				841									
1984	1 111				841									
1985	1 112				841									
1986	1 117													
1987	1 115				841									
1988	1 119													
1989	1 092										1			
1990	1 089	1									1			
1991	1 084										1			
1992	1 064										1			

表 8-5-12　　1969~1992年永新村域永生大队血吸虫病人治病汇总表　　单位：人、人次

年份	总人口	治病 治疗人数 合计	其中 夹杂症	其中 晚血	累计治疗人数	治疗人次数	剔除病人数 合计	其中 死亡	其中 夹杂症	其中 晚血	本年底 合计	其中 夹杂症	其中 晚血	病人下降%
1969		487			487									
1970	742	354			529	841					32	20	4	
1971 上	745				529	841	2	1		1	106	36	4	
1971 下	745	236	15		551	1 077	2	2			65	28	3	
1972 上	764	41	1		558	1 118					63	19	2	
1972 下	748	86	3		560	1 204	3	3			49	20	2	
1973 上	749	45	2		566	1 249					46	12	1	
1973 下	749	65	1		567	1 314	1	1			24	12	3	
1974 上	750	23	3		571	1 337					43			
1974 下	754	33	2		573	1 370	2	2			24	17	1	
1975	753	30			579	1 400	1	1			12	11	1	
1976	747	10	2		579	1 410	2	2			10	10		
1977	753	5	2		579	1 415					8	8		
1978	756	5	2		579	1 420	1			1	7	6		
1979	742	1			579						6	5		
1980	747				579		1	1			5	5		
1981	764				579						5	5		
1982	767				579		1	1			4	4		
1983	765	2	2		579						2	2		
1984	766	1	1		579						1	1		
1985	764				579						1	1		
1986	756													
1987	763				579		1							
1988	769													
1989	764													
1990	770													
1991	769													
1992	781													

表 8-5-13　1969~1992年永新村域永益大队血吸虫病人治病汇总表　　单位：人、人次

年份	总人口	治病											病人下降%
		治疗人数			累计治疗人数	治疗人次数	剔除病人数			本年底			
		合计	其中				合计	其中		合计	其中		
			夹杂症	晚血				死亡	夹杂症	晚血		夹杂症	晚血	
1969		510			510								
1970	691	377			549	887					33			
1971 上	711	180			606	1 067					56			
1971 下	726	128			610	1 195					61	3		
1972 上	726	96			618	1 291					41	3		
1972 下	735	32			624	1 323					41	3	2	
1973 上	733	20		1	624	1 343					53	4	1	
1973 下	727	41			629	1 384					32	6		
1974 上	763	5	3	2	630	1 389					51			
1974 下	736	41	10		631	1 430					28	4	1	
1975	746	51	7	1	637	1 481					14			
1976	746	16			638	1 497	1	1			8			
1977	740	8	3		638	1 505					5			
1978	773	5			638	1 510					2			
1979	768	3			639									
1980	751				639									
1981	754				639									
1982	747				639									
1983	735				639									
1984	752				639									
1985	747				639									
1986	760													
1987	756				639									
1988	755													
1989	738													
1990	745													
1991	750												1	
1992	722												2	

表 8-5-14　　　　1978年永新村域晚期血吸虫病人基本情况统计表　　　　　　　单位：人

大队名	历史晚期血吸虫病人基本情况								死亡		
	男	女	小计	其中					小计	其中	
				肝脾型	巨脾型	腹水型	肉芽型	侏儒型		巨脾型	腹水型
永义	4	22	26	1	21	4			3	1	2
永安	6	18	24		17	5	1	1	2		2
永生	10	26	36	2	15	19			17	2	15
永益	16	25	41	2	22	16		1	12	1	11
合计	36	91	127	5	75	44	1	2	34	4	30

表 8-5-15　　　　1978年永新村域晚期血吸虫病人治疗情况统计表　　　　　　　单位：人

大队名	基本治愈					尚未治愈					
	小计	其中				小计	其中				
		肝脾型	巨脾		腹水型	侏儒型		肝脾型	巨脾		腹水型	侏儒型
			已切	未切					已切	未切		
永义	13		13				10	1	3	4	2	
永安	12		11			1	10	3	3	3		1
永生	11		11				8	2	1	1	4	
永益	13		12			1	16	2	3	6	5	
合计	49		47		2		44	5	10	14	14	1

表 8-5-16　　　　1983年永新村域晚期血吸虫病人复查情况表　　　　　　　单位：人

大队名	晚血人数	分型						分类		
		巨切	巨甲	巨乙	腹水	侏儒	结症	治愈	稳定	需治疗
永　义	17	17						5	12	
永　安	26	23		2	1			10	13	3
永　生	15	13	1	1				4	10	1
永　益	25	14	5	6				7	14	4
合　计	83	67	6	9	1			26	49	8

五、典型病人

1965年，永益村由苏州专区血防站赵百阳医生，到村对血吸虫病人进行治疗，并培训了生产队保健员，一起用锑-58肌注治疗，对患者实行半劳动半治疗的方法，以后每年对患有血吸虫病人的集中大队分批进行治疗，对严重血吸虫病患者进行切脾，永新村域切脾的有47名，特别严重典型病人有2名，是永益6队姬小弟和永益4队翁祖珍（后嫁到永生大队）。

1. 晚血病人

1978年，据镇防疫站历史资料，永新村域累计历史晚期血吸虫病127人，其中男36人、女

91人。见表8-5-15。按病例分,肝脾型5人、巨脾型75人、腹水型44人、肉芽型1人、侏儒型2人。历史晚期血吸虫病人中,死亡34人;是年,基本治愈49人,尚未治愈44人。见表8-5-16。

1983年,永新村域对83名历史晚期血吸虫病人复查,治愈26人,稳定49人,需继续治疗8人。见表8-5-17。

21世纪后,晚期血吸虫病人逐年下降。2006年4月,《江苏省晚期血吸虫病人治疗救助项目管理办法》出台,每年选送晚期血吸虫病人,往昆山血防医院免费对症支持治疗。

2. 典型病人

(1) 姬小弟

姬小弟,1949年11月出生于彭安泾村江西南横头,是侏儒型晚期血吸虫病严重患者(见图)。1966年,17岁时体重只有37斤,从彭安泾走到碛磩亲戚家时,他母亲一手拿着矮凳,一手挽着他走路,行不到30~40米路时,就要停坐休息一会再走,病情严重,是江苏省重点典型的血吸虫病人。姬小弟由江苏省血防站专门负责进行治疗,对其治疗的药品,国内没有,特地用飞机到外国进口,对他进行治疗,挽救了他的生命。

姬小弟,被视为江苏省的典型病例,在党的关怀重视下,经过治疗,在死门关徘徊的他,得到了新生。1976年,他找了对象结了婚,1977年,生了儿子姬春华。妻子张丽金,长期在杨湘富田服装厂上班。

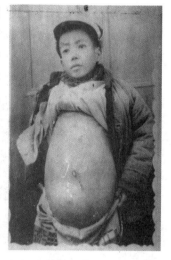

血吸虫病重症患者姬小弟

1985年5月25日至6月2日,中央血防办公室介绍上海科技电影制片厂,两次到淀东乡,拍摄血防科教片镜头,摇船的姬小弟,就是此期间在彭安泾江拍摄的。

1987年,姬小弟翻建了新房,2011年退休,享受社保医保待遇。

姬小弟的儿子姬春华,1999年于黄石高等专科学校毕业。毕业后,在昆山一家装潢公司工作,2004年结婚,2005年生了孩子,2008年在昆山购买了商品房及店面房,2010年,成为公司的老板。

2012年,姬小弟的身体非常健康,像青年人一样,他的一家真是一个幸福美满的家庭。

病愈后的姬小弟在摇船

(2) 翁祖珍

翁祖珍,1953年生于碛磩村江南西场头,是血吸虫病的严重患者,也是昆山血防站血吸虫病的重点医治对象之一。1964年一天中午,昆山血吸虫病防治站徐朔臣值班,杨湘轮船上来了晚期血吸虫病人翁祖珍,才14岁,骨瘦如柴(见图)。翁祖珍已经走不动路了,腹水肚又大,翁祖珍父亲翁秀其不能背着翁祖珍走,只能托着翁祖珍走进血防站。血防站医生徐朔臣,将翁祖珍收在徐朔臣管的床位上，用利尿和腹水回输，使翁祖珍腹水逐步减少，直至消退；与此同时，一面对翁祖珍加强营养，一面用小量多次输血，改善翁祖珍的体质，巩固疗效。徐朔臣是O型血，分两次为翁祖珍义务献血400毫升，并用小剂量锑钾为翁祖珍治疗，使翁祖珍的病情一天天好转，肌肤也开始有点丰满，遂转入外科手术，摘除巨脾，后来又转到内科疗养，一段时间后出院，前后历时半年余。翁祖珍经过治疗后身体健康，重获新生。1975年嫁到永生大队，生了女儿，家庭幸福。

1985年5月25日至6月2日，中央血防办公室介绍上海科技电影制片厂，两次到淀东乡，拍摄血防科教片镜头，领头挑麦的翁祖珍，就是此期间在磺碛四队场门前的麦田里拍摄的。2012年，翁祖珍依然身体健康。

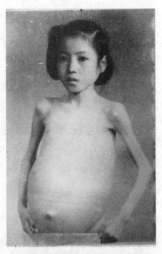
血吸虫病重症患者翁祖珍

病愈后的翁祖珍在领头挑麦

翁祖珍与女儿合影

六、五县联防

1964年，淀东公社与上海市青浦县的毗邻社、镇开展联防活动。

1970年春，在嘉定县安亭镇召开了沪苏四县第一次联防会议，有17个公社80多个大队分管血防工作的干部100多人参加。会议商定：一是县、社、大队三级分别建立联防领导小组，并设联络员1人，互通信息；二是毗邻结合部的查、灭螺工作实行"五定"，定地段、定时间、定措施、定人员、定任务，使毗邻地区的查、灭螺工作改变"边界边界，互不搭界"的旧思想；改变"隔河如隔海，互相不往来"的旧习惯；改变"一河两岸界线清，一埂两田各管各"的旧风俗，树立"县社无界限，协作勤往来，亲如一家人，并肩送瘟神"的新风尚。同年10月底，4县17个公社、1个水产场、86个大队、146名代表在昆山县举行第二次会议，提出"思想上、组织上、行动上"的三联防，进一步推动联防活动。

1973年4月，第七次联防会议在昆山县举行，有400多人参加会议，建立了一个联防协作区，分5个联防片开展经常性活动。

1975年，联防协作做了四件事：一是将联防协作区的33个公社（镇）、178个大队，划分为7个联防片、43个协作组；二是制定了"五县毗邻地区联防协作制度"（初稿）；三是由昆山县召集各县血防办负责人和部分社、队领导57人组成5个小组，分赴5个县、17个联防社镇、36个毗邻大队检查……四是在嘉定县召开第三次血防联防业务交流。18个单位就查清灭净钉螺和查清治愈病人为重点内容进行交流。10月,在昆山召开了第十二次联防会议,到会430人,有10名代表介绍了经验。同时,检查了昆山县14个社、镇血防卫生工作。

自1976年开始,昆山与毗邻交界地区建立了联防机构。计有上海市青浦、嘉定和江苏省吴江、太仓、昆山五县(市)血防联防协作组织共分七个联防片。

昆山的淀东镇为第三联防片。下设四个小组:

第一小组　淀东:淀山、复月;朱家角:新阳。

第二小组　淀东:永义、永安、永生;朱家角:新华。

第三小组　淀东:红亮、沈湾;朱家角:周塘。

第四小组　淀东:新和;盈中:古石、北浪、南厍、西石;朱家角:横江。

1977年,沪苏联防与沪浙联防区共同开展联防村口学习检查活动。120人参加,分为嘉定与嘉善、昆山与金山、吴江与平湖、青浦与太仓四个对子,分别学习、检查了8个县34个社镇的血防工作。

1979年,为加强具体工作的领导,采取县帮片、社镇帮组的办法,落实任务,明确职责。淀东属第三片,由青浦县负责。春季,从"丁字河"畔开始,用死螺设点考核办法,在百里联防线上,开展了一次查螺比武活动,参加1 100人,评出查螺能手126人。

1981年,在毗邻社队中,开展了"双无"活动(无钉螺、无病人),推动了联防活动中的查螺、灭螺和查病治病工作。

1984年12月4日,在昆山召开苏沪第二十二次联防协作会议,会上有江苏省血防研究所研究员、顾问肖荣炜做了血吸虫病防治历史、现状及展望的业务报告,宣布有18个乡镇、107个村实现了无钉螺、无病人的"双无"目标,还提出了3条改进意见。

1990年11月27~28日,沪苏五县联防第二十八次联防协作会议暨纪念血防联防20周年庆祝会议在昆山市召开。昆山市市委、市政府、人大、政协的领导和各联防单位领导出席120多人,昆山市委副书记黄继忠致开幕词,副市长徐崇嘉做了"联防花正艳,血防结硕果"的讲话。代表们参观了昆山市血防陈列馆、亭林公园内的血防纪念亭和国务院批准的昆山经济技术开发区等。

2000年1月21日,苏沪毗邻五市区第三联防片值班镇交接仪式在淀山湖镇举行,由1999年值班镇淀山湖镇,交给2000年值班镇青浦区工业园区。青浦区血防领导小组顾云麟、昆山市血防办张一公等出席了交接仪式。

第六节　农村文化

农村文化在淀山湖镇永新村域有着深厚的历史文化底蕴,早在元代,淞南碛碾福严寺僧至讷,善于赋诗作词,所交朋友都是当代名人,他的诗文唱和,殆无虚日,每当置酒高会名贤相聚,至讷必到场,饮酒作诗,其乐融融。元代正值昆曲形成时期,至讷也穿时装演戏,深受乡民喜爱。历史上,这里就有看"社戏"、唱"滩簧"的习俗。劳作之余,男女老少都能哼上一段沪剧、锡剧或越剧。新中国成立前,就有看戏、演戏、说戏的传统风俗,每年碛碾寺二月十九庙会,是老百姓看戏、演戏、说戏的缩影。

新中国成立后,群众文化更为活跃,早在土地改革时期,群众就用自编、自演的形式,配合土改工作队进行宣传演出,收到较好的社会效果。20世纪60~70年代,永新村域村村都有文艺宣传队,男女老少,大多能哼上一段沪剧、锡剧,不少村还能演出"样板戏"。戏曲文化凝聚着淳朴、和善的乡风民风。戏曲文化,源远流长,有着十分扎实的社会基础和群众基础。

80~90年代,历届党政组织重视文化事业建设,建广播电视、老年活动室、图书室,开创"五位一体"多功能的文化阵地,并充分发挥主阵地作用,传播文明健康的科学文化知识。

进入21世纪,群众文化工作业绩斐然,为丰富群众业余文化生活发挥了积极的作用。

一、文学创作

村域历来有自娱自乐的习惯。特别是新中国成立以后,比如神童泾籍沈关林,在20世纪50年代,就有歌颂党的领导为题材的多篇文艺作品,被上海《小舞台》录用。

改革开放后,为加快社会主义新农村建设的步伐,构建和谐家庭、和谐社会,由镇文体站牵头,在全镇范围内开展文艺创作活动,一批具有水乡风情、民族特色、文明向上的作品脱颖而出,神童泾村金瑞珍创作的《爱的旋涡》,由大众文艺出版社出版,金瑞珍成为永新村乃至淀山湖镇第一位正式由出版社出版著作的女作家。

金瑞珍,女,1957年8月18日出生于苏南阳澄湖畔农家。辛劳半生,勤于创作,写了不少健康向上的文艺作品,积极投稿。后婚嫁于淀山湖畔永新村神童泾村,在养病持家期间,重拾少时梦想,创作文学作品若干。《爱的旋涡》小说,系作者处女作。

二、群众文艺

新中国成立前,永新村域的文化活动较为活跃,主要有划龙船、摇桨船、舞龙灯、摇荡湖船、打连厢等民间传统文艺活动。每当农历二月十九,碛礤寺举行庙会、搭台演戏,盛况空前。每年春季,农村普遍演台花鼓戏。碛礤的农历七月半,彭安泾村的农历三月三,要待社、做社戏、抬老爷等。碛礤后村沈仁龙等12人,组成一班江南丝竹队,专被结婚办喜事请用。

新中国成立时,农村年轻妇女组织打连厢、摇桨船等活动,不减当年。

1956年农业合作化后,农村建立俱乐部。1964年,农村俱乐部已有大队文化室,成立了大队文艺宣传队,有大队团支部负责领导管理。"文革"时期盛行唱"语录歌",跳"忠"字舞,学唱"样板戏"。永益大队由15名队员组成宣传队,曾于大年夜搭台演过中型节目。20世纪60年代末70年代初,大队宣传队是20世纪最盛旺时期,队员们白天坚持搞生产,晚上搞文艺排练、宣传演出。永益大队宣传队不但在本大队演出,还到青浦的沈巷公社、童南、新生等大队演出,也去莲盛杨泖大队演出。70年代后期,随着电影、电视的普及,农村文艺宣传队慢慢停止活动。

2002年2月,金家庄成立了戏曲之乡首家村级农民业余剧团,永新村业余文艺宣传队(戏曲队)应运而生。戏曲队在镇文体站、村两委的大力支持下,紧紧围绕建设"新江南特色镇"和"戏曲之乡"为主体,全面贯彻落实科学发展观,以文化强村为中心,加强组织领导,充分调动社会各方面的积极性,狠抓文化基础设施建设,广泛开展各种群众性文化活动,丰富了群众文化生活,提高了干部群众的思想道德素质和健康水平,促进了全村精神文明建设。

永新村业余文艺宣传队（戏曲队）贯彻落实科学发展观，围绕创建"戏曲之乡"，以丰富多彩、形式多样的群众喜闻乐见的文化活动为载体，以满足群众文化需求为目标，以村自演、自筹经费、文广站指导为主，弘扬主旋律，凝聚人心，振奋永新精神，以群众性文化活动和全民健身活动为载体，宣传党的路线、方针、政策，宣传镇的中心工作，促进全村文化事业健康发展。在健全村、社区文化工作网络的基础上，村由专人具体负责文化工作的组织、协调和落实工作。村戏曲队为排练沪剧《白艳冰雪地产子》，与金家庄业余演出队合作，给整个队伍增添了活力。

江苏省知名演员读书班成员在永新村采访后留影

村文艺团队在资金使用上，建立独立账务，对上级的扶持资金、奖励资金，专款专用，对各企业的赞助资金和村拨款的资金，用于增加各种设备及日常的活动开支，各种经费支出手续健全，经费使用合理。

永新村业余演出队在音乐广场演出

2012年，戏曲队共有21人，其中团长1人、业余演员16人、琴师5人。

表 8-6-1　　　　　　　　2012 年永新村业余文艺宣传队主要队员名单

序号	姓名	性别	出生年月	文化程度
1	冯建华	男	1953.03.23	小学
2	周建中	男	1958.05.03	初中
3	郁海龙	男	1951.11.24	小学
4	郁雪芳	女	1964.12.19	初中
5	黄海琴	女	1949.04.04	小学
6	蔡品华	男	1957.09.08	小学
7	吴静根	男	1965.07.08	初中
8	朱文英	女	1966.09.26	初中
9	郁腊妹	女	1953.11.28	小学
10	凌唐妹	女	1951.01.18	小学
11	郁小妹	女	1942.11.10	小学
12	陈桂元	男	1962.08.10	初中
13	王建平	男	1962.09.30	初中
14	吴海英	女	1959.12.03	初中

三、有线广播

1956年年底,淀山湖镇域始有有线广播,由昆山县广播站直接放线,沿途线路与栗树干电话线共用,县站节目播送到公社、大队,路途遥远,音质音量低劣。永新村域各高级社办公室装有有线广播,各相邻有关自然村还将广播线安装双掷开关,利用五灯电子管收音机,通过变换线路,对着喇叭,向周边办公室喊话,起到对讲机作用。

1966年10月,淀东公社广播放大站建成,1970年12月,开始架设广播专用线,广播线与电话线分开。永新村域各生产队通了广播,农户基本家家装上广播喇叭,田头还装了高音喇叭,有线广播初具规模。村民收听有线广播时,从村头到田头,都很方便,音质音量有了改善。

1979年,淀东广播放大站对全乡部分村头广播线路改为地下线,永新村域磧磺等自然村,改为广播铁丝线涂柏油,埋设在村头地下。当时,行人在村头场上行走,由于农户室内喇叭相连不断,边走边听,可听到完整播音,却看不到场头立杆的广播线路。

1980年5月,广播放大站以红亮村为试点进行规格化村建设。永生村以红亮村为样板,1983年8月6日,建成规格化村,当时线路管理员王根忠;1984年10月16日,永义村建成规格化村,当时线路管理员朱龙元。

1989年1月20日,永益村建成动圈(农户舌簧喇叭改为动圈喇叭)村,当时线路维护员张贺龙;5月6日,永安村建成动圈村,当时线路维护员郁家星;11月4日,永生村建成动圈村,当时线路维护员王根忠;1990年2月7日,永义村建成动圈村,当时线路维护员冯文元。至此,全村域有线广播馈线达到部颁乙级标准,收听工具全部由动圈喇叭替代了舌簧喇叭,音质音量有了明显改善。

1992年12月20日,永益村建成达标村广播室,当时线路维护员张贺龙。

1993年9月25日,永安村建成达标村广播室,当时线路维护员郁家星;9月26日,永义村建成达标村广播室,当时线路维护员冯文元。1995年11月25日,永生村建成达标村广播室,当时线路维护员顾杏元。通过三年多达标村广播室的建设,永新村域原4个行政村都能独立利用村广播室,向村民发布村级广播通知;社长利用广播,召开农业技术讲座,指导农户管理好责任田。

1999年,农村有线广播仍然是广播工作中心,因为涉及千家万户,便于领导开展各项工作,特别是当年电力线路改造,对村广播损坏严重,各村及时落实整网经费,采用集中整网办法,保证了有线广播的畅通,同时加强了村广播室管理。

2001年8月18日,淀山湖镇实行行政村区域调整,将永义、永安、永生、永益4个行政村撤销,新建永新村。2002年,4个行政村独立广播室相应撤并,在永新村办公室新建合格标准化广播室,接收昆山市广播电台的调频信号,向新建村范围的农户转播市电台节目;村长利用广播,向村民提前发布停电、停水等通知,让村民早做应对准备;召开农业技术讲座,指导农户管理好责任田。

随着农民责任田的流转,土地集中到大农户手中,指导农户管理好责任田,从农业技术广播讲座逐渐转为面授形式,广播利用率下降,镇广播站与村广播室有线线路联结逐渐消失,又受周边乡镇对有线广播淡化的影响;全镇乃至全市范围,对农村有线广播重视程度明显下降,村头线路渐渐不再维修。到2012年,农村有线广播,村头线可见,许多农户家仍挂着动圈喇叭,但发不出声音,基本趋于瘫痪状态。

四、有线电视

有线电视,是一种使用同轴电缆作为介质,直接传送电视、调频广播节目到用户的电视系统。比起用天线收看电视,有图像清晰、频道多的优点。

1999年年初,淀山湖镇党委和政府,根据昆山市广播电视局会议精神,提出年内努力实现电视镇的口号,并列入1999年政府实事工程。6月18日,全镇28个行政村有线电视信号全部到村;年底,永新村域的永益村与其他村域的5个村,经市验收,基本实现电视村建设标准。2000年,永新村域的永义村、永安村、永生村,也实现了电视村建设标准。该阶段输入的电视信号为模拟信号。

2007年,昆山市作为全国百强县(市)之首,非常重视百姓精神文化需求的提高,电视作为最普及最便捷的信息载体,电视文化的先进丰富与否,成为衡量群众精神文化生活水平和信息化普及程度高低的重要指标,把有线电视数字化列为市政府的实事工程,数字电视整体转换全面启动。是年7月5日至8月初,分四个阶段,将模拟信号分段关闭。停止模拟信号前,利用有线广播、横幅、发放《通知书》进行宣传,做到家喻户晓,人人皆知。关闭模拟信号后,只保留中央一套、江苏卫视、苏州新闻综合频道、昆山新闻综合频道、昆山城市频道、昆山影视频道共六套节目。整转期间,向每户用户赠送一台机顶盒,全额收取基本收视费每月20元。用户自愿购买第二台机顶盒,免收基本收视费。年末,永新村有线电视用户数493户,电缆网44.91公里。

2008年,永新村民收看的基本都是数字电视。数字电视用户,每台机顶盒收看54个基本频道、10个免费测试频道。

2012年,永新村有线数字电视入户408户,收视率达87%,进村光缆总长度26 010米。是年,村民收看昆山有线数字电视基本频道72个。见表8-6-2。

表8-6-2　　　　　　　　2012年昆山有线数字电视基本频道列表

频道号码	频道名称	频道号码	频道名称	频道号码	频道名称
001	中央一套	002	中央二套	003	昆山新闻综合
004	昆山社会生活	005	昆山电视剧	006	昆山电影
007	中央四套	008	中央五套	009	中央六套
010	中央七套	011	中央八套	012	中央三套
013	中央十套	014	中央十一套	015	中央十二套
016	中央新闻	017	昆山城市	018	江苏财经
019	图文电视	020	购物	021	风尚购物
022	央广购物	023	家有购物	024	浙江卫视
025	深圳卫视	026	安徽卫视	027	快乐购物
028	上海东方	029	东方娱乐	030	上海艺术人文
031	上海新闻综合	032	上视星尚	033	江苏卫视
034	江苏综艺	035	苏州新闻综合	036	苏州社会经济

续表

频道号码	频道名称	频道号码	频道名称	频道号码	频道名称
037	福建卫视	038	广东卫视	039	陕西卫视
040	旅游卫视	041	辽宁卫视	042	黑龙江卫视
043	中央少儿	044	西藏卫视	045	中央九套
046	重庆卫视	047	湖南卫视	048	山东卫视
049	中央音乐	050	北京卫视	051	江西卫视
052	四川卫视	053	贵州卫视	054	七彩戏曲
055	法制天地	056	CCTV-NEWS	057	天津卫视
058	中教一套	059	吉林卫视	060	云南卫视
061	新疆卫视	062	湖北卫视	063	江苏公共
064	江苏少儿	065	测试	066	苏州生活资讯
067	江苏影视	068	江苏体育	069	中国气象频道
070	河南卫视	071	股票信息	072	兵团卫视
073	山东教育				

五、通讯报道

1968年,永新村域永义大队的郭其春,永益大队的蔡兴观、张品荣就以大队革委会通讯组名义,积极向昆山县广播站《人民公社好》新闻节目投稿,至1978年,平均每年录用播出稿件50多篇,并向苏州的《人民苏州》报投稿,累计被刊登近十篇。20世纪80年代初,张品荣撰写的科技稿"尿醛树脂胶粘修竹扁担""永益村民自费接种乙肝疫苗"分别被国家级《经济日报》《健康报》录用。

1982年,镇里组建业余通讯员队伍,村域有4人进入队伍,在以后的十多年中,人均年向县、镇广播站发稿20篇左右,为自办节目提供稿源。

2001年年底,市电台、报社、电视台停止对乡镇下达组稿任务,镇业余通讯员队伍停止活动,注册的业余通讯员队伍自行退出,但仍有业余通讯员积极向外投稿。

六、档案工作

村级档案是社会主义新农村建设历史的真实记录,是农村档案工作的基础。建好村级档案,不仅是以法管理档案的需要,也是农村两个文明建设的客观要求,它在推进农村现代化建设进程中发挥着重要作用。

从高级社开始,村域基层单位重视财务档案的归档。后来生产队财务档案由大队(村)集中保管,对达到20年的部分财务档案作销毁处理。

1997年,永新村域各村根据昆山市档案局制定的《昆山市村民委员会档案工作业务建设标准(试行)》,开始重视文书档案归档工作。2006年,江苏省档案局授予永新村"档案工作二级单位"荣誉称号。2012年,村档案室保存较多的文书、财务档案。

第七节 农村体育

新中国成立前,永新村域基本没有什么体育活动,只有孩童、学校学生搞一些体育活动。

新中国成立后,群众体育活动受到党和政府的重视,遵照毛主席"发展体育运动,增强人民体质"的指示,1964年"四清"工作队进驻大队后,农村兴起篮球热,永益村成立了两支篮球队,碛磺村一支,彭安泾村一支,当时办篮球队热情非常高涨,青年们义务开辟球场,壮年人也义务参加整地等。当时彭安泾球队,由"四清"工作队朱荣华(原解放军师代表)负责专门篮球训练。两支球队曾多次参加村与村之间的篮球友谊比赛,到"文化大革命"期间停办。

2012年,由于人民生活水平的提高,参加重的体力劳动减少,出现了不少肥胖症等,许多人坚持早晚跑步等自行锻炼。

一、体育设施

2004年8月20日,第五次全国体育场地普查,永新村域有1个高尔夫球场1 332平方米,有4个村的老年活动室棋牌室394平方米,有1个乒乓室56平方米、1个篮球场364平方米、1个台球房30平方米、1个健身点200平方米。

2012年,原永义村小港、沈家埭、新开泾、马家港自然村全部搬迁,棋牌室消失,村域中实有3个棋牌室312平方米,比2004年少了1个棋牌室;村委会大院室内的乒乓室1个40平方米、室外篮球场1个364平方米,没有变化;室内台球房没有了,增加了康复室。台资企业高尔夫球场基本不变;村域里又新建了台企体育项目梦莱茵游艇俱乐部。

表8-7-1　　　　　　　　　　2012年永新村体育场地面积普查汇总表

场地名称	建成年份	场地长度(米)	场地宽度(米)	场地面积(平方米)	灯光设备	对外开放	场地片数(片)	场地面层	器材数量(件)	管理人员
永新村健身场所	2006	8	5	40	无	全天	1	水泥	6	马金元
永新村健身场所	2006	8.3	6.3	50	无	全天	1	水泥	12	马金元
永新村健身场所	2010	8.3	6.3	50	无	全天	1	水泥	7	贾菊兴
永新村健身场所	2011	8.3	6.3	50	无	全天	1	水泥	12	张其龙
永新村健身场所	2011	5	5	25	无	全天	1	水泥	5	戴三荣
永新村棋牌室	1990	12	8	96	有	全天	6	水泥	5	吴阿五
永新村棋牌室	1994	12	10	120	有	全天	4	水泥	8	吴阿五
永新村棋牌室	2000	14	4	96	有	全天	4	水泥	5	吴阿五
永新村康复室	2009	10	4	40	有	全天	1	水泥	8	张其龙
永新村乒乓室	2000	10	4	40	有	全天	1	水泥	1	吴阿五
永新村篮球场	2001	28	15	420	无	全天	1	水泥	2	张其龙
高尔夫球场	1994									

续表

场地名称	建成年份	场地长度（米）	场地宽度（米）	场地面积（平方米）	灯光设备	对外开放	场地片数（片）	场地面层	器材数量（件）	管理人员
梦莱茵游艇俱乐部	2009			5 000						
淀山湖镇自行车道	2012									

二、健身点

村域里"健身点"，又有"体育路径"之说，从8年前仅神童泾的1个增加到12个，健身器材累计达105件。这些健身点器材，是昆山市体育彩票管理中心赠送的。健身器材由双位漫步机、腹肌板、太极推手器、三位扭腰器、上肢牵引器、腰背按摩器、健骑器、双位蹬力器、双人大转盘、划船器、云梯、跷跷板等组成，1个健身

金家港江东中部健身点

点一般有5～12件健身器材，健身器材较齐的健身点，还竖立使用指南牌，正面为"全民健身点健身器材使用须知"，另一面为各器材简介及使用方法。

全村共有12个健身点，分布在4个自然村和村办公大院。

表8-7-2　　　　　　　　永新村体育路径健身器材分布一览表　　　　　　　单位：件

健身点地址	双位漫步机	高低双杠	上肢牵引器	三位扭腰器	太极推手器	多功能训练器	健身跷跷板	直型云梯	四位蹬力器	双位蹬力器	双人大转盘	健骑器	腹肌板	划船器	腰背按摩器	合计
神童泾 江西 南部	1	1	1	1	1	1	1	1	1			2	1			12
神童泾 江西 北部	1		1	1	1							1	1			6
神童泾 江东 北部		1			1	1	1	1				1				6
神童泾 江东 中部	1	1	1	1	1	1	1	1	1			2	1			12
神童泾 江东 东南侧	1	1	1	1	1	1	1	1	1			2	1			12
金家港 江东 中部	1	1	1	1	1	1	1	1	1			2	1			12
六如墩 江北 西横头	1	1						1	1			1				5
六如墩 东侧		1	1	1		1		1	1			1	1			8
村办公大院幼儿园南侧	1	1	1	1	1	1	1	1	1			2	1			12
碛礇小香花桥南	1		1	1	1		1		1	1	1	1	1	1	1	11
碛礇老人协会东侧	1		1		1							1				5
碛礇江南中部	1			1		1						1				4
合计	10	8	9	9	9	7	8	9	8	1	1	15	8	2	1	105

三、庭院游戏

传统的庭院游戏种类十分丰富,有的已有数千年的历史,代代传承,但大部分游戏至"文化大革命"期间逐渐消失。这些活动通常器具简单,方法简易好学,场地要求不高,很受普通百姓的欢迎。随着社会的发展与人类的进步,有些活动已逐渐淡化,甚至消亡。2012年,能见到的仅踢毽子、跳绳、放风筝等不多的游戏。

1. **叉铁箍**

叉铁箍,20世纪50、60年代,几乎乡下男孩都会玩。一般利用木桶或木盆上废弃的铁箍作为滚转的主体,然后用粗铁丝弯成一个一头直一头弯的铁钩。直的一头插入细竹竿当手柄,弯的一头钩住铁箍,借助铁钩推着铁箍往前滚。叉着飞奔铁箍,发出"哐啷啷"的响声,十分有趣。80年代后,基本绝迹。

2. **打棱角**

用一硬质木块,做成一个直径5厘米、高5厘米左右的圆锥形棱角,主体成橄榄形,上部比下部略长,上端留有倒凸形端子,便于绕绳,不易滑落。然后用一根细绳沿棱角端子有规则地绕入,倒捏棱角于手中,手指用力抽绳并将棱角丢在地上,棱角自然正立,很快在地上旋转,煞时好玩。盛行时期,同叉铁箍。

3. **打弹子**

盛行时期,同叉铁箍。弹子,带花心的玻璃球,都得购买。打弹子,用大拇指和食指弹球,通常是"打老虎洞"。在地上挖出比弹子稍大的6个坑,依次逐一打进6个洞,变成"老虎"。

4. **竹蜻蜓**

竹蜻蜓的外形呈T字形,横的一片像螺旋桨,当中有一个小孔,孔中插一根笔直的竹棍子,用两手搓转这根竹棍子,竹蜻蜓便会旋转着飞向天空。当升力减弱时,它才落到地面。盛行时期,同叉铁箍。

5. **掼纸包**

掼纸包,也叫打四角,是由两个人玩的游戏。撕下两张旧书页纸,对折成长条,交叉相叠,折成四方形纸包。纸包平放地上,用自己手中的纸包击打别人的纸包。如果能把别人的纸包打得翻个身来,就算是赢。盛行时期,同叉铁箍。

6. **翻娱人片**

娱人片,彩色画的卡片,旧时装在烟盒里,也有从商店购买。画面都为三国、水浒、西游记等故事中的人物,还有各类兵器,全套攒齐不容易。小摊、货郎担上常有整版或分条出售,买回将其剪成单张,藏好。娱人片平放在地上,利用手掌扇动产生风力,将娱人片扇翻。参与者一人拿出一张娱人片,轮流去扇,扇翻几张就赢取几张。盛行时期,同叉铁箍。

7. **滚铜钿**

滚铜钿,先在地上斜支一块砖,在前面五六米开外设一障碍物。然后用大拇指和食指扣着铜板,在砖面上有力一磕,铜板就叮的一声落在砖上并弹离砖面,顺着地面一路往前滚,谁滚得远,就是胜利者。盛行时期,同叉铁箍。

8. **打铜板**

打铜板是两个人以上玩的一项活动,以男孩居多。场地上平放一块砖,参与者每人拿出一个或数个铜板,叠放在砖面上。通过猜拳形式,决出出场名次。出场者用自己手中的铜板瞄准砖面上的铜板用力击打,打掉几个就赢取几个。

拿不出铜板的孩子,玩"打圆圈"。用硬纸板剪成一个个铜板状的圆圈,替代铜板,玩法与打铜板相同。盛行时期,同叉铁箍。

9. 削水片

平时或散步,或劳动歇息,一时性起,便在河边墙角取一块碎瓦片、碎缸、碎碗之类,朝河面飞去。随着一阵"嗒嗒嗒——"的声音,水面上便会出现漂亮的水花,这就叫"削水片"。仍有时性而玩。

10. 挑绷绷

挑绷绷,取一根一米不到的"扎底线",把线的两头打结拴住。然后,你来我往,利用自己双手的十个指头,或钩,或挑,或叉,变换出许多不同的图形。有"大方砖"、"梭子块"、"大手巾"、"乱草把"等。真是变幻无穷,让人目不暇接。仍有时性而玩。

11. 踢毽子

毽子一般用公鸡的长羽毛和圆形方孔的铜钱做成。踢毽子比赛有单人赛与集体赛。踢毽子以下肢肌肉的协调运动为主,功夫在脚上。髋关节、膝关节、踝关节、脊椎各关节、腿部肌肉、肩背部肌肉都能得到有效的锻炼,可促进人的身体健康。2012年,仍有体育部门组织趣味比赛。

12. 跳橡皮筋

跳橡皮筋也叫跳牛皮筋,是女孩子们特别喜欢玩的一项活动。不少街头巷尾、弄堂院落经常可以看到女孩子们哼着童谣,和着节奏在跳橡皮筋。仍有时性玩耍。

13. 跳绳

跳绳,发挥人的灵敏、速度、弹跳及耐力等,对身体素质都有好处。跳绳器械简单,场地到处都是,随时可做,是一项适合大众的体育健身运动。跳绳花样繁多,可简可繁,无论在家庭、社区、机关、学校乃至各企事业单位都有举行这项活动。2012年,仍有体育部门组织趣味比赛。

14. 放风筝

风筝,民间风俗中的娱乐活动。每至清明时节,春回大地,草木皆绿的大好时光,兴致勃勃地结伴去郊外踏青游玩放风筝,呼吸新鲜空气,锻炼了身体,陶冶了情操,增强了体质,有肩周炎的朋友,甚至通过放风筝,不治而愈。2012年,仍有体育部门组织趣味比赛。

放风筝

第九章 古 迹

第一节 名 胜

一、寺庵

1. 福严禅寺

福严禅寺,又名碛碻寺。位于杨湘泾镇南2公里处的永新村碛碻自然村,碛碻寺因此而得名。据清代秦立纂的《淞南志》(1805年刻本影印)记载,相传始建于吴大帝赤乌年间(238~251年),三国时期的吴国太出资兴建,宋祥符中敕赐寺额。宋南渡后重修,殿梁上书吴郡守孙汝权同妻钱玉莲喜舍。元代至元初(1264年),寺僧友山复鼎新。元季提点僧谋作乱,里人叶苗平之,僧歼寺毁。明洪武十九年(1386年),僧泽云整修一新,有剪松轩、雷音阁诸胜,里人隐士孙俊尝有诗云:"地厂栽松老,寒涛泻翠轩,庭阴雨乍歇,山晓日初喧,习静能消俗,观空自解烦,远公相对处,终日可忘言。杰阁涵秋爽,登临老眼稀,一篱黄菊绽,几坞白云舒,野旷禾栖亩,林辣叶战桐,倚骢闻眺望,清尝与□□。"

清道光年间(1821~1850年),昆山潘道根家收藏、校读《康熙昆山县志稿》。《康熙昆山县志稿》源于康熙九年(1670年)昆山县志手稿,后由苏州市图书馆收藏,1987年正式出版《康熙昆山县志稿》。该志稿记载:福严禅寺,在县东南七十里碛碻村。初名院,元至元年僧友三建。明洪武十九年(1386年),僧泽云重修。永乐五年(1407年),僧信源重修。正统九年(1444年),僧晓堂重修,又建天王殿、雷音阁、剪松轩、昙华堂,旁有翠筠山房最胜。明成化二年(1466年)进士、南京吏部主事陆容,对古寺作诗:"移舟来看九峰青,古寺幽沉试一经。画堵半颓支碧殿,残碑欲断倚朱孺。阶前老树如僧腊,海上浮槎即使星。极目湖天诗兴远,片云孤鹤过华亭。"明万历四十三年(1615年),工部主事、叶盛的六世孙叶国华,对近颓的古寺及周边地区状况作诗:"栋宇悬浩劫,苍凉野鸽栖。朔风双树合,淀水一桥堤。物力惊时壮,宋传识旧题。回思先烈在,排难靖残黎。"明崇祯末(1644年),寺已颓,有僧恒修,苦行自励,始而持淡斋,既复持水斋。邑人朱集璜感其诚,为作募疏,工用大集,殿宇一新。据清金吴澜、李福沂修,汪坤、朱成熙纂的《昆新两县续修合志》[清光绪六年(1880年)刻本]记载:国朝康熙年间(1662～1722年),僧隐修复,建大殿山门、东西廊庑,方丈完工于雍正四年(1726年)。乾隆(1736～1795年)、嘉庆(1796～1820年)年间,僧实端、了定、智林又相继修葺。同治元年(1862年),毁于兵;同治四年(1865年),寺僧功参募建观音殿;同治十年(1871年),前殿东增建斋堂。据《淀山湖镇志》记载:中华人民共和国成立初,福严寺尚存大雄宝殿和数间庙房,内有大铜钟一口,外有几个直径1米左右的石鼓磴,大雄宝殿西侧有1棵树龄达1 700年古老银杏树。新中国成立后,大雄宝殿佛像被毁,寺院先后被用作临时粮库、大队办公室、代购代销点等。1978年拆除,拆除材料一部分送往淀东公社,一部分留大队建造商店和翻建学校等。

2. 青莲庵

位于原永安村神童泾自然村。据民国《昆新两县续补合志》记载:"青莲庵,在生区八图神童泾……光绪二十年(1894年)重建前进。"周之锷重建青莲庵前进记:"前明浮图文瑛,居大云庵,即苏子美沧浪亭,地寻遗事,复旧构,又得归震川先生为记,而庵与亭并垂不朽。吾乡青莲庵在神童泾,陈梦阳先生遗址之侧。先生学问气节与苏子美埒(意'相等'),而僻处穷乡,旧宅无存,不复如苏氏亭地之著见,一二文人学士,考求先生遗址,惟恃斯庵为标识。粤匪之乱,庵焚而古佛犹存,里人重建后殿及两厢,以妥佛像,并为登临怀古之地。庵旧名四圣堂。四圣者,道经所谓北极四将,天蓬、天猷、翊圣、真武也。庵中素奉观音佛,顾名思义,自以青莲庵为惬。岁癸巳浮图了缘,来自南普陀山,谓山外有莲花洋,斯庵适名青莲,愿挂锡焉。居有顷,佛事大兴,矢誓募建前堂,里人以名胜之地,咸愿资助。而地小民贫,有志未逮,惟冀四方檀越,随缘乐助,为聚沙成塔之谋有善果、福田之乐,庵与遗址并峙千秋,犹大云庵、沧浪亭之昭,垂志乘也是乐。为记,时在光绪二十年(1894年)秋九月。"

3. 洞明道院

位于矼碨村。据嘉靖《昆山县志》记载:"洞明道院,位于㴲川乡,元至元年建。"志书记载时称已废,为虚道院。

二、堂亭

1. 南溪草堂

位于矼碨村,明代永乐年间(1403～1424年)中期,隐士孙俊建。孙俊隐居不愿做官,筑草堂三楹(间),每日与二三位乡老觞咏。孙俊在南溪草堂著有《南溪草堂集》,叶文庄公(叶盛)为《南溪草堂集》作序。

2. 剪松亭

位于矼碨村,明代洪武十九年(1386年),矼碨寺僧泽云建,剪松亭构建雷音阁,与亭相接,叶文庄公(叶盛)有剪松亭杂咏。

三、庙宇

1. 薛塔庙

位于原永义村新开泾自然村西南侧淀山湖边。据民国《昆新两县续补合志》记载:"薛塔庙在南乡薛淀湖滨,相传庙前有宝塔,因以为名圩坍塌,塔址已没入湖中,不知建自何代,光绪十三年(1887年)里人募资重修。"据附近村老人回忆,新中国成立初,薛塔庙还存在,内有关老爷、四大金刚等神像和香台案桌,后在"破除迷信"活动中,佛像及香台案桌被毁。相传薛塔庙与元朝盛世年间修道真人薛朝阳有关。薛朝阳,字鸣凤,号洞玄冲靖广道大真人。先居在江西龙虎山上清宫修道,常常外出云游四方。在民间传道、云游各地中,他看到江南昆山淞南淀山湖有山有水,美景如画,并有大河大江肥沃平原良田、"桃源"之地,是养性修道的好去处。为此,他离开江西龙虎山上清宫,千里迢迢来到淀山湖东北岸,在千灯浦东面定居下来,置斋粮田又建造修道养身的云房数楹,其中"笔云玉堂"最为气派壮观。在这"云吞山色,平揖湖光"地面上招纳弟子传道、讲道、布道,并在湖光秀色朝阳晚霞里"笔云玉堂"大殿中焚香静坐为弟子讲"仁道",告诫弟子,要善待他人、爱护百姓、为民造福、修身传道,才能成正果。薛朝阳还常到周边的沈家埭新开泾村、小港村、马家港村、南巷、东村、金家庄等村的寻常百姓家传道,在农闲或工休时,附近的人们主动到"笔云玉堂"来听道。

相传,淀山湖畔四邻八乡百姓把每年三月初六定为庙会,七月二十六为待社日,每每庙会,可与碛礅寺庙会媲美。

2. 城隍庙

位于碛礅福严寺南,小香花桥东,有庙屋3间,前面东西两侧有厢房,厢房中间有围墙,庙内神像叫城隍老爷。新中国成立初期神像被毁,但庙房一直保存到1958年。

3. 先锋庙

位于碛礅村江北西尽头,有庙屋1间,神号是先锋老爷。每逢村上待社,先锋老爷打头开路。新中国成立初期,神像被敲,庙房由集体拆除。

4. 马阿公庙

位于彭安泾村江东圩南江边,有庙屋2间,神号姓张,旁边有小神像马公公。该庙的东南角处,栽有一棵大柏树,树高约10米,胸径约50厘米。1962年,该树由永益村6队派人锯掉,庙房由集体拆除,移作他用。

5. 猛将庙

位于金家港西最南面,有庙屋8间,神像叫猛将老爷,旁边也有马公公等小神像。金家港村每逢农历七月初九待社,村上群众把神像请出来,由年轻男子抬着游村一圈。

6. 杨老爷庙

位于六如墩江西北溇西边,有庙屋8间,神像叫杨老爷,旁边也有马公公等小神像。六如墩村每逢农历七月初五或初六待社,村上群众把神像请出来,由年轻男子抬着游村一圈。据传,杨老爷专做水上拯救渔民等善事。

7. 观音堂

位于新开泾河西、鸭蛋溇江北角。

8. 沈家埭江北庙

位于沈家埭江北东角。

9. 小港江东庵

位于小港江东北边。

10. 红庙

位于神童泾村庄南面,有庙屋3间,2个厢房,面积200平方米左右,庙内有猛将、施相公、观世音等神像、佛像。

11. 施生堂庙

位于神童泾村庄西北面,有庙屋3间,2个厢房,面积350平方米左右,庙内有神像。

第二节 古 桥

一、完好古桥

1. 崇福桥

崇福桥,位于碛碛村,俗名"香花桥",保存完好。据清金吴澜、李福沂修,汪坤、朱成熙纂的《昆新两县续修合志》[清光绪六年(1880年)刻本]记载:"崇福桥,碛碛寺前,明天顺年间(1457~1464年)僧文湛建,国朝嘉庆三年(1798年)重建。"南北走向,花岗石砌筑,单孔石拱桥,拱券纵联分节并列砌置。桥长19.9米,宽2.85米,净跨6.28米,矢高3.44米。古桥两侧有桥联,东桥联:"人因胜迹矜题柱,地属通津利涉川";西桥联:"远岸清波随月玄,上方仙梵过桥多。""文化大革命"初期(1966年),崇福桥望柱石狮等,被"造反派"以"破四旧"为由,人为毁坏。1986年,永字公路建成通车,崇福桥东侧另建永字路2号公路桥,行人不再行走崇福桥。崇福桥年久失修,杂草丛生。2006年10月,永新村安排4名村民,人力清除崇福桥丛生的灌木杂草,为维修桥梁做好准备。2008年8月15日,昆山市文物管理所确定,苏州思成古代建筑工程有限公司为崇福桥等昆山4座古桥的维修中标单位,其中崇福桥维修合同价64 364.15元。是年四季度,东西向河道的桥两侧筑坝干水,工程队进驻施工,完成维修。2009年1月7日,崇福桥维修决算价87 739.22元,昆山市和淀山湖镇两级人民政府共同出资,各支付50%。维修后的崇福桥,除望柱上没有石狮外,其他部位基本保持原貌。

2. 永安桥

永安桥,位于原永安村,东西走向,跨于神童泾河上,为花岗石砌筑三孔梁桥。桥长23.13米,桥宽2.15米,矢高2米,保存完好。清道光十六年(1836年),张霖建木桥。同治五年(1866年),张致和募捐重建木桥。据民国《昆新两县续补合志》卷四"市乡"桥梁篇井亭乡目中记载:"永安桥,俗名北大桥,原系木桥,桥东位于生区五图,桥西位于生区八图,在神童泾村,光绪二十六年(1900年),村人郁汝镶(鸿慈)捐资改建石桥,共费银一千三百余元。"2006年重修。

二、已废古桥

1. 道褐浦桥

道褐浦桥,位于碛碛东南村东北侧的道褐浦上,东西向,石桥,今桥不存。据光绪《昆新两县续修合志》记载:"道褐浦桥,在出区二十二图,跨道褐浦,明洪武六年(1373年),碛溪(即碛碛)李庸建。国朝嘉庆元年(1796年)里人重建。"新中国成立初期,道褐浦桥遗址河床两侧为泥石浅滩,过河船只需小心避让。

2. 中塘桥

又名矮墩桥,位于碛碻后村前场江,阶梯石板平桥。据民国《昆新两县续补合志》记载:"中塘桥,俗名矮磴桥,生区九图,同治十三年(1874年)里人重修。"1983年,因大队建造木器厂被拆除,古桥消失。

3. 青龙桥

又名东石桥(神童泾人称)、南石桥(六如墩人称),位于神童泾与六如墩交界的竹园弯河上,石板桥,桥长18米,桥面宽1.5米,桥台宽1.8米。据民国《昆新两县续补合志》记载:"青龙桥,俗名东石桥,跨张家(厍)江,东生区九图,西五图,道光二年(1822年)里人重建。"1986年在青龙桥北侧建公路桥,2000年石板青龙桥被拆除,古桥消失。

4. 永兴桥

又名北石桥,位于六如墩村后。据民国《昆新两县续补合志》记载:"永兴桥,在生区五图六如墩村后,俗名北石桥,嘉庆三年(1798年)里人屈岐山、张建功重建。"今不存。

5. 小香花桥

石拱桥,位于碛碻寺正南20米崇福桥北50米处。据民国《昆新两县续补合志》记载:"香花桥,丽区十三图,碛碻福严寺前,乾隆甲辰年(乾隆四十九年,1784),里人沈和中、王振东重建。"1986年,修筑永字公路,拆除石拱桥,改建为水泥板梁公路桥,为永字公路1号桥,古桥消失。

6. 宁人桥

又名东桥,位于碛碻东,往东南村过路桥。据民国《昆新两县续补合志》记载:"宁人桥,丽十二图碛碻村东,跨西道褐浦。"原是阶梯石磴石板平桥。1970年,昆山至朱家角客轮途经此危险桥梁,因不安全重建。由青浦造桥队施工,改建成上海市式样的水泥框架平板人行桥,古桥消失。1994年,改建为村级水泥公路桥。

7. 众善桥

又名堰桥,位于碛碻村西,阶梯石板平桥。据民国《昆新两县续补合志》记载:"众善桥,俗名堰桥,丽十二图碛碻村西,西跨水区十三图,嘉庆二年(1797年)重建。"1965年,因桥面过低,满载稻船难于通过桥洞,因此在阶梯桥墩平面石桥板下,加高两块石头,升高桥面。1999年,改建成防洪闸门桥。2012年,农房恒海国际花园开发形成,防洪闸门桥被拆,古桥消失。

8. 兴隆桥

又名杨家湾桥、姚家湾桥、王家湾桥,位于娄北港港口、碛碻后村东北侧、通往杨湘泾的沿河路上。据民国《昆新两县续补合志》记载:"兴隆桥,俗名王家湾桥,水区十三图碛碻村后,道光二十八年(1848年)里人重建。"原是阶梯石板平桥,碛碻至杨湘沿河岸塘路桥。1978年,改建成打桩水泥框架踏步平板桥,古桥消失。

9. 永顺桥

又名行仁桥,位于碛碻村,联结河南、河北人家木桥。据光绪《昆新两县续修合志》记载:"永顺桥,碛碻村。"据民国《昆新两县续补合志》记载:"行仁桥,水区十三图碛碻村,乾隆壬申(1752年)里人吴尚德、沈和中全(同)建。"永顺桥,原是木桥,1975年,改建为水泥框架桥,更名为碛碻桥,古桥消失。

10. 益寿桥

原名从愿桥,又名横泾桥,过路人称作庄里桥,位于庄里自然村东。据光绪《昆新两县续修合志》记载:"益寿桥,俗名横泾桥,道光八年(1828年)修,同治十三年(1874年)重修。"农历丁巳(民国六年、1917年)仲春,神童泾郁鸿慈72岁生日寿辰,亲朋好友送上寿金120银圆,郁鸿慈又自掏腰包200银圆左右,计费300余银圆,重建已塌从愿桥。为感谢郁鸿慈用寿金为人做好事建石桥,把从愿桥改称为益寿桥。1987年,益寿桥被拆除,改建为公路桥,古桥消失。

11. 通政桥

又名瞿家溇桥,位于神童泾南。据民国《昆新两县续补合志》记载:"通政桥,俗名瞿家溇桥,在生区八图神童泾村南,光绪二十八年(1902年)里人重修,加阔石面。"2006年,重建为水泥平桥,古桥消失。

12. 同善桥

位于神童泾村北沈湾溇口,阶梯石板桥。据光绪《昆新两县续修合志》记载:"同善桥,在郁家庄,道光二十三年(1843年)重修。"据民国《昆新两县续补合志》记载:"同善桥,在生区五图神童泾村,雍正五年(1727年)建,嘉庆六年(1801年)重建,光绪二十六年(1900年)里人重修。"2006年,翻建成水泥平桥,古桥消失。

第三节 古树名木

永益村古银杏,别名帝王树,位于永新村碛磇自然村永字路西侧。树高23米,干径树围3.8米,基部树围5.1米。2004年,经江苏省建设厅组织园林绿化行政主管部门普查核实,树龄1 700年,为江苏省树龄之最的一级古树名木。2006年12月,被淀山湖镇绿化管理所列为"昆淀001"保护名木。2012年,保护完好。

第四节 水闸亭井

一、水闸

神童泾闸,位于神童泾村北侧神童泾河上,闸东侧水上建有石柱支撑的看闸小砖瓦房。新中国成立后停用,逐渐消失。

二、凉亭

歇凉亭,位于六如墩自然村东北侧道褐浦河南岸渡口。四方形,石柱支撑,顶层木瓦结构。附近有昆朱客运轮船停靠点,是行人等待摆渡、停留歇凉而名。今不存。

三、水井

1. 神龙泉井
位于神童泾村,今不存。据光绪《昆新两县续修合志》记载:"神龙泉井,南乡神龙泾大桥西首。古井相传,井中多龙,春夏出入时,多风雨,里人恶之,用大石重土填塞其中,今在潘氏竹林内。"

2. 碛碨水井
位于碛碨村河北墙门里天井西南侧,水井由瓦卷起,石栏井台。20世纪80年代翻建楼房期间被毁。

第十章 村民忆事

第一节 村风民风

一、村规民约

开篇

爱国爱党爱人民,共同来把家园筑,道德规范人人守,共同致富乐悠悠。

1. 社会治安篇

学法知法要守法,建房审批要牢记,用水用电不违纪,交通法规你我守,公共财产大家护,公益事情多出力,平安永新靠你我,齐心协力守纪律。

2. 村风民俗篇

移风易俗人人讲,树立社会好风气,反对封建破迷信,红白事简不挑剔,门前三包严落实,村容村貌共管理,公共设施齐呵护,美化庭院爱家园。

3. 相邻关系篇

邻里关系情谊好,互帮互助赛兄弟,大事小事不计较,文明礼仪不忘记,饲养家禽管理好,自觉来把卫生搞,卫生习惯都养成,环境美化人人喜。

4. 婚姻家庭篇

夫妻相守是缘分,和睦美满很重要,晚婚晚育共倡导,优生优育共发展,老人父母赡养好,说话态度要谦孝,从头抓紧育幼小,注意言传和身教。

收篇

村规民约你我订,男女老少共遵守,相互勉励都受益,和谐永新更美好。

二、家风家训

1. 家风

(1) 淳朴,勤劳,向上,和谐。

(2) 孝为先,诚为本。

(3) 勤为勉,不自满。

(4) 知感恩,讲奉献。

(5) 礼让人,和为贵。

(6) 踏实、真诚。

(7) 幸福,关乎你我。

(8) 孝老爱亲。

(9) 和气美满,幸福常伴。

(10) 淳朴勤劳,家庭和睦就是福。

(11) 互相理解互相尊重,包容他人。

(12) 孝为先,勤为勉,知感恩,和为贵。

(13) 家庭和睦,相邻友好,尊老爱幼,遵守公德。

(14) 一家之计在于和,一生之计在于勤。

(15) 以礼待人,以诚对人,以信交友,以和为贵。

(16) 对待邻里要有爱心,为人处世要有公心,家人之间要互相关心。

(17) 孝敬父母,尊老爱幼,勤俭持家,邻里团结。

(18) 对长以敬,对幼以慈,对人以和,对事以真,对客以诚。

(19) 老小和气,相敬相爱。

(20) 幸哉！福哉！美哉！

(21) 助人为乐,诚实守信。

(22) 让生活诠释美,让行动感染人。

(23) 家和万事兴！

(24) 让自己的家庭幸福,把幸福传递给他人。

(25) 家庭和睦就是福。

(26) 理解、尊重、平等、关爱。

(27) 孝敬老人、爱护亲人、勇担责任。

(28) 相互温暖、相互包容。

2. 家训

(1) 做好自己的事,尽自己所能去帮助他人。

(2) 家庭和睦,和气生财。

(3) 亲善待人,严于律己。

(4) 乐于助人,乐观向上。

(5) 勤劳致富,诚实友善。

(6) 一粥一饭,当思来之不易;半丝半缕,恒念物力维艰。

（7）真诚，互爱。

（8）邻里和睦，敬重长辈，严教子女，勤俭持家。

（9）与人方便，自己方便；精打细算，细水长流。

（10）付出，福报就多；感恩，顺利就多；知足，快乐就多。

（11）乐于助人，奉献是福。

（12）幸福美满，知足常乐。

（13）心存感激，善待他人。

（14）健康生活，真诚待人。

（15）心胸开阔，乐观向上。

（16）有余力，则助人。

（17）孝敬老人，严教子孙；尊老爱幼，亲穆存心。

（18）严于律己，宽以待人。

（19）感恩付出，知足常乐。

（20）相亲相爱，对待亲朋友爱，对待邻里和谐。

（21）做善本分事，筑美邻里桥，助勤致富梦。

第二节 日军侵略罪行

1938年4月，日军侵入沈家埭、新开泾和小港等一带，沈家埭村民蔡泉生在南港被日军枪伤大腿；新开泾村民冯根林被日军枪伤大腿，因流血过多而死亡。日军再次侵入碛礃村，强奸村妇万某1人。又一次日军侵入，在杨湘东首大鸦桥堍，过路的小港村民柴阿四、新开泾村民冯木泉和阿泉宝3人，被日军用刺刀刺死。

1939年10月，日军在神童泾、庄里，抢走村民的大米1 000斤。

1940年5月，日军在彭安泾，刺伤村民罗用清腿、刺伤村民郁龙祥臂；在神童泾抢走村民的大米40 000斤。

1941年7月，日军在碛礃村放火烧毁稻草10担。

1942年5月，日军"清乡"，在东石桥枪杀神童泾村民沈四根、枪伤神童泾村民沈福荣腿部。

1943年1月，日军"清乡"，在碛礃抢走大米10 000斤，在彭安泾抢走牛1头、大米10 000斤。

第三节 庙 会

一、碛碨寺二月十九庙会

碛碨村,有座古刹名寺,当地百姓都叫碛碨寺,而它的正名叫"福严禅寺",相传三国时期吴主孙权建,规模庞大,有房屋5 048间,在江南久负盛名,有"天下两只半寺,福严寺其之一"之说。

碛碨寺内佛像有如来佛、观世音、四大金刚、500罗汉等。说到"观世音菩萨"、"观音老母",那是没有人不知道的事。菩萨的圣像金容,在有人烟的地方都有人供奉。"家家弥陀佛,户户观世音",观音菩萨的慈悲,深入每一个家庭中。观世音一年有三个纪念日,农历二月十九,是观世音菩萨圣诞纪念日;农历六月十九,是观世音菩萨成道纪念日;农历九月十九,是观世音菩萨出家纪念日。这三天,各寺院道场都会举行观音法会,一般民众也会一起到寺院礼拜,以感怀菩萨的大慈大悲。

碛碨村的福严禅寺,更不例外。每年第一个观音纪念日——二月十九观世音菩萨圣诞纪念日,里人到寺院礼拜,格外隆重,外地赶来烧香敬佛的善男信女格外多。从松江、杭州等地远道而来烧香的一批又一批,方圆数十里甚至数百里外前往赶节的人不少。借此机会,商贾前往设摊做生意,马戏团前往搭篷做戏献技。顿时,庙中烧香的,庙外看戏的,买东西的,到村走亲戚的,里人轧闹猛的,汇在一起,人山人海,热闹非凡。

二月十九观音法会那一天,寺院里,礼拜观世音菩萨的信男信女,怀着敬重观世音、纪念观世音、学习观世音菩萨功行的情感汇集于一堂。善男信女在观音法会上,先是唱"杨枝净水赞"赞歌,以后是妙法莲华经观世音菩萨普门品、观音偈、观音菩萨的法门、三皈依、回向、午供、开示说法,等等。

碛碨寺庙前,有块空旷操场,场前有条小河,河上建有一座小巧玲珑的石拱桥,俗称小香花桥,戏称"轧奶桥"。步越小桥,便是"街弄",百来米长,近十米宽,两侧松柏,四季常青;南桥堍下,两棵高大黄菊榆树,引领松柏有序排立,街弄显得生气勃勃。街弄南端便是崇福桥,俗称大香花桥,明天顺元年(1457年)建,为高大石拱桥,至今尚存。百货、小吃、小农具之类,就在这一区域摆放出售。

二月十九,商人设摊做生意,一般在一周前赶到,由少到多,陆续铺摊,有序摆放。二月十九,最为兴旺。庙前、庙后及小河之中,各有特色。百货、小吃、小农具买卖,在庙前操场和街弄两侧,马戏团演出在庙后大场,地产商品或手工产品,大多上岸设摊,也有就船经营,泊在小河岸边。

小香花桥北侧的庙前操场,以小吃为主,瓜子花生、各类果壳炒货,应有尽有;卖梨膏糖的叫声不绝;边产边销的海棠糕、米花糖以及馒头、面包、馄饨、面条、豆腐花之类的点心,迎合远方香客需要,引诱地方儿童缠着父母购买,生意十分兴隆。

街弄里,当时农民称它为洋货摊、农具店。刀剪、镜子、木梳、化妆品、纽扣、发夹、手帕、别

针以及洋泡泡之类的儿童玩具,应有尽有;打谷场上的筛子、罱泥用的网衣、拷泥用的欠部、挑粪用的粪桶等小农具,品种齐全;妇女纺纱织布用的梭子、锭子、经川等,配套齐全;家用竹篮、扫帚、畚箕,一应俱全;黄梅水发捉消鱼的竹制天龙,也占一席之地;还有凑热闹的赌博机、凭侥幸的藤圈套泥塑等,十分引人。近百个摊位,就地而设,商品五光十色、琳琅满目,老少皆宜光顾。

庙后北侧大场为游乐区。从庙旁千年古银杏树边穿越,步入庙后,首受诱惑的是看西洋镜,实是现代玩具小幻灯。绕开诱惑小区继续往前,大型帆布帐篷屹立,圆形帐篷直径足有30米,帐篷外围张起绳结的围墙,乐声、吆喝声此起彼落。走进网绳围墙,必须买票,大约花上半斤大米代价的钱币,就可入内欣赏。这儿有美女上演跑马戏的,有杂技"三上吊"、走钢丝的,有大力士卖膏药的,对青年男女诱惑力特别强,也是庙会最易消费的地方,以青年男女为主的客人,在物质享受的同时,尝试着新奇的精神享受。

庙前有条前场江,东至东桥江,西至三角洋,全长近300米,是赶节摊主运输船的泊位区,50多条各类船只,塞满河中。装有荸荠、河藕、慈姑之类的船只,有的直接在船上买卖,10多条农船,满载地货产品进驻,向当地农民销售。当时里人虽为农民,但限于传统稻麦油菜生产,荸荠、河藕之类农产品奇缺,市场十分看好。前场江东端出口,便是东桥江,一条手工生产竹器的船只,每年孤单地停在那里,原来此船两侧,绑带着许多粗长毛竹,不便进入前场江,于是每年总是停在东桥江边,农家灶用的竹制碗架、筷、洗帚、衣架之类的竹制品,现做现卖,时间一长,大家也就习惯了,一旦需要,就会径直前往。

磧磧寺二月十九庙会,方圆数十里乡民前往赶集,走亲访友,热闹非凡。当地村民,家家上镇买鱼买肉,备菜招待,少则一两桌,多则五六桌。不少农家为远方客人提供方便,相互结交新的朋友。二月十九庙会,热闹非凡,高潮场面,村里聚有近万人次,仅庙会现场就有三千多人,人气十足。不仅是单纯的烧香拜佛,更是旧时农村市场流通的体现。

一年一度的磧磧庙会,在新中国成立前的几十年里,盛况空前,长盛不衰,人们把它作为一个重要节日。从佛神的角度来看,庙会也确实是它们最"快乐"的日子。庙会期间,所有神像都被"请出"庙门,坐在临时搭建的帐篷内,正面是为佛爷演唱的戏台,四周还有耍猴的,表演杂技的,说唱的,表演武术的,变戏法(魔术)的,几乎汇集了所有的文艺门类,可真谓目不暇接,热闹非凡。

庙会的第三或第四天,总要举行游村活动,这又是一个引人注目的项目。人们抬着佛像,前簇后拥周游村庄,其规模之宏大,人数之众多,节目之多彩,不亚于皇上出访。在游村队伍中,最引人注目的是"扎肉"。

"扎肉",是一种让人的皮肉受苦,来表示对神灵忠心的一种方式。

接受扎肉的人,三天前需吃素戒斋,扎肉的前一天,还要香汤沐浴,梳理鬓发,像做新郎或新娘一样,并在佛像前焚香点烛、磕头跪拜,这一切都是为了表达自己的忠诚。

扎肉开始,施行扎肉手术的人,先在被扎肉的人左手腕下侧揉搓按摩,使这块皮肉逐渐失去知觉,以减少扎针时的痛苦;接着,用高度白酒喷涂在手术部位,这是一种比较原始的但又有科学道理的消毒方法;然后,按住皮肤,扎出四到六个等距离的孔,用1.5毫米粗的银丝,在孔中像穿球鞋带一样穿起来,止血消毒,扎肉就告完成。名谓"扎肉",实际上是扎"皮",血止后就在银钩上挂上重物,参加游村。

扎肉后的银钩上所挂重物，各有千秋，一般是重二三十斤的铁锚；也有竹筛大小的铜锣，左手挂锣，右手握锤，一边是一面不时受击的锣身，振动发声，自然要波及扎肉的手臂，隐隐作痛，但是这种振动通过银丝的传导，已经不甚强烈。还有挂的，既非铁锚，也非铜锣，而是别出心裁地挂上一台留声机，扎肉汉子手臂上吊着一只四方凳子，上面一台留声机，盖子半开，放上唱片播送乐曲，走了一阵之后，小凳放在地上，绞紧发条，换上唱片继续朝前走。

形形色色的扎肉游村者，看热闹的人无不瞠目结舌，心中充满着惊讶钦佩之情，但人们都遵守一条不成文的规矩，不去问扎肉的人痛或不痛，甚至那些不懂事的孩子，也不敢胡乱发问，因为事先大人们已再三叮嘱，只许看，不准问，生怕触犯神灵，招来杀身之祸。

日暮时分，游村结束，人们各自回到自己的农舍，村庄里显得格外宁静，可是星星点点亮着油灯的各个农家，热闹非凡，对白天发生的一切，都在评头论足，说长话短，刚才不能说、不敢说的话，现在全倒出来了。其中议论得最激烈的话题，扎肉的人何以要受这份皮肉之苦呢？

其实扎肉的人，个个都是自觉自愿的，并在佛像前许下心愿。他们有的是生了大病，由于菩萨保佑病愈康复，为了报答菩萨的大恩大德，许愿扎肉以示回报；有的是结婚多年不育，在送子观音面前作了扎肉承诺，期望来年生个大胖儿子，以传宗接代；有的虽然逢年过节烧香拜佛从未间断，但家里小灾小难连续不断，为保全家平安，看来仅仅烧香拜佛无济于事，必须加大力度，许诺扎肉。至于有门有墙的大户人家，对扎肉敬而远之，既无勇气，又无诚心，这些人家有的是钱，他们往往是作重修舍殿、重塑金身的许诺。

二、彭安泾村三月三

每当农历的三月初三，是彭安泾村的重大节日。活动内容有抬老爷（神像）游村、待社、搭戏台、农民请客吃饭等，一般时间为两天。第一天，村上群众把马阿公的小神像，从马阿公庙请出来，由年轻男子抬着游村一圈。看戏、请客吃饭，持续到第二天。

第十一章 民俗方言

在社会发展的历史长河中,永新村域逐步形成了约定俗成的岁时习俗、礼仪习俗、方言、谚语、歇后语、民歌、地方谜语,代代相传。新中国成立后,随着社会制度的变化,新风旧俗互相渗透、转化,社会风尚逐渐起了质的变化。国家提倡移风易俗,一些不健康的习俗逐渐被人们抛弃,新型的风尚习俗渐为人们所接受。

第一节 岁时习俗

一、春节

农历正月初一,俗称大年初一。开门要燃放爆竹,寓意连连高升,迎来好运,谓开门爆仗。清晨,家家户户必食年糕、汤圆或面条,寓意年年高升、团团圆圆;吃长寿面,表示健康长寿。家家门上贴新春联,合家穿新衣,晚辈向长辈叩头拜年,长辈给小囡"压岁钱"。人们见面,拱手相贺,说声新年好、祝你好运、祝你健康长寿、恭喜发财等吉祥话。

二、元宵节

农历正月十五,人称花灯节。旧时入夜,点燃彩灯,家家户户门口挂灯笼,小孩子拉着大人,制作兔子灯玩乐。元宵夜,家家户户吃汤圆、饺子,还用米粉、青菜制作米粉羹,在米粉中加入青菜、豆制品、慈姑、荸荠等,做成什锦羹,可口鲜美,别有风味。元宵之夜,各处活动多样,有扛三姑娘、放野火、猜灯谜、放鞭炮等活动。

三、清明节

这是祭祖扫墓的节日,清明到谷雨时节,都可祭祀祖先,称为过清明。新丧人家叫新清明、新时节。

旧时清明节祭祖扫墓,一般都要做团子,折锡箔,化纸钱,设酒祭祖,以告慰死者,饭后上坟扫墓、修坟、加盖坟头,以表示对祖先的缅怀。新中国成立后,移风易俗,实行火化,棺木入土之葬礼已不存在,死者骨灰一般在公墓安放,清明时节,亲人们就到公墓墓地进行扫墓。学校、团体,组织青少年,在清明时节祭扫烈士墓,进行革命传统教育。

四、立夏

时兴吃酒酿、咸蛋、青蚕豆、螺蛳等;午后秤重,测查各自孩子的体重。

五、端午节

农历五月初五,家家户户裹粽子,中午关闭门窗把苍术、白芷(中草药)放在脚锣或缸里烟熏,清除蜈蚣、蛇虫等五毒,以减少疾病。也有的人家用艾叶、菖蒲扎成剑形,挂在门上,借以镇妖驱邪。

六、七巧节

农历七月初七,长辈与至亲要给孩子杀童子鸡吃,以表对儿童的爱心。

七、七月半

旧时家家要祭拜祖先供奉神佛,村村演社戏。

八、中秋节

俗称八月半、团圆节,家家户户吃糖烧芋艿、月饼。新中国成立前,中秋之夜,家家烧香点烛,供于月下。一家人团坐月下,吃月饼水果、赏月亮,欢叙至深夜。新中国成立后,八月中秋已成亲人团圆、万家欢乐的一大乐事,亲朋挚友皆以月饼馈赠。

九、重阳节

农历九月初九,家家吃重阳糕,因糕与高谐音,表示喜利。无山吃糕,有登高避灾之说。新中国成立后,民间仍有吃重阳糕之传统习俗。20世纪90年代开始,将此日定为老年节,提倡敬老爱老,形成社会新风尚。

十、送灶君

农历十二月二十四,时兴送灶君上天,灶台上供有年糕团子、米粉羹等祭品,还用纸钱焚化,以敬灶神,行善保安。此日前后,家家要掸檐尘、淘米磨粉做年糕,喜迎新年。新中国成立后,破除迷信,不供灶君;但掸檐尘改为大扫除,除旧迎新,干干净净过新年,成为广大人民的新风尚。

十一、除夕

又称大年夜,是农历年终的大节日。凡在外地工作、经商者都要回家过年,赶回家吃年夜

饭。年夜饭的菜肴是一年里最丰盛的,合家欢聚,尽情畅饮。饭后,长辈们给子孙压岁钱。除夕,每家门上要贴春联;入夜,家家要守岁,老人小孩要洗脚,一起吃炒蚕豆、瓜子、花生米等果子;睡前,要放爆竹,表示送走平安丰收的一年,迎来更美好的新年。新中国成立后,单位一般要开展慰问烈军属、离退休职工、尊老及扶贫帮困等活动。

第二节 礼仪习俗

一、婚嫁习俗

1. 传统婚姻

（1）定亲

旧时,沿袭包办的封建婚姻制度,男婚女嫁受"父母之命,媒妁之言"、"门当户对"等封建陋习的支配。男子在14~15岁时,父母就为其选择对象,个别在襁褓中,俗称蜡烛包,就定亲,俗称"摇篮亲",一般都是"门当户对"。央媒说亲,女方将女儿的出生年月及时辰写在红纸上,谓"时辰八字",交媒人送至男方。男方将它供在灶公龛前,再算命,如不合,将八字退还;如合,男方选定吉日,备首饰、衣服、喜糖、蛋糕、茶叶、香烟等礼,由媒人带领送往女方,称作"担盘",也称为"攀亲"。后媒人称"介绍人",彩礼仍然存在。

（2）迎娶

农村结婚一般有三天排场,第一日"开厨",第二日"正日",第三日称"荡厨",贫困户只花一天,完成婚事。"开厨"那天,男方送"上头盘"至女方,"上头盘"又称"肚皮痛盘",盘内装鸡、肉、鱼、蛋等礼品,还有"六礼"(现金)。男方还将女方的正媒(娘舅或姑父)接去吃晚饭,女方将嫁妆送往男家。"正日"天,亲友上门喝喜酒,都要送人情(现金)及礼品,迎娶新娘用花轿、轿夫、乐队、喜娘。是日,午后由媒人引导,乐队和亲友伴送迎亲。新郎新娘由喜娘扶持下轿,走地毯入堂,举行婚礼仪式,点燃花烛,鸣炮奏乐,共拜天地;然后,新郎新娘手拉中间打着"同心结"的红绿"鸳鸯巾",由花烛手送入洞房。当夜,新郎新娘须守花烛,邻居及亲友闹新房。一般富裕人家在婚礼时,先由男女傧相伴新郎新娘入席,接着主婚人(族长或家长)、证婚人(有名望的人)、介绍人等入席。然后,证婚人宣读证书等,新郎新娘行结婚礼三鞠躬,交换饰物,向与席者一一致谢。整个婚礼由司仪主持,席间奏乐鸣炮不绝,然后送入洞房。"正日"这天,贺客盈门,摆酒席,宴宾客,请新贵,接舅爷,祭祖宗,忙碌不堪,热闹非凡。第三天是"荡厨",新郎陪新娘备礼回门望爷娘,直至晚饭后才返回男家。

新中国成立后,提倡自由恋爱,婚姻简办,移风易俗,废除千年陋习,少受聘礼或不受聘礼,少设宴席或不设宴席,仅发点喜糖而已,有的举行集体婚礼。20世纪90年代,随着人民生活条件的改善,婚嫁之事渐趋讲究,要求越来越高,男方必须将新房装潢一新,迎娶新娘都用轿车、中小型客车,还配有摄像车。聘礼越来越高,嫁妆越办越好。后来,嫁妆有彩电、VCD、电冰箱、洗衣机、童车、摩托车、热水器、空调等,一应俱全,还有十多条新被头。送礼数额年年有涨,酒席越办越丰盛,男女方家长倾其财力用在子女身上。但也有很多年轻人节俭办事,如举行集体婚礼等,值得提倡。

2. 特殊婚姻

(1) 童养媳

新中国成立前,贫苦不堪的人家无力把女儿抚养成人,就把女儿从小给人家当童养媳。有的人家经济贫寒,生怕无力给儿子娶妻成婚,就从育婴堂或孤儿院里领养一女孩作为童养媳。大多数童养媳受到虐待,被繁重的家务压得难以喘息,到了成年,被迫成婚,称为"并并"。新中国成立后,此俗已经绝迹。

(2) 兑换亲

两家穷汉都无力娶亲,双方都有兄妹或姐弟,就互换成亲,称为"兑换亲"。

(3) 做女婿

这一习俗有两种形式:一是男家经济困难,娶不起媳妇而到女家做女婿;二是女家无兄弟,为继承宗嗣而招女婿。男方到女家得改姓女家姓,生的儿女也得姓女方的。新中国成立后,此风俗照常,但改姓无规定,由男女双方决定。

(4) 抢亲

旧时,男方订婚后,无力办婚事,或女家发财后嫌弃穷婿,企图赖婚,男方无奈,就采取抢亲的办法;也有的公婆阻止守寡儿媳再嫁,儿媳私自约新丈夫抢亲。抢亲时,男方预先邀请数名壮年人当帮手,利用庙会、节场或到女方家宅,找到其女,即鸣放爆竹,男方突然把女方拉住,其余帮手一拥而上,将其抢至家中,当晚成亲。此举,旁人大多不予干涉,受到各方认可。此俗,新中国成立后已绝迹。

(5) 叔接嫂

兄长已故,弟娶兄嫂为妻,称为"叔接嫂",经长辈撮合即可同居。同样,也有兄长接守寡的弟媳。新中国成立后,偶尔也有此种婚姻,但必须自愿履行结婚登记手续,才算合法夫妻。

二、生活习俗

(1) 生育

孕妇临产前个把月左右,女方父母有催生的习俗,备好尿布、婴衣、草纸、鱼、大肉、鸡蛋、胡桃、桂圆、云片糕等,送到女儿家。孕妇临产前,叫"舍姆娘"。婴儿出生后数天,男家就要办"三朝"酒,两家的至亲都要去男家贺喜饮酒,送上红蛋、糕团、粽子及人情(现金),男家要给邻居分送喜蛋、喜糕、团子。婴儿满1个月叫"做满月",就得办"满月酒";孩子周岁要"过周岁",亲友又馈送喜面、衣服、饰物、压岁钱等,以祝贺生日,主人设宴招待。新中国成立后,此风仍然流行。

(2) 庆寿

旧社会,年满60岁的老者,经济较宽裕的人家,生日那天有"做寿"的风俗。这天,一般在客厅内设寿堂,中挂老寿星像,红烛高烧,至亲好友备有寿烛、寿香、寿面,前往祝寿。庆寿老人接受晚辈跪拜,并设酒欢叙。老人年龄到66岁,子女都要买肉备礼前往祝贺。新中国成立后,做寿习俗尚存。

(3) 攀过房亲

这是一种认亲方式,原因甚多。有的称谓寄父、寄母,有的俗称好爹、好娘。攀过房亲,带上礼物,在红毯上拜过神像,再下跪认寄父母。寄父母给寄子女见面钱,过年时送压岁钱。

(4) 立嗣

旧社会,宗族中一房无子,常以一侄入室,立为己子,以继产业,称立嗣。也有外姓人立嗣者,但很少。

(5) 建房

旧时建房,信奉迷信,选宅基先请阴阳先生看风水,择日期、定地点,泥水木匠动工要备"开工酒"。上梁那天要设酒请客,叫"上梁酒",亲友前来送礼祝贺。正梁上贴上红纸"福、禄、寿"等字样,左右正柱上贴红对联。上梁时,放鞭炮,抛喜糖、铜钿、馒头,说吉利话。新中国成立后,看风水等迷信活动已经消失,但设上梁酒、竖贴酒、进宅酒等习俗仍存在。

(6) 丧葬

旧时,凡人亡故,其家属即将此噩耗讣告亲戚朋友,称"报死";同时替死者净身,并将换下的衣服立即火焚,然后在客堂置一门板,将死者从房中转出,称"转尸",头南脚北躺在门板上,请人理好发,用清洁被单盖上,脚上穿鞋,将一巴斗套住双脚,头前挂白被单或白篷单,称为"孝幕"。放一八仙桌,头旁点一盏油灯,昼夜不熄,点燃香烛,放上祭品,台前放一铁锅,不时焚化纸锭。子女、家属穿白衣、扎白腰带,叫"戴孝",昼夜守灵前,恸哭。亲友吊唁,系白腰带。请道士、佛婆念经做道场,2~3天后入殓(尸体放入棺材),尸体四周撒上石灰。出殡前,子女、亲友挨次跪拜作揖,子女重孝者披麻着白,扶着棺木抬出,一路撒纸钱,摔碗盏,道士吹乐,子女亲友蜂拥着送棺木至坟地。回丧后在客堂设灵台、立牌位,当晚宴请亲友。自死者去世之日起,子女每日早晚在灵前哀哭,逢"七"必祭,至断"七"为止。新中国成立后,移风易俗,丧事简办,吹打基本废除,披麻改为臂戴黑纱、小白花。亲友吊唁,有的送花圈、挽联,有的召开追悼会、告别会,以寄托对死者的哀思。20世纪70年代起,土葬已改为火化。

(7) 拜师学艺

旧时,拜师学艺要央人介绍作保,请"拜师酒"。学成后,艺徒要请"满师酒"、"谢师酒"。徒弟尊师如父母,逢年过节要上门拜望送礼。徒弟有学三年、帮三年的习俗。

三、劣俗

(1) 吸毒

民国时期,少数富人家里自备烟具吸毒,毒品除鸦片外还有海洛因(俗称白粉)等。民国政府曾设戒烟所禁烟,收效甚微。新中国成立后,吸毒现象被禁,但到20世纪90年代,又偶见吸毒者,治安部门采取有力禁毒措施,效果斐然。

(2) 赌博

新中国成立前,赌风盛行,有麻将、押宝、牌九、骰子、扑克等。当局放纵不管,有人输得破产、寻死,或沦为乞盗。新中国成立后,人民政府严禁赌博,基本绝迹。20世纪80年代后,从娱乐活动开始,赌博死灰复燃,尚未禁绝。

(3) 看风水

旧时,迷信风水,不论建屋、砌灶或选择坟地安葬等,都得请风水先生看风水。由风水先生择定日期方能动工行事,否则任意动工,触犯神煞,会招灾祸,此劣俗在人们心中根深蒂固,新中国成立后此风基本绝迹。

(4) 算命

旧时,算命者沿街周游,串村挨户地跑,有看手相、相面、轮八字、拆字及鸟衔牌等。每逢婚丧病灾,遇事未决,即求算命者较多。新中国成立后,信算命者渐少,但偶有信者。

(5) 问仙

病家因久治不愈,便想到迷信求仙,以化凶为吉。"仙人"装神弄鬼任意胡诌,此种劣俗往往贻误治疗,酿成恶果。新中国成立后,人民政府禁止巫婆神汉用迷信骗财害命。20世纪80年代起,迷信抬头,巫婆再现,屡禁不止。

(6) 纳妾

旧社会,极少数富人本有妻室,又娶小老婆,叫纳妾。新中国成立后,婚姻法规定实行一夫一妻制,严禁纳妾。

第三节 方 言

一、时间、季节

上昼　上午	下昼　下午	热里　白天
今朝　今天	明朝　明天	旧年　去年
开年　明年	格年子　前年	着格年子　大前年
热天　夏天	黄梅里　夏收夏种	春三里　春天
秋场里　秋天	寒场里　冬天	大伏天　大暑天
后尼　后天	格热子　前天	着格热子　大前天
热中心里　中午	哈晨光　什么时候	一歇歇　一会儿
夜头、夜里　晚上	开往　刚才	煞生头里　突然

二、气象

雷响　打雷	阵头雨　阵雨	迷露　雾
秋柴柴　秋雨连绵	阴水天　阴天	落雨(雪)　下雨(雪)
风度　大风	霍歇　闪电	热头　太阳
麻花雨　毛毛雨	起阵头　雷阵雨	发冷头　寒潮
上云天　阴天	天好　晴天	发风　起风

三、地理

宅基　地基	娄潭　池塘	浜斗　河浜
小江　小河	高墩头　土丘	坟墩头　坟
抄直角　走近路	啥场化　啥地方	田横头　田边

永新村志

櫸岸　田岸	屋脚下　屋后	下场头　场前
滩渡头　河滩	灶房　厨房、灶间	村窠　自然村

四、农事、植物、动物、食物、器具

番麦　玉米	内麦　元麦	菜籽　油菜
青头　蔬菜	亚壅　肥料	毛豆　大豆、黄豆
老卜　萝卜	长生果　花生	落蔬　茄子
辣茄　辣椒	野菜　荠菜	柴罗　柴堆
捉稻　割稻	交菜　大白菜	洋山芋、洋芋艿　土豆
番芋　甘薯	草头　红花草	畜牲　牲畜
猪猡　生猪	白乌龟　鹅	湖羊　绵羊
老婆鸡　老母鸡	鲢胖头　鲢鱼	雌(雄)鸡　母(公)鸡
蛐蟮　蚯蚓	暂节　蟋蟀	四脚蛇　蜥蜴
亮亮火　萤火虫	知了　蝉	菊蛛　蜘蛛
偷瓜畜　刺猬	田鸡　青蛙	麻将　麻雀
癞团　癞蛤蟆	薄盖　鸽子	油果肉　花生米
鸡鱼　鳜鱼	妻鱼　青鱼	甲鱼　鳖
栲栳　挽子、柳条箩	山巴　小柳条箩、巴斗	土大　挑土用畚箕
铁搭　铁耙	叉袋　麻袋	莳头　锄头
吉子　镰刀	水关　船舵	篙子　竹篙
拖番　拖把	樯子　桅杆	平几　船板
背牵　拉牵	扯篷船　帆船	掉抢　转向
转船　掉头	落篷　下帆	停船　停泊、靠岸
镬子　锅子	饭士　锅巴	线粉　粉丝
杜草　金花菜	柴花　虾	满鲤　鳗鱼

五、生活

客堂　客厅	开间　左右墙的距离	进深　前后墙的距离
阶沿石　起步石	门堂子　门框	门扇　门栓(闩)
房里　卧室	吊子　水壶	钢宗镬子　铝锅
热水瓶　保温瓶	吉砚　镊子	瓢　汤匙
汰衣裳　洗衣服	剃头　理发	荡浴　洗澡
汰脚　洗脚	引线　缝针	被头　被褥
衬单　床单	蚊厨　蚊帐	被絮　棉花胎
手巾　毛巾	揩面　洗脸	困告　睡觉
打瞌晾　打瞌睡	白相　玩	吃烟　休息
做生活　干活	荡荡　散步	吃粥　早餐
吃饭　午餐	吃夜饭　晚餐	担饭　送饭

298

六、文化

做戏　演戏	勃跤　摔跤	叛野猫　捉迷藏
白相干　玩具	千跟斗　翻跟斗	放鹞子　放风筝
枉东道　打赌	开眼瞎子　文盲	讲张　讲话
拍照　摄影	猜妹妹子　猜谜	回头侬　告诉你
好别相　好玩	唱社　跪拜	呒不、呒啥　没有
拖身体　怀孕	担盘　定亲	师娘　巫婆
讨娘子　娶妻	吃官司　坐牢	犯法　违法

七、商贸

强　便宜、贱	记　贵	赚头　盈利利润
拆账　利润分配	轧账　审计	进账　收入
出账　开支	一侧倒　货全卖光	克秤头　缺斤短两
回钞　付账	拍账　算账	捞钞票　贪污
票子、铜钿　人民币	赊钿　欠账	找头　找零
三只手　小偷、扒手	利钿　利息	租钿　租金
货色　货物	房钿　房金	定头钿　定金

八、其他

结棍　厉害	滑头　不诚实	卸肩钾　不负责任
来事　能干	笃定　有把握	推板　差劲
下作　下流	杨树头　立场不稳	寻开心　玩弄别人
倒胃口　恶心	昏闷　纳闷	洋盘　不精明
白白里　徒劳无益	茄门相　不感兴趣	勿壳帐　没想到
写意　舒服	看人头　看对象办事	勿搭界　没关系
推头　推说	隔嘴舌　吵相骂吵架	打相打　打架
相信　信任	亲眷　亲戚	肉麻　不舒服的感觉
懊牢　懊悔	讨着厌　讨厌	握拉不出　进退两难
惹气　不满意	门生　学生	捉板头　找岔子
瞎三话四　胡说	轧姘头,走花路　乱搞男女关系	
促壁脚　挑拨离间	唔　我　　伊　他	伊拉　他们
我伲　我们	摊充　难为情	出纰漏　做了坏事
待凭伊歇　不管他	开望　刚才	随得伊　随便他
斜快点　跑快点	拆屎　小便	拆污　大便
老几三　东西	轧牢　挡住	罪过　可怜
百相杆　玩具	湮　冷	田横头　田野

永新村志

小囡　小孩	勿灵　不好	作逆　可惜
像不同　像样	不作兴　不可以	走家头　串门
张气　表现好	塔杀　不灵活	恶阴恶上　可怕
祸样根　原因	屈死　替死	看毛病　诊治疾病
作霍　浪费	触客　恶劣	别脚　不好
轧道　结识	放夜火　在外说三道四	海万　不得了、许多
一天世界　一塌糊涂	剪方　中医诊脉开药方	丢底　末位名次
猛生头里　突然	烂料　不讲卫生	大大　祖父
落　起身	困　睡觉	做人家　节俭
加生　工具、武器	摇林带滚　站不稳	便加　否则
适意　舒适	苦恼　辛苦、吃力	哈默事　什么东西
出簿　可能	看冷铺　看热闹	娘还伊　佩服他
精干落净　干净	弹眼落睛　非常清晰	弄出为数　有可能
呒哈哈　没什么	傻度　吃力	才　统统
交关　真、很多	屋里相　家人	哪能　如何
困觉　睡觉	卡面　洗脸	啥末事　什么东西
掰(ge)眼　这些	荡马路　逛街	熬勿牢　忍不住
闹猛　热闹	乓乓响　正宗	价钿　价格
阿里搭　哪里	阿末一趟　最后一次	好一眼　好一点
艮(gen)　倔强	轧来　挤得很	一眼眼　一点儿
的粒滚圆　很圆	邋遢　不清洁	戆大　傻瓜
戳背心　指责	拉勒篮里就是菜　办事马虎	

第四节　谚　语

一、农谚

一年之计在于春,一日之计在于晨。

一亩园,十亩田。

庄稼一枝花,全靠肥当家。

尺麦怕寸水,寸麦不怕尺水。

白露白迷迷,秋分稻秀齐,寒露无青稻,霜
　　降一齐倒。

娘好囡好,秧好稻好。

人在岸上跳,稻在田里笑。

稻熟要养,麦熟要抢。

种田人不识天,勿好种田。

困得昏懂懂,六月初三浸稻种。

伏里不搁稻,秋后喊懊恼。

三分种,七分管。

腊肥一滴,春肥一勺。

小暑发棵,大暑发粗。

八月田鸡叫,稻梢朝上翘。

交秋不落糙,处暑不耘苗。

秧好半年稻。

二、气象时令谚语

上看初二、三,下看十六、七。
西南方黑笃笃,花费点圆团粥(有雨,帮工用了早餐不做工)。
雾里西风荫里雨,荫里西南(风)顿时雨。
热在大伏,冷在四九。
东北风,雨太公。
清明断雪,谷雨断霜。
清明时节雨纷纷,路上行人哭断魂。
若要暖,要过二月半。
三荫三送,低田白种。
日出一点红,无雨便有风。
东吼日头,西吼雨。
乌头风,白头雨(起阵雨云色)。
干净冬至邋遢年。
日枷风,夜枷雨。
春霜不隔夜。
二月二十,百花生日。

乌云接日头,明朝没有好日头。
寒水枯,春水铺。
冰冻三尺,非一日之寒。
三朝迷雾刮西风。
头九暖,二九寒,三九冻煞百鸟乱,四九冻煞看牛囡。
着夜烧(夕阳好),明朝戴个大笠帽(指晴天)。
六月六,晒得鸭蛋熟。
夏雨隔田生。
青蛙乱叫,大雨要到。
雨天知了叫,晴天马上到。
腊雪一条被,春雪一把刀。
朝霞不出门,晚霞行千里。
一场秋雨一场寒,十场秋雨就穿棉。
夏至前头鸪登叫,勤的要被懒的笑(预示发水灾)。

三、其他谚语

有福同享,有难同当。
一个篱笆三个桩,一个好汉三个帮。
三个臭皮匠,合个诸葛亮。
巧媳妇做不出无米饭。
死马当活马骑。
拼死吃河豚。
吹牛皮只怕上真账。
明枪易躲,暗箭难防。
看人挑担勿吃力,自上肩胛嘴要歪。
少壮不努力,老大徒伤悲。
一只碗不响,两只碗叮当。
三百六十行,行行出状元。
无风不起浪。
锣鼓听声,说话听音。
打碎水缸隔壁印。
打碎砂锅问到底。
开门七件事,油盐酱醋茶米柴。

外面金窠银窠,不如家里狗窠。
留得青山在,不怕没柴烧。
行出春风有夏雨。
上梁不正下梁歪。
磨镰不误割柴工。
糠菜半年粮。
人争一吃,佛受一香。
强龙斗不过地头蛇。
只准州官放火,不许百姓点灯。
斧头吃凿子,一木吃一木。
得寸进尺。
有理无理,出在众人嘴里。
真金不怕火来烧。
不怕一万,只怕万一。
不看神面看佛面。
爷有娘有,不及自有。
宰相肚里好撑船。

无事不登三宝殿。
皇帝不急急煞太监。
看见大佛答答拜,看见小佛踢一脚。
亲兄弟,明算账。
筷头上出逆子,棒头上出孝子。
养子防老,积谷防荒。
万宝全书缺只角。
人急叫娘,狗急跳墙。
好汉不吃眼前亏。
篱笆扎得紧,野狗钻不进。
野贼好捉,家贼难防。
大意失荆州。

背靠大树好阴凉。
叫花子欺难民,穷人欺穷人。
砍大树,有柴烧。
大鱼吃小鱼,小鱼吃虾米。
牛吃稻草鸭吃谷,各人头上各人福。
吃一亏,长一智。
若要好,老做小。
远亲不如近邻。
众人拾柴火焰高。
若要身体好,一天笑三笑。
日里不做亏心事,半夜敲门心勿惊。
坐得正,立得稳。

第五节　歇后语

蜻蜓吃尾巴——自吃自
癞痢头撑伞——无法(发)无天
癞痢头儿子——自家好
哑巴吃黄连——有苦说不出
缺嘴拖鼻涕——顺路
兔子尾巴——长不了
六月里做亲——不要面皮(棉被)
踏碎皮球——一包气
泥菩萨过江——自身难保
养媳妇做媒人——自身难保
老虎头上拍苍蝇——胆大包天
卫生口罩——嘴上一套
造屋请箍桶匠——不对路
顶置石臼做戏——吃力不讨好
飞机上吊蟹——悬天八只脚
城头上出棺材——远兜远转
关老爷卖豆腐——人硬货勿硬
狗捉老鼠——多管闲事
过街老鼠——人人喊打
石头上掼乌龟——硬碰硬
六月里冻煞湖羊——说来话长

床底下放鹞子——大高不好(妙)
老婆鸡生疮——毛里有病
陌生人吊孝——死人肚里得知
瞎子舀油——肚里有数
瞎子吃馄饨——心里有数
瞎子磨刀——快哉
牯牛身上拔根毛——小意思
驼子跌跤——两头不着实
钥匙挂上胸口上——开心
三个指头搭田螺——稳笃笃
猴子捞月亮——一场空
初一夜里月亮——有无一样
戴着笠帽亲嘴——差远了
白墙头上刷白水——白说(刷)
脱裤子放屁——多此一举
肉骨头敲铜鼓——昏(荤)懂懂
黄鼠狼给鸡拜年——不怀好心
弄堂里拔木头——直来直去
棺材里伸出手来——死要
月亮里点灯——空好看
蒲鞋肚里点灯——末等货(火)

叫花子吃三鲜——要样呒样
慢娘拳头——早晚一顿
肉包子打狗——有去无回
麻雀跺在糠囤上——空起劲
痢痢头绕辫子——兜勿转
猫哭老鼠——假慈悲
癞蛤蟆跳在秤盘里——自称为王（黄）

癞蛤蟆想吃天鹅肉——梦想
王婆卖瓜——自卖自夸
雨里背稻柴——愈背愈重
鼻头上挂咸鲞——休（嗅）想（鲞）
十五只桶吊水——七上八下
秋里拔稗——赛过卖柴

第六节 民 歌

十二月来

正月里来，丈母娘待女婿；
二月里来，搓绳押抢篱；
三月里来，看看春台戏；
四月里来，红漆扁担挑河泥；
五月里来，赤脚耙刀黄梅里；
六月里来，耘稻山歌唱得哆哩哩；
七月里来，修船拉麻皮；
八月里来，纺纱看布机；
九月里来，望望稻田里；
十月里来，场角罗得一集齐；
十一月里来，掼稻牵砻出糙米；
十二月里来，赤脚爬到跐饭米。

第七节 地方谜语

望上去像只牛，走上去呒不格头。【谜底】农用稻场扇谷风车
生吃得，熟吃得，砧凳板上切不得。【谜底】水
五个兄弟，住在一起，名字不同，高矮不齐。【谜底】手指
两只小口袋，天天随身带，要是少一只，就把人笑坏。【谜底】袜子
弟兄七八个，围着柱子坐，只要一分开，衣服就扯破。【谜底】大蒜头
独木造高楼，没瓦没砖头，人在水下走，水在人上流。【谜底】雨伞
身穿大皮袄，野草吃个饱，过了严冬天，献出一身毛。【谜底】绵羊
一个小姑娘，生在水中央，身穿粉红衫，坐在绿船上。【谜底】荷花
白嫩小宝宝，洗澡吹泡泡，洗洗身体小，再洗不见了。【谜底】香皂
身穿绿衣裳，肚里水汪汪，生的子儿多，个个黑脸膛。【谜底】西瓜
上不怕水，下不怕火；家家厨房，都有一个。【谜底】锅
一个老头，不跑不走；请他睡觉，他就摇头。【谜底】不倒翁
大姐用针不用线，二姐用线不用针，三姐点灯不干活，四姐做活不点灯。【谜底】蜜蜂，蜘

蛛,萤火虫,纺织娘

驼背公公,力大无穷;爱驮什么,车水马龙。【谜底】桥
头戴红帽子,身披五彩衣,从来不唱戏,喜欢吊嗓子。【谜底】公鸡
有头没有颈,身上冷冰冰,有翅不能飞,无脚也能行。【谜底】鱼
身披花棉袄,唱歌呱呱叫,田里捉害虫,丰收立功劳。【谜底】青蛙
头小颈长四脚短,硬壳壳里把身安,别看胆小又怕事,要论寿命大无边。【谜底】龟
八只脚,抬面鼓,两把剪刀鼓前舞,生来横行又霸道,嘴里常把泡沫吐。【谜底】螃蟹
黑夜林中小哨兵,眼睛很像两盏灯,瞧瞧西来望望东,抓住盗贼不留情。【谜底】猫头鹰
头戴大红花,身穿什锦衣,好像当家人,一早催人起。【谜底】公鸡
嘴像小铲子,脚像小扇子,走路左右摆,水上划船子。【谜底】鸭
一物像人又像狗,爬杆上树是能手,擅长模仿人动作,家里没有山里有。【谜底】猴
身子像个小逗点,摇着一根小尾巴,从小就会吃孑孓,长大吃虫叫哇哇。【谜底】蝌蚪
小小姑娘满身黑,秋去南方春来归,从小立志除害虫,身带剪刀满天飞。【谜底】燕子
小货郎,不挑担,背着针,满处窜。【谜底】刺猬
小飞机,纱翅膀,飞来飞去灭虫忙,低飞雨,高飞晴,气象预报它内行。【谜底】蜻蜓
胡子不多两边翘,开口总是喵喵喵,黑夜巡逻眼似灯,粮仓厨房它放哨。【谜底】猫
小飞虫,尾巴明,黑夜闪闪像盏灯,古代有人曾借用,刻苦读书当明灯。【谜底】萤火虫
身穿白袍子,头戴红帽子,走路像公子,说话高嗓子。【谜底】鹅
长相俊俏,爱舞爱跳,飞舞花丛,快乐逍遥。【谜底】蝴蝶
天热爬上树梢,总爱大喊大叫,明明啥也不懂,偏说知道知道。【谜底】知了
颜色有白又有灰,经过驯养很聪明,可以当作联络员,飞山越岭把信送。【谜底】鸽子
肚大眼明头儿小,胸前有对大砍刀,别看样子有点笨,捕杀害虫又灵巧。【谜底】螳螂
面孔像猫,起飞像鸟,天天上夜班,捉鼠本领高。【谜底】猫头鹰
团结劳动是模范,全家住在格子间,常到花丛去工作,造出产品比糖甜。【谜底】蜜蜂
小小诸葛亮,独坐中军帐,摆下八卦阵,专捉飞来将。【谜底】蜘蛛
凸眼睛,阔嘴巴,尾巴要比身体大,碧绿水草衬着它,好像一朵大红花。【谜底】金鱼
身笨力气大,干活常带枷,春耕和秋种,不能缺少它。【谜底】牛
身披一件大皮袄,山坡上面吃青草,为了别人穿得暖,甘心脱下自己毛。【谜底】绵羊
耳大身肥眼睛小,好吃懒做爱睡觉,模样虽丑浑身宝,被宰餐桌不可少。【谜底】猪
身小力不小,团结又勤劳,有时搬粮食,有时挖地道。【谜底】蚂蚁
周身银甲耀眼明,浑身上下冷冰冰,有翅寸步不能飞,没脚五湖四海行。【谜底】鱼
粽子头,梅花脚,屁股挂把弯镰刀,黑白灰黄花皮袄,坐着反比站着高。【谜底】狗
耳朵长,尾巴短,红眼睛,白毛衫,三瓣嘴儿胆子小,青菜萝卜吃个饱。【谜底】白兔
纺织工人聪明透,人人赞它是能手,自己独造一间房,四面不设门窗口。【谜底】蚕
头上两根须,身穿花衣衫,飞进花朵里,传粉又吃蜜。【谜底】蝴蝶
小飞贼,水里生,干坏事,狠又凶,偷偷摸摸吸人血,还要嗡嗡叫几声。【谜底】蚊子
落地就会跑,胡子一大把,不管见了谁,总爱喊妈妈。【谜底】山羊
家住暗角落,身穿酱色袍,头戴黑铁帽,打仗逞英豪。【谜底】蟋蟀

嘴长颈长脚也长,爱穿一身白衣裳,常在水边结伙伴,田野沟渠寻食粮。【谜底】白鹭
高高个儿一身青,金黄圆脸喜盈盈,天天对着太阳笑,结的果实数不清。【谜底】向日葵
冬天蟠龙卧,夏天枝叶开,龙须往上长,珍珠往下排。【谜底】葡萄
脸圆像苹果,甜酸营养多,既能做菜吃,又可当水果。【谜底】西红柿
池中小姑娘,生在水中央,粉红笑脸迎风摆,身挨绿船不划桨。【谜底】荷花
红口袋,绿口袋,有人害怕有人爱。【谜底】辣椒
小小花儿爬篱笆,张开嘴巴不说话,红紫白蓝样样有,个个都像小喇叭。【谜底】牵牛花
小小伞兵随风飞,飞到东来飞到西,降落路边田野里,安家落户扎根基。【谜底】蒲公英
有时候,圆又圆,有时候,弯又弯,有时晚上出来了,有时晚上看不见。【谜底】月亮
千条线,万条线,掉到水里看不见。【谜底】雨
弯弯一座彩色桥,高高挂在半山腰,七色鲜艳真正好,一会儿工夫不见了。【谜底】彩虹
说像糖,它不甜,说像盐,又不咸,冬天有时一片,夏天谁都不见。【谜底】雪
小白花,飞满天,下到地上像白面,下到水里看不见。【谜底】雪
到处乱跑,谁也捉不到,跑过树林,树木都弯腰,跑过大海,海浪高又高。【谜底】风
用手拿不起,用刀劈不开,煮饭和洗衣,都得请我来。【谜底】水
远看白光光,近看玻璃样,越冷越结实,遇热水汪汪。【谜底】冰
身体长又长,开花黄又黄,脸蛋像太阳,籽儿香又香。【谜底】向日葵
红公鸡,绿羽毛,身子钻在泥底下,你要捉住它,揪住尾巴用力拔。【谜底】胡萝卜
远看像把小绿伞,近看像个大绿盘,水珠掉进绿盘里,好像珍珠滚滚圆。【谜底】荷叶
大耳朵,噘嘴巴,吃起饭来巴达巴,细尾巴,胖嘟嘟,吃罢就睡呼噜噜。【谜底】猪
身穿绿袍小英雄,夏天田里捉害虫,冷风吹来找不见,春天又在池塘里。【谜底】青蛙
小小姑娘黑又黑,秋天走了春天回,带着一把小剪刀,半天空里飞呀飞。【谜底】燕子
小黑妮儿会干活,自个叼泥来做窝。唧唧唧,唱起歌,飞来飞去把虫捉。【谜底】燕子
名字叫作牛,不会拉犁走,别说它的力气小,能够背起屋子走。【谜底】蜗牛
没有脚,没有手,背上房子到处走,有谁把它碰一碰,赶紧躲进房里头。【谜底】蜗牛
白天草里住,晚上往外飞,带着灯儿把路照,飞来飞去不怕黑。【谜底】萤火虫
好像一架小飞机,前后翅膀挨一起,睁大眼睛找小虫,吞到细细肚子里。【谜底】蜻蜓
黄衣裳,金翅膀,飞来飞去做工忙。它的本领大,还会造小房。做出好吃的,留给大家尝。谁敢欺负它,留神它的枪。【谜底】蜜蜂
小小虫儿很勤劳,它的本领真不小,会把粮食搬,还会打地道。【谜底】蚂蚁
八把尖刀,两把剪刀,身背皮箱,走路横跑。【谜底】螃蟹
驼背老公公,胡子毛烘烘,热火锅里去洗澡,青袍换成大红袍。【谜底】虾
小小石头硬又白,整整齐齐排两排。天天早起刷干净,结结实实不会坏。【谜底】牙齿
哥儿十个分两家,干起活来要请它。开机器,种庄稼,越干越巧劲越大。【谜底】手
一匹马儿两人骑,这边高来那边低,虽然马儿不会跑,两人骑着笑嘻嘻。【谜底】跷跷板
一个大肚皮,生来怪脾气,不打不作声,越打越欢喜。【谜底】鼓
天上一只鸟,用线拴得牢,不怕大风吹,就怕细雨飘。【谜底】风筝
圆圆的身体皮儿薄,有红有绿颜色好,拴在线上随风舞,撒手高飞天上飘。【谜底】气球

永新村志

一位公公精神好,从小到老不睡觉。身体轻,劲不小,左推右推推不倒。【谜底】不倒翁

长长一条龙,走路轰隆隆,遇水过铁桥,遇山钻山洞,脚下钢轮力气大,日行千里真威风。【谜底】火车

十个客人十间屋,冷了进去暖了出。【谜底】手套

小小两只船,没浆又没帆,白天带它到处走,黑夜停在床跟前。【谜底】鞋

大哥说话先摘帽,二哥说话先脱衣,三哥说话先喝水,四哥说话飘雪花。【谜底】毛笔,铅笔,钢笔,粉笔

丁零零,丁零零,一头说话一头听。两人不见面,说话听得清。【谜底】电话

小铁柱儿胆不小,头戴玻璃平顶帽。一只眼睛亮闪闪,哪儿黑往哪儿瞧。【谜底】手电筒

平又平,亮又亮,平平亮亮桌上放。它会告诉你,脸上脏不脏。【谜底】镜子

明明亮亮,又平又光,谁来看它,跟谁一样。【谜底】镜子

脸儿亮光光,站在桌子上,妹妹跑过去,他给照个相。【谜底】镜子

看看像块糕,不能用嘴咬,洗洗衣服洗洗手,生出好多白泡泡。【谜底】肥皂

我的身体细又长,头长白毛身上光。从来就爱讲卫生,天天嘴里走两趟。【谜底】牙刷

大碗长着两耳朵,比碗盛得多得多,不怕水,不怕火,爱在炉台上面坐。【谜底】锅

个儿不算大,帮着人看家,身子用铁打,辫子门上挂。【谜底】锁

小房子里,住满弟弟,擦破头皮,立刻火起。【谜底】火柴

身体细长,兄弟成双,光爱吃菜,不爱喝汤。【谜底】筷子

第十二章 基层组织

民国时期,杨湘泾区下辖六个乡的神童乡乡长,先后有沈义生、沈福南、沈罗、郁文棣、郁邦熙。

1949年5月,昆山地区解放,一批南下干部留守在永新村域,帮助农民推翻国民党政权,建立新政权。1949年7月,废保、甲制,建区乡人民政权,永新村域上级的杨湘乡、井亭乡,归属茜墩区。1949年10月,建淀东区,辖杨湘乡、淀东乡、井亭乡,永新村域的神童泾、金家港、六如墩、新开泾、沈家埭等自然村属淀东区井亭乡,永新村域的碛碨等自然村属淀东区杨湘乡。1950年1月,淀东区三个乡划为九个乡,撤井亭乡,建永安乡,中国共产党永安乡党支部成立;在淀东区管辖下,永安乡下设五个联村,一联村为神童泾和庄里,二联村为六如墩和金家港,三联村为南行前、新开泾、马家港,四联村为沈家埭和小港,五联村为碛碨和彭安泾,为以后建置打下了基础。1956年11月,从高级社起成立基层党支部,大队成立管理委员会。"文化大革命"期间,党组织一度瘫痪,大队成立革命委员会。2001年8月,区域调整,成立永新村党支部、村民委员会。2005年年底,改革基层党组织设置模式,组建永新村党总支。

第一节 基层党组织

村党组织,领导本村工作,支持和保证行政组织、经济组织和群众自治组织充分行使职权。

一、党支部(党总支)

1950年1月,成立永安乡党支部。张仁岐任党支部书记,祝友良和张仁方为支部委员。党支部成立后,主要有两方面工作:一是开展肃反运动,镇压反革命,彻底消灭国民党残余势力,巩固地方政权,稳定社会秩序;二是土地改革,推翻封建土地制度,解放农村生产力;三是宣传发动农民,走集体化道路,组织互助组,成立合作社。

1956年11月,高级社成立党支部。

1958年10月,永新村域分别成立永义、永安、永益、永生党支部,每个支部有委员3~5人,设书记、副书记、委员。

1983年4月,政社分设,淀东公社改为淀东乡人民政府,公社党委改为淀东乡党委,下辖29个行政村,永新村域永义、永安、永益、永生村分别建立党支部。

2000年1月6日,撤销永安、永义村党支部,成立永安联合村党支部,保留永安、永义行政村;永益、永生村党支部建置不变。

2001年8月,区域调整,撤销永生、永益村党支部和永安联合村党支部,成立永新村党支部。

2005年11月22日,改革基层党组织设置模式,撤销永新村党支部,组建永新村党总支,下设综合支部、老龄支部、企业支部。

是年,第三批先进性教育活动全面启动,相继召开动员会,抓好党员干部的培训,继续培养选拔德才兼备的"能人"担任村主要领导,选优配强村干部、村民小组长队伍。全面推进重大事项的听证制。村民自治建设不断完善,完善公示制,推行"双公示制"、"双票决制",严把党员入口关,改善党员队伍结构与分布。工、青、妇等群团组织工作得到加强,加大公开选拔干部的力度。认真学习《深入推进整治和预防腐败体系建设的实施办法》,严格执行"三禁",深入开展廉政文化"六进"活动,严肃查处违法乱纪案件,党风廉政建设和反腐败工作进一步得到深化。

全面启动农村"幸福家园"工程,按照"生产发展,生活宽裕,乡风文明,村容整洁,管理民主"的总要求,坚持"工业化致富农民、城市化带动农村,产业化提升农业"的总思路,统筹镇村发展,扎实推进新农村建设。大力扶持农业龙头企业,加快农业产业结构调整,推进农业科技创新和标准化生产。以市基本农田保护区调整为契机,完善农业综合规划,着力建设优质水稻生产基地,提高现有土地亩均效益,增加从业农民的收入,把高效农业、设施农业、生态农业和休闲观光农业作为现代农业的努力方向。有序、规范兴办特色农产品基地,进一步加强农村土地流转的管理。

2010年,永新村党总支下设综合支部、老龄支部,两支部以区域调整前原行政村范围,各划分4个党小组。是年,综合支部有党员80名,老龄支部有党员74名。

2012年,永新村党总支注重从群众关心的事情做起,竭尽全力,打造现代农业,创建和谐新农村。着重开展四项工作:一是注重党员学习,统一思想。组织学习邓小平理论,邀请党校教员为党员上课,提高党员的政治素质和思想觉悟。二是完善基础设施,做好生态农业工程;发展生态高效的无公害农业,开发生态观光农业,扩大黄桃、提子等农产品的知名度,开发农家乐休闲项目。三是提高服务能力,建设和谐社会。四是共创现代化新农村。推进环境整治,抓清洁,搞绿化,从身边事做起,树新风,创和谐。是年,永新村党总支共有党员128名,其中综合支部有党员72名,老龄支部有党员56名;统一序列,划分8个党小组。

二、党员结构

2012年年末,永新村128名党员中,男性党员98名,女性党员30名。见表12-1-1。

按党龄分,1~10年有29名,11~20年有21名,21~30年有16名,31~40年有20名,41~50年有35名,51~58年有7名。见表12-1-2。

按年龄分,23~40岁34名,41~50岁21名,51~60岁14名,61~70岁31名,71~85岁28名。见表12-1-3。

按文化程度分,硕士1名、本科4名、大学8名、大专13名、中专5名、高中10名、初中49名、小学38名。见表12-1-4。

1. 性别结构

表12-1-1　　2012年永新村党员性别一览表　　单位:名

性别	综合支部	老龄支部	合计
男	52	46	98
女	20	10	30
合计	72	56	128

2. 党龄结构

表12-1-2　　2012年永新村党员党龄一览表　　单位:年、名

党龄	综合支部	老龄支部	合计	党龄	综合支部	老龄支部	合计	党龄	综合支部	老龄支部	合计
1	2	0	2	20	2	1	3	39	1	1	2
2	2	0	2	21	4	1	5	40	1	4	5
3	3	0	3	22	1	1	2	41	0	3	3
4	6	0	6	23	1	0	1	42	1	5	6
5	3	0	3	24	1	2	3	43	0	1	1
6	6	0	6	25	0	1	1	44	0	0	0
7	2	0	2	26	1	0	1	45	0	0	0
8	2	0	2	27	2	0	2	46	0	0	0
9	2	0	2	28	0	0	0	47	0	22	22
10	1	0	1	29	1	0	1	48	0	3	3
11	0	0	0	30	0	0	0	49	0	0	0
12	1	0	1	31	0	0	0	50	0	0	0
13	3	0	3	32	0	1	1	51	0	0	0
14	3	0	3	33	1	0	1	52	0	0	0
15	2	0	2	34	1	0	1	53	0	2	2
16	2	0	2	35	1	0	1	54	0	2	2
17	4	0	4	36	0	1	1	57	0	1	1
18	2	0	2	37	3	1	4	58	0	2	2
19	1	0	1	38	3	1	4	计	72	56	128

3. 年龄结构

表 12-1-3　　2012 年永新村党员年龄一览表　　单位：岁、名

年龄	综合支部	老龄支部	年龄	综合支部	老龄支部	年龄	综合支部	老龄支部	年龄	综合支部	老龄支部
23	2	0	39	3	0	55	0	0	71	0	3
24	3	0	40	1	0	56	1	0	72	0	2
25	2	0	41	1	0	57	1	0	73	0	2
26	4	0	42	2	0	58	4	0	74	0	1
27	7	0	43	2	0	59	3	0	75	0	4
28	4	0	44	1	0	60	2	0	76	0	3
29	1	0	45	0	0	61	3	0	77	0	0
30	0	0	46	2	0	62	0	2	78	0	1
31	0	0	47	0	0	63	0	4	79	0	3
32	2	0	48	4	0	64	0	2	80	0	3
33	0	0	49	2	0	65	0	3	81	0	2
34	0	0	50	7	0	66	0	5	82	0	0
35	0	0	51	3	0	67	0	2	83	0	1
36	2	0	52	0	0	68	0	4	84	0	1
37	2	0	53	0	0	69	0	5	85	0	0
38	1	0	54	0	0	70	0	1	计	72	56

4. 文化结构

表 12-1-4　　2012 年永新村党员文化程度一览表　　单位：名

文化程度	综合支部	老龄支部	合计	文化程度	综合支部	老龄支部	合计
硕士	1	0	1	中专	4	1	5
本科	4	0	4	高中	10	0	10
大学	8	0	8	初中	28	21	49
大专	12	1	13	小学	5	33	38
总　计					72	56	128

附：村党组织各项制度

一、民主议事制度

永新村民主议事制度

为进一步促进村级工作规范化、制度化，努力提高理事水平，现根据上级有关规定，制定村级民主议事制度。

（一）议事原则

村重大问题和涉及村民、社员利益的重大事项，必须坚持民主集中制原则，实行民主决策。

在民主决策过程中要坚持先党内后党外、先党员后群众的原则。

(二) 议事程序

第一步,由村党组织在广泛征求党内外群众意见的基础上提出议事内容。

第二步,召开村班子负责人办公会议和村"两委"班子会议讨论。

第三步,召开党员会议,广泛听取党员意见。

第四步,根据议事内容和职责权限,分别提交村民(社员)代表会议做出决定或决议。

(三) 党员议事

党员议事活动是党的民主集中制原则在村级工作中的具体体现,是保证党的各项工作贯彻落实的有效途径,议事内容为以下几项:

1. 贯彻落实上级党委制定的各项方针政策和下达的各项任务指标的具体措施。

2. 制定本村经济发展的远景规划和党组织的任期目标。

3. 村级后备干部的推荐和选拔。

4. 入党积极分子的确立和培养。

5. 本村重大项目选定,重大财务支出。

6. 村民自治章程和村规民约的制定。

7. 一些涉及群众利益的大事,如村庄规划、道路铺浇、房屋拆迁、土地征用等。

8. 党组织、村委会、村经济合作社班子成员勤政廉洁、秉公办事的情况。

9. 根据上级有关文件规定其他需要党员议事的情况。

党员议事主要采取以下几种形式：

1. 对事关本村全局的大事,要召集全体党员议事。

2. 对无关全局的事,可以党支部或党小组为单位分散议事。

3. 对居住偏远、行走不便、年老体弱的党员,党组织委员要分头深入家庭、田头,个别征求他们的意见,倾听他们的意见、呼声,进行走访议事。

4. 对外出从业的党员,在回乡时要向他们通报重要事情,并征求他们的意见和建议。

5. 召开党组织会议,在对每一个问题进行充分酝酿的基础上,通过对比、论证,按照少数服从多数的原则形成议事决策。

6. 可以邀请非党人士列席组织议事会议,增加议事透明度。

党员议事要求：

1. 每一名党员都要以光荣的责任感和使命感参加议事,积极主动地、忠诚坦白地向党组织反映群众的意见,提出合理化建议。

2. 党员议事前,党组织要做好安排,每次都要有议事重点,所要解决的问题,按照分工或指定专人负责落实。

3. 党员议事要和党员大会区别开来。党员所议之事,主要是为党组织、村委会决策提出意见和建议,不能做出决定。党员议事主要是议大事,不能事事都议,不能代替村委会的日常工作。

(四) 村级民主议事范围、内容

下列事项必须经村"两委"班子会议、村党员大会审议并提交村民代表会议审议或讨论决定：

永新村志

(1) 村经济和社会发展规划及年度计划,村庄建设规划。

(2) 村级财务预算安排和决算情况。

(3) 村集体经济大额资金的使用和投资方案。

(4) 村级5万元以上建设项目的立项、资金安排及承包方案。

(5) 村集体土地、房屋等集体资产的租赁、承包、出卖等处置方案。

(6) 土地征用方案和征用、征收土地各项补偿费的分配和使用方案。

(7) 宅基地的安排、使用方案。

(8) 村级救济、最低生活保障、土地征用人员的养老保险和合作医疗等福利事业方案。

(9) 村民自治章程、村规民约和合作社章程、财务管理制度等规章的制定、修改。

(10) 村民(社员)代表会议认为应当由村民(社员)代表会议审议或讨论决定的村务执行情况、涉及村集体和村民(社员)利益的其他事项。

(五) 会议召集

(1) 村级"两委"班子会议或全体党员会由村党组织书记负责召集。

(2) 村民代表会议由村民委员会召集。

(3) 村党组织、村民委员会提议或三分之一以上的村民代表、十分之一以上村民提议,应当召开村民代表会议。

(4) 村民代表会议的主要议题和需要讨论决定的重要事项,村民委员会应事先告知村民代表。村民代表有对议事内容评价、批评、建议、质询和表决的权利。

(5) 村民代表会议一般每年至少召开两次,并必须有三分之二以上的代表参加,所做出的决定应当经全体代表的过半数通过方才有效。

(六) 会议记录

以上各类会议都必须有会议记录,记录人和会议主持人在记录簿上签名,记录簿应该妥善保管,次年归档。村民代表会议做出的重大决议,由村民委员会及时向群众公布。

二、双述双评制度

双述双评制度

(一) 指导思想

坚持以"三个代表"重要思想和科学发展观为指导,进一步统一思想,提高认识,加强和改进村干部队伍的考核管理工作,切实转变村干部工作作风,提高效率效能,大力推进"务实型、服务型、双带型、廉洁型"村干部队伍建设,提升村干部队伍的整体素质,凝心聚力、扎实工作,以实际行动为加快推进社会主义新农村建设而努力奋斗。

(二) "双述双评"对象

全体村干部。

(三) "双述双评"内容

1. 村班子的总体测评。

2. 村干部的考核测评。分德、能、勤、绩、廉五个方面,总分为100分。

3. 村干部的评议。分优点特长、存在问题、意见建议三个方面。

上述测评、评议,在镇考核小组主持召开的考核测评会议上,村干部先进行述职,再由镇党委领导、村党员代表和村民代表对全体村干部进行测评、评议,按照60%和40%的权重统计。

党员代表和村民代表人数因村而异,具体由考核组确定,但最少不得低于30人。

测评的具体内容,可根据实际情况,在实践中不断调整、完善。

(四)"双述双评"原则

1. 半年与年度相结合原则。每年分上下半年进行两次考评,在两次考评结果汇总的基础上,进行年度总评估。

2. 公开原则。公开年度目标责任、公开述职、公开评议、公开考评结果。

3. 考评与奖惩相结合原则。考评结果与奖金挂钩,考核结果同时存入相关人员个人档案,作为今后任用、提拔和评先的重要依据。

4. 鼓励先进原则。建立特殊奖励机制,对在全年工作中有突出成绩或有特殊贡献的,可以进行"加分"奖励,所加分数不计入考核分中,在年终以嘉奖的方式一并兑现。

5. 责任追究原则。工作出现严重失误,造成重大损失的,或村干部有违纪违法行为并受到党纪、政纪处分或刑事处分的,在两次考核中均应下浮一个等次。

6. 末位淘汰原则。在年度考核中总评分值位列末三位,取消年度奖金,进行诫勉谈话,连续两年位列末三位的,予以免职处理。

(五)"双述双评"组织领导

由镇考核工作领导小组负责具体部署、督促、检查,由考核小组具体落实"双述双评"工作,各村由党组织书记负责相关工作。

三、村务监事制度

村务监事制度

(一)监督、检查本村村务公开制度落实情况,对村务公开的内容进行审核。

(二)村务监督委员会主任列席村委会会议,参与监督村务会议的决策过程;涉及村民切身利益的重大事项专题会议,村务监督委员会可全部列席;对村集体建设工程及集体财产的承包、租赁、处置的招投标实行全程跟踪监督,确保程序到位及竞投标过程的公平、公正。

(三)负责对群众反映的问题及时进行调查、核实,调查结果以口头或书面形式向村委会通报,并责成村委会在10日内予以答复。

(四)半年、年终总结村务监督工作情况,并向村党员大会、村民代表会议报告工作。届期结束,向村民会议报告村务监督工作。

四、党员中心户制度

党员中心户制度

(一)开展学习活动。党员中心户要定期召集联系的党员,开展政治理论、方针政策、法律法规、农村适用技术等内容的学习。

(二)带动群众致富。党员中心户要带头学科技、用科技,率先成为当地致富典型,要帮助所联系的党员群众制定发展规划,确定发展项目,找准致富路子,传递致富信息。

(三)联系服务群众。党员中心户要主动关心群众疾苦,为群众做好事、办实事。

(四)促进乡村和谐。党员中心户要引导联系的党员带头遵纪守法,积极参与和谐家庭、和谐村组建设。

(五)带头参加新农村建设。党员中心户要按照新农村建设要求,积极发展生产,带头破除陈规陋习,争做文明示范户、五好家庭户。

五、党员议事会制度

永新村党员议事会制度

(一)党员议事会会议由会长召集并主持,原则上每季度召开一次,遇到特殊情况,可临时增加会议。

(二)党员议事会必须有五分之四以上议事会成员出席方可举行。

(三)村党组织设立"议事箱";党员议事会建立日常包片联系村民组党员、群众的制度,广泛听取群众意见,根据工作实际,对反映突出的重大问题,确定议事议题,并明确专人于会前一周将议事内容、时间、地点以书面或其他形式通知议事会成员。

(四)议事会成员在接到议题后围绕议题开展调查研究,提出意见或建议。

(五)议事会上,每个成员应充分发表意见,会议指定专人负责记录,详细记录会议时间、地点、参加人员、主持人、议题以及每个成员的观点、意见,会议记录要有主持人审阅签字,存档备查。

(六)村党组织应及时根据议事会议事情况和建议,列入相关会议研究,并按照组织原则做出决议。

(七)议事会议事落实情况及村党组织决议贯彻情况要及时在党务公开栏上公示,并在党员大会上通报。

第二节 村 政

一、永安乡

中国人民解放军渡江后,永新村域成立永安乡,建立乡政权。第一任乡长是南下干部,姓杨;新中国成立后,乡政权由地方干部接管,乡长张仁其,乡农会主任张洪庆,乡中队长钱惠贤;土改结束后,增设财经主任柴仁龙。永安乡设五个联村,联村下的自然村设村长、农委主任。(参见第一章建置区域第一节沿革二、区划"永安乡五联村一览表"。)永新村域,1952年互助合作化时期,先后组建40个互助组,后成立11个初级社。

1. 一联村

神童泾,永安乡一联村上联村;庄里,永安乡一联村下联村。先后成立张寿生、周友龙、王志龙、朱火金、王支祥、王引福、沈卫民、沈根福、沈根全、周维炎等18个互助组。后成立永安、永利2个初级社。

2. 二联村

六如墩,永安乡二联村上联村;金家港,永安乡二联村下联村。先后成立凌近龙、吴凤其、陆仁昌、钱岳良4个互助组。后成立金星、陆星、永胜3个初级社。

3. 三联村、四联村

马家港、新开泾,永安乡三联村;沈家埭、小港,永安乡四联村。今上海市青浦区朱家角镇的南行前,当时也属永安乡三联村。先后成立徐泉林、冯道昌、吴三观、蔡法清、周一飞等9个互助组。后三联村与四联村成立马新、永新、新沈3个初级社。

4. 五联村

碛碾,含东南村、后村,永安乡五联村上联村;彭安泾,永安乡五联村下联村。先后成立王祥龙、张仁岐、张志明、翁申泉、瞿培祖、朱才良、张岳良、朱奎全等9个互助组。后碛碾村江南(永新村34组),首先办了第一个永益初级农业合作社,社长张志明,会计瞿凤达。以后相继在东南村办了永利初级农业生产合作社,社长吴福泉。后村办了永春初级农业生产合作社,社长翁申泉,副社长严洪生,会计王荣泉。彭安泾办了永星初级农业生产合作社,社长朱才良,副社长张岳良。

二、高级社

1956年,由初级社合并为高级社,既是经济实体,又是基层行政单位。设社长、副社长、会计,以高级社为单位建党支部、团支部、民兵、妇联委等基层组织,社以下分若干生产队,生产队有队长、副队长、会计,负责日常生产和管理工作。碛碾、彭安泾首先办了第一个永益高级农业合作社;马家港、新开泾、沈家埭、小港,办了第二个永义高级农业合作社;神童泾江西办了永安高级农业合作社,神童泾江东和庄里办了永利高级农业合作社;六如墩、金家港办了永生高级农业合作社;今朱家角镇的南行前办了永南高级农业合作社。

三、人民公社三大队(营)

1958年10月,实行政社合一,撤乡建人民公社,下设生产大队、生产小队。永新村域属淀东公社三大队(营),一段时间,劳动组织采用营、连、排军事化编制。比如,三大队永益大队为三营三连,大队长瞿培祖、张志明,指导生产采用"大兵团作战",生活上采取半供给制度,办了大食堂,实行"吃饭不要钱",每人每月付5元零用钱。1959年的"郑州会议"后,昆山县在陆家公社召开算账会议,公社贯彻会议精神,纠正上述倾向,三大队撤销。

四、大队管理委员会

1961年春,公社党委组织全社党员干部学习中共中央《关于农村人民公社当前政策问题的紧急指示信》(简称"农业十二条")。根据"农业十二条"精神,公社党委提出在农村要坚持劳逸结合,反对大兵团作战,干部参加生产劳动,按劳分配、多劳多得等问题,要求干部带头参加生产,带头勤俭办社,带头学习先进技术,与群众打成一片,调动干部群众的积极性。4月,中共中央颁布了《农村人民公社工作条例(草案)》(简称"农业六十条")。全社以大队为单位,分别召开党支部会、社员代表会和全体社员大会,宣传贯彻"农业六十条",解决生产队之间、社员之间的平均主义,实行按劳记分,全面整顿农村食堂,并先后将农村食堂分散解体,重新划给社员自留地,纠正了平均主义,加强了经营管理和财务管理,使管理体制开始逐步完善,集体经济逐步得到巩固,大队管理委员会工作走上正轨。永新村域设有永安、永义、永益、永生4个大队管理委员会。

1962年2月,贯彻中共中央《农村人民公社工作条例(修正草案)》,即"农业六十条",根据中共中央《关于改变农村人民公社基本核算单位问题的指示》,确定了"三级所有,队为基

础"的管理体制,基本核算单位下放到生产队。实行土地、劳力、耕牛、农具"四固定",统一经营管理、自负盈亏,收益分配承认差别。在劳动管理上坚持定额包工、评工记分、多劳多得、按劳分配的原则。

1963年中央开展社会主义教育运动,颁发《二十三条》。1964年开展"社会主义教育运动",1965年"社会主义教育"工作队全面进驻大队,增设贫下中农协会。主要解决"四清与四不清"的矛盾,工作对象是大队干部及生产队干部,在政治上、经济上搞人人过关,通过运动,有一些干部受到了处分。在经济上,一些多吃多占的干部进行退赔。整顿调整了大小队领导班子,比如永益大队调整后的大队领导班子如下:张仁岐任党支部书记,朱才良任副书记,瞿培祖任组织委员、民兵营长,吴福全任宣传委员,张志明任生产委员,同时在运动中发展了表现比较好的积极分子入党;各生产队由社员投票,选举产生了新的领导班子,同时配备政治队长。当时永益大队各队政治队长、生产队长如下:1队政治队长盛蜜英,生产队长朱德元;2队政治队长严洪生,生产队长严金龙;3队政治队长瞿培祖,生产队长钱八妹;4队政治队长翁惠忠,生产队长张仁明;5队政治队长罗福泉,生产队长王志良;6队政治队长朱阿荣,生产队长郁德章;7队政治队长沈小妹,生产队长王根明;8队政治队长翁申泉,生产队长吴德忠。

1966年8月底,"文化大革命"开始,广大干部群众出于对党和毛泽东的信赖,身不由己卷入这场运动。"破四旧、立四新"及所谓"横扫一切牛鬼神蛇"活动,一浪高一浪,造成社会混乱,经济发展缓慢,民众生活不安。

农村普遍出现砸灵台、焚灵位、毁坟墓的所谓大破"旧风俗、旧习惯"活动,农村婚丧喜庆大破旧习惯,提倡走过门,不办酒席,不搞拜堂成亲仪式等的新风俗、新习惯。1967年1月,所谓"无产阶级革命造反派"夺了公社党政机关的权,全公社许多党员干部遭到批斗、打倒,基层党政组织陷于瘫痪状态,生产、工作遭受极大破坏。

五、革命委员会

1968年3月中旬,公社实行军管制,"造反派"组织实行大联合,缓和"文化大革命"运动的斗争局势,推动全社革命生产开展。原公社党委、政府领导复职重返工作岗位,建立革命生产委员会。农业大队和市镇各单位相继建立"革命生产委员会",简称"革委会",生产队建立"革命生产领导小组",简称"革生组",领导指挥农工副三业生产,社会秩序开始恢复正常。大队革命委员会领导职数与大队管理委员会基本相同。1974年5月,大队贫下中农协会,设正、副主任各1名。

从淀东公社经营管理办公室档案室保存的基层单位分配方案上看到,1980年12月的分配方案上盖章,仍称"革命生产委员会",而1982年分配方案上盖章称"大队"。由此可见,在"文革"结束后,仍是大队管理委员会建制,延续到1983年6月政社分设,改建淀东乡。

六、村民委员会

村民委员会是村民自我管理、自我教育、自我服务的基层群众性自治组织,实行民主选举、民主决策、民主管理、民主监督。

1983年6月,政社分设,淀东人民公社改建淀东乡,永新村域隶属关系不变。村域内有永安、永生、永义、永益4个行政村,行政村建立村民委员会。是年,4个行政村共有41个村民组。

2001年8月18日,经昆山市人民政府批准,实行行政村区域调整,村域内撤销永义、永安、永生、永益村,新建永新村,成立永新村村民委员会,下辖39个村民组,隶属关系不变。是年末,有792户、2 944人,耕地3 476亩。

2010年12月5日,永新村举行第十届村民委员会换届选举,2 754名选民,实到2 747名,投票选民2 728名,选举结果,王文奎当选主任,张林元、吴宝娥、潘美菊当选委员。村民委下设工作委员(见表12-2-1),各村民小组选有组长(见表12-2-2)。

1. 第十届村民委员会组成成员

表12-2-1　　　　　　　　　永新村第十届村民委员会工作委员组成成员一览表

名称	主任	委员		
生产建设	王文奎	陆志斌	吴宝娥	张其龙
人民调解	王文奎	张林元	潘美菊	吴阿五
社会保障	吴宝娥	陆志斌	张林元	屈福奎
治安保卫	张林元	吴宝娥	王文奎	王武荣
文教卫生	潘美菊	张林元	屈福奎	陈刚
老年协会	吴阿五	张其龙	屈福奎	冯引中

2. 第十届村民小组长名单

表12-2-2　　　　　　　　　永新村第十届村民小组长名单

组别	组长	组别	组长	组别	组长
1	顾弟林	14	顾阿奎	27	谈仲芳
2	吴雪清	15	沈金元	28	陈 江
3	冯建华	16	吴正贤	29	陆阿度
4	蔡卫新	17	沈秋荣	30	沈建国
5	赵根夫	18	郁小夯	31	朱菊明
6	柴金元	19	马金元	32	沈桂林
7	冯道根	20	郁仁初	33	钱仁兴
8	蔡卫新(兼)	21	王海荣	34	翁洪娥
9	蔡海荣	22	沈海金	35	吴阿五
10	柴兴泉	23	张木金	36	张培龙
11	张其龙	24	陆根荣	37	蒋万春
12	王武荣	25	凌阿五	38	翁留根
13	郁全兴	26	张文元	39	王惠忠

2012年年底,永新村村民委员会下辖39个村民组,年末在籍819户、3 049人;常住795户、2 557人,其中外来人口479人;辖12个自然村,其中4个自然村搬迁,神童泾、六如墩自然村为昆山市江南水乡特色村。

附：村民委员会各项制度

一、村务公开制度

村务公开制度

第一条 村务公开内容包括政务公开、财务公开、资产资源公开和村民自治公开四大内容。

（一）政务公开包括：计划生育、宅基地审批、土地征用补偿、救灾救济款物发放、招工征兵、优抚五保、水电费代收代缴、粮食补贴、教育补贴、兴修水利、人畜饮水补助等。

（二）财务公开包括：村民委员会（含村办企业）的年度财务计划、各项收入、各项支出、各项财产、债权债务和收益分配等，财务公开项目中不允许出现"其他支出"等含糊语句，所有收支情况都要逐笔逐项明确说明。

（三）资产资源公开包括：村集体拥有或以投资、贷款和劳动积累形成的建筑物、农业机械、机电设备、交通工具、通信工具、林木、果园、农田水利设施、乡村道路和教育、文化、卫生、体育设施，村集体投资兴办的企业及其收益形成的资产情况；村集体拥有的土地、林场、荒田水面、滩涂等资源情况。

（四）村民自治公开包括：村享受误工补贴的人数及补贴标准、村集体经济项目的立项承包方案、村公益福利事业建设、村干部年度工作目标和工作安排以及民主评议方案、村土地承包经营方案及土地流转情况、村干部及村民的社会保险等。

第二条 公开形式。村务公开主要采取公开栏的形式，各公开栏要实现"三固定"，即固定的公开栏、固定的防雨设施和固定的意见箱，公开栏要有专人管理、时时维护。公开的格式要严格按照有关部门统一规定的格式进行栏目设计。公开的形式要坚持实际、实用、实效的原则，既按标准严要求，又因地、因村、因事制宜，既要充分利用现代科学技术，不断创新村务公开的有效形式，又要采取群众喜闻乐见的方式，使公开既"见栏"又"见面"。

第三条 公开时间。一般的村务事项每季度公开一次，每季度首月15日前公开上季度情况；财务收支、水电费代收代缴等情况每月公布一次，每月15日前公布；征用土地和宅基地审批、救灾救济款物发放、招商引资、公益事业建设、资产资源变动等涉及农民利益的重大问题以及群众关心的事项要及时公开。

第四条 公开程序。按照以下五个步骤进行：

（一）由村委会提出公开内容。

（二）由村务公开监督小组、民主理财小组审核把关，对公开内容进行补充完善。

（三）提交村两委联席会议讨论确定。

（四）向村民公开。

（五）村民委员会应在10日内对村民提出的意见与建议给予解释和答复。

第五条 认真听取和处理群众意见。村民对公布的内容有疑问的，可以口头或书面形式向村务公开监督小组投诉，村务公开监督小组对村民反映的问题应当及时进行调查，确有内容遗漏或者不真实的，应督促村委会重新公布；也可以直接向村党总支、村委会询问，村委会应在10日内予以解释和答复。村委会要对村务公开资料进行整理归档并妥善保管。

村民对村务不公开或者公开不及时、弄虚作假等问题，有权向上级党组织、上级政府及有关主管部门反映。有关部门接到反映后要及时进行调查核实,经查证属实的,要追究有关人员的责任。

二、财务公开制度

永新村财务公开制度

（一）村集体财务活动情况向村民公开,实行公开制度。

（二）村财务定期在固定的公开栏内公开,财务公开栏设置在村民容易看到、方便阅览的地方。

（三）村财务公开严格按照"五规范、一满意"的要求进行。

（四）村财务公开按季节进行,每季度公布本季度收支明细和有关会计账目,年终公布各项财产、债权债务、收益分配、专项资金筹集和使用情况。

（五）健全村务公开审查制度,每期公开的资料,先经民主理财小组审核,由村民理财小组签章确认后公布。

（六）财务公开的内容,是村级财务活动情况及其有关账目,包括：财务计划、各项收入和支出、财产物资、债权债务、代收代缴费用、各项补贴；集体资产处理和经营情况、土地等生产资料和各业生产经营承包方案及承包费的收缴情况,征占用土地及其补偿费、安置补助费、村干部报酬、招待费、群众要求公开的其他财务事项。

（七）涉及群众切身利益的重大事项实行随时专项公开,重点解释。因特殊原因不能公开的,要事前公示,向村民说明原因和确定应予公开的时间。

（八）根据村经济发展情况,及时调整和拓展财务公开的内容。

（九）每次公开后,及时召开党员会议、村民会议或村民代表会议,广泛听取村民的意见和建议。

（十）财务公开的档案资料,由民主理财小组收集整理,交村会计立卷归档、妥善保管。

三、民主选举制度

永新村民主选举制度

为了保障村民依法行使民主权利,实行村民自治,根据《中华人民共和国村民委员会组织法》,结合本村实际,制定本制度。

（一）民主选举村民委员会,由镇统一部署,在镇选举工作指导小组的指导下,在村党支部的领导下进行。

（二）村民委员会由村主任、副主任和委员组成,职数报党工委、办事处批准确定,村委会应当有1名妇女委员。

（三）村民委员会换届时,由村委会牵头,依法成立村民选举委员会。

（四）村民选举委员会主持本村村委会的选举工作,其主要职责：(1) 宣传选举的目的、意义和有关法律、法规,解答选民提出的有关选举的问题;(2) 制订本村选举工作实施方案,报镇换届选举工作指导小组备案;(3) 公布选举日程安排和选举日,准备村委会成员候选人提名票和其他表格;(4) 确定和培训选举工作人员;(5) 登记并公布选民名单,受理村民对选民名单有不同意见的申诉;(6) 组织选举确定监票人、计票人、唱票人及代写人;(7) 组织选民提名候选人,依法确定、公布候选人名单,组织、监督候选人或其他选民的竞选活动;(8) 组织投票选举,公布选举结果,并报换届选举工作指导小组备案;(9) 总结和上报选举工作情况,建立选举

工作档案。

（五）选民登记：年满18周岁的村民，不分民族、种族、性别、职业、家庭出身、宗教信仰、教育程度、财产状况、居住期限，都有选举权和被选举权，但依法被剥夺政治权利的人除外。凡具有选民资格的村民应在居住的自然村进行选民登记，计算年龄的时间以选举日为准，村民出生日期以身份证为准。无法行使选举权利的精神病患者（在发病期间）和智力残疾者，经村民选举委员会确认，不列入选民名单。

（六）村民委员会成员候选人由本村选民直接提名，候选人名单由村民选举委员会依法审查后，按得票多少的顺序确定，于选举日的5天前公布。

（七）投票选举时，举行选举大会，设立中心投票站，根据本村实际也可分设若干投票站，以无记名投票方式由村民直接民主选举。每个投票点必须指定3名以上监督人员。选举结束当天计票，当场公布。

（八）村委会成员每届任期3年，可以连选连任。

四、民主决策制度

永新村民主决策制度

（一）凡本村重大村务都要进行民主决策，村民代表会议是村民决策的权力机构，是民主决策的主要形式。

（二）村民代表由本村村民推荐产生，代表任期与村委会相同，每届任期3年，可以连任。

（三）村民代表议事内容：(1) 讨论制定本村经济建设、社会事业发展规划和年度计划；(2) 讨论审议本村财务预决算、发展规划、公益事业、新建项目；(3) 改变或撤销村委会的不合适的决定；(4) 审议村委会工作报告；(5) 讨论决定其他涉及村民利益的重大问题。

（四）村民代表会议的议程和规则：由村委会根据工作需要，和三分之一以上村民代表的提议，确定会议议题，书面通知村民代表，村民代表征求村民意见后，召开代表会议讨论并做出决定。

（五）村民代表会议由村委会召集和主持，每年至少举行2次，有三分之一以上村民代表提议，应及时召开。村民代表会议必须有三分之二以上代表参加，会议的决定、决议应当经到会人员过半数通过，方能生效。

（六）村民代表会议讨论的内容不得与法律、法规、政策以及村民的根本利益相抵触。

五、民主理财制度

永新村民主理财制度

村民主理财小组在村党支部的领导下，行使监督权、审核权，督促纠正权、向上级反映问题等权力。按规定定期召开理财会议，检查账目和集体资产管理情况，参与集体的重大经营决策，征求村民意见和要求。村所有开支票据必须签（盖）经办人、证明人、审核人、村民主理财小组公章，方能审核报账。

（一）民主理财小组的产生

民主理财小组由5~7人组成，其中群众代表数量要占成员总数的三分之二以上，成员由村民会议或村民代表会议选举产生，报镇纪工委和财经办审核，并进行政策和业务知识培训合格后，由村民委员会聘用。民主理财小组成员每3年进行一次选举。民主理财小组成员报酬实行误工补贴的办法，具体标准根据本村的经济水平确定，报上级批准。

（二）民主理财小组成员条件

1. 熟悉有关农村政策和一般的农村财务知识。
2. 为人正派，坚持原则，秉公办事，有一定的参政议政能力，威信高，身体健康，工作积极。
3. 忠于职守，能认真履行职权和义务，确保村级财务管理程序化、规范化。
4. 村干部及其直系亲属不得担任民主理财小组成员。

（三）民主理财小组职责

1. 监督本村财务制度的实施。
2. 检查本村现金、银行存款、物资、固定资产的库存情况。
3. 检查会计账目及其他会计资料。
4. 每季度初集中对本村上季度的全部收支单据、财务报表进行审核，对不符合规定的予以退回，对符合规定的签章确认，并以村务公开的形式公布。
5. 审核本村年终的收益分配方案。
6. 发现违规违约现象后及时向村民代表议事会或上级有关部门报告，请求查处。
7. 配合上级农经、财政、审计等部门进行管理监督工作。
8. 受理村民意见，向村两委报告，向群众宣传有关财经政策。参与群众对财务管理信访问题的调查、反映、解释。
9. 村级财务审核专用章由村民主理财小组组长掌管，不得委托其他组织或个人保管。

（四）要严格财经纪律，坚决执行"七不准"

1. 不准非财务人员插手管钱；
2. 不准挪用公款；
3. 不准公款私存；
4. 不准多头开户；
5. 不准瞒收截留；
6. 不准坐收坐支；
7. 不准私设"小金库"。

第三节　经济合作社

经济合作社是在农村家庭承包经营基础上，同类农产品的生产经营者或者同类农业生产经营服务的提供者、利用者，自愿联合、民主管理的互助性经济组织。

经济合作社以其成员为主要服务对象，提供农业生产资料的购买，农产品的销售、加工、运输、贮藏以及与农业生产经营有关的技术、信息等服务。

一、永新村富民合作社

永新村富民合作社于2005年8月进行筹建，入社农户55户，投资总额274.6万元，股本金为157.8万元；其中个人股132.8万元（见表12-3-1），拆合664股，集体股25万元。富民合

作社建造打工楼面积3 230平方米，土地占用面积2亩。当年度出租3 230平方米，以后出租率年年达100%。

2012年，永新富民合作社重在提高服务质量，使入住永新富民合作社的企业员工有家的感觉，温馨舒适。是年，打工楼店面房出租率达100%，分别与罗兰索家具（昆山）有限公司、昆山吉纳尔运动器材有限公司、昆山新崴精密五金有限公司续签合同；三间店面房分别与家常饭店、孜悦饭店、土家酱香饼续租，实现年总收入348 072.03元，总支出163 350.83元，其中上交各项税金16 846.87元，纯收入159 349.17元。提留公积金2 390元，提留公益金2 390元，可分配纯收益184 721.20元，实际分红利156 050元，其中个人股红利131 050元。见表12-3-1。

表12-3-1　　　　　　　　　　　　永新富民合作社股民入股一览表　　　　　　　　　　　单位：元、股

姓名	股权证编号	股份金额	折合股数	姓名	股权证编号	股份金额	折合股数
沈志清	1	26 000	13	曹密珍	29	10 000	5
朱建明	2	10 000	5	倪兴林	30	36 000	18
张林元	3	50 000	25	王根元	31	30 000	15
吴宝娥	4	35 000	17.5	陈海涛	32	30 000	15
姬瑞明	5	20 000	10	沈铁牛	33	50 000	25
王大奎	6	50 000	25	张其龙	34	10 000	5
沈静芳	7	50 000	25	陆再芳	35	10 000	5
郁四龙	8	50 000	25	潘文荣	36	20 000	10
潘美娟	9	50 000	25	王文奎	37	10 000	5
沈生泉	10	20 000	10	陆阿东	38	20 000	10
孙小平	11	40 000	20	朱雪龙	39	20 000	10
张金元	12	30 000	15	马伟林	40	10 000	5
潘建华	13	50 000	25	蔡秋宝	41	20 000	10
王云珍	14	20 000	10	潘伟荣	42	10 000	5
王阿度	15	10 000	5	朱木根	43	10 000	5
黄金元	16	50 000	25	朱建国	44	10 000	5
柴取英	17	2 000	1	冯福新	45	20 000	10
沈杏福	18	44 000	22	陆林妹	46	10 000	5
王志龙	19	6 000	3	沈荣奎	47	20 000	10
吴阿五	20	14 000	7	张培龙	48	10 000	5
沈全荣	21	20 000	10	沈建中	49	10 000	5
陈耀芳	22	4 000	2	盛裕妹	50	10 000	5
罗福泉	23	14 000	7	翁品兴	51	20 000	10
沈　龙	24	20 000	10	朱建洪	52	10 000	5
吴礼菊	25	20 000	10	冯　炜	53	10 000	5
沈建高	26	2 000	1	朱文清	54	50 000	25
王惠明	27	50 000	25	陆志斌	55	45 000	22.5
凌亚娟	28	50 000	25	合　计		1 328 000	664

表 12-3-2　　2012 年度永新村农村股份合作经济组织盈余返还结算方案　　单位:元

名称			金额
收支情况		总收入	348 072.03
	其中	房屋租金收入	317 000.00
		土地租金收入	
		总支出	163 350.83
		上交各项税金	16 846.87
		纯收入	159 349.17
各项基金提留		合计	24 780.00
	其中	公积金　1.5　%	2 390.00
		公益金　1.5　%	2 390.00
		公益事业建设基金＿＿＿%	
		风险基金＿＿＿%	20 000.00
		可分配纯收益(盈余返还)	184 721.20
		上交集体及个人所得税	
		按＿＿＿%盈余返还	156 050.00
股本金情况		合计	1 578 000.00
	其中	集体股	250 000.00
		个人股	1 328 000.00
盈余返还情况		合计	56 050.00
		每股金额	98.00
	其中	集体	5 000.00
		个人	31 050.00

二、永新村农地股份专业合作社

永新村农地股份专业合作社,于 2009 年 5 月 15 日进行组建入股,入股农户 973 户,入股土地为 5 516.44 亩,投资总额为 1 654.93 万元,股本金为 1 654.93 万元,2009 年征用 331.12 亩,2010 年征用 230.48 亩,2012 年征用 123.2 亩,2012 年征用 94.06 亩,2013 年征用 312.68 亩,2014 年征用 1.84 亩。至 2014 年,实际入股农户 949 户,入股土地 4 423.09 亩,股本金为 1 326.918 万元(为及时反映征地变化,本条目延伸至 2014 年年底)。

2014 年审计总收入 2 426 215.65 元,其中发包租赁收入 2 409 468 元,其他收入 16 747.65 元;审计总支出 12 909.5 元,其中管理费用 42.5 元,经营支出 12 867 元;审计利润 2 413 306.15 元,加土地补助款每亩 400 元,财政土地补助面积 3 570.87 亩,土地补助金额 1 428 348 元,当年度可分配利润 3 841 654.15 元。按照昆农办〔2009〕12 号文件提取标准,按审计经营利润 2 413 306.15 元,计提基金和管理费用总额为 482 660 元,计提基金后的余额为 1 930 646.15 元,其中计提公积金、盈余公积金各为 5%,各为 120 665 元;风险基金为 10%,为 241 330 元。可分配盈余返还为 3 358 994.15 元,其中股份专业合作社经营利润计提基金后盈余返还为 1 930 646.15 元、财政土地补助款盈余返还为 1 428 348 元。入股土地面积为 4 423.06

亩,平均每亩盈余返还为759.43元。

2014年12月31日,永新村农地股份专业合作社做出2014年度盈余返还结算方案的决议,76名股民代表一致通过盈余返还结算方案的决议。

三、农村社区股份专业合作社

2014年,永新村围绕建设"尚美淀山湖"的工作要求,注重从群众最关心的事情做起,从群众最不满意的地方改起,补短补软,让群众充分发挥主人翁作用,竭尽全力,奋勇争先,打造现代化农业,创建和谐新农村,探索富民增收新机制,强化社区合作社建设,提高盈利能力,加大增收力度(为及时反映村级资产变化,本条目延伸至2014年年底)。

村"两委"根据社区实际情况,不断盘活存量资产,使其充分发挥自身价值,同时针对永新村存量资产"小而散"的情况,租赁企业"小而多"的特点,严格执行村级资产管理制度,收足收好租金。完善服务机制,加强经济新增长点造血功能。是年,总收入5 803 838.3元,总支出2 776 904.51元,净收益3 026 933.79元,提取20%公积金605 387元,提取20%公益金605 387元,提取20%公益事业建设基金605 387元,提取30%即908 080元用于股民盈余返还,每股分配为273.9元。

第四节 民 兵 营

民兵在乡(镇)党委、人武部和村"两委"领导下,组织实施《民兵工作条例》,负责民兵组织建设,承办一年一度的民兵整组和兵役工作;加强民兵政治思想工作,协助搞好民兵政审工作,落实民兵四课政治教育,增强民兵国防意识和战备观念;充分发挥民兵队伍的骨干和带头作用,积极组织民兵参加"三个文明"建设;协助民政部门做好退伍军人的安置工作和军烈属的优抚工作;配合上级组织民兵开展各项突击活动,完成各项应急任务。

1951年下半年,神童泾、庄里、六如墩、金家港、马家港、南行前(后属上海市)、新开泾、沈家埭、小港、碛碙(含东南村、后村)、彭安泾行政村,组织民兵加入永安乡民兵中队,维护社会治安,巩固地方政权,执行紧急任务。

1956年,永安、永义、永益、永生高级农业生产合作社,各有民兵50多人,分基干民兵18~25周岁,普通民兵26~45周岁两种。1958年10月,人民公社成立后,大办民兵师,实行军事化编制"全民皆兵",永安、永义、永益、永生均设民兵连,生产队编为排,各大队分别有基干民兵、普通民兵100多人。1964年,由镇武装部组织各大队民兵营长集训,到金家庄打靶,提高民兵政治素质和军事素质。广大民兵在几个文明建设中都起到了积极作用,尤其是在水利工程建设上,响应上级号召,战斗和工作在第一线。

1978年,开展民兵工作"三落实"(组织落实、政治落实、军事落实)活动。1981年,在上级统一部署下,对民兵组织年龄做了调整,普通民兵29~35周岁,基干民兵18~28周岁。民兵集训在榭麓白塘打靶,有营长、基干民兵排长等参加,每年还由昆山市(县)人民武装部统一组织集训。进一步提高民兵政治素质和军事素质,在紧急关键时冲锋在前。1999年6月,永新村境内遭受严重的洪涝灾害,民兵积极抗洪抢险,把洪涝灾害损失降到最低限度。

2001年8月至2012年,新组建的永新村民兵营,营长先后由张金泉、张林元、沈健健担任。

2012年,村民兵营突出主题——学习现代化,民兵预备役人员的思想和行动,统一到决胜现代化的发展大局上来。贯穿主线——服务现代化,结合本职工作,激励民兵"敢于争第一、勇于创唯一",咬定率先基本实现现代化目标不放松。落实主责——决胜现代化,按照"平时服务、急时应急、战时应战"的要求,做好理论学习、军事训练和国防动员等各项工作。

是年,第11号台风"海葵"影响昆山地区,村基干民兵充分发扬不怕苦、不怕累的革命精神,和老百姓一起在狂风暴雨中清除影响安全的树木、高空坠物等危险源;协助排涝站全力排涝,不间断实时监测水位变化;做好危房住户和老弱病残人员的转移工作,妥善解决人员转移后的饮食和寝居问题。

积极主动配合民政部门做好"双拥"工作,把退役士兵职业技能培训纳入职业教育或社会再就业培训体系,积极推荐安排退役士兵就业。

落实兵役登记制度,重点搞好18~21岁适龄青年潜力底数调查核实,为预征对象的确定提供全面准确的依据。通过摸底排查,确保完成征兵任务。

第五节 群众团体

永新村群团组织有农民协会、贫下中农协会、共青团支部、妇代会、老协会、关工组。

一、农民协会

1950年1月,永安乡成立农民协会,乡农会主任是碛礅的张洪庆。接着,神童泾、庄里、六如墩、金家港、马家港、南行前(后属上海市)、新开泾、沈家埭、小港、碛礅(含东南村、后村)、彭安泾行政村相继成立农民协会,吸收雇农、贫农为农会会员,神童泾、庄里农会主任不详,六如墩村农会主任屈在定,金家港农会主任张在岐,马家港、南行前(后属上海市)农会主任徐木生,新开泾农会主任吴福春、孙玉山,沈家埭农会主任赵仲良,小港农会主任柴玉岐、盛永祖,碛礅(含东南村、后村)农会主任杨凤祥、严洪生,彭安泾农会主任罗金其。1955年农业合作化后,农会活动相对减少,农会组织自行消失。

二、贫下中农协会

这是为树立贫下中农优势,1964年在"社会主义教育运动"中建立的群众组织。1965年12月,永安、永义、永益、永生大队贫下中农协会成立,贫协主席不详。"文化大革命"中贫协组织一度被"造反派"组织替代。1974年5月,永安大队朱振龙任贫协主席,吴小妹为贫协副主席;永义大队柴云龙任贫协主席,蔡法清为贫协副主席;永益大队朱才良任贫协主席,钱永元为贫协副主席;永生大队张才忠任贫协主席,洪士清为贫协副主席。1978年,贫协组织不再存在。

三、共青团支部

村共青团组织,根据乡党委和上级团组织的工作要求,制订年度工作计划和共青团工作规

划,定期召开团支部会议,传达上级指示,布置团的工作,做出团的决议等;开展对全村团员青年的思想教育,带领和引导团员青年认真学习马列主义、毛泽东思想,加强形势教育;建立健全团的各项规章制度,按照《团章》的要求,定期进行团的换届工作,开展团的活动,积极开展创先争优活动;定期开展团员教育民主评议活动,引导和带领村青年积极投身于经济建设主战场,提高青少年一代的科学文化水平和综合素质,发挥青年的生力军和突击队作用;组织青年开展有益身心健康的文化娱乐活动和服务于社会的志愿者活动,指导青少年活动阵地和青少年服务机构,为青少年的成长创造良好的社会环境。

20世纪50年代初,永新村域各村在党支部的关怀领导下,分别建立新民主主义青年团,青年团组织年轻妇女开展打连厢、男性青年摇桨船等文体活动。1957年5月,名称改为中国共产主义青年团,永安、永义、永益、永生团支部,属共青团杨湘乡委员会领导。各大队团支部普遍成立大队宣传队、篮球队,带领青年开展有益的文体活动;1963年,永益大队先进青年在团支部的带领下,组织团员青年义务劳动,开垦陆渡潭荒田2亩左右,种植水稻,收益充实团的活动经费,活动坚持3年,后垦熟的土地划拨生产队,这一活动结束。

1966年5月,"文化大革命"开始,公社、大队团组织陷入瘫痪。1971年后,淀东公社党委同意恢复四个大队团组织活动。

1984年11月后,黄凤英任永义大队(村)团支部书记;吴宝娥、罗建新、张彩娟先后任永益大队(村)团支部书记;凌红弟、屈建明、沈金凤、谈彩芳先后任永生大队(村)团支部书记;吴进英、潘阿夯、沈兴珍先后任永安大队(村)团支部书记。

2001年8月后,潘美娟、沈健健、陆志斌、王婷先后任永新村团支部书记。

2012年,永新村共有35周岁以下青少年915人,共有团员22名,其中男13名、女9名,都是大专或本科学历;团支部围绕党的中心开展工作,团员志愿者树立服务社会、服务群众、乐于助人、甘于奉献的良好形象。

围绕青少年思想道德建设,开展社会主义荣辱观教育。先后组织青年参与植树节活动、重阳节慰问老人活动,整合村远程教育资源,组织观看中国共产党第十八次全国代表大会报告,激励青年团员努力向党组织靠拢。

围绕和谐淀山湖建设,开展青年精神文明创建活动。利用12355青年志愿者平台,开展青年志愿者服务。组织青年对村民开展帮扶、老年人专项服务等活动。配合镇团委开展敬老爱老、环保宣传、法律援助等活动,弘扬志愿精神,成为推动和谐淀山湖建设的生力军。社区15名志愿者,是年上半年,12355热线接线服务12次,志愿者帮助求助人料理家务等,服务满意度达100%,彰显"奉献、友爱、互助"志愿者精神。

围绕精神文明建设,参与镇团委组织的"圆梦活动"、关爱"新昆山人"子女、志愿者广场社区行、爱心包裹等活动。

服务青年发展,竭诚为青年成长成才办实事,提供村好青年交流和讨论的平台。青年中被评为镇好青年50名,其中创新创业精英4名、公益志愿先锋36名、行业岗位能手10名。

围绕团的自身建设,推进团建创新工作。根据青年富有激情和朝气、受教育水平较高、具有初步运用理论进行思维能力等特点,组成青年调研小组,为镇党委、政府献策献力。

四、妇代会

1956年,永安、永义、永益、永生高级农业生产合作社,分别建立妇女代表大会,简称"妇代会",高级社社务委员会配妇女委员。

1958年,人民公社成立后,各大队建立妇女代表委员会,生产队建立妇女小组,小组长由生产队妇女队长担任。

1966年5月,"文化大革命"开始,公社、大队妇女组织停止活动。

1972年由公社批准,大队重建妇女组织。历届妇女主任,见第十二章"基层组织"中的"组织沿革"。

村妇代会主要工作,完成本村党支部和上级妇联安排部署的各项工作;教育引导本村妇女发扬自尊、自信、自立、自强精神,开展"双学双比"、"巾帼建功"、"和谐家庭"创建等活动,推动经济发展,促进社会和谐;维护妇女儿童的合法权利,反映妇女的意见、建议和要求,代表妇女在基层政权建设中发挥民主参与、民主管理、民主监督作用,推进基层民主建设;普及有关妇女儿童的法律和法规知识,预防和制止家庭暴力,维护本村稳定;成立本村巾帼志愿者服务队,为本村群众提供科技教育、文艺宣传、普法教育、维护权益、扶贫济困等方面的服务。

2012年,永新村女性1 591人,占总人口的52.18%。村妇代会以人为本,统筹推进妇女发展,以联系妇女、服务妇女、教育妇女、维护妇女儿童合法权益为根本任务,团结带领全村妇女全面建设小康社会、构建和谐社会。

开展以实用技术、绿色证书为主的农村妇女教学培训,帮助村妇女掌握各种实用技术,组织妇女参加更年期培训、孕妇培训、家政培训、家常菜肴制作培训等;组织开展庆"三八"和妇女维权等系列活动,"决胜现代化,人人做贡献"家庭竞赛。

开展"学习型家庭"、"绿色家庭"、"平安家庭"等特色家庭创建活动,提高家庭成员素质、家庭生活质量、妇女文明程度,以良好的家风促进社会文明新风建设。

开展村庄环境整治,倡议巾帼志愿者从自我做起,开展洁化行动,七、八月份,巾帼志愿者冒着酷暑、顶着烈日参与整治工作,奉献自己的一份力量。

加强村级妇女文化阵地建设,培养文艺骨干,优化村级戏曲等文体队伍,参加镇组织的戏曲周、巡回演出、戏曲演唱比赛、全民阅读节等各项文体活动,丰富农村妇女的文化生活。

指导家庭教育,推进未成年人思想道德建设,参加0～3岁育儿期家长培训,帮助家长树立正确的家庭理念,掌握科学教育的方法。关心少年儿童健康成长,抓住"六一"儿童节有利时机,村妇代会和小朋友一起欢度节日,并送上慰问金。

关心妇女群众的生活,帮助贫困妇女解决实际困难。加大普法宣传和依法维权的力度,利用黑板报、宣传栏等重要工具,广泛宣传男女平等等基本国策和先进的社会性别意识、科技致富等方面的内容。

五、老协会

村老协会逢年过节,分层次、分标准慰问老年人;保护老年人权益;对孝敬老人的好人好事,及时进行表扬;每年对年龄在80岁以上的老人,进行生日祝贺;教育家庭人员执行社会敬老公约,使老年人精神上保愉快,生活上保供给,促进老年人的健康长寿。

1988年,柴林根任永义村老协会会长;王保忠任永安村老协会会长;王阿大任永生村老协

会会长;张志明任永益村老协会会长。1997年,永生村、永益村老协会会长有所调动,分别是王祥龙、吴阿五。2001年8月,吴阿五任永新村老协会会长。

2012年,永新村有60周岁以上老年人802人,占总人口的26.49%,其中80周岁以上老年人69人,占总人口的2.28%,老龄化程度较高。是年,村老协会完善活动、培训制度,各个老年活动室配有茶室、棋牌室、有线电视室、文艺活动室、室外健身器材等,配备1名专兼职工作人员,为老年人搞好服务工作;鼓励老年人开展健康向上的文体活动,让老年"老有所乐";探索居家养老新模式,对85周岁以上老人,由政府补贴,淀辉社区老年人照料中心送午饭、晚饭到家;以"老年人权益保障法"为老龄工作的基本法规,解决老年人赡养问题。组织65周岁以上老年人,参加政府的老年人免费体检,建立健康档案,关心老年人健康状况。

六、关心下一代工作组

镇关心下一代工作委员会(简称"关工委"),成立于1992年,村同时建关心下一代工作组(简称"关工组")。村老协会会长兼村"关工组"组长,组织老干部、老党员、老服退军人、老教师、老模范"五老人员",对青少年开展各种讲座、报告会、座谈会等培训教育,实现解除劳教人员无重新犯罪、现刑人员子女无犯罪、劳教人员子女无失学、未成年人无犯罪。

1992~2012年,"关工组"与老协会,实行"两块牌子、一套班子"的模式。

第六节 组织沿革

以淀山湖(淀东)镇(乡、公社)党委、政府发文为准,"~"后的日期为免去职务日期。没有免去职务日期的,即没看到"免去职务"文件,据党政部门有关文件,可视为新任干部产生时自动免职。"~"前的"?",表示没有看到任职文件,只看到免职文件。互助组、初级社、高级社等期间的有关干部,找不到任命文件,在建置区划自然村落简介和本章村政中适当记述,可参见;小乡干部,可参见第十三章人物第四节;早期党支部书记,可参见本节末的附录。

一、区域调整前各行政村干部名录

1. 永义村(大队)干部名录(1966.3.11~2000.1.6)

(1)党支部

①书记

柴云龙	1966.3.11	柴生林	1989.3.20
柴林菊	1971.5.3~1972.2.12	柴生林	1990.11.8~1991.12.23
冯引根	1972.2.12	许土忠	1991.12.23
冯引根	1975.4.13	许土忠	1992.11.4
冯引根	1984.4.15	冯云根	1995.7.5
蔡道元	1984.11.23	冯云根	1997.10.29(换届选举)~2001.8.23
蔡道元	1987.9.23~1989.3.20		

②副书记

柴云龙　1969.11.15	盛永祖　1975.4.13
柴云龙　1971.5.3～1973.5.6	蔡道元　1976.5.22
盛永祖　1973.5.6	吴雪兴　1996.9.26

③组织委员

盛永祖　1966.3.11	柴生林　1987.9.23
柴云龙　1978.3.28	蔡文新　1990.11.8～1992.2.20
蔡道元　1984.4.15	蔡道元　1992.11.4
赵小度　1985.4.19	冯云根　1997.10.29（换届选举）

④纪检委员

柴云龙　1979.10.15	赵根夫　1987.9.23
蔡道元　1984.4.15	蔡道元　1992.11.4
赵小度　1985.4.19	冯云根　1997.10.29（换届选举）

⑤宣传委员

吴三官　1966.3.11	赵根夫　1990.11.8～1992.10.5
赵根火　1979.10.15	柴祖林　1992.11.4～1994.6.25
赵小度　1984.4.15	徐金毛　1997.10.29（换届选举）
赵根夫　1987.9.23	

⑥青年委员

柴祖林　1992.11.4	徐金毛　1997.10.29（换届选举）

⑦委员

冯道昌　1966.3.11	蔡道元　1972.2.12
蔡仁清　1966.3.11	柴云龙　1975.4.13
盛永祖　1969.11.15	冯品龙　1975.4.13
黄金生　1969.11.15	冯宝英　1975.4.13～1979.6.13
冯宝英　1969.11.15	蔡道元　1975.4.13
盛永祖　1971.5.3	赵根夫　1975.4.13
冯品龙　1971.5.3	蔡文新　1989.6.5
柴爱泉　1971.5.3	徐金毛　1994.6.24
冯宝英　1972.2.12	冯引忠　1996.1.27

（2）贫下中农协会

贫协主任柴云龙　1974.5.4　　　贫协副主任　蔡法清　1974.5.4

（3）民兵营

①教导员

冯引根　1977.10.3	许土忠　1993.7.27
冯引根　1982.1.10	许土忠　1994.7.26
柴生林　1989.10.6	冯引根　1995.8.4

②副教导员

永新村志

吴世英　1977.10.3　　　　　　　　　赵根夫　1982.1.10
③营长
蔡道元　? ~1976.5.27　　　　　　　朱雪元　1993.7.27
柴生林　1976.5.27　　　　　　　　　朱雪元　1994.7.26
柴生林　1982.1.10~1984.5.3　　　　朱雪元　1995.8.4~1997.9.20
冯引忠　1984.11.23　　　　　　　　蔡卫新　1997.9.20
冯引忠　1989.10.6
④副营长
吴雪清　? ~1976.5.27　　　　　　　柴静英　1977.10.3
蔡文金　1976.5.27　　　　　　　　　柴文荣　1982.1.10
徐武云　1977.10.3
（4）团支部
书记　黄凤英　1984.11.23
（5）革委会
①主任
柴林娟　1969.2.10~1972.2.12　　　冯引根　1974.4.12
②副主任
柴云龙　1969.2.10　　　　　　　　吴巧英　1972.9.17
盛永祖　1969.2.10
③妇女主任
冯宝英　1972.9.17~1979.6.13　　　徐妹英　1979.6.13
④妇女副主任
吴巧英　1979.6.13
⑤调解主任
柴云龙　1978.5.6
⑥调解副主任
赵根夫　1978.5.6　　　　　　　　　柴义生　1978.5.6
⑦委员
吴玉英　1969.2.10　　　　　　　　冯品龙　1969.2.10
冯宝英　1969.2.10　　　　　　　　黄金生　1969.2.10
冯引根　1969.2.10　　　　　　　　徐全林　1969.2.10
（6）村民委员会
①主任
蔡道元　1983.1.18（大队长）　　　赵根夫　1991.12.24（代）~1992.10.7
蔡道元　1983.8.14　　　　　　　　蔡道元　1992.10.7（代）~1995.2.13
赵小度　1984.11.23~1986.5.19　　 徐金毛　1995.12.25（代）
柴生林　1986.5.19（代）~1990.11.8　徐金毛　1996.4.3（第五届换届选举）
蔡文新　1990.11.8~1991.12.24　　　朱雪元　1999.2.1（第六届换届选举）

潘美娟　2000.12.21

②社长

赵小度　1983.8.14～1987.9.10　　　　朱雪元　1997.～2000.12.21
赵根夫　1987.9.10～1991.12.24　　　　潘美娟　2000.12.21
冯云中　1994.6.27～1997.

③副社长

赵根夫　1983.8.14～　　　　　　　　柴生林　1984.5.3

④会计

蔡四荣　1983.8.14～1984.9.25　　　　徐金毛　1984.9.25～2000.1.12

⑤治保主任

冯引中　1984.5.3　　　　　　　　　　蔡卫新　1997.～2000.1.12
朱雪元　？～1997.

⑥妇女主任

徐面英　1991.2.28　　　　　　　　　徐面英　1994.4.13

⑦委员

徐面英　1983.8.14　　　　　　　　　柴林根　1996.4.3（第五届换届选举）
柴生林　1983.8.14　　　　　　　　　　　　　（社保）
冯云忠　1996.4.3（第五届换届选举）　徐金毛　1999.2.1（第六届换届选举）
　　　　（生产）　　　　　　　　　　柴林根　1999.2.1（第六届换届选举）
朱雪元　1996.4.3（第五届换届选举）　蔡卫新　1999.2.1（第六届换届选举）
　　　　（治保）　　　　　　　　　　潘美菊　1999.2.1（第六届换届选举）
徐美英　1996.4.3（第五届换届选举）
　　　　（文卫）

⑧总厂厂长

蔡道元　1984.11.23

⑨站主任

柴云龙　？～1991.4.15　　　　　　　冯引中　1997.
柴林根　1991.4.15～1997.

⑩桑技员

朱雪元　1992.3.17

2. 永益村（大队）干部名录（1966.3.11～2001.8）

（1）党支部

①书记

张仁岐　1966.3.11　　　　　　　　　翁福明　1987.3.16
罗福泉　1972.2.12　　　　　　　　　翁福明　1987.9.23
罗福泉　1975.4.13　　　　　　　　　翁福明　1990.11.8～1991.12.23
王荣泉　1984.4.15　　　　　　　　　钱三毛　1991.12.23
王荣泉　1984.11.23　　　　　　　　　钱三毛　1992.11.4～1994.6.25
王荣泉　1985.4.19～1987.3.16　　　　钱四毛　1994.6.25

永新村志

钱四毛	1995.5.6	徐建龙	1998~2000.12.21
钱四毛	1997.10.29(换届选举)~1998.		

②主持全面工作

吴方新　2000.12.21~2001.8.23

③副书记

朱才良	1966.3.11	张志明	1975.4.13~1976.12.2
张仁岐	1969.11.15	翁福明	1993.3.10~1993.7.8
张仁岐	1972.2.12~1974.4.7	钱永元	1993.7.8~1994.6.25
张志明	1974.4.7		
翁留根	1975.4.13(1976.12.2为定工干部)		

④组织委员

瞿培祖	1966.3.11	钱永元	1990.11.8
翁留根	1978.3.28	钱永元	1992.11.4
翁留根	1984.4.15	张金泉	1995.5.6
钱永元	1985.4.19	张金泉	1997.10.29(换届选举)
钱永元	1987.9.23		

⑤纪检委员

翁留根	1979.10.15	吴阿五	1992.11.4
吴阿五	1984.4.15	吴阿五	1995.5.6
王正海	1987.9.23	翁福明	1997.10.29(换届选举)
王正海	1990.11.8		

⑥宣传委员

钱永元	1979.10.15	张金泉	1990.11.8
张小林	1984.4.15	吴阿五	1995.5.6
郁四龙	1985.4.19	吴宝娥	1997.10.29(换届选举)
郁四龙	1987.9.23		

⑦青年委员

王正海	1992.11.4~1994.6.25	吴宝娥	1997.10.29(换届选举)
吴阿五	1995.5.6		

⑧委员

张志明	1966.3.11	柳阿福	1972.2.12
张志明	1969.11.5	王荣泉	1972.2.12
朱才良	1969.11.5	钱永元	1974.11.2
柳阿福	1969.11.5	钱永元	1975.4.13
张志明	1972.2.12	张惠宝	1975.4.13
瞿培祖	1972.2.12	瞿培祖	1975.4.13
朱才良	1972.2.12	朱才良	1975.4.13

张志明　1976.12.2（知青点负责人）　　　张金泉　1989.6.5～1993.3.10
钱永元　1984.4.15　　　　　　　　　　张惠宝　1990.11.8～1992.10.5
翁福明　1985.4.19　　　　　　　　　　张金泉　1994..25
吴阿五　1985.4.19～1997.9.20　　　　　翁福明　1995.7.5～2000.1.6
张惠宝　1987.9.23　　　　　　　　　　吴宝娥　1995.7.5

（2）民兵营

① 教导员

罗福泉　1977.10.3　　　　　　　　　　钱三毛　1993.7.27
王荣泉　1982.1.10　　　　　　　　　　钱四毛　1994.7.26
翁福明　1989.10.6　　　　　　　　　　钱四毛　1995.8.4

② 副教导员

朱雪龙　1977.10.3　　　　　　　　　　朱雪龙　1982.1.10

③ 营长

钱永元　1977.10.3　　　　　　　　　　张和龙　1993.7.27
钱永元　1982.1.10　　　　　　　　　　翁福明　1994.7.26
张和龙　1984.11.23　　　　　　　　　翁福明　1995.8.4～1997.9.20
张和龙　1989.10.6　　　　　　　　　　张金泉　1997.9.20

④ 副营长

王密秀　1977.10.3　　　　　　　　　　罗白妹　1982.1.10
陈永寿　1982.1.10

（3）团支部

① 书记

吴宝娥　1984.11.23～1986.7.6　　　　张彩娟　1991.11.14～1993.6.5
罗建新　1986.7.6～1991.11.14　　　　吴宝娥　1993.6.5

（4）革委会

① 主任

徐仁林　1969.2.10～1975.5.29　　　　罗福泉　1975.5.29

② 副主任

张志明　1969.2.10　　　　　　　　　　翁留根　1975.5.19
钱永元　1975.4.22

③ 委员

张仁岐　1969.2.10～1975.5.19　　　　张惠宝　1975.5.19
瞿培祖　1969.2.10～1975.5.19　　　　朱雪龙　1975.5.19
柳阿福　1969.2.10～1975.5.19　　　　王荣泉　1975.5.19～1976.4.17
蔡阿大　1969.2.10　　　　　　　　　　郁四龙　1975.5.19
朱才良　1969.2.10～1975.5.19　　　　吴阿五　1976.4.17

④ 会计

朱菊生　？～1971.5.18　　　　　　　　罗福泉　1971.5.18～1972.3.14

永新村志

郁四龙　1972.3.14

⑤调解主任

张志明　1978.5.6　　　　　　　　　张惠宝　1978.5.6
钱永元　1978.5.6

⑥妇女主任

主任　柳阿福　1972.9.17　　　　　副主任　张惠宝　1972.9.17

⑦治保主任

瞿培祖　?～1974.5.29　　　　　　钱永元　1974.5.29

⑧站主任

张志明　1978.6.2～1992.6.13

(5) 贫下中农协会

主任　朱才良　1974.5.4　　　　　副主任　钱永元　1974.5.4

(6) 村民委员会

①主任

翁留根　1983.1.18(大队长)　　　翁福明　1997.9.20（代）
张小林　1983.8.14　　　　　　　　翁福明　1999.2.1(第六届换届选举)～
翁福明　1984.11.23～1987.3.31　　　　　　　2000.1.12
钱永元　1987.3.31-1992.8.15(代)　吴方新　2000.1.12(代)
薛德奎　1992.8.15～1993.7.9(代)　吴方新　2000.12.21
翁福明　1993.7.9～1994.6.27(代)
吴阿五　1996.4.3(第五届换届选举)～
　　　　1997.9.20

②社长

翁留根　1983.8.14　　　　　　　　翁福明　1994.6.27～2000.1.12
翁福明　1986.5.19　　　　　　　　吴方新　2000.1.12～2000.12.21
王正海　1987.3.31～1994.6.27　　 吴宝娥　2000.12.21

③副社长

吴阿五　1983.8.14

④会计

郁四龙　1983.8.14　　　　　　　　翁福明　1993.3.12～1994.6.27
郁四龙　1984.11.23～1989.4.4　　 张金泉　1994.6.27
张金泉　1989.4.13～1993.3.12

⑤总厂厂长

王荣泉　1984.11.23

⑥妇女主任

张惠宝　1984.11.23　　　　　　　吴宝娥　1994.6.25
张惠宝　1991.2.28　　　　　　　　吴宝娥　2000.3.15(第十三届基层妇代
张惠宝　1994.4.13～1994.6.25　　　　　　　会改选)

⑦治保主任

张和龙　1984.11.23　　　　　　　张金泉　1997.

⑧桑技员

盛裕龙　1992.3.17

⑨站主任

朱菊生　1992.6.13～1995.2.13　　吴阿五　1997.

翁福明　1995.2.13～1997.

⑩委员

张惠宝　1983.8.14　　　　　　　张志明　1996.4.3（第五届换届选举）

钱永元　1983.8.14　　　　　　　　　　　（社保）

翁福明　1996.4.3（第五届换届选举）吴宝娥　1999.2.1（第六届换届选举）

　　　　（生产）　　　　　　　　张志明　1999.2.1（第六届换届选举）

翁福明　1996.4.3（第五届换届选举）张金泉　1999.2.1（第六届换届选举）

　　　　（治保）～1997.

吴宝娥　1996.4.3（第五届换届选举）

　　　　（文卫）

3. 永生村（大队）干部名录（1966.3.11～2001.8）

（1）党支部

①书记

王阿大　1966.3.11　　　　　　　屈福奎　1990.11.8～1991.12.23

王阿大　1969.11.15　　　　　　　张杏泉　1991.12.23

王阿大　1971.4.15～1973.4.14　　张杏泉　1992.11.4

凌阿四　1973.4.14　　　　　　　张杏泉　1995.5.6～1997.9.20

凌阿四　1984.4.15　　　　　　　　　　　（任自来水厂书记）

张杏泉　1984.11.23　　　　　　　杜秀春　1997.9.20

张杏泉　1985.4.19　　　　　　　杜秀春　1997.10.29（换届选举）

屈福奎　1987.9.23　　　　　　　屈福奎　？～2000.1.6

②副书记

屈福奎　1969.11.15　　　　　　　沈耀忠　1974.12.9（1976.5.22为

凌阿四　1971.4.15　　　　　　　　　　　定工干部）

王阿大　1973.4.14（1976.5.22为

　　　　误工干部）

③组织委员

张才忠　1966.3.11　　　　　　　沈建高　1990.11.8

沈耀忠　1978.3.28　　　　　　　沈建高　1992.11.4

王泉林　1984.4.15　　　　　　　沈建高　1995.5.6

王泉林　1985.4.19　　　　　　　沈建高　1997.10.29（换届选举）

王玖初　1987.9.23

④纪检委员

永新村志

沈耀忠　1979.10.15　　　　　　王泉林　1990.11.8
王泉林　1984.4.15　　　　　　　王泉林　1995.5.6
王泉林　1985.4.19　　　　　　　陈海涛　1997.10.29（换届选举）
王泉林　1987.9.23

⑤宣传委员

陆顺昌　1966.3.11　　　　　　　王泉林　1990.11.8
屈福奎　1979.10.15　　　　　　 王泉林　1992.11.4
屈福奎　1984.4.15　　　　　　　王泉林　1995.5.6
屈福奎　1985.4.19　　　　　　　陈海涛　1997.10.29（换届选举）
王泉林　1987.9.23

⑥青年委员

王泉林　1995.5.6　　　　　　　 沈建高　1997.10.29（换届选举）

⑦委员

王祖良　1966.3.11　　　　　　　王巧英　1971.4.15
董妹玲　1966.3.11　　　　　　　沈耀忠　1974.11.13
沈耀忠　1969.11.15　　　　　　 张杏泉　？～1984.4.6
张才忠　1969.11.15　　　　　　 陈海涛　1997.9.20～2000.12.21
张才忠　1971.4.15　　　　　　　张林元　2000.1.6
屈福奎　1971.4.15　　　　　　　沈建高　？～2000.1.6

（2）民兵营

①教导员

凌阿四　1982.1.10　　　　　　　张杏泉　1994.7.26
屈福奎　1989.10.6　　　　　　　张杏泉　1995.8.4
张杏泉　1993.7.27

②副教导员

凌海荣　1982.1.10

③营长

谈仲方　？～1973.4.29　　　　　凌海荣　1989.10.6
沈耀忠　1973.4.29　　　　　　　凌海荣　1993.7.27～1994.6.25
王桂明　？～1981.11.15　　　　 张林元　1994.6.25
王泉林　1981.11.15　　　　　　 张林元　1994.7.26
王泉林　1982.1.10　　　　　　　张林元　1995.8.4
凌海荣　1984.11.23

④副营长

陈惠兴　1982.1.10

（3）团支部

①书记

谈仲方　？～1977.6.1　　　　　 凌海荣　1977.6.1

凌红弟　1984.11.23~1994.6.25　　　　　沈金凤　1996.3.11~2000.12.21
屈建明　1994.6.25~1996.3.11　　　　　谈彩芳　2000.12.21
（4）革委会
①主任
屈福奎　1969.2.10~1971.4.15　　　　　凌阿四　1973.4.14
王阿大　1971.4.15~1973.4.14
②副主任
王阿大　1969.2.10~1971.4.15　　　　　凌阿四　1971.4.15
沈耀忠　1969.2.10~1971.4.15　　　　　王阿大　1973.4.14
③会计
沈耀忠　？~1973.4.29　　　　　　　　屈福奎　1973.4.29
④农技员
陈耀芳　1974.4.11~1977.4.6　　　　　凌兆其　1977.4.6
⑤副业主任
王阿大　？~1982.5.3　　　　　　　　王会清　1982.5.3
⑥委员
张才忠　1969.2.10　　　　　　　　　屈福奎　1971.4.15
陆顺昌　1969.2.10　　　　　　　　　沈耀忠　1971.4.15
王品龙　1969.2.10~1971.4.15　　　　　谈仲芳　1971.4.15
王巧英　1969.2.10
⑦妇女主任
主任　王巧英　1972.9.17　　　　　　副主任　王海珍　1973.3.5
⑧治保主任
谈仲芳　？~1973.4.29　　　　　　　　沈耀忠　1973.4.29
（5）贫下中农协会
主任张才忠　1974.5.4　　　　　　　　副主任　洪士清　1974.5.4
（6）村民委员会
①主任
陈耀芳　1983.1.18（大队长）　　　　沈建高　1996.2.16（代）
张杏泉　1983.8.14~1984.4.6　　　　　沈建高　1996.4.3（第五届换届选举）（代）
王泉林　1984.4.6　　　　　　　　　　张林元　1999.2.1（第六届换届选举）
王泉林　1984.11.23
②社长
王泉林　1983.8.14~1984.4.6　　　　　陈海涛　2000.1.12~2000.12.21
王泉林　1986.5.19~1987.3.3　　　　　凌金荣　2000.12.21
沈建高　1987.3.3~2000.1.12
③副社长
张彩生　1983.8.14　　　　　　　　　沈建高　1984.5.3

④会计

屈福奎 1983.8.14	陈海涛 1985.11.4～2000.12.21
屈福奎 1984.11.23～1985.11.4	凌金荣 2000.12.21

⑤总厂厂长

张杏泉 1984.11.23

⑥妇女主任

沈金凤 1984.11.23	沈金凤 2000.3.15（第十三届基层妇代会改选）～2000.12.21
沈金凤 1991.2.28	
沈金凤 1994.4.13	谈彩芳 2000.12.21

⑦治保主任

凌海荣 1984.11.23～1994.6.27	张林元 1994.6.27

⑧桑技员

张产生 1992.3.17

⑨委员

沈金凤 1983.8.14	陈海涛 1999.2.1（第六届换届选举）
凌海荣 1983.8.14	沈金凤 1999.2.1（第六届换届选举）
沈建高 1999.2.1（第六届换届选举）	王阿大 1999.2.1（第六届换届选举）

4. 永安村（大队）干部名录（1966.3.11～2001.1.6）

（1）党支部

①书记

祝友良 1966.3.11	朱浩飞 1987.9.23
祝友良 1969.11.15	朱浩飞 1990.11.8
祝友良 1971.4.15～1975.1.8	邱俊元 1992.11.4
郁小弟 1975.1.8～1979.12.15	邱俊元 1992.12.7～1994.6.25
祝友良 1979.12.15～1982.2.24	叶金方 1994.6.25～1995.12.25
郁小弟 1982.3.31	王大奎 1995.12.25
郁小弟 1984.6.18	王大奎 1997.10.29（换届选举）～2001.8.23
郁小弟 1984.11.23～1985.4.8	
朱浩飞 1985.4.19	

②副书记

顾阿三 1966.3.11	沈金龙 1975.4.13～1983.5.5
郁小弟 1972.2.12	郁小弟 1979.12.15

③组织委员

朱振龙 1966.3.11	马金元 1990.11.8
张其龙 1978.3.28	马金元 1992.11.4
张其龙 1984.6.18	叶金方 1995.5.6
张其龙 1985.4.19	王大奎 1997.10.29（换届选举）
张其龙 1987.9.23	

④纪检委员

张其龙　1979.10.15　　　　　　　　王大奎　1990.11.8

张其龙　1984.6.18　　　　　　　　 王大奎　1992.11.4

张其龙　1985.4.29　　　　　　　　 王大奎　1995.5.6

马金元　1987.9.23　　　　　　　　 沈兴珍　1997.10.29（换届选举）

⑤宣传委员

陆友高　1966.3.11　　　　　　　　王大奎　1987.9.23

沈金龙　1979.10.15　　　　　　　　王大奎　1990.11.8

王大奎　1984.6.18　　　　　　　　 王大奎　1995.5.6

马金元　1985.4.29　　　　　　　　 沈兴珍　1997.10.29（换届选举）

⑥青年委员

王大奎　1995.5.6　　　　　　　　　沈兴珍　1997.10.29（换届选举）

⑦委员

沈惠民　1966.3.11　　　　　　　　张三宝　1971.4.15

郁小弟　1969.11.15　　　　　　　 屈巧生　1971.4.15～1974.10.2

张三宝　1969.11.15　　　　　　　 张其龙　1972.2.12

沈惠民　1969.11.15　　　　　　　 朱振龙　1972.2.12～1974.10.2

沈金龙　1969.11.15　　　　　　　 倪兴林　1975.1.8

郁小弟　1971.4.15　　　　　　　　祝友良　1982.3.3

沈金龙　1971.4.15　　　　　　　　沈兴珍　1997.9.20

（2）贫下中农协会

贫协主任　朱振龙　1974.5.2　　　贫协副主任　吴小妹　1974.5.4

（3）民兵营

①教导员

郁小弟　1982.1.10　　　　　　　　叶金方　1994.7.26

邱俊元　1993.7.27　　　　　　　　叶金方　1995.8.4

②副教导员

马建新　1982.1.10

③营长

沈金龙　？～1975.1.8　　　　　　 邬建平　1989.10.6～1992.3.5

张其龙　1975.1.8　　　　　　　　 王阿夯　1992.3.5

王大奎　1982.1.10　　　　　　　　王阿夯　1993.7.27

王大奎　1984.11.23～1986.8.8　　 王阿夯　1994.7.26

邬建平　1986.8.8　　　　　　　　 王阿夯　1995.8.4

④副营长

郁建荣　1982.1.10

（4）团支部

①书记

永新村志

吴进英　1984.11.23~1986.7.6	沈兴珍　1992.4.2~1997.2.27
潘阿夯　1986.7.6	

②副书记

沈　斌　1975.1.13

(5) 革委会

①主任

祝友良　1969.2.10~1975.1.8	郁小弟　1975.1.8

②副主任

沈金龙　1969.2.10	郁小弟　1969.2.10

③委员

顾阿三　1969.2.10~1971.4.15	屈巧生　1971.4.15
沈惠民　1969.2.10~1971.4.15	朱正龙　1971.4.15
王根英　1969.2.10~1971.4.15	沈志勤　1974.10.2~1979.4.21
张三宝　1969.2.10	王志龙　1977.6.1
朱雪林　1969.2.10	沈洪德　？~1979.4.21
陆建农　1969.2.10~1971.4.15	

④妇女主任

主任　张三宝　1972.9.17	副主任　陆继芳　1972.9.17

⑤农技员

陆友高　1973.11.15

⑥治保主任

沈金龙　？~1975.1.8	张其龙　1975.1.8

(6) 村民委员会

①主任

张其龙　1983.1.18(大队长)	邬建平　1990.9.26~1994.6.27
张其龙　1983.8.14	王大奎　1994.6.27(代)
张其龙　1984.11.23	王大奎　1996.4.3(第五届换届选举)
张其龙　1985.4.19~1990.9.26	沈兴珍　1999.2.1(第六届换届选举)

②会计

朱雪林　~1983.5.5	马金元　1984.11.23~1994.6.27
马金元　1983.5.5	沈兴珍　1994.7.26
马金元　1983.8.14	

③社长(工农副主任)

王宝中　1979.10.15(副业主任)	副社长　王海荣　1983.8.14
郁荣泉　1982.3.17(工业主任)	社长　王大奎　1986.5.19
张其龙　1982.8.14(抓农业生产)	社长　王大奎　1994.6.27
沈杏福　1982.8.14(副业主任)	社长　王阿夯　1995.12.25~2000.1.12
社长　祝惠林　1983.8.14	社长　王大奎　2000.1.12

④妇女主任

吴进英　1984.11.23　　　　　　　　沈兴珍　1994.4.13～1998.

柴三宝　1991.2.28～1991.12.23　　　朱美娥　1998.

沈兴珍　1992.4.2

⑤调解主任

主任　沈金龙　1978.5.6　　　　　　副主任　王宝中　1978.5.6～1982.3.17

主任　祝友良　1982.3.17　　　　　　副主任　沈志勤　1978.5.6

⑥治保主任

郁荣泉　？～1982.3.17　　　　　　　王大奎　1984.11.23

王大奎　1982.3.17

⑦委员

吴进英　1983.8.14　　　　　　　　　王保中　1996.4.3（第五届换届选举）

王大奎　1983.8.14　　　　　　　　　　　　　（社保）

王阿夯　1996.4.3（第五届换届选举）　王阿夯　1999.2.1（第六届换届选举）

　　　　（生产）　　　　　　　　　　朱美娥　1999.2.1（第六届换届选举）

王阿夯　1996.4.3（第五届换届选举）　王宝忠　1999.2.1（第六届换届选举）

　　　　（治保）

沈兴珍　1996.4.3（第五届换届选举）

　　　　（文卫）

⑧总厂厂长

郁小弟　1984.11.23

⑨农技员

潘金根　1983.5.5　　　　　　　　　　王阿夯　1992.3.17（桑技员）

马金元　？～1983.5.5

⑩站主任

祝友良　1982.3.17　　　　　　　　　顾阿三　？～1987.2.27

沈杏福　1987.2.27　　　　　　　　　张其龙　1990.9.26

祝友良　1987.2.27～1990.9.26

二、永安联合村党支部（撤销永安、永义村党支部）名录（2000.1.6～2001.8）

①书记

王大奎　2000.1.6～2001.8.23

②副书记

冯引根　2000.1.6～2001.8.23

③委员

沈兴珍　2000.1.6～2001.8.23　　　　王阿夯　2000.1.6～2001.8.23

朱雪元　2000.1.6～2000.12.21

④会计

沈兴珍　2000.1.12～2001.8.23
⑤治保主任
王阿夯　2000.1.12～2001.8.23
⑥妇女主任
潘美娟　2000.3.15（第十三届基层妇代会改选）～2001.8.23

三、区域调整后行政村（永新村）干部名录（2001.8～2015.3）

1. 党支部
①书记
王大奎　2001.8.23　　　　　　　　　王大奎　2004.11.30（换届选举）
②副书记
吴宝娥　2001.8.23　　　　　　　　　顾幸福　2005.7.12（挂职一年）
吴宝娥　2004.11.30（换届选举）
③委员
张林元　2004.11.30（换届选举）　　潘美娟　2004.11.30（换届选举）
沈兴珍　2004.11.30（换届选举）～
　　　　2005.8.28

2. 党总支（2005.11.22组建）
①书记
王大奎　2005.11.22　　　　　　　　王文奎　2012.5.3
沈兴珍　2007.7.10（换届选举）　　　王文奎　2013.8.26（换届选举）～
沈兴珍　2010.8.25（换届选举）～　　　　　　2015.3.25
　　　　2012.5.3　　　　　　　　　吴方新　2015.3.25
②副书记
吴宝娥　2005.11.22　　　　　　　　王文奎　2010.11.1～2012.5.3
尤　军　2006.7.14（挂职一年）　　　吴宝娥　2010.11.1
王文奎　2007.11.23　　　　　　　　陆志斌　2013.12.18
吴宝娥　2007.11.23　　　　　　　　凌　荣　2015.3.25（试用期一年）
③委员
张林元　2005.11.22　　　　　　　　吴宝娥　2010.8.25（换届选举）
潘美娟　2005.11.22　　　　　　　　张林元　2010.8.25（换届选举）～
吴彩荣　2005.11.22　　　　　　　　　　　　2015.3.25
王文奎　2007.7.10（换届选举）　　　潘美娟　2010.8.25（换届选举）
吴宝娥　2007.7.10（换届选举）　　　陆志斌　2010.8.25（换届选举）
张林元　2007.7.10（换届选举）　　　陆志斌　2013.8.26（换届选举）
潘美娟　2007.7.10（换届选举）　　　张林元　2013.8.26（换届选举）
吴彩荣　2007.7.10（换届选举）　　　王　婷　2013.8.26（换届选举）
王文奎　2010.8.25（换届选举）

(1) 综合支部书记

王大奎　2005.11.22

(2) 老龄支部书记

吴宝娥　2005.11.22

(3) 企业支部书记

沈兴珍　2004.1.29　　　　　　　　　　吴彩荣　2005.11.22

(4) 民兵营

①教导员

王大奎　2002.7.12

②营长

张金泉　2002.7.12～2004.3.5　　　　　沈健健　2005.8.28

张林元　2004.3.5～2005.8.28　　　　　张林元　～2015.3.25

(5) 团支部

①书记

潘美娟　？～2005.8.28　　　　　　　　王　婷　2012.5.3

沈健健　2005.8.28　　　　　　　　　　王　婷　2012.11.14（团组织换届选举）

(6) 综治办

①主任

吴宝娥　2004.6.30

②治保主任

张林元　？～2005.8.28　　　　　　　　张林元　2011.4.6（聘任）

沈健健　2005.8.28　　　　　　　　　　陈瑞忠　2013.12.18（聘任）

沈健健　（聘用）2007.11.23

(7) 妇代会（妇女主任）

王　婷　2012.11.14（妇代会换届）

(8) 老协会

①会长

吴阿五　2001.10.29

②理事

张阿宝　2001.10.29　　　　　　　　　吴金生　2001.10.29

冯阿本　2001.10.29　　　　　　　　　王阿大　2001.10.29

(9) 关工组主任

吴阿五　2001.10.29

3. 村民委

①主任

吴宝娥　2001.10.6（第七届村民会选举）　　王文奎　2010.12.19（第十届选举）

王大奎　2005.3.4（第八届村民会选举）　　陆志斌　2013.12.8（第十一届选举）

王文奎　2007.11.12（第九届选举）

②主任助理

陆志斌　2008.10.6（试用期一年）

蔡惠新　2012.5.3（试用期一年）

蔡惠新　2013.5.3（试用合格聘任，任期 2012.5.3 起）

③会计

沈兴珍　？~2005.8.28

张林元　2005.8.28~2009.8.11

陆志斌　2009.8.11（聘期二年）（试用期一年）

陆志斌　2011.4.6（聘任）

蔡顺华　2013.12.18（聘任）

④委员

张林元　2001.10.6（第七届选举）

沈兴珍　2001.10.6（第七届选举）

张金泉　2001.10.6（第七届选举）

潘美菊　2001.10.6（第七届选举）

吴宝娥　2005.3.4（第八届村民会选举）

沈兴珍　2005.3.4（第八届村民会选举）

潘美菊　2005.3.4（第八届村民会选举）

张林元　2007.11.12（第九届选举）

吴宝娥　2007.11.12（第九届选举）

潘美菊　2007.11.12（第九届选举）

张林元　2010.12.19（第十届选举）

吴宝娥　2010.12.19（第十届选举）

潘美娟　2010.12.19（第十届选举）

张林元　2013.12.8（第十一届选举）

王　婷　2013.12.8（第十一届选举）

陈瑞忠　2013.12.8（第十一届选举）

蔡顺华　2013.12.8（第十一届选举）

⑤社长

张林元　2005.3.10（聘任期三年 2005.1.1~2007.12.31）

张林元　2011.4.6（聘任）

张林元　2013.12.18（聘任）~2015.3.25（调农服中心）

朱瑞忠　2015.3.25（聘任）（试用期一年）

附：永新村域早期党支部书记名录（1954~1966年）

表12-5-1　　　　　1954~1966年永新村域大队（高级社）党支部书记一览表

永义村		永益村		永生村		永安村	
姓名	始任时间	姓名	始任时间	姓名	始任时间	姓名	始任时间
吴金元	1959	张仁岐	1955	王祥龙	1954	祝友良	1954
柴云龙	1960	钱惠贤	1956.05	王阿大	1964		
		张仁岐	1959.02				
		张志明	1960.02				
		吴福泉	1961.01				
		张仁岐	1962.05				

第十三章 人　物

第一节　历史名人

永新村,人杰地灵,福严寺所在地的碛礥自然村,人文荟萃。元代有碛礥村福严寺僧人至讷、义士叶苗,明代有福严寺僧人景燮、乡正叶春及其子名臣叶盛、明初掌乡赋后当万石长的李庸、昆山五高士之一的隐士文人孙俊、名医庄乐等。其中,元代义士叶苗和明代的叶盛、庄乐、孙俊,历史影响最大。清末,神童泾自然村有不遗余力、倾心慈善于桥梁、学校的郁鸿慈。

一、至讷

至讷,元代人,法名无言,淞南碛礥福严寺僧。善于赋诗作词,所交朋友都是当代名人,赵松雪、冯海粟、柯丹丘、郑尚左、陈众仲最为知己,后也交钱惟善等晚辈为友。他诗文唱和,殆无虚日,每当置酒高会名贤相聚,至讷必到场,饮酒作诗,其乐融融。至讷每次作诗,总被赵松雪辈称赏。元代,正值昆曲形成时期,至讷也时装演戏,如兰亭、西园故事,深受乡民喜爱。同里孙俊所藏至讷书法墨迹,艺术造诣为僧侣中的杰作。

二、景燮

景燮,明代人,福严寺老僧,能诗。晚年,益精进,叶文庄盛赠君称忘年交,燮风姿瘦削,如孤云野鹤,诗亦如之。叶盛论燮谓有寒士之风,殆不虚也。

三、叶苗

叶苗,昆山七保周家泾碛礥金氏赘婿。金氏为叶苗买宅石浦南沈安泾(今属淀山湖镇,后工业开发搬迁,南沈安泾消失),叶苗就此安家,经过埋头苦干,持家得法,子孙繁衍,叶姓家业隆昌,由农转文,人才昌炽,而且代代藏书。据《淞南志》载,元代义士叶苗,字秀实,家淞南碛礅,性倜傥,勇于赴义,有不平事,苗必直之,元季碛礅寺僧千众谋作乱,苗以计灭之,义声远振,里人勒石志其事。康熙《昆山县志稿》载有明代冯益写的《叶义士记》。

四、叶明

据《淞南志》卷六记载,叶明,字贵明。祖震宗,字东野;父茂,字茂林。叶明乃茂长子也,娶郭氏。永乐中,孙叶盛以进士起家;成化三年,晋少宗伯,寻改吏部。明以孙贵,诰赠通议大夫、吏部右侍郎;郭氏诰赠淑人,卒葬庙泾新阡。子三,春,即赠君;新,字景新,邑庠生;阳,字景阳,邑庠生,赘航练泾。

五、叶春

叶春,叶盛父。据《淞南志》卷六记载,叶春,字景春,号醉耕居士,娶周氏,家居耕读,恪守先业,与福严寺老僧景燮、淀山寺僧宗潮,流连诗酒,竟夕忘疲,以子盛贵累赠通议大夫、吏部右侍郎等。叶春与父叶明都是乡正,即乡里基层吏员,天性喜欢积书,家庭富裕,许可叶春从事藏书活动。叶春建立家塾,延师教育诸子。乡里人称赞他们说,所作所为,足以不违背于书,与书可以相称,这是乡里对他们地位转变的肯定。

六、叶盛

叶盛,字与中,号蜕庵(1420—1474年)。幼年随父居碛礅,人称"淀东老渔",世居石浦。

叶盛自幼聪慧,博学强记。其父叶春与景燮非常亲善,甚至晚上也对饮长谈。《淞南志》卷五杂记中记载:"叶文庄盛,幼时其先人与福严寺老僧景燮善赏中夜对饮时,盛年八九岁,侍几旁,僧笑曰:'夜深烧烛短',盛应曰:'话久引杯长'。僧大喜,以盛能读杜诗,而实未知杜诗也。"僧的上句意是:夜深了,照明点燃的蜡烛越烧越短;叶盛的下句意是:交谈说话的时间长了,由于蜡烛越烧越短,旁边杯子的影子越来越长。

叶文庄公盛在他的《菉竹堂稿》五卷中,收录了他为碛礅村孙俊《南溪草堂集》所作的序,自称与孙叔英先生同里。

叶盛对碛礅村的感情颇深。《淞南志》载:"剪松亭,在淞南碛礅村,洪武十九年(1386年)僧泽云建,旁构雷音阁,与亭相接。叶文庄盛有剪松亭什咏。"

叶文庄公盛在《菉竹堂稿》卷四中,有"淀东老渔小词三首",词一开头,以第一人称"我农家住古苏州……"出现,可见叶盛就是"淀东老渔"。叶盛幼年随父居淀东碛礅是可信的。

明正统十年(1445年),叶盛举进士,乙丑科商辂榜二甲第二十九名。授兵科给事中,毅然言责自任。

叶盛在朝30年,清正廉洁,是朝廷官员清正廉明的一位代表。他在边患最为深重的时候,以坚忍不拔的苍松精神,上书献计求战,全力整顿边防,加强防御,积极治理边务和保卫北疆。

叶盛敢于针砭时弊,对社会的黑暗面予以揭露。叶盛并没有因为朱元璋是明太祖,就将朱元璋吹捧上了天,他依然正直地记录了朱元璋利用特务刺探臣子动静的一则故事,体现了叶盛一身刚直不阿的正气。叶盛严谨且不畏强权,记录了许多真实的明代的社会、政治事件,为后人留下了很多客观而又真实的史料笔记。

叶盛不仅是一位高风亮节的名臣,而且还是一名知名的明代藏书家。尽管他长年累月在边镇做官,但是始终克服各种困难,坚持读书、藏书。编有《菉竹堂书目》6卷、《两广奏草》16卷、《菉竹堂稿》8卷,著有《水东日记》38卷(一说40卷)、《水东诗文稿》4卷、《文庄奏疏》40卷、《秋台诗话》、《卫族考》1卷、《经史言天录》、《宣镇诸序》1卷等。另外,在《全明词》中亦存有叶盛的词作5篇等。

叶盛唯博学嗜书,清心寡欲,不好声色名利,常徒步出行。他心系边政,维护边塞安宁,却著书丰富,创作出不少脍炙人口的作品,记载了包括歌颂英雄、思念故人、感慨生活、回首往昔和抒发壮志等题材。

同里后学俞允文称叶盛《水东日记》,其书专于记事,核古综今,关诸军国,号为通博,书凡四十卷。以其书成于淞水之东,名为水东日记云。他在《水东日记》中,记录了碛砾村里许多名人之事,可谓丰富多彩。其中卷二十一中的"乡饮酒礼",记载了碛砾村巨姓李无逸(李庸)奉行乡饮酒礼的事,十分详细。

七、孙俊

孙俊,字叔英。祖籍华亭。父映雪翁,始徙淞南之碛溪,幼从范徵君,能潜心古学,所著文辞古律,有唐宋遗风,赋性高洁,羞与流俗为伍,于舍后构别业,乐兰花,砌竹木,蔚然饶林居,志趣读书,觞咏至老不辍,玉峰有五高士,俊其一也。

孙俊从松江县迁居到碛砾村江南后,很高兴地依附碛溪河阳光直照的地方修建草堂,认为此地因人美倍觉关系融洽,其乐无穷。他常常在风和日丽的日子,眺望远处老家松郡九峰小昆山、横山、机山、天马山、辰山、佘山、薛山、库公山、凤凰山,隐约青绿碧色山峰轮廓,感到相当优美。他联想到松江的三泖湖,这里的碛砾塘,甚至自己的仕途、父亲的美德。他对于仕宦,赞美延期礼让;他在黄昏时分,常常交替演奏出宫、商、角、徵、羽的五音美妙的音乐。他认为,父亲积善是听从了祖先,先代的遗泽连绵不断,后代必然兴盛繁荣。为此,明代隐士、永乐十五年(1417年)被诏修《昆山县志》的淞南人范能,为孙俊写下了情感细腻、意境高远、让人回味无比的诗句《溪阳草堂》其一:

> 喜傍溪阳筑草堂,地因人胜倍寻常。
> 九峰送翠当高第,三泖分流接古塘。
> 冠盖多延崇礼让,熏篪迭奏合宫商。
> 君家积善由先世,余庆绵绵后必昌。

孙俊不仅自己潜心古学,撰文著诗,还善于帮助别人收藏古物。碛砾巨姓李无逸(李庸),颇尚文学,后徙于云南,许多文书古物无法随身携带。孙俊就代为保管了洪武初《行乡饮酒礼》一卷、赵丹林龙角凤尾金、错刀竹两幅和赵松雪"小蓬莱"三字刻匾。这些古物本是顾仲瑛家物,因顾仲瑛一孙入赘李无逸而带入。

八、庄乐

据光绪《昆新两县续修合志》人物卷十六(艺术)记载:"庄乐,字伯和,居碛砾里,精医术,能起奇疾,与叶盛友善。"叶盛在朝廷的日子里,一看到官府同僚身患疾病又疗效不佳时,总要说:"恨不得让我乡下的好友伯和来官府当医治病!"

庄乐，天性潇洒，与人谈笑风生。明初掌乡赋、时任万石长的李庸，获悉叶盛好友庄乐医术高明、性格豪爽，为人和善、乐于救人的良好品行，十分钦佩。李庸与庄乐同是碛碾村人，外出多年，虽对庄乐的才华有所了解，但还是想眼见为实。李庸决定探个虚实，但自己不便露面。一天，李庸派遣不识字的仆役到庄乐家中，仆役有意装作陌生人，假造住地、姓名，哄骗庄乐，并对庄乐直呼姓名，很不礼貌。庄乐爱憎分明，对不礼貌行为很是生气，他看过李庸的信后，决定教训一下这位不速之客。故意骗仆役说："你家主人要借磨药用的石磨，你给背回去吧！"并写了一张纸条作为答复，上写："来人当面称姓名，罚他驮药磨两次。"随后，介绍了他的医术情况。李庸见仆人驮着沉甸甸的药磨回来，累得汗流浃背，不知是何缘故，待看过带回的纸条，禁不住大笑。仆役将庄乐家所见所闻的医事，一五一十向李庸禀报。李庸听了，感慨地说："先生庄乐，如此诚信、诚实，恪尽职守，应该与其医名齐名。"并命令仆役，稍事休息后，把药磨驮回去，当面向庄乐道歉。李庸迅速还了庄乐的风趣和尊严，仆役再也不敢对人不尊重了。

庄乐医术高明，与人和善，为人看病，童叟无欺。如遇到生活困难的病家，他不仅不要诊疗费，还接济他们的生计。

九、李庸

李庸，字无逸，家淞南碛碾。明初掌乡赋（乡里事务），读书时为万石长。生卒年不详。明洪武六年（1373年），他为民出资，在碛碾东北侧出区二十二图，跨道褐浦江上，建道褐浦桥。他以读书好义著于乡。明朝洪武十二年（1379年），皇帝龙飞十二载，诏告全国，行乡饮酒礼。昆山臣李无逸奉诏惟谨，乃延其乡，宾礼耆英，远近毕至，则有若周寿谊，年百有十二岁，皤然在席；九十、八十、七十者坐以齿，盛升降揖让拜俯周旋之仪，献酬有容，读法胥告，观者如堵墙，莫不感化禽然。已而醉者扶，归者歌，髫白欣欣，笑言载途。乡士大夫纪其事而咏之。

李庸后因犯错获罪，举家移居云南。在将到龙江驿站时，他寄给亲友诗一首。诗意是：走过了一个个驿站，翻越了一座座高山，在秋日的凄风冷雨中，感慨颇多。不识路，凄风增客思，落日秋江颜，旧驿连新驿，前山接后山等平静而凝重的语言，表达了作者对前程的悲观心情。最后一句，李庸自认为问心无愧，天道公平，迟早会还他公道。

十、孙惪

孙惪，明代人，字志德，家碛碾。明朝永乐乙酉年（1405年），吴中大水，仁宗朱高炽在位，命户部以苏松嘉湖四大府粮长之事备访问者各一人到京。孙惪以处士应召，具以直对，诏免四府租税。邑令芮翀（chong）坐事击狱，惪率耆老诣阙讼冤，得释回任。惪能诗，精书法。

十一、陈肇基

陈肇基，明代人，字振我，自号正吾，居士，家世陈隆泾（神童泾）。以诸生试高等食饩，工诗善文，每处梧疾书，顷刻万言，思索俱绝。书法秀遒，一时题篆（名），必出其手。天性洒落，稠粥不继，不辍啸歌，素与直指。某善适清丈来吴，有羡田二顷，怜其贫无养，特赠之，乃悉分惠族人，不自专其利。娶庄继陆，子三，奇卿、实卿、尚卿。

十二、徐经畬

徐经畬,清代人,据陈庆林、万以《淀湖小志》载,徐经畬取得入国子监读书资格,为监生。居碛礅村。父邦瑞,中年善病。经畬侍侧,夜不解带。承家学,精地理,所过名山大川辄图之。通天文象数之学,著有星学书如干、种橘囊图、星仪要图,言兼中西法,并置仪尺式。据王广成先生依据《昆山县志》(1990年版)《徐氏家乘》,光绪元年义庄藏版《昆新两县续修合志》《五经读书法不分卷》有关资料撰写的《昆山徐氏家族的文化成就》一文分析,徐经畬为昆山徐氏家族,著有《天文录要》《金锁秘》《星象算学》三书。

十三、郁鸿慈

郁鸿慈,清末神龙泾(神童泾)名人。在外做官,回乡探亲,便衣打扮,故里人不知其真实身份。一次,郁鸿慈回村,去上海虹桥看望好友,请村上几位弟兄半夜摇船送行。船到小虹桥,天色已亮。河上遇栅,栅门关闭,很多农船被拦栅外。郁鸿慈恳请各位船主让出一条水路,使自己的小船慢慢靠近水栅。弟兄们大声叫喊:"请开栅放船。"几声之后,管栅人姗姗而出回话:"时间未到,栅门不开!""栅门关夜还是关白天?"郁鸿慈问。答曰:"当然关夜!""现在白天还是黑夜?"管栅人无言相答,但仍无动于衷。郁鸿慈请摇船人用锯子把河中木栅锯了,这下可惹火了管栅人,将郁鸿慈送到七宝乡公所问罪。鸿慈以理相争,七宝乡公所无视真理。鸿慈无奈,请摇船兄弟取来船上包裹,从中取出衣帽,当场穿上。七宝地方官一见鸿慈这般打扮,暗暗叫苦,身份分明要比自己高,只得公开认输,乖乖放行。从此,郁鸿慈才在神龙泾亮出了身份。

郁鸿慈每次回家探亲,善于调查研究,设法解决地方实际困难。他先后独力改建永安桥、北永安桥、益寿桥;募建神童小学。

永安桥,在神童泾村,光绪二十六年(1900年)村人郁汝镳(鸿慈)捐资改建石桥,共费银一千三百余元。

民国《昆新两县续补合志》桥梁篇井亭乡目中记载:"北永安桥,俗名油车桥,原系木桥,在杨湘泾镇南黄土泾村西,位于水区十三图,跨陆虞浦,宣统二年(1910年),里人郁汝镳(鸿慈)捐资改建石桥,共费银二千余元。"

益寿桥,位于横泾港上,郁鸿慈用亲朋好友祝寿礼金,不足部分另掏腰包所建。郁鸿慈外出采石,动工造桥,两月竣工,计费三百余。横泾桥建成后,乡人称便。

郁鸿慈管理石桥有方,对民众立下规矩:"农历立夏过后,耕牛一律涉水过河。"他对乡亲们解释,石桥上行走耕牛固然能够承受,若笨重耕牛少在桥上行走,可延长桥梁寿命;立夏过后,天气转暖,耕牛涉水过河,不影响健康;天气转热,百姓习惯在桥上乘凉,耕牛若从桥上行走,既对人身安全带来威胁,又因牛身异味,影响百姓乘凉。百姓对此解释,十分佩服,众人严守规矩。

郁鸿慈发现村民缺少文化,宣统三年(1911年),他与沈山灵等人,集款创建一所完全小学。村上人都对郁鸿慈十分推崇,称他是村里的神童,为了感谢郁鸿慈为村民办学,把学校取名为"神童小学",把神龙泾改名为"神童泾"。

第二节　完节烈女

一、完节

1. 王大姐

据光绪《昆新两县续修合志》载,王大姐,神童泾人,父炳文,母沈氏,弟一妹二,母多病而弟幼弱,大姐代母任操作,既父母相继殁,二妹亦先后嫁,弟已先父母亡,弟媳柴亦身弱多病,孤侄尚在襁褓中,乃长斋奉佛,立志不嫁,与弟媳同德同心,抚侄成立,婚丧祭葬,悉如典礼,戚族称焉。卒年六十六。(郁文复稿)

2. 徐氏

据《淀湖小志》载,徐氏,碛碨王凤鸣妻,年二十二夫亡,抚孤成立。

3. 张氏

据光绪《昆新两县续修合志》载,张氏,神童泾儒童沈龙章妻,年二十八,寡抚孤成立,守节二十三年。

4. 沈氏

据光绪《昆新两县续修合志》载,沈氏,碛碨文学王荷薪妻,嫁一月,夫遂亡,抚嗣子成立,守节四十余年卒,光绪十四年学院杨以励节廷宗额表之。

5. 张氏

据光绪《昆新两县续修合志》载,张氏,碛碨庠生王宝仁妻,年二十四夫亡,抚孤守节郁郁而卒,年二十九。

6. 徐氏

据光绪《昆新两县续修合志》载,徐氏,神童泾沈兆熊妻,年二十三,守寡,为夫抚侄,后教养成立,守节四十年卒。

7. 郁氏

据光绪《昆新两县续修合志》载,郁氏,碛碨黄金寿妻,年二十五嫁,三十夫亡,遗孤二抚之成立,贫甚勤针黹以奉翁姑生事死葬,能中礼节,守节二十五年。

二、烈女

1. 张氏

据《淞南志》载,张氏,碛碨人,西盛陈良茂之妻,乙酉年八月十二日避兵,淀湖为兵所执,驱至马苑庄,因迫之浣(沐浴),张惧(怕)见辱,赴水死。

2. 郁汝桢

据《淀湖小志》载,郁汝桢,神童泾人,同治元年(1862年)五月,遇贼自缢死。

第三节 革命烈士

黄和尚,男,1922年出生在淀山湖镇永义村,1949年9月参加革命,1950年在朝鲜战场上失踪,1983年5月,按烈士处理。

第四节 小乡干部

一、张仁岐

张仁岐(1924.12.28—2001.6.13),男,家住碛磶村江南(永新村34组),从小由其父从上海一家育婴堂抱养,出生地不详。1949年,当选为淀东区杨湘乡农民代表;1950年起,历任永安小乡党支部书记,杨湘中乡党支部副书记、乡长,公社苗圃场(副业大队)党支部书记,公社三大队党支部书记等;1962年起,任永益大队党支部书记;1974年起,任公社兽医站站长;1984年退休。

二、祝友良

祝友良(1929—2005.4.26),男,出生于沈家埭。1950年,因工作需要,家迁移神童泾村。是年起,任神童泾村农会副主任;1953~1954年,任永安小乡副乡长;1954~1958年,任永安小乡乡长、县公安员,永安高级社党支部书记;1958~1959年,任永安大队大队长;1959~1975年,任永安大队党支部书记、革委会主任;1975~1979年,调公社工业办公室工作;1979~1982年,任永安大队(村)党支部书记;1982年后,任电灌站主任;1989年退休。

三、朱月英

朱月英(1935.4.12—　),女,出生于神童泾。1951年起,任永安小乡妇女主任;1956年后,调昆山商业局工作;1958年后,回永安大队任妇女主任;1966年,任新星大队妇女主任;1972年9月17日,任钱沙大队妇女副主任;1990年退休。

第五节 当代军人

按照《兵役法》的规定,每年征集城乡青年参军入伍。冬季征兵工作,按照宣传发动、报名登记、体格检查、政治审查进行。体格政审双合格者经市(县)征兵办公室批准,发送光荣入伍

通知书,镇(乡、公社)召开新兵入伍欢送大会,按兵种运送的规定时间,村(大队)敲锣打鼓欢送新兵光荣入伍。

新兵入伍后按《兵役法》规定服役。根据五届一次人大会议颁布的规定,境内有部分战士在部队服兵役期满后自愿由义务兵转为志愿兵,并按国家有关规定享受志愿兵的政治和物质待遇。

截至2012年年底,永新村(域)共有106名公民光荣入伍当过兵。见表13-5-1。

表13-5-1　　　　　　　　　　　永新村当代军人录

姓名	性别	出生年月	文化程度	政治面貌	入伍时间	退伍时间	在部队职务	专业名称	家庭住址
蔡木英	男	1933.05	文盲	团	1955.03	1958.03	战士		永义
蔡文金	男	1951.09	初小	党	1970.12	1976.03	班长		永义
柴生林	男	1953.05	初小	党	1970.01	1976.03	班长		永义
徐武云	男	1952.11	初小	党	1970.12	1976.03	战士		永义
蔡林根	男	1952.12	初小	党	1970.12	1976.03	战士		永义
吴雪元	男	1954.08	高小	党	1972.12	1976.03	战士		永义
吴引根	男	1954.12	初小	党	1975.01	1981.01	班长	坦克修理工	永义
柴文荣	男	1957.02	初中	团	1976.02	1980.01	战士		永义
冯引忠	男	1956.11	初中	党	1976.12	1981.01	战士	榴弹炮手	永义
郭进兴	男	1962.10	初中	党	1980.11	1986.01	战士	汽车驾驶员	永义
赵阿斌	男	1963.08	初中	团	1981.10	1984.01	副班长	火箭炮炮手	永义
蔡文新	男	1964.03	高中	党	1983.01	1986.01	班长		永义
徐　云	男	1971.09	初中	党	1990.03	1992.12	战士	汽车驾驶员	永义
王六楚	男	1952.02	小学	党	1970.12	1977.03	副班长	汽车驾驶员	永生
谈春泉	男	1954.08	小学	党	1972.12	1976.03	副班长	步枪机手	永生
张杏泉	男	1954.12	高小	党	1974.12	1978.03	副班长		永生
吴巧明	男	1953.07	小学	团	1975.01	1978.03	战士		永生
王泉林	男	1957.08	高中	党	1976.12	1981.01	班长	地炮计算员	永生
陈尔三	男	1956.12	初中	党	1976.02	1983.01	班长	高炮手	永生
凌雄杰	男	1959.12	小学	党	1978.12	1982.01	战士		永生
沈文荣	男	1958.01	初中	团	1978.04	1982.01	班长	步兵班长	永生
王炳元	男	1961.09	初中	党	1979.12	1984.01	给养员		永生
朱建荣	男	1962.09	初中	团	1980.11	1984.01	战士	电话员	永生
郁春元	男	1964.02	高中	党	1981.10	1985.01	副班长	文书	永生
王火民	男	1962.12	初中	团	1981.10	1985.01	战士	地炮侦察员	永生
沈建国	男	1965.04	初中	党	1984.10	1988.01	战士		永生
屈建林	男	1966.06	初中	团	1986.10	1990.12	上士	汽车驾驶员	永生
凌　荣	男	1970.04	职高	团	1989.03	1992.12	战士		永生
王文新	男	1972.12	初中	党	1990.03	1992.12	战士	汽车驾驶员	永生

续表

姓名	性别	出生年月	文化程度	政治面貌	入伍时间	退伍时间	在部队职务	专业名称	家庭住址
吴志平	男	1972.01	初中	党	1991.12	1994.12	副班长	炮手	永生
王 喜	男	1926.01	文盲	党	1948.08	1956.02	副班长	火箭筒手	永安
程桂元	男	1950.05	初小	团	1970.12	1975.03	副班长		永安
郁荣泉	男	1952.06	高小	党	1970.12	1976.03	班长		永安
郁龙元	男	1954.05	高小	团	1972.12	1976.03	战士	步枪机手	永安
王大奎	男	1953.07	初小	党	1975.01	1980.01	班长	给养员	永安
沈 斌	男	1956.11	高中	党	1976.12	1982.01	副班长	给养员	永安
王益中	男	1957.12	高中	团	1976.03	1981.01	副班长		永安
顾建生	男	1959.06	初中	团	1978.12	1981.10	副班长	无线接力员	永安
邬建平	男	1960.03	高中	团	1978.03	1982.11	副班长		永安
朱浩飞	男	1959.10	高中	党	1978.04	1984.01	班长	保管员	永安
沈雪华	男	1962.09	高中	团	1980.11	1984.01	战士	地炮计算员	永安
沈抱林	男	1963.04	初中	党	1982.12	1987.01	副班长		永安
顾吉祥	男	1963.01	高中	党	1982.11	1985.01	战士		永安
倪春荣	男	1965.11	高中	党	1983.12	1986.10	班长	冲锋枪手	永安
沈静伟	男	1968.05	职高	党	1987.12	1990.12	副班长	汽车驾驶员	永安
沈建峰	男	1972.12	初中	团	1990.12	1993.12	副班长		永安
陆佩芳	男	1972.06	职高	团	1992.12	1995.12	中士		永安
吴锦其	男	1927.08	文盲		1950.01	1955.02	战士		永益
王锦其	男	1931	初小		1951.03	1952.05	战士		永益
瞿培祖	男	1934.10	初小	党	1955.03	1958.10	副班长	步机枪手	永益
唐火生	男	1934.10	文盲	团	1955.03	1956.11	战士		永益
钱永元	男	1953.12	高小	党	1969.02	1974.02	班长		永益
翁福明	男	1950.01	初中	党	1969.04	1973.02	文书	文书	永益
沈桂林	男	1953.08	高小	团	1970.01	1973.02	报话员	报话员	永益
朱雪龙	男	1952.10	初小		1970.12	1975.03	战士		永益
翁留根	男	1948.05	高小	党	1970.12	1975.03	副班长		永益
盛裕龙	男	1954.03	初中	党	1972.12	1976.03	文书	文书	永益
王桂明	男	1953.08	初小	党	1972.12	1976.03	副班长	炮手	永益
张金泉	男	1955.11	初中	党	1975.01	1979.10	战士		永益
朱昌林	男	1957.01	初中	党	1976.02	1984.01	班长	汽车驾驶员	永益
沈菊祥	男	1958.03	高中	党	1978.03	1984.01	代保密员		永益
吴建明	男	1959.10	初中	团	1978.12	1981.10	战士	汽车驾驶员	永益
沈小根	男	1960.02	高中	党	1979.12	1985.01	代排长		永益
张和龙	男	1960.06	高中	团	1979.01	1982.01	战士	汽车修理工	永益

续表

姓名	性别	出生年月	文化程度	政治面貌	入伍时间	退伍时间	在部队职务	专业名称	家庭住址
陈永康	男	1961.12	初中	团	1980.01	1983.01	战士		永益
王正海	男	1962.11	初中	党	1980.11	1985.01	副班长	火箭炮炮手	永益
姬阿大	男	1962.12	初中	团	1981.10	1983.01	战士	榴弹炮炮手	永益
朱庆华	男	1969.05	职高	团	1987.11	1991.12	副班长	雷达	永益
吴方荣	男	1973.06	初中	党	1991.12	1994.12	班长		永益
张正勇	男	1971.05	初中	党	1990.12	1994.12	班长	空降兵	永新
吴永中	男	1972.01	高中	党	1990.12	2008.07	副团长		永新
沈黎平	男	1972.12	初中	党	1992.12	1995.12	副班长		永新
程顾明	男	1974.11	初中	党	1993.12	1996.12	班长		永新
王文奎	男	1974.03	高中	党	1993.12	1996.12	战士		永新
冯雪峰	男	1977.02	初中	团	1995.12	1998.12	战士		永新
柴彩根	男	1977.03	初中	团	1995.12	1998.12	战士	汽车驾驶员	永新
程卫平	男	1976.09	初中	团	1995.12	1998.12	班长		永新
赵洪江	男	1977.11	初中	党	1995.12	1998.12	班长	汽车驾驶员	永新
盛永明	男	1975.11	初中	党	1995.12	1998.12	战士		永新
陈瑞中	男	1976.11	高中	党	1996.12	1999.12	班长	卫生员	永新
陆肖军	男	1977.12	初中	党	1996.12	1999.12	班长		永新
吴雪军	男	1976.06	初中	党	1996.12	1999.12	班长	报话员	永义
朱 明	男	1978.12	初中	团	1997.12	2000.12	班长	话务员	永新
吴海东	男	1977.03	高中	团	1997.12	2000.12	班长	侦察员	永新
朱伟华	男	1978.08	高中	团	1997.12	2000.12	战士	潜艇主机兵	永新
蔡志彬	男	1979.09	初中	团	1997.12	2000.12	班长		永新
吴雪军	男	1978.08	初中	团	1998.12	2000.12	战士	汽车驾驶员	永安
郁培军	男	1977.12	高中	党	1998.12	2000.12	战士	通信员	永新
王坚福	男	1979.12	初中	团	1998.12	2000.12	战士	保管员	永新
吴 勇	男	1980.12	初中	团	1998.12	2000.12	副班长	炮手	永新
郁培华	男	1979.07	初中	团	1999.12	2001.12	班长		永新
蔡雪峰	男	1980.01	初中	党	2000.12	2002.12	战士	炊事员	永新
王永生	男	1981.07	中专	团	2000.12	2002.12	战士		永新
吴雪峰	男	1982.01	高中	团	2000.12	2002.12	副班长		永新
凌 军	男	1982.01	职高	团	2001.12	2003.12	战士	步枪机手	永新
吴春华	男	1981.12	高中	团	2001.12	2003.12	战士	迫击炮手	永新
沈 伟	男	1983.05	中专	党	2002.12	2004.12	班长	汽车驾驶员	永新
吴永刚	男	1982.03	中专	党	2002.12	2004.12	战士	汽车驾驶员	永新
朱 伟	男	1984.09	初中	党	2003.12	2005.12	战士		永新
凌 伟	男	1985.07	中专	团	2004.12	2006.12	战士		永新

续表

姓名	性别	出生年月	文化程度	政治面貌	入伍时间	退伍时间	在部队职务	专业名称	家庭住址
吴静荣	男	1986.06	中专	团	2005.12	2007.12	战士		永新
沈春峰	男	1987.06	中专	党	2006.12	2008.12	战士		永新
罗龙益	男	1988.06	高中	党	2007.12	2009.12	战士	通信线驾设	永新
郁晓华	男	1988.09	中专	团	2007.12	2009.12	战士	汽车驾驶员	永新
陶诚	男	1986.12	大专	党	2005.12	2010.12	班长	工程机械	永新
郭成仁	男	1988.09	大专	党	2009.12	2011.12	战士	汽车驾驶员	永新

第六节　在外工作人员

新中国成立后,基层单位被抽调立场坚定的老党员、老干部,到公社(乡、镇)及其以上党政机关、事业单位工作;老一代传统手工业技能进城务工再运用;新生代人员依赖正规教育或技能培训所形成的人力,进入党政机关、事业单位工作;体制改革调往乡级(公社)任职;参军入伍转业到县乡机关任职;凡此等等,形成了村籍人员在外工作人员队伍。截至2012年年底,永新村籍在外工作人员共37名。见表13-6-1。

表13-6-1　　　　　　　　淀山湖镇永新村籍在外工作人员名录

序号	姓名	性别	出生年月	任职单位	主要职务	任职地点
1	沈凯群	男	1935	淀山湖小学	高级教师	淀山湖镇
2	沈关林	男	1938	淀山湖中学	高级教师	淀山湖镇
3	陆成成	男	1939.04	上海铁路局	工程师	上海铁路局
4	徐杏梅	女	1940.02	济南市丝袜二厂	党委书记	山东济南市
5	沈金荣	男	1941	高淳县物资局	局长	高淳县物资局
6	徐仁林	男	1942.12	玉山镇交管所	安全员	玉山镇
7	顾回春	男	1943	昆山设计局	工程师	昆山设计局
8	郭文奎	男	1945	淀山湖中学	高级教师	淀山湖镇
9	钱阿夯	男	1945	江南无线电机械厂	高级工程师	无锡
10	张品荣	男	1945.08.08	淀山湖镇政府	机关助理	淀山湖镇
11	徐萍生	男	1945.09	苏州大学	高级工程师	苏州市
12	凌阿四	男	1946.09.13	农机站	站长	淀山湖镇
13	沈金龙	男	1947.02.18	淀山湖派出所	副所长	淀山湖镇
14	徐敏	女	1952.03	玉山镇供销社	工会主席	昆山玉山镇
15	王桂明	男	1953.08.10	淀山湖镇政府	机关助理	淀山湖镇
16	王大奎	男	1954.07.01	淀山湖镇农技站	党支书	淀山湖镇

续表

序号	姓名	性别	出生年月	任职单位	主要职务	任职地点
17	徐建龙	男	1955.11.01	淀山湖镇政府	机关助理	淀山湖镇
18	徐善平	男	1958.10	昆山市人大常委会	工委主任	昆山市
19	朱浩飞	男	1959.08	镇商会、非公企业	秘书长、党务	淀山湖镇
20	沈兴珍	女	1962.03.10	淀辉社区居委会	主任	淀山湖镇
21	杨荣奎	男	1962.08	苏州市西山监狱	政委	苏州市西山
22	吴妹英	女	1964.03	苏州市第五人民医院	副院长	苏州市
23	黄志斌	男	1964.04	上海中海公司	办公室主任	上海海运局
24	陆仁华	男	1966.06	上海三菱电梯厂	苏州总代理	上海市
25	王建春	男	1967	加拿大	电研工程师	加拿大
26	吴菊芳	女	1967	南京军校	高级教师	南京军校
27	蔡新根	男	1967.02	周市新镇派出所	指导员	周市镇
28	吴方新	男	1967.09.01	淀山湖镇拆迁办	主任	淀山湖镇
29	罗建华	男	1968	上海市黄浦区	机关助理	上海市
30	徐永根	男	1969.03	昆山税务局	所长	昆山市
31	陆曙华	男	1969.04	昆山市第二人民医院	医师	昆山
32	郁庆明	男	1972.12	无锡市农业银行	书记(正处)	无锡市
33	陆肖军	男	1977.12	矛盾调解中心	专职调解员	淀山湖镇
34	冯月晓	女	1981.08	苏州农业局	科员	苏州市
35	赵钦	男	1986.11	解放军某部	连长	山东聊城
36	沈小福	男		千灯派出所	所长	千灯镇
37	姬开达	男		上海瑞金医院	医师	上海市

第七节 插队知识青年

1963年,根据县委、公社统一工作部署,贯彻中央上山下乡有关指示精神,成立知识青年领导小组,先后接受了一批苏州插队知识青年落户,户口、居住都落实到生产队,一般都安排在生产队公用房屋中居住,没有公用房的,盖了公用房安排住宿。第二个阶段,淀东公社投放一定资金,建设了磙碚等一批知青点,插队落户的知识青年户口落实到生产队,人员集中安排居住在大队知青点,并派出知识青年家庭居住地有关领导带班,与知识青年同住知青点,协助大队管理知识青年。磙碚知青点,一批苏州知识青年插队到大队东桥边上的知青点,由苏州派来一位钱师傅,协助大队管理工作。以后,又有本镇知青、昆山知青、上海知青和苏州知青,一般通过上级组织下乡,分期分批插队落户到各生产队。知识青年插队到生产队后,都同生产队社员同劳动,按劳计酬,有的大队办了小工厂,把知识青年安排在小工厂工作。后来,一部分知识青年当上"耕读教师"、供销社代购代销店营业员,有的表现出色,群众信任,本人愿意,还当上了生产队长或副队长,有的在大队担任团支部支委等副职干部。1975年开始,按照政策,陆续安排知识青年返城工作。至1979年,除了小部分知青自愿留在公社就地安置外,大部分知青回城得到妥善安置。

据统计,永新村域先后在有关部门组织下,插队落户到生产队的知识青年有85人,其中插队在永义大队16人,见表13-7-1;插队在永生大队13人,见表13-7-2;插队在永安大队19人,见表13-7-3;插队在永益大队37人,见表13-7-4。

表13-7-1　　　　　　　　　永新村域永义大队插队知识青年名录

序号	姓名	性别	出生年月	插队简况			返城简况		插队时任过何职
				年份	大队	小队	年份	返城单位	
1	庞招娣	女		1968.12	永义	1	1978.06.12	苏州人纺	
2	陈森菊	女		1968.12	永义	1	1977.03.27	返回苏州	
3	陈雪媛	女		1968.12	永义	1	1975.02	婚嫁太仓	
4	周应明	男		1968.12	永义	2	1979.08.12	苏州沧浪区	
5	曹德光	男		1968.12	永义	2	1976.08.08	苏州百货采批部	
6	徐珏青	女		1968.12	永义	3			
7	程瑞贞	女		1968.12	永义	3	1976.08.08	苏州蔬菜公司	
8	刘新苏	女		1968.12	永义	3	1979.01.15	苏州园林管理处	
9	缪云娟	女		1968.12	永义	4	1977.02.07	返回苏州	
10	李　蓉	女		1968.12	永义	4			
11	朱小粉	女		1968.12	永义	5	1979.09.25	苏州交通局	
12	郝三媛	女		1968.12	永义	5	1975.08.21		
13	李志清	男		1968.12	永义	6	1979.01.14	苏州自来水厂	
14	郭根发	男		1968.12	永义	6	1977.03.27	苏州盘门粮管所	
15	俞国光	男		1968.12	永义	7	1977.05.21	苏州长江剪刀厂	
16	张家华	男		1968.12	永义	7	1971.10.15	苏州交通局	

表13-7-2　　　　　　　　　永新村域永生大队插队知识青年名录

序号	姓名	性别	出生年月	插队简况			返城简况		插队时任过何职
				年份	大队	小队	年份	返城单位	
1	沈永清	男		1968	永生	1	1970		
2	王永良	男		1968	永生	1	1971		
3	汪惠芳	女		1968	永生	2	1971		
4	张云燕	女		1968	永生	2	1970		
5	刘有勇	男		1968	永生	3	1971		
6	邓永强	男		1968	永生	3	1971		
7	徐秀英	女		1968	永生	5	1971		
8	吴文英	女		1968	永生	5	1970		
9	殷献琴	女		1968	永生	5	1972		

续表

序号	姓名	性别	出生年月	插队简况			返城简况		插队时任过何职
				年份	大队	小队	年份	返城单位	
10	周文洪	男		1968	永生	6	1971		
11	查怀勤	男		1968	永生	7	1972		
12	张培荣	男		1968	永生	7	1971		
13	吴裕民	男		1968	永生	7	1971		

表13-7-3　　　　　　　　　　永新村域永安大队插队知识青年名录

序号	姓名	性别	出生年月	插队简况			返城简况		插队时任过何职
				年份	大队	小队	年份	返城单位	
1	吴红珍	女		1968	永安	1			
2	谈培德	男		1968	永安	2			
3	陈世英	女		1968	永安	2			
4	汪伟	男		1968	永安	3			
5	任雪生	男		1968	永安	3			
6	李成安	男		1968	永安	4			
7	徐四八	男		1968	永安	4			
8	沈惠明	男		1968	永安	4			
9	马志刚	男		1968	永安	5			
10	彭林	男		1968	永安	5			
11	顾菊英	女		1968	永安	5			
12	丁小林	男		1968	永安	5			
13	归克尚	男		1968	永安	5			
14	褚定炎	男	1948.03	1968	永安	6			
15	邓金言	男		1968	永安	6			
16	张汉东	男	1949.11	1968	永安	7			双代员
17	谢永生	男		1968	永安	8			
18	小老虎	男		1968	永安	8			
19	章法全	男		1968	永安	9			

表13-7-4　　　　　　　　　　永新村域永益大队插队知识青年名录

序号	姓名	性别	出生年月	插队简况			返城简况		插队时任过何职
				年份	大队	小队	年份	返城单位	
1	林夫荣	男	1945.12	1964	永益	1	1971		
2	李建新	男	1950.06	1968	永益	1	1979		
3	黄成培	男	1950.09	1968	永益	1	1979		
4	张淑芬	女	1949.03	1968	永益	2	1979		
5	杨玉琴	女	1951.05	1968	永益	2	1971		

续表

序号	姓名	性别	出生年月	插队简况			返城简况		插队时任过何职
				年份	大队	小队	年份	返城单位	
6	朱岳林	男	1946.12	1964	永益	2	1971		
7	潘大洪	男	1943	1964	永益	2	1971		团书记
8	葛良新	男	1946.09	1964	永益	2	1979		
9	张国成	男	1949.07	1968	永益	3	1979		生产队长
10	刘双丁	男	1950.03	1968	永益	3	1979		
11	朱洪珍	女	1947.07	1964	永益	3	1979		
12	汪秀芬	女	1946.01	1964	永益	3	1979		
13	刘维贤	女	1944.12	1964	永益	3	1978		
14	张惠娟	女	1943.09	1964	永益	3	1979		民办教师
15	洪素芬	女	1949.05	1968	永益	4			
16	张梅珍	女	1949.12	1968	永益	4			
17	花金妹	女	1951.05	1968	永益	4			
18	季洪芳	女	1951.02	1968	永益	4			
19	陈龙旭	男	1950.10	1962	永益	5	1971		
20	周永康	男	1948.10	1962	永益	5	1971		
21	夏 梅	女	1945.08	1964	永益	5			小队会计
22	赵桂珍	女	1946.12	1964	永益	5	1971		
23	方珏芬	女	1943.10	1964	永益	5	1971		民办教师
24	徐雪芳	女	1949.08	1968	永益	6	1979		
25	张淑玉	女	1950.10	1968	永益	6	1979		
26	王海东	男		1977	永益	5	1979		
27	皇甫祁	男		1977	永益	2	1979		
28	王亚英	女		1977	永益	5	1979		
29	王继昌	男	1957.07	1977	永益	5	1979		
30	姚小琴	女		1977	永益	7	1979		
31	汤旦麓	女	1960.03	1977	永益	1	1979		
32	殷祖琴	女		1977	永益	1	1979		
33	夏 杨	男		1977	永益	2	1979		
34	杨玉琴	女		1977	永益	7	1979		
35	易锦明	男	1959.10	1977	永益	4	1979		
36	郭其刚	男		1977	永益	4	1979		
37	黄引娣	女		1977	永益	7	1979		

第八节 全家落户

据统计,永新村域先后在有关部门组织下,全家落户到生产队的有 27 户 71 人。见表13-8-1。

表13-8-1　　　　　　　　　　　　　　永新村域全家落户名录

序号	户主姓名	落户简况				后续状况		备注
		年份	全家人口	所在大队	所在生产队	所在地	迁出日期	
1	唐小连	1963	2	永义	1	永义1组		与徐妹英成家
2	乐学观	1963	7	永义	2		子女外嫁	户主病故
3	陈朱氏	1963	3	永义	3	回苏州汤义桥	1986.01	
4	俞青龙	1963	6	永安	1			
5	秦志元	1963	7	永安	2			
6	陈天元	1963	7	永安	3			
7	周寿山	1963	5	永安	6			
8	沈根娣	1963	1	永生	1			死亡
9	刘苏景	1963	1	永生	1	昆山		
10	陈全根	1963	1	永生	2	回苏州		
11	王志友	1963	1	永生	2	回苏州		
12	李相凤	1963	1	永生	3			死亡
13	李志强	1963	1	永生	3	永新村		
14	丁永年	1963	1	永生	5	回苏州		
15	朱金生	1963	1	永生	5			死亡
16	刘桂英	1963	1	永生	5			死亡
17	朱荣德	1963	1	永生	5			死亡
18	钱荣根	1963	1	永生	6	回苏州		
19	邓凤英	1963	1	永生	6	回苏州		
20	张阿六	1963	1	永生	7	敬老院		
21	秦宝泉	1963	1	永益	1	回苏州		
22	朱根生	1963	5	永益	7		子女外嫁	户主病故
23	倪品祥	1963	3	永益	6	回苏州		
24	李兆林	1963	5	永益	3		子女外嫁	户主病故
25	王大宝	1963	2	永益	5	回苏州		
26	周建新	1969	4	永义	1	昆山农水局	1974.07.21 调出	
27	谢纪林	1970	1	永义	6	昆山农水局	1972.01.03 调出	

第九节　精简下放

1962年6月,国家遭受严重自然灾害,国民经济发生困难,昆山师范、昆山农校、青浦师范、青浦农校等贯彻党的"调整、巩固、充实、提高"八字方针,学校停办,淀东乡15名学生分担国家困难,回原籍农村,参加农业生产劳动。1984年11月15日,淀东乡人民政府根据江苏省委苏委发〔1979〕81号文件和省人民政府办公厅苏政办发〔1984〕67号、114号文件,以及省高教学〔1984〕8号联合通知精神,经昆山县劳动局审核并报县政府批准,安排15名学生进事业单位工作,享受县属集体待遇,户口、粮油关系就地迁入城镇。永新村域涉及3名学生落实政策。见表13-9-1。

表13-9-1　　　　　　　　　　1962年停办学校精简下放名录

姓名	停办学校	回原籍	1984年11月安排工作	备注
蔡四雄	昆山师范	沈家埭	淀东中学会计	
沈明福	昆山师范	六如墩	淀东中心校教师	病故
张品荣	昆山师范	碛礅	淀东广播站报道员兼千灯片记者	后调机关

第十节　能工巧匠

据统计,永新村域先后学艺190人,其中泥水匠73人、木匠92人、漆匠17人、裁缝5人、理发师3人。见表13-10-1。按大队(村)统计,永义大队(村)有"五匠"23人,见表13-10-2;永生大队(村)有"五匠"38人,见表13-10-3;永安大队(村)有"五匠"60人,见表13-10-4;永益大队(村)有"五匠"69人,见表13-10-5。

表13-10-1　　　　　　　　　　永新村域能工巧匠汇总表　　　　　　　　　　单位:人

大队(村)	泥水匠	木匠	漆匠	裁缝	理发师	合计
永义	12	8	3	0	0	23
永生	21	15	2	0	0	38
永安	26	29	0	3	2	60
永益	14	40	12	2	1	69
合计	73	92	17	5	3	190

表 13-10-2　　　　　　　　　　永新村域永义大队（村）"五匠"名录

序号	姓名	性别	出生年月	户口性质	组别	所在村名	手艺特长
1	沈金海	男	1971.06	农	1	永义马家港	泥水匠
2	徐卫东	男	1967.12	农	1	永义马家港	泥水匠
3	徐小培	男	1964.03	农	1	永义马家港	泥水匠
4	黄小荣	男	1965.09	农	1	永义马家港	泥水匠
5	徐海平	男	1969.09	农	1	永义马家港	木匠
6	吴玉英	男	1947.02	农	2	永义新开泾	泥水匠
7	吴彩华	男	1963.01	农	2	永义新开泾	泥水匠
8	柴春军	男	1982.02	农	2	永义新开泾	木匠
9	吴兵华	男	1966.05	农	2	永义新开泾	泥水匠
10	柴惠星	男	1972.08	农	2	永义新开泾	漆匠
11	柴建国	男	1970.01	农	8	永义新开泾	漆匠
12	柴雪龙	男	1955.06	农	6	永义新开泾	木匠
13	吴善坤	男	1964.12	农	8	永义新开泾	泥水匠
14	许建明	男	1968.03	农	8	永义新开泾	木匠
15	孙雪平	男	1964.01	农	3	永义新开泾	漆匠
16	冯进元	男	1967.11	农	3	永义新开泾	木匠
17	冯福新	男	1965.12	农	7	永义新开泾	泥水匠
18	蔡永兴	男	1962.01	农	4	永义沈家埭	木匠
19	郭福明	男	1951.01	农	8	永义沈家埭	泥水匠
20	蔡官金	男	1946.09	农	8	永义沈家埭	泥水匠
21	张小平	男	1968.03	农	8	永义沈家埭	木匠
22	蔡雪龙	男	1966.03	农	8	永义沈家埭	泥水匠
23	朱培根	男	1963.04	农	5	永义沈家埭	木匠

表 13-10-3　　　　　　　　　　永新村域永生大队（村）"五匠"名录

序号	姓名	性别	出生年月	户口性质	组别	所在村名	手艺特长
1	屈建林	男	1966.06	农	26	永生六如墩	泥水匠
2	张建荣	男	1964.12	农	26	永生六如墩	泥水匠
3	沈全生	男	1969.04	农	26	永生六如墩	木匠
4	陆骑兴	男	1952.12	农	26	永生六如墩	泥水匠
5	唐建范	男	1965.07	农	26	永生六如墩	木匠
6	陆阿度	男	1963.01	农	29	永生六如墩	泥水匠
7	周正龙	男	1931.09	农	29	永生六如墩	泥水匠
8	陆小弟	男	1964.05	农	29	永生六如墩	泥水匠
9	陆会峰	男	1950.12	农	29	永生六如墩	泥水匠

续表

序号	姓名	性别	出生年月	户口性质	组别	所在村名	手艺特长
10	屈在琴	男			26	永生六如墩	泥水匠
11	陆永高	男			29	永生六如墩	泥水匠
12	吴金生	男			26	永生六如墩	泥水匠
13	沈建新	男	1970.03	农	27	永生六如墩	泥水匠
14	王兴林	男	1952.06	农	27	永生六如墩	泥水匠
15	沈雪龙	男	1969.03	农	30	永生六如墩	泥水匠
16	沈正新	男	1956.01	农	30	永生六如墩	泥水匠
17	吴进芳	男	1932.08	农	30	永生六如墩	裁缝
18	沈建林	男	1960.12	农	30	永生六如墩	裁缝
19	吴正荣	男	1965.05	农	30	永生六如墩	木匠
20	沈福良	男	1965.01	农	30	永生六如墩	泥水匠
21	沈耀清	男	1963.04	农	30	永生六如墩	木匠
22	王金林	男	1946.07	农	23	永生金家港	木匠
23	王金荣	男	1955.02	农	23	永生金家港	泥水匠
24	王建军	男	1975.01	农	23	永生金家港	木匠
25	朱建元	男	1965.06	农	23	永生金家港	泥水匠
26	王武强	男	1966.11	农	23	永生金家港	泥水匠
27	陈锋	男	1967.12	农	28	永生金家港	木匠
28	史武明	男	1966.06	农	28	永生金家港	泥水匠
29	李明	男	1967.05	农	28	永生金家港	泥水匠
30	陈桂元	男	1962.08	农	28	永生金家港	木匠
31	王元兴	男	1963.08	农	23	永生金家港	木匠
32	凌桂荣	男	1957.08	农	25	永生金家港	木匠
33	凌桂元	男	1964.08	农	25	永生金家港	木匠
34	凌建国	男	1965.11	农	25	永生金家港	木匠
35	凌亚荣	男	1968.12	农	25	永生金家港	木匠
36	凌清	男	1970.03	农	25	永生金家港	泥水匠
37	凌会根	男	1963.11	农	25	永生金家港	木匠
38	凌新荣	男	1970.01	农	25	永生金家港	木匠

表13-10-4　　　　　　　　永新村域永安大队(村)"五匠"名录

序号	姓名	性别	出生年月	户口性质	组别	所在村名	手艺特长
1	吴阿五	男		农业	1	永安	木匠
2	陆小荣	男		农业	1	永安	木匠
3	陆东荣	男	1965.09	农业	1	永安	木匠

续表

序号	姓名	性别	出生年月	户口性质	组别	所在村名	手艺特长
4	潘小弟	男	1968.02	农业	1	永安	木匠
5	王学军	男	1970.01	农业	1	永安	木匠
6	潘雪根	男	1966.01	农业	1	永安	木匠
7	朱春荣	男	1966.03	农业	2	永安	理发师
8	朱国荣	男	1970.07	农业	2	永安	木匠
9	潘仁辉	男	1971.06	农业	2	永安	泥水匠
10	吴引根	男		农业	2	永安	
11	吴静根	男	1965.07	农业	2	永安	木匠
12	潘仁荣	男	1965.11	农业	2	永安	泥水匠
13	朱木根	男	1949.11	农业	2	永安	木匠
14	沈生元	男	1953.03	农业	2	永安	泥水匠
15	王武荣	男	1969.02	农业	2	永安	泥水匠
16	王菊根	男	1970.03	农业	2	永安	泥水匠
17	郁建青	男	1967.03	农业	3	永安	木匠
18	王 成	男	1966.12	农业	3	永安	木匠
19	朱文清	男	1966.07	农业	3	永安	木匠
20	郁小弟	男	1970.01	农业	3	永安	理发师
21	陆云元	男	1971.08	农业	4	永安	泥水匠
22	沈冬荣	男	1973.01	农业	4	永安	裁缝
23	沈金荣	男	1964.12	农业	4	永安	泥水匠
24	沈菊弟	男	1967.09	农业	4	永安	泥水匠
25	沈福根	男	1951.03	农业	4	永安	裁缝
26	沈永林	男	1954.06	农业	4	永安	泥水匠
27	邹建中	男	1964.01	农业	4	永安	泥水匠
28	王奎荣	男	1966.01	农业	4	永安	泥水匠
29	王 强	男	1968.07	农业	4	永安	泥水匠
30	沈雪刚	男	1974.01	农业	5	永安	木匠
31	沈建中	男	1954.01	农业	5	永安	木匠
32	沈荣奎	男	1932.11	农业	5	永安	木匠
33	程其荣	男	1971.09	农业	5	永安	泥水匠
34	沈永兴	男	1968.01	农业	6	永安	木匠
35	屈继飞	男	1962.09	农业	6	永安	泥水匠
36	沈 荣	男	1970.03	农业	6	永安	泥水匠
37	顾水弟	男	1965.08	农业	7	永安	泥水匠
38	沈全荣	男	1966.01	农业	7	永安	泥水匠

续表

序号	姓名	性别	出生年月	户口性质	组别	所在村名	手艺特长
39	王士刚	男	1971.11	农业	7	永安	木匠
40	沈井福	男	1952.08	农业	7	永安	木匠
41	沈留根	男	1966.12	农业	7	永安	泥水匠
42	马伟林	男	1964.08	农业	7	永安	泥水匠
43	朱大波	男	1967.02	农业	7	永安	木匠
44	赵建荣	男	1968.07	农业	8	永安	泥水匠
45	潘勇	男	1969.12	农业	8	永安	木匠
46	杨华梅	女	1975.05	农业	9	永安	裁缝
47	沈奎荣	男	1952.01	农业	9	永安	泥水匠
48	陆春新	男	1971.02	农业	9	永安	木匠
49	吴永飞	男	1959.11	农业	9	永安	木匠
50	吴水观	男	1934.05	农业	9	永安	木匠
51	吴永根	男	1962.08	农业	9	永安	木匠
52	王裕青	男	1971.03	农业	9	永安	木匠
53	郁雪春	男	1973.12	农业	10	永安	木匠
54	吴雪荣	男	1969.03	农业	10	永安	泥水匠
55	蒋道元	男	1958.05	农业	10	永安	泥水匠
56	王建林	男	1963.07	农业	11	永安	泥水匠
57	王斌	男	1970.11	农业	11	永安	木匠
58	王林荣	男	1966.04	农业	11	永安	泥水匠
59	沈小弟	男	1968.01	农业	12	永安	泥水匠
60	沈培林	男	1956.09	农业	12	永安	木匠

表13-10-5　　　　　　　　　　永新村域永益大队(村)"五匠"名录

序号	姓名	性别	出生年月	户口性质	组别	所在村名	手艺特长
1	朱林生	男		农民	31	东南村	木匠
2	朱雪龙	男	1952.10	农民	31	东南村	泥水匠
3	盛小弟	男	1965.05	农民	31	东南村	泥水匠
4	朱建国	男	1966.01	农民	31	东南村	木匠
5	朱建华	男	1964.06	农民	31	东南村	木匠
6	朱洪根	男	1952.05	农民	31	东南村	木匠
7	朱昌明	男	1953.12	农民	31	东南村	漆匠
8	沈杏林	男	1964.02	农民	32	后村	木匠
9	沈道林	男	1968.04	农民	32	后村	木匠
10	严正军	男	1973.01	农民	32	后村	木匠

续表

序号	姓名	性别	出生年月	户口性质	组别	所在村名	手艺特长
11	陆建明	男	1969.09	农民	32	后村	泥水匠
12	陆菊泉	男	1953.09	农民	32	后村	理发师
13	朱建峰	男	1964.10	农民	32	碛碶	泥水匠
14	杨建新	男	1971.01	农民	33	碛碶	漆匠
15	钱学峰	男	1970.02	农民	33	碛碶	木匠
16	瞿向荣	男	1972.05	农民	33	碛碶	漆匠
17	钱培林	男	1971.06	农民	33	碛碶	木匠
18	钱培军	男	1973.08	农民	33	碛碶	木匠
19	瞿秀龙	男	1967.11	农民	33	碛碶	木匠
20	钱三毛	男	1964.09	农民	33	碛碶	木匠
21	钱四毛	男	1964.09	农民	33	碛碶	木匠
22	张正勇	男	1971.05	农民	34	碛碶	木匠
23	周小弟	男	1957.08	农民	34	碛碶	木匠
24	张惠英	女	1962.07	农民	34	碛碶	漆匠
25	张育新	男	1971.05	农民	34	碛碶	木匠
26	张孟华	男	1963.01	农民	34	碛碶	漆匠
27	张惠娟	女	1963.04	农民	34	碛碶	漆匠
28	徐 华	男	1970.01	农民	34	碛碶	漆匠
29	张建峰	男	1973.02	农民	34	碛碶	木匠
30	罗金章	男	1925	农民	35	彭安泾	木匠
31	罗阿大	男	1959.05	农民	35	彭安泾	木匠
32	罗德平	男	1963.05	农民	35	彭安泾	木匠
33	罗建新	男	1965.06	农民	35	彭安泾	木匠
34	罗菊明	男	1965.07	农民	35	彭安泾	木匠
35	罗卫元	男	1969.01	农民	35	彭安泾	木匠
36	吴建刚	男	1964.10	农民	35	彭安泾	木匠
37	薛卫星	男	1965.11	农民	35	彭安泾	泥水匠
38	顾文功	男	1964.11	农民	35	彭安泾	泥水匠
39	罗建明	男	1956.05	农民	35	彭安泾	泥水匠
40	蔡阿小	男	1948.12	农民	36	彭安泾	木匠
41	郁林元	男	1961.04	农民	36	彭安泾	木匠
42	郁福明	男	1968.07	农民	36	彭安泾	泥水匠
43	吴才荣	男	1963.04	农民	36	彭安泾	泥水匠
44	杨士林	男	1963.05	农民	36	彭安泾	泥水匠
45	姬春荣	男	1970.02	农民	36	彭安泾	木匠
46	丁宝妹	女	1963	农民	36	彭安泾	裁缝

续表

序号	姓名	性别	出生年月	户口性质	组别	所在村名	手艺特长
47	王华明	男	1950.03	农民	37	后村	木匠
48	王卫国	男	1963.11	农民	37	后村	木匠
49	王阿三	男		农民	37	后村	木匠
50	王玉明	男		农民	37	后村	木匠
51	王卫星	男	1969.02	农民	37	后村	木匠
52	沈祥林	男	1953.06	农民	37	后村	木匠
53	王卫清	男	1965.03	农民	37	后村	漆匠
54	沈菊林	男	1954.06	农民	37	后村	漆匠
55	沈正英	女	1955.03	农民	37	后村	漆匠
56	陆海荣	男	1945.08	农民	38	碛碛	泥水匠
57	翁彩龙	男	1963.06	农民	38	碛碛	木匠
58	翁品生	男	1966.08	农民	38	碛碛	木匠
59	吴培生	男	1962.05	农民	38	碛碛	木匠
60	翁进福	男	1953.03	农民	38	碛碛	木匠
61	翁祥云	男	1943.04	农民	38	碛碛	泥水匠
62	翁永立	男	1967.09	农民	38	碛碛	泥水匠
63	翁小元	男	1966.12	农民	38	碛碛	漆匠
64	翁元娥	女	1963.06	农民	38	碛碛	漆匠
65	蔡立新	男	1966.08	农民	39	碛碛	木匠
66	蔡青	男	1969.07	农民	39	碛碛	木匠
67	赵福元	男	1961.01	农民	39	碛碛	泥水匠
68	郭明元	男	1961.12	农民	39	碛碛	木匠
69	翁桂娥	女	1962.08	农民	39	碛碛	裁缝

第十一节 村籍大学生

永新村籍大学生,含在籍大学生。凡2012年年底前入学,并在2014年年底前读完大学的,均在名录中。共录村籍大学生390名,其中男177名、女213名;按学历分,研究生3名,硕士生2名,留学生1名,本科生143名,大专生241名。见表13-11-1。按区域调整前原行政村统计,永义村籍大学生58名,见表13-11-2;永安村籍大学生139名,见表13-11-3;永生村籍大学生65名,见表13-11-4;永益村籍大学生128名,见表13-11-5。

永新村志

表 13-11-1　　　　　　　　1949~2012 年永新村籍大学生名录汇总表　　　　　　　　单位：人

组籍	合计	其中		其中				
		男	女	博士生	硕士生	留学	本科	大专
1~10（永义）	58	26	32	2	1	0	21	34
11~22（永安）	139	59	80	0	0	0	46	93
23~30（永生）	65	23	42	1	1	0	27	36
31~39（永益）	128	69	59	0	0	1	49	78
合计	390	177	213	3	2	1	143	241

表 13-11-2　　　　　　　　1949~2012 年永新村 1~10 组（永义）村籍大学生名录

组籍	姓名	性别	出生年月	家长姓名		入学年月	学制	学历	何处工作
				父亲	母亲				
1	黄 军	男		黄志龙	朱金凤		5	大专	昆山
1	徐玉兰	女		徐武云	柴仁妹			大专	昆山
1	徐春兰	女		徐武云	柴仁妹			大专	昆山
1	黄志斌	男	1964.05	黄仁良	黄阿大	1982.09	4	本科	上海海运局
1	徐 凤	女	1988.07	徐海平	姜桂菊	2005.09	5	大专	
1	黄 坤	男	1989.09	吴文生	黄云妹	2005.09	5	大专	
1	黄静静	女	1989.10	黄永元	朱雪芳	2008.09	4	本科	淀山湖
1	黄 健	男	1989.11	黄士元	沈春娥	2008.09	5	大专	
1	黄雨伟	女	1990.04	黄小荣	黄祖菊	2005.09	5	大专	
1	徐 丹	女	1992.05	徐海平	姜桂菊	2007.09	5	大专	镇电信
1	黄 菁	女	1993.04	黄建东	王梅菊	2008.09	5	大专	
2	吴 兰	女		吴幸福	王桂丹		4	本科	苏州
2	吴 慧	男		吴云根	沈阿菊				厦门
2	吴欢辉	男	1985.12					大专	
2	吴洪军	男	1986.07	吴彩华	倪红珍	2003.09	5	大专	石浦
2	吴媛媛	女	1986.09	吴洪元	黄凤英	2003.09	5	大专	淀山湖
2	柴奇勇	男	1988.01					大专	
2	吴玉静	女	1988.03	顾小瑞	吴阿大	2005.09	5	大专	
2	吴佩玉	女	1991.09	吴拥军	徐桂娟	2009.09	4	本科	村协管员
3	潘美菊	女	1963.05					大专	
3	孙 燕	女	1986.06	吴金华	孙惠芳	2004.09	4	本科	淀山湖
3	孙 洁	女	1990.10	吴金华	孙惠芳	2006.09	5	大专	淀山湖
4	蔡彩红	女	1978.11	蔡惠华	蔡秋宝	1994.09	5	大专	陆家
4	蔡培军	男	1979.04	王云中	蔡阿祖	1995.09	5	大专	
4	蔡永平	男	1982.12	蔡品华	凌爱琴	1999.09	5	大专	淀山湖
4	蔡瑜菊	女	1986.03	蔡永兴	俞巧珍	2001.09	5	大专	

续表

组籍	姓名	性别	出生年月	家长姓名		入学年月	学制	学历	何处工作
				父亲	母亲				
4	蔡志荣	男	1986.09	沈小荣	蔡美娟	2005.09	4	本科	度城村干部
4	蔡辉菊	男	1988.06	蔡进龙	蔡美娟	2003.09	5	大专	隆富纸业
4	蔡梦洁	女	1994.02	蔡杏元	金彩琴	2009.07	5	大专	桃子阀门
5	朱锋	男	1985.09	朱文奎	夏菊英	2004.09	6	研究生	上海
5	赵丽吉	女	1986.08	赵阿炳	蔡建英	2004.09	4	本科	
5	赵钦	男	1986.11	赵校吉	冯雪珍	2005.09	4	本科	山东
5	朱敏强	男	1987.03	徐金龙	朱雪英	2005.09	4	本科	淀山湖
5	朱晓伟	男	1989.09	朱培根	冯文珍	2008.09	4	本科	昆山
6	柴丽君	女		蔡进福	柴惠娟			本科	昆山
6	柴孙杰	男	1985.12	柴元青	孙菊芳	2004.09	4	本科	昆山
7	冯引根	男	1942.12					大专	
7	朱立琴	女	1981.11					大专	
7	冯月晓	女	1982.08	冯道根	蔡凤琴	2001.09	6	研究生	苏州
7	冯月祥	男	1987.07	冯道根	蔡凤琴	2006.09	5	大专	陆家
7	徐伟	男	1983.03	徐元龙	柴仁娟	2002.09	5	专转本	亭林电业
7	冯雯	女	1990.11	陆建明	冯冬英	2009.09	4	本科	淀山湖
8	蔡小春	男	1986.06	蔡永生	朱耀英	2003.09	5	大专	
8	郭丽燕	女	1987.08	严凤庆	郭素勤	2005.08	4	本科	朱家角
8	郭成成	男	1988.09	蔡雪龙	郭凤娟	2005.09	5	大专	淀山湖
8	蔡顺华	男	1988.11	蔡进根	柴明菊	2007.09	4	本科	永新村干部
8	郭丽翠	女	1991.05	严凤庆	郭素勤	2006.09	5	大专	
9	朱丽萍	女	1985.02	朱惠新	朱瑞珍	2002.09	5	大专	淀山湖
9	冯翠	女	1986.03	顾小夯	冯妹金	2004.09	4	本科	
9	赵丽花	女	1986.08	柴文明	赵志龙	2004.09	4	本科	昆山
9	蔡秋静	女	1987.10	蔡三囡	柴林珍	2003.09	5	大专	友谊医院
9	蔡明元	男	1987.11	蔡文新	朱雪珍	2004.09	5	大专	隆富纸业
9	蔡明华	男	1987.11	蔡文新	朱雪珍	2004.09	5	大专	隆富纸业
9	赵华	男	1990.06	柴文明	赵志龙	2007.09	5	大专	淀山湖
10	吴妹英	女	1964.02	吴金根	吴取英	1982.09	5	硕士生	苏五医院
10	柴玉兰	女	1985.10	柴金荣	蔡秀芬	2004.09	4	本科	苏州
10	吴婷	女	1987.11	吴善坤	龚福珍	2006.09	4	本科	昆山银行
10	柴丽惺	女	1990.11	柴献忠	郭小妹	2009.09	4	本科	镇农行

永新村志

表 13-11-3　　　　1949~2012 年永新村 11~22 组（永安）村籍大学生名录

组籍	姓名	性别	出生年月	家长姓名 父亲	家长姓名 母亲	入学年月	学制	学历	何处工作
11	张建芳	女	1971.11	张小大	顾芙蓉	1991	3	大专	
11	陆炳炳	男	1978.11	陆益明	王惠芳	1996.09	5	大专	正新轮胎
11	潘亚英	女	1979.11	潘伟荣	潘阿九	1997.09	5	大专	环球物流
11	王 珍	女	1979.07	王大奎	朱金娥	1999.09	3	大专	
11	潘建荣	男	1980	徐金生	潘桂娥	1999.09	5	大专	
11	陆丹萍	女	1983.05	陆友明	沈建芳	2002	4	大专	
11	张雅丽	女	1984.10	张考林	吴进英	2002.09	4	大专	村幼儿园
11	俞军梅	女	1985.03	俞小仁	黄丹凤	2003	4	大专	
11	陆 凤	女	1985.07	陆仁明	郁菊芳	2005.09	4	大学	农业银行
11	王 杰	男	1986.04			2006	3	大专	
11	陆 慧	男	1986.10	陆阿荣	王菊芳	2004.09	3	大专	
11	潘凯华	男	1986.11					大专	
11	潘雯斐	男	1986.11	潘阿夯	沈会金	2004.09	3	大专	
11	郁晓华	男	1988.09	郁云弟	沈云菊	2005.09	4	大专	建设银行
11	王 艳	女	1988.10	王阿夯	潘建英	2005.09	3	大专	
11	陆贞珍	女	1989.09	陆阿东	蔡彩娟	2008.07	5	大专	
11	潘春菊	女	1990.02	潘阿腊	蔡海菊	2005	5	大专	
12	吴红娥	女	1977.10		吴彩英	1996.09	4	大专	培本小教
12	王 锋	男	1978.11	沈生元	王雪宝	1995.09	4	大专	南铸科技
12	吴翠娥	女	1979.08		吴彩英	1996.09	5	大专	昆山海关
12	朱亚琴	女	1981.09	朱俊奎	潘桂菊	1988.09	5	大专	
12	王春花	女	1982.02	王益中	王彩菊	2001.09	4	大学	宏达电子
12	朱亚芳	女	1982.11	朱永祥	吴善新	1999.09	5	大专	昆山电子
12	朱恒超	男	1984.05	朱浩飞	祝秀林	2003.09	3	大专	私营企业
12	王月凤	女	1985.12	赵国杰	王正宝	2002.09	5	大专	研祥保安
12	朱叶娇	女	1986.09	朱浩祥	王福珍	2003.09	5	大专	
12	朱 菊	女	1986.09	朱阿元	沈林芳	2006	3	大专	
12	吴铭华	男	1988.07	吴静振	朱小菊	2007.09	4	大学	昆浦发行
12	王敏刚	男	1988.11	王志荣	朱红妹	2005	5	大专	
12	潘 琪	女	1989.01	潘仁荣	倪春芳	2007	5	大专	
12	王月龙	男	1989.09	赵国杰	王正宝	2005	5	大专	
12	朱 斌	女	1989.09	朱春荣	程小菊	2008.09	4	大专	伍峰幼教
12	王晓燕	女	1991.10	王武荣	董福妹	2008.09	5	大专	
12	朱静文	女	1992.10	张瑞明	朱亚菊	2010.09	3	大专	锦溪医院
12	朱 琳	女	1992.10	朱全荣	陆小妹	2008.09	4	大专	复利服装

续表

组籍	姓名	性别	出生年月	家长姓名		入学年月	学制	学历	何处工作
				父亲	母亲				
12	朱静川	女	1993.04	朱东荣	王菊珍	2011.09	4	大学	南京财大
12	潘善享	女	1993.10	朱国荣	沈英	2012.09	4	大学	泰州大学
12	王叶婷	女	1993.11	王菊根	陆引珍	2009.09	5	大专	乔福集团
12	王晨怡	女	1994.01	王小荣	张春华	2010.09	4	大专	诗玛河湾
12	朱敏怡	女	1994.11	朱洪生	倪建芳	2013.09	3	大学	连云师院
12	潘宇豪	男	1995.10	潘建华	沈惠	2013.09	4	本科	南通大学
12	潘林凤	男	1996.08	潘仁辉	红妹	2012.09	3	大专	南京军校
13	朱巧菊	女	1973.01	朱银海	郁仁妹	1992	3	大专	
13	郁红菊	女	1979.04	郁明兴	王金英	1999.09	4	大学	
13	祝明	男	1980.12	祝秋林	沈菊娥	2000.09	4	大学	来丽华纳
13	郁晓光	男	1984.02	郁惠兴	顾秀金	2001.09	4	大专	旭宝球场
13	朱蓉蓉	女	1985.07	吴庆荣	朱菊英	2003	4	大专	
13	祝青	女	1985.09	祝惠林	郁彩珍	2004	5	本科	
13	郁红燕	女	1986.10	郁明兴	王金英	2005.09	3	大专	
13	祝翠红	女	1987.11	祝森林	郁雪华	2007.09	4	大学	山富纸业
13	王凯	男	1989.05	王成	郁建珍	2005	5	大专	
13	朱玲	女	1989.06	吴庆荣	朱菊英	2005	4	大专	
13	郁金香	女	1990.03	郁建青	程其英	2008.09	5	大学	市二医院
13	郁金晶	女	1995.09	郁建青	程其英	2014.09	4	大学	在校
14	沈金妹	女	1979.08	沈志明	徐素珍	1996.09	5	大专	
14	沈建刚	男	1980.03	沈永光	张秀琴	1999.09	3	大专	
14	沈耀琴	女	1980.07	沈秋泉	朱海珍	1999.09	4	大学	
14	王娟	女	1981.12	王惠明	沈趣娥	1998.09	5	大专	
14	陆晓晨	男	1982.03	顾建生	陆小妹	2001.09	5	大专	
14	邬熠	男	1984.03	邬建平	张卫英	2002	4	本科	
14	邬丹婷	女	1986.10	邬陆忠	王惠宝	2005.09	4	大学	
14	沈丹红	女	1987.03	沈永林	陆阿娥	1994.09	5	大专	
14	沈秋华	女	1987.05	沈福明	王翠芳	2004	5	大专	
14	沈铭	男	1987.09	沈春元	王英	2004	5	大专	
14	沈晴	女	1988.04	沈金荣	陆彩菊	2004.09	5	大专	
14	倪军涛	男	1988.11	倪春荣	陆红娥	2007.09	4	大学	
14	王静	女	1988.12	王奎荣	彭蕴珍	2005.09	5	大专	
14	沈美珍	女	1989.02		沈菊宝	2005.09	5	大专	
14	陆旦凤	女	1991.01	陆凤元	吴惠菊	2007.09	5	大专	
14	沈文强	男	1992.02	张建林	沈菊娥	2008.09	5	大专	

续表

组籍	姓名	性别	出生年月	家长姓名 父亲	家长姓名 母亲	入学年月	学制	学历	何处工作
14	王怡静	女	1992.05	王彩荣	沈金娥	2010.09	4	大学	邮政所
14	王丽	女	1993.01	王奎荣	彭蕰珍	2009.09	5	大专	
14	倪晶	男	1994.10	倪志强	徐伟琴	2011.09	5	大专	在校
15	沈雪妹	女	1974.05	沈金元		1993.09	3	大专	
15	王冬平	男	1973.11	王炳林	郁海英	1992	3	大专	
15	郁天力	男	1992.05					大专	
16	唐静	女	1975.02	吴彩兴	吴林珍	1994.09	3	大专	
16	吴春芳	女	1982.12	吴彩平	王林娥	1999.09	5	大专	
16	屈晨	男	1985.09	屈继飞	黄玉英	2005	4	本科	
16	沈昌杰	男	1985.10	沈铁牛	沈兴珍	2005.09	5	大学	强村公司
16	沈敏	男	1987.01	沈培福	沈菊英	2003.09	5	大专	
16	沈岐锋	男	1988.03	沈培荣	王兴宝	2004.09	5	大专	
16	沈其	男	1988.07	沈永平	潘秀宝	2005	5	大专	
16	沈鸣杰	男	1989.05	沈文青	胡振芳	2006.09	5	大专	
16	沈静文	女	1994.02	沈荣	曹武英	2010.09	5	大专	在校
17	沈美华	女	1981.05	沈立松	陆瑞珍	2000.09	4	大学	国际校教
17	沈健健	男	1981.11	沈培兴	沈林英	2000.09	4	大学	
17	沈丽贞	女	1982.11	沈雪春	沈阿五	2003	4	本科	
17	沈丹静	女	1987.03	马惠林	沈菊珍	2004.09	5	大专	
17	沈丹雯	女	1987.03	马惠林	沈菊珍	2007.09	4	大学	
17	沈达人	男	1988.05	沈雪华	柴美芳	1995.09	5	大专	
17	沈丽	女	1989.02	沈会荣	沈三妹	2005	5	大专	
17	沈志华	男	1989.02	沈秋荣	徐永菊	2006.09	4	大学	
17	彭春良	男	1990.02	彭引林	朱杏琴	2005	5	大专	
17	柴蓓蓓	女	1991.01	沈雪华	柴美芳	2009.09	4	大学	
17	沈叶青	男	1991.03	朱大波	沈春英	2008.09	4	大学	镇小学教师
17	顾小红	女	1991.03	顾小弟	沈秀英	2006.09	4	大学	
17	沈志伟	男	1992.06	沈留根	许凤妹	2008.09	5	大专	
17	吴界衡	男	1994.10	吴永新	钟建芬	2013.09	4	大学	徐州大学
18	郁登明	男	1983.02	郁正奎	黄林娥	2002.09	4	大学	昆山电器
18	潘志华	男	1985.01	潘坤元	王二宝	2005	4	本科	
18	郁晨燕	女	1986.06	郁建明	王坚	2004	4	大专	
18	潘任飞	男	1986.06	沈小根	潘凤菊	2005.09	4	大学	巴城医院
18	郁书超	男	1989.06	郁春荣	俞雪琴	2008.09	4	大学	昆山电器
18	郁玉承	男	1990.01	吴彩荣	郁惠勤	2007	4	本科	

续表

组籍	姓名	性别	出生年月	家长姓名		入学年月	学制	学历	何处工作
				父亲	母亲				
18	郁川明	男	1990.07	郁正荣	朱红珍	2005	5	大专	
19	顾洪祥	男	1966.09		顾秀珍	1988	5	本科	
19	吴菊芳	女	1967.07	吴　生		1986	5	本科	
19	马冲	男	1974.02	马金元	沈三妹	1993	3	大专	
19	沈雪萍	女	1984.01		沈培娥	2002	4	本科	
19	陆承君	女	1986.10	陆建林	王武英	2004	4	大专	
19	张燕	女	1987.10	张裕林	顾大妹	2004	5	大专	
19	吴龙	男	1987	吴小平	周春娥	2004.09	5	大专	
19	沈超	男	1987.07	沈抱林	张会芬	2005	5	大专	
19	徐珍	女	1989.01	徐建中	吴菊芳	2005	5	大专	
19	周洁	女	1989.05	周春荣	陆三宝	2007	5	本科	
19	马雯雯	女	1992.11	王武明	马英	2011.09	4	大学	上海外贸大学
19	吴凤	女	1993.02	吴惠林	郑必英	2012.09	4	大学	哈尔滨师大
20	程正东	男	1972.11	程道元	陆仁苏	1991	5	本科	
20	朱坚	男	1983.12	罗惠明	朱静宝	2002.09	4	大学	樱花卫橱
20	郁妙燕	女	1988.01	郁家新	柴方琴	2004	5	大专	
21	王建春	男	1965.05	王炳生	王金英	1987	5	本科	
21	程小平	男	1968.05	程炳根	程阿金	1987	5	大专	
21	程雪娟	女	1969.01	郁小弟	程巧英	1987	5	大专	
21	程小红	女	1975	程桂元	潘桂英	1994.09	4	大学	
21	郁雅静	女	1981.08	郁建荣	柴惠英	2005	5	大专	
21	王婷	女	1986		王二宝	2005.09	4	大学	市中医院
21	郁茄川	男	1986.11	吴伟东	郁雪芳	2005.09	4	大学	
21	郁玮珠	女	1987.04	郁建荣	柴惠英	2004	5	大专	
21	程悦	女	1987.11	顾吉祥	程红菊	2004.09	5	大专	昆山建筑
21	王莉婧	女	1993.11	王斌	朱美娥	2009.09	5	大专	镇医院
22	沈惠秋	女	1970.05	沈关林	赵妹菊	1989	5	大专	
22	沈阿军	男	1979.02	沈大连	朱秀林	1996.09	5	大专	昆山
22	沈刚	男	1981.09	沈培林	沈林珍	1998.09	5	大专	公司
22	沈平	男	1985.07	沈小连	郁春宝	2002.09	5	大学	富力湾
22	沈屹松	男	1986.11					大专	
22	沈峻青	男	1987.10	沈阿夯	尤菊英	1995.09	5	大专	上海汽车
22	沈雯徽	女	1989.12	沈建光	朱雪英	2006.09	5	大专	聋哑学校
22	沈怡婷	女	1994.10	沈文新	朱建勤	2003.09	3	大专	长海医院

表13-11-4　　　　　　　　1949~2012年永新村23~30组（永生）村籍大学生名录

组籍	姓名	性别	出生年月	家长姓名		入学年月	学制	学历	何处工作
				父亲	母亲				
23	王　静	女	1985.06					大专	
23	王益平	男	1986.09	王全林	张林娟	2005.09	3	大专	列治文机
23	王静燕	女	1986.09	王全元	洪武英	2005.09	7	研究生	上海博世
23	王玲玲	女	1987.03					大专	
23	王　琴	女	1987.03	王东全	周双红	2006.09	4	本科	城务律师
23	王玉萍	女	1988.06	王火根	凌菊英	2007.09	3	大专	松月电器
23	王佳莹	女	1990.12	王武强	张林娥	2009.09	4	本科	市财政局
23	王嘉诚	男	1993.06	王建华	赵建珍	2007.09	5	大专	石浦邮局
24	张杏泉	男	1954.12					大专	
24	陆春花	女	1980.02	陆其荣	陆小妹	1999.09	3	大专	南亚电子
24	张　伟	男	1981.12	张杏泉	朱杏英	2000.09	5	大专	
24	张　敏	女	1984.05	张祖强	唐玉英	2003.09	7	硕士生	宁中医大
24	李维雨	女	1985.05					大专	昆山
24	张　津	女	1986.04	张林元	王秀娥	2005.09	4	本科	城丌锦亭
24	王　雯	女	1986.09	王元兴	王雪金	2005.09	5	大专	
24	张民民	男	1986.11	陆根荣	陆利华	2005.09	3	大专	三星手机
24	张志青	男	1986.12	张采生	王祥娥	2005.09	4	本科	上海财通
24	王春晓	男	1987.02	王阿夯	沈惠菊	2006.09	5	大专	仙妮蕾德
24	张　蕾	女	1988.01	张惠明	沈四宝	2006.09	4	本科	
24	张　丽	女	1988.01	张惠明	沈四宝	2006.09	3	大专	铂格赛斯
24	王　冰	男	1990.01	王元全	冯道英	2009.09	5	大专	南亚电子
24	庄顺超	男	1990.09	张志芳	庄雨珍	2009.09	5	大专	昆造币纸厂
25	凌道静	女	1985.07	凌观明	洪坤宝	2004.09	4	本科	招商银行
25	凌洪静	女	1985.07	凌观明	洪坤宝	2004.09	4	本科	苏州
25	凌秋萍	女	1986.01					大专	昆山牧田
25	凌雅静	女	1986.08	凌会根	吴阿三	2003.09	5	大专	晨森纺织
25	凌　洁	女	1988.01	凌海荣	苏小娥	2007.09	3	大专	中天纺织
25	凌毅健	男	1991.06	凌根元	吴红菊	2010.09	4	本科	金富家电
25	凌启鸿	男	1992.06	凌生荣	沈建珍	2009.09	5	大专	镇电信
26	张丽菊	女	1981.09	张文元	陈趣娥	2000.09	4	本科	医保软件
26	屈敏敏	女	1986.10	屈建明	史美芳	2005.09	3	大专	通用锁具
26	张文峰	男	1988.10	张建荣	吴菊英	2007.09	4	本科	丽德社区
26	吴旻昊	男	1989.12	高阿六	吴白妹	2008.09	4	本科	浦东兴业
26	屈亚雄	男	1990.09	屈建林	凌　芳	2009.09	4	本科	俊译设计

续表

组籍	姓名	性别	出生年月	家长姓名 父亲	家长姓名 母亲	入学年月	学制	学历	何处工作
26	吴晓婷	女	1991.04	吴志刚	凌娟妹	2008.09		大专	千灯医院
27	沈金红	女	1962.07					大专	联防队
27	王永强	男	1973.08	王耀高	蔡林娟	1992.09	5	本科	市一医院
27	沈志荣	男	1981.11	沈永生	倪引娥	1998.09		大专	东朋电子
27	钱春妹	女	1985.05	吴彩兴	钱娟英	2002.09		大专	博香生物
27	王洁	女	1985.10	王炳元	沈金取	2004.09	5	本科	市一医院
27	王晓静	女	1986.01	王建平	沈彩英	2003.09		大专	特兴通信
27	王婷	女	1987.10	沈进荣	王会娥	2006.09	4	本科	永新村干部
27	沈莉	女	1987.12	谈小度	沈林珍	2004.09		大专	苏州伦茨
28	董燕	女	1979.02	徐引弟	董海菊	1998.09	4	本科	惠州俊通
28	陈瑞英	女	1980.09	陈小夯	蔡小祖	1999.09	4	本科	苏州招行
28	李俊	男	1981.12	李光明	程桂英	2000.09	5	大专	
28	陈赞秀	女	1985.06	陈桂元	钱阿四	2004.09	5	大专	镇中心校
28	李冰星	男	1986.10	庄建国	李建芳	2005.09	4	本科	镇城管
28	董天宇	男	1990.01	董敏	翁玉珍	2008.09	4	本科	南京房产
28	史丹丹	女	1991.01	史武明	唐菊芳	2009.09	4	本科	青中山医
28	陈丽莉	女	1991.07	陈锋	郁雪琴	2008.09	5	大专	隆富纸品
29	陆志斌	男	1985.12	陆阿度	王素琴	2004.09	4	本科	永新村干部
29	陈文艳	女	1987.07	陈云林	陆惠琴	2007.09	4	本科	法国留学
29	吴平	男	1988.11	吴兴元	沈菊	2007.09	4	本科	文丰机械
29	吴施菊	女	1989.09	吴会荣	张学琴	2008.09	4	本科	人才服务
29	陆丹凤	女	1986.04	陆建林	沈彩妹	2003.09		大专	三鸟贸易
30	王彩红	女	1977.02	王阿七	王取金	1994.09		大专	
30	李建英	男	1977.06			1977.09	4	本科	
30	朱小进	男	1980.12	朱正红	许巧珍	2000.09	4	本科	奥钢联型
30	沈晓红	女	1986.08	沈耀清	王元英	2003.09		大专	世茂商城
30	王玉秀	女	1987.10	王桂林	凌元珍	2006.09	4	本科	江苏设计
30	谈芸玉	女	1987.11	谈阿二	杨士妹	2004.09		大专	金虹塑电
30	沈秋红	女	1988.09	沈福良	吴川芳	2005.09		大专	天星水暖
30	沈羿卉	女	1989.11	吴正荣	沈甬娟	2006.09		大专	中铭金融
30	沈小梦	女	1990.08	沈阿三	王武珍	2007.09		大专	富力湾

表 13-11-5　　　　1949～2012 年永新村 31～39 组（永益）村籍大学生名录

组籍	姓名	性别	出生年月	家长姓名 父亲	家长姓名 母亲	入学年月	学制	学历	何处工作
31	朱春元	男	1962	朱关林	朱腊妹	1983	3 年	大专	
31	洪桂芬	女	1975.11					大学	
31	朱鸿梅	女	1976.12	朱雪龙	吴阿三	1996.09	3 年	大专	
31	朱梅芳	女	1977.04	朱洪根	薛杏珍	1993.09	5 年	大专	
31	盛武军	男	1978.10	盛裕龙	沈取林		4 年	本科	
31	朱明	男	1978.12	朱炳根	张红宝	2009		大专	
31	朱卫明	男	1979.04	朱洪根	薛杏珍	1995.09	5 年	大专	
31	朱强	男	1980.06	朱昌明	钱永珍	1999.09	4 年	本科	
31	陆小凤	女	1983.01	陆云龙	钱小珍			大专	
31	陆树成	男	1987.01	陆云龙	钱小珍	2005.09	3 年	大专	
31	陈洁	女	1984.11	陈永寿	朱雪妹		4 年	本科	
31	朱伟	男	1986.04	朱建平	郭明娥		4 年	本科	
31	朱晓倩	女	1987.08	朱菊根	罗彩娥	2009		大专	
31	陈超	男	1988.01	陈永康	朱桂诊	2006.09	4 年	本科	
31	朱娟	女	1988.11	朱建华	郁福英			大专	
31	朱诚瑜	女	1989.08	朱建国	周翠红	2009.09	4 年	本科	
31	朱燕	女	1989.11	朱巧根	张金兰	2008.09	4 年	本科	
31	朱凤静	女	1990.08	盛小弟	朱惠玉	2009.09	4 年	本科	
32	杨荣奎	男	1962.12	杨雪根	沈阿娥			大专	
32	陆萍萍	女	1967.11	陆菊根	张玉梅			大专	
32	吕红	女	1975.11	陈永六	吕金英		4 年	本科	
32	吕平	女	1978.02	陈永六	吕金英	1997.09	3 年	大专	
32	沈雅芳	女	1981.03	沈桂林	顾林珍	2003.09	3 年	大专	
32	陶莘芸	女	1981.09	陶祥元	沈小彩	1997.09	年	评弹校	苏州
32	陆月林	男	1984.11	陆雪林	沈秀娥		3 年	大专	
32	陶刘锋	男	1986.10	刘福林	陶彩娥		5 年	大专	
32	朱凤	女	1987.01	朱雪锋	彭惠诊			大专	
32	严基荣	男	1988.08	严立新	王白妹	2007.09	3 年	大专	
32	沈正平	男	1989.08	沈杏林	彭雪芳			大专	
32	吴志坚	男	1992.01	吴方明	唐彩花	2007.09	5 年	大专	
32	吴志春	男	1992.03	吴方心	朱志芳	2007.09	5 年	大专	
33	钱阿夯	男	1945		钱八妹	1966.09		本科	
33	钱学军	男	1972.05	钱小弟	苏学娥	1993.10	3 年	大专	
33	戴惠珍	女	1976.04	戴荣生	唐秀珍	1995.09	3 年	大专	
33	柳雄雄	男	1977.11	王桂明	柳杏菊			本科	

续表

组籍	姓名	性别	出生年月	家长姓名		入学年月	学制	学历	何处工作
				父亲	母亲				
33	瞿晓华	男	1981.09	瞿秀根	徐祥英	2000.08	3年	大专	
33	徐静燕	女	1982.01	徐建龙	徐惠英	2000.09	4年	本科	
33	戴樱樱	女	1982.02	戴小荣	盛裕妹	2000.09	3年	大专	
33	徐云贤	男	1985.03	朱雪泉	徐秀红	2004.09	4年	本科	
33	钱凤珠	女	1986.06	钱三毛	朱玉英	2010.09	2年	后留学	出国
33	吴丹平	男	1987.08	戴三荣	吴秀琴	2003.09	5年	大专	
33	钱彪锋	男	1987.09	钱四毛	陈秀娥	2007.09	3年	大专	
33	杨俊	男	1990.08	杨建新	朱裕琴	2006.09	5年	幼师院	苏州
33	瞿仁军	男	1991.11	瞿秀龙	彭耀琴	2010.08	3年	大专	
34	张品荣	男	1945.08	张才堂	张兰宝	1985	5	双大专	
34	徐萍生	男	1945.09	徐仰谷	徐巧英			本科	
34	张正响	男	1968.11	张小林	张惠宝	1988.09	3年	大专	
34	张建明	男	1971.04	张振国	蔡林宝			大专	
34	张育锋	男	1973.12	张振才	罗菊英	1993.09	3年	大专	
34	张坚	男	1974.11	张孟荣	王彩娥	1994.09	3年	大专	
34	张进	男	1976.10	张孟荣	王彩娥			大专	
34	徐强	男	1976.12	徐海忠	蔡金秀	1994.09	3年	大专	
34	张鸣	男	1981.08	张金泉	黄杏珍	2001.09	4年	本科	
34	吴静娥	女	1981.11	吴小兴	吴元珍			大专	
34	王洁	女	1983.08	王建忠	翁品英	2003.09	3年	大专	
34	吴斌	男	1983.08	吴建明	张金红		4年	本科	
34	吴静慧	女	1987.03	吴小兴	吴元珍	2006.09	4年	本科	
34	张昱升	男	1994.08	张利华	蔡雪珍	2009.09	5年	大专	
35	赵杰	男		顾文功	赵林娥				
35	张品生	男	1969.11	张岳良	张雪宝	1989.09	3年	大专	
35	朱海燕	女	1977.07	朱金元	顾素珍			大专	
35	王芳	女	1979.12	王福奎	王桂珍	1996.09	年	评弹校	苏州评弹学校
35	罗慧	女	1982.02	罗建平	何雪妹	1998.09	4年	本科	
35	吴萍玉	女	1988.01	吴建刚	赵彩芳			大专	
35	王丽婷	女	1988.04	罗菊明	王美如		4年	本科	
35	罗玉红	女	1988.09	罗德平	郭凤英	2006.09	3年	大专	
35	罗雯雯	女	1989.04	罗建平	罗菊娥		4年	本科	
35	薛秋莉	女	1990.08	薛卫星	朱杏菊	2010.09	3年	大专	
35	罗勇	女	1991.08	罗正平	吴庆翠	2006.09	3年	大专	
35	罗晓静	女	1991.11	罗洪元	吴玉华	2010.09	4年	本科	

续表

组籍	姓名	性别	出生年月	家长姓名 父亲	家长姓名 母亲	入学年月	学制	学历	何处工作
35	王丽依	女	1992.03	罗菊明	王美娟	2010.09	4年	本科	
35	薛梦英	女	1992.10	薛 平	徐秀玉	2011.09	3年	大专	
36	姬开达	男		姬云林	姚惠英		4年	本科	
36	姬金妹	女		姬瑞昌	仇玉兰		4年	本科	
36	丁雅芳	女		丁卫兵	罗白妹	2005		大专	
36	姬晓锋	男		姬阿大	丁宝妹		3年	大专	
36	郁卫新	男	1970.03	郁四龙	郁全宝			大专	
36	郁庆明	男	1972.05	郁小苟	柴凤英	1989.09	4年	本科	
36	郁建新	男	1972.12	郁四龙	郁全宝			大专	
36	朱春明	男	1976.04	朱雪荣	林凤娥			大专	
36	姬春华	男	1977.06	姬小弟	张丽金	1995.09		大专	
36	朱国强	男	1978.11	朱小毛	陈彩娥	1997.09	3年	大专	
36	朱海明	男	1978.11	朱雪荣	林凤娥	2005.03	4年	本科	
36	张 明	男	1979.05	张阿大	张和珍	1998.09	3年	大专	
36	朱 琳	女	1986.06	吴才荣	朱金萍	2003.09	5年	大专	
36	朱 俊	男	1986.10	黄培林	朱新惠	2005.09	4年	本科	
36	杨晓燕	女	1986.10	杨士林	黄桃妹	2005.09	3年	大专	
36	丁彩霞	女	1987.01	丁卫兵	罗白妹	2006.09	4年	本科	
36	吴银珠	女	1987.04	姬瑞明	吴静娥	2006.09	3年	大专	
36	朱王健	男	1987.12	王显荣	吴宝娥			大专	
36	郁凤惠	女	1987.10	张培龙	姬美芳	2006.09	4年	本科	
36	郁晓清	男	1988.07	郁彩华	丁彩芳	2007.09	4年	本科	
36	姬婷婷	女	1989.03	姬云弟	朱文英	2009.09	3年	大专	
36	朱利玲	女	1990.04	吴才荣	朱金萍	2009.09	3年	大专	
36	杨晓东	男	1990.06	杨士林	黄桃妹	2008.09	4年	本科	
36	姬伟江	男	1991.10	张培龙	姬美芳	2010.09	4年	本科	
36	郁梦婷	女	1992.04	郁庆华	孙婉琴	2011.09	4年	本科	
36	朱双崎	男	1993.05	唐颂东	朱春燕	2011.09	4年	本科	
36	姬倩倩	女	1993.09	姬春荣	盛红妹	2011.09	4年	本科	
37	沈小福	男		沈仁龙	沈兰英			大专	
37	沈 蕾	女		沈菊祥	张杏英			大专	
37	张 青	男	1971.08	王华明	张惠芳			大专	
37	沈 平	男	1981.06	沈炳根	张云珍	2000.09		大专	
37	沈 凤	女	1981.06	沈炳根	张云珍	2000.09	4年	本科	
37	王静静	女	1986.06	王卫国	姚彩珍			大专	

续表

组籍	姓名	性别	出生年月	家长姓名		入学年月	学制	学历	何处工作
				父亲	母亲				
37	王 倩	女	1986.10	王阿五	朱桃妹			大专	
37	王丹红	女	1989.12	王玉明	黄祖英	2009.09	4年	本科	
37	王晓玲	女	1990.05	王正芳	朱国强			大专	
37	王 杰	男	1992.08	王卫星	彭海英	2011.09	4年	本科	
38	陆仁华	男	1966.06	陆建荣	吴林妹			本科	
38	翁坚忠	男	1968.07	翁品兴	盛密英	1986.08	4年	本科	
38	陆曙华	男	1969.04	陆建荣	吴林妹			本科	
38	吴先辛	男	1971.11	吴惠林	郁阿英	1991.09	4年	本科	
38	翁建东	男	1973.10	翁留根	王积英			大专	
38	翁敏玉	女	1976.09	翁进福	王凤金			大专	
38	翁敏锋	男	1978.10	翁进福	王凤金			大专	
38	翁晓伟	男	1986.10	翁彩龙	翁元娥	2002.07	5年	大专	
38	翁鸣珠	女	1988.01	朱炳锋	翁小元			本科	
39	翁乾春	男	1974.03	翁福明	韩桂秀			大专	
39	翁菊芳	女	1974.10	翁品元	吴雪娥	1993.09	3年	大专	
39	翁春芳	女	1976.12	翁品元	吴雪娥	1995.09	4年	本科	
39	翁继春	男	1976.12	翁福明	韩桂秀			大专	
39	翁丽妍	女	1983.02	翁小弟	俞雪芳	2002.09	4年	本科	
39	张 华	男	1983.11	张云林	顾兴娟			大专	
39	郭婷婷	女	1986.02	郭明元	翁桂娥		4年	本科	
39	赵慧妹	女	1988.06	赵福元	赵四妹	2007.09	4年	本科	
39	蔡 斌	男	1989.09	蔡立新	沈春珍	2009.09	3年	大专	
39	翁毅成	男	1993.12	翁利明	吴礼菊	2009.09	5年	大专	

第十四章

文存辑录

第一节 乡邦文献

一、行乡饮礼

乡饮酒,盛礼也,古先圣王皆致重而不轻,我太祖皇帝尤注意焉。尝观前吏部尚书昆山余炝茂本所为乡饮礼序,似始于洪武十二年,及考余干县志所载,则又云行于五年、八年,未知孰是。并录于此,以俟考证。余序曰：

皇帝龙飞十二载,特诏天下行乡饮礼。昆山县人臣李无逸尚义读书,时为万石长,奉诏惟谨,乃延其乡,宾礼耆英,远近毕至,则有若周寿谊,年百有十二岁,皤然在席；九十、八十、七十者坐以齿,盛升降揖让拜俯周旋之仪,献酬有容,读法胥告,观者如堵墙,莫不感化翕然。已而醉者扶,归者歌,髻白欣欣,笑言载途,乡士大夫纪其事而咏之。吾友余彦智以书走京师,求余引其端,久弗克为,其请益坚。呜呼！乡饮不行久矣,黄鲐之老,耳不闻鹿鸣之歌,目不识宾介之仪,盖百有余年矣。皇明出而四海一,举累代之旷典,一旦而复之,何其易哉！而无逸生逢圣世,获睹盛礼之行,乃能率先乡人,峨冠博带,与庞眉儿齿雍容揖让于尊俎之间,且以忠君孝亲睦闺门比今党为劝,可谓不惑流俗,笃信古道者矣。世有藏镪数百万,即为富家翁烹羊炰羔,举觞浮白,挟吴姬,侍赵女,弹筝搏拊,歌呼呜呜,以极一时之乐,乌识所谓乡饮酒礼者哉！闻无逸之风,亦可少愧矣。使乡乡如无逸,则古礼不难复,而况孝弟可兴,风俗可厚,其机一寓于是乎！呼！纷纷百卉中,见此孤蕙兰,亦君子之所与也。为我谢曰：圣天子在上,善自律以化其乡人,他日玺书惟汝嘉尚勉旃哉。洪武己未春正月既望,承敕即同县余炝叙。

志曰：里社即乡饮酒读律仪式并图。洪武五年五月初四日,朝廷降乡饮酒读律仪式,命有司官会同儒学官率士大夫之老者行之,使民知礼知律。每岁孟春正月,孟冬十月,百家为一会,共备酒肴。有粮长者,粮长为主席；无粮长者,里长为主席。如坐,以宾之年最长者居中,众则序齿居左右,主席者居其末。坐定,选一人读律,及宣申明戒谕。既毕,行饮酒礼拜,则年长一倍之上者坐受,长十岁者立受,相若者抗,盖参酌唐、宋之制也。时本县未之行,八年,又命下知县毕福行之，每都以大户率士民于申明亭上读律戒谕，饮酒致礼，风俗翕然而变，可谓盛矣。

（明·叶盛《水东日记》卷二十一）

二、叶义士记

元季兵乱，盗窃名字者，不可数。苏之昆山福严寺僧有提点与其徒昌都事，聚无赖相攻，劫烧民居，掠子女槛置舟中，载入严沙沟尽焚溺之，以胁其众，州司若罔闻也。义士姓叶名秀实，即素称长者，几不免，其姻金氏厚赂出之。义士曰："里有救恤之约，虽我独免，其如乡之老少何？吾即赴之。"恐弗胜，乃图所焚劫状，率少健徐辛乙等白于官，指辛乙等曰："义士言是也。"遂号令其下与义士等掩捕之，尽得其党，按治皆伏辜。有提点竟瘐死，义士曰："提点僧也，请如浮屠法焚之。"且为《鹧鸪天》一阕，以暴其恶，人至今能传诵之。已而其党悉就诛，义士以高寿终。

（明·冯益《叶义士记》，载康熙《昆山县志稿》）

三、南溪草堂集序

国风雅颂，四诗之后，有楚汉，有魏晋，有盛唐，后之言诗者，莫尚焉我。

朝东南，多才子，高杨张徐，名满天下。而皆出于吴，其皆有得古诗人之遗意者欤。吾昆山艺文儒术，实三吴之望，孟郊张祜，留题尚存，是以词韵士代有不之予也。早岁亦尝有慕于此，志趣卑陋，四十无闻，盖未尝不具，夫老成凋谢，无所师资之感。间为裒集，百年来前辈著作之可传者如袁先生、华郭先生、翼马先生、麞殷先生、奎庐先生、熊朱先生、吉沈先生、丙偶先生、桓范先生，能亦不下数十人也。意夫百年之内，名世大家必多，而其篇什之存否，其亦系夫，其人之门生子弟收拾之者，何如其为，感则深矣。要之数先生者，皆大雅不群，实可以扬芬一时，流响百代，其亦闻诸君子之风而兴起者欤。若今同里孙叔英先生者，盖亦一人焉。先生世家邑碛碛村，所筑南溪草堂，复乎竹树泉石之间，曰偕故人知己，觞咏自娱，至生业岁，计不暇问，势利之途，足迹不交，而又当获登偶范二先生之门号，得诗法之传，故其为诗也，清婉流丽，和平典则，瞻而有章，实而不滞，盖可传于世者甚多也。先生之子源，兹以诗集刻本见遗塞垣求序言，予甚幸，夫先生之有子，而其诗之可传必矣，故不辞而书之。

（明·叶盛《菉竹堂稿》）

四、水东日记序

水东日记者，吏部左侍郎文庄叶公之所著也。其书专于记事，核古综今，关诸军国，号为通博，书凡四十卷。以其书成于淞水之东，名为水东日记云。公名盛，字与中，昆山人也。正统十年举进士，拜兵科给事中。英帝北狩，六师陷土木，九月郕王即位，虏益屯逼都城。公时屡奏封章，皆当世急政。寻转都给事中、山西右参政，监督宣府粮饷，兼管屯田、独石、马营等处军务。公方有功于边，以父忧去职。英帝复起公丧中，令无遂服，擢为右佥都御史，巡抚两广。公至，则徙征蛮府梧州两广接比要害处以制外蛮，通盐利，令商贾得出境市鬻。宪帝即位，转左佥都御史，巡抚宣州。公至，益开田，岁岁增倍，买战马千八百余匹，缮治屯堡七百余所。上嘉公忠勤，且录两广功，赏赐甚厚。迁礼部右侍郎，再迁吏部左侍郎，卒赐谥曰文庄。公精明经术，练达制度,廉恭孝友,兼体数器,当版荡艰危之秋,而尤能奋忠言嘉谟以匡翼其主。自初官,通历三十余载,更事三世,凡国家大议,无不关决。于公眷遇甚笃,然位不满德,年不迨考,而诸公咸有不尽用之叹。公生平所居洁清,门无杂客,惟购书万卷,日耽玩以自颐,殆废寝食,故其宅所著述,于诸公为多。公之玄孙恭焕,文雅酝藉,能遵其祖德,因出斯籍,属余题叙其首,遂谨述公之丰功伟德被于当时,而足以仪范后世,与著述之所诣,匪若闳诞破碎以广异闻而已。

此先高祖日记,始刻于常熟徐氏者。先高祖身历三朝,忠廉大节,名重天下。博学好古,平生著述甚多,此特一种耳。记中凡事关军国及前辈遗文轶事,足为史家征信,即片言琐语可助谈尘者,亦复采录,宜为海内所珍赏,非他小说家比也。徐氏刻行已久,嘉靖中始持板求售,先君命予购之,止三十八卷,取家藏本校阅,遗后二卷,癸丑岁补刻完之。予小子荏苒无成,不克仰缵先绪,顾惟先世著述,流传未广,实子孙之责,因命工印行,特缀数语,以示后人,用致遏佚之惧云。括苍山人玄孙恭焕识。

先君官杭州抽分日,有奏议、日记之刻,方拟嗣刊全集,会差满不及为,日记即此本是也。乙酉兵燹,两书版幸存,顾先君自国变后卧病不问家事,书版皮置尘阁中,遂无省记者。比年予始舁出简点,已失数叶,奏议所失尤多,因命工补刻。会从族人处觅得旧钞本两册,上有巡抚宣府关防,盖先公当时录本也。二泉兄又贻予旧刻本六册,末二卷字迹微异,即先曾大父所购徐氏本补刻足之者也。钞本多讹字,而徐氏本尤甚,且多用台头,直似章奏体,字迹亦已漫漶,度先君时板久不存矣。因取三本参互雠勘,是正颇多,尚有字义可疑而三本相同者,姑仍之,不敢以己意妄改也。先曾大父尝属执友俞仲蔚先生为作序文,向未入刻,兹求柏庐朱子重录付梓。又此书本不必编目,而书贾每以无目录疑非完本,因增编目录于前,然率意标题,深恐未得当也。康熙庚申岁长至日七世孙方蔚谨识。

(同里后学俞允文撰)

五、重建益寿桥记

益寿桥,原名从愿桥,以桥跨横泾港,乡人呼为横泾桥。桥圮已久,乡人每厉揭也。丁巳(1917年)仲春之吉,郁丈鸿如七二揽揆之辰,亲族故旧执贽为先生寿,先生领受之得一百二十余金,即席而告曰:天寿不贰修身,以俟之诸君,何容为余寿,请以寿余者寿桥可乎?凡有不足,愿为之解囊也。众皆抵掌称善。于是鸠工采石,躬亲督率,两阅月而工竣,计费金三百余。乡人称便也。先是先生曾重建南北两永安桥,计费竟达三千余金。是桥费虽省,而能以一人应享之利益,与数千万人共享之,其仁慈悱恻,苍苍者当锡公纯假矣,然先生不过中人产耳,少失怙,乱离之后屋宇荡然,仅仅薄田数十亩,得以澶粥中岁糊口,四方耐劳勤朴,不浪费一文钱,卒得复故居置田产,其操持之坚固,立志之远大,望而知,为非常人。晚年好老庄学,悟彻四大皆空之旨,不复有求田问舍之念,横亘于胸臆间,凡有蓄储,倾心慈善而于桥梁,尤不遗余力。每建一桥,辄以观空子署名已,飘飘然有目空一世之概嘻。先生岂逃名耶,吾知其实事求是而已。吉嗣文复好青鸟术衣钵淀东畸士,名噪一时,凡有益于桑梓者,必踊跃为之倡。古云为善最乐,余之记其颠末,并将先生之行事,连类及之后之览者,其有所观感云。

(钱鸣球《重建益寿桥记》,载民国《昆新两县续补合志》)

六、名人咏淀山湖的诗词

过淀山湖
宋·卫泾①

疏星残月尚朦胧，闲入烟波一棹风。
始觉舟移杨柳岸，直疑身到水晶宫。
乌鸦天际墨千点，白鹭滩头玉一丛。
欸乃一声回首处，青山浑在有无中。

七律一首
宋·张扩

昨日过湖风打头，苇蒲深处泊官舟。
近人乌鸟语声碎，瀚海风烟日夜浮。
午饭腥咸半鲊菜，客床颠倒一皮裘。
平生浪说在家好，向晚波涛未肯休。

淀湖八景
明·孙俊②

淀湖风景讶天成，
水秀山明万古情。
岚树光中禅刹耸，（鳌峰烟寺）
浪花堆里客帆轻，（薛淀风帆）
数行征雁横秋月，（雁横秋月）
几个闲鸥浴晚汀，（鸥泛晴波）
洲渚渔蓑披雪钓，（渔蓑钓雪）
野田农耒带云耕，（农耒耕耘）
春回杨柳摇金色，（杨柳春风）
风度蒹葭作雨声，（蒹葭夜雨）
此景此情吟不尽，
仙游何必到蓬瀛。

---

① 卫泾，石浦人，状元。
② 孙俊，淀山湖镇碛碨村人，明代隐士。

淀山湖中
明·郭谏臣

晓起进兰桡,东行水国饶。
湖连天共远,日出雾全消。
独鹤凌风举,群鸥逐浪飘。
柳村看渐远,青幔映河桥。

渡薛湖
明·叶奕苞

返照漾芦花,光凝一片霞。
斜飞鸥破水,轻点雁排沙。
隔岁捕群盗,前村存几家。
欲窥身世梦,一枕任浮查。

舟过淀湖
陈 武

铁笛来湖畔,烟波一钓船。
停桡明月下,醉倒绿杨边。

淀湖帆影
徐起霞

巨浸通吴越,涛声吼怒雷。
天空诸艇小,风动乱帆开。
去向茸城落,来从淛水回。
棹歌高唱处,鸥鹭不须猜。

淀湖帆影
邵徐应

汪洋铺薛淀,拍岸向惊雷。
帆影林梢出,湖光镜面开。
倚楼人正望,破浪棹应回。
历历晴川树,都将五两猜。

淀湖次韵
李世滢

鱼庄蟹舍往来通,四面帆樯路不穷。
极目长天浑一碧,湖光山色有无中。

淀山湖
元·杨维桢
禹画三江东入海,神姑继禹淀湖开。
独鳌石龟戴山出,三龙联翩乘女来。
稽天怪浪俄桑土,阅世神牙亦劫灰。
我忆旧时松顶月,夜深梦接鹤飞回。

七律一首
元·杨维桢
半空楼阁淀山寺,三面篷樯湖口船。
芦叶响时风似雨,浪花平处水如天。
沽来春酒浑无味,买得鲈鱼不论钱。
明日垂虹桥下过,与君停棹吊三贤。

过淀湖
明·夏原吉
烟光万顷拍天浮,震泽分来气势优。
寄语蜿蜒渡底物,于今还肯买舟不。

七律一首
明·邵亨贞
烟郭遥闻向晚鸡,夕阳长向钓船归。
旋挑野菜炊香饭,自剪青蓑织雨衣。
夜冷水寒鱼不食,江涵空影雁初飞。
无因一向溪桥醉,憔悴故交相见稀。

五律一首
清·范瓒
雨暗四天低,湖边山影迷。
惊寒孤雁起,愁湿怪禽啼。
鬼火明空庙,悲风撼断堤。
那知栖息处,到晓不闻鸡。

淀山湖
姚承绪
湖光山色此间多,一棹秋风万顷波。
三泖鱼龙冲白浪,九峰烟雨叠清螺。
潮迎别浦春如海,月满回塘镜似磨。
记是铁崖吹笛处,画船箫管正高歌。

七言古风一首

陈毅(1964年夏)

过淀山湖

又到水天空阔处,西望无涯通太湖。
主人船上出佳馔,鱼虾蔬菜鲜而腴。
湖水用来酿绍酒,果然水清绿不殊。
解放以前此逃薮,抗日曾是游击区。
往来帆船千百艘,而今公社业农渔。
人人参加大生产,到处安居丰乐图。
此湖最近大上海,繁荣可以更速乎!
我愿秋凉再来此,满筐大蟹醉糊涂。
以庆人民之青浦,以祝人民淀山湖。

七、名人咏碛礇的诗词

晓发碛礇,枕上口占

郭谏臣

郭谏臣(1524—1580年),在他的《鲲溪诗集》中,有一首提及碛礇村的诗篇。

残酒初醒后,寒灯欲灭时,
霜飞蓬户早,月落戍楼迟,
未解闻鸡舞,徒兴梦鹿思,
诗成还稳睡,此意少人知。

溪阳草堂

范 能

喜傍溪阳筑草堂,地因人胜倍寻常。
九峰送翠当高第,三泖分流接古塘。
冠盖多延崇礼让,熏箎迭奏合宫商。
君家积善由先世,余庆绵绵后必昌。

碛礇寺

孙 俊

明洪武十九年(1386年),碛礇寺整修一新,里人孙俊为此作诗一首。

地厂栽松老,寒涛泻翠轩,
庭阴雨乍歇,山晓日初喧,
习静能消俗,观空自解烦,
远公相对处,终日可忘言。
杰阁涵秋爽,登临老眼稀,
一篱黄菊绽,几坞白云舒,

野旷禾栖亩，林竦叶战桐，
倚骢闻眺望，清尝与□□。

古寺幽沉试一经
陆　容

明成化二年（1466年）进士、南京吏部主事陆容，为碛碑古寺作诗一首。

移舟来看九峰青，古寺幽沉试一经。
画堵半颓支碧殿，残碑欲断倚朱孺。
阶前老树如僧腊，海上浮槎即使星。
极目湖天诗兴远，片云孤鹤过华亭。

栋宇悬浩劫
叶国华

明万历四十三年（1615年）工部主事、叶盛六世孙叶国华，对近颓的碛碑古寺及周边地区状况作诗一首。

栋宇悬浩劫，苍凉野鸽栖。
朔风双树合，淀水一桥堤。
物力惊时壮，宋传识旧题。
回思先烈在，排难靖残黎。

第二节　媒体报道

一、永新村为农综合服务站的调查

部门的服务窗口　农民的温馨家园
——昆山市淀山湖镇永新村为农综合服务站的调查
张品荣

昆山市供销合作总社在农村城市化进程中，认清形势，抓住机遇，联合相关部门，完善"三农"服务体系，创新"三农"服务领域，狠抓村级综合服务站建设，收到了良好的效果。昆山市东南大门的供销社第8家农村综合服务站——淀山湖镇永新村综合服务站，是一个非常成功的典型。这家农村综合服务站，成立半年来，为农服务部门纷纷增设服务窗口，服务功能日益齐全。服务站有村民学校、文化娱乐活动室、化肥农药代销点、捷强超市连锁店、农贸市场、餐饮饭店、医疗卫生室、健身活动场、联防治安警务室、农村养老保险代理发放点、家用电器修理部等，成为农民最爱去的温馨家园。

一

淀山湖镇位于昆山市东南端,东邻上海,西靠方圆63平方公里的淀山湖,离上海虹桥国际机场37公里,苏虹机场路贯穿镇区,附近的312国道、318国道、沪宁高速公路、沪杭高速公路、同三高速公路、沪宁铁路等为该镇提供了十分便捷的交通条件。1994年3月,国务院公布的《中国21世纪人口、环境与发展白皮书》,把淀山湖镇的小城镇规划与建设示范工程列入《中国21世纪议程》的优先发展项目,成为向世人展示的全国首批小城镇建设示范工程之一。通过多年努力,54平方公里的淀山湖镇,初步建成一个经济繁荣、功能齐全、环境幽雅、大自然气息浓郁的现代化绿色小城镇。乡村城镇化进程让人刮目相看,镇内道路四通八达,镇村柏油、水泥公路45公里,村里道路全部硬化,小学、中学全部集中在镇上,学生上学、放学,有三辆豪华大客车接送;耕耘数千年的大批农田,崛起了一片片现代化工厂,截至2003年年底,淀山湖镇引进国内外150多家企业在此投资创业,累计到账外资3.5亿美元,注册民资3.8亿元人民币,农民告别世代居住的田园,村村合并,相对集中。淀山湖镇永新村就是由原来的4个行政村合并组建而成的规模较大的行政村。

供销社人敏锐地意识到,以服务"三农"为本的供销社,要做好新形势下为农服务工作,让农民满意,为农民服务,必须寻找为农服务的立足点,建立更广阔、更全面的服务平台。永新村是淀山湖镇规模最大的行政村,有10个自然村、39个村民小组、832户、3 169人,还有500多名相对固定的外来打工人员。毗邻上海市青浦区朱家角镇的新华村,与永新村一河之隔,新华村500多村民世代与永新村友好交往。新形势下,一个可打造服务范围达4 000多人的综合服务平台,让供销社人眼前一亮。为方便农民交易、就诊和文体活动,取缔马路交易、消除交通隐患,一个为农综合服务站的建设方案很快出台。

二

2003年春,由昆山市供销合作总社牵头,在淀山湖镇政府和永新村的大力支持与协助下,联系淀山湖镇供销社、卫生院、派出所、工商管理所等单位和部门,着手建设一个起点高、设施全、功能多的为农综合服务站。昆山市供销合作总社投资18万元,重点扶持捷强超市、农贸市场的基础设施建设和辅底资金投放,镇政府和卫生院投资7万元,重点扶持社区医疗卫生服务站和警务室的硬件建设,作为受益单位的永新村,责无旁贷,将30万元左右的空闲房屋及有关现有设施奉献出来,这样,多方共同投资55万元,占地3 500平方米、建筑面积1 500平方米的为农综合服务站应运而生,因受当时"非典"影响,为农综合服务站推迟到6月28日对外开张试营业。

为农综合服务站设村民学校,由永新村利用原有的小学教室改建,定期、不定期对村民进行思想道德、科技文化和健康教育。办了村老少活动室,有篮球场、乒乓室、健身场、老人茶馆、电视室和阅览室等活动场所,经常有组织或村民自发组织,开展健康有益的文化体育活动;为农综合服务站内,建了水泥篮球场一片,专供篮球爱好者打球之用,每逢周六、周日双休日,篮球场上以学生为主体的打球场面,显得十分热闹;添置了4套室外健身设施,清晨,村民们购买副食品之余,到跑步机、单杠、双杠等地方炼炼身体健健身,到乒乓室里打打乒乓,很受欢迎;电视室里添置了大屏幕彩色电视机,这里是55岁以上老人的重要活动场所,村里安排专人烧水,免费供应茶叶,老人们品茶之余,可下棋打牌,其乐无穷,每天总有上百位老人在这里活动,电视室里,还有100多部戏曲片子,老哥老姐们不出村,就能看到各种优秀传统节目;阅览室里有400多册图书和近10种党报党刊,让村民们了解国内外大事、地方新闻,获取科技知识和致富信息,选阅文艺作品,是一个不可多得的好去处。开设捷强超市连锁店,由市供销总社投资,新建90多平方米的副食品超市,与上海捷强总部电脑联网,1 500多种商品,由上海捷强集团昆山配销中心提供,每周定期送货一次,脱销商品,随时送达,明码标价,货真价实,承包给有责任心的当地农民经营。当地农民不出村,能基本购到所有日用品和副食品,每天光顾客人上百人次,黄昏时分,最受外来打工人员的欢迎,常常结伴到超市购买小吃食品,超市月销售额2万多元,获取的利润能解决服务员的基本工资;超市连锁店,兼营化肥、农药代销业务,根据农事季节和镇农技部门的要求,及时供应农户对口需要的肥药,很受农民欢迎;新建300平方米的玻璃钢棚,设摊位60来个,免费提供给当地农民和商贩使用,销售鲜肉、水产、禽蛋、豆制品、鲜菇、时令蔬菜等,清晨,呈现购销两旺的景象;开设餐饮饭店,早晨有面点,中晚有客饭热炒,既能满足应急人员的用餐,又可为招待客人的个私业主等提供方便;新建社区卫生服务站,当地卫生院投资所有内部设施,设5个床位,配备4名乡村医生,日夜服务;设警务站,配备1名派出所编内民警和4名联防队员,负责社区社会治安和昆山南大门的设卡检查。农村基本养老保险是昆山市2003年度推出的一项民心工程,60岁(女55岁)、70岁以上老人,每月分别可领取养老金100元或130元,为方便老年人领取养老金,为农综合服务站特地开设了农村基本养老保险代理发放点;为农综合服务站还招聘电器维修师傅来服务区开设家用电器修理部,农用电机、家用电器一并维修,大大方便了村民。

三

永新村为农综合服务站是实践"三个代表"重要思想的具体体现,是服务行业完善"三农"服务的窗口,展现了农村先进文化新天地,成为农民最爱去的温馨家园。在社会主义市场经济条件下,供销系统为农服务的红旗到底能打多久,人们不时以怀疑的目光期待。体制改革的浪潮,面临着国际国内市场的急剧变化,为了生存和发展,在强大的竞争力的推动下,国营、集体公有制的供销社、集体商业,纷纷向企业承包制与股份制转制,参与市场,与广大个私工商户平等竞争,使承包人在担负经营责任的同时,担负起资产责任,在这种情况下,人们的怀疑并非毫无道理。国营、集体公有制的供销社、集体商业转制后,为农服务的宗旨怎样坚持,这是摆在服务行业面前如何贯彻落实"三个代表"重要思想的一个重要课题,供销社人敏锐地意识到,从全面建设小康社会的总体目标出发,从社会主义政治、经济、文化三者之间的交融性和互动性的高度,从社会主义文化对于全面建设小康社会所起的精神支柱作用的层面看,完善"三农"服务体系,创新"三农"服务领域,抓紧村级综合服务站的建设,有着特殊的价值和意义。建立农村综合服务站,是推动农村工作,服务农业工作,为农民提供实在服务的具体体现;新形势下,不仅供销系统要这样办,相关的医疗卫生、社会治安综合治理、纯技术的服务行业等单位,都有着同样的选择。于是,创办村级综合服务站,成了服务行业的共同愿望。村级综合服务站一出现,立即成了各自的服务窗口。在永新村为农综合服务站创建过程中,市供销总社一牵头,在镇政府的大力支持下,镇供销社和淀山湖卫生院首先行动,落实专人筹建,进展相当顺利;接着,镇精神文明办公室、派出所、镇体委、老龄委、工商组等相继加入,且吸引了一批经营户主动加入,形成了一个多功能的综合服务区。

永新村为农综合服务站是农民调整农业结构、增加农民收入的致富站。站里,村民学校为种养殖大户介绍科学种田新技术,发布市场信息,指导农民种田打破常规,不断创出新花样,摆脱贫困,走致富道路。肥药代销店每逢防病治虫、田间管理的节骨眼上,一面提前备足对路的

化肥、农药,满足农户就地购买,一面把防治知识、用药时间和药量,用黑板简明扼要进行宣传,方便农户准确购买。村民吴建兴是一位年近半百的庄稼汉,在农技员的指导下,坚持不懈地做好看准了的事情。他承包了村里43亩土地种植粮食和经济作物。他在村民学校获取信息后,三次赴上海,拿到了某奶牛场300亩青饲料玉米的种植订单,不仅自己种植,还通过综合服务站活动的时机,提供行情,安排邻近农户种植,他们一年种植两茬青玉米、一茬大头菜,青玉米和大头菜都是奶牛饲料,一茬亩产可达4 000公斤,亩年收入可达2 000元左右,使周边种植户同样获得了很好的经济效益;他还获得上海某蔬菜种子公司代理培育"黄鼠狼"南瓜和米苋菜种子的市场信息,立即前往洽谈,获得25亩"黄鼠狼"南瓜和12亩米苋菜种子的订单,亩产值达1 500元左右,让他真正从市场信息中获得了实惠。

永新村为农综合服务站是农村社会风气"净化站"。建站以来,村民们感到,接受村干部思想教育多了,形式也丰富多了。永新村党支部利用综合服务站这一阵地,在村民学校里召开党员大会、农户代表会,组织农民参加"万人看昆山"活动,开展形势教育与任务教育,冬季征兵工作开展以来,邀请镇文化广播电视站业余演出队,到为农综合服务站广场,演出反映"双拥工作"的自编四幕沪剧《走出浅水湾》,收到了较好的宣传效果,使各项工作进展顺利。综合服务站经常开展打篮球、打乒乓、打牌下棋、喝茶聊天、健身活动,组织文艺演出、录像放映、露天电影放映等,以多姿多彩的文体活动,引导村民崇尚科学、文明、健康的生活方式,搓麻将小来来的赌博活动明显减少,村风民风进一步好转。

永新村为农综合服务站是干部和群众的"连心桥"。村干部办公室设在服务站,学校接送村里学生的大客车停靠站也设在服务站,这里成了村干部和广大村民接触最多的地方,为干部联系村民提供了方便,也方便了村民们监督干部,干部上下班时间、工作状况都在村民眼皮底下,增强了干部的工作自觉性,村干部与村民拉家常、谈思想的多了,了解社情民意的多了;村民委因势利导,将村级收入、干部招待费、财务账目等"一公开"、"四民主"的内容张贴在宣传橱窗内,使村民一目了然。

永新村为农综合服务站警务站,是创建"平安淀山湖"、社会治安综合治理的防控体系组成部分。警务站民警和联防队员坚持日夜值勤,协同村级治保主任和调解委员会,落实一系列行之有效的防控措施,及时有效地调解各类矛盾纠纷和群体事件,防止各类矛盾的恶化。永新村为农综合服务站处于昆山东南大门特定地方,与上海市青浦区一河之隔,跨省人员进出频繁,外资企业、民营企业外来人员日趋增多,警务站的设立,实现了村镇联网,使重点部位、重点单位、重点人员的防控水平明显提高,为一方平安提供了保障。

永新村为农综合服务站是满足村民消费的重要场所。在全面建设小康社会的今天,农民的生活水平日益提高,去年全镇人均收入6 130元,今年又有提高,且5 213名老人今年4月份起实现养老保险,月领养老金100～130元,仅这一笔,4～12月,农民就增收540万元。富裕起来的农民需要消费,虽个体经营户星罗棋布,像信誉较好的捷强超市连锁店之类开到村里很少见。供销系统的加入,使农村这一愿望得以实现。

永新村为农综合服务站唱响了农村医疗卫生服务的主旋律,为率先实现卫生基本现代化迈出了坚实的一步。村级社区医疗服务站,配有4名医生、5张床位,药房、治疗室、注射室布局合理,冷藏柜等现代设施基本齐全,大大方便了大众就医。

永新村为农综合服务站设立养老保险发放点、家用农用电器维修点,所有这些,顺应了现代农民的需求。供电、供水等部门正在考虑进站设电费、水费交费点,让村民们进了一个为民综合服务站,基本上能办成农民日常需要办理的各种事务,让阳光政府的为民服务措施辐射到最基层,这是老百姓最欢迎的好事。

(原载《中共昆山市党史专题丛书淀山湖卷:第三分卷》)

二、一株古树的百年悲喜

一株古树的百年悲喜

(张品荣 记者茅玉东)在淀山湖镇永新村境内,有一株需三人合抱的千年古银杏树,青翠的枝叶包裹着饱经沧桑的树干,沧桑的树干述说着无尽的往事。千百年来,似乎无人关注它的存在,风吹、雨打、雷击,它无声无息;但在近代百年间,它却仿佛是一位历史的见证者,感受着发生在它自己身上的种种悲喜,感受着人世间的沧海桑田。

历经1 700年的风雨

永新村是由原来的4个行政村合并而来,其中之一就是永益村。碛碛村是永益村的主要自然村,得名于当年的碛碛寺。相传公元3世纪初,三国吴主孙权建碛碛寺,就在今昆山市淀山湖镇永新村碛碛自然村。传说孙权之母吴国太和妹妹孙尚香当年在此行香拜佛,在碛碛寺西侧特栽种银杏纪念,与寺同存。当时的碛碛寺规模到底有多大,资料记载很少,村里流传的都是"老辈人的说法"。今年76岁的杨雪根老人,一辈子和这棵古树相邻。他听自己的前辈讲过,碛碛寺最旺盛时有房屋5 048间,方圆数百亩地,当时有"天下二只半寺,福严寺其之一"之说。但有人认为他的话有夸大的成分。新中国成立初,该寺尚存观音大殿,寺内悬挂一个直径3米左右的大铜钟,钟体外壁,雕有密密麻麻的头像,刻有捐资修寺者姓名,撞击铜钟,十里路外,均能听到清脆的钟声,当时被村里人用作聚会信号的传递。残余的寺庙建筑和这口铜钟,年纪稍大的人都见过,可惜铜钟在"大跃进"年代,被用作"大炼钢铁"了,许多人至今心存遗憾。

碛碛寺历经的沧桑自是无法言说。据《新阳志》和康熙《昆山县志》记载,宋景定五年(1264年),僧友山在此建福严禅寺;元朝至正年间(1341年),"寺庙香火不断,整日烟雾缭绕",是当时江南经济繁荣的一个佐证,也是宋时"苏湖熟,天下足"的延续;洪武十九年(1386年),福严禅寺僧泽云建剪松轩,并在轩边建雷音阁;永乐五年(1407年)福严禅寺僧信源、正统九年(1444年)寺僧晓堂先后重修剪松轩、雷音阁、昙华堂、翠筠山庄;康熙年间,僧隐修复福严禅寺,建大殿、山门、东西廊庑,完工于雍正四年(1726年)。同治元年(1862年),福严禅寺毁于兵乱;同治四年(1865年)九月,寺僧功参募建观音殿,增建斋堂,新中国成立前后依然可以看到当年的面貌。古人陆容曾作诗对碛碛寺与古银杏进行描述:移舟来看九峰青,古寺幽沉试一经。画堵半颓支碧殿,残碑欲断倚朱棂。阶前老树如僧辣,海上浮槎即使星。极目湖天诗兴远,片云孤鹤过华亭。(引自康熙《昆山县志稿》第177页)陆容所指"碧殿"、"残碑"、"阶前老树",与新中国成立后当地农民在古树北侧挖掘出数十个直径2米左右的青石石鼓礅,十分吻合。可见,当时确有更大庙寺存在。

一起陪伴碛碛寺的,还有大小香花桥两座。小香花桥已经改建;南端大香花桥,原名为崇福桥,至今尚存,清嘉庆三年(1798年)重建,有石碑为证,可惜文字已模糊不清。据说,两桥间当年有"街弄"连接,"街弄"两旁,两侧松柏常青。每逢农历二月十九,碛碳庙会在此举行,商贾设摊,商品琳琅满目,方圆数十里乡民前往赶集,走亲访友,当地村民家家备菜招待,热闹非凡。

2004年,经江苏省建设厅组织园林绿化行政主管部门普查核实,这棵千年古老银杏树龄达1 700年,为江苏省树龄之最的一级古树名木。这棵古树基部树围5.1米,树高10多米(现实测为23米)。

一棵树的百年悲喜

永新村中的一位姓翁的百岁老太太前不久去世,很多人对这棵古银树过去的了解都来源于她这里。而这位老太太,又在新中国成立初年逾花甲、头发花白,从早已过世了的朱彩明老伯那里,了解了更久的古树历史。通过这位百岁老人生前的描述,大家看到,一个世纪以来,这棵树虽然历经了天灾、人祸,但它的枝叶更加青翠,生命力愈加旺盛。

在杨雪根老人的记忆中,这棵古银杏树曾经遭受过两次雷击,一次在30年前,一次在60年前。现在在我们面前的古树,主干有一半已经几乎不存在,枝叶包裹中的几根干枝丫,虽然已经没有树叶,但依然遒劲有力。这肯定不仅仅是这两次雷击形成的,可以肯定地说,在银杏树成长的历史中,它所遭受的雷击次数已经无法统计,自然界的风风雨雨让它显得饱经沧桑。杨雪根老人还记得,日本鬼子侵占这里时,因为这棵树很高,鬼子就在树上搭了一个瞭望台,观察周边情况。杨雪根老人当年还爬上树梢,看到一个可以伸进头颅的洞口,估计树的中部早就空了。也许是日本鬼子也对这棵树感到敬畏,才使得这棵千年古银杏树在纷乱的战火中幸免于难。

村民老张说,这棵千年古老银杏,树身参天,枝丰叶茂,是具有生命的文物,展示着无比强大的生命力。从他知晓事情以来的半个多世纪内,古银杏几乎总是似一位鹤发童颜的耄耋老人,为这块古老而文明的土地甘当历史见证人。他对这棵古银杏的命运十分关注。20世纪60年代"社会主义教育运动"期间,因为古银杏高耸天空,常常引来雷击,危及村民人身安全,驻公社的"社教"工作团决定伐树避灾,包给公社木业社实施,报酬就是这棵古银杏。当时,古银杏边上还有陈旧的庙宇,银杏紧靠庙宇,伐树必倒庙宇,木业社得赔偿修复,他们觉得不合算而作罢。20世纪80年代,这棵古银杏旁形成了一个小型的农贸市场,有人在它的周围搭了棚子,还有人在树根四周浇灌水泥混凝土,古银杏"生气"垂叶,幸亏被村民发现得早,向有关部门汇报后,村民们砸了树边的水泥混凝土,建了保护圈,银杏树又现生机。银杏树虽历经1 000多年,但始终保持着旺盛的生命力,每年挂果不断,每次都有上百斤,给村民们带来了许多乐趣。20世纪90年代,有外地人为牟利用生物激素喷洒古树,虽然当年白果累累,但村民们依然感到这种做法可能对古树造成危害,大家一起出面制止。

如果树有言

祖祖辈辈住在这棵古银杏树下的朱菊生老人,对这棵树的感情很复杂。一方面是他知道树的历史非常悠久,并且世代相邻,没有感情是不现实的;另一方面,是这棵树经常遭受雷击,他担心雷击的后果,所以每到雨季雷电交加,他的心总是忐忑不安。这其实已经不是他一个人的心理负担,所有村民谈起这棵古银杏树时,大家都会往这上面想。前几年,朱菊生的房子翻建,按照要求房子应当再往树下靠近一点,可这让他十分为难,但为了邻里关系,他勉强让房子向树下又靠拢了一点,但心里却留下了一个小疙瘩。他希望有关部门能够在树上装一个避雷装置,让他了却后顾之忧。永新村党支部副书记吴宝娥说,虽然附近不久前建了小灵通发射装置,但它的避雷范围可能还不够。她表示要向有关部门呼吁,在大树上装个避雷针。

2004年,江苏省建设厅组织园林绿化行政主管部门对古树名木进行普查,证实这棵古老银杏树龄达1 700年,为江苏省树龄之最的一级古树名木。而这对永新村村民来说,并没有产生多大的影响,因为树的古老和它的许多传说,已经植根在他们的心中。无论怎样,他们都会爱惜这棵与他们生生世世相伴的古树。

如今,有关部门已经在古银杏树的周围砌了一圈保护栏,有关保护措施正在制定中。

如果树有言,它会讲述千年的沧桑。

如果树有言,它会讲述被人理解、尊重的幸福。

也许,如果树有言,它会说,虽然成为"名木",但不需要像名人那样得到很多的目光。

聚集,只要平平常常与村民们生活在一起,自然、和谐、宁静。

(原载《昆山日报》2005年7月30日)

三、碛磖神木

碛磖神木

文/杨守松

如火的夏日,去膜拜一棵树。

树在淀山湖畔碛磖村。树为银杏,传说为孙权母亲手植,算来1 700年了。尤为神奇而伟大的是,此树三死三生——一是天灾,雷劈的,死而复活;二是人祸,埋盐,意欲腌死,死了,又活了;三是火烧,烧得枯了,死了,春风吹来,又活了……

历劫不磨,树有灵性,是神木!

树木苍苍,巍峨挺拔。耄耋老人,鹤发童颜。千年岁月,青春依旧。虽半身削了皮,却活生生巍然。仰望神木,就如仰望苍天。感叹不已,牵念不已。

秋日再拜。神木卓尔不群,高23米,于绿野田畴间傲然独树。就近了细看,枝干粗拙,围径3米余,虬枝乱攀,虽不高耸入云,却有森然大势,虽历经沧桑,依然雄居大野、虎踞龙盘。

潜心静观,便觉禅风徐来,心清如水。凝神静听,便有晨钟暮鼓,佛声庄严。

神木无语,神木如书。

问树边人家朱菊生。69岁的他说,因为树高遭雷打,树边的庙墙也跟着遭殃,被劈过两次,"社会主义教育运动"时,就要把树砍了,任务交给木业社,可是又怕砍树时倒下来砸了庙,最终没敢动。

至于"埋盐说"与"火烧"说,却没人道出原委。不过树龄却已经得到证实:2004年,江苏省建设厅组织绿化专家考证,确认已经1 700年,为全省树龄最长的古树之一。

据说,三国时,孙权建碛磖寺,母亲吴国太和妹妹孙尚香拜佛,感念风水灵验,手植银杏树,与寺同在。孙权为报母恩,大兴土木,扩建为福严寺,共有5 048间房子。当时全国两个半寺:杭州灵隐寺和福严寺,上海的白鹤寺只算半个。可见福严寺的规模之大和香火之盛。

史志记载,宋、元、明、清,虽战火频仍,但佛家依然屡有建树,规模日见扩大,"寺庙香火不断,整日烟雾缭绕"。

如此宏伟的建筑怎么就不见了？

名叫翁木云的75岁老人说起来头头是道——

老人说，起因是寺里和尚为求长生不老，香客中有喜者，就暗设机关，害死后吃胎儿。清兵入关后，把败坏佛家名声的和尚赶走了，剩下的也日见老去，以后就逐渐式微。只是寺庙基本的框架还在，1949年，尚存观音大殿，悬挂3米多直径的大铜钟，声震原野，方圆数十里都能听见钟声。1958年"大炼钢铁"时把钟砸了，"文化大革命"又劈庙毁佛，直到1979年，要造"代销店"，残垣断壁也被推倒埋没了。

可是银杏树还在。树周围也曾搭棚设摊，还有人在树的根部浇水泥，树就立见颜色，村民群起反对，树才免遭一劫，后来树边就砌起了保护墙。期间，还有商人为谋利，给树喷洒激素以"增产"果实，村民于心不忍，决然制止，至今安然无恙。

银杏树共有5棵，分布在方圆几百米以内，其他4棵都被砍了，唯有这棵顽强地也幸运地甚至是神奇地活着。

活了1 700年！

神木如有神助。所谓三死三生，虽不见文字记载，但是实际上，又何止三劫？！光现在活着的人亲眼所见，就有几次大的劫难，那么，1 700年里该有多少天灾人祸？！

可是，她活着。

翁木云说，这些都是他"大大"（祖父）说的，还有小时候在上海听说书人说的。

他还说，福严寺西面一两里处还有关帝庙，气象森严，宏伟无比，日本鬼子造碉堡，把庙拆了，他亲眼看见的。日本人也曾经想要废银杏树，可能出于敬畏之心，却不敢，只是在树上搭了一个瞭望台。

福严寺南面一箭之遥，有年代久远的大小香花桥，两桥之间有"街弄"衔接，每逢农历二月十九，磣磲庙会在此举办，方圆数十里乡民都蜂拥而来，煞是热闹。如今小香花桥已不在，大香花桥也闲置一旁，但见藤草蓬杂，桥洞都被遮没了。桥边有公路桥，筑路时，地下挖出来都是筒瓦石条，依稀可见当年寺庙之大。

俱往矣！纵有5 048间，如今也都做了土。

神木还在。看潮起潮落，无情岁月沧海桑田，我自枝叶繁茂，果实如星；阅世间冷暖，你方唱罢我登场，依然独自兀立，笑傲苍穹。

忽然想到一句歌词：一个人的孤独是狂欢。

神木孤独，神木狂欢。

孤独了1 700年，狂欢了1 700年。

人能孤独几年？皇帝能狂欢几年？

面对神木，唯有敬之、仰之、畏之、善待之。

（原载《昆山日报》2007年1月22日）

四、桃梨满园

桃梨满园

（通讯员张品荣）淀山湖镇永新村种植户沈建高，在农业产业结构调整进程中，努力学习探索果园栽培管理技能,营造了一项"桃梨果园"新物业,为自己赢得了一份新的工作,多年勤奋"耕耘",桃梨满园,被评为昆山市"百家科技兴农示范户"。

沈建高长期工作在农业第一线,曾任村社长16年。1999年年底,农村开始机构改革,行政村撤并,村干部职数总体减少,已是五旬大龄干部的他,主动提出让贤退线。市场经济给他带来了新机遇,他看到当地没有像样的桃园,便沉浸在思索之中。正值此时,他巧遇浙江嘉善一名种桃师傅,便向其咨询开辟桃园,这使他果断决策,筹划新物业,筹建新桃园。他立即用稻草到养鸭专业户那里调换鸭粪,买回磷肥,在设想发展桃园的一块承包田头,开了一个大泥潭,一批鸭粪一批磷肥,精心制作发酵基肥。他和老伴一起,专心致志发展新果园。他家1998年土地承包确权,有12.26亩责任田。他在村干部的支持下,主动与邻居协商,以离家较远的一块责任田为中心,把承包田调集到一起,形成联片,种上桃、梨。

2000年年初,沈建高请来拖拉机手,耕翻了一遍土地,在全家人的突击下,完成了放样、整地、做垄等基础工作。2月上旬末,正值春节,上班族还在假期之中,他就通过嘉善种桃师傅,一起到上海奉贤黄玉桃基地,买回黄玉桃、"大团蜜露"、"湖景桃"苗350棵和黄花梨苗55棵;中旬,按每亩35棵定植标准,种了5.5亩黄玉桃、3.5亩大团蜜露桃、1亩湖景桃,桃园周边种上梨树,形成了新栽的桃梨园。尔后,他又发扬连续作战的精神,将沤制的基肥一担一担挑进桃园,铺放在桃苗周围,又用泥土覆盖好肥料。由于基肥足,果树成活后,吐芽有力,长势旺盛。

桃梨园,需多年栽培管理,才能有产出。沈建高充分利用土地、阳光产生效益,他在新果园里,第一、二年套种了一批西瓜,秋季又套种了一批大头菜,弥补了头两年无产出的不足。2002年春,新果园桃花盛开,进入了产期,当年收到了预期效果。他看好了果园的前景,又将2亩多口粮田扩展为桃园,从湖北引进"中华圣桃"优质桃苗,扩大再生产。

几年来,沈建高和老伴一起翻地松土、防病治虫、采摘桃梨,搞好果园经常性的管理工作。他为了正确掌握桃梨的管理技术,一买科技书籍学习,二请教嘉善来邻村同期开发新桃园的技术师傅,三看果园老师傅的现场管理,效果明显。他在管理上狠下功夫,认真做好果树的防病治虫、追肥、整枝、松土等工作。每年冬季,他为果树松土一次。果树在盛花末期,间隔7~10天,用一片净、杀灭菊酯、代森锌、多菌灵、托布津等低毒高效农药,适当打准打好几次,防治了蚜虫、缩叶病等病虫害,充分保护绿叶光合作用,为果树制造养分,使果树生长有力,让果树成熟后期在不用药的情况下,不出现褐腐病,既使采摘的果子不残留农药,又提高桃梨品质。他看品种,看果子长相施肥,用钾肥施好"硬物肥",用氮肥施好"膨果肥",很有讲究。他从实际出发,四季整枝,春季摘头、扭株,夏剪旺株、肥株,秋季看树整枝,冬季短截、疏枝,合理利用空间,充分利用阳光,以求优质高产。

如今的果园进入盛产期,夏秋的湖景早桃、大团蜜露桃、黄玉桃、黄花梨,相继沉甸甸地挂在果树上,好似向主人点头示意,一派桃梨满园的景象。

(原载《昆山日报》2004年1月21日)

五、边界行·青浦区:朱家角和淀山湖镇共奏和谐曲

边界行·青浦区:朱家角和淀山湖镇共奏和谐曲

(陆介云 张木太)今天,本报"共建之旅"报道组来到上海边界行第7站——青浦朱家

角。一脚跨过去就到了昆山淀山湖镇——朱家角镇的周荡村、新华村,与江苏昆山市淀山湖镇红星村、晟泰村、永新村接壤的边界线有6公里长,两边的村民来往热络、朝夕相处,昆山的媳妇嫁过来,朱家角的土特产挑担到"隔壁"卖……

昆山媳妇当选镇党代表

21年前,24岁的赵雪娟从昆山淀山湖镇晟泰村嫁到了朱家角镇周荡村。她不仅是公公婆婆、村民眼里的好媳妇、好妻子、好母亲,还是村委会里的好干部。85岁高龄的公公婆婆卧床不起,丈夫身体不好在家休养,女儿也刚从学校毕业,家庭的重担都落到她一个人身上,为了服侍好老人,照顾好丈夫,赵雪娟忙里忙外,从无怨言,成了周荡村的模范媳妇。

繁重的家务并没有拖累赵雪娟,在村委会,她工作勤奋、努力,颇得乡亲们的好评。她曾当选为朱家角镇人大代表,如今又当选为镇党代表。

据统计,朱家角的周荡村、新华村,50%的人家与淀山湖镇有亲戚关系,300多户人家结为亲家,6公里边界线上婚嫁迎娶喜事不断。

共筑大坝保两边农田

昆山晟泰村有300多亩的田圩,与朱家角镇周荡村300多亩的农庙桥(周边田圩)是同一防汛抗洪排涝保护区。1997年,一场百年不遇的台风暴雨向保护区袭来,当时外江的一条大坝被洪水冲垮,第二条大坝也危在旦夕。在紧急关头,边界两村共同组织了100多人的抢险队伍,冒着急风暴雨,携手打桩加固,挑泥增堤,终于筑起了坚固的大坝,保住了两边600亩农田里的农作物。

排污灭螺保护水资源

朱家角镇的新华村有南浜江、上南江、张家江,是与淀山湖镇永新村相通的三条河道,两地村民几百年来,同饮三江水。随着地方经济的发展,两地都用上了自来水,但共同保护水资源的责任感并没有因此而放弃,对河道里的白色垃圾、杂草,双方组织力量一起整治,并建立了长效管理队伍,在卫生防疫方面双方积极沟通,通力合作,一起查钉螺、灭钉螺,一起开展禽流感的防治。

双方出资筑起同心道

朱家角镇的新华村和淀山湖镇的永新村之间有一条1公里长的神童泾路,是两地村民亲戚往来、职工上下班、集市买菜、农副产品交易的必经之路,每天往来非常频繁。原先这条路是20世纪80年代铺设的乡间小道,碰到下雨天就一地泥泞,于是两边村民合计着修路事,去年底一起出资5万元,把神童泾路改建成了一条漂亮的水泥路,村民们都笑称这条路是两村的"同心道"、"友谊路"。本报记者 沈敏岚。

(原载《新民晚报》2007年6月1日)

六、碛䃧村:1 700 年前的"福村"

碛䃧村:1 700 年前的"福村"

王 豪

档案

碛䃧村位于淀山湖镇南边,是永新村的一个自然村。村口有一棵 1 700 多岁的古银杏树,相传是吴王孙权母亲亲手所栽;相传小村还有一个福严禅寺(碛䃧寺),求仙拜佛很灵,小村因此成为远近闻名的"福村"。目前,该村有 104 户人家、321 人,去年人均收入突破 1.4 万元。

古树名桥　见证小村悠悠历史

驱车沿淀山湖镇向南行驶,不久就来到一个粉墙黛瓦、河从村中过的江南水乡小村。该镇宣传办的随行人员告诉记者,这就是碛䃧村,1 700 多年前就是一个远近闻名的文化村,一个人才辈出的江南"福村"。

来到小村边,一棵郁郁葱葱、枝繁叶茂的银杏树矗立在村口,似乎在为小村站岗放哨,又似乎在为小村遮风避雨。记者在这里看到,为了保护这棵树,树根周围被砖块垒起的矮墙围了起来。一位上了年纪的村民告诉记者,2004 年江苏省向社会公布一级珍贵古树名录,其中最老的"寿星"就是这棵长在淀山湖镇碛䃧村 1 700 多岁的古银杏树。淀山湖镇建管所有关人员说,自从这棵银杏树被定为省级古树名木后,省园林部门专门为之建立档案,每年定期给它"体检",并规定无论个人或者单位一律不允许随意对其破坏、随意迁移,违者将受到法律严惩。

站在这棵银杏树下,仰望已经经历 1 700 多年风霜雪雨,仍然郁郁葱葱、枝繁叶茂的大树,记者不免慨叹大自然的伟大。站在树下向南眺望,两座并列的小桥映入记者眼帘,一座古桥爬满了青藤,已经闲置不用;另一座新桥取代了老桥的功能,承载过往人员和车辆的通行。村里人告诉记者,那座古桥叫崇福桥,同样具有千年历史。

如今走在这个具有千年历史的小村里,抚摸着千年古树的沧桑,吹去千年老桥上的尘土,听着老人对历史传说的讲解,仿佛回到了小村充满传奇的过去——

相传,早在 1 700 多年前,碛䃧村就有一座寺院,以后发展成碛䃧寺,又称福严禅寺,是中国宗教历史上最早的寺庙之一。那时,吴王孙权的母亲经常到福严禅寺去烧香祈福。当年,她曾在这庙里吃过一顿斋饭,喝过一碗甘泉,还亲自栽下一棵银杏树,并为尚未出生的女儿(后来取名孙尚香)祈愿。千年沧桑、风雨侵蚀和战乱兵火,原来孙权母亲烧香拜佛的福严禅寺,如今已经荡然无存,但孙权母亲亲手栽下的那棵银杏树,却依然屹立在古刹旧址,犹如挺立在淀山湖畔的长者,经历过封建朝代的盛衰兴亡,感受经济文化的升降起落。相传小香花桥为碛䃧寺内的小石桥,小巧玲珑,独具匠心,可称得上袖珍拱形桥。据说,碛䃧寺当年香火旺盛,庙会人山人海,来自四面八方的善男信女趁机到此桥上一轧为快,便能喜结良缘。"福寺、福桥、福村"由此盛传开去。

名寺名人　代表小村千年文化

如今,在碛䃧村采访,无论老人或者年轻人都不能讲清楚到底是碛䃧村是因碛䃧寺而得名,还是硚碛寺因硚碛村而得名,但是,站在这个古老而焕发生机的小村,你有听不完的关于寺庙文化的故事——

对福严禅寺有所研究的淀山湖镇党校张觉耿老师告诉记者,福严禅寺在中国宗教文化史上具有规模大、规格高的特点。据说,该寺是三国时期吴国开国国君孙权亲自所建,具有王家寺庙的特点,鼎盛时期,硚碛寺占地3 000多亩,共有八大殿、七大堂、六名阁、五景亭,有厢房5 048间,僧众达4 000余人。寺庙中的子嗣井位于古银杏东百步,引淀山湖水,汇度城潭泉,井水甘甜。据说,饮了子嗣井水,纳入古银杏散发的灵气,再到祈嗣殿拜上一拜,求子要女的善男信女们便能如愿以偿。因此,四乡八里的香客纷纷慕名而来,硚碛寺香火常旺,名声远播。历史上淀山湖周边的人们都将该寺作为有求必应、实现心中理想之地,留下了不少到这里烧香拜佛许愿都能够应验的传奇故事。

硚碛寺旺盛的香火,催生了硚碛寺庙会。每年到二月初,人们开始准备,将整个寺院装扮得富丽堂皇、流光溢彩。寺庙内的僧人,有的外出约请戏班,有的搭戏台、竖旗杆,忙得不亦乐乎。附近一些村镇也都行动起来,排练传统游春节目,如摇荡湖船、打连厢、踩高跷、挑香篮、千斤挑等。尤其是东道主硚碛村的人家,家家户户杀鸡买肉,备酒设宴,纷纷邀请至亲朋友去吃喜酒逛庙会。到了二月十九当天,当寺庙的晨钟敲响的时候,硚碛寺已一片欢腾,寺内寺外早变成人的海洋。庙会上既有各种特色产品出售,也有各种民间手艺人的绝活展示,各种风味小吃和土特产更是名目繁多,美不胜收;做梨膏糖的,还有做水豆腐凉冰水、捏面人等绝活。总之,庙会集市,琳琅满目,应有尽有,江南小村的繁华可见一斑。

旺盛的香火,繁华的庙会,孕育了繁荣的寺庙文化,养育了高僧名人。相传,福严禅寺内有两位高僧,一位叫至讷、一位叫景燮。据史书记载,至讷,法名无言,善于赋诗作词、演唱戏文,善交朋友,且友人中多为当时的名人雅士,每当朋友相聚,至讷一定到场,饮酒作诗其乐融融。至讷生存的元代,正值昆曲在昆山形成时期,至讷爱唱戏,他主演的《兰亭记》《西园记》,深受乡民喜欢。由于至讷对于戏曲的积极倡导,自此,四乡八村就有了演戏看戏的习俗,淀山湖人喜欢看戏的习俗流传至今。景燮是明代僧人,具有极高的诗词造诣。昆山明朝进士叶盛与景燮过从甚密,私交甚好,成为忘年之交。

历史名村 人才辈出今胜昔

悠久的历史,厚重的文化,让硚碛村自古以来就是一个殷实富庶的江南小村。特别是改革开放以来,党的富民政策极大地调动了硚碛人发家致富的积极性,在古银杏周边,硚碛人办起了木器厂、卫生用品厂。据村民说,硚碛村生产的卫生用品最辉煌的时候曾经远销欧美,还赚了不少外汇。记者在村边、在古银杏树旁边看到了硚碛人开办的"硚碛小市",在这里,人们可以买到吃的、用的、穿的,样样齐全,不亚于镇上的小商品市场。在这里,让人感受到具有文化品位的硚碛传人,正在用辛勤劳动创造着今日的辉煌。

硚碛村是永新村的一个自然村。永新村党总支书记沈兴珍告诉记者,目前硚碛村共有104户人家、321人,去年人均收入突破1.4万元。"硚碛村自古出人才,现在也是远近闻名的老板村、秀才村。改革开放以来,这个村已经涌现了多个农民企业家,27名农家子弟通过努力考上了大学本科。"沈书记兴奋地介绍着。

在淀山湖镇采访,记者得到这样一个信息,随着淀山湖旅游度假区的开发和建设,充满人文魅力和宗教文化的古碛磲寺遗址的恢复重建工作正在被提到议事日程上,将作为旅游度假区一个重要的文化古迹进行开发和保护。该镇一位负责人充满信心地说:"碛磲村的未来会更加美好,碛磲人的明天会更加灿烂;古老的碛磲文明将重新焕发生机,文化名村将会更加灿烂辉煌。"

(原载《昆山日报》2010 年 8 月 30 日 B1 版)

七、碧水蓝天入画来

高举"绿色淀山湖,生态现代化"旗帜,淀山湖镇开展环境提升工程——

碧水蓝天入画来

(《昆山日报》记者张欢)"碧水千河扬长帆,蓝天白云飘纸鸢。草长莺飞千山绿,人与江山共画卷。"淀山湖镇拥有得天独厚的自然优势,近年来,该镇在经济发展的同时,生态环境建设比翼齐飞,特别是在率先基本实现现代化的决胜之年,淀山湖镇精心打造现代产业发达、百姓生活幸福、生态人文宜居的"新江南特色镇","绿色淀山湖,高举生态现代化"旗帜。清新秀丽的田园村庄,清澈蜿蜒的涓涓细流,一个个绿地公园镶嵌在镇区,绿叶青翠,花香宜人……一个人与自然不断和谐的生态家园正渐渐显山露水。

村庄更秀丽

经过连月来的村庄环境整治,淀山湖镇永新村的六如墩自然村已面貌一新。今年 3 月以来,按照三星级康居村整治标准,淀山湖镇对六如墩村实施了高标准环境整治。根据村庄环境风貌对建筑物进行出新,体现地域及传统文化特色;对具有传统建筑风貌和历史文化价值的民宅、公共建筑进行保护和修缮;房前屋后进行绿化和美化,因地制宜建设村庄公共绿地,形成四季有绿、季相分明、乡土自然的绿化景观……整治后的六如墩村绿化覆盖率达 35% 以上,怪不得村民们都连声称赞:"整治后的村庄,环境面貌更加整洁,生态环境更加优良,公共服务更加配套,乡村特色更加鲜明。"

淀山湖镇共有 10 个行政村,58 个自然村,今年全部纳入村庄环境整治范围。记者了解到,在整治过程中,淀山湖镇自加压力,提升整治标准和水平,投入资金 7 350 多万元,计划完成三星级康居乡村 2 个、二星级康居乡村 3 个、一星级康居乡村 9 个、环境整洁村 44 个。"今年村庄环境整治工作时间紧、任务重,为此,淀山湖镇成立了村庄环境整治推进领导小组,建立联席会议制度,听取各村、各单位村庄整治工作开展情况汇报,研究分析工作中遇到的难点,及时部署落实处置方案。同时,加强宣传,动员广大农民和社会各界积极参与到村庄环境整治、维护和长效管理中来。"镇建管所相关负责人介绍说,在整治过程中,相关部门加强督查,严格执行村庄整治规划方案,对整治工作的进度和工程质量进行监督。目前,淀山湖镇已完成整治村庄 52 个,其中拆迁村庄 8 个,剩余整治任务也将于 7 月中旬前全部完成。

绿意更浓郁

绿色,常被人称为生态之魂。为加快生态建设,满足市民的需要,在率先基本实现现代化的决胜之年,淀山湖镇大举兴绿,不断营造绿色葱茏的城镇景观,为广大淀山湖镇人民送上绿

色福利。

北岸公园工程是淀山湖镇的一项重点工程,整个公园设计以淀山湖为依托,结合淀山湖镇特有的自然地理条件优势,打造一个近水、临水和入水的综合性文化、康乐、休闲、生态公园。结合一期工程建设,沿线绿化配套工程同步跟进。据了解,当前北岸公园一期绿化建设路段长4.5公里,包含进入公园的1.5公里银杏大道(双永路)和3公里的环湖大道景观绿化工程及金家庄西侧生态林,总绿化面积为21万平方米,预算总投资约1亿元。记者在现场看到,道路两岸香樟、榉树、樱花、红枫等近50种绿化苗木相映成景,美不胜收。镇绿化所负责人员介绍说,建成后的淀山湖北岸公园将为市民提供一个丰富多样的度假、休闲、康乐、文化的好去处,更将成为淀山湖镇对接上海、服务地方经济发展、提升城镇形象的一张名片。

"绿色淀山湖,生态现代化",今年以来,淀山湖镇按照"生态、景观、长效"的定位要求,进一步提升绿化规划水平和建设要求,营造充分展现现代化气息的造林绿化重点工程。经过上半年的造绿、补绿工作,目前淀山湖镇已新增绿化总面积34万余平方米,改造绿化面积10万余平方米,总投资4 300余万元,完成市林木覆盖面积指标2 128亩的85%。

河道更清澈

淀山湖镇总体水面率在9%以上,河网水系众多,丰富的水资源和悠久的水文化是淀山湖得天独厚的优势。近年来,淀山湖镇大力实施"引湖入镇"工程,精心规划淀山湖滨水景观带,实施河道清淤等水环境整治工程,在全镇营造了清水长流、风光绮丽的河道景观。

道褐浦北起吴淞江、南至昆青交界,全长17公里,是淀山湖镇重要的圩外泄洪河道。市水利局将道褐浦苏沪高速以南段的10.5公里列入2011年度至2012年度市水利重点工程进行综合整治。"原本道褐浦两侧修建的是土堤,经过长年风雨冲刷,河道堤防标准开始下降,今年淀山湖镇在对该河道实施清淤整治的同时,对两岸挡墙、堤防实施再建。"淀山湖镇水利站相关负责人介绍说,道褐浦采用铝锌合金钢丝网填充碎石的格宾网形式修建生态挡墙,在保护水土的同时,更有助于沟通内外水系。目前,道褐浦河道疏浚、岸坡整治等工程均已完工,正在等待上级部门的验收。

据了解,今年上半年,淀山湖镇共完成生态挡墙17.8公里,河道疏浚9条,总长16.05公里,拓浚河道1条;生态修复河道17条,总长24.3公里;新增河道绿化面积22.5万平方米;结合村庄环境整治,实施沉船打捞,共打捞沉船340条1 880吨,清理停用船只831条5 005吨,对全镇30座桥梁进行了刷新。此外,在汛期到来之前,对全镇32座站、88条闸进行了维修保养。下半年,"我镇还将对南榭麓江及民主中心河等河道实施综合整治,并对外来居住船进行综合整治。希望,通过我们的努力为淀山湖镇人民营造更加清澈、秀丽的水环境。"镇水利站相关负责人说。

(原载《昆山日报》2012年7月2日)

附:关于昆山市淀山湖镇永益村创建省级卫生村考核检查综合评价意见

根据昆山市爱卫会的申请,苏州市爱卫办组织有关专业技术人员组成省级卫生村考核检查组,按照"江苏省卫生村标准",于1997年12月13日至14日对昆山市淀山湖镇永益村创建省级卫生村情况进行了考核。检查组通过听取汇报、查阅资料和现场检查,对永益村的创建工作有了比较全面的了解。现将综合评价意见通报如下:

永益村党支部村委会把创建工作放到加强农村精神文明建设、优化投资环境、强化秩序和管理,及为民办实事、改善人民的生活质量的高度来发动群众,统一认识。近两年来,不断加大宣传和措施力度,先后制定改厕补贴政策,禁止散养家禽家畜和禁止在河内倒马桶规定,并成立环境清理小组进行日常监督管理,定时上门收集农户的生活垃圾,使永益村的卫生工作和整体环境质量都上了一个新台阶。

现场检查表明,永益村党政领导高度重视爱卫和创建工作。爱国卫生和创建组织网络健全,制度详细、实用,分工明确,责任到人,措施落实,全村性的创建动员和清理活动声势大,效果好。健康教育工作计划周详并有明确目标和奖励措施,教育形式多样,有固定的宣传橱窗,定期更换内容,村民健康教育知识普及率达100%,基础健康知识知晓率达100%,村民基本健康形成率达85%。重视卫生基础设施建设,先后投入55万多元,完成道路硬化、建造公厕等,目前永益村各自然村环境整洁,道路平整,村舍前后堆放整齐。资料表明,村民自来水普及率达100%,卫生户厕普及率达94.9%。除害防病有成效,每年春秋两季开展灭鼠活动,把鼠密度控制到标准以内,1996年被镇爱卫会命名为"灭鼠达标村",严格控制固定性滋生地,采取药物喷洒、工具诱捕双重措施,有效地降低了四害密度。村卫生室1989年被昆山市卫生局评为乡村合格卫生室。四苗覆盖率达100%,1996年传染病总发病率为142/10万,1997年1~11月未发生传染病病例,全村未发生脊髓灰传染病病例,无流行性出血热的发生,无肠道传染病的暴发流行,企业劳动卫生工作规范,基本无重污染企业,未发生有毒有害中毒事故。

综上所述,永益村已达到"江苏省卫生村"标准的基本要求,建议苏州市爱卫会予以命名,并报省爱卫会备案。

检查组衷心希望,永益村不断巩固已取得的创建成果,进一步加快绿化建设步伐,提高绿化覆盖率,进一步加强道路硬化建设,总结并完善村民农户保洁桶和专业清运队制度的特色,全面提高环境质量,为把永益村建设成为文明、有序、优美、富裕的社会主义基本现代化新农村而不懈努力!

江苏省卫生村苏州市考核检查组
1997年12月14日

第十五章 荣 誉

第一节 集体荣誉

据不完全统计,1995~2013年,永新村域获江苏省级、苏州市级、昆山市级、淀山湖镇级先进集体共49项。

永新村域先进集体一览表(按级别排列)

据不完全统计,1995~2013年,永新村域获省级先进集体5项,见表15-1-1;获苏州市级先进集体8项,见表15-1-2;获昆山市级先进集体18项,见表15-1-3;获淀山湖镇级先进集体18项,见表15-1-4;合计49项。按年度分,1995年1项,1997年4项,1998年3项,1999年2项,2002年2项,2003年1项,2004年1项,2005年1项,2006年9项,2007年8项,2008年2项,2009年1项,2010年5项,2011年4项,2012年4项,2013年1项,合计49项。

表15-1-1　　　　　1997~2007年永新村域省级先进集体一览表(5项)

年度	获奖单位	荣誉称号	授予单位
1997	永益村	江苏省卫生村	江苏省爱国卫生运动委员会
2006	永新村	江苏省村庄建设整治示范村	江苏省建设厅
2007	永新村	江苏省生态村	江苏省环境保护委员会
2007	永新村	江苏省卫生村	江苏省爱国卫生运动委员会
2007	永新村	档案工作二级单位	江苏省档案局

表 15-1-2　22006~2013年永新村苏州市级先进集体一览表(8项)

年度	获奖单位	荣誉称号	授予单位
2006	社区服务中心	2005—2006年度苏州市供销社系统先进集体	苏州市供销合作总社
2006	永新村	民主法治村	苏州市司法局、民政局
2007	永新村	"全国亿万农民健康促进行动"苏州市先进村	苏州市"行动"领导小组
2007	永新村	民主法治村	苏州市司法、民政局等
2010	农地股份合作社	苏州市十佳农村新型合作经济组织	苏州市委、市政府
2011	永新村	苏州市公共文化服务优秀村	苏州文广新局
2012	永新村	苏州市规范化村(社区)人民调解委员会	苏州市司法局
2013	永新村	苏州市美丽镇村建设示范村	苏州市委、市政府

表 15-1-3　1995~2010年永新村域昆山市级先进集体一览表(18项)

年度	获奖单位	荣誉称号	授予单位
1995	永益村	昆山市"六有十无"双文明村	昆山市委、市政府
1997	永益村	昆山市两个文明建设先进村	昆山市委、市政府
1997	永益村	昆山市社会治安综合治理先进单位	昆山市委、市政府
1997	永益村	昆山市"安全文明村"	昆山市综委、公安局
1998	永安村	昆山市"安全文明村"	昆山市综委、公安局
1998	永益村	昆山市"安全文明村"	昆山市综委、公安局
2004	永新村	实施"三有工程"先进集体	昆山市委、市政府
2006	永新村	昆山市"民主法治示范村"	昆山市依法治市领导小组
2006	永新村	2003—2006年度人口和计划生育先进集体	昆山市委、市政府
2006	永新村	2006年度农村环境综合整治先进单位	昆山市委、市政府
2006	永新村	昆山市精神文明建设特色村	昆山市文明委
2007	永新村	村庄绿化示范村	昆山市绿化委
2007	永新村	十佳卫生村	昆山市爱卫委
2007	永新村	实践"三个代表"实现两个率先先锋村	昆山市委
2008	永新村	昆山市级学习型社区	昆山市社区教育办公室
2008	永新村	社会治安综合治理(平安建设)先进单位	昆山市综合治理委员会
2009	永新村	2006—2009年度社区矫正工作先进集体	市社区矫正工作领导小组
2010	永新村	2008—2010年度昆山市零犯罪社区(村)	昆山市综合治理委员会等

表 15-1-4　　　　1998~2012 年永新村域淀山湖镇级先进集体一览表(18 项)

年度	获奖单位	荣誉称号	授予单位
1998	永安村	淀山湖镇社会治安综合治理先进单位	淀山湖镇党委、镇政府
1999	永益村	淀山湖镇社会治安综合治理先进单位	淀山湖镇党委、镇政府
1999	永益村	先进党支部	淀山湖镇党委
2002	永新村	社会治安综合治理先进单位	淀山湖镇党委、镇政府
2002	永新村	征兵工作先进单位	淀山湖镇政府
2003	永新村	社会治安综合治理先进单位	淀山湖镇党委
2005	永新村	先进党总支	淀山湖镇党委
2006	永新村	先进党总支	淀山湖镇党委
2006	永新村	社会治安综合治理先进单位	淀山湖镇党委、镇政府
2010	永新村	先进党总支	淀山湖镇党委
2010	永新村	2010 年度综治(平安)建设先进集体	淀山湖镇党委、镇政府
2010	永新村	"一村一品"第八套健身操团体赛桂花杯	淀山湖镇政府
2011	永新村	先进党组织	淀山湖镇党委
2011	永新村	2010—2011 年度敬老、爱老、助老先进集体	淀山湖镇党委、镇政府
2011	永新村	"一村一品"24 式太极拳团体赛桂花杯	淀山湖镇政府
2012	永新村	2010—2012 年度人民调解工作先进集体	昆山市司法局
2012	永新村	"一村一品"柔力球展示活动组织奖	淀山湖镇老龄委
2012	永新村	九运会女子 4×100 米接力赛第二名	淀山湖镇政府

第二节　个人荣誉

1964~2012 年,永新村域获各类先进个人称号共 56 人次,见表 15-2-1。

表 15-2-1　　　　　　1964~2012 年永新村域先进个人一览表

年度	单位	姓名	荣誉称号	授予单位
1964	永益村	张品荣	昆山县回乡知识青年积极分子	昆山县政府
1995	永安村	王惠泉	优秀共产党员	镇党委
1995	永益村	张仁其	优秀共产党员	镇党委
1995	永生村	王品龙	优秀共产党员	镇党委
1997	永益村	翁福明	综合治理先进个人	镇党委、镇政府
1998	永益村	朱三林	昆山市十佳文明家庭	昆山市委、市政府
1998	永安村	王大奎	综合治理先进个人	镇党委、镇政府
1998	永安村	王大奎	优秀共产党员	镇党委
1998	永安村	沈兴珍	优秀共产党员	镇党委

续表

年度	单位	姓名	荣誉称号	授予单位
1998	永益村	吴阿五	优秀共产党员	镇党委
1998	永益村	罗福泉	优秀共产党员	镇党委
1998	永生村	陈耀芳	优秀共产党员	镇党委
1999	永安联合	沈兴珍	优秀共产党员	镇党委
1999	永生村	张林元	优秀共产党员	镇党委
1999	永益村	吴阿五	优秀共产党员	镇党委
1999	永益村	吴宝娥	计划生育先进工作者	镇政府
1999	永安联合	冯宝英	计划生育优秀宣传员	镇政府
1999	永安联合	沈兴珍	计划生育先进工作者	镇政府
2000	永安联合	冯引根	优秀共产党员	镇党委
2000	永安联合	沈兴珍	优秀共产党员	镇党委
2000	永益村	瞿培祖	优秀共产党员	镇党委
2000	永生村	王阿大	优秀共产党员	镇党委
2001	永新村	孙小平	农业税纳税先进个人	镇政府
2001	永新村	郁海龙	农业税纳税先进个人	市政府
2001	永新村	沈永贤	农业税纳税先进个人	镇政府
2001	永新村	王仲青	农业税纳税先进个人	镇政府
2001	永新村	冯引根	优秀共产党员	镇党委
2001	永新村	张金泉	优秀共产党员	镇党委
2001	永新村	沈建高	优秀共产党员	镇党委
2001	永新村	倪春荣	优秀共产党员	镇党委
2002	永新村	翁福明	老龄工作先进个人	镇党委
2003	永新村	吴阿五	党员先锋岗	镇党委
2003	永新村	张其龙	党员先锋岗	镇党委
2003	永新村	柴祖林	党员先锋岗	镇党委
2003	永新村	吴宝娥	综合治理先进个人	镇党委、镇政府
2004	永新村	王大奎	党员先锋岗	镇党委
2004	永新村	王阿大	党员先锋岗	镇党委
2004	永新村	赵根夫	党员先锋岗	镇党委
2004	永新村	吴阿五	党员先锋岗	镇党委
2004	永新村	柴祖林	党员先锋岗	镇党委
2005	永新村	王大奎	综合治理先进个人	镇党委、镇政府
2005	永新村	屈福奎	党员先锋岗	镇党委
2005	永新村	冯引根	党员先锋岗	镇党委
2005	永新村	张其龙	党员先锋岗	镇党委
2006	永新村	王大奎	"十五"期间计生先进个人	镇党委、镇政府

续表

年度	单位	姓名	荣誉称号	授予单位
2006	永新村	张三宝	"十五"期间计生优秀宣传员	镇党委、政府
2008	永新村	吴阿五	优秀共产党员	镇党委
2008	永新村	郁荣泉	优秀共产党员	镇党委
2009	永新村	沈兴珍	社会维稳工作先进个人	镇党委、政府
2009	永新村	罗福泉	优秀共产党员	镇党委
2010	永新村	马金元	优秀共产党员	镇党委
2010	永新村	沈建高	优秀共产党员	镇党委
2011	永新村	王文奎	综合治理和平安建设先进个人	镇党委、政府
2011	永新村	沈兴珍	优秀共产党员	镇党委
2011	永新村	陆志斌	优秀共产党员	镇党委
2012	永新村	罗福泉	昆山市老龄工作先进个人	市老龄委
2012	永新村	马金元	十佳农村宣讲员	镇党委

附 录

一、淀山湖的神奇传说

关于淀山湖的由来,自古至今流传着众多的传说和神奇的故事,即使地质学家和考古学家对此也众说纷纭,莫衷一是。也正因为如此,愈发使淀山湖蒙上了种种扑朔迷离的神奇色彩,吸引着古往今来无数的有识之士去深入探究,吸引着无数的文人墨客去吟咏和赞叹。

传说之一,由淀山湖的打头字,"淀"字乃积淀的说法而来。说的是几千年前此地原是一座古城,因地壳变动下沉而陷为湖。此说也不无道理。1958年,考古工作者在淀山湖底打捞出新石器时代的石器等400多件,有石刀、石矛、石犁、石纺轮;陶片有夹砂红陶、黑衣陶、印纹陶,还有龟版、战国钢铁等文物,可见淀山湖地区古代确有陆地。物换星移,时空变迁,沧海变桑田,经过长期的地质变化,涓流成河,小河成湖,淀山湖逐渐演变而成。根据科学的分析,由于"泻湖运动",地壳发生褶皱运动,在江南古陆上就缓慢地孕育着当时的淀山湖。

所谓"泻湖",是指在6 000年前,太湖平原由于受海潮侵蚀的影响,形成一个大海湾,随后受长江和钱塘江水的长期冲积,南北两大沙嘴不断增长,海湾才逐渐封闭而成泻湖。

随着对泻湖研究工作的深入,有人还提出太湖湖群构造成因说,称太湖平原约在250万年前,因地层构造下沉而形成湖盆,随后为数十米厚的湖相沉积物充填,才逐步形成今天这样的大型湖体。

据中国科学院南京地理研究所考证:太湖平原曾经历四个较大规模的湿热多雨时期。第一和第二时期在距今4 000年至6 000年前后。第三时期在距今2 000年至2 500年前后,温度比现在高1.5℃,降水量增大,平原河流泛滥频繁。战国至汉代,淀山湖才逐步形成。第四个时期是在唐宋时期,距今1 000年前后。

据《宋史·五行志》记载,当时仅苏州郡就有大小水灾16次之多,不少洼地积水成湖。(注:参见孙顺才等著:《太湖地形及现代沉积》一文,刊于《中国科学院南京地理研究所集刊》1987年第4期。)淀山湖周围大小湖荡的形成,可能就在这个时期。据顾炎武《肇域志》卷九云:"黄浦上源,自黄桥斜塘来,黄桥斜塘,自三泖来,其上为淀湖,为急水港,为白蚬江。"又据《祥符图经》载:"谷泖……周一顷三十九亩;古泖……周四顷三十九亩。"

宋朝以前,淀湖与谷水、泖湖等相连,因而淀山湖与泖湖都属古泖的范围。当时,史书关于泖湖的记载以及文人墨客歌颂泖湖的诗词,就包括淀山湖。

淀山湖初形成湖时,湖面甚广。今距淀山湖2.5公里处的淀山,当时耸立在湖中,可以想见湖面比今天不知要大多少倍。

至南宋时,淀山湖才与马腾湖、谷湖等相连而形成。可见那时的湖面宽阔,一望无际,气势磅礴,俊俏诡奇,谁也无法估量湖水的体积和规模。直到宋代以后,因海潮倒灌,水涝内积,泥沙淤塞,致使湖底淤泥不断受风浪侵蚀而搬迁、沉积,经历了一个由淤淀缩小湖面,而受风浪冲坍扩大湖面的变化过程。

至清代中叶,湖面的宽广仅是宋代时的十分之三,因此,淀山湖的成湖历史是久远的,与太湖的成湖时间差不多。

传说之二,在2 000多年以前,秦始皇统一中国后,曾下了一道圣旨,将10万囚徒遣送此地,强迫他们挖掘地表,以杀王气,历时数年,终于挖掘成湖。

当时的湖情,据北魏郦道元《水经注》称:"一江东南行七十里入小湖,为次溪,自湖东南出,谓之谷水。"

据《吴郡图经》记载:"在县西北七十二里,有山居其中,山之西曰淀湖,南接三泖。"又谓:"淀湖周,凡二百里,茫然一壑,不知孰为马腾湖孰为谷湖也。"这一历史记载,同样说明,古代淀山湖的面积比今天大了很多倍。

传说之三,淀山湖因湖中有淀山而得名。宋代以前并无淀山湖之名,至南宋绍熙年间,有一部由宋朝杨潜撰,清嘉庆十九年(1814年)由华亭沈氏古倪园出版的《云间志》的地方志书上,始见"薛淀湖"。

所称薛淀湖,与当时一些诗人常以九峰三泖的自然景色与湖光水色连在一起有关。"薛",指云间"九峰"的薛山;"淀",则以湖面逐渐冲积成淀而得名。

也有一种说法:当时淀山湖边蒿草丛生,水萍茂盛,名其"薛","淀"则是湖泊为浅的意思,故叫"薛淀湖"。

那么,淀山湖是山因湖名还是湖因山名?亦有几种不同的说法。一说是山因湖名。据杨嘉祐先生在《上海博物馆馆刊》创刊号上发表的《淀山湖的变迁与元李升〈淀山湖送别图〉》一文考证:"因水中有淀山,而称淀山湖,故名。又一说是因湖而名。"

据清光绪《青浦县志》载:"淀山因湖而名。"明代华亭人陈继儒有诗曰:"谁知石一拳,遥作九峰祖。"又称:"盖本郡诸山,皆自天目来,此山为始。山离湖日远,徙其巅,可望湖云。"

再有一种说法,淀山湖因上游水缓,湖中泥沙日积,渐成淤淀,故湖以淀名。此外,还有称淀山因在湖中,以"山""淀"合称为淀山湖。这些说法都有一定的道理。

传说之四,淀山湖因水质甘甜而得名。淀山湖,亦俗称甜水湖。古时湖面宽阔,水天一色,分不清哪里是岸,哪里是水。过湖船只顺风靠扯篷,逆风摇橹划桨。船工们为了歇歇力,解个渴,就舀碗湖水喝。一碗水喝下肚,细细品味甘甜无比,令人神清气爽,浑身疲惫全消,给人增添无穷的力量。久而久之,传来传去,过湖者往往随口将淀山湖称为甜水湖。

而在吴语中,"淀"和"甜"发音相同。将淀山湖称为甜水湖,也十分贴切地表达了当地人民群众对于淀山湖给予养育之恩的感激之情。

谈起淀山湖的由来以及历史变迁,论起家乡的优美,淀山湖镇还有一段家喻户晓、妇孺皆知并代代相传的美丽传说:

从前,有个叫殿山的小伙子,父母早逝,由于不堪忍受哥嫂的欺侮,他一气之下离家出走。

他扛了一把破旧的锄头和一把斧头走了很长的路,来到淀山湖边的一座小山脚下,只见湖水清澈见底,湖边泥土松软肥沃,非常适宜耕种,便决定留下来。于是,他砍来树枝和芦苇,搭了一间茅屋住了下来。

殿山很勤劳,在山脚下的湖边垦荒,饿了找芦根、野菜充饥,渴了喝甘甜的湖水。他手上起了血泡,还是咬着牙拼命干。一次,他翻转一块烂泥,发现了一条全身碧绿的小蛇,样子蛮可怜,就把它带回家,当个小伙伴喂养起来。小蛇慢慢长大了,殿山高兴地对它唱着山歌:"小宝贝啊宝贝乖,殿山跟你做知交,穷人不贪金银钱,只要白米填饥饱。"

说也奇怪,小蛇眯着眼摇摇头,从嘴里哗哗地吐了一堆白米出来。殿山又惊又喜,就烧了一锅喷香的米饭饱餐一顿。从此,殿山垦荒更有力气了,他还拿白米送给逃荒来的灾民,劝他们在此安顿下来。

几个月后的一天,殿山的哥哥嫂嫂哭哭啼啼寻来了。原来家里遭了大火,房子烧光,小侄儿也被活活烧死。殿山安慰了哥嫂,下湖捉了几条鱼,烧了白米饭。哥哥奇怪地问:"兄弟,才分手了几个月,怎么就吃上了白米饭?"忠厚老实的殿山就把事情原原本本讲了出来,哥嫂俩听得既眼热又眼红。

第二天清晨,殿山下地去干活了,黑心的哥嫂偷了那条宝蛇跑到一个镇上,看见两条大船停泊在港口,一个商人在叫喊着要籴米。夫妻俩马上迎过去说有。商人问他们有多少米?夫妻俩说要多少有多少。商人当场付了一袋银子为定金,要他们领去装米。几个人走上木船,殿山哥掏出宝蛇说:"米就在这里!"商人一见不觉大怒,一把揪住他骂道:"你这个骗人的捉蛇叫花子,还我钱来!"殿山嫂子忙赔着笑脸劝解说:"先生不要发火,是真是假,灵勿灵当场试验。"夫妻俩马上唱起殿山教的山歌,那条宝蛇果然从嘴里吐出了很多白米。商人和伙计都惊呆了。

商人心黑,怕米装不满船,起劲地叫喊:"越多越好!"两只船一会儿就载满了白米,由于超重,只听"壳托"一声,沉了下去。船上的人来不及逃命,全部溺水而亡,那条宝蛇也不知去向。

岸上人看见了,心里又气恨又伤心。殿山想想毕竟是亲骨肉,就捏了两个像哥嫂模样的泥人和一条泥蛇,放在树枝上焚化,表示哀悼。谁知火烧后的泥人和蛇,变得又红又硬,殿山脑筋一转,何不用泥土做成方块在火中烧硬,用来盖房子既坚固又保暖。于是,殿山就发明了烧窑。殿山死后,乡亲们为了纪念他,就把湖中的这座山称为殿山,因山较小,故又称小殿山,并把薛淀湖改名为淀山湖。

二、碛礇寺的传说

千年古刹碛礇寺,建在碛礇塘畔,碛礇寺因此而得名。

碛礇塘是一条美丽而清澈的河流,它流淌于江南小镇和乡村之间,以涓涓细流滋润着两岸的肥田沃土,为淳朴的村民孕育着一季季丰收的喜悦。碛礇塘是一条有着深厚文化积淀的河,在短短几里的流程中,横跨或倚建了五座雄伟精美的古代石拱桥。自西往东,依次有度城桥、善渡桥、白龙桥、小香花桥和崇福桥(又名大香花桥)。这五座石拱桥大小不一、形态各异、技艺精湛、别具匠心。碛礇塘虽然没有吴淞江、千墩浦那样闻名,但在淀山湖地区却是一条具有宗教、历史和人文特色的河流。碛礇塘的历史源远流长,谁也无法说清楚其存在的确切年代,而在它身上烙下了深深的历史记印。碛礇塘的西首,流经历史名镇度城,东首直连道褐浦。古刹碛礇寺,建在这条河畔,为碛礇塘这条本来名不见经传的河流增添了奇异的色彩,留下了神奇的民间传说。

碛碶塘，不仅桥多景美，而且人才辈出，俊杰甚多。据史书记载的历史人物，高中进士、举人或为官的有叶盛、王鉴、孙惠、王继孝和王文昌等人；精攻诗、画，造诣颇深的文人墨客有至讷、景燮、孙俊、金至善和庄乐等人；惩恶安良、英勇侠义的壮士有何英、叶苗等人。碛碶塘又是一条具有神秘色彩的河，在太阳的照耀下，波光粼粼，跳跃着满眼金黄色，当风生水起，犹如一条欲飞的神龙。

1. 僧济世觅风水宝地

相传东汉时期，有个名曰济世的西域高僧。一天，济世和尚云游到淀山湖碛碶塘畔，他一边缓缓而行，一边欣赏碛碶塘上的美景，越看越着迷，不知不觉便来到碛碶塘的最东首。突然，他被眼前一处罕见的特殊地形地貌惊呆了，放眼望去，此处江河密布，纵横交叉；大小田圩，错落有致，巧妙组合，而且比别处明显高出一截，远远看去似偌大而高筑的平台，更像是碛碶塘这条欲飞的神龙高昂的龙首。在这里，不论是地上或河上，到处轻雾弥漫、紫烟缭绕，朦朦胧胧之中，似有龙脉若隐若现，道道佛光在闪烁……济世兴致勃勃，不由移步高地，极目远眺，顿觉天高地远，视野无际，淀湖风光，尽收眼底，仿佛青松（青浦、松江）、嘉湖（嘉兴、湖州）及八百里太湖全在此一览之中。

济世和尚看过大地，又观天象，不禁发现此处中午时分的日影非同一般。他便用双手仔细比画着测试，测得的日影正好是一尺五寸长，而这正是《周易》中所描述的大地的中央，难得的风水宝地。济世和尚心旷神怡，徜徉在这片神奇的土地上，久久不愿离去，不由得自言自语地惊叹道："此乃风水宝地，是我久久寻觅的吾佛理想之圣地矣！"

2. 张员外舍房建寺庙

济世和尚如痴如醉地迷恋上这块风水宝地后，就一连几天在碛碶塘畔转悠，不离不弃，像在探索什么秘密，又像在谋划一个重大的工程。一天，忽然从村里传来一阵阵木鱼声，济世循着木鱼声来到一家高墙大院。一打听，原来是村里首富张员外的家。张员外有良田四千多亩，家产百万，房屋四进数十间。张员外的刘氏夫人一连生了六胎都是女的。娶了一房姨太太，又生了两个女儿。求子心切的张员外无奈，向外放出话来，如果谁有办法能让张员外喜得儿子，他肯舍一半田产赠送作酬谢。济世又听人说，张员外是个善良厚道的人，慷慨大方，只要村里有遭灾受难的人家，他总是主动解囊救助。村西和村北的两座石板桥，也是他募捐建造的。张员外得到了村民的尊敬和赞扬。经人通报，张员外得知济世和尚数天来一直在村边转悠，猜想这老僧一定有些来历，这回来到自家门前，何不请他解解自己求子的心结。于是，张员外整整衣衫，彬彬有礼，亲自出迎，把济世接进大宅。张员外在花厅茶室亲自为济世泡茶。一阵寒暄后，张员外道出了自家家境的富裕和求子无望的苦衷。交谈中济世得知，张员外为求得一子，宁舍一半田产。济世称赞道："施主如此慷慨大度，你的心愿可遂也。"济世接着说："施主的府邸乃蛟龙之脉也。若能舍房屋建寺庙，定能保佑你家子孙满堂，世代安康，还能造福一方百姓。不知施主是否肯为之？"张员外听后，立即应允："舍得，舍得，就按照大师的指点办！"

在济世的指点下，张员外不日就另择新宅，将旧宅拆除，建成一座寺庙。因这寺院建在碛碶塘边，人们就称其为碛碶寺。济世为第一位住持。说来也真是灵验，在碛碶寺建成后的第二年，张员外夫人与姨太太果然各得一子，张员外实现了求子心愿。

消息传开，碛碶寺香火旺盛，善男信女慕名而来。寺院内的祈嗣井水据说能医治百病，井水几乎被村民吊空。欲求子求女的,除病消灾的,络绎不绝。从此,碛碤寺名扬四海,越传越神。

3. 孙夫人寺院栽银杏

有一年,孙坚夫人(后来三国时期的吴国太)到姑苏省亲,得知东南淀山湖畔的碛碤寺非常神灵,便慕名前往烧香拜佛。一来求龙凤双全,二来求菩萨保佑孙氏父子平安,成就立国大业。孙夫人一行清早从姑苏出发,中午时分已赶到碛碤寺。寺僧立即向内通报,早有预料的寺主济世快步到门口迎接孙夫人,道:"受佛祖指使,老衲已等候多日,今早上见小寺上空,神鸟盘旋鸣叫,老衲便知今日贵人必到,故吾已使唤寺僧早做准备。不知夫人是行佛事还是……"孙夫人道:"当然先拜佛祖。"于是在济世的引领下,孙夫人移步祈嗣殿,亲自点上满斤重的印度顶尖香蜡烛,闭目合手,双膝下跪,虔诚地向佛祖参拜,孙夫人对佛祖的一片诚心,深深地感动了济世和僧众。接着,在济世的请求下,孙夫人在寺院中栽下一棵碗口粗的银杏树,又亲自为它培土浇水,然后系上红绸带以示吉祥。

离开院子,孙夫人对济世说:"贫女还有一事,想请教大师,不知大师方便否?""夫人有何要求,只管吩咐就是,老衲定当尽力。"于是,两人又来到侧室,济世和孙夫人坐定后,寺僧送上手巾、香茗。孙夫人品上一口清香四溢的香茗后说:"大师,我生长子策时梦见月,生次子权时梦见日,不知何因?"济世说:"月为太阳之精,以之配日,女主之像以之比德。这梦中之月,既昭夫人之身,又昭策之相。日月均为太阳之精,是生养之恩德,人君之像也。次子权乃'天权',北斗之中,本是吴。'是天理,伐无道',乃天意也。"孙夫人听后,若有所思,然疑曰:"难道……"济世接着说:"自汉以来,扫帚星已四次光顾,乃汉室气数衰竭之像。近来南斗星不明,大小失次、芒角、动摇。则汉室失政,天下多忧之兆也。夫君帮扶汉室之意纯真,何乃汉室气数已尽不可复兴也。"孙夫人问济世:"那孙氏该如何是好?""取江东联合抚之,业成也。"孙夫人听罢即起身作揖致谢。济世边还礼边起身,说:"此乃天意本不可泄,但为了江东百姓之安康,老衲只是奉佛祖旨意行事罢了。"

济世指着神树,对众僧说:"此乃镇寺之柱,碛碤寺为救苍生而立,往后碛碤寺若有磨难,只要神树在,镇寺之柱不倒,则碛碤寺的兴旺指日可待。"

孙夫人听了济世大师的一番言语,欣喜不已。她此次碛碤寺之行,高兴而来,满意而归。

4. 吴国太开建第一寺

那次孙夫人乘到姑苏省亲之机,专程到昆山碛碤寺烧香拜佛、许愿的一片虔诚之心终于得到回报。几年后,孙夫人果然生得二女,实现了她龙凤双全的心愿。

过了几年,孙夫人又一次到姑苏省亲,为的是顺便到昆山淀山湖畔的碛碤寺去还愿。她要去看望一下亲手栽种的那棵银杏树,还要为碛碤寺菩萨重塑金身。

然而,先遣人马到碛碤寺实地一看,心都凉了。寺院只留下一株银杏树和几间破屋,遍地是颓垣断壁、荒草丛生,甚是凄凉。侍从赶上孙夫人车队,把所见的碛碤寺衰落情况一一告诉了孙夫人。孙夫人听后心情沉重,沉默良久。随后,孙夫人一声叹息,吩咐车队打道回苏。打那时起,孙夫人就一直把"慈建碛碤寺"一事珍藏在心中。

几年后,东汉灵帝亡。董卓擅揽大权,横行于京城。各州郡纷纷兴兵讨伐董卓。孙坚也同时举兵。孙坚征讨荆州刘表,刘表派黄祖阻击于樊、邓一带。孙坚将其攻破,并追杀过汉水,然后将其围攻于襄阳,单马行岘山,不料被黄祖军士射杀,时年37岁。孙坚死后,18岁的儿子孙策继承大业,开疆辟土,七八年里拿下江东六郡。英武的孙策像他父亲一样英勇善战,但也骄

傲轻敌,后来被吴郡太守门客设计射中脸部。孙策遇刺后,因见不得自己脸部破相,要面子的他,大吼一声,创口突然破裂,当夜死亡,时年26岁。临终前,孙策问母亲:"我后三弟中谁能继我?"孙夫人说:"十几年前,我到姑苏省亲,去姑苏东南的碛碨寺拜佛,那位主持济世乃高人也。这十几年来,发生的事好像都在他预料之中。他说,我有扶君携子之相,孙氏儿辈中有帝王之人,孙氏当立宏志,权宜也。"

孙策肚里清楚,时下凭我江东集团的政治资源和军事实力,下一步也只能先保江东而后观成败。因此,更需要的是政治才能,老成图谋。济世所说"权宜"莫非就是吾弟孙权宜当重任么。母子看法一致,不谋而合,就此拍定。随即叫来张昭、鲁肃等人。孙策对他们说:"中国方乱,夫以吴越之众,三江之固,足以观成败,公等要善待吾弟。"然后把印绶给孙权戴上。

孙权即位后,在张昭、鲁肃诸公的相助下,吴国基业日趋稳固。

一天,已为国太的孙夫人忽然想起对碛碨寺还愿一事,就叫来孙权。将十几年前去碛碨寺的情景向他细说了一遍,并说孙氏有今日这一天,离不开碛碨寺高僧济世的指点,我理应前去还愿。孙权点头称是。母子俩商议起筹建碛碨寺的事。孙权向母亲当场拍板,决定立即开建天下第一寺——碛碨寺。

孙权下拨大笔建寺银两,派一礼臣走访天下名刹,描图画样,博采众长,要求建筑师精心设计,反复论证。他又亲自审定建筑方案,并指派一位官员负责监管碛碨寺的建造。

吴国太开建天下第一寺,历时三年,耗银数百万两。重建的碛碨寺,规模宏大,气势雄伟。庞大的建筑群,东西狭,南北长,全长达1 000米,占地2 000多平方米。山门在庄里,后移至碛碨村北。共有厢房5 048间,有八大殿、七大堂、六名阁、五景亭等。碛碨寺内,如来佛、观音菩萨、四大金刚、五百罗汉等佛像,塑造得个个栩栩如生,或笑口常开,或慈眉善目,或威武严肃,那五百罗汉各具神态,尽显人间喜、怒、哀、乐。

5. 碛碨寺钟声传漕江

重建的碛碨寺,万事俱备,只欠大钟。方丈借吴国太巡视之机,对吴国太说:"吾寺规模宏大,气势雄伟,原来那口挂钟,显得不很得体,需要重塑大钟,你看如何?"吴国太看看旧钟,感到方丈说得有理,会意地点了点头。经过商议,决定铸造一个直径3米左右的大铜钟,悬挂在大雄宝殿东北方位,让碛碨寺庙的钟声在十里路外依旧清脆响亮。

于是,方丈请来一位铸钟大师,经过九九八十一天,大师把寺钟铸造得美观大方,钟体外壁铸有密密麻麻的头像,钟面上镌有记述铸钟缘由的铭文和捐资修寺者姓名。钟体顶部系链挂当,铸成龙体。据传,当时杭州大批香客赶赴碛碨寺烧香拜佛,后深感路远不便,众香客募资仿照碛碨寺建灵隐寺,而寺内大钟,按照规矩,不得大于碛碨寺钟。

寺内大铜钟铸成后,铸钟大师告辞回家,方丈急切地问:"大师,寺钟钟声能传多远?"铸钟大师诡秘地对方丈说:"一切有为法,如梦幻泡影,如露亦如电,应作如是观","你一口气能跑到哪里,钟声就能传到哪里!"方丈闻之,半信半疑。

第二天,铸钟大师告辞方丈,离别前,铸钟大师再三告诫方丈,欲试钟声有多远,务必方丈亲自出动,途中尽量不要停留。说完,铸钟大师离开了碛碨寺。方丈让一位和尚撞钟,自己径直向南往角里(朱家角)方向走去。方丈但愿钟声传得越远越好,不顾自己年迈体弱,一个劲儿向前快步行走,近一个时辰,方丈步行到12里外的朱家角井亭港漕江河北岸,终因暂无渡船,又因急于解手,站立漕江北岸,短暂停留。正当方丈试图寻找渡船之时,只觉得钟声渐渐减轻,方丈想:"莫非铸钟大师有灵气,试试我方丈能耐如何?处事能力如何?"于是,解手之后,他立即小跑前去寻觅渡船,忽见一渔船由西向东缓缓而来,急忙叫唤渔夫借舟渡河。渔夫是一位热心人,见方丈急切之情,火速向北岸靠拢,方丈一跃上船,渔夫使劲划桨,向漕江河南岸冲去。方丈到达漕江河中心,钟声渐隐,直至消失,方丈有点懊悔。懊悔之余,方丈突然领悟到,铸钟大师定是神仙,已经给了我诚心诚意的碛礩寺方丈一个很大的面子。后来,在方丈漕江渡河听钟声的地方,建起了一座五孔石拱放生桥。于是,碛礩寺大钟的声音传到十里路外朱家角漕江河放生桥的故事,代代相传。

6. 孙汝权喜舍碛礩寺

陈元模在《淞南志》中记载:"福严禅寺,在碛礩塘西(注:原作者笔误,实为'在碛礩塘东'),相传建自吴大帝赤乌年间。宋祥符中敕赐寺额,宋南渡后重修。殿堂上书吴郡孙汝权同妻钱玉莲喜舍。"

南宋以来,孙汝权与钱玉莲的爱情故事在江南民间广泛流传,人们像享受一道美味佳肴一样津津有味。《孙汝权喜舍圆通宝殿》就是孙汝权与钱玉莲爱情之旅的真实写照。

孙汝权,温州人氏,出身豪门,与友王十朋同为南宋进士,自幼聪明好动。长大后,因家族富庶,喜欢交友玩耍,闲时也去青楼逛逛。一日,得与名妓钱玉莲相识。钱玉莲虽为青楼女子,但出身也算名门,只因哥哥惹上了一宗官司,被官府抓走,为救哥哥早日保释,钱玉莲无奈去陪某官吏喝酒,不料醉倒,不知不觉误入青楼。孙汝权见钱玉莲长得修长苗条,娇美灵秀,宛如一朵出水芙蓉,夺人眼球。一双水灵灵的笑眼透着诱人的魅力。而且,她气质高雅,谈吐自如,孙汝权为之倾倒。钱玉莲见孙汝权清逸英俊,敦尚风谊,穿着得体,气度不凡,是她难得一见的美男子。

孙汝权和钱玉莲一见钟情,产生了爱慕之情。一夜良宵,相互知根知底,心中激起层层爱的涟漪。孙汝权发誓要娶钱玉莲为妻。钱玉莲虽心底里暗自高兴,但一想到自己是青楼女子,难与他匹配,出自对孙汝权仕途的考虑,只得婉言谢绝。孙汝权深知钱玉莲心思,他深情地表白:"我孙汝权虽狂,却也知名义,我爱你,不仅为美貌,更为你能为我知音。虽仅一夜情会,却已令我深受感悟。你不是一个普通的青楼女子,而是一个有情义、豁达开朗、颇有见识的名门女子,你是我所追求的理想之人。"

钱玉莲为孙汝权的真心所感动,对孙汝权动情地说:"孙郎之心,我理解,你若真心爱我,一定要发奋读书,首先求得功名,玉莲等你就是了。"

事后,孙汝权说到做到,扎扎实实,用心苦读。第二年,孙汝权金榜题名,成为南宋进士,任苏州刺史。

再说,钱玉莲怎么也没想到,自己无奈之下跌入红尘,却未料今遇见个痴情郎,使她郁结在心田的阴云突然散去,封冻的冰层一夜消融。这是否是神灵在冥冥之中的安排。这时,她开始相信,人生一切都有定数,都有机缘。她要感恩上帝,感恩神灵。就是这种感恩的心理,促使她一直在思考:该以何种方式、到何处去实现自己的心愿呢?于是,她到处打听,寻找机遇。一次,她同母亲去桐庐探亲,听人说吴国太曾到苏州东南的碛礩寺烧香拜佛,实现了她求女得女、龙凤双全的心愿。钱玉莲听后,欣喜不已。第二天,她就负香载烛,第一次走进了"天下第一寺"——碛礩寺。

到了碛礩寺,钱玉莲缓步而入。寺院里飘散着浓浓的香火味,僧人在做法事,一种天籁般

的乐声萦绕在她的耳际。对音乐有着特殊感觉的她,被深深地吸引和感动。她更觉得大千世界多么美妙灵动,万物众生多么生机勃勃。钱玉莲怀着满心喜悦,移步来到观音菩萨前,神情肃穆专注,小心翼翼地供上满斤重的蜡烛和檀香,然后闭目合手,默默地向神灵祈祷。此刻,她似进入了一种梦幻境界。从这一天起,钱玉莲开始虔诚向佛,以自己年轻的灵魂皈依佛祖。

孙汝权和王十朋既是同榜进士,又是同乡,更是无话不谈的好友。一日,孙汝权特地到王十朋府上拜访,说出了自己要娶钱玉莲为妻的想法。王十朋先是劝导,后来在得知他俩一番感情经历后表示同情。但又说:"不管怎样,你是朝廷命官,娶青楼女子,总是不妥。"

孙汝权说:"只要你肯出面帮这个忙,就没什么不妥。"

"此话怎样讲?"王十朋反问道。

于是,孙汝权将请王十朋出面赎出钱玉莲,然后由王母认钱玉莲为义女,再嫁给孙汝权的想法和盘托出。王十朋听后觉得有理,就满口答应。于是,王十朋先择日拜访了衙门主官,表达了家母要领养一女以陪伴余生,且看中名妓钱玉莲的意愿。这位官员见来者是温州赫赫有名的状元郎,不要说阻拦,连巴结都来不及呢。连忙说:"好办,好办。这点小事,何劳状元亲自登门,本官马上去办。"王十朋说:"大人别急,只要你同青楼说好,我明天与你再去那里就是了。"那官员连连点头。第二天,王十朋带上一套平民女装和一些银两,同那官员一起来到青楼。先与楼主谈妥赎回钱玉莲事宜,然后叫来钱玉莲,告其赎她出去的喜讯。钱玉莲激动得声泪俱下,换上新衣,高高兴兴地诀别青楼,迈上了阳光大道。

再说孙汝权早已在路上迎候,三人汇合后抵达王家。孙汝权与钱玉莲分别拜见王母。王母特别高兴,把屋子收拾得格外整洁干净,还做了好吃的食品款待他们。接着举行简单的仪式,钱玉莲三鞠躬拜王母和王十朋,王母正式认钱玉莲为义女。

不久,孙汝权挑了个良辰吉日,邀请亲朋好友及官场同僚,光临孙府,参加孙汝权同钱玉莲的新婚喜宴。孙汝权将钱玉莲从王十朋家娶回,举行了隆重的婚礼仪式。

大婚之夜,客人们渐渐散去。新房里只有孙汝权和钱玉莲。钱玉莲依偎在孙汝权的怀里,喃喃地对孙汝权说:"孙郎,我能有今天,也许是命,但更是神灵的帮助。要感谢碛磹寺的菩萨。""碛磹寺,你也知道碛磹寺?"孙汝权惊奇地问。

"当然知道。"钱玉莲肯定地说。于是,钱玉莲就把如何到碛磹寺烧香拜佛的事说了一遍。"碛磹寺不但是'天下第一寺',更是天下名寺,太神灵了!"孙汝权喃喃地赞叹着。

"难道你也去过碛磹寺?"钱玉莲反问。

孙汝权说:"我孩提时就随母亲去过碛磹寺,我的仕途,我的婚姻,无不与碛磹寺有缘。十几年前,碛磹寺方丈就对我母亲示意过。自从我和你相识后,我又去过一次碛磹寺。没有碛磹寺高僧的指点,也不会有王十朋母亲认你为义女之事了。"

"可惜如今的碛磹寺观音菩萨的宝殿太寒酸了。"钱玉莲感叹道。

孙汝权接着道:"我在碛磹寺许过愿,如若事成,定当重塑菩萨金身,扩建圆通宝殿。"说罢,两人便沉浸在新婚的甜蜜中。

孙汝权升任吴郡太守后,就筹资重修了碛磹寺,实现了他当年的心愿。因此,才有了碛磹寺殿堂上的"吴郡守孙汝权同妻钱玉莲喜舍"的题词。

7. 残兵将投僧耍无赖

元世祖忽必烈灭南宋后,一些宋朝的残兵败将投身到碛磹寺,削发为僧。但他们佛心不诚，对宋朝心存幻想，伺机复国。他们受不了寺院清规戒律的约束，与寺中虔诚的方丈和僧众格格不入，肆意作对；更有甚者，竟干起了暗设计谋、奸淫民女的罪恶勾当，造成了极大的民怨和恶劣影响。

磺碛寺北有一村庄，叫后村。大凡民间南称前，北为后，它与寺院后门仅一河之隔，只因太近，和尚与村民多有往来，那些佛心不诚的花心和尚，常常滋生一些不该发生的事。

后村有一木匠，人称"一响头"，意为打家什总是一响头，造房子、凿眼锯榫从来没有"落白"，也就是从来没有发生过木工技术性错误而返工的现象，故被誉为"一响头"。他老婆王氏是远近闻名的漂亮女人，加上丈夫在四乡八村无论大户人家或平民百姓，都要请他"把作、拖丈杆"，讲得通俗点，就是技术领班，还带有两三个徒弟，收入甚丰，王氏不必下田或操其他营生，所以王氏更是细皮白肉，千娇百媚，犹是夏天的酱、秋天的瓜，苍蝇见了飞不开。

那些佛心不诚的花心和尚乃色中饿鬼，常常拈花惹草。那王氏整天闲着无事，便东家长、西家短的搭讪，也和僧人们打情骂俏起来，很快就干起了暗度陈仓的勾当。"一响头"不是木头人，王氏偷情的风声传进了他的耳朵，没有把柄，有火发不出。他思索再三，得一良策——欲擒故纵。一天，他告诉王氏，最近几天，晚上不回家，因某大户人家为女儿出嫁，赶打嫁妆，要开夜工，于是将工具架于丈杆上，扛在肩上便走。

当天黄昏，王氏刚掌灯便听见敲门声，移灯开门，见是和尚法充。"贼秃！你来做甚？难道不怕木匠的斧头！""你不是说木匠今晚不回家，我怕你寂寞才来陪你。"说着便上前搂抱。王氏又一声"贼秃"，半推半就进了房间，先是烧水沏茶，想胡聊一会，再赶和尚出门。法充平时油嘴滑舌，却没沾过王氏的边，而王氏跟别人的往来，却被法充全看在眼里，今晚岂能一赶就走。

正在纠缠之际，大门忽然"碰、碰、碰"敲得直响，王氏心知情况不妙。平日里胆大心细的王氏，这下可真傻了眼。王氏急中生智，最近木匠新做的一口三门大橱尚未启用，正好藏人，于是她让法充躲进去，然后草率收拾好茶具，气喘吁吁地去开门，这次进来的真是自己的丈夫。王氏半晌没说出话来。

俗话道：裁缝师傅脱纽攀，木匠师傅脱户槛。"一响头"做的木门，可以像船一样放在河里不渗水，可他自家后窗上却有一条偌大的缝，刚才一幕他看了个一清二楚。

木匠一进门，只说今天遇到了怪事——东家的木料不锯不打紧，一锯便浑身奇痒。"快点烧水，我要洗澡。"王氏似信非信，万般无奈去厨房烧水。木匠家的灶头烧的是硬柴，不一会水已开了。木匠把滚烫的开水舀了大桶拎进房间，关紧房门。王氏百思不得其解，洗澡用开水怎受得了？她只怕和尚的事露了馅。

有过一阵声响之后，木匠开门。说马上要走，晚上还约好打麻将。等丈夫走远，王氏才反应过来，急忙进房先叫和尚出来，开了橱门，这一拉，可不得了！手上黏糊糊的一大把，和尚浑身烫伤。一个女人家如何是好……王氏一下子就想到了村里的戆阿五，此人脑子简单，四肢发达，只要有碗饭吃，什么事都肯干。于是，她把和尚拖到客堂凳子上，和尚像打瞌睡一样扑在八仙桌上，然后借着一丝月光把戆阿五叫来。

"一个和尚到我家来玩，不知什么急病突然晕了，你把他背到寺院西边大门外，我给你二两银子。"阿五连连点头，王氏说罢进了房门，阿五把和尚背到寺院西边大门外，回来拿赏银。

那些佛心不诚的花心和尚常常在外拈花惹草，不仅不悔改，而且常常有过之而无不及。

永新村志

一个寒气袭人的下午,忽然,一阵声嘶力竭的呼救声从碛碍寺大门外传来,惊动了正在殿堂上念佛的方丈和僧众。僧人们立即停下佛事,跟着方丈向门外走去。只见一个披头散发的年轻姑娘,被人急急追赶,姑娘被追得慌不择路,一头摔倒在寺外路边。僧众仔细一瞧,追赶姑娘的不是别人,正是从碛碍寺开小差溜出去的两个花和尚。看到此情此景,僧众无不怒火中烧,予以谴责。方丈把姑娘扶起,安慰一番,并派两个僧人送其回家。然后,方丈请那两个花心和尚到殿问话。在严厉追问下,花心和尚供出自己的不轨行为。原来,他俩趁大家清早晨练时,偷偷溜出寺院,到野外去寻找"猎物",守在路口。片刻后,只见远处走来一个年轻的姑娘,两人顿生歹念,就上前拦截。那姑娘见势不妙,慌忙转身朝寺院方向逃命。这两个混蛋急起直追,直追得姑娘摔倒在地。两个花心和尚还坦白了先前曾糟蹋过两个民女的恶行。

8. 叶义士设计保古寺

元至元年间的一天,碛碍寺内发生了更惨烈的一幕。

那天上午,天气阴沉。方丈和僧众正在大殿上举行佛事。一位年轻的女子神色凝重,踏着沉重的步子,来到祈嗣殿,烧香拜佛,因丈夫重病在床,祈求菩萨保佑。这时,在厨房打杂的一个中年和尚,据说是从宋朝军队中半路出家来的和尚,正好到祈嗣井打水。他看到烧香求佛的女子长得分外标致,顿起邪念,冷不防从背后将女子死死抱住,然后一个劲地狂吻,一个劲地乱摸,并用力朝墙角里拉。那女子拼命挣扎着大喊:"救命!"刺耳的呼救声震彻全寺。方丈和僧众都向祈嗣殿冲去,一进殿便惊呆了。殿内血溅遍地,一女子倒在血泊中,惨不忍睹。

这是怎么一回事呢?是谁作的孽呀?从殿内丢下的一对水桶判断,方丈和僧人们很快确定了嫌疑人,那个在厨房打杂的花心和尚失踪了。经大伙细心寻找,终于在柴堆里找到了他。经追问,那和尚供认不讳,交代了自己的恶行。

这起发生在碛碍寺的血案,震惊了淀山湖地区,也震惊了官府。

碛碍寺方丈气愤至极,常以寺规惩之。可这些不法之徒却恬不知耻,不思悔改,他们对惩罚心底不服,反而变本加厉进行报复。一方面纠集一些僧人到碛碍寺示威作乱,另一方面向朝廷密报,反诬碛碍寺方丈藏匿宋朝旧军。朝廷获报后,就加紧谋划,四处调兵遣将,欲择日举兵清剿碛碍寺。

消息不胫而走。此事被在朝谋事的叶苗挚友得知后,立即告诉了叶苗。叶苗大吃一惊,暗忖:如若如此,这将使碛碍寺遭到灭顶之灾,且不说寺院和僧人都难保,连周边百姓也要遭殃。叶苗平时同碛碍寺方丈交往甚密,情真意笃。为了尽力保护碛碍寺,挽救危局,叶苗当机立断,主动与方丈商议对策。

叶苗问方丈:"眼看朝廷的清剿大军就要到来,碛碍寺危在旦夕。大师,你说这事该如何应付?"

"只凭我碛碍寺僧人区区之力,岂能对付得了!"方丈接着说,"叶君子是江南闻名的义士,智谋勇烈集于一身。你若亲自出山,还怕有什么患难不可排除呢!"

"大师,过奖了!"叶苗谦逊地道,"孤掌难鸣,孤军难赢,只靠我叶某之力,大事难成呀!"

"那叶君子的意思是——我们一起配合,共同应对。"叶苗应允道:"大师的话一点不错,我们里应外合,联合行动,胜利可期。"

接着方丈考问叶苗:"你凭什么清剿不法僧人?"

"碛碍寺的不法僧人披着宗教的外衣,奸淫民女,残害百姓,天理不容。难道不应该惩罚吗?他们怀念宋朝,妄图复辟,难道不应该清剿吗?"

方丈又追问道:"那你打算怎样行动?"

"我要赶在朝廷大军到来之前,组织万余乡民大军,雷厉风行,清剿那伙恶僧。"叶苗信心百倍,斗志昂扬。

接着叶苗向方丈详细介绍了自己的清剿方案,征求大师的意见。方丈听后,点头肯定,并赞曰:"叶义士策划有方,设计巧妙,此战胜利有望。"

叶苗感慨道:"有大师的鼎力相助,密切配合,我叶某的信心更足了。"

两人商议已定,各自按计划组织发动,加紧备战。双方约定:农历二月十五为统一行动日,并以击掌为联络暗号。

短短几天,叶苗以他显赫的名声和影响力,立即组建起一支万名乡民大军,从大军中选拔数百名壮士,组成"飞龙队"和"猛虎队",分别从前后门夹击,像两把钢刀直插寺院心脏。在空地上,他们遭遇武僧的顽强抵抗。虽然他们的技能比武僧稍逊,但个个力大无比,英勇过人,加上人数多出几倍,还有方丈的大力配合,他们很快赢得了主动。

与此同时,叶苗亲率的突袭队也闪电般出击。若干小分队乔装改扮成僧人模样,趁乱潜入碛礥寺,以击掌为暗号,与方丈的僧人队伍会合,里应外合,配合默契。在方丈、僧人的引领下,突袭小分队对恶僧进行跟踪。俗话说,打蛇打七寸,擒贼先擒王。对恶僧魁首重点监视,首先惩治。叶苗见时机已成熟,就一声令下,说时迟那时快,百名突袭队员似利剑出鞘,锋芒毕露。不一会儿,便把那些歹徒一一擒获。

此刻,向寺内冲杀的"飞龙队"和"猛虎队"正斗志昂扬,展开了一场生死搏斗。他们将负隅顽抗的恶僧击倒许多,一些幸存者也吓得闻风丧胆,束手就擒。

为了遮掩官军耳目,保护碛礥寺及忠善僧众,避免官军到来的一场浩劫,叶苗吩咐全寺僧人马上撤离,可以自找出路,暂躲乡间,也可以远走高飞,投奔他寺。他又命令部下火烧了几处破落寺殿,将擒获的几个劣迹斑斑的为首之徒,押解官府处置。

至下午,叶苗发动的这场破寺清剿之战胜利告终,大快人心,为淀山湖乡民除了害,雪了恨。在这场斗争中,叶苗审时度势,赢得先机,巧设计谋,英勇保寺。当清剿大军正在赶来时,由叶苗亲自导演的一场大戏已落幕。官兵看到碛礥寺遍地断墙残壁,一片狼藉。将领连连摇头,二话没说,就下令打道回府。

叶苗清剿碛礥寺恶僧、设计保寺的故事,在江南广大乡民中传为佳话。叶苗既保护了民众,伸张了正义,也保护了碛礥寺的部分财产和忠善僧人。后来,部分僧人还俗乡间。叶苗也因此声名远播,义振江南。

从此以后,碛礥寺渐趋衰落。

三、碛礥村岁寒三友

松、竹、梅,是中国传统文化中高尚人格的象征,也借以比喻忠贞的友谊。松、竹、梅,虽然不同属科,却都有不畏严霜的高洁风格,在岁寒中同生。明代碛礥村里的叶盛、庄乐、孙俊,他们的人生经历虽各不相同,但他们本性相近,志趣相同。

叶盛为官30年,清正廉明,生活极其俭约。叶盛自两广归来时,行李简单,就是三大箧的碑刻,题为"五岭奇观"。作为谏官,叶盛常居言路,扶持正义,抵制奸佞,极富谏官的责任感。

身为武将,每逢国难,他挺身而出,保家卫国,功勋卓著。但面对朝廷的赏赐,他却婉言谢之。孔子说:"岁寒然后知松柏后凋也。"就是说在恶劣的环境下,才能看出一个人的节操。松柏在严寒中,挺拔屹立,四季常青,且坚毅而不畏寒,这不就是叶盛的品质吗?

庄乐,精通医术,能起奇疾,本可行走于社会上层,甚至皇宫圣殿,但他独钟山野,奔走于乡间村舍。他给人诊脉看病,不厌贫困清寒,不计酬劳回报,恪守救死扶伤的医德,并乐意与肯钻研医术的乡邻为好友。庄乐的品格犹如笑傲严寒的梅花,不屑与艳桃、俗李在春天争艳,而是在天寒地冻、万物凋零之时,独自傲然挺立,在大雪中开出满枝繁花,幽幽冷香,随风袭人。梅花特性成为中华民族冷寂自妍、清逸孤高品格的象征。

翠竹于风霜凌厉中,苍翠俨然的品格,更让它成为高洁、羞与俗流为伍的孙俊引为同道。他植竹、咏竹,以直节中空为翠竹自喻高洁,隐居草堂。以"至生业岁,计不暇问,势利之徒,足迹不交"之趣读书,觞咏至老不辍。

后人称叶盛、庄乐、孙俊为碛碿村里的"三杰",如从三人的品格来说,倒不如称他们为"岁寒三友",更为贴切。

1. 清廉文庄公叶盛

据康熙《昆山县志》记载:"叶盛自少颖异,博学强记,屏居三甲田舍间。"叶盛,字与中,号"蜕庵",自号"白泉",又号"泾东道人""淀东老渔"。叶盛的祖先,叶梦得(1077—1148年),宋代词人,字少蕴,苏州吴县人。叶梦得"嗜学蚤成,多识前言往行,谈论亹亹不穷"。绍圣四年(1097年)登进士第,历任翰林学士、户部尚书、江东安抚大使等职。晚年隐居湖州弁山玲珑山石林,故号石林居士,所著诗文多以石林为名,如《石林燕语》《石林词》《石林诗话》等。绍兴十八年(1148年)卒,年七十二。死后追赠检校少保。在北宋末年到南宋前半期的词风变异过程中,叶梦得是起到先导和枢纽作用的重要词人。作为南渡词人中年辈较长的一位,叶梦得开拓了南宋前半期以"气"入词的词坛新路。叶词中的气主要表现在英雄气、狂气、逸气三方面。

叶梦得的祖父叶清臣(1000—1049年),北宋名臣,字道卿,苏州长洲(一作乌程,今浙江湖州)人。天圣二年(1024年)榜眼。历任光禄寺丞、集贤校理,迁太常丞,进直史馆。论范仲淹、余靖以言事被黜事,为宋仁宗采纳,仲淹等得近徙。同修起居注,权三司使。知永兴军时,修复三白渠,溉田六千顷,实绩显著,后人称颂。著作今存《述煮茶小品》等。皇祐元年(1049年)卒,年五十(一作四十七)。《宋史》《东都事略》有传。《全宋词》录其词一首。

叶梦得十三世孙叶苗,于元朝延祐四年(1317年),由吴县迁至淞南沈安泾(今淀山湖镇安上村),继承祖上田业。后入赘周家泾碛碿村金氏为婿。叶苗性倜傥,勇于赴义,在淞南有"叶义士"之称。叶氏家族持家有方,家业隆昌,人才辈出。经过几代人的发展,由农转文渐入仕途,成为书香门第。

叶盛自幼聪慧,博学强记,其父叶春与碛碿福严寺老僧景燮过从甚密,经常在一起谈论,甚至晚上也打得火热。《淞南志》卷五杂记中记载:"叶文庄盛,幼时其先人与福严寺老僧景燮善赏中夜对饮时,盛年八九岁,侍几旁,僧笑曰'夜深烧烛短',盛应曰'话久引杯长'。僧大喜,以盛能读杜诗,而实未知杜诗也。"僧的上句意是:夜深了,照明点燃的蜡烛越烧越短;叶盛的下句意是:交谈说话的时间长了,由于蜡烛越烧越短,旁边杯子的影子越来越长。唐代大诗人杜甫写过一首《夜宴左氏庄》的诗:"风林纤月落,衣露净琴张。暗水流花径,春星带草堂。检书烧烛短,看剑引杯长。诗罢闻吴咏,扁舟意不忘。"因此,老僧景燮听了以后,非常高兴,还认为叶盛能够读唐代大诗人杜甫的诗。而事实上,此时的叶盛并未读过杜甫的诗。

叶盛在乡间未曾外出做官时,他的父亲有一晚做梦,梦见有两条龙盘踞在他家屋脊之上,轻轻地讲话,直到天亮才停止。父亲请人解梦,解梦人说:"那屋脊之上两条龙,乃明朝的两位真龙天子。真龙天子在你家屋顶盘踞一晚,证明你家有将要辅佐君王之人。"果然,纵观叶盛的一生,他历仕正统、景泰、天顺、成化四朝,其中正统与天顺年间,为英宗皇帝,景泰年间,为代宗皇帝。叶盛也在这三朝期间最为活跃,为明朝出谋划策,上疏谏言。

叶盛像

明正统十年(1445年),叶盛中进士,授兵科给事中,毅然言责自任。正统十四年(1449年)有土木之难,叶盛率同僚请求先治罪失职的将臣扈从,然后为复仇计,练兵选将。九月郕王即位,赏赐廷臣,叶盛以形势艰难拒绝。瓦剌逼近北京城,叶盛针对危急的形势,屡次上奏议事,协助兵部尚书于谦调兵遣将,在城外击退瓦剌军,升都给事中。后擢山西右参政,督宣府镇(今山西大同)钱饷。景泰三年(1452年),巡边御史李秉推荐他辅佐独石、马营、龙门、卫所四城军务。他任职五年,整顿吏治,兴利除弊,修饬武备,开垦耕稼,岁丰足食。明代何孟春著《余冬序录》载:"叶文庄公盛巡抚宣府时,修复官牛、官田之法,垦地日广,积粮日多,以其余岁易战马千八百余匹。其屯堡废缺者,咸修复之,不数月,完七百余所。"天顺二年(1458年)四月,擢都察院右佥都御史、两广巡抚。天顺七年(1463年)被召回京,转左佥都御史、巡抚宣府镇。成化三年(1467年),迁礼部右侍郎。成化八年(1472年),迁吏部左侍郎。成化十年(1474年)病卒,依其生前行迹,给予带有褒义的谥号"文庄"。

叶盛在朝30年,清正廉洁,是一位当代朝廷官员清正廉明的代表。他在边患最为深重的时候,以坚忍不拔的苍松精神,上书献计求战,努力整顿边防,加强防御,积极治理边务和保卫北疆。

叶盛升任都察院右佥都御史,巡抚两广期间,广东原先有一条规定,盐不能出境。时间一长,盐商日子过不下去,贸易也受到影响,于是往往就去贿赂守关的官吏,通过梅岭将盐卖到广西梧州。叶盛了解这一情况后,便下令不要阻拦,任盐商出入境,但每次运输的盐一定要认真计量,按数量多少纳税,拿来作为军饷,这样做,既活跃了经济,又达到了公私两利的目的。在广东时,他对采珠颇有研究,在《水东日记》卷五中有"珠池采珠法"与"采珠数"的记载。"珠池居海中,蜑人没而得蚌剖珠。盖蜑丁皆居海艇中采珠,以大船环池,以石悬大絙,别以小绳系诸蜑腰,没水取珠,气迫则撼绳,绳动,舶人觉,乃绞取,人缘大絙上。前志所载如此。闻永乐初,尚没水取,人多葬鲨鱼腹,或止绳系手足存耳。因议以铁为耙取之,所得尚少,最后得今法。木柱板口,两角坠石,用本地山麻绳绞作兜如囊状,绳系船两旁,唯乘风行舟,兜重则蚌满,取法无逾此矣。""珍珠初采一万四千五百余两,大约三石五斗。次年采九千六百余两,每百两余四五两,大约一升重四十六七两。次年大者五十余颗,计一斤重,云价近白金五千两。御史吕洪云。"有朝廷派去的所谓"采珠中使"(负责在南海合浦采珠的官员),作威作福,祸害百姓。叶盛向朝廷密奏,朝廷立即将其召回,广东人非常感激叶盛。广东多"蛊"(即瘟疫),叶盛得到了

所谓"造蛊、解蛊"之方,便把它刻在许多块碑上,放置在通衢大道上,让老百姓都能看得到,普及了躲避和防止瘟疫的方法,十分有效。叶盛平时生活极其俭约,离开广东时,行李十分简单,碑刻倒有三箩筐,还亲自题了字,叫作"五岭奇观"。明成化五年(1469年),京城一带遭遇特大饥荒,叶盛奉诏赈灾,做了大量细致的工作,灾民没有饿死的。

明代,"两广盗蜂起,所至破城杀将。诸将怯不敢战,杀平民冒功,民相率从贼",社会动乱相当严重。叶盛在阶级矛盾、统治政权内部矛盾和民族矛盾相互激化的时代,被派去协调两广兵马镇压瑶民反抗,大多数巡抚都不愿亲赴前线,而叶盛两次带兵亲历前线,带领将领、集合兵力,加之群众的帮助,镇压了瑶民反抗。据说,在军民同住的时候,叶盛不允许官兵战士们随意拿民众的物资,也不得用任何借口收取民众的东西。为此,他受到了百姓的赞扬。睦岗镇兰龙村赵氏祖屋,原有一块悬挂的木匾额,相传是叶盛为了表彰兰龙村赵氏族人的功绩,特立匾额作为对他们的嘉奖。叶盛没有为自己的功绩寻求任何奖赏,却首先记录下百姓的功劳,可见叶盛是多么的爱民。

叶盛敢于针砭时事,揭露社会的黑暗面。叶盛并没有因为朱元璋是明太祖,就将朱元璋吹捧上了天,他依然正直地记录了朱元璋利用特务刺探臣子动静的一则故事,体现了叶盛一身刚直不阿的正气。叶盛在《水东日记·钱子予》这篇日记中记载:"临安钱宰子予,武肃王之裔,元末老儒也。高庙礼征,同诸儒修纂尚书,会选孟子节文,公退微吟曰:'四鼓冬冬起着衣,午门朝见尚嫌迟。何时得遂田园乐,睡到人间饭熟时。'察者以闻。明日,文华燕毕,进诸儒,谕之曰:'昨日好诗,然曷尝嫌汝?何不用忧字?'宰等悚愧谢罪。未几,皆遣还,宰以国子博士致仕。家会稽,宦业至今不绝。宰尝自书门帖曰:'一门三致仕,两国五封王。'唐昭宗赐敕,宋宣和所赐'吴越家宝'铜印,一斤重,今藏其家。铁券王像在台郡长房。"叶盛揭露了明朝文人的另一种弊病——无病呻吟。老儒钱宰做的诗:"四鼓冬冬起着衣……"诗中不难读出他既思田园之乐,又以做官、封王而自我标榜,前后极其矛盾的感情,反映了当时学者在朝忧惧、向往田园生活的思想。而叶盛记录明太祖朱元璋的改诗和遣还诸儒,也可以看出朱元璋对臣子监视的严密和心胸的狭隘。正是叶盛这种严谨并且不畏强权的态度,记录了那么多真实的明代社会、政治事件,为后人留下了许多准确而又真实的史料笔记。

叶盛不仅是一位高风亮节的名臣,而且还是一名知名的明代藏书家。尽管他长年累月在边镇做官,但始终克服各种困难,坚持读书、藏书的嗜好。叶盛编有《菉竹堂书目》6卷、《两广奏草》16卷、《菉竹堂稿》8卷,著有《水东日记》38卷(一说40卷)、《水东诗文稿》4卷、《文庄奏疏》40卷、《秋台诗话》《卫族考》1卷、《经史言天录》《宣镇诸序》1卷等。另外,在《全明词》中亦存有叶盛的词作5篇等。

叶盛购书万卷,日日诵读,废寝忘食。他每次"见一异书,虽残编蠹简,必依格缮写,储藏之目,为卷止二万余,然奇秘者多亚于册府"。王世贞《菉竹堂记》称叶盛"手抄雠至数万卷,将为堂以藏之,意取《卫风·淇澳》'问学自修'之义,名之曰'菉竹'",终因清贫,未能如愿。叶盛藏书共积有四千六百余册,二万二千七百多卷,有《四库全书存目丛书》据两淮盐政采进本影印本,是明中期江苏最大的藏书家。

叶盛唯博学嗜书,清心寡欲,不好声色名利,常徒步出行。他心系边政,维护边塞安宁,却著书颇丰,创作了不少歌颂英雄、思念故人、感慨生活、回首往昔和抒发壮志等题材的作品。

身为武将的叶盛,南北驱驰,殚精竭虑地治理边地,做出了一番令人感叹的政绩。因此,他在归休后写了一些或感伤时事、感叹人生、托物言志,或表达一腔爱国热情的词。无论是居庙堂之高,还是处江湖之远,叶盛都坦然面对,严于律己,并且时刻关注国运,忧国忧民。他在《苏武慢·述怀》中写道:"五岭南来,依稀六载,统治曾兼两镇。赤脚疲氓,白头老戍,几度停车慰问。荐贤为国,除暴安民,绩效竟无分寸。细思量,只好归休,敢望致君尧舜。不关他,世路崎岖,人情翻覆,也有人生命运。逆房犹存,民蓄未解,况乃德凉才钝。得嗔如屋,任谤如山,管甚旁人憎怨。都只缘,圣主恩深,勉尽区区职分。"在这首词中,叶盛将其一生的经历用简单的笔墨陈于纸上。词的上阕,他回忆了自己在朝为官时的所作所为——"荐贤为国""除暴安民",然而,他如此呕心沥血地为人民为国家付出,却换来"绩效竟无分寸",这伤透了叶盛的心,经过几番深思熟虑,他最终选择归隐田园。虽然叶盛离开了朝堂,但是他的内心依然渴望辅佐和尧舜一样贤良的君王。叶盛在词的下阕中,用略带自嘲的口吻向世人述怀:做官时总会有人从语言上、行动上抨击他,其实他本身并不计较这些个人得失,他只是为了报答圣上的知遇之恩。"勉尽""区区"两个词,更能体会到叶盛的鞠躬尽瘁,在百姓眼里的伟大功绩,而在叶盛眼中只是做了自己应该做的职分。从叶盛的词中,可以深切地感受到他忧国忧民、渴望为国家奉献一生的高贵品质。

同里后学俞允文称叶盛《水东日记》,其书专于记事,核古综今,关诸军国,号为通博,书凡四十卷。以其书成于淞水之东,名为水东日记云。他在《水东日记》中,记录了碛砥村里许多名人之事,可谓丰富多彩。其中卷二十一中的"乡饮酒礼",记载了碛砥村巨姓李无逸(李庸)奉行乡饮酒礼的事,十分详细(可参见第十四章文存辑录一、行乡饮礼)。

叶盛希望自己的子孙也能像他一样爱书、读书,曾写下一段很有意思的《书橱铭》:"读必谨,锁必牢,收必审,阁必高。子孙了,惟学教,借非其人亦不孝。"后来,叶盛的子孙确能遵守他的教训,爱惜他的这份特殊的遗产。叶盛去世后,其孙叶恭焕竟其遗志,终于建成了菉竹堂。书楼落成后,叶恭焕把祖上遗书移存堂内,又把以前亲友们从祖父处借走的书收归菉竹堂。据说,直至叶盛死后一百多年,菉竹堂尚能"扃钥未疏"。叶盛的后代子孙亦不乏藏书家。

2. 淞南名医庄乐

据光绪《昆新两县续修合志》人物卷十六(艺术)记载:"庄乐,字伯和,居碛砥里,精医术,能起奇疾,与叶盛友善。"叶盛在朝廷的日子里,一看到官府同僚身患疾病又疗效不佳时总要说:"恨不得让我乡下的好友伯和来官府当医治病!"

庄乐,天性洒落,性格豪爽,谈笑风生,待人接物极讲原则。李庸是碛砥村掌管乡里事务的官员,他有一个仆人狗仗人势,对待乡里百姓一副自以为是、趾高气扬的腔调,而且对待自己的父母也不孝顺,常常直呼其名。庄乐素闻此人的人品,有意教育一下他。正巧有一次,李庸派这个仆人送信给他。仆人见到庄乐,完全不把庄乐放在眼里,说:"庄乐,这是我家老爷让我给你的信。"

庄乐见那仆人高昂着头,一点儿也不谦恭。庄乐看了信后,心生一计,决定要作弄一下这个仆人。

庄乐把信折好后,对仆人说:"你家主人要向我借磨药用的石磨,你就背回去吧!"并写了一张纸作为答复。纸条上写着:"来人当面称某姓名,罚他驮药磨两次。"

于是,仆人弓着背,两盘石磨压在了他背上。等仆人背着石磨回去,直累得气喘吁吁,腰酸背痛。

李庸见仆人驮着沉甸甸的药磨回来,很是诧异。等他看到仆人给他的纸条后,大笑不止,把庄乐如此做法的原因告诉了仆人。仆人听后,羞愧不已。过后,仆人特地向庄乐赔礼道歉,再也不敢对人不尊重了。

庄乐医术高明,与人和善,为人看病,童叟无欺。如遇到生活困难的病家,不仅不要诊疗费,还在生活上接济他们。

庄乐成为碛磡村的名医,有一段离奇的公案。庄乐的外祖父原来是读书之人,师从方孝孺。明建文元年(1399年)七月,朱棣发动了靖难之役后,四年六月,攻入南京,夺取了皇位,于1402年称帝。称帝后,朱棣要降服那些建文帝时的忠臣,他要方孝孺写即位诏书。方孝孺坚拒不从,在朝廷之上写下了"燕贼篡位"四个字后,投笔于地。朱棣大怒,决定灭方孝孺十族,即除了灭方孝孺自家九族外,他的学生门徒都要满门抄斩,因此庄乐的外祖父家也遭了难。那次死难者达873人。

说来也巧,官兵来捉人的那刻,庄乐的外祖父正巧不在家。官兵就把他家里的其他人都捉了起来,并问其中一位主事之人,让他说出庄乐的外祖父在哪里。这位主事之人为了保护庄家有一脉相承,至死也没有透露。苍天也为庄乐家留下了一根。

那一段时期内,河水暴涨,淹死了两个人,所以村上有人建议要在河上建桥,号召大家捐资,以在桥上留名。庄乐的外祖父正好经过河边,见到大家纷纷出钱,就把身边所带的五百两银子交了出去,说:"我不为留名,大家都为乡亲们做件好事吧。"

岸边渡船上一位船夫看到他的善举,就与庄乐的外祖父攀谈起来,说:"刚才看到你如此慷慨,很受感动。""为乡亲们做一件好事,也是结了善缘呀。"庄乐的外祖父见一同乡,便与同乡一起上船,喝酒畅饮对诗。

可酒行一半,他突然感觉胸闷气短,急忙让船夫靠岸。刚到岸上,他突然看到自己的家人奴仆捆绑着,被官兵押着。他一急,欲上前,被船夫与同乡拉住。船夫帮他来到岸上打听情况,才知他一家被满门抄斩。他听后,对天长啸:"天不容我呀!"想跳河自尽,被船夫和同乡拉到船上。船夫拿起双桨,就把船划离了岸。

那声长啸,引起了官兵的注意。有几个官兵来到岸边,要求船夫把船划回岸上。之前,船夫已让两人故作生病状,一个把脸伏着,一个用斗笠遮脸。船夫对官兵说:"这两人生病了,得了传染病,我正想把他们弄到没有人烟的地方呢。"官兵一听此话,连忙说:"划走!划走!"庄乐的外祖父就此逃过一劫。

庄乐的外祖父无钱,又不敢在大路上行走,只能在乡间田野栖身,几经饿晕。在一次晕倒后,被一位姓"庄"的郎中救起。自此,他就入赘庄家,一生行医,也要求自己的子女宁为良医,不为良相,世代行医。

庄乐从小就被告知:学医可以治病救人,那些四书八股只能让人乱了心性。读书做文章,只是用以抒发情怀,把毕生的积累供别人参考而已。因此,庄乐自幼就立志成为一位悬壶济世的良医。十来岁时,他就已经熟悉了中医的几百个汤头,对于七经八络、一百零八个穴位、阴阳虚实、肝脾五脏等都背得滚瓜烂熟。

庄乐的父亲外出行医,就带上他。一次,隔壁村有人来请庄乐的父亲,说村里的人都上吐下泻,情况十分严重。他们来到村子里后,小小年纪的庄乐左右一观,便问了几个问题:最近村内有无大型宴请?答无。既然无,各家所食东西都不同,唯一的根源,那就在"水"了。他的判断得到了父亲的认可,父亲让村民去水源上游去寻找根源。庄乐协助父亲治疗村民的病。事后,果然在水源的上游发现了一头被毒死的野猪。野猪中的毒,通过水往下游蔓延,造成村民集体中毒。

庄乐独自行医后,有一天,四人抬着一位脸色铁青、气息似无的病人。旁观的人都以为此人已经是没用之人了。庄乐一看其症状,连忙拿来针,命人扒开他的嘴,拉出他的舌头。庄乐在其舌头上扎了一针,顿时,一股鲜血冲了出来。病人瞬间脸色就红润了,还打起了呼噜。庄乐告诉病人家属,这是因为他气血上涌,瘀结在脑部,所以造成气息不畅。病人家属连呼:"神医呀神医!"

庄乐为病人看病时,以病人为主,完全不考虑自己。病人为了感谢他,捉了几条毒蛇,让庄乐泡药酒。庄乐说:"蛇只有在遇到危险的时候,才攻击人。平时,并不伤人。"并劝其把蛇放了。那人打开竹篓盖子,想放走蛇的时候,却被毒蛇咬了一口。情况十分紧急,也来不及抓蚂蟥吸血了,庄乐自己用嘴把那人身上的毒液吸了出来。那人没事了,庄乐却因体内有剧毒,卧床调理了一个月。

名医庄乐不仅将祖上秘方传给自家后代,还无条件传给肯钻研医术的乡邻好友。代代相传,该项医术作为非物质遗产传承了下来。19世纪初叶,庄乐医术传到磺碫村彭安泾姓朱的人家,朱家祖祖辈辈用庄乐的"四根汁"秘方为人治黄疸肝炎。据现年近90岁的朱小苟说,他从小就见父母亲自用"四根汁"为人治病。他听父亲说,父亲的祖父母就用这个秘方治疗黄疸肝炎。20世纪60年代,朱家把这"四根汁"治黄疸肝炎的秘方,献给了永益村(磺碫村)合作医疗站。1969年,彭安泾赤脚医生郁小苟等,拜师学艺,经过多年的努力,学以致用,独立诊治,每每疗效显著,引起了当地四邻的卫生部门的关注。1978年,郁小苟治愈了上海市青浦县一位在死亡线上挣扎的较有名望的病人,引起了青浦县卫生局的重视,随即开展了"四根汁"治黄疸肝炎百名病人疗效调查,调查结果,治愈率达94.6%。1980年,昆山县卫生局组织专家对其进行实地调查,确认疗效显著。明代名医庄乐留下的珍贵秘方,让世人享用不已。

3. 映雪斋华亭孙氏

孙俊,字叔英,祖籍华亭(今上海市松江区),父亲"映雪翁"。明太祖洪武中,随父迁徙到淀山湖镇磺碫村。

孙俊自幼师从范徵君,潜心古学,所著文辞古律,有唐宋遗风。玉峰有"五高士",孙俊就是其中之一。孙俊著有《南溪草堂集》,文庄公叶盛为之序,言:"国风雅颂,四诗之后,有楚汉,有魏晋,有盛唐,后之言诗者,莫尚焉我。"

孙俊,品性高洁,羞与流俗为伍。曾有地方官邀请孙俊出山,但孙俊不喜欢官场俗流,而拒绝了。孙俊喜欢乡间山野,他于舍后种植树木。他乐兰花,砌竹木,蔚然饶林居,志趣读书,觞咏至老不辍。张大复称赞孙俊曰:"夫士修身砥行,名不出其家。其文采蓰流,则令名载而行之,二者何择焉。"

孙俊从松江县迁居磺碫自然村江南后,结识了许多情投意合的挚友,如本村的叶盛、庄乐,金家庄的朱夏等。他们经常乘船出游,或聚于南溪草堂读书饮酒,歌咏言志,或乘船畅游淀山湖,观景赏目,吟诗作词。有时,他也会倚高眺望远处老家松郡九峰小昆山、横山、机山、天马山、辰山、佘山、薛山、厍公山、凤凰山,隐约青绿碧色山峰轮廓,感受隐荫中的优美,侧听三泖湖的涛声。有时,他在黄昏时分,挥笔作词,抒发内心的情感,赞美先辈的善德,常常交替演奏出宫、商、角、徵、羽的五音美妙的音乐。他认为,父亲积善是听从了祖先,先代的遗泽连绵不断,后代必然兴盛繁荣。

孙俊不仅自己潜心古学,撰文著诗,还善于帮助别人收藏古物。碛碛巨姓李无逸(李庸),颇尚文学,后徙云南,许多文书古物无法随身携带。孙俊就把李无逸的洪武初《行乡饮酒礼》一卷、赵丹林龙角凤尾金、错刀竹两幅和赵松雪"小蓬莱"三字刻匾,代为保管。

梅兰竹菊,是中国文人感物喻志的象征,它们以"傲、幽、坚、淡"的品质而被世人称为"花中四君子"。自强不息、清华其外淡泊其中,不作媚世之态,是梅兰竹菊的共同特点。腊梅剪雪裁冰,凌霜自行,不趋炎附势的品格为世人所钟爱,它们以其幽芳逸致,偏能涤人秽肠而澄莹其神骨,成为一种人格品性的文化象征。

孙俊与世间清高孤傲的文人一样,视兰花、翠竹为同道,在碛碛村碛溪河南,阳光直照的地方修筑草堂。在屋前屋后种植兰花,砌竹木,经常在"倾听翠竹在清风籁籁的声音、欣赏翠竹在夜色下疏朗的影子、亲吻幽兰清婉素淡的香气、品味幽兰不以无人而不芳的气质"的过程中寻找诗词的灵感,做人的道理。孙俊喜欢山水自然,乡间田野。他对自然界的各种景色有天生的灵感,反映在他的诗词中,情感细腻,意境高远。孙俊在《淀山湖八咏》中这样赞美道:"淀湖风景讶天成,水秀山明万古情。岚树光中禅刹耸,浪花堆里客帆轻。数行征雁横秋月,几个闲鸥浴晚汀。洲渚渔蓑披雪钓,野田农耒带云耕。春回杨柳摇金色,风度蒹葭作雨声。此景此情吟不尽,仙游何必到蓬瀛。"他对淀山湖里的云烟山寺、湖水风帆、雁鸥秋月、渔翁农耒等,作了全景式的描摹,成为赞美淀山湖风景的千古绝唱。

华亭孙氏中有为官的,也有不喜欢官场俗流而隐居山野的隐士,更有多名文人雅士。仅举一例。

孙道明,字明叔,自号停云子,又号泗滨老人、在家道人。元代华亭县泗泾人。始居于县城东,泗泾之北,构筑草堂自号。自幼刻苦读经,专心研究道学。壮年后,又极爱考古,对科举取士不屑一顾。置有藏书上万卷,每遇到秘本,必亲自抄录。年龄大了,更为勤奋。曾专辟一室放书,其中经书、志书、史籍各数千卷,甚至医书、方技的精华和古今名贤的墨迹,也广为搜罗。他将各类藏书归纳编类,辟一室,题为"映雪斋"。所谓映雪斋,是室四壁窗均糊白纸,各类书套所悬的洁白牙笺琳琅满目,进入书斋有一种白雪相映之感,故名。孙道明以广待四方名士、校阅藏书为乐,曾造一小舟名"水光山色",常与陶宗仪等好友共泛。宗仪作词,道明谱曲,倚箫吹之,棹歌相答。孙道明年逾72岁,仍耳聪目明,手书细字不倦。从政者常来访,他答道:"吾在野而井,草泽老人不问世间利禄。"晚年挟书砚,复迁华亭县城东,其草堂以"映雪行斋"名之。

明代隐士、永乐十五年(1417年)被诏修《昆山县志》的淞南人范能,为孙俊写下了情感细腻、意境高远,让人回味无穷的诗句《溪阳草堂》。

其一:

    喜傍溪阳筑草堂,地因人胜倍寻常。
    九峰送翠当高第,三泖分流接古塘。
    冠盖多延崇礼让,薰篪迭奏合宫商。
    君家积善由先世,余庆绵绵后必昌。

其二：

草堂新结对南山，长目看山意自闲。
九朵云峰侵汉碧，一林枫叶染霜殷。
钩帘思柱空蒙表，柱筇身从爽气间。
我有一双新蜡尾，与君相约共跻攀。

四、坊间故事

1. 庄乐妙药驱疫情

明代洪武年间，一位名医出生在淞南碛磈里，姓庄名乐，百姓尊称他为"乐医生"。这位乐医生，医理精深，屡愈奇疾，因而名驰遐迩。远近乡里百姓，有了疑难杂症，只要经乐医生诊治，就能药到病除，甚至能起死回生。

据历史资料记载，杨湘泾地区（今淀山湖镇范围内）的地势，略有南高北低的倾斜。特别在杨湘泾的西北地区百家荡一带，地势特别低洼。平时在初夏梅雨季节，只要连续七八天暴雨不断，就会水淹田禾，那里的农民就要告急求救。

传说在明成化年间，初夏水稻播种季节刚过，田间的秧苗已成活，返黄变绿，老百姓刚黄梅上岸，打算歇歇力，再战田间管理。真是人算不如天算，老天爷突然变了脸，连续的阴雨，而且风雨交加，不是细雨蒙蒙，而是倾盆大雨，没有几天，已是白茫茫的一片。刚活的秧苗已没了顶，应及时排涝抢救啊！可是风雨正在加剧，哪是江，哪是田，已经分不清了，怎么排涝？怎么抢救啊？！

眼看洪水漫过了田岸，吞淹了庄稼，到处是哭声一片，家家屋里进水了，而且漫过了膝盖。险情在加剧，如不马上撤离，就会墙塌壁倒，人的生命将受到严重威胁，赶快撤离，逃命要紧。

几个年轻力壮的青年，迅速将仅有的五六条农船凑在一起，叫大家一不要慌，二不要乱，先把自己家中的粮食和衣物带上，以户为单位，每条船上7~10人。这个小村的农户，本来亦是逃荒到此的外来户，所以东西不多，不到一个时辰，人们都上了船。

到何方去逃生避灾？大家意见一致，只有向南面去寻找落脚地，最好要靠近村庄，以便求救。经过约两个时辰的摸索前行，一块高地出现在眼前，灾民们就在一个丁字形的河江两岸停靠下来。各条船确定地点后就上岸，搭好简陋的帐篷，只要能遮雨避风就行，这样一个临时住宿处有了，接下来再解决吃的问题和方便问题（即大小便）。

开始几天，靠着从家中带出来的粮和一些蔬菜，灾民勉强填饱肚皮，而七八天后已无法揭开锅了，挨饿的日子接踵而至。灾民们只得到附近的村上去乞讨，可是村上人家虽未被水淹没，而田间地头同样被淹没了，所以也很困难。走过一家又一家，很难讨到东西，所以这批逃荒的灾民过着讨着一点吃一点，讨不着就忍饥挨饿的日子。

特大的水灾给灾民带来了难以想象的困难，大水淹没了一切，鸡鸭禽畜和猫狗也没有逃过这个劫难，都被淹死了，人们的生活垃圾到处漂浮，天气日渐变热，死去的猫狗鸡鸭的尸体已发出阵阵恶臭，河水已被脏物污染了，人不吃水难于活命，吃了却要生病。眼看一场无法抗拒的灾难，已向这批逃荒者无情地袭来，真是福无双至，祸不单行。

不仅是逃荒者聚集点的环境恶劣，周边的环境也同样日趋恶化，由于水被污染，群众中不断出现肠胃病，而且在日益扩大。一场以上吐下泻为特征的疫情，开始在周边村落蔓延，而在

灾民聚居地,这类病情日见增多,这个消息已在各处传开了。

名医庄乐得此消息后,坐立不安,眼看因水灾引起的一场不可抗拒的灾难以"上吐下泻"为特点的肠胃炎已降临到周边的群众中来。作为医生,治病救人为第一使命,现在只听过路人带来的消息,就让这位医生急得团团转了。究竟灾情如何,需要实地去观察了解,再作防治的打算。事不宜迟,说干就干,庄乐吩咐儿子允恭,准备一些急救药物(止吐、止泻的)和净化水质的药品,摇了一条小船,父子俩就向灾区最严重的发病点出发。

到了逃荒避灾的临时聚居地,不看不知道,一见真是吓一跳。到处是生活垃圾和死猫死狗等尸体发出的恶臭,灾民吃的是讨来的剩饭冷菜,喝的是从河里取来的脏水。许多人上吐下泻已病倒,其中四五个人已奄奄一息,疫情已在这里暴发。

作为医生,疫情就是命令。庄乐第一个设想就是要赶快把已发现的病人转移隔离,进行抢救。第二,告诫灾民不能吃不洁的生水,他把带来的几包明矾分发给灾民,告诉他们先把明矾打碎碾成粉末,将少许放入盛水的缸里,搅动一下,让其沉淀后再取水烧开后吃,烧菜、烧饭也要用这种洁净的水,另外再用苍术等药物熏烧来净化空气。

庄乐父子俩带病人和病人的家属急急返回碛磩,将带来的病人,经碛磩寺主持同意后安排在寺庙空房内。庄乐一面让儿子为病人诊治施药(中草药)止泻止吐,一面与主持(泽云)商量,让碛磩寺僧众一起来救济灾民,控制住这场疫情。于是主持安排若干僧侣,带着治污、治病的药物,免费分发到周边村落,讲明使用方法,同时了解是否有某种疫情的病例,如有立即隔离,送到碛磩寺临时急救病房去治疗。这样将防病措施落实到了每家每户。

经过庄乐医生的精心策划,医治抢救,特别是得到碛磩寺主持和僧侣的大力配合与协助,一场由特大水灾带来的即将造成大面积暴发的疫情制止住了。庄乐医生为保一方平安又一次做出了巨大的贡献。

2. 刘二结缘轧奶桥

碛磩寺有一大一小两座香花桥。大香花桥冠名"崇福桥",造型线条流畅,巧夺天工;小香花桥小巧玲珑,独具匠心,可称得上袖珍拱形桥。

小香花桥有一别称叫作"轧奶桥",虽说不太雅,却更显它之小。俗话说:娘娘相公是家里叫出去的。这轧奶桥也是寺院的油头小和尚们叫出来的。据说,有一定地位的和尚利用机关暗室奸淫烧香女,也有轻浮之妇,烧香望和尚,一事两夹当,往来甚密。小和尚们春心萌生,却可望而不可即,只因寺院清规戒律甚多,岂敢越雷池一步。

三百六十行,都有淡季旺季,寺庙香火也不例外。平日里敲木鱼有气无力,香烛火若隐若现……一到正月半、二月十九、清明、冬至……近者四乡八村,远者松江、嘉兴,前来烧香的人们络绎不绝,磨损严重的凹形门槛便是最好的见证。然而,这轧奶桥也不是无中生有的别称,特别是二月十九观音生日的大型庙会之际,来自四面八方的烧香人、生意人,看庙会的、轧闹猛的,其中不乏行窃的、盗色的……小和尚们也趁机一"轧"为快,不管有事无事,在轧奶桥上反复往来。

寺院西脚门外有一小伙子姓刘,因排行第二,人们叫他刘二。刘二生得一表人才,就是有点油头滑脑。那天正逢碛磩寺盛会,刘二也去轧闹猛,突然有人在叫"刘哥",声音犹如百灵鸟一般动听。刘二顿时精神一振,回过头来一看,只见一位长得水灵灵的姑娘在叫他,但双方都不认识,原来误会一场。刘二倒不要紧,姑娘的脸一下子红到了耳朵根,扭头便走。

这姑娘名叫秋英,家住碛碡寺直南神童泾,母女俩相依为命,靠三亩薄田维持生计。秋英心灵手巧,绣起花来飞针走线。今日赶庙会并非看热闹,主要是买些红绿丝线。刚才看见刘二背影像同村刘姓后生,故脱口而出叫刘哥,真是无巧不成书,弄得秋英无地自容。

片刻,刘二走上小香花桥,人多桥小,拥挤不堪。不知刘二是有意还是无意,手臂碰到了姑娘丰满的胸脯。这姑娘便是秋英,她正要发作,见是刚才错认为刘哥的小伙子,面孔通红,只莞尔一笑,挤下桥来,快步离去,一过崇福桥沿河向南而去。刚才心跳得厉害,现在略为平静了些,突然听得身后有脚步声,回头一看:不好,怎么他跟我而来,定然不怀好意,这如何是好?

"小阿妹,你家住哪里?"

"我住哪里你管不着,你为什么死皮赖脸跟着我!"秋英又气又怕,脚步加快。刘二紧跟不舍,边走边说:"怎么说,你走的路我就不能走吗?"

"你会认错人,想我也会走错路不成? 我去岳母家,难道你……不允?"

姑娘又一次脸红。

秋英走得慢,刘二跟得慢,秋英走得快,刘二跟得紧,始终离开那么五六步光景。一过庄里村,姑娘偷眼一瞧,那"刘哥"还在身后,于是乎羞答答不言语只管往前行。

一过神童泾北栅便是秋英姑娘的家。待秋英进了家门,刘二好似轻车熟路一般进门便坐。秋英见状束手无策,哭笑不得,留也不是,赶也不妥,乱了方寸。此时,秋英母亲听见宝贝女儿回家,急忙从里屋出来,一见刘二及女儿的窘态,不用问便知是毛脚女婿上门来了。当时不兴自由恋爱,但秋英母亲多么希望早点有女婿,于是阿弟长,阿弟短,抹桌沏茶,忙得不亦乐乎。无论女儿如何解释,母亲总是"女大当嫁不必怕羞","天生一对,地成一双,女儿有眼力……"唠叨不停,虽然她娘俩讲得很轻,但刘二有心,听得真切。于是,他从容不迫走上前去道:"我本碛碡村人,父母早亡,留下我单丁独子,今日登门求亲,愿意招赘为婿。"

秋英娘一听愿意入赘,正中下怀:"好,这个女婿我认了。"

"你不是说到岳母家吗?"

"是啊,现在不就是岳母家了吗?"刘二双手作揖:"岳母大人在上,受小婿一拜!"秋英娘高兴得嘴也合不拢。

其实,秋英也看得上刘二,只是姑娘家羞于启齿罢了。从此"刘二结缘轧奶桥"被传为美谈。

3. 磨房妙联中状元

碛碡寺庙大和尚多。庙田三百亩便是供养和尚的"财政补贴"。乡下村民一年到头忙忙碌碌,而庙里和尚不忧吃、不愁穿,除了撞钟敲木鱼别无他事。只有膳房的和尚,一日三餐从来不减,逢节日要加餐,还要以素代荤翻花样。据说,苏州功德林素菜馆的创始人便是碛碡寺膳房"走穴"的大菜师傅。

有一日清晨,膳房智多和尚开后门上河滩挑水,发现一个读书人倒在路边。他放下担桶扶起书生,把他安顿在自己的床上。待他醒来,和尚问寒问暖,端汤送水,好生照顾。

原来该后生乃浙江平湖人,名叫谢奇生,上京赶考途经碛碡寺,只因日夜兼程疲劳过度,才晕倒在此。经智多和尚悉心调理,谢奇生三天便恢复了元气。为了送谢公子上路,智多和尚特意磨粉做糕让他带上,谢奇生也帮智多和尚牵磨。在边牵磨边闲谈之际,智多提出要和谢公子对上一联。原来,谢奇生三年前上京赶考名落孙山,同窗好友林剑南却中了个进士,在京郊为官,勉励他重整旗鼓,东山再起。现在他想我堂堂一介书生,虽然京试落榜,同你膳房和尚相比总绰绰有余吧,便说:"智多和尚请赐上联。"和尚道:"我不客气了,请勿见笑。喏,看眼前:谷是黄的,碾成了米是白的,磨成了粉更白,所以我的上联是——谷黄米白粉如霜。""好!好一个谷黄米白粉如霜。那么我来对下联,这谷黄米白。"谢奇生渐渐停下了手里的动作,来回踱步,双手反剪,口中念念有词,就是苦无下联。智多和尚见状道:"谢公子,贫僧乃胡说八道,什么上联下联,全然狗屁不通,请不要当回事。"

谢奇生好像没有耳朵,还在搜肠刮肚寻觅下联……"谢公子,我们还是磨粉吧,做了点心好让你上路。"不管和尚怎么说,谢奇生就是不理睬。

智多和尚只得独自推磨做糕团,一直忙到夕阳西斜。想到谢公子晚饭未曾吃,智多和尚到处寻找不见踪影,不想谢公子早已睡在床上。不管如何叫喊他也不吭一声。智多把饭菜端到床边,他亦不屑一顾,和尚无奈,只得自己将就吃了些,一头倒在床上。

第二天,和尚一早起床,却不见了谢公子,心里着实不是滋味。只因谢公子昏倒路旁,才把他扶进寺庙好生调理,不说"救人一命,胜造七级浮屠",也是阿弥陀佛的一桩好事,想不到一句"谷黄米白粉如霜"将他气跑,不知他日后会怎样记恨于我。这和尚虽说智多,但毕竟视野不宽,劳作单一,气走谢公子像做了一桩亏心事,为此忧郁成疾。

其实,谢奇生不是"气",而是"愧":堂堂读书公子不如一个伙房和尚,所以他吃不下睡不着,无脸见和尚,不等天明便离开了碛磎寺。那智多和尚上半夜翻来覆去睡不着,下半夜睡得如死猪一样,谢奇生离去他一点也未觉察。

且不说谢奇生一路上千辛万苦,晓行夜宿,总算来到京城,找到同窗。他们一别三载,你诉寒窗之苦,他道仕途之艰。畅所欲言,无话不谈,直到掌灯时分,管家催老爷该吃晚餐了。于是一桌丰盛菜肴两人对酌,频频举杯,谈笑风生。讲到吟诗作诗时,谢奇生突然晴转多云。

谢奇生道:"林兄,我这次进京,途经天下第一寺,遇到一伙房和尚,法号智多。那智多和尚果然不凡,他出一上联,我苦思冥想,至今还未有下联,今日正好请教林兄。"

林剑南双手作揖:"乘着酒兴,请贤弟快快道来。"

谢奇生把前后经过叙述一遍。这林兄林大人接过话茬:"这上联好!好一个谷黄米白粉如霜。这下联么……"端起的酒杯又放下,离座踱步,在花厅内来回走动,旁若无人。这下苦了谢奇生,他离了碛磎寺,长途跋涉,千辛万苦,却从未饱餐一顿,好不容易好酒好菜摆在眼前,主人不吃,我这客人岂能动筷。尤其是主人做官当老爷,我乃知书达理之辈,故宁可坐着干等。菜冷了,有人端去蒸热,蒸了又冷,冷了又蒸……谢奇生再三相劝,林兄才作罢,一餐洗尘酒吃得太不自在。

待到大比之日,谢奇生一篇文章名列第三,他高兴得不得了。想当初离开碛磎寺差一念便投河自尽归天去了,今日总算扬眉吐气,不中探花,便是榜眼,做官也在林兄之上。不要说娶亲成家,就是娶个三妻四妾也不在话下。正当想入非非之时,传来消息:皇上要殿试。考生们议论纷纷:有的说皇上信不过主考;有的说殿试乃天赐良机,一睹龙颜;有的说在皇帝面前说话好比把自己的脑袋拎在手里……不管怎么说,殿试还是开始了,考生们全在午门外等候。

只听见里面从远到近一节一节传来:"第一名湖南侯湘林上殿。"不到片刻,"第二名江苏……"这时谢奇生心里忐忑不安,是祸是福是凶是吉但看此一番了。

只听见:"第三名浙江谢奇生进殿。"他便跟在小太监身后,目不斜视直奔金銮殿跪见皇上。

皇上道:"在下何人?""小生谢奇生。""抬起头来。""谢皇上。""嗯……相貌尚可。今日殿试简单得很,就是一个对联。"谢奇生一听对联,心里"怦"一跳:这下完了。又听皇上说:"以朕宝座前的火炉为题出个上联,你看:炭是黑的,火是红的,灰是白的,这上联便是:炭黑火红灰似雪。"谢奇生一听眼前一亮,这与"谷黄米白粉如霜"正好一对,于是脱口而出应对了下联。皇上一听,拍案叫绝:"新科状元就是你!"谢奇生简直不敢相信自己的耳朵,两旁大臣说:"还不谢恩。"谢奇生急忙三叩首:"谢万岁!万岁万岁万万岁!"

谢奇生高中后,第一件想做的事就是准备谢碛碶寺的智多和尚,若没有他的"谷黄米白粉如霜",何谈我这状元及第。

未曾封官,皇上先让他江西巡事,谢奇生心中暗喜。于是三条官船启程南下,一路上浩浩荡荡好不威风。

为了感谢智多和尚,他顺着大运河直驶姑苏城,没有惊动府台,雇了一舟,带了两个心腹、银两,卸了状元袍前往碛碶寺。

进山门一打听:智多和尚已卧床不起两个月有余,于是请小和尚带路,穿大殿走回廊,九步三弯来到智多寝室。

智多和尚本来就没有病,只是好像做了一件亏心事,魂牵梦绕,忧忧郁郁。一见谢公子,"病"好了一半,真是心病还须心药医,解铃还须系铃人。

谢奇生问明情由,更是感慨万千。命心腹去船上抬纹银五百两。只听那人道:"是!老爷。"这下可好,谢公子做官了!那智多急忙从床上跃起,跪拜在地:"老爷在上,受贫僧一拜。"谢奇生急忙将他扶起:"哪里话,我是谢你救命之恩才绕道碛碶寺的。"他只说救命之恩,不说赐联之情。

值此,两随从也把银两抬了上来。谢奇生道:"区区银两,不成敬意,还望笑纳。"这下智多和尚的病完全好了。倒不是见钿眼开,而是心上的结完全解开了。

谢奇生离开碛碶寺,连夜赶回苏州,第二天启程前往江西巡事去了。

索 引

说明：
1. 本索引主题词按汉语拼音音序排列。
2. 索引主题词后的数字为志书页码。
3. 凡"表格"、"专记"、"图照"一类，均不编入"索引"。

B

北岸公园	（184）
碧水蓝天入画来	（399）
边界行·青浦区:朱家角和淀山湖镇共奏和谐曲	（395）
病虫害防治	（160）
布局	（249）

C

蚕桑生产	（147）
草害	（160）
插队知识青年	（356）
查病	（255）
查螺	（253）
拆迁安置	（194）
产量	（132）
长久保留	（ 33 ）
陈肇基	（348）
成效	（102）
重建益寿桥记	（382）
重阳节	（293）
除夕	（293）
畜	（150）
畜禽养殖	（150）
传统农具	（153）
创建卫生村	（217）
春节	（292）
村风民风	（286）
村规民约	（286）
村级财力	（185）
村籍大学生	（367）
村级道路	（203）
村级桥梁	（204）
村境	（ 29 ）
村民委员会	（316）
村民忆事	（286）
村名由来	（ 31 ）
村域个体店	（182）
村政	（314）
村庄建设	（190）
措施	（100）

D

大队管理委员会	（315）
大事记	（ 6 ）
当代军人	（351）
党员结构	（308）
党支部（党总支）	（307）
档案工作	（274）

道路绿化	(221)
地方谜语	(303)
地理	(297)
地貌	(62)
地、市级公路	(201)
典型病人	(266)
电话网络	(212)
电力事业	(209)
淀山湖	(63)
淀山湖的神奇传说	(407)
动物	(73)
渡口	(213)
端午节	(293)
队(村)办企业	(165)

F

坊间故事	(425)
方言	(297)
房地产开发	(200)
防汛抗旱	(163)
肥料	(129)
风灾	(75)
妇代会	(326)
附录	(407)

G

概述	(1)
高级社	(315)
革命烈士	(351)
革命委员会	(316)
个人荣誉	(404)
耕作制度	(115)
公厕	(205)
公共服务	(205)
公共自行车	(211)
公交车站台	(211)
工商	(165)
工业	(165)
共青团支部	(325)
古迹	(279)
古桥	(282)
古树名木	(284)
瓜果	(146)
关心下一代工作组	(328)
果园绿化	(224)
过境河流	(63)

H

旱灾	(74)
河道绿化	(222)
后记	(437)
湖泊河流	(63)
花木	(161)
环境整治	(216)
婚嫁习俗	(294)

J

基本农田保护	(145)
基层党组织	(307)
基层组织	(307)
基础设施建设	(201)
集体荣誉	(402)
集体用房	(198)
计划生育	(99)
家风家训	(287)
家庭联产承包责任制	(110)
健身点	(276)
建置区域	(25)
奖惩	(101)
界桩	(30)
经济合作社	(321)
经济作物	(146)
精简下放	(361)
景燮	(345)
境内河流	(64)
居民新村绿化	(223)

K

开挖鱼塘 …………………… (148)

L

垃圾中转站及垃圾桶 ………… (207)
劳动力结构 …………………… (97)
老协会 ………………………… (327)
礼仪习俗 ……………………… (294)
李庸 …………………………… (348)
历史名人 ……………………… (345)
立夏 …………………………… (293)
凉亭 …………………………… (284)
粮油作物 ……………………… (116)
良种推广 ……………………… (121)
烈女 …………………………… (350)
劣俗 …………………………… (296)
林业 …………………………… (161)
六如墩 ………………………… (214)
六如墩小游园 ………………… (184)
漊浜 …………………………… (66)
漊潭 …………………………… (66)
旅游 …………………………… (184)
轮船客运码头 ………………… (212)

M

媒体报道 ……………………… (387)
梦莱茵游艇(帆船)俱乐部 …… (184)
庙会 …………………………… (289)
庙宇 …………………………… (280)
灭螺 …………………………… (255)
民兵营 ………………………… (324)
民歌 …………………………… (303)
民生及收入调查 ……………… (236)
民俗方言 ……………………… (292)
民营企业 ……………………… (171)
民族、籍贯 …………………… (89)
名人咏淀山湖的诗词 ………… (383)

名人咏碛礇的诗词 …………… (386)
名胜 …………………………… (279)

N

南溪草堂集序 ………………… (381)
能工巧匠 ……………………… (361)
年龄 …………………………… (93)
农村社区股份专业合作社 …… (324)
农村体育 ……………………… (275)
农村文化 ……………………… (269)
农房建设 ……………………… (190)
农机农具 ……………………… (153)
农民生活 ……………………… (226)
农民协会 ……………………… (325)
农民养老保险(农保) ………… (241)
农事、植物、动物、食物、器具 …… (298)
农谚 …………………………… (300)
农业 …………………………… (104)
农业合作化 …………………… (107)
农业科技 ……………………… (159)

P

彭安泾村三月三 ……………… (291)
贫下中农协会 ………………… (325)
平整田地 ……………………… (162)
铺设雨水管网 ………………… (208)

Q

七巧节 ………………………… (293)
七月半 ………………………… (293)
其他 …………………………… (299)
其他村落 ……………………… (42)
其他谚语 ……………………… (301)
其他灾害 ……………………… (75)
碛礇村岁寒三友 ……………… (417)
碛礇村:1 700年前的"福村" …… (397)
碛礇神木 ……………………… (393)
碛礇寺的传说 ………………… (409)

碛碨寺二月十九庙会	(289)
碛碨小市	(180)
碛碨小市房屋	(200)
气候	(68)
气象	(297)
气象时令谚语	(301)
气象水文	(69)
禽	(152)
清明节	(292)
区划	(26)
区域调整后行政村(永新村)干部名录(2001.8~2015.3)	(342)
区域调整前各行政村干部名录	(328)
全家落户	(360)
群众团体	(325)
群众文艺	(270)

R

人均收入	(226)
人口	(76)
人口变动	(83)
人口构成	(89)
人口迁移	(85)
人口总量	(77)
人民公社	(109)
人民公社三大队(营)	(315)
人民生活	(226)
人物	(345)
日军侵略罪行	(288)
荣誉	(402)
弱势群体人民的生活保障	(245)

S

三麦	(120)
商贸	(299)
商品房	(197)
商业	(179)

上海捷强389便利店	(181)
社会保障	(241)
社会养老保险(社保)	(243)
设置	(249)
神童泾	(213)
生产关系变革	(105)
生活	(298)
生活习俗	(295)
生活状况	(233)
失地农民生活保障	(244)
时间、季节	(297)
蔬菜	(147)
树木	(161)
双代店	(179)
水产养殖	(147)
水稻	(116)
水东日记序	(381)
水井	(285)
水灾	(74)
水闸	(284)
水闸亭井	(284)
寺庵	(279)
四季特征	(68)
"四旁"绿化	(220)
四至	(29)
送灶君	(293)
岁时习俗	(292)
孙惪	(348)
孙俊	(347)

T

堂亭	(280)
桃李满园	(394)
体育设施	(275)
停车场	(206)
庭院游戏	(277)
通讯报道	(274)
土地改革	(107)

土地私有制	(105)
土壤	(67)
土壤分布	(67)
土壤分类	(67)

W

外来人口	(88)
完好古桥	(282)
完节	(350)
完节烈女	(350)
文存辑录	(380)
文化	(299)
文化程度	(96)
文体卫生	(246)
文学创作	(270)
污水处理厂	(207)
五县联防	(268)
物产	(71)

X

现代农机	(154)
乡邦文献	(380)
消灭血吸虫病	(252)
小乡干部	(351)
小学	(246)
小学课程	(247)
小学学制	(246)
歇后语	(302)
新农村建设	(213)
新农村绿化	(222)
行乡饮礼	(380)
性别	(89)
姓氏	(90)
徐经畬	(349)
学校简介	(247)

Y

沿革	(25)
谚语	(300)
药店	(250)
叶春	(346)
叶苗	(345)
叶明	(346)
叶盛	(346)
叶义士记	(381)
医疗保险	(243)
医疗卫生	(250)
一株古树的百年悲喜	(391)
已废村落	(53)
已废古桥	(282)
饮用水设施	(208)
永安联合村党支部(撤销永安、永义村党支部)名录(2000.1.6~2001.8)	(341)
永安乡	(314)
永新村办公室房屋	(198)
永新村富民合作社	(321)
永新村富民合作社(打工楼)	(198)
永新村富民物业小区房屋	(200)
永新村农地股份专业合作社	(323)
永新村社区房屋	(198)
永新村为农综合服务站的调查	(387)
永新村幼儿园	(198)
《永新村志》修编人员名录	(436)
油菜	(121)
有线电视	(273)
有线广播	(272)
幼托	(249)
鱼池	(147)
郁鸿慈	(349)
原昆山市淀山湖镇永生玩具厂	(199)
原昆山市淀山湖镇永生铸件厂	(199)
园林绿化	(223)

元宵节	（292）	植物	（71）
原永安村办公室	（200）	治疗	（261）
原永安村村民委员会房	（199）	至讷	（345）
原永益村办公室	（200）	中秋节	（293）
原永益村村民委员会房(1)	（199）	朱月英	（351）
原永益村村民委员会房(2)	（199）	竹	（161）
原永义村村民委员会房	（199）	祝友良	（351）

Z

		庄乐	（347）
在外工作人员	（355）	自然村落	（32）
造林绿化	（219）	自然环境	（62）
张仁岐	（351）	自然灾害	（74）
镇办入驻企业	（174）	自然增长	（83）
镇级道路	（201）	租地入驻企业	（174）
政策	（99）	组织沿革	（328）
		最低生活保障	（243）

《永新村志》修编人员名录

《永新村志》编纂委员会

（2013年3月）

主　　任：王文奎
副 主 任：陆志斌
委　　员：王　婷　冯引根　吴阿五　张林元　张其龙
　　　　　张品荣　罗福泉　屈福奎　蔡顺华

（2015年3月调整）

主　　任：吴方新
副 主 任：陆志斌
委　　员：王　婷　冯引根　沈兴珍　吴佩玉　张林元
　　　　　张其龙　张品荣　罗福泉　屈福奎　凌　荣
　　　　　蔡顺华

《永新村志》编纂委员会征编办公室

主　　任：陆志斌
副 主 任：蔡顺华
主　　编：张品荣
副 主 编：陆志斌　蔡顺华　王　婷
摄　　影：张品荣等
采编成员：马金元　王　婷　王文奎　王阿夯　冯引根
　　　　　陆志斌　沈兴珍　张林元　张其龙　张品荣
　　　　　吴方新　吴阿五　吴宝娥　吴佩玉　陈瑞忠
　　　　　罗福泉　屈福奎　凌　荣　凌阿五　蔡顺华
　　　　　潘美菊　戴三荣

《永新村志》审稿人员

徐敏中　李　晖　张晓东　顾　剑　吕善新　蔡坤泉　郭秧全
徐秋明　沈　明　朱玉英　管文茜　马千里　张品荣　夏小棣
陈海萍　吴方新　王文奎　陆志斌　蔡顺华　王　婷　冯引根
屈福奎　张其龙　罗福泉

后 记

《永新村志》历经三载寒暑,在镇党委、政府和村党总支、村民委的正确领导下,在昆山市地方志办公室、镇志办的悉心指导下,经修志编纂人员的努力,数易其稿,终于问世。

村志编写工作于2013年3月19日正式启动。镇政府成立"淀山湖镇村志编纂委员会",印发"淀山湖镇行政村志纲目(参考)",提供大量编志需用的原始资料或辅导材料,大大减轻了搜集资料的工作量,指明了编志宗旨。永新村领导十分重视,建立"永新村志编纂领导小组",由村党总支书记挂帅,村主任、村会计全面负责协调,村老干部、老党员等积极搜集、调查编志资料,使《永新村志》编纂工作顺利进行。2015年7月,完成了《永新村志》初稿,请村新老干部把好事实关。根据村老干部、老党员等知情人员提出的纠错、补漏、充实要求,编纂人员进行认真修改。2015年9月,修改稿通过镇志办二审,获得许多有益的修改意见。尔后,又请昆山市地方志办公室提出修改意见,2015年11月,完成了《永新村志》二稿修改工作,形成的三稿,重点充实和修改村庄建设、农业、工商、文体卫生等章节,增设了附录。2016年3月4日,昆山市地方志办公室修志专家对志稿进行了三审,修编人员根据评审意见,再次进行修改。修改稿经镇、村两级有关领导同意,付印出版。

《永新村志》编修过程中,受到昆山市地方志办公室、镇志办、村老干部、村老党员、村组两级领导、信息员、村民及社会各界人士的热情支持,得到昆山市档案馆,淀山湖镇档案馆、武装部、党校、组织办、绿化办、建管所、劳动保障所、文体站、统计站、工商组、旅游公司、经济服务中心、便民服务中心、国土所及淀山湖派出所、淀山湖中学、淀山湖供电所、疾病预防中心等单位提供的翔实资料。在此,对大力支持和帮助的所有单位与各界人士一并表示衷心感谢。

村志编修并非易事,虽记述了63年基本之事和部分超出上限的历史之事,但由于改革开放、区域调整、经济发展、人员变动等因素,部分史料匮乏,致使部分章节记述不丰。又限于修志人员撰写编辑水平,疏漏和谬误在所难免,敬请读者批评指正。

《永新村志》编委会
2016年4月

图书在版编目(CIP)数据

永新村志/张品荣主编;《永新村志》编委会编
. —苏州:苏州大学出版社,2017.02
(淀山湖镇村志)
ISBN 978-7-5672-1779-9

Ⅰ.①永… Ⅱ.①张… ②永… Ⅲ.①村史-昆山
Ⅳ.①K295.55

中国版本图书馆 CIP 数据核字(2016)第 235772 号

书　　名	永新村志
主　　编	张品荣
责任编辑	许周鹣
装帧设计	吴　钰

出版发行:苏州大学出版社(Soochow University Press)
社　　址:苏州市十梓街1号　邮编:215006
印　　装:南通印刷总厂有限公司
网　　址:www.sudapress.com
邮购热线:0512-67480030
销售热线:0512-65225020

开　　本:889mm×1194mm　1/16　印张:28.25　插页:12　字数:690千
版　　次:2017年2月第1版
印　　次:2017年2月第1次印刷
书　　号:ISBN 978-7-5672-1779-9
定　　价:180.00元

凡购本社图书发现印装错误,请与本社联系调换。服务热线:0512-65225020